研究&方法

# 論文寫作 與 量化研究

更新四版

## Quantitative Research & Thesis Writing

吳明隆 著

五南圖書出版公司 印行

# 四版序

《論文寫作與量化研究》是研究生從事量化研究論文寫作的必備工具書。

在社會科學領域的論文中，有許多研究生從事量化研究，量化研究的研究程序主要是從原始資料或二手資料中對資料進行有系統的統計分析，以演繹(deduction) 的方法進行假設檢定，回答研究問題，進而統合研究發現成為研究結論。量化研究屬實徵性研究範疇，實徵性研究乃是研究者透過其研究目的或主題，編製或修訂測量工具 ( 量表或測驗或問卷 )，採用機率取樣或非機率取樣法抽取標的樣本，對樣本進行施測以搜集研究資料，藉由統計軟體來進行資料分析，將輸出報表轉換為完整的資訊，以圖表或數字的方式完整呈現結果，量化研究與統計分析方法有密不可分的關係。《論文寫作與量化研究》一書兼具量化研究之研究方法論的論述與統計分析應用的解析。

本書不是統計方法操作或一般統計學原理的介紹，而是針對研究者從事量化研究前應有的心理準備，與進行量化研究時許多概念的釐清，此外內容也詳細解析量化研究程序或統計分析時研究者常犯的錯誤，或內容不適切之處；同時書中也澄清從事量化研究時的許多迷思與盲點。讀者或研究者可以從本書中快速、完整而有系統的獲得許多量化研究應注意事項與正確概念的建立；對於量化統計方法的應用與輸出報表數據的解讀，書中也有清晰的描述，對於日後從事實徵性研究與論文的撰述有相當大的助益。

本書出版後受到許多讀者的肯定，為讓書籍內容更為充實，本書四版增補先前章節論述稍欠完整的地方，並訂正部分先前遺漏之處，與之前版本相較之下，再版的文容更為豐富、說明更為清晰、解析更為詳盡、涵括的範圍更為寬廣，書籍內容不僅更為完整，對於整個量化研究的論文寫作與統計結果的撰寫有更實質的助益。

本書得以順利出版，首先要感謝五南圖書公司的鼎力支持與協助，尤其是張毓芬副總編輯與侯家嵐編輯的聯繫與行政支援。由於筆者所學有限，拙作雖經校對再三，恐有謬誤或疏漏之處，此部分尚祈各方先進及學者專家不吝指正。

吳明隆 謹誌於 國立高雄師範大學師培中心

2014/03/01

# Contents

# Contents

**Chapter 04　量化研究之測量工具　95**

## Chapter 05　量表的編製 　　141

## Chapter 06　抽樣樣本與資料填補 　　157

# Contents

## Chapter 07　抽樣方法　173

## Chapter 08　統計顯著性與實務顯著性　201

# Contents

## Chapter 13　量化研究的其他議題　431

## Chapter 14　量化研究內容的檢核與評析　457

# Contents

## Chapter 15　資料處理的其他議題　　557

Chapter

# 01

量化研究的本質

「科學方法包括系統性的觀察、分類及對資料的詮釋。現在，很明顯地可以洞悉，幾乎大多數的人每天都參與在這個課程中。而在我們每天所作的推論與科學研究間，其主要的差異在於嚴謹性、可證明性及普遍的效度。」(Lungberg, 1945, 引自胡龍騰等譯，2000)

「量化研究也是一種科學方法，重視的是實徵性、系統性與客觀性，強調的是數據結果的真實性、統整性與解釋的合理性、明確性。」

「量化研究與質化研究是二種不同的研究典範，二種典範各有其適用時機與限制。統計分析是量化研究的核心，統計分析方法沒有『優劣』之分，只有『適當與否』的區別。」

研究 (research) 這個單字是由二個音節所構成，第一音節為「re」、第二音節為「search」。字典將第一音節定義為一個字首，其意義是再一次、重新、或一再；將第二音節定義為動詞，意義是嚴密仔細地檢查、試驗或探測。二個音節合起來則是一個名詞，其意義為在一些知識領域中小心謹慎、有系統的、耐心的研究與調查，試圖發現現象事實或建立原則。可見研究是以科學方法來解決問題，科學方法包括系統性的觀察、分類及對資料的合理解釋，其主要特徵為嚴謹性、系統性、實徵性、可證明性、可批判性及普遍的效度 ( 胡龍騰等譯，2000；Grinnell, 1993)。

## 壹、量化研究特徵

在研究歷程中，依資料搜集與資料分析的技術而言，大致可分為「量化研究」(quantitative research) 與「質化研究」(qualitative research)，量化研究與質化研究均是一種科學的研究方法。量化研究主要是將社會現象與人類行為用「數量」或「數值」等硬性資料 (hard data) 方式展現出來，進而搜集資料、分析、驗證與解釋現象或行為的方法之總稱，其資料分析中以「數字」為基礎，重「統計」應用，常用以搜集資料的方法為「問卷」(questionnaires)、「測驗／量表」、結構式或半結構式的訪談。量化研究及以採用深入訪談或觀察之質化研究為研究的二大領域，二者各有其適用時機，在研究取向上二者有很大的不同，但在許多方面，二種不同的研究典範也可以互補。質化研究與量化研究是可以統合

應用的，如經由質化研究來形成研究問題，進而再由量化研究再驗證之前的研究問題；或是經由量化研究來探究問題的通則現況或事物現象，再經由質化研究深入瞭解社會現況或事物現象背後的可能因素或原因等。

　　質化研究的哲理根源於現象學、符號互動論與自然論，量化研究的哲理根源於實徵論、邏輯經驗論。Merrian (1988, pp.19-20) 強調質性研究有六個特徵：

1. 最關注於事件的歷程而非結果，包括事件發生的原因及為何發生等。

2. 研究者的興趣在於意義 (meaning) 的瞭解，如人們對自己的生活如何建構意義，如何解釋、如何建構等。

3. 質的個案研究中，研究者是資料搜集與分析的主要工具，其重要性不能低估，資料是藉助於人為研究工具予以轉換，對於無生命的量表、問卷或機器則較少採用。

4. 質性研究往往涉及田野工作 (fieldwork)，田野係指為了觀察自然情境中的行為，所須訪問的人們 (people)、情境 (setting)、現場 (site) 與機構 (institution)，研究者自然探究的情境是一種未加以人為操弄或控制的真實情境。

5. 質性研究在性質上是敘述的 (descriptive)，研究者的興趣較偏愛採用語文、敘事或圖像來詮釋事件歷程與事件意義，以表達對於研究事象的認知，較少使用數字或表格作為表達媒介。

6. 質性研究之分析態式屬於「歸納分析」(inductive analysis)，研究者較致力於建構抽象 (abstractions)、概念 (concepts)、假設 (hypotheses) 以及理論 (theories)，而不關注於理論的考驗或假設概念的檢定 ( 邱兆偉，1995)。歸納分析是研究者投入與詳實與特殊的資料，並對資料加以歸類，找出不同面向 (dimensions) 與相互關係，發掘事件的前後脈絡；著重於真實且開放地探測問題，而不贊成理論驗證所採用的演繹法。

　　歸納分析的式態類似 Glaser 與 Strauss (1967) 所指出的：理論建構源於真象的發掘，而真象則源於特定系統的真實世界型態，研究者將所搜集到的資料予以歸納、解析、詮釋，進而獲得抽象概念，甚至建構理論，此種方法是一種由下而上的整理分析過程，根據此種態式建立的理論稱為「實地理論」(grounded theory)( 江明修，1995)，此種研究方法又稱「紮根理論」(grounded theory)，紮

根理論表示理論是從新搜集資料中歸納而得，而不是從已有的理論中另外建構，資料搜集的方法一般為觀察、訪談，理論的建立與實際情境中的資料結構或社會現象較符合，紮根理論的目標在於使研究者建構的理論與搜集資料能契合。

「紮根理論」意味理論是建立於搜集的資料之上，為從觀察、訪談的原始資料中統整為有意義的資訊，研究者必須採用一系列的系統方法，從多元方法搜集資料，確保搜集到的資料是可靠的、有效的，多元方法即是質性研究歷程的「三角檢證法」(triangulation)，之所以稱為三角檢證法指的是最好從三種以上不同角度來交叉比對資料。在立體幾何中三個角柱頂住的物件即可達到平穩的狀態，二個角柱或一個角柱構成的物件是無法達到平穩的狀態，物件的平穩表示資料的穩定一致，資料一致性高表示資料有信度，有信度才可能有效度。質性研究搜集的資料核心議題是：「研究者如何確保訪談所得的資料是可靠、客觀的」；「研究者如何確保觀察所見的資料是可靠、客觀的」。以訪談法獲取的資料而言，研究者要比對資料應從第三者對個案的觀察記錄文件或相關檔案文件來佐證，資料相互比對結果如果大同小異，則研究者根據資料統整成有資訊才有實質意義。

紮根理論是一種理論的發展而非理論的驗證 ( 理論的驗證是量化研究的程序 )，理論的發展要藉由培根所提倡的「歸納法」(induction method)，歸納法是統合描述性現況取向分析、解釋性取向分析法，將搜集的分散資料統整成有意義的資訊，並以有系統的脈絡將資訊加以串聯，以發掘原始資料間的意義。歸納過程包括資料的編碼、資料的轉譯、資料的簡化、資料的串聯、資料的展現等。質性研究 ( 或稱定性研究 ) 的目的在於發展理論，回應待答問題，質性研究資料來源主要有三大部分：一為訪談 (interview)、二為觀察 (observation)、三為檔案文件分析 (document analysis)。訪談法主要包括非結構訪談 ( 深度訪談 )、半結構訪談法與結構性訪談法；觀察法依觀察者在整個研究歷程角色分為完全觀察者 ( 不直接參與個案的任何活動或個案動態的情境，以旁觀者或第三者的立場進行個案行為的觀察，個案與研究間沒有交集 )、參與之觀察者 ( 直接融入被觀察的群體中或情境中，藉以觀察個案的行為表現及與情境的互動情況，個案與研究者有直接的交互作用或互動 )、完全參與者。

相對地，質性研究特徵的另一向度就是量化研究的特性，量化研究相信社會現象有客觀事實存在，為獲取客觀事實的社會現象必須藉助於一些制式化的工具，以獲得有效度具代表性的資料。量化研究常用的搜集工具為問卷、測驗、量

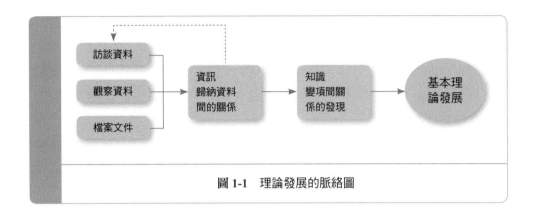

圖 1-1　理論發展的脈絡圖

表、觀察所得資料等，其抽樣的樣本是具代表性的大樣本，這些樣本必須是隨機抽樣而得；其分析態式為統計分析的演繹法，探討目標在建立通則、預測控制及驗證假設。量化研究中常見的內容術語如：統計的、實證的、客觀的、假設檢定、統計顯著、隨機與抽樣、相關與預測、問卷、量表與測驗、操弄與控制、實驗、調查與資料搜集等。

　　不論是質性研究或量化研究，其研究程序都是一種科學 (science) 方法，科學方法是客觀的、系統的、實徵的、關注於相關理論的 ( 理論發展或理論檢驗 )。科學方法的基本流程是：發現問題、形成假設或發展待答問題、搜集資料與分析資料 ( 採用歸納或演繹 )、驗證假設或回答待答問題、形成結論或發展理論等。科學方法的目標在於發展新的知識或驗證已有的知識理論。

　　量化研究中常用的方法為調查研究 (survey research)，質性研究中常用者為個案研究，調查研究與個案研究二者在研究變項、分析態式、探討目標，以及研究結果上面各有不同取向 ( 邱兆偉，1995；Merrian, 1988)：

### 1. 在研究變項方面

　　調查研究關注數目較大的受試者 ( 具代表性的大樣本 )，而探討數目不多但卻可能有某種關係的變項；個案研究則專注於單一的受試者，進行許多變項數的探究。

### 2. 在分析態式方面

　　調查研究在性質上是演繹的，係由研究前已有的理論或概念架構，選取部分關聯較為密切的變項進行研究；個案研究通常是偏向歸納取向的方法，其變數通常不是在研究前已事先選取的。

### 3. 在探討目標方面

調查研究的研究假設，對於有關變項間的範圍、性質、頻率，以及關係均有明確的陳述，以作為研究進行的指引；個案研究則是研究進行的過程或結束，才衍生或建立研究假設，作為進一步研究或其他研究的參考依據。

### 4. 在研究結果方面

調查研究的結果，以量化的方式陳述，以表格及數字呈現變項間的關係，對社會現象結果的廣度有較多的論述；個案研究則多以文字或圖示呈現其結果，很少採納數字的方式，對社會事件的深度解析較多。

量化研究的資料搜集一般是在非自然情境中，而質化研究的資料搜集是在自然的情境下 ( 田野 )；量化研究的資料呈現以數字或數值為主，多以「表格」方式呈現，質化研究的資料多以文字或圖像的方式呈現，甚少以數字或圖表的型態出現；量化研究事先擬定研究問題與研究假設，藉統計分析進行假設驗證並回答研究問題，質化研究無法事先研擬探究之研究問題，而是從整個研究歷程中發現研究問題；量化研究藉由演繹方法來進行假設檢定，質化研究是從研究者從現實情境中所見、所聞與所記錄的事件整理歸納出研究結果，形成新的研究問題；量化研究比較重視研究的最後結果，即搜集資料後的統計分析結果數據，對於受試者填答的歷程與心理感受較少關注，而質化研究則同時關注於受試者在研究歷程及研究結果所展現的行為、心理感受；量化研究較強調社會現象或現況為何，質化研究則較重視這些社會現象 (phenomena)、方案 (program)、問題背後的前後脈絡 (contexts) 及生活事件的詮釋；量化研究強調的是從樣本統計量推論至母群體參數，即從抽樣樣本得到的數據推論到母群體的特性，質性研究重視的個案或少數群體的研究，不強調研究的外在推論；量化研究重視的研究廣度，質化研究強調的是研究的深度。

量化研究也是一種科學方法，重視的是實徵性、系統性與客觀性，強調的是數據結果的真實性、統整性與合理解釋。量化研究中的資料多數是研究者根據測量工具調查而得 ( 此為原始資料或一手資料 )，若是進行所謂的後設分析／統合分析 (meta-analysis) 採用的則是二手資料；量化研究從研究主題的確立、研究問題的擬訂、受試對象的選取、測量工具的編製、實驗變項的操弄與干擾變項的控制、研究資料的搜集等均有一定的流程；量化研究統計分析結果的詮釋，研究者

必須排除主觀偏見與意識，客觀中性的對數據結果加以詮釋。對於統計分析結果必須忠實呈現，並以完整而合理的解釋，量化研究即是一分證據，論述一分結果、十分證據，論述十分結果。

## 貳、獲取知識的方法

　　McBurney 與 White 二者 (2007, pp.2-4) 認為人們獲取知識或瞭解事象的來源有二：一為非實徵性方法 (nonempirical methods)；二為實徵性方法 (empirical methods)。非實徵性方法包括權威 (authority) 與邏輯 (logic)；實徵性方法包括直覺 (intuition) 與科學 (science)，這二種方法獲得的知識是根據經驗而來。權威指的是人們之所以相信某些事情是因為某些值得人們尊敬的人，告知人們事件是真實的，權威來源是多元的，許多有專門知識或地位者都可作為權威者，訴諸權威者來論述內容較易取得別人信服，但權威者的論點有時不一定正確；此外，權威者的觀點有時主觀意識很強，對同一事件的看法可能有很大的分歧。邏輯方法也可以幫助人們瞭解行為或事象，如：

「所有動物的行為都受制於自然科學法測。」( 大前提 )
「人是動物。」( 小前提 )
「因此，人類行為也受制於自然科學法則。」( 結論 )

　　邏輯方法即是亞里斯多德所倡導的演繹法，演繹法與三段論推演法是相同的，典型的亞里斯多德的三段論法為：1. 所有人都會死 ( 大前提 )；2. 哲學家蘇格拉底是人 ( 小前提 )；3. 哲學家蘇格拉底也會死。上述敘述的結果是合於邏輯思維的，如果前面二個命題是真的，則第三個命題的結論是合乎邏輯的。邏輯推理必須有其合理的，把邏輯作為瞭解行為或事象方法有其限制存在，邏輯方法告知人們的敘述可能是假的時，推理所得的結論就是不適當的；另一方面，如果個別前提的假定不是真，即使前提敘述是合乎邏輯效度但演繹結論可能仍然是錯誤的，如範例中「所有動物的行為並不是都受制於自然科學法測」，因而此前提本身敘述並非是真的，演繹推論所得論「人類行為都受制於自然科學法則」即是錯誤的。正因為邏輯演繹推理歷程所得的結果非是全部正確的知識，如果大前提假定錯誤，則邏輯推演的結論也可能是錯誤的，由於此種邏輯推演的知識是否為

真，與前提假定的內容對錯息息相關，因而才又導引出新的知識或事象獲取方法——歸納法，歸納法是從個別特定命題或敘述統整推導到一般法則方法。

歸納法為培根所倡導，培根認為對事象的瞭解或知識的獲取，要從許多現象的直接觀察做起。當人們從不同角度或方法觀察到許多個別現象，可從現象中發現某些共同的準則或相同點，這些準則或相同點即是知識，培根所倡導的歸納法即是質性研究資料推理的方法，如研究者採用觀察法，觀察某國民中學教師進校門口的情形，觀察二星期，發現多數騎機車教師至校門口會自動將車子熄火，而以走路方式進入學校，避免與上學學生發生擦撞，研究者即會論述：「此國民中學的教師落實以學生為主體的生活教育。」這就是一種藉由直接對事象的觀察，而歸納推理的一個結論。

直覺是一種根據自願的、本能的歷程來判定行為或事象，而不是根據邏輯或推理。人們常以直覺引發的信念來判斷他人，直覺是一種個人表面化的感受，受主觀信念影響，因而根據直覺對行為判斷或事象的瞭解常會發生錯誤。常識也屬直覺的一種，以常識作為獲取知識的方法有二個限制：一為常識會因文化、經驗態度而異，某些常識會隨時空而改變；二為作為常識的知識某些可能就是錯誤的，以此錯誤常識為資訊判斷準則，所得到的結論也是錯誤的。McBurney與White二者將直覺法作為實徵方法之一其實不是十分適切。從心理學的觀點而言，直覺法類似第一印象，第一印象的推論常會導致「月暈效應」，月暈效應就是一種以偏概全的效應，如主考官看到一個不重視外表穿著的應徵者，可能就認定此人行為散漫、做事欠積極用心；教師看到蓬頭垢面的學生，可能就認為此學生是位「壞學生」或「成績不佳」的學生。由於直覺方法過於主觀化及武斷化，因而以直覺方法得到的知識或所作的判別通常是錯誤的。最佳獲取知識或瞭解事象的方法即是「科學」方法。

另外，「經驗法」也是獲取知識的一個方法。所謂「不經一事、不長一智」，先人留傳經驗是經過人們從社會情境中體會或不斷修正的知識結晶，這些經驗所得的知識，後人不用再從頭摸索，或再度靠新經驗重新實際經歷探究，經驗法所取的知識或對事象的瞭解，如祖傳秘方、草藥療效。透過個人實際的經驗可以發現問題、解決問題，但是如果單依某個人的經驗，經驗來源事例的考證不足或欠乏效度，則當事人對事象的瞭解可能有所偏誤。如校長巡視課堂發現教師教學時有同學趴在桌上睡覺也不管，校長認為教師沒有負起教師職責、學生不認

真學習，因為「教師教學、學生睡覺」是校長親眼所見的經驗行為，其實學生睡
覺是因為學生覺得有點不舒適，報告老師想趴在桌上休息一下，如果校長經驗所
得的事象未再進一步查證，可能誤會教師及學生。經驗法也是人們瞭解事象的方
法，但要對事象內容有深入客觀瞭解，不能只依據表象或現象，有時要藉用多種
經驗交互驗證，才能對經驗事件的真象有正確判斷，獲取的資訊才不會有偏誤產
生。

　　Rubin 與 Babbie 認為「科學是一種演繹 (deduction) 與歸納 (induction) 的歷
程。」(1993, p.54) 他們把科學視為符合某種研究規範的歷程或方法；McBurney
與 White (2007, p.6) 將科學一詞界定為「藉由客觀觀察的手段以獲取知識的一種
方法」，其二者進一步認為要將科學本質以簡單詞句來界定是不大可能的，因為
科學的本質是極複雜與隨時變動的；此外，研究歷程中「並不是只有一種研究方
法，而是有許多種研究方法。」一般科學方法研究步驟為：1. 界定問題；2. 形成
假設；3. 搜集資料；4. 提出結論，這個基本步驟並不直線式，研究程序會適時修
正、反覆某個程序的進行。

　　綜合以上所述，人們瞭解事象的方法或獲得知識的來源可以用下列圖示說
明：

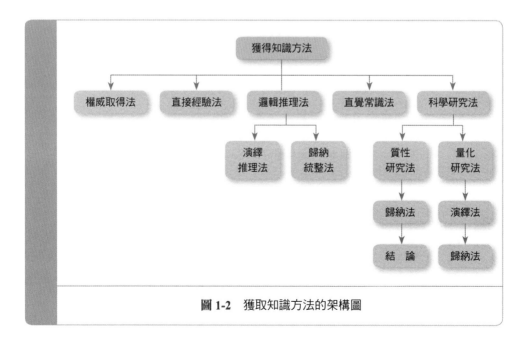

**圖 1-2　獲取知識方法的架構圖**

在上述知識取得的來源架構圖中，科學研究法主要結合演繹與歸納二種推理方法，就研究方法論的分類型態而言，主要包括定性 ( 質性 ) 研究及定量 ( 量化 )，從研究研究態式與資料分析方法的使用來區別，質性研究一般是採用歸納法形成結論，而量化研究則是先使用演繹法推論研究發現，之後再採用歸納法，以宏觀角度統整為研究結論。量化研究的資料分析式態之所以稱為演繹推理，是因為研究者是採用隨機取樣，從一個較標的母群體中隨機抽取一部分樣本，根據抽取的樣本數據統計分析樣本屬性，之後再根據樣本屬性推演至標的母群體的特徵或屬性，標的母群體的特徵或屬性即為研究發現，此種研究發現通常是根據微觀角度論述──個別研究假設的檢定 ( 接受虛無假設或拒絕虛無假設 ) 與研究假設是否獲得支持的論證，之後，研究者根據研究發現，採用歸納法，從宏觀角度統整歸納為結論，由於結論是從宏觀角度撰述，研究發現從微觀方向論述，研究發現的條目或個別內容會多於結論的條目。

量化研究同時採用演繹－歸納法 (deductive-inductive method) 的科學研究方法如下，其圖示如下：

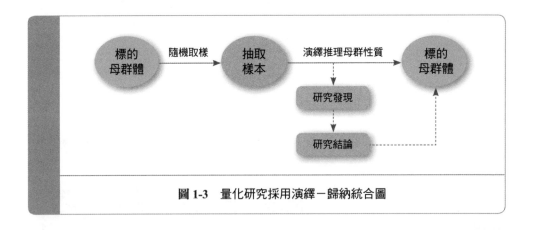

**圖 1-3　量化研究採用演繹－歸納統合圖**

## 參、科學方法的特徵

McBurney 與 White (2007) 二者從定義科學的內涵出發，認為科學有以下幾個特徵 (pp.6-9)：

## 一、科學是實徵的

實徵的 (empirival) 特性是相對於哲學層次的歷程，對於事象的瞭解必須藉由觀察或實務的經驗才能形成結論，科學的態度主要依靠經驗，而非經由權威、常識或邏輯。雖然實徵主義是科學基本的特性，但並非所有認知的實徵方法都是科學的，直覺的方法是實徵經驗，但直覺方法卻不是科學的方法。

## 二、科學是客觀的

客觀的 (objective) 特性是相對於主觀性的判別或覺知，科學最重要的特性是要根據客觀的觀察來獲取知識，因而科學簡短的定義即是「客觀的」，客觀的觀察指的是具有正常覺知的任何一個人在相同地方、同樣時間點所觀察到的事象是相同的，客觀的特性並不是要把被觀察的人視為物件，而不把他們視為是活生生的個體。客觀觀察的特性是要研究者排除主觀的認知或偏見，不因政治、宗教或權威因素來觀察事件，而要從事件的脈絡與情境來經驗觀察論述。

## 三、科學是自我校正的

因為科學是實徵的、複雜的，常會因發現新的證據而推翻先前的知識，新的證據發現時，科學會進行自我校正 (self-correcting) 先前的信念，而以新的知識或信念取代，此種自我校正的特性即研究歷程的創新或新的研究發現。在宗教領域中常會出現預言、先知或直覺來論定或評析事件，並進行事件的校正，此種校正並非是科學方法。就心理學研究領域的例子來看，影響個體行為的變因包括遺傳與環境，二十世紀中葉，許多心理學家經由經驗與觀察發現，強調行為型塑或人格發展中環境角色的重要，最近證據建議遺傳因子對於個人人格及其他行為特性的影響也不能忽略，因而心理學教科書的內容必須適時更新。由於科學具有隨時自我校正的特性，因而許多科學知識才能推陳出新、不斷有創新發現。

## 四、科學是進展的

進展的 (progressive) 特性指的是科學因為有實徵與自我校正特性的事實，所以科學知識會不斷進展、進步。人類活動的其他領域也可能改變，但此種改變很難界定是一種進步，有時不是進步反而是一種退步。以科學方法獲取的新知識，

表示的是系統知識不論在量的多元或質的內容都會有不斷進步的情形，如醫療領域不斷會有新的藥物或新的疾病治療方法出現。

## 五、科學是暫時的

許多科學知識的內容明顯的具有「暫時的」(tentative) 特性，科學領域絕不會宣稱某個問題的解答是一種完整的真理，因為新的資訊或新的經驗知識會使得已有的知識變得過時，這與科學進展的特徵相呼應。從科學方法所獲得的真理或事實經驗是可能改變的，但研究者採用科學方法從觀察或經驗中得知的知識，也要有合理的信心宣稱其發現的知識趨近於真理，但也不能只根據靈感或社會變革很快改變科學理念，因為此種理念的改變是欠缺合理性與客觀性的。

## 六、科學是簡約的

依據字典解釋，簡約 (parsimony) 一詞意謂吝嗇，文字表達的吝嗇是簡明扼要，科學簡約的特性指的是研究者要儘可能地使用最簡單的解釋來詮釋某個現象或事象，避免使用艱澀、不易理解的詞句、術語或概念來陳述科學知識，否則不僅無法達成知識傳播的目的，反而會引起他人對知識誤解，誤導人們對事象的瞭解。

## 七、科學是關注理論的

科學最主要關注的一點是發展的理論如何運作，理論與科學的關係如科學與科技的關聯一樣。科學可以引導理論的發展，它是理論運作的實踐面；相對地，理論也可以導引科學實踐的進一步完成，理論是科學研究的指導面。從此論點來看，不難看出為何每個研究議題多少要有理論文獻為基礎，因為已有的理論文獻可作為實徵研究的指引，從實徵研究中可以進一步得知理論於實際情境中的運作情形，可作為理論的驗證或修正。

量化研究主要藉數字、圖表來詮釋事象的意義，常用的量化研究形式有以下幾個目的：

## 一、描述性目的

描述性的研究目的旨在說明人們對事件現象的看法，或者說明某個事件的現

象。描述性目的之研究程序一般採用問卷調查法 ( 包括紙筆式問卷調查、電話訪問調查、網路線上問卷調查、訪問調查 )，統計方法為次數、百分比及描述性統計量。描述性目的如「中小學教師對教師評鑑制度看法之調查研究」、「民眾對成人進修教育制度看法之探究」、「國小家長對十二年國民教育實施態度之調查研究」、「私立高職學生生活壓力事項的調查研究」等，此類主題探究關注的不是變項間相關的探究，強調的是樣本對研究主題相關議題看法的分析，一般描述性研究採用逐題分析法，問卷中可能包含複選題。描述性量化目的由於在說明已存在的某個事象或現況，因而也可以進行不同時間差異的比較。

## 二、預測性目的

預測性目的在於探究變項間的相關，若是變項間有某種程度的關聯，進一步可採用預測的目標探究預測變項對效果變項或結果變項的影響。預測性目的研究程序一般採用相關研究法，如「高中學生的生活壓力與憂鬱傾向關係之研究」、「私立高職學生生活壓力、憂鬱傾向與自殺意向關係之研究」。相關研究法所探究的變項一般為二至三個，少數為四至五個。相關研究法旨在探究變項間的關聯，二個變項有顯著相關 ($p < .05$)，並不表示二個變項間有因果關係，但變項間沒有顯著相關或相關程度太低，則一定沒有因果關係存在。研究者如果要進行預測性的研究，變項間的因果關係最好有理論文獻支持或經驗法則佐證，如此才能確定預測變項 ( 因變項 ) 與效標變項 ( 果變項 )，預測功能關注的是知道了預測變項的「正確資訊」，可以推估預測結果變項的「可能資訊」，由於是預測推估，因而會有誤差存在，誤差值愈大，表示預測推估的正確度愈低。

## 三、控制性目的

控制目標程序的量化研究法一般為實驗研究設計，自然科學領域多數採用真正實驗設計、社會科學領域多數採用準實驗設計。實驗設計或實驗研究法是唯一可以確認變項間因果關係的一種研究方法，此種研究方法藉由操弄自變項，控制影響結果變項的干擾變因，進而觀察結果變項受自變項的影響程度。行為及社會科學領域的變項操弄，由於無法控制所有影響結果變項干擾變因，因而一般除運用實驗控制法外，也會藉由統計控制法的使用來排除組別間的差異存在，實驗控制要藉配合隨機化的程序，隨機化程序包括隨機抽樣與隨機分派受試者二個步

驟；統計控制一般採用共變數分析法，藉由統計控制來排除組別間的差異。實驗設計方法如：「自我導向學習與講述法對學生閱讀理解能力影響的效果研究」、「企業諮商中現實治療團體對績效落後員工輔導成效之效果研究」、「現實治療方案對高焦慮學生輔導效果之研究」等。

## 四、驗證性目的

驗證性目的在於根據利用搜集的資料來驗證研究者建構的理論。此種研究程序為紮根理論程序研究的延續，紮根理論是藉由觀察、訪談等方法搜集資料，藉以建立理論，此種藉由小部分樣本建構的理論是種理論初探，為了進一步驗證紮根理論的合理性與適用性，研究者必須進一步以問卷調查法搜集具代表性樣本的資料，藉由回收資料來考驗理論的適配度。理論的建構研究者也可以根據之前的文獻或實徵研究結果歸納統整，此種理論模式因有相關文獻支持，其合理性較無問題；最後一種理論模式的建構是研究者可以根據經驗法則，經驗法則也是另類的文獻，因為它是研究者長期於實際工作情境中發現的準則或關係，因而也可作為理論模式的建構。不論研究者採用何種方法建構模式，模式變項間關係必須有其合理性與說服性，理論模式要經過驗證才能確認其適用性。一個適配的理論模式，並不一定是個最佳的理論模式，從結構方程模式的觀點而言，只能說研究者建構的模式與樣本資料可以契合或適配而已，至於研究者建構的理論模式是否為最佳的模式，還需要有更深入研究程序配合方能得知。

# 肆、量化研究與質性研究的統合

量化研究與質化研究並不是二個單獨分離的研究過程，二種方法是可以互補與整合的。如在一個創新的研究中，對於變項間的關係或某個理論概念之前很少有人提及，研究者可以先從質化研究中的待答問題，找出變項間的關係，進而形成新的研究假設，由此研究假設再延伸為量化研究的「研究問題」。在上述研究過程中，研究者經由質的研究發掘新的研究假設，再透過量的研究程序來驗證研究假設。相對地，研究者經由量的研究過程，得出研究假設獲得支持與否的結果，此種結果是社會現象的一般化情況，對於造成此社會現象背後的緣由，研究者可進一步藉由質的深度訪談或個案研究方式加以探究。量的研究與質的研究是

二種不同研究派典或典範 (paradigm) 的應用，二種研究方法各有其適用時機與限制，二種研究派典可以單獨進行，也可以加以整合應用。研究者應根據研究主題與研究目的，挑選適合的研究方法，研究方法只是一種研究歷程而非研究目的，只要挑選的研究方法能達成研究目的即可。

質性研究與量化研究整合的架構模式如下：

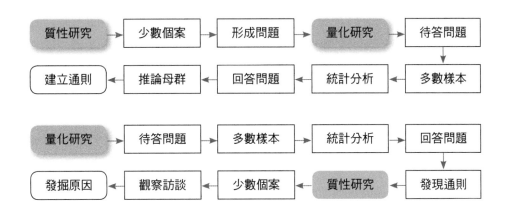

量化研究的資料搜集程序，由於研究者無法得知受試者或填答人現場的填答情況或填答時內心的真實感受與所持的態度，因而此程序可以說是一個「黑箱」(black box)，而此黑箱的探究可以藉由質化研究之觀察、訪談加以得知。若研究者沒有配合質化研究，要讓受試者能真正將其內心感受、態度意象真實反映於測量工具上，測量工具的編製就顯得十分重要，研究者除強調測量工具的內容效度外，也要重視其表面效度，其中一個非常重要的關鍵，就是測量工具題項的多寡，測量題項數愈少，受試者填答的意願愈高，填答的效度或可靠性也愈高。

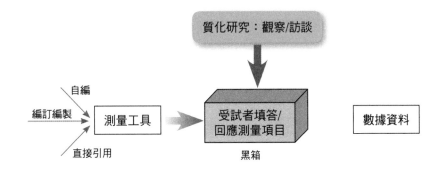

　　至於量化研究的主題最好有價值性、創新性，此外，研究者也應考量到其可行性。研究主題來源主要包括以下幾個方面：一為理論導向的實徵性研究，研究者為驗證理論在現實情境應用的可行性，將原先抽象的理論構念轉化為具體可測量的項目，如競值途徑理論在中小學的應用、企業組織知識管理可行策略之研究等；二為驗證先前已有的研究，研究者長期關注於某個研究議題，而此研究議題之前雖有人研究過，但由於某些社會變因或政策的變革，可能研究結果會有所不同，如九年一貫實施前後教師工作壓力的調查研究；三為研究者自覺有研究價值又感興趣的主題，此部分的議題通常與研究者所在的工作情境或所接觸的環境有關。

　　另一種量化研究為行動研究取向中的量表編製，某種為了實務導向，並能真正應用於社會情境中的量表或測驗，此種測量工具的編製或研發並不重視其學術取向，而以能實際應用為主，但編製的整個流程也符合一般學術研究的程序。此種量表或測驗的編製一般會透過焦點訪談或團體訪談的方式，建構測量工具的面向或構面，之後再編製各構面的測量指標，此種量表若是應用於特殊群體（如醫療上之重大傷病或其照顧者），量表的測量指標數通常不會太多，此外，也必須進行效標關聯效度 (criterion-related validity) 的建構，以確定量表能真正而明確地測出其所要測得的心理特質或態度反應。

## 伍、問卷調查的應用——德懷術

　　德懷術 (Delphi technuque) 是針對某個行為及社會科學領域研究主題，經由學者專家透過問卷的評析與個人看法，而形成的一種團體共識，為了形成團體共識，問卷內容要根據學者專家的意見修正，因而德懷術的問卷進行通常要進行三至四次。德懷術調查是一種藉書面問卷往返於被調查者與調查者之間來進行的訪問調查，它兼具會議與問卷的功能。在團體焦點訪談，意見共識的形成是藉由面對面的不斷論述個人觀點與意見，經由不斷論述與評析、內容修正，而達到多數與會者可以接受的觀點，當某位與會者對內容論點不同意時可立即表達看法與修正意見，若是修正內容多數與會者同意，則形成共識不再討論，修正內容欠缺周延，與會者可以再提出個人論點加以論述並評析，經由與會者大家腦力激盪程序，某一論點或主題的修正會更為周延及有說明性。

　　會議式的團體焦點訪談或會議的溝通效果，有時又會受到會議中「權威者」的影響，當某一權威者論述完意見後，即使與會者有不同的論點或看法，也不便表達意見，此為「權威者效應」的影響；其次是正式面對面的溝通，某些與會者因為聽到多數人支持某一論點，即使自己有不同看法或觀點也不便再提出加以論述，造成某些與會者無法完全將自己的意見表達，此為社會心理學「從眾效應」的影響。傳統會議討論的進行，並不是所有與會者都會暢所欲言，多數發言或意見表達者都只限於少數人身上，這些人不是較有權威性，就是善於口才表達與社會技巧的運用，因而能引起與會者的共鳴；某些與會成員重複表達意見，佔用會議大部分發言時間，造成會議時間資源分配的不均衡，或權力運用的不合理，整個會議的進行與會議結論為少數人所左右或壟斷，造成結論客觀性的不足。上述開會結論的偏差效應若採用德懷術的問卷調查法，則可以避免，但相對地，採用德懷術技術，研究者所花費的時間較長，會議式的團體焦點訪談的時效性較快。

## 一、德懷術的特性

　　德懷術的程序基本上是問卷調查法的擴大應用策略一種，經由三至四次的問卷調查，藉由書面文字的溝通，把學者專家的分歧觀點或不同看法，轉換為一種共識感，由於是問卷填答，填答者可以暢所欲言，根據自己專業知能或實務經驗回答或勾選，回答時不會受到權威者的影響。德懷術雖是問卷調查法的一種，但與傳統問卷調查法的實施是不同的：一為傳統問卷調查法只實施一次，根據正式問卷施測結果進行資料統計分析、討論，最後形成結果；德懷術問卷調查法通常要實施三至四次，每次施測完均要對資料內容加以統計分析；二為傳統問卷調查法所需的樣本數較大，若是一般母群體，正式取樣的樣本數通常有數百人；德懷術問卷調查法的樣本一般為學者專家及對研究主題有涉獵的實務工作者，樣本數一般為 10 至 15 人，較多的樣本數為 20 至 25 人，多數德懷術研究的樣本數為 15 至 25 人；三為問卷調查採用演繹法，從選取樣本回答結果類推母群體的性質，德懷術的研究目的不在於母群體屬性的推估，而在於尋求所有群體成員的共識感及樣本對題項回應的一致性程度，一般而言，德懷術問卷調查的結果要所有成員於全部測量題項的回應情形，至少要有三分之二以上測量題項達到一致性程度（嚴格要求至少要有四分之三以上的測量題項的一致性達到臨界值），並達到回應穩定情形。

德懷術反覆調查問卷除傳統紙筆式的作答型態外 ( 問卷題項內容以紙張列印 )，也可採用線上調查問卷型態，線上調查問卷是一種透過網路的填答，個別小組成員經由研究者給予的帳號、密碼及線上問卷網址即可登入作答。採用線上調查問卷時必須考量到所有小組個別成員中文輸入能力，若是少數幾位中文輸入能力較差或中文打字能力較慢，採用線上調查問卷可能影響題項內容修正意見的表達，此部分研究者必須加以考量。目前，由於資訊科技的普及化，德懷術採用線上調查問卷型態是一種可行的研究途徑，不但可提升問卷填答的效率，對於後續資料的整理也較為便利。

德懷術乃是專家團體間，針對某一主題，進行匿名的 ( 指個別成員彼此不知對方的身分，非指填答者匿名回答，相對地，德懷術的問卷填答必須是具名回答，如此才能於下一回答的問卷實施中提供個別成員上一回答勾選的數據內容，以作為其回答的參考，如堅持己見勾選原先選項，或修改個人觀點更改勾選的選項 )、非面對面的意見溝通，經由反覆多次的問卷填答，藉著多次文字訊息的交流方式來取得共識的一種研究方法。與團體焦點訪談相較之下，德懷術也是一種腦力激盪的運用，只是德懷術個別成員間並不知參與意見或態度表達的其他成員為何人，在對主題內容的評析及所決定方面不會有「權威者效應」的產生。德懷術的研究程序一般來說有以下特性或優點：

**( 一 ) 簡單易行、節省經濟**

德懷術研究程序不像問卷調查法需要中大樣本數，參與德懷術之諮詢成員的只約有 15 位，較多時也只有 25 位，在問卷郵寄、資料回收上較為方便，不像團體焦點訪談或會議討論，需要花費較多的交通費；此外，德懷術的研究程序屬傳統問卷調查法的一種，資料回收之統計方法只採用較為簡易的描述性統計量，如平均數、標準差、四分差、眾數、全距等集中量數或分散量數，並非如問卷調查法使用到多變量的統計方法，或平均數的差異檢定，或相關分析等。

**( 二 ) 匿名特性、降低爭執**

德懷術不論採用傳統問卷方式進行溝通或網路問卷調查進行內容書寫，個別諮詢小組成員互不知道對方的姓名、身分，如此可使成員不受權威者或多數人的意見影響，能完全自主表達個人的意見與觀點，因只有透過文字訊息的互動，避免傳統面對面溝通互動時之爭執或僵持不下的窘態，也可避免少數人左右結論的

形成；此外，因不知最具權威者為何人，可以減少面對面從眾反應行為，降低受到權威者效應的影響。

### (三) 專家參與、完整表達

德懷術的參與成員都是對研究主題有相關專業知識或實務經驗工作者，這些專家學者參與研究議題的意見表達或內容評析的修正，使研究樣本更具有代表性與合理性；此外，德懷術是以問卷方式進行意見的表達，參與諮詢成員無需如會議般一樣，要於會議進行中立即表達個人的看法或意見，在對研究議題的表達上，參與諮詢成員有足夠的時間得以思考，其考慮更為周延，也有充足的時間認真地深思問題的適切性與合理性，進而可提出更為完整或明確的論點或看法。以問卷填答作為意見表達，每位成員都可表達個人論點，時間資源的分配較為均等。

### (四) 提供回饋、反思決定

德懷術研究程序通常三至四次，雖然個別諮詢成員彼此不知對方身分，但從第二次的問卷填答時，研究者會提供所有填答者在前一次 ( 前一輪問卷調查 ) 的群體統計結果與意見反應，使個別成員可以得知其他成員的想法或觀點，這對於個別成員之後的問卷填答提供更多參考的訊息及更完整的資訊，從群體的數據資料，個別成員得以更深入地思索題項的適切性，從群體的回應中檢視個人觀點的周延性，個別成員可以更改填答的選項或增列修正題項內容，或維持原先的觀點並提出個人堅持的論點等。

### (五) 反覆進行、尋求共識

德懷術採用連續多次的問卷調查，經由多次的溝通與反覆思考，透過成員書面或網路意見交流，直到個別諮詢小組成員對題項或指標變項的內容達到高度的共識及認同。德懷術最後調查結果，所有個別成員的意見或觀點是否達到共識，必須有統計量化數據支持，如標準差數值很小表示個別差異間的歧異很小，此外，四分差或全距也可作為群體是否達共識的統計量數。

## 二、德懷術的穩定度或一致性指標判別

德懷術的穩定度或一致性指標判別量數，一般有以下幾種 ( 王光明，

2007)：

### ( 一 ) 小組成員穩定度判別

　　在德懷術數回合調查的填答中，小組成員在某些題目的評析中多少會發生些許的改變。因此，在每次進行德懷術問卷調查後，即計算小組成員對各評鑑指標的改變。德懷術穩定度可參考 Linstone 與 Turoff 於 1975 年所提出的論點：德懷術小組成員對每項指標的改變度小於或等於 15% 時，就稱小組成員對此項目的評估結果達穩定狀態。

**例一：** 若德懷術小組成員共 17 人，其中 2 人改變填答的結果，改變度即為 $2 \div 17 = 11.8\%$，其改變度小於 15%，即達穩定狀態。

**例二：** 若德懷術小組成員共 25 人，其中 4 人改變填答的結果，改變度即為 $4 \div 25 = 16\%$，其改變度大於 15%，個別成員的共識感或認同度未達穩定狀態。

　　當德懷術問卷中的所有指標項目，其穩定度的平均值大於或等於 70% 時，德懷術的問卷即可停止進行。

**例一：** 如小組成員共評估 45 項評鑑指標，其中有 35 項的改變度已達穩定度，則穩定度的平均值為 $35 \div 45 = 77.8\%$，已達停止德懷術問卷調查的標準。

**例二：** 如小組成員共評估 50 項評鑑指標，其中有 34 項的改變度已達穩定度，則穩定度的平均值為 $34 \div 50 = 68.0\%$，穩定度的平均數小於 70.0%，未達停止德懷術問卷調查的標準。若是至第三回合德懷術的調查問卷，整體問題題項的穩定性尚未達到，研究者必須再根據成員提供的回饋及意見，進行部分測量題項的修正，並進行第四回合的德懷術問卷調查。

### ( 二 ) 小組成員一致性的判別

　　依據 Faherty 於 1979 年所提的論點，小組成員一致性的判別指標以問卷評估等級十分之一的值，即四分差小於或等於此值，作為判斷德懷術小組成員對於問卷中的各個項目的看法是否達高度一致性的依據 ( 四分差為群體分數最中間 50% 的成員之分數全距的一半 )。若是研究問卷為五點量表，當該題項的四分差小於

或等於 0.50 時 (Q ≦ 0.50)，即可判定小組成員對該變項已達高度一致性，達高度共識感。

四分差分數的圖示如下：

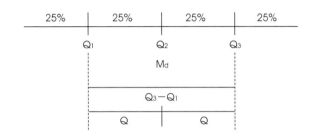

## (三) 個別題項一致性指標的判別

描述性統計量中用以表示群體分數趨中的量數稱為「集中量數」(measures of central location)，常用的集中量數有算術平均數 (M)、中位數 ($M_d$)、眾數 ($M_O$)；用以表示團體分數分散程度的量數稱為變異量數 (measures of variation)，變異量數是一個群體個別差異大小的指標，一般常用的變異量數有全距 (R)、平均差 (AD)、變異數及標準差 (SD)、四分差 ($Q = \dfrac{Q_3 - Q_1}{2}$)，變異量數數值愈大，表示群體分數之分散程度愈大；相對地，變異量數數值愈小，表示群體分數之分散程度愈小。四個變異量數中又以標準差量數在測驗與評量領域中應用最為普及，標準差的涵義應用於德懷術全體成員的共識感指標時有以下二點：1. 為標準差愈接近 0，表示所有成員勾選的測量分數值愈接近，標準差若等於 0，則所有成員勾選的選項是相同的；2. 為標準差的數值愈大，表示成員間的勾選的測量分數或選項差異愈大，群體分數離平均數愈大，標準差的數值會愈大，因而當群體成員的看法愈分歧時，標準差的測量值愈大。

以五點量表選項而言 ( 最小值為 1、最大值為 5、中位數為 3)，所有參與諮詢的成員若有偶數位，則標準差的數值介於 0 至 2.00 中間；就六點量表選項而言 ( 最小值為 1、最大值為 6、中位數為 3.5)，各選項分數標準差的數值介於 0 至 2.50 中間；就四點量表選項而言 ( 最小值為 1、最大值為 4、中位數為 2.5)，各選項分數標準差的數值介於 0 至 1.5 中間。若以標準差數值全距的一半作為臨界指標值，五點量表選項的標準差數值小於 1.00、六點量表選項的標準差數值小

於 1.25，表示樣本成員達成共識程度；較為嚴苛標準的臨界指標值為標準差全距的三分之一，四點量表選項的標準差在 0.50 以下、五點量表選項的標準差在 0.67 以下、六點量表選項的標準差在 0.83 以下。以標準差作為所有成員共識感的判別指標，其臨界指標值如下表：

| 量表型態 | 一般指標值 | 嚴格指標值 | 備註 |
| --- | --- | --- | --- |
| 四點量表 | ≦ 0.75 | ≦ 0.50 | 標準差介於 0 至 1.5 間 |
| 五點量表 | ≦ 1.00 | ≦ 0.67 | 標準差介於 0 至 2.0 間 |
| 六點量表 | ≦ 1.25 | ≦ 0.83 | 標準差介於 0 至 2.5 間 |

## 三、德懷術的限制

德懷術技術上雖然有以上的優點，但在方法與技術上仍有一些有待考量的問題：

### (一) 樣本代表性問題

德懷術雖屬問卷調查的一種，但其樣本通常很小，與一般問卷調查的樣本相較之下，二者人數相差甚大；此外，德懷術樣本的選取一般不是採用機率取樣，而是立意取樣，若是研究選取的諮詢個別成員未具代表性，或對主題的專業知識與經驗不夠，則研究所得的結果可能會有所偏誤或成員所獲致的共識有偏頗。為避免此項問題的發生，研究者在選取德懷術的樣本時，必須考量到以下幾個因素：一為成員的專業知識與經驗；二為儘量包含不同階層的人士，成員的同質性不應太高，所選的樣本能代表該領域或該階層的意見，如此，所得到的結果才不會有偏頗。

### (二) 時間的考量問題

德懷術研究程序一般要經過三至四回的調查問卷，每回合的問卷回收快則一星期、慢則二星期至一個月，多回合的意見調查過程中需要耗費大量的時間；此外，個別學者專家除了須具備專業的知能或實務經驗外，還須有高度的熱忱與參與感，若是選取成員的配合度不高或因事擱置無法填答問卷，容易造成人員的流失，影響研究結果的代表性。採用德懷術方法進行相關議題的研究時，研究者於

選取樣本程序時，必須詳細告知每位成員研究流程及可能需要的時間，如此，參與意見回應的個別成員才會有心理準備，不會因第二回合的調查問卷或第三回合的調查問卷的填答而厭煩。此部分實施的技巧，可於正式邀請時贈送個別成員一份小禮物，並提供研究者議題研究的整個流程，如此，可減少個別成員中途的流失。

### (三) 書面溝通的周延問題

非公開的書面互動方式固然降低了人際間溝通爭執或權威者效應的影響力，但相對地，此種只靠書面文字的溝通模式，可能也會犧牲團體社群的功能，減低群體面對面論辯之腦力激盪的效益，某些重要的核心概念或內涵純粹藉由書面文字的表達可能欠缺周延與完整性。為避免書面文字溝通的爭議，研究者在統整成員回應的意見時必須詳實周延，必須時可提供如範例中的意見修正摘要表，研究者對於某些回應意見於次一回合問卷題項中未加以修正的部分也要完整的說明，否則個別成員無法瞭解為何其意見未被採納的緣由。

## 四、德懷術的實施步驟

德懷術是問卷調查法的一種應用，與一般問卷調查法最大的差異有二：一為一般問卷調查法程序之正式問卷只施測一次，德懷術的調查問卷則施測三至四次；二為一般問卷調查法程序抽取的樣本數較大，德懷術調查問卷的填答對象人數約只有 15 至 25 位；三為一般調查問卷之正式問卷施測後不會再修改問卷題項內容，德懷術之調查問卷每次施測完後會根據受試對象所回應的內容，增修題項或修改題項內容。德懷術的實施程序可細分為以下幾個步驟：

### (一) 選擇學者專家作為德懷術的諮詢小組

德懷術實施的第一步在於挑選對研究主題有涉獵的學者專家，學者專家一般包括二個群體：第一個群體為學者，學者的專業知識領域受到人們的肯定，因而其作出的判斷或評析會較其他人更為客觀或更接近事實；第二個群體為於研究主題情境之實務工作者，實務工作者由於實際經驗，得知現實情況的情境，其評析的標準得以考量實務情境，因而意見的表達較為中肯、合理。作為德懷術諮詢小組成員，成員的樣本數雖然不多，但成員的代表性要很高，如能含括讓研究領域各階層的人員最佳。以中小學教師評鑑指標建標的訂定研究為例，作為德懷術的

學者專家應包括一般教育領域的學者、中小學的行政人員與教師，此外，也應納入主管教育行政機關的教育行政人員與家長代表。

**( 二 ) 根據研究主題編製問卷作為施測工具**

德懷術的問卷最好採用結構式的題項，若是指標變項的來源不明確，研究者可以先採用開放式問卷調查或訪談法或團體焦點訪談法，搜集樣本對相關議題的意見或看法，進而編製測量變項 ( 題項 )。問卷編製時，對於重要名詞研究者應予以明確定義說明或界定其操作型定義，避免產生曲解，誤導作答方向。

**1. 第一次德懷術問卷編製**

第一次問卷編製內容與一般問卷調查編製的測量工具類似，其中最大的差別在於德懷術問卷要增列「意見修正」欄，此欄在於讓諮詢小組成員對於測量題項的內容、詞句、合理性、適切性等提供具體明確的看法或修正。範例題項以「高雄市國民小學學校評鑑指標再建構之研究」問卷的部分題項指標為例 ( 王光明，2007)。

高雄市國民小學學校評鑑指標再建構調查問卷 ＜一＞

| 評鑑指標 | 重 要 性<br>非常不重要←→非常重要 | 請針對此題內容提供意見、修改建議及理由 |
|---|---|---|
| 1-1 學校能明確訂定符合學校特色之學校願景及教育目標，並能落實於校務經營與發展目標、教育活動。 | □1 □2 □3 □4 □5 | |
| 1-2 校長能具體闡述辦學理念，並能落實於校務發展。 | □1 □2 □3 □4 □5 | |
| 1-3 行政人員明確瞭解學校願景、教育目標及校長辦學理念，並能落實於各項行政計畫中推展。 | □1 □2 □3 □4 □5 | |
| 1-4 學校經營能體現學生為教育主體的理念。 | □1 □2 □3 □4 □5 | |
| 1-5 學校活動能具體顯現維護學童安全與尊嚴的理念。 | □1 □2 □3 □4 □5 | |

**2. 第二次德懷術問卷編製**

　　第二次德懷術問卷的測量題項或指標變項要根據第一次德懷術問卷調查結果加以整理，包括詞句修改、內容的增刪等，若是某一個指標變項學者專家都沒有提供修正意見或建議，則表示諮詢小組成員對此一指標變項的適切性認同。此外，為讓個別諮詢小組成員對整體成員的回應與同意程度，問卷中要增列第一次學者專家意見勾選的描述性統計量，一般包括眾數 ($M_O$)、平均數 ($M$)、標準差 ($SD$)，並提供個別樣本第一次填答的內容。當提供整體樣本的描述性統計量數據供填答者參考時，部分填答者可能改變原先的看法，以符應多數人的觀點，這是會議討論時的服從多數的行為；或是經由測量變項內容的修正，個別樣本也可能改變原先的態度或看法。第二次調查問卷內容的修正，必須根據第一次調查問卷個別成員在修正意見欄 ( 列 ) 表達的文字或書寫意見，加以統整分析，若是多數成員認為需要進行文字或內容增刪，研究者必須加以修正，否則之後調查問卷的共識感很難形成。

　　研究範例中，第二次德懷術的調查問卷在第一個項目 ( 理念與目標 ) 的評鑑指標根據專家的意見加以修訂簡化，由原先五個評鑑指標簡化為三個指標題項，原指標編號及題項內容：「1-3 行政人員明確瞭解學校願景、教育目標及校長辦學理念，並能落實於各項行政計畫中推展」、「1-1 學校能明確訂定學校願景及教育目標，並能落實於教學活動中」合併為一個指標：「1-1 學校能明確訂定符合學校特色之學校願景及教育目標，並能落實於校務經營與發展目標、教育活動」；原指標編號及題項內容：「1-2 校長能具體闡述辦學理念，並能落實於校務發展」，修正為「1-2 校長能具體闡述辦學理念，並能形成共識，落實於校務發展」；原指標編號及題項內容：「1-4 學校經營能體現學生為教育主體的理念」及「1-5 學校活動能具體顯現維護學童安全與尊嚴的理念」合併修正為一個指標題項「1-3 學校經營與教學活動能實踐學生為教育主體的理念。」

高雄市國民小學學校評鑑指標再建構調查問卷＜二＞

| 評鑑指標 | 重要性<br>非常不重要←→非常重要 | | | 請針對此題內容提供意見、修改建議及理由 |
|---|---|---|---|---|
| 1-1 學校能明確訂定符合學校特色之學校願景及教育目標，並能落實於校務經營與發展目標、教育活動。 | □1 □2 □3 □4 □5 | | | |
| 綜合全體專家之意見修正後的指標，原指標為： | 您第1次勾選 | 第一次描述統計量 | | |
| | | $M_o$ | $M$ | $SD$ | |
| 1-1 學校能明確訂定學校願景及教育目標，並能落實於教學活動中。 | | 5 | 4.72 | 0.98 | |
| 1-3 行政人員明確瞭解學校願景、教育目標及校長辦學理念，並能落實於各項行政計畫中推展。 | | 5 | 4.36 | 0.87 | |
| 1-2 校長能具體闡述辦學理念，並能形成共識，落實於校務發展。 | □1 □2 □3 □4 □5 | | | |
| 綜合全體專家之意見修正後的指標，原指標為： | 您第1次勾選 | 第一次描述統計量 | | |
| | | $M_o$ | $M$ | $SD$ | |
| 1-2 校長能具體闡述辦學理念，並能落實於校務發展。 | | 5 | 4.65 | 0.99 | |
| 1-3 學校經營與教學活動能實踐學生為教育主體的理念。 | □1 □2 □3 □4 □5 | | | |
| 綜合全體專家之意見修正後的指標，原指標為： | 您第1次勾選 | 第一次描述統計量 | | |
| | | $M_o$ | $M$ | $SD$ | |
| 1-4 學校經營能體現學生為教育主體的理念。 | | 5 | 4.65 | 0.89 | |
| 1-5 學校活動能具體顯現維護學童安全與尊嚴的理念。 | | 4.5 | 4.05 | 0.96 | |

【第一次專家意見彙整表】

第一次 DELPHI 檢核表專家意見彙整、指標修正對照表

| 第一次 DELPHI 檢核表<br>評鑑指標 | 第一次德懷術檢核表<br>專家小組之意見 | 修訂緣由與修正後<br>之評鑑指標 |
|---|---|---|
| 一、理念與目標 | | 一、理念與目標 |
| 1-1 學校能明確訂定學校願景及教育目標，並能落實於教學活動中。 | F：修正為「學校能明確……於教學活動」，「中」刪除。<br>G：已有國民小學教育目標，擬定願景僅是突顯在地性，願景的作用不像企業那樣重要。<br>J：修正為「學校能……，並能落實於校務經營與發展目標、教學活動中」。<br>K：應注意學校願景之型塑乃由下而上。<br>M：修正為「學校能明確訂定……，並落實於教育活動中」。<br>N：已有每學期課程計畫備查及抽查，建議刪除本項指標。<br>O：建議修改為：「能明確訂定符合學校特色之願景及教育目標……」用意為：不隨波逐流、盲目跟從，而要訂定符合學校特殊環境與特色之發展願景。<br>Q：修改為「學校能明確訂定符合學校特色之願景及教育目標，並能落實於教學活動中」。因先參考學校特色狀況再去結合社區資源訂定出願景。 | 綜合全體專家之意見修正指標：<br>1-1 學校能明確訂定符合學校特色之學校願景及教育目標，並能落實於校務經營與發展目標、教育活動。 |
| 1-2 校長能明列辦學理念及學校經營特色，並能落實於學校經營中。 | F：修正為「校長能明列……落實於學校經營」，「中」刪除。<br>J：修正為「校長能……，並能落實於校務發展中」。<br>L：修正為「校長能具體闡述辦學理念，……」。<br>M：「學校經營特色」放在「理念與目標」的向度下比較不恰當，建議刪除之。<br>O：建議此條刪除。透過全校的討論，其共識（包括願景及具體作法、計畫）已於指標1-1呈現。 | 綜合全體專家之意見修正指標：<br>1-2 校長能具體闡述辦學理念，並能落實於校務發展。 |
| 1-3 行政人員明確瞭解學校願景、教育目標及校長辦學理念，並能落實於各項行政計畫中推展。 | N：已有每學期課程計畫備查及抽查，建議刪除本項指標。<br>O：建議此條刪除。理由同上。<br>Q：刪除。理由：在指標1-1應含括。 | 刪除，在指標1-1已含括。 |
| 1-4 學校經營能體現學生為教育主體的理念。 | G：評鑑標準不易擬定。<br>H、L：修正為「學校經營能實踐學生為教育主體的理念」。<br>K：可否能和1-2加以整合。<br>N：較難量化評鑑，建議刪除本項指標。 | 綜合全體專家之意見修正指標：<br>1-3 學校經營與教學活動能實踐學生為教育主體的理念。 |

27

| 1-5 學校活動能具體顯現維護學童安全與尊嚴的理念。 | F：非僅在「學校活動」才顯現維護學童安全與尊嚴的理念，而是在全部的教學歷程均需注意，因此建議修正為「<u>學校各項行政作為及教學活動能具體……</u>」。<br>G：安全與尊嚴是各自獨立的概念，應分開列舉。<br>H：1. 安全與尊嚴屬性不同，宜分開。<br>　　2. 尊嚴是否為學生之教育主體的一項核心概念。<br>J：修正為「<u>學校經營與教學活動</u>能具體顯現……」。<br>L：修正為「學校活動能具<u>體呈現維護學童</u>……」。<br>N：較難量化評鑑，建議刪除本項指標。<br>O：建議此條刪除。因與上一指標概念相同，無須另立指標。能考量以學生為主體，理應當維護學生之安全與尊嚴。<br>Q：刪除。理由：在指標 1-4 應含括。 | 刪除，在指標 1-3 已含括。 |
| 建議增訂指標 | F：建議增訂指標 1-4 學校所有人員正確認識教育政策目標 ( 學校人員除了應熟悉學校願景外，對於整體教育政策或教育局各年度重點工作均應有正確的認識 )。 | 評估不易。<br>當前教育政策受外力 ( 政治 ) 影響，變動性、爭議性、突發性大，不宜列為評鑑指標。 |

註：A、B、C………P、Q 為德懷術專家小組成員代號，成員共 17 人。

### 3. 第三次德懷術問卷編製

　　將第二次回收資料加以統計分析中，於問卷中增列與第二次問卷調查不同的測量變項，並增列第二次全部學者專家回應的描述性統計量，包括眾數、平均數、標準差等；此外，應告知每位諮詢成員第二次調查問卷於每個題項指標的勾選情形。範例問卷中，根據第二次調查問卷專家的意見回應情形只進行指標項目 1-2 內容的修正，原指標題項內容為：「1-2 校長能具體闡述辦學理念，並能落實於校務發展」，修正為：「1-2 校長能具體闡述辦學理念，並能形成共識，落實於校務發展。」題項指標「1-1 學校能明確訂定符合學校特色之學校願景及教育目標，並能落實於校務經營與發展目標、教育活動。」所有專家均未提供修正意見，因而題項編號及指標內容保留；題項指標「1-3 學校經營與教學活動能實踐學生為教育主體的理念。」於第二次調查問卷時雖有一位個別成員提供修正意見，但考量指標評估的內涵與完整性，題項內容未加以修正。

### 高雄市國民小學學校評鑑指標再建構調查問卷＜三＞

| 評鑑指標 | 重 要 性<br>非常不重要←→非常重要 | | | | 請針對此題內容提供意見、修改建議及理由 |
|---|---|---|---|---|---|
| 1-1 學校能明確訂定符合學校特色之學校願景及教育目標，並能落實於校務經營與發展目標、教育活動。 | □ 1 □ 2 □ 3 □ 4 □ 5 | | | | |
| 全體專家無修正意見。 | 您 第 2 次勾選 | 第一次描述統計量 | | | |
| | | $M_O$ | $M$ | $SD$ | |
| | | 5 | 4.78 | 0.85 | |
| 1-2 校長能具體闡述辦學理念，並能形成共識，落實於校務發展。 | □ 1 □ 2 □ 3 □ 4 □ 5 | | | | |
| 綜合全體專家之意見修正之指標，原指標為：<br>1-2 校長能具體闡述辦學理念，並能落實於校務發展。 | 您 第 2 次勾選 | 第一次描述統計量 | | | |
| | | $M_O$ | $M$ | $SD$ | |
| | | 5 | 4.71 | 0.65 | |
| 1-3 學校經營與教學活動能實踐學生為教育主體的理念。 | □ 1 □ 2 □ 3 □ 4 □ 5 | | | | |
| 指標變項與第二次調查問卷相同，未加以修正。 | 您第 2 次勾選 | 第一次描述統計量 | | | |
| | | $M_O$ | $M$ | $SD$ | |
| | | 5 | 4.65 | 0.69 | |

## 【第二次專家意見彙整表】

### 第二次 DELPHI 檢核表專家意見彙整、指標修正對照表

| 第二次 DELPHI 檢核表評鑑指標 | 第二次德懷術檢核表專家小組之意見 | 修訂原由與修正後之評鑑指標 |
|---|---|---|
| 一、理念與目標 | | 一、理念與目標 |
| 1-1 學校能明確訂定符合學校特色之學校願景及教育目標，並能落實於校務經營與發展目標、教育活動。 | 全體專家無修正意見。 | 未修正。 |
| 1-2 校長能具體闡述辦學理念，並能落實於校務發展。 | O：建議修改為「校長能具體闡述辦學理念，並能形成共識，落實於校務發展」。<br>M：「具體闡述」感覺較難，「具體明列」是否較容易些？ | 修正指標為：<br>1-1-2 校長能具體闡述辦學理念，並能形成共識，落實於校務發展。 |
| 1-3 學校經營與教學活動能實踐學生為教育主體的理念。 | H：學校經營與教學活動是以學生為教者的主體。 | 未修正。 |

註：A、B、C……P、Q為德懷術專家小組成員代號，成員共 17 人。

筆者將德懷術整個研究流程統整如下圖：

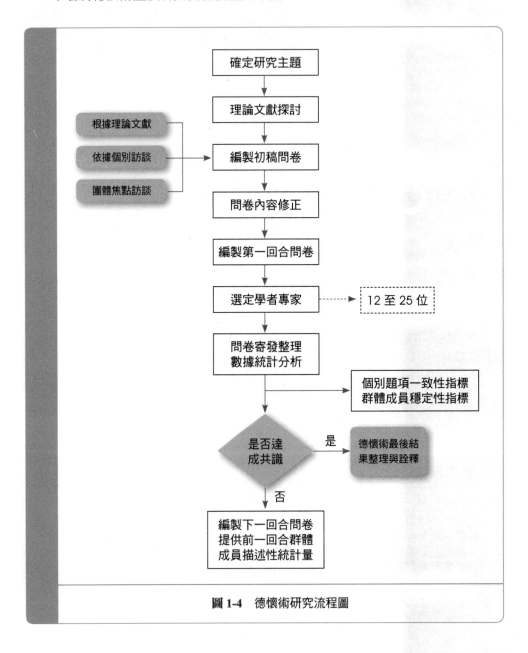

**圖 1-4　德懷術研究流程圖**

chapter

# 02

量化研究
論述的架構

「量化統計數據表格要完整化、真實化、統整化。」

「表格數據論述說明要合理化、價值化、明確化。」

# 壹、量化研究論文的架構

一般量化研究的基本架構可以分為五大章節，分別為緒論、文獻探討、研究設計與實施、結果與討論、結論與建議。以「華語文教師的情緒智能、外向性人格與其教學滿意度之相關研究」為例，論文的基本架構編排如下：

中文摘要

英文摘要

目次

表次

圖次

第一章　緒論

　第一節　研究背景與重要性

　第二節　研究動機與目的

　第三節　研究問題與方法

　第四節　名詞釋義

　第五節　研究範圍與限制

第二章　文獻探討

　第一節　華語文教師情緒智能的理論及其相關研究

　第二節　華語文教師外向性人格的理論及其相關研究

　第三節　華語文教師教學滿意度的理論及其相關研究

　第四節　華語文教師情緒智能、外向性人格與教學滿意度之相關研究

第三章　研究設計與實施

　第一節　研究架構

　第二節　研究假設

　第三節　研究對象

　第四節　研究工具

第五節　實施程度與進度
第六節　資料處理
第四章　研究結果與討論
第一節　依照研究問題逐一進行分析資料並進行假設檢定 I
第二節　依照研究問題逐一進行分析資料並進行假設檢定 II
第三節　對統計分析結果進行討論
．．．．
第五章　結論與建議
第一節　主要研究發現——第四章條列式摘要
第二節　結論——歸納發現
第三節　建議 ( 包括研究主要建議及進一步研究建議 )
參考文獻
中文部分——按筆劃排列
英文部分——按字母排列
附錄
[ 專家效度審核摘要表 ]
[ 預試問卷 ]
[ 正式問卷 ]

就論文通用格式來看，量化研究與質性研究論文架構最大的差異在於第三章研究設計與實施，此外，第四章資料分析的式態與呈現內容有很大的差異，質性研究以文字為骨幹，採用歸納法統整資料；量化研究以數字及表格為主體，採用演繹法進行假設檢定。質性研究通用的一般格式如下表：

中文摘要
英文摘要
目次／目錄
表次
圖次
第一章　緒論

第一節　研究背景

第二節　研究動機與目的

第三節　待答問題

第四節　名詞釋義

第二章　文獻探討

第一節　‧‧‧‧‧‧

第二節　‧‧‧‧‧‧

第三章　研究設計與實施

第一節　研究方法

第二節　研究對象或研究參與者

第三節　研究程序

第四節　研究信效度

第五節　資料整理與分析

第六節　研究者角色

第七節　研究倫理

第四章　研究結果與討論

第一節　研究結果

第二節　分析與討論

第五章　結論與建議

第一節　結論－歸納發現

第二節　建議－研究具體建議 & 未來研究的建議

第三節　研究者省思

參考文獻

中文部分──按筆劃排列

英文部分──按字母排列

附錄

　　量化論文章節架構中，名詞釋義為變項的概念型定義與操作型定義，因為在行為及社會科學領域中，有些變項會隨著研究者的不同而有不同的界定，因而研究者必須加以明確界定，才能讓讀者知悉。架構中的第一章主要就研究主題的重

要性、研究動機與目的、研究問題與方法、研究主要變項的意涵加以介紹。第二章的文獻探討應針對與研究主題有關的文獻或相關理論加以描述，研究者應聚焦於跟研究主題有密切關係者，對於文獻的整理研究者不應是一種資料的堆砌，而應把資料加以歸納整理，並加以批評。以範例主題為例，研究者在介紹何謂「情緒智能」(emotional intelligence) 定義或意涵時引用之前許多學者或他人對情緒智能的看法與論點，但最後卻沒有加以統整歸納提出個人對「情緒智能」一詞的界定，如此的撰寫是資料的堆疊，而不是資訊的呈現。在將文字內容轉換為表格型態時，表格內容過於冗長，佔了好幾頁的篇幅，無法突顯表格簡要的特性，此外，未對整理過的表格內容加以論述、評析或統整，如此的文獻探討與寫法，只是研究者將文獻內容堆砌成橫列式表格形式，而表格內容代表的真正意涵則留給讀者或委員自己體會。

　　第三章研究的設計與實施主要就研究架構、研究對象 ( 包含預試抽樣對象與正式抽樣對象 )、研究工具、研究假設與資料處理 ( 研究假設檢定採用的統計方法 ) 等加以說明，第三章為量化研究的骨幹，從此章中可使讀者完整地瞭解研究者整個研究的歷程，及如何進行研究的。第四章研究結果與討論為資料處理後的統計分析，各節資料處理採用的統計方法必須與之前的研究問題、研究假設相互呼應，結果分析方面必須根據呈現的數據以「中性」的語句撰寫，之後再將數據結果與之前的文獻相互對照，不論與先前他人研究的結果是否相同，研究者可根據數據結果進行數據背後原因或結果的可能論述，其論述的詞句只是研究者的一種推測，此種推測不能違背經驗法則或合理法則，研究者可採用的描述語如「……，對於此種結果，研究者論述可能的原因有以下幾點：……」。第五章結論與建議，結論乃根據第四章研究發現而得，由於第四章研究發現內容包含許多表格，又加上討論內容，因而研究者可將第四章資料統計分析的發現摘錄出來，而於第五章第一節「主要研究發現」中呈現，根據主要研究發現內容統整歸納為研究結論，並根據研究結論提出研究的建議及對未來研究的建議等。

　　第三章中的研究架構為整個研究的核心圖，若是相關研究，研究者必須詳列變項的關係，其中常用的符號中單箭號表示二個變項中一個為自變項、另一個為依變項，雙箭頭符號表示二個變項的相關。以範例左圖為例，架構圖中探討的問題為：「情緒智能與外向性人格是否有顯著相關？」、「不同情緒智能的教師所感受的教學滿意度是否有顯著不同？」、「不同外向性人格的教師所感受的教

學滿意度是否有顯著不同？」若是研究者認為「外向性人格」變項在整個研究中是作為中介變項，對自變項情緒智能而言，它是一個依變項，對依變項教學滿意度而言，它又是一個自變項，則研究架構圖可以繪之如右邊形式。

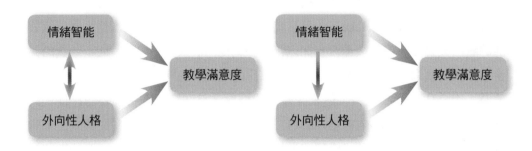

研究內文的引註與參考文獻的寫法均要依照美國心理學會 (American Psychological Association；簡稱 APA) 及國內一般論文的格式，如內文引註時，第一次在內文出現時，作者在五位以內時，五位作者的姓名要全部列出 ( 西文列出其姓氏 )。同時有多位中文作者時，撰寫的順序為依作者姓氏筆劃多寡排列；多位西文作者時，則依作者姓氏字母排序，若引註中同時有中文及西文，則中文作者在前、西文作者在後。中文的引註格式中有人採用「民國」，有人使用「西元」格式，二種格式均可使用，只要論文全文格式統一即可，但為符合國際化趨勢，近年來，多數學者提倡採用「西元」格式。至於表格式的資料彙整，為便於讀者看出年代的變化情形，可統一採用依「年代遠近」的順序排列，中文的資料在前、西文的資料在後。

多數學校碩博士論文口試的流程為選定指導教授、確定研究主題、提出論文計畫、依修改計畫內容進行研究、提出論文口試。研究計畫的內容一般為正式論文的前三章，包括第一章緒論、第二章文獻探討、第三章研究設計與實施。研究計畫第一章緒論和正式論文或研究成果的主要差異，在於研究計畫中通常會增列一節預期效益或研究價值性或研究貢獻，由於研究有正向的效益存在或價值性存在，所以論文才有研究的必要性與合理性，如果研究者認為研究沒有預期效益或貢獻，則研究就不值得繼續進行。以國民中學學生學習壓力的調查研究為例，研究計畫中研究者論述的預期效益為：

**1.** 從實徵調查研究中可以瞭解目前國民中學學生學習壓力的實際情形，以驗證

教育行政單位所宣示的：目前教改政策可以減輕國民中學學生的學習壓力之情況是否符合。

**2.** 研究調查可以瞭解國民中學學生的學習壓力的事項以作為學校教學輔導的參考，並作為國民中學階段教育相關制度改革及實務政策推展的參考。

範例為「華語文教師的情緒智能、外向性人格與其教學滿意度之相關研究」的研究計畫格式架構：

目次

表次

圖次

第一章　緒論

　　第一節　研究背景與重要性

　　第二節　研究動機與目的

　　第三節　研究問題與方法

　　第四節　名詞釋義

　　[ 第五節　研究範圍與限制 ]

　　第六節　預期效益／研究價值貢獻

第二章　文獻探討

　　第一節　華語文教師情緒智能的理論及其相關研究

　　第二節　華語文教師外向性人格的理論及其相關研究

　　第三節　華語文教師教學滿意度的理論及其相關研究

　　第四節　華語文教師情緒智能、外向性人格與教學滿意度之相關研究

第三章　研究設計與實施

　　第一節　研究架構

　　第二節　研究假設

　　第三節　研究對象

　　第四節　研究工具

　　第五節　實施程序與進度

　　第六節　資料處理

附錄

[ 專家效度審核摘要表 ]

[ 預試問卷 ]

[ 正式問卷 ]

　　研究計畫提出時會於第三章增列一節研究的程序與進度，此節旨在說明研究進行的整個流程度，通常研究者會以研究流程的甘梯圖／甘特圖 (Grant chart/ time-line chart) 表示。甘梯圖一般有以下二種形式，第一欄的工作項目，研究者可以根據自己的計畫內容主要進程呈現。

　　研究進程甘梯圖的第一種形式：

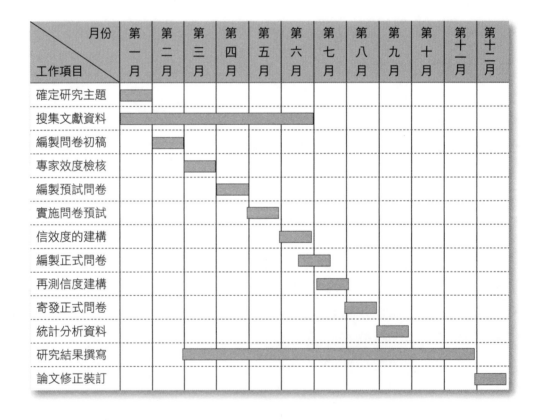

| 月份＼工作項目 | 第一月 | 第二月 | 第三月 | 第四月 | 第五月 | 第六月 | 第七月 | 第八月 | 第九月 | 第十月 | 第十一月 | 第十二月 |
|---|---|---|---|---|---|---|---|---|---|---|---|---|
| 確定研究主題 | ■ | | | | | | | | | | | |
| 搜集文獻資料 | ■ | ■ | ■ | ■ | ■ | ■ | | | | | | |
| 編製問卷初稿 | | ■ | | | | | | | | | | |
| 專家效度檢核 | | | ■ | | | | | | | | | |
| 編製預試問卷 | | | | ■ | | | | | | | | |
| 實施問卷預試 | | | | | ■ | | | | | | | |
| 信效度的建構 | | | | | | ■ | | | | | | |
| 編製正式問卷 | | | | | | | ■ | | | | | |
| 再測信度建構 | | | | | | | ■ | | | | | |
| 寄發正式問卷 | | | | | | | | ■ | | | | |
| 統計分析資料 | | | | | | | | | ■ | | | |
| 研究結果撰寫 | | | | ■ | ■ | ■ | ■ | ■ | ■ | ■ | ■ | |
| 論文修正裝訂 | | | | | | | | | | | | ■ |

研究進程甘梯圖的第二種形式：

| 月份\\工作項目 | 第一月 | 第二月 | 第三月 | 第四月 | 第五月 | 第六月 | 第七月 | 第八月 | 第九月 | 第十月 | 第十一月 | 第十二月 |
|---|---|---|---|---|---|---|---|---|---|---|---|---|
| 確定研究主題 | ■ | | | | | | | | | | | |
| 搜集文獻資料 | | ■ | ■ | ■ | ■ | ■ | | | | | | |
| 編製問卷初稿 | | ■ | | | | | | | | | | |
| 專家效度檢核 | | | ■ | | | | | | | | | |
| 編製預試問卷 | | | | ■ | | | | | | | | |
| 實施問卷預試 | | | | | ■ | | | | | | | |
| 信效度的建構 | | | | | | ■ | | | | | | |
| 編製正式問卷 | | | | | | | ■ | | | | | |
| 再測信度建構 | | | | | | | | ■ | | | | |
| 寄發正式問卷 | | | | | | | | | ■ | | | |
| 統計分析資料 | | | | | | | | | ■ | | | |
| 研究結果撰寫 | | ■ | ■ | ■ | ■ | ■ | ■ | ■ | ■ | ■ | ■ | |
| 論文修正裝訂 | | | | | | | | | | | | ■ |

# 貳、量化研究論文呈現原則

　　量化研究數據儘量要以「圖」、「表」方式將統計結果呈現，再輔以文字說明，因為將數字結果轉化為圖表結果會較為清晰。量化研究的結果呈現要把握以下幾個原則：

## 一、真實數值──真實性的結果

　　根據搜集之資料進行統計分析，統計分析須依據研究問題與研究假設，不論統計分析結果是否達統計上顯著水準 ($p < \alpha$，第一類型錯誤率之顯著水準 $\alpha$ 一般設為 .05)，均須把資料分析結果真實地呈現。將搜集資料之統計分析結果真實的呈現，是一項非常重要的研究倫理，研究者切勿亂改數據結果或呈現不真實的數據報表，即使統計分析結果無法支持多數的研究假設，研究本身多少均有其價值

性，如之後的研究者從事相類似的研究，可以修改之前研究的架構、採用不同的測量工具與更嚴謹的抽樣方法等。真實數據表示的研究者對整個研究論文的負責態度，在實驗研究中，研究者要詳實記載實驗所得或觀察的數據；問卷調查中，研究者要詳實鍵入受試者勾選或回應的內容資料；統計分析程序要依據分析輸出結果詳實呈現數據表格，量化研究的歷程絕不能任意竄改輸出結果或實驗數據。

## 二、完整報表──數據的完整性

呈現的數據必須完整，如變異數分析中應呈現完整的變異數分析摘要表，而不應只呈現 F 統計量，因為變異數分析摘要表中的 F 統計量是組間平方和、組內平方和、組間均方 ( 處理效果均方值 ) 與組內均方值導出，若研究者能將整個變異數分析摘要表呈現，則能讓讀者對輸出結果有更清晰的瞭解；如多變量變異數分析中，除了呈現多變量統計量外，也應呈現交乘積和與平方和 (sum of squares and cross product) 矩陣 ( 簡稱 SSCP 矩陣 )；因素分析中除呈現轉軸後的因素負荷量矩陣外，也應呈現各共同因素的特徵值與各測量指標項目的共同性。

## 三、客觀詮釋──依據數據說話

量化研究的數據是中性的，不論是否達到統計顯著水準皆有其意義存在，統計數值雖是中性的，但數值結果背後的意義，研究者可以進一步去詮釋。如研究者在進行國小學生學習壓力的調查研究中，調查統計分析前，社會媒體或多數教師宣稱「……課程改革造成國小學生的學習壓力更大……」，但研究者調查分析的結果數據，有效樣本在學習壓力感受的總平均數為 2.90 分 ( 測量工具的型態為李克特五點量表法 )，低於中位數 3 分，顯示國小學生所感受的學習壓力不高，研究者調查分析的結果與經驗法則的差距甚大，此時，研究者應針對此種現象加以客觀詮釋，並推論可能的原因。量化研究資料分析結果若發現與邏輯法則、經驗法則或之前多數研究不同，研究者應就其可能原因加以探究：也許是一項創新的發現，也許是測量工具的偏誤、也許是抽樣誤差的不同、也許是時空情境不同等因素所造成的。

## 四、統整歸納──資訊而非資料

量化之統計分析結果所要呈現的數據資訊 (information)，而非是原始報表結

果，原始報表輸出結果是尚未統整的資料 (data)，數據資訊是完整、簡約而有系統性的。有些研究者在統計分析數據表格的呈現時，直接將 SPSS 統計軟體輸出的格式直接複製，造成表格過於紛亂欠缺系統性與簡約。如在變異數分析中，未將事後多重比較結果整理，直接將多重事後比較表格數據呈現出來。量化研究的數據表格除重視完整外與真實性外，也要關注系統性與資料的統整歸納。

數化研究結果呈現主要以「數字」為主，但要將統計量數有系統地呈現出來，最好採用「表格」方式，研究者必須將各統計量數整理成表格形式，再輔以文字的說明，如此讀者才易於明瞭，並增加論文的可讀性，若是第四章研究結果之表格太多，可將部分表格移往最後「附錄」的內容。以高職學生在生活壓力五個向度的單題平均數而言，研究者將之整理成如下表格，再輔以文字說明，讀者很快就看出高職學生生活壓力感受的程度。

**表 2-1**　高職學生在五個生活壓力向度之單題平均得分

| 生活壓力向度 | 學校壓力 | 家庭壓力 | 個人壓力 | 情感壓力 | 升學壓力 |
|---|---|---|---|---|---|
| 單題平均數 | 3.52 | 4.85 | 3.12 | 2.15 | 4.23 |
| 換算百分比值 | 63.00% | 96.25% | 53.00% | 28.75% | 80.75% |

從上表中可以看出，高職學生在「學校壓力」、「家庭壓力」、「個人壓力」、「情感壓力」、「升學壓力」五個生活壓力向度之單題平均得分分別為 3.52、4.85、3.12、2.15、4.23，其中以「家庭壓力」向度 ( 分量表 ) 單題的平均得分最高，換算成百分比值達 96.25% ( 各壓力向度的總分為 100 分時，受試者在家庭壓力的得分高達 96.25 分 )，可見高職學生之生活壓力的感受程度以「家庭壓力」最高；至於「情感壓力」向度 ( 分量表 ) 單題的平均得分只有 2.15，換算成百分比值只有 28.75% ( 各壓力向度的總分為 100 分時，受試者在情感壓力的得分只有 28.75 分 )，因而高職學生所知覺的「情感壓力」並不高。

量化研究除將數字整理成系統表格外，重要的表格最好也能輔以圖的方式呈現，SPSS 功能列「統計圖 (G)」可以繪製各種統計圖，除直接採用 SPSS 繪製圖表外，研究者也可以使用微軟 Excel 試算表的圖表精靈來繪製各式圖表。在圖表大小方面，最好能符合黃金分割比大小，即長與寬的比值約為 5:3 ( 圖的長度約為圖寬度的 1.67 倍 )。在標題列的呈現方面，表與圖不同，表的標題列在表格之

上 ( 靠左對齊 )，而圖的標題註解須置放於圖的下方 ( 置中對齊 )，即所謂「表上圖下」。若是表格太長，需要分頁呈現時，另一頁起始處之表也要加上表號及表的標題，並於標題的後面加註「續」字，表示此表是接續前面的表格。

上述生活壓力五個向度單題平均得分之立體直方圖如下：

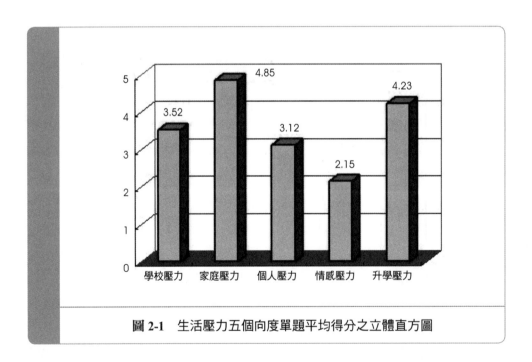

圖 2-1　生活壓力五個向度單題平均得分之立體直方圖

在一個自殺傾向的調查研究中，全部有效樣本 800 位，其中有自殺傾向者有 125 位，沒有自殺傾向者有 675 位。二類樣本人數之立體圓形圖如下：

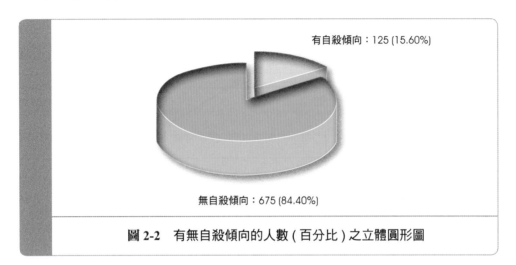

有自殺傾向：125 (15.60%)

無自殺傾向：675 (84.40%)

**圖 2-2　有無自殺傾向的人數 ( 百分比 ) 之立體圓形圖**

在公立高職、私立高職不同學校類型之高職學生在五個生活壓力向度之單題平均得分除以表格呈現外，也可以採用直方圖或折線圖呈現，如此更能明確二種不同學校類型的學生在生活壓力感受現況的比較。

**表 2-2　不同學校類型之高職學生在五個生活壓力向度之單題平均得分**

| 學校類型 | 學校壓力 | 家庭壓力 | 個人壓力 | 情感壓力 | 升學壓力 |
|---|---|---|---|---|---|
| 公立 | 3.95 | 2.98 | 3.12 | 2.24 | 4.46 |
| 私立 | 3.10 | 4.86 | 3.74 | 3.10 | 4.00 |

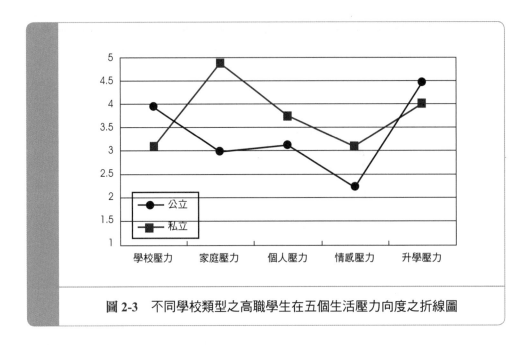

**圖 2-3　不同學校類型之高職學生在五個生活壓力向度之折線圖**

在一項高中學生性別 ( 名義二分變項 ) 與年級 ( 名義三分變項 ) 在生活壓力是否有顯著交互作用的假設檢定，樣本資料之二因子變異數分析輸出整理表格如下：

**表 2-3　不同高中學生性別與年級在生活壓力變項之細格平均數與邊緣平均數摘要表**

| 年級<br>性別 | 高一 | 高二 | 高三 | 邊緣平均數 |
|---|---|---|---|---|
| 男生 | 4.900 (n=10) | 9.500 (n=10) | 6.400 (n=10) | 6.933 (n=30) |
| 女生 | 9.800 (n=10) | 5.000 (n=10) | 11.800 (n=10) | 8.867 (n=30) |
| 邊緣平均數 | 7.350 (n=20) | 7.250 (n=20) | 9.100 (n=20) | |

表 2-4 不同高中學生性別與年級在生活壓力變項之二因子變異數分析摘要表

| 來源 | 型 III 平方和 | 自由度 | 平均 平方和 | F 檢定 | 顯著性 | 淨相關 Eta 平方 |
|------|------|------|------|------|------|------|
| 性別 | 56.067 | 1 | 56.067 | 7.905 | .007 | .128 |
| 年級 | 43.300 | 2 | 21.650 | 3.052 | .055 | .102 |
| 性別 * 年級 | 311.033 | 2 | 155.517 | 21.927 | .000 | .448 |
| 誤差 | 383.000 | 54 | 7.093 | | | |
| 校正後的總數 | 793.400 | 59 | | | | |

從二因子變異數分析摘要表中可以發現：

1. 性別變項的主要效果達到顯著 (F = 7.905，p = .007 < .05)，表示高中男生與高中女生在生活壓力的感受有顯著的不同；年級變項的主要效果未達 .05 顯著水準 (F = 3.052，p = .055 > .05)，表示不同年級的高中學生在生活壓力的感受沒有顯著的差異存在。

2. 性別與年級變項在生活壓力的交互作用項達到顯著水準 (F = 21.927，p = .000 < .05)，表示不同學生性別變項在生活壓力的差異會受到學生年級變因的影響；或是不同學生年級變項在生活壓力的差異會受到學生性別變因的影響。

【提示】

SPSS 統計軟體於統計分析程序中，顯著性機率值 p 的小數點內定輸出至小數第三位，若是顯著性 p 值出現 .000，並不是表示真正的 p 值為 0，研究者不能論述拒絕虛無假設的錯誤率為 0，因為真正的 p 值可能為 .00005 或 .000003，統計輸出結果的顯著性 p 值為四捨五入值，因而若是報表顯著性機率 p 的數值等於 .000，研究者最好將顯著性表示為：「p < .001」，範例交互作用項的適當表示為：

「性別與年級變項在生活壓力的交互作用項達到顯著水準 (F = 21.927，p < .001)，表示不同學生性別變項在生活壓力的差異會受到學生年級變因的影響；或是不同學生年級變項在生活壓力的差異會受到學生性別變因的影響。」

上述二因子交互作用項顯著，其交互作用圖如下：

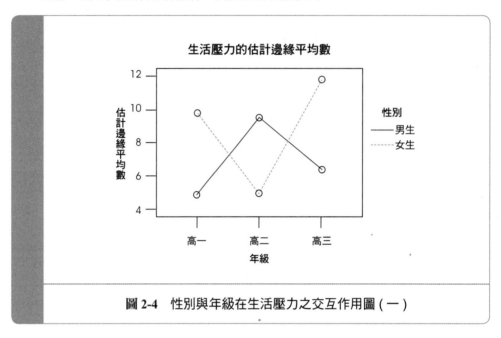

圖 2-4　性別與年級在生活壓力之交互作用圖 ( 一 )

　　從上圖中可以發現：就高中一年級與高中三年級學生而言，女生的學習壓力高於男生的學習壓力；但就高中二年級學生而言，男生的學習壓力反而高於女生的學習壓力。至於各年級群體中，男女生學習壓力平均數的差異是否達到顯著水準，必須進一步進行單純主要效果檢定方能得知。

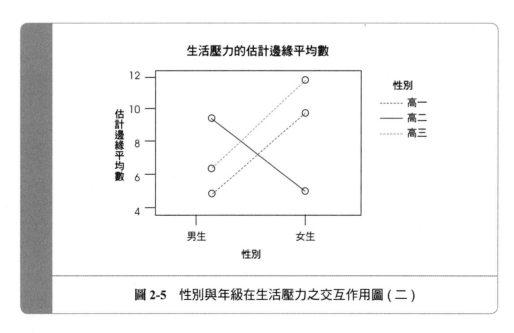

圖 2-5　性別與年級在生活壓力之交互作用圖 ( 二 )

年級變項在生活壓力的差異受到學生性別變因的影響，就高中男生而言，高二學生在生活壓力測量值的平均數高於高三學生及高二學生；但就高中女生而言，高二學生在生活壓力測量值的平均數則低於高三學生及高二學生。就男生群體而言，以高二男學生的平均數最高、高一男學生的平均數最低；就女生群體而言，以高三女學生的平均數最高、高二女學生的平均數最低。

數化研究的數據若能配合表及圖的整合，則能使讀者對於統計量數有更明確與清晰的瞭解。表或圖的標題要配合變項及統計量數的屬性，其中表的標題要置放於表的上端並置左，而圖的標題要置於該圖的下方並置中。

量化研究論文的呈現要藉由「數值、圖、表」等輔助，配合文字解析，數值是量化研究的核心，文字是質性研究的中心，數值的呈現若沒有藉由表格形式出現，會顯得過於凌亂，表格是統計量數數值的骨架，表格中的統計量數是表格內的實體，數值藉由表格的呈現才能呈現完整、系統的面貌；表格內的統計量數要有實質意義，才能讓表格更有活力。量化研究的論文若是沒有表格與數值，則無法完整、明確的說明數據或相關統計量數的意義與變項間的關係。表格的呈現必須是統整後的有意義資訊，而非是統計分析軟體直接執行後的結果資料，資料表格是未經整理的、有些數據是多餘時、有些數值內容是累贅重複的；資訊表格的數值是有意義的、表格是完整、簡約的。

再以國小學生家庭結構調查為例，研究者將四種型態的家庭結構人次及百分比以表格「國小學生家庭結構四種型態之次數分配表」呈現，可以讓讀者很明確知悉四種型態的有效人次及其所佔百分比。從此表中可以發現：有效樣本數為461位、家庭結構屬單親家庭的樣本人次有151位、佔全體的32.8%；屬核心家庭的樣本人次有186位、佔全體的40.3%；屬大家庭的樣本人次有105位、佔全體的22.8%；屬隔代教養家庭的樣本人次有19位、佔全體的4.1%。四種型態家庭結構百分比的排序分別為核心家庭、單親家庭、大家庭、隔代教養家庭。

表 2-5　國小學生家庭結構四種型態之次數分配表

| 家庭結構 | 次數 | 百分比 | 有效百分比 | 累積百分比 | 百分比排序 |
|---|---|---|---|---|---|
| 單親家庭 | 151 | 32.8 | 32.8 | 32.8 | 2 |
| 核心家庭 | 186 | 40.3 | 40.3 | 73.1 | 1 |
| 大家庭 | 105 | 22.8 | 22.8 | 95.9 | 3 |
| 隔代教養 | 19 | 4.1 | 4.1 | 100.0 | 4 |
| 總和 | 461 | 100.0 | 100.0 | | |

　　量化研究的數據或統計量除了以表格形式呈現外，若干數據也可以圖方式呈現，屬於計量變數 ( 連續變項 ) 常以直方圖、莖葉圖或折線圖表示，屬於計質變項 ( 間斷變項 ) 常以直條圖 ( 長條圖 ) 或圓餅圖等表示。範例中家庭結構變項四個型態的人次及百分比以「圓餅圖」圖示如下：從圓餅圖可以看出，四種型態的家庭結構所佔的區塊以核心家庭最大，其次是單親家庭、大家庭，而以隔代教養家庭型態的最小。

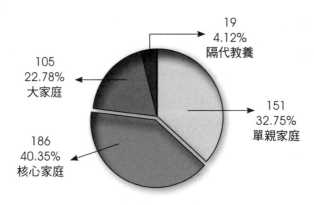

　　範例中家庭結構變項四個型態的人次及百分比以長條圖圖示如下：

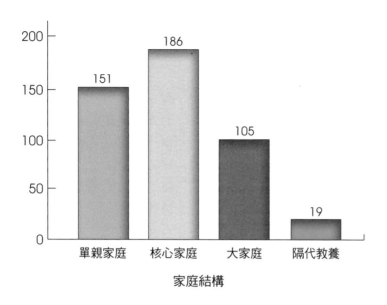

## 【統計圖的製作與編修】

　　統計分析數據之各種統計圖的繪製及編修，研究者可使用微軟開發的試算表 (Excel) 應用軟體，或直接使用 SPSS 統計應用套裝軟體。在 SPSS PASW 套裝軟體功能表視窗列有一個「統計圖 (G)」的功能表，可以繪製各種量化研究中常用的標準圖 (standard chart)。以「圖餅圖」的繪製為例，其簡要操作如下：

1. 執行功能列「統計圖 (G)」／「歷史對話記錄 (L)」／「圓餅圖 (P)」程序。
2. 開啟「圖餅圖」對話視窗，選取內定選項「⊙ 觀察值組別之摘要 (G)」，選『定義』鈕。
3. 開啟「定義圖餅圖：採觀察值組別之摘要」對話視窗，在左邊變數清單中選取標的變數「家庭結構」，將標的變數「家庭結構」選入右邊「定義圖塊依據 (B)」下的方格中，按『確定』鈕。

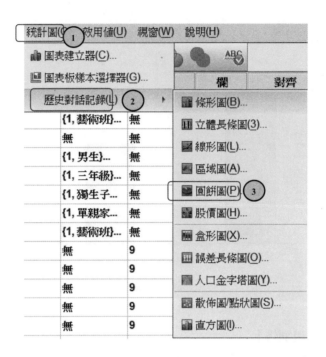

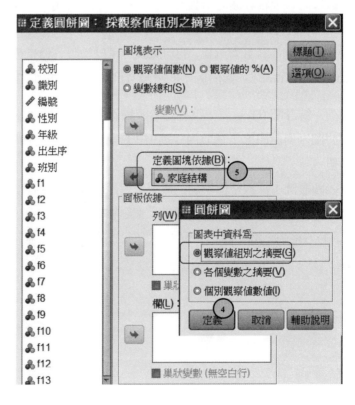

　　PASW 圖形的編修與試算表圖形編修的操作程序大同小異，滑鼠點選要編修的物件上連按左鍵二下，即可開啟物件相對應的圖編輯器 (chart editor)。繪製圖形的數據可以直接使用原始資料檔變數或使用輸出結果後的表格資料，此種表格數據繪製的圖形即利用樞軸表二手的數據，二手數據的獲得是之前已執行過統計分析程序，經由統計分析程序所整理的數據。

　　範例中以不同性別 ( 男生、女生二個群體 ) 在家庭結構型態之交叉表為例，研究者想探究的是不同性別的四個家庭結構型態的樣本數分配情形。SPSS PASW 統計軟體的操作如下：

**1.** 執行功能表「敘述統計 (E)」／「交叉表 (C)」執行程序。

**2.** 開啟「交叉表」的對話視窗，在左邊變數清單中將標的變數一「性別」選入中間「列 (W)」下的方盒中、將標的變數二「家庭結構」選入中間「欄 (C)」下的方盒中，按『確定』鈕。（如果研究者要增列行、列及總和百分比，按『儲存格 (E)』鈕，可開啟「交叉表：儲存格顯示」次對話視窗；如果執行程序要輸出交叉表相關統計量，如卡方值、列聯係數等，按『統計量 (S)』鈕，可開啟「交叉表：統計量」次對話視窗 )。

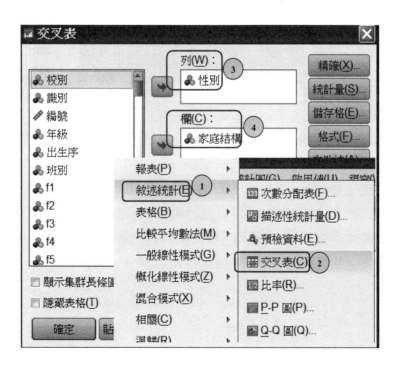

於「PASW Statistics View」輸出視窗中，交叉表輸出的主要表格內容如下，將滑鼠移往各表格上會出現「連按二下來啟動」的提示語，當研究者於表格上連按二下時可開啟表格編修狀態。

**性別 * 家庭結構 交叉表**

個數

| | | 家庭結構 | | | | 總和 |
|---|---|---|---|---|---|---|
| | | 單親家庭 | 核心家庭 | 大家庭 | 隔代教養 | |
| 性別 | 男生 | 80 | 81 | 48 | 11 | 220 |
| | 女生 | 71 | 105 | 57 | 連按二下來啟動 | 241 |
| 總和 | | 151 | 186 | 105 | | 461 |

**3.** 於「性別 * 家庭結構交叉表」中連按滑鼠左鍵二下，開啟表格編修狀態，此狀態稱為樞軸表，按滑鼠左鍵不放選取中間交叉表八個細格。

**性別 * 家庭結構 交叉表**

統計 個數 ▾　　　　　　選取標的細格數據

| | | 家庭結構 | | | | 總和 |
|---|---|---|---|---|---|---|
| | | 單親家庭 | 核心家庭 | 大家庭 | 隔代教養 | |
| 性別 | 男生 | 80 | 81 | 48 | 11 | 220 |
| | 女生 | 71 | 105 | 57 | 8 | 241 |
| 總和 | | 151 | 186 | 105 | 19 | 461 |

**4.** 於樞軸表開啟狀態，按滑鼠右鍵出現快顯功能表選單，選取「建立圖形」／「條形圖 (B)」選項，可以繪出選取細格數據的條形圖 ( 建立圖形下的次選項共有五種圖形：條形圖、點圖、線形圖、區域圖、圓餅圖 )。樞軸表開啟狀態下，可進行儲存格文字及格式編修，或整個表格的編修，操作程序為：選取儲存格，執行功能列「格式 (O)／「儲存格性質 (C)」程序，或執行功能列「格式 (O)／「表格性質 (T)」程序。

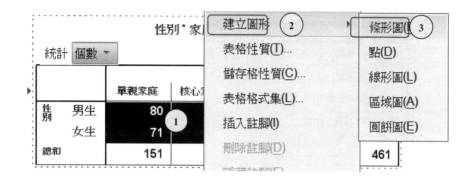

性別 * 家庭結構交叉表
統計：個數

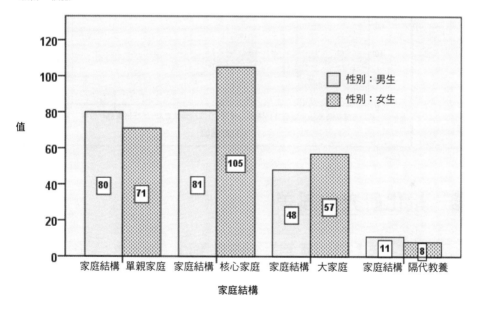

　　滑鼠移往圖形物件上，也會出現「連按二下來啟動」的提示語，此時，若連按滑鼠左鍵二下可開啟「圖表編輯器」，圖表編輯器的視窗界面操作與試算表類似，編修操作的程序為選取物件，按滑鼠右鍵可以開啟快顯功能表選項，選取第一項「內容視窗」選項，或直接選取標的物件，連按滑鼠左鍵二下，均可以開啟「內容」編修的對話視窗。物件編修完後，『套用』鈕，之後再按功能表「檔案(F)」／「關閉(C)」執行程序，關閉「圖表編輯器」視窗。

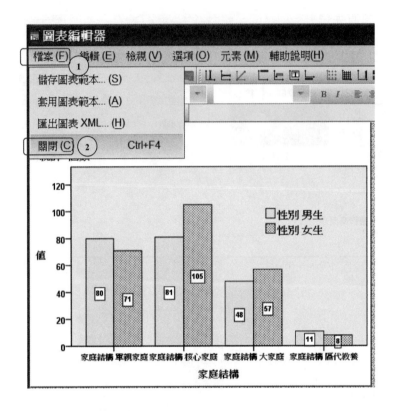

# 參、量化研究的誤差

　　量化研究為從樣本統計量來推估母群體真正性質或特徵，當各階段的誤差 (error) 值愈小或研究設計愈嚴謹，則測量結果愈能反映出母群體真正的特徵或屬性。量化研究設計中誤差項的主要來源為：

## 一、測量工具的誤差

　　題項編製不適切，量表的信效度不佳，修訂編製的量表／測驗未經預試等都是測量工具誤差的來源。如研究者以高中生為研究對象，卻直接選用原先以大學生為受試對象的量表作為研究測量工具之一，由於大學生與高中生為不同的群體屬性，量表未經修訂或編修即直接採用是不適切的，此外，就相同的群體而言，測量工具直接採用也應考量到的時間性問題，所謂時間性問題是原編製者編製量表的時間與研究者目前進行研究採用的時間應在五年以內 ( 嚴格標準為三年

以內 )，若是原先量表編製時間已超過五年，直接作為研究測量工具也是不適切的，因為社會脈動與大環境的改變，許多事象及社會現象也會隨時改變。

另一個誤差來源為研究者直接採用的量表或測驗，其原先編製修訂後的信度不高或效度不佳，或某些題項內容詞句的敘述或表達不順暢，但研究者未加以修訂並進行預試，因怕麻煩而直接採用，作為研究測量工具之一。由於量表本身的信效度就不佳，直接作為研究的測量工具，經由測量工具獲致的數據資料當然與原始母群體真正屬性有很大的差異。

## 二、抽樣程序的誤差

未採取機率抽樣，而採用立意取樣，造成抽取之樣本的代表性不足。推論統計中，分析的樣本 (sample) 是從標的母群體 (population) 抽出，要從樣本的屬性特徵類推到母群體的屬性特徵，分析的樣本必須與標的母群的屬性特徵相同，即分析的小樣本資料屬性必須能真正反映樣本所歸屬的母群，如果從母群抽取的樣本無法有效或真正反映母群的性質，則以樣本的統計量數 (statistics) 推論母群的參數／母數 (parameter)，其間會有很大的誤差值。

要讓分析樣本群體的統計量數能作為母群體參數的有效估計值，研究抽取樣本要能真正代表母群體，研究抽取的小樣本要能有效代表實際大樣本母群體的性質，研究取樣時應採取機率抽樣法，以隨機抽取法從母群體選取樣本，若是研究者直接採用非機率抽樣法，則從抽取樣本推論至母群體的屬性特徵時會有較大的誤差。當然研究有研究可行性存在，當採用機率抽樣法無法選取到足夠的樣本時，或研究母群屬於特殊群體時，研究者可採用非機率抽樣法，非機率抽樣法如立意抽樣 (purposive sampling) 或滾雪球抽樣 (snowball sampling) 法等彈性取樣方法。抽取樣本屬性特徵無法有效反映樣本母群體的真正屬性特徵時，從樣本獲取的數據統計量數也無法有效作為母數的估計值，無代表性的樣本群體與母群關係之圖示如下。從圖示中可以發現抽取分析樣本的成員種類型態只有二種，但標的母群的成員型態有五種，研究者抽取樣本的屬性的代表性明顯不足。

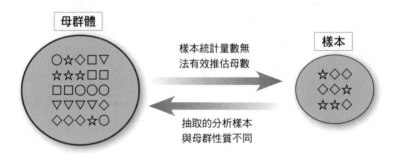

## 三、資料檢核的錯誤

　　資料鍵入不正確，極端的偏離值未發現，造成測量分數加總或轉換的錯誤。就實驗研究程序而言，研究者在抄錄實驗數據時將小數點位置寫錯或將數據抄錯，如原始數據為 10.85，研究者誤寫或抄錄為 108.5 或 1.085，整個統計分析結果就會錯誤；或是問卷調查回收的問卷鍵入電腦時，將數值輸入錯誤，如將選項 5 鍵入 55，或將選項 2 鍵入成 222，由於數據有偏離值或極端值 (outlier) 出現，影響到統計分析結果各種統計量數的正確性。此部分，研究者在抄錄實驗數據時要格外注意，要作好檢核比對的程序；此外，為避免輸入電腦的資料檔有誤，研究者可使用 SPSS 統計分析軟體進行資料查核，如以描述性統計量查看各變數的最小值、最大值，若是最小值或最大值出現不合理數值，表示資料鍵入有誤，所謂不合理數據如學生成就測驗成績的最低分為 0 分、最高分為 100 分，若是最小值出現負數、最大值高於 100，則表示鍵入的資料有誤。再以國中學生 100 公尺的測驗時間為例，多數為 11 至 25 秒間，如果研究的數據出現個位數的秒數或有三位數以上的數值，表示原始資料有極端值存在 ( 不合理的量數或不太可能的測量值 )。

　　資料檢核的另一個方法是檢核變數的次數分配表或測量值分佈圖。如研究者採用的量表為李克特六點量表，則次數分配表中變項的水準數值只有 1、2、3、4、5、6 等六種測量值，排除研究者自訂的遺漏值外，若出現其餘數值表示資料鍵入有誤。下述範例為 25 位學生 100 公尺的測驗成績，由於研究者小數點的登錄錯誤，出現一位測量值為 185.4 秒的不合理數值。

| 極端值或偏離值的莖葉圖 | | | 正確測量值的莖葉圖 | | |
|---|---|---|---|---|---|
| 時間 Stem-and-Leaf Plot | | | 正確時間 Stem-and-Leaf Plot | | |
| Frequency | Stem & | Leaf | Frequency | Stem & | Leaf |
| 3.00 | 13 . | 026 | 3.00 | 13 . | 026 |
| 3.00 | 14 . | 235 | 3.00 | 14 . | 235 |
| 3.00 | 15 . | 256 | 3.00 | 15 . | 256 |
| 3.00 | 16 . | 557 | 3.00 | 16 . | 557 |
| 4.00 | 17 . | 5667 | 4.00 | 17 . | 5667 |
| 2.00 | 18 . | 48 | 3.00 | 18 . | 458 |
| 2.00 | 19 . | 26 | 2.00 | 19 . | 26 |
| 2.00 | 20 . | 25 | 2.00 | 20 . | 25 |
| 1.00 | 21 . | 3 | 1.00 | 21 . | 3 |
| 1.00 | 22 . | 6 | 1.00 | 22 . | 6 |
| 1.00  Extremes | | (>=185.4) | | | |
| Stem width: | 1.00 | | Stem width: | 1.00 | |
| Each leaf: | 1 case(s) | | Each leaf: | 1 case(s) | |

極端值或偏離值

## 四、使用不適切方法

對於資料結構變項測量尺度不瞭解,誤用統計方法,造成輸出數據結果的偏誤。如二個變項為次序等級變項,研究者未採用等級相關求出二個變項間的等級一致性相關係數,而直接使用積差相關方法,以積差相關係數與決定係數來解釋二個變項的相關與解釋變異。迴歸分析時未將人口變項(背景變項)轉換為虛擬變項,直接將人口變項(背景變項)作為自變項投入迴歸方程式內,造成迴歸分析輸出結果的錯誤;或同將一量表的構面變項與構面加總後的整體變項同時作為預測變項,一起投入複迴歸模式內,違反複迴歸分析的假定(預測變項的測量值分數間要彼此獨立)。準實驗設計程序中,未採用共變數分析進行實驗數據的分析,而直接採用獨立樣本 t 檢定或變異數分析進行組別平均數間的差異檢定。複選項的題項分析時,以平均數差異檢定法進行背景變項在複選題題項次數的差異比較。

要能正確使用統計方法,研究者必須對各統計方法的適用時機與變項屬性有真正瞭解。統計變數的四大屬性變項資料為類別變項資料/名義變項資料、次序變項資料、等距變項資料、比率變項資料,前二者變項資料歸為計質變項/間斷

變項／不連續變項 (discontinuous data)，後二者變項資料歸為計量變項／連續變項 (continuous data)。計質變項資料表示的是一個點，計量變項資料表示的是一段距離，由於變項資料表示的屬性不同，因而有其相對應的統計方法。要避免統計方法的誤用，研究者必須對常用統計方法的適用時機與變項資料性質有所瞭解。

不適切的方法包括 SPSS 統計軟體操作程序中，自訂各種參數，如於因素分析程序界面的「因子分析：萃取」對話視窗中，共同因素萃取的準則設定，將潛在根值由 1.00 改為其餘數值，如 1.12 或 2.00 等，此種自訂特徵值數值準則，當然可以萃取出共同因素，但重要的是隨意更改內定選項「特徵值大於 1」的準則，沒有合理的統計理論或文獻可支持，這樣隨研究者的喜好任意更改的準則數值，是無法對因素分析程序作合理而完整的說明。

## 五、結果詮釋的錯誤

對於輸出結果的解釋前後顛倒或作出不合邏輯的解釋，敘寫的文字無法與表格數據相契合。量化研究之推論統計輸出結果的解讀，有其邏輯性，研究者若是邏輯性判別錯誤，解讀就會出現偏誤。推論統計的報表研究者應該先解讀統計量數的顯著性 p ( 機率值或錯誤率 )，之後才解釋統計量數的意義，如果顯著性機率值 p > .05，表示沒有足夠的證據可以拒絕虛無假設，此時統計量數數值的高低是沒有意義的。以二個變項的積差相關為例，研究者探究的是「產品包裝認同度」與「購買意願」的關係，統計分析結果之積差相關係數為 .39、顯著性機率值 p 等於 .28，研究者不能解釋為「『產品包裝認同度』與『購買意願』」有顯著正相關，因為當研究者下此結論時，所犯的錯誤率高達 28%，行為及社會科學領域一般的錯誤率為 5% ($\alpha$ = .05，$\alpha$ 稱為顯著水準 )，當統計量數的顯著性機率值 p 大於或等於 .05 時，我們會持保留態度，說二個變項間沒有顯著相關，即「產品包裝認同度」與「購買意願」的相關未達顯著。研究者在解讀時，應先查看顯著性機率值 p，再解讀統計量數的意義。

推論統計的程序為：

**對立假設**：「產品包裝認同度」與「購買意願」有顯著相關，r $\neq$ 0。

**虛無假設**：「產品包裝認同度」與「購買意願」沒有顯著相關，r = 0。

研究推論的顯著水準 $\alpha$ 設為 .05 ( 顯著水準 $\alpha$ 也可設為 .01)。

統計分析結果顯著性機率值 p = .28 > .05，沒有足夠證據推翻虛無假設，因而必須接受虛無假設：「產品包裝認同度」與「購買意願」沒有顯著相關，二個變項沒有相關即相關係數 r = 0。統計分析所得之相關係數 r = .39(樣本的統計量數 r) 是抽樣誤差造成的，當研究者將樣本數擴大或進行普查時，二個變項間的相關係數會趨近於 0 ( 母群體的相關係數稱為參數 α )。

再以單一平均數的推估為例，研究者想探究的研究問題為甲縣 ( 市 ) 國中三年級的基本學力測驗 ( 基測 ) 平均分數高於為基測總分的一半量測值 206 ( 總分滿分為 412) 分，研究者採用分層隨機取樣方法，共抽取縣 ( 市 ) 內 1023 位國三學生，經統計分析結果，樣本平均數 $\bar{X} = 208$，顯著性機率值 p = .14，推論統計的程序為：

**對立假設**：$\mu$ ( 母群總分平均高於 206 分 )。

**虛無假設**：$\mu$ ( 母群總分低於或等於 206 分 )。

統計分析結果顯著性機率值 p = .14 > .05，雙尾檢定時 p 為 .14，在單尾檢定時 p = .14÷2 = .07 > .05，沒有足夠證據推翻虛無設設 ( 沒有足夠的資訊說虛無假設是錯誤的 )，因而必須接受虛無假設：「國三學生的基測總平均成績並未顯著高於 206 分」，即「$\mu < 206$」是對的，如果研究者未先解讀顯著性 p 值 ( 錯誤率 )，而直接以樣本的統計量數平均數 208 來解釋：「因為樣本平均數 $\bar{X} = 208 > 206$，因而甲縣 ( 市 ) 國中三年級的基本學力測驗 ( 基測 ) 的總平均分數高於 206 分」，當研究者下此結論時，其所犯的錯誤率高達 7%。

當虛無假設為真，將顯著水準 α 定為 .05 時，也可能拒絕虛無假設，支持對立假設，此種統計推論的錯誤稱為第一類型錯誤／型 I 錯誤 (Type I error)，第一類型錯誤表示虛無假設是真的，但研究者根據樣本分析的數據結果認為虛無假設是假的，沒有接受虛無假設反而支持對立假設，如果虛無假設為假，研究者的決定也是拒絕虛無假設時，即為正確裁決／正確決定；若是虛無假設為假，研究者反而接受虛無假設 ( 沒有拒絕虛無假設 )，而否定對立假設，所犯的統計推論錯誤稱為第二類型錯誤／型 II 錯誤 (Type II error)。統計論中型 I 錯誤、型 II 錯誤與正確決定的關係摘要表如下：

表 2-6 關於拒絕虛假設之決定的可能結果摘要表

| | | 虛無假設為真 | 虛無假設為假<br>(對立假設為真) |
|---|---|---|---|
| 研究者所作的決定 | 接受虛無假設 | 正確決定<br>$(1-\alpha)$ | 錯誤決定型 II 錯誤 $(\beta)$ |
| | 拒絕虛無假設 | 錯誤決定<br>型 I 錯誤 $(\alpha)$ | 正確決定統計考驗力<br>$(1-\beta)$ |

如果統計分析之顯著性很小 (一般 p<.05)，研究者寧願說虛無假設是假 (對立假設可以得到支持)，但研究者拒絕虛無假設時，虛無假設也有很小的機率可能為真，此時如果虛無假設真的為「真」，但研究者根據統計數據認為虛無假設是假而加以拒絕，這種錯誤的決定稱為型I錯誤率，一般型 I 錯誤率定為 .05。SPSS 輸出報表之顯著性 p 值是四捨五入值，如果出現 .000，其真正的數值可能為 .0001或 .000003，因而即使 p 值為 .000，還是有很低的機率出現型I錯誤率。

將上面摘要表以線圖圖示如下 (McBurney & White, 2007, p.391)：

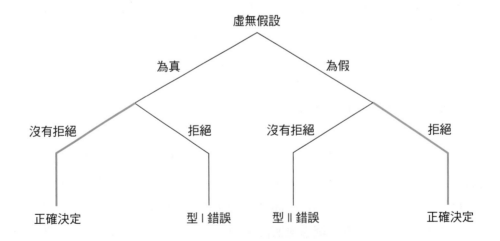

量化研究的各項誤差所推論的母群特性與真正母群特徵的差異圖如下，從圖中可以看出，在量化研究程序中，最重要的是「測量工具」，若是測量工具 (量表或測驗) 編製的過程欠缺嚴謹，測量工具的信效度不佳，則研究所搜集的資料本身就欠缺可靠性，之後統計分析結果的偏誤就會很大。測量工具不僅要有高信

度、也要有高效度，對於想以問卷調查法作為資料搜集的研究者，在問卷編製過程要格外謹慎，不要為了方便，隨便挑選信效度不佳的量表或不適切的測驗作為研究工具。

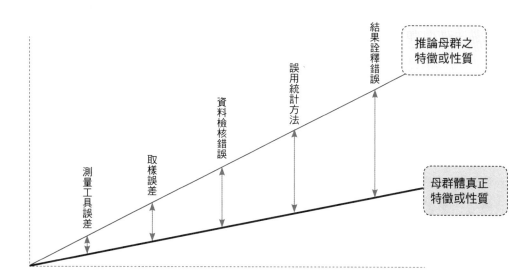

此外研究者要以客觀的立場來從事研究設計與完成研究，尤其是在實驗設計中要避免「實驗者效應」(experimenter effect) 或「月暈效應」的出現，如實驗處理時，實驗者或教學者對於實驗處理組表現產生誤導作用，觀察記錄實驗組與控制組之受試者行為表現時未持客觀中立立場，檢核表的勾選不確實等。如果研究者在研究過程中能持客觀中立、受試者在量表填答或行為表現誠實，則研究者誤差及受試者誤差二項誤差項可以從研究設計中排除。自然科學或理工實驗結果的誤差，除實驗過程造成的差異外，常見的是數據的抄寫登錄錯誤，由於研究者或觀察者的疏忽，將原始實驗數據抄錄錯誤，造成整個實驗結果統計分析的偏誤，嚴重的話，統計分析的結果可能出現矛盾，或無法與先前理論契合的情形。

以人為受試對象的實驗處理與自然科學或理工領域的實驗處理探究有很大的不同，人為活生生的個體，容易與周遭生態產生交互作用，因而在社會科學領域的實驗研究容易產生所謂的「霍桑效應」(Hawthorne effect) 與「亨利效應」(John Henry effect)，霍桑效應為實驗組受試者效應，表示的是當實驗組成員知道自己正接受研究者的實驗處理時，自覺自己受到研究者或他人肯定，而於實驗處驗期間加倍努力或表現更多正向的行為態度，進而影響整個研究的效度與實驗結果；

相對地,亨利效應為控制組受試者效應,表示的是一種不服輸精神或補償性的態度,當受試者知道自己未被研究者或相關人員選為實驗組時,誤以為自己不受重視或是表現較差的成員,為了改變他人對自我的看法或態度,因而於實驗處理期間反而加倍認真,表現與平常不同的態度與行為,造成實驗效果的偏誤,不僅影響實驗內在效度的客觀性與正確性,也降低實驗的外在效度。

# 肆、相關研究與比較研究

量化研究之問卷調查探究的變因主要有二種型態:一為相關研究或關係研究;一為比較研究,相關研究如:「高雄市國小高年級學童之生命意義感、自我概念與憂鬱傾向之相關研究」(或高雄市國小高年級學童之生命意義感、自我概念與憂鬱傾向間關係之研究)。三個變項之相關研究圖示如下(徐香景,2009):

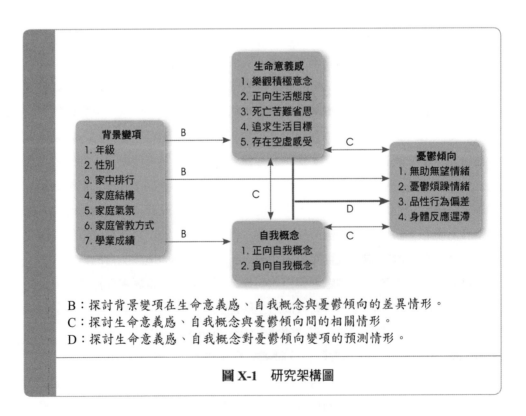

B:探討背景變項在生命意義感、自我概念與憂鬱傾向的差異情形。
C:探討生命意義感、自我概念與憂鬱傾向間的相關情形。
D:探討生命意義感、自我概念對憂鬱傾向變項的預測情形。

**圖 X-1 研究架構圖**

相關研究關注的是變項間的相關是否達到顯著 (p < .05)，變項間的解釋變異程度的高低為何 ( 決定係數 $r^2$)，範例研究架構中，研究者關注的三個研究問題為：

**1.** 高雄市國小高年級學童之生命意義感與自我概念間是否有顯著的相關？
**2.** 高雄市國小高年級學童之生命意義感與憂鬱傾向間是否有顯著的相關？
**3.** 高雄市國小高年級學童之自我概念與憂鬱傾向間是否有顯著的相關？

上述研究問題以表格呈現的變項間之相關格式如下：

## 一、生命意義感與自我概念之相關分析

表 2-7　生命意義感與自我概念之相關係數摘要表

|  | 生命意義感 | 樂觀積極意念 | 正向生活態度 | 死亡苦難省思 | 追求生活目標 | 存在空虛感受 |
|---|---|---|---|---|---|---|
| 自我概念 | 相關係數 r | 相關係數 r | 相關係數 r | 相關係數 r | 相關係數 r | 相關係數 r |

## 二、生命意義感與憂鬱傾向之相關分析

表 2-8　生命意義感與憂鬱傾向之相關係數摘要表

| 憂鬱傾向 | 生命意義感 | 樂觀積極意念 | 正向生活態度 | 死亡苦難省思 | 追求生活目標 | 存在空虛感受 |
|---|---|---|---|---|---|---|
| 憂鬱傾向 | 相關係數 r | 相關係數 r | 相關係數 r | 相關係數 r | 相關係數 r | 相關係數 r |
| 無助無望情緒 | 相關係數 r | 相關係數 r | 相關係數 r | 相關係數 r | 相關係數 r | 相關係數 r |
| 憂鬱煩躁情緒 | 相關係數 r | 相關係數 r | 相關係數 r | 相關係數 r | 相關係數 r | 相關係數 r |
| 品性行為偏差 | 相關係數 r | 相關係數 r | 相關係數 r | 相關係數 r | 相關係數 r | 相關係數 r |
| 身體反應遲滯 | 相關係數 r | 相關係數 r | 相關係數 r | 相關係數 r | 相關係數 r | 相關係數 r |

### 三、國小高年級學童自我概念與憂鬱傾向之相關分析

表 2-9　自我概念與憂鬱傾向之相關係數摘要表

| 憂鬱傾向<br>自我概念 | 憂鬱傾向 | 無助無望<br>情緒 | 憂鬱煩躁<br>情緒 | 品行行為<br>偏差 | 身體反應<br>遲滯 |
|---|---|---|---|---|---|
| 自我概念 | 相關係數 r | 相關係數 r | 相關係數 r | 相關係數 r | 相關係數 r |

　　研究架構圖中變項間之相關或關係之研究，研究統計分析的焦點在於研究者所列變項間的相關 ( 包含自變項、中介變項、依變項 )，上述三個研究問題與統計分析在於回答下列變項間關係：

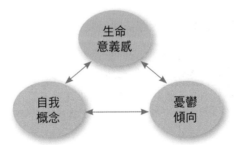

　　如果檢定結果，變項間的相關顯著且變項間彼此可解釋的變異量達 16% 以上 ( 變項間有中度相關 )，表示變項間可能有因果關係，如此，進一步才用其他多變量統計分析，如迴歸分析或結構方程模式等才更有價值性，如果變項的相關很低或構面間的相關多數未達顯著，研究者採用複迴歸或其他多變量統計方法的實質意義不大。當三個潛在變項間的相關達到顯著水準，且效果值 ( 決定係數 ) 達到 .16 以上 ( 變項間的相關係數達 .40 以上 )，研究者進一步可探究三個潛在變項間的影響路徑，其圖示如下：

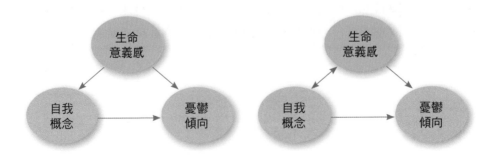

　　研究架構圖中，研究者一般會根據文獻理論或先前實徵研究，增列相關人口變項 ( 或稱背景變項／人口背景變項 )，此部分，研究者增列的研究問題為：「探討背景變項在生命意義感、自我概念與憂鬱傾向的差異情形是否達到顯著？」人口背景變項在變項的差異考驗一般採用 t 檢定或變異數分析 F 檢定，平均數差異考驗的變項摘要表如下：

**表 2-10** 不同背景變項之國小高年級學童在生命意義感之差異分析結果摘要表

| 背景變項 | 整體生命意義感 | 樂觀積極意念 | 正向生活態度 | 死亡苦難省思 | 追求生活目標 | 存在空虛感受 |
|---|---|---|---|---|---|---|
| 年級 | t 檢定 | t 檢定 | t 檢定 | t 檢定 | t 檢定 | t 檢定 |
| 性別 | t 檢定 | t 檢定 | t 檢定 | t 檢定 | t 檢定 | t 檢定 |
| 家中排行 | F 值考驗 | F 值考驗 | F 值考驗 | F 值考驗 | F 值考驗 | F 值考驗 |
| 家庭結構<br>與父母同住 - (G1)<br>與父同住 --- (G2)<br>與母同住 --- (G3)<br>與祖父母或其他<br>親戚同住 --- (G4) | F 值考驗 | F 值考驗 | F 值考驗 | F 值考驗 | F 值考驗 | F 值考驗 |
| 家庭氣氛<br>很和諧 ----- (G1)<br>普通 ------- (G2)<br>不和諧 ----- (G3) | F 值考驗 | F 值考驗 | F 值考驗 | F 值考驗 | F 值考驗 | F 值考驗 |
| 家庭管教方式<br>民主式 ----- (G1)<br>權威式 ----- (G2)<br>放任式 ----- (G3) | F 值考驗 | F 值考驗 | F 值考驗 | F 值考驗 | F 值考驗 | F 值考驗 |
| 學業成績<br>90 分以上 --- (G1)<br>80-89 分 ---- (G2)<br>70-79 分 ---- (G3)<br>60-69 分 ---- (G4)<br>60 分以下 --- (G5) | F 值考驗 | F 值考驗 | F 值考驗 | F 值考驗 | F 值考驗 | F 值考驗 |

表 2-11 不同背景變項之國小高年級學童自我概念之差異分析結果摘要表

| 背景變項 | 年級 | 性別 | 家中排行 | 家庭結構<br>與父母同住 -- (G1)<br>與父同住 ----- (G2)<br>與母同住 ----- (G3)<br>與祖父母或其他<br>親戚同住 ----- (G4) | 家庭氣氛<br>很和諧 - (G1)<br>普通 --- (G2)<br>不和諧 - (G3) | 家庭管教方式<br>民主式 (G1)<br>權威式 (G2)<br>放任式 (G3) | 學業成績<br>90 分以上 (G1)<br>80-89 分 -- (G2)<br>70-79 分 -- (G3)<br>60-69 分 -- (G4)<br>0 分以下 -- (G5) |
|---|---|---|---|---|---|---|---|
| 自我概念 | $t$ 檢定 | $t$ 檢定 | F 值考驗 | F 值考驗 | F 值考驗 | F 值考驗 | F 值考驗 |

表 2-12 不同背景變項之國小高年級學童在憂鬱傾向之差異分析結果摘要表

| 背景變項 | 整體憂鬱傾向 | 無助無望情緒 | 憂鬱煩躁情緒 | 品性行為偏差 | 身體反應遲滯 |
|---|---|---|---|---|---|
| 年級 | $t$ 檢定 | $t$ 檢定 | $t$ 檢定 | $t$ 檢定 | $t$ 檢定 |
| 性別 | $t$ 檢定 | $t$ 檢定 | $t$ 檢定 | $t$ 檢定 | $t$ 檢定 |
| 家中排行 | F 值考驗 | F 值考驗 | F 值考驗 | F 值考驗 | F 值考驗 |
| 家庭結構 | F 值考驗 | F 值考驗 | F 值考驗 | F 值考驗 | F 值考驗 |
| 家庭氣氛<br>很和諧 ----- (G1)<br>普通 -------- (G2)<br>不和諧 ----- (G3) | F 值考驗 | F 值考驗 | F 值考驗 | F 值考驗 | F 值考驗 |
| 家庭管教方式<br>民主式 ----- (G1)<br>權威式 ----- (G2)<br>放任式 ----- (G3) | F 值考驗 | F 值考驗 | F 值考驗 | F 值考驗 | F 值考驗 |
| 學業成績<br>90 分以上 -- (G1)<br>80-89 分 ---- (G2)<br>70-79 分 ---- (G3)<br>60-69 分 ---- (G4)<br>60 分以下 --- (G5) | F 值考驗 | F 值考驗 | F 值考驗 | F 值考驗 | F 值考驗 |

　　假設所有人口背景變項在生命意義感各構面及整體生命意義感、自我概念、憂鬱傾向各構面及整體憂鬱傾向的差異統計量均未達顯著水準 ($p > .05$)，研究也有價值性，因為研究的焦點是「變項間的關係探究」，而非是「人口背景變項在各變項的差異比較研究」，因而即使所有人口背景變項在所有變項的 t 值統計量／F 值統計量均未達 .05 顯著水準，只要研究架構中探究變項的相關達到顯著，

研究的整體結果也有很高的價值性，因為研究者從事的是「相關研究而非群體間差異性的比較研究。」

　　人口背景變項在所有變項間的差異都未達顯著，其中可能的原因很多：一為事實現況如此，如不同群體或多數樣本在量表感受的情形或知覺態度差不多；二為研究測量工具的信效度可能有問題；三為研究程序不夠嚴謹，如未採取機率取樣法而直接選用便利取樣法，造成填答樣本的同質性過大等。

　　量化研究變項間之比較研究如「國小高年級體育班與普通班學生挫折容忍力、非理性信念與情緒智力之比較研究」或「國小藝術才能班與普通班學童父母教養方式、學習壓力與幸福感之比較研究」。二個群體變項間之比較差異探究的架構圖一般如下圖所示 ( 陳怡年，2010)：

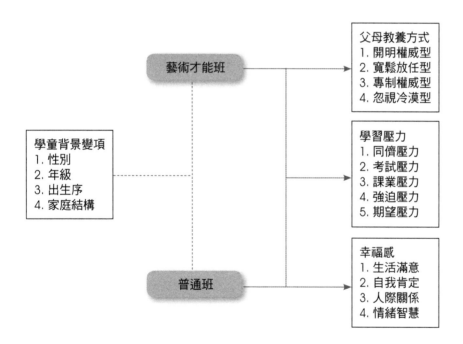

比較研究關注的重點是二個標的群體 ( 藝術才能班與普通班；體育班與普通班、語文資優班與普通班 ) 在依變項的差異，統計分析時二個群體的資料要分開，不能將二個群體所有資料合併。研究程序著重在探討三個主要研究問題：

1. 藝術才能班 ( 以下簡稱藝才班 ) 與普通班學童在父母教養方式的型態感受是否有顯著不同？
2. 藝術才能班與普通班學童在學習壓力感受是否有顯著不同？
3. 藝術才能班與普通班學童在幸福感是否有顯著不同？

   三個研究問題的圖示如下：

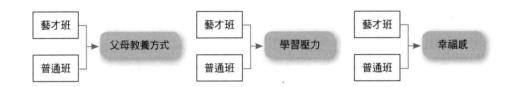

在研究架構圖中，研究者增列四個學童背景變項：性別、年級、出生序、家庭結構。以性別變項而言，比較差異研究納入性別變項 ( 男生、女生 )，一為比較藝術才能班男生與普通班男生在父母教養方式、學習壓力、幸福感的差異；二為比較藝術才能班女生與普通班女生在父母教養方式、學習壓力、幸福感的差異；將年級變項納入，乃是在探究以下四個次研究問題：

1. 三年級群體中藝術才能班與普通班學童在父母教養方式、學習壓力、幸福感的差異是否達到顯著？研究問題可改寫為：
   藝術才能班三年級學童與普通班三年級學童在父母教養方式、學習壓力、幸福感的差異是否達到顯著？
2. 四年級群體中藝術才能班與普通班學童在父母教養方式、學習壓力、幸福感的差異是否達到顯著？
3. 五年級群體中藝術才能班與普通班學童在父母教養方式、學習壓力、幸福感的差異是否達到顯著？
4. 六年級群體中藝術才能班與普通班學童在父母教養方式、學習壓力、幸福感的差異是否達到顯著？

家庭結構分為四個群體 ( 四個水準 )：單親家庭、核心家庭、大家庭、隔代教養。將家庭結構變項納入分析，乃是在探究以下四個次研究問題：

1. 單親家庭群體中藝術才能班與普通班學童在父母教養方式、學習壓力、幸福感的差異是否達到顯著？此研究問題可以改寫為：

藝術才能班學童 ( 為單親家庭者 ) 與普通班學童 ( 為單親家庭者 ) 在父母教養方式、學習壓力、幸福感的差異是否達到顯著？

2. 核心家庭群體中藝術才能班與普通班學童在父母教養方式、學習壓力、幸福感的差異是否達到顯著？

3. 大家庭群體中藝術才能班與普通班學童在父母教養方式、學習壓力、幸福感的差異是否達到顯著？

4. 隔代教養群體中藝術才能班與普通班學童在父母教養方式、學習壓力、幸福感的差異是否達到顯著？

出生序變項分為四個群體 ( 四個水準 )：獨生子女、老大、中間子女、老么四個。出生序變項納入分析，乃是在探究以下四個次研究問題：

1. 獨生子女群體中藝術才能班與普通班學童在父母教養方式、學習壓力、幸福感的差異是否達到顯著？此研究問題也可以改寫為：
藝術才能班與普通班學童 ( 學童都屬於獨生子女者 ) 在父母教養方式、學習壓力、幸福感的差異是否達到顯著？

2. 老大群體中藝術才能班與普通班學童在父母教養方式、學習壓力、幸福感的差異是否達到顯著？

3. 中間子女群體中藝術才能班與普通班學童在父母教養方式、學習壓力、幸福感的差異是否達到顯著？

4. 老么群體中藝術才能班與普通班學童在父母教養方式、學習壓力、幸福感的差異是否達到顯著？

將四個學童個人變項納入分析，探究藝術才能班與普通班學童在學習壓力變項的差異時，其綜合摘要表的細項如下表，由於進行的是二個群體平均數的差異比較，因而研究者可以直接採用獨立樣本 t 檢定或獨立樣本變異數分析統計方法加以考驗。

**表 2-13** 不同背景變項藝才班與普通班學童在「學習壓力」變項差異綜合摘要表

| 變項 | 組別 | 班別 | 考試壓力 | 強迫壓力 | 同儕壓力 | 課業壓力 | 期望壓力 | 學習壓力整體 |
|------|------|------|---------|---------|---------|---------|---------|------------|
| 性別 | 男生 | 藝才班 | t值 | t值 | t值 | t值 | t值 | t值 |
| | | 普通班 | | | | | | |
| | 女生 | 藝才班 | t值 | t值 | t值 | t值 | t值 | t值 |
| | | 普通班 | | | | | | |
| 年級 | 三年級 | 藝才班 | t值 | t值 | t值 | t值 | t值 | t值 |
| | | 普通班 | | | | | | |
| | 四年級 | 藝才班 | t值 | t值 | t值 | t值 | t值 | t值 |
| | | 普通班 | | | | | | |
| | 五年級 | 藝才班 | t值 | t值 | t值 | t值 | t值 | t值 |
| | | 普通班 | | | | | | |
| | 六年級 | 藝才班 | t值 | t值 | t值 | t值 | t值 | t值 |
| | | 普通班 | | | | | | |
| 出生序 | 獨生子女 | 藝才班 | t值 | t值 | t值 | t值 | t值 | t值 |
| | | 普通班 | | | | | | |
| | 老大 | 藝才班 | t值 | t值 | t值 | t值 | t值 | t值 |
| | | 普通班 | | | | | | |
| | 中間子女 | 藝才班 | t值 | t值 | t值 | t值 | t值 | t值 |
| | | 普通班 | | | | | | |
| | 老么 | 藝才班 | t值 | t值 | t值 | t值 | t值 | t值 |
| | | 普通班 | | | | | | |
| 家庭結構 | 單親家庭 | 藝才班 | t值 | t值 | t值 | t值 | t值 | t值 |
| | | 普通班 | | | | | | |
| | 核心家庭 | 藝才班 | t值 | t值 | t值 | t值 | t值 | t值 |
| | | 普通班 | | | | | | |
| | 大家庭 | 藝才班 | t值 | t值 | t值 | t值 | t值 | t值 |
| | | 普通班 | | | | | | |
| | 隔代教養 | 藝才班 | t值 | t值 | t值 | t值 | t值 | t值 |
| | | 普通班 | | | | | | |

　　將四個學童個人變項納入分析，探究藝術才能班與普通班學童在幸福感變項的差異時，其綜合摘要表的細項如下表，由於進行的是二個群體平均數的差異比較，因而研究者可以直接採用獨立樣本 t 檢定或獨立樣本變異數分析統計方法加以考驗。

　　如果所有差異比較的 t 統計量或卡方統計量都未達顯著水準 (p > .05)，表示藝術才能班與普通班學童在父母教養方式、學習壓力、幸福感的差異並沒有顯著不同，則所有研究假設都無法獲得支持，此種結果表示研究者探究的所有依變項在二個標的群體間都沒有顯著差異存在，此種研究結果可能是界定比較的依變項不適切，或是二個標的群體的樣本數不足。此種結果要統整歸納成研究結論比較困難。在進行二個群體在某些人格特質、學習式態、興趣動機、態度感受等變因的差異比較，界定的目標依變項最好有理論文獻基礎或經驗法則支持。

　　若是研究者改用相關探究父母教養方式、學習壓力、幸福感三個變項間的相關，即使三個變項間的相關達到顯著也沒有實質意義，因為研究者探究的目標是二個不同標的群體在父母教養方式、學習壓力、幸福感三個變項間的差異比較，關注的統計量數是 統計量或 t 統計量是否達到顯著水準 (p < .05)，至於全部樣本於三個變項間的相關為何，則不是研究者探究的重點，因而二個或多個群體的比較研究，研究整個核心關注的是：「標的群體在依變項間的差異是否達到顯著 (p < .05)，而非是依變項間的相關係數是否達到顯著 (p < .05)。」

表 2-14 不同背景國小藝術才能班與普通班學童在幸福感變項的差異綜合分析表

| 變項 | 組別 | 班別 | 生活滿意 | 自我肯定 | 人際關係 | 情緒智慧 | 幸福感整體 |
|------|------|------|----------|----------|----------|----------|------------|
| 性別 | 男生 | 藝才班<br>普通班 | t值 | t值 | t值 | t值 | t值 |
| | 女生 | 藝才班<br>普通班 | t值 | t值 | t值 | t值 | t值 |
| 年級 | 三年級 | 藝才班<br>普通班 | t值 | t值 | t值 | t值 | t值 |
| | 四年級 | 藝才班<br>普通班 | t值 | t值 | t值 | t值 | t值 |
| | 五年級 | 藝才班<br>普通班 | t值 | t值 | t值 | t值 | t值 |
| | 六年級 | 藝才班<br>普通班 | t值 | t值 | t值 | t值 | t值 |
| 出生序 | 獨生子女 | 藝才班<br>普通班 | t值 | t值 | t值 | t值 | t值 |
| | 老大 | 藝才班<br>普通班 | t值 | t值 | t值 | t值 | t值 |
| | 中間子女 | 藝才班<br>普通班 | t值 | t值 | t值 | t值 | t值 |
| | 老么 | 藝才班<br>普通班 | t值 | t值 | t值 | t值 | t值 |
| 家庭結構 | 單親家庭 | 藝才班<br>普通班 | t值 | t值 | t值 | t值 | t值 |
| | 核心家庭 | 藝才班<br>普通班 | t值 | t值 | t值 | t值 | t值 |
| | 大家庭 | 藝才班<br>普通班 | t值 | t值 | t值 | t值 | t值 |
| | 隔代教養 | 藝才班<br>普通班 | t值 | t值 | t值 | t值 | t值 |

chapter

# 03

研究問題與假設

「量化研究一般在於應用統計分析結果進行假設的檢定，統計分析的本質是在於應用，而非在於玩弄表面數字。」

# 壹、研究問題與研究假設

量化研究的中研究問題有三大類：一為社會事實現況的調查研究（調查法）；二為態度或心理特質的測量（相關研究法）；三為實驗處理之研究效果的衡量（實驗研究法）。就社會事實現況的調查研究而言，研究者研究的主要目的在於瞭解「現況」或「事實現象的程度」或「行為頻率」，此種現況或社會現象的事實並不需要提出研究假設，也不需要假設檢定。此種研究問題如：

「大一學生曾有作弊行為者的比例有多少？」
「中小學教師對九年一貫課程滿意者有多少？」
「退休教師每週平均從事有氧運動的時間有多少？」
「家長對十年教改滿意的比例有多少？」

上述研究問題只要簡單以描述性統計量的平均數、人數及百分比即可回答研究問題，因而不用進行假設檢定，如資料結構顯示：家長對十年教改滿意的為45.0%、不滿意的為 55.0%，約有五成五的家長對十年教改的現象持不滿意的看法，如此以百分比即可回答研究者所要探究的問題。對於社會事象、方案現況的調查研究一般不用提出研究假設及進行假設檢定，因為調查研究的目的只是在瞭解受試者對於某個方案、現象或問題的一般性看法為何，當然，若是研究者要進一步探究不同背景受試者在看法上的差異是否有所不同，也可以進行假設檢定，如卡方考驗。

第二種為相關或差異檢定的問題（相關研究或調查研究），此種問題通常要增列研究假設，並進行研究假設的檢定，如在「高職學生生活壓力與自殺傾向的相關研究」中，研究者所擬探討研究目的有三：

1. 探討不同背景的高職學生在生活壓力、自殺傾向感受的差異情形。
2. 探討高職學生的生活壓力與其自殺傾向間的關係程度。
3. 探討高職學生的生活壓力構面對自殺傾向的解釋力情形。

根據研究目的，研究者所要探討的問題有三：

1. 不同背景變項 ( 性別、學校類別、家庭社經地位 ) 之高職學生在生活壓力、自殺傾向上是否有顯著的不同？
2. 高職學生的生活壓力與自殺傾向間是否有顯著相關？
3. 高職學生生活壓力的五個向度是否對自殺傾向有顯著的解釋力？

對照上述二個研究問題，研究者所擬的三個研究假設如下：

**假設 1：** 不同背景變項之高職學生在生活壓力、自殺傾向上有顯著的不同。

**假設 1-1：** 不同性別 ( 男生、女生 ) 之高職學生在生活壓力、自殺傾向上有顯著的不同？

**假設 1-2：** 不同學校類別 ( 公立、私立 ) 之高職學生在生活壓力、自殺傾向上有顯著的不同？

**假設 1-3：** 不同社經地位 ( 高社經地位、中社經地位、低社經地位 ) 之高職學生在生活壓力、自殺傾向上有顯著的不同？

**假設 2：** 高職學生的生活壓力與自殺傾向間有顯著相關。

**假設 3：** 高職學生生活壓力的五個向度 ( 家庭壓力、學校壓力、自我壓力、情感壓力、人際壓力 ) 對自殺傾向有顯著的解釋力。

為驗證三個研究假設，在資料處理使用相對應的統計方法為：

**驗證假設 1：** 採用獨立樣本 t 檢定與單因子變異數分析，若達到統計顯著性 (p < .05)，進而求出效果值或關聯強度，以探究自變項對依變項的解釋變異程度。

**驗證假設 2：** 採用皮爾遜積差相關方法，若達到統計顯著性 (p < .05)，則求出決定係數，以探究生活壓力變數對自殺傾向的解釋變異程度。

**驗證假設 3：** 採用解釋型複迴歸方法 (Enter 法 )，以探究生活壓力五個向度變數對自殺傾向的解釋力。

就實驗研究而言 ( 實驗法 )，研究的主要目的在於探究實驗處理的效果是否

有效。以現實治療團體對國語低成就學生的輔導效果研究為例，研究者所要探討的研究問題有二：

## （一）現實治療團體對國語低成就學生是否有正向的立即效果？

**1.** 現實治療團體對國語低成就學生的學習態度是否有正向的立即效果？

**2.** 現實治療團體對國語低成就學生的國語學習成就是否有正向的立即效果？

## （二）現實治療團體對國語低成就學生是否有正向的保留效果？

**1.** 現實治療團體對國語低成就學生的學習態度是否有正向的保留效果？

**2.** 現實治療團體對國語低成就學生的國語學習成就是否有正向的保留效果？

根據上述二個研究問題，研究者所提之相對應的研究假設如下：

**假設 1：** 　現實治療團體對國語低成就學生有正向的立即效果。

假設 1-1： 實驗組經實驗處理後，在學習態度的測量分數顯著地高於控制組。

假設 1-2： 實驗組經實驗處理後，在國語學習成就的測量分數顯著地高於控制組。

**假設 2：** 　現實治療團體對國語低成就學生有正向的保留效果。

假設 2-1： 實驗組經實驗處理後六週，在學習態度的測量分數顯著地高於控制組。

假設 2-2： 實驗組經實驗處理後六週，在國語學習成就的測量分數顯著地高於控制組。

為進行上述二個研究假設的檢定，研究者採用統計控制方法進行資料處理的統計方法。

**驗證假設 1、2：** 若資料結構符合組合迴歸同質性假定，則直接採用傳統單因子共變數分析，如果資料結構未符合組合迴歸同質性假定，則改用詹森－內曼法進行實驗處理效果間組間之差異比較。

上述研究問題是依據研究目的延伸而來的，而研究假設又依研究問題而得，但不一定每個研究問題均要對應一個研究假設，若是現況或一種社會事實現象看法的調查通常不需要臚列研究假設，此種研究問題通常藉由描述性統計量的平均數、標準差、全距，或人數及百分比即可回答問題。研究目的的敘寫必須以具體明確的正向詞句描述並能回應研究主題，或能說明變項與變項間的關係。研究問題則必須扣緊研究目的，有時一個研究目的會有一至三個研究問題，研究問題通常以疑問句的形式出現，研究問題是從調查研究或實驗研究搜集的資料中可以回答的，即從資料結構中可以回答的問題，如在「國中教師外向性人格、情緒智能與工作壓力之關係研究」中，研究者的研究目的有四：

研究目的 1： 瞭解國中教師外向性人格、情緒智能與工作壓力感受的實際情形。

研究目的 2： 探究不同背景變項之國中教師在外向性人格、情緒智能與工作壓力感受上的差異。

研究目的 3： 探究國中教師之外向性人格、情緒智能與其工作壓力感受間之關係。

研究目的 4： 探討國中教師之外向性人格與情緒智能二個變項在工作壓力感受之交互作用情形。

研究者依據研究動機與研究目的所擬探討的研究問題如下：

研究問題 1： 國中教師外向性人格、情緒智能與工作壓力感受的現況為何？

研究問題 2： 國中教師的外向性人格、情緒智能與工作壓力感受，是否因背景變項的不同而有顯著的不同？

研究問題 3： 國中教師的外向性人格、情緒智能與工作壓力感受間，是否有顯著關係存在？

研究問題 4： 不同程度的國中教師之外向性人格與情緒智能在工作壓力是否有顯著的交互作用存在？（不同程度之國中教師的外向性人格在工作壓力的差異是否受到情緒智能變因的影響？或探討不同程度之國中教師的情緒智能在工作壓力的差異是否受到外向性人格變因的影響？）

根據研究問題研究者所擬的研究假設如下：

**研究假設 1：** 國中教師的外向性人格、情緒智能與工作壓力感受，因背景變項的不同而有顯著的不同。

**研究假設 2：** 國中教師的外向性人格、情緒智能與工作壓力感受間有顯著關係存在。

研究假設 2-1： 國中教師的外向性人格與工作壓力感受間有顯著關係存在。

研究假設 2-2： 國中教師的情緒智能與工作壓力感受間有顯著關係存在。

**研究問題 3：** 不同程度的國中教師之外向性人格與情緒智能在工作壓力感受有顯著的交互作用存在。

　　研究假設必須採用肯定句的語詞敘述，此外要採用「對立假設」(alternative hypothesis) 的形式，即假設中明確指出變項間有顯著相關或有顯著的差異性；此外，也應採用雙尾檢定 ( 雙側檢定 ) 的模式描述，除了有豐富及一致性的理論文獻支持外，否則不應採用單尾檢定的模式描述。單尾檢定的假設是有包含方向性假設，如顯著正相關、顯著負相關、顯著高於、顯著大於、顯著優於、顯著低於、顯著小於等。如研究假設 2-1：「國中教師的外向性人格與工作壓力感受間有顯著關係存在。」此假設是一種沒有方向性的假設 (nondirectional hypothesis)，沒有方向性的假設稱為雙側考驗 (two-tailed test)，若是將研究假設 2-1 改為：「國中教師的外向性人格與工作壓力感受間有顯著『負』相關存在。」則此種假設是一種有方向性的假設，有方向性的假設又稱為單側考驗 (two-tailed test)，單側考驗較易拒絕虛無假設 ( 接受對立假設 )，同樣的資料結構，統計分析結果在雙側考驗的假設下，可能無法拒絕虛無假設，但在單側考驗的假設下，可能變為可以拒絕虛無假設。研究者要提出有方向性研究假設必須有充足的理由與合理的說明，尤其是要有一致性的文獻來作背後的假設支持。

　　研究目的、研究問題、研究假設與採用的統計方法是前後一致的，其對應的基本模式圖如下：

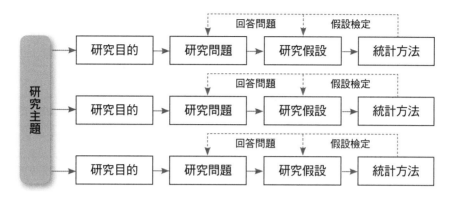

現況或社會現象之事實性的調查，研究假設部分可以省略，則研究目的、研究問題與採用的統計方法的模式架構圖如下：

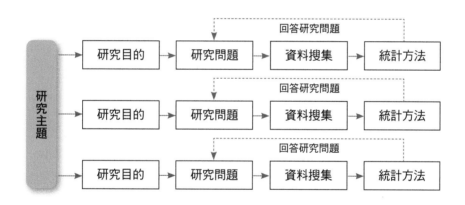

同時包含現況調查及假設檢定的基本模式圖如下：研究主題中所要達成的研究目的有三項，所要探究的研究問題有五個，其中需要假設檢定的問題有四個。

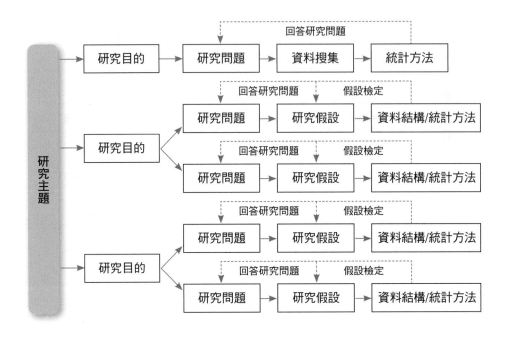

## 貳、量化研究的迷思

　　量化研究即根據相關文獻 ( 理論基礎或經驗法則 ) 提出變項間的關係，根據研究架構提出研究假設，進而依據研究設計編製測量工具以問卷調查或觀察法來搜集資料，最後再根據搜集的資料進行統計分析，以驗證研究者所提的研究假設是否得支持。量化研究主要有二大類型：一為「非操弄性研究」(nonmanipulative research)；二為「操弄性研究」(manipulative research)。操弄性研究即為實驗研究，即研究者在控制干擾變項下，可操弄自變項 ( 實驗處理 ) 以探究其對依變項的影響；非操弄性研究如問卷調查法或觀察法，指的是研究者未操弄任何的變數，而是在自然情境中搜集受試者的反應或行為表現。不論是操弄性研究或非操弄性研究，在搜集受試者相關資料後，均要對資進行數量化分析處理，此時必須根據資料屬性與變數尺度採用合適的統計方法。統計是讓資料數據說話的工具，有些研究者受到先前經驗的制約，一談到「統計」就退避三舍，因而即使想從事量化研究設計遲疑不決，這就是研究者的「迷思」。

## 一、迷思一：「做量化研究的人統計方法一定很強？」

目前統計軟體 (SPSS、AMOS、SAS、LISREL) 的操作界面十分簡易，只要使用者資料建檔正確，則統計分析的工作不會十分困難，研究者只要能解讀輸出報表並參考使用手冊或相關書籍，均能將輸出結果轉化為圖表資訊，並進行詮釋，此部分只要研究者用點心思，定能克服報表解讀及詮釋的困惑。統計分析的一般程序為：

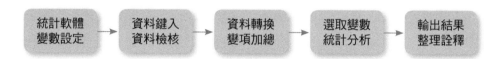

上述統計分析程序圖以 SPSS PASW 統計軟體的操作視窗界面對應如下：

**1.** 於「PASW Statistics Data Editor」資料編輯視窗之「變數檢視」工作表設定定所有的變數及變數屬性，「測量」欄位中的選項有「名義 (N)」、「次序的 (O)」、「尺度 (S)」三種變項尺度，前二者為間斷變數，「尺度的」測量值為連續變數。

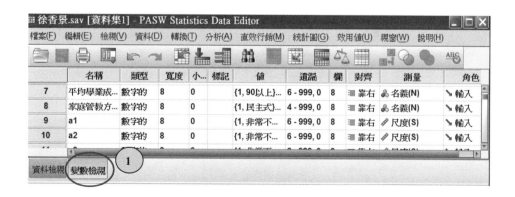

**2.** 於「PASW Statistics Data Editor」資料編輯視窗之「資料檢視」工作表輸入所有受試者填答的資料或實驗的數據，編號欄中的橫列為一位受試者的所有數據資料。

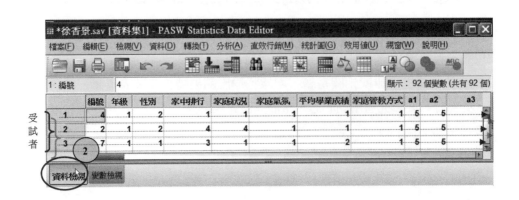

3. 功能列的「資料 (D)」、「轉換 (T)」可以進行資料的排序、分割、觀察值加權、數據資料轉換、數據的重新編碼、數據資料的運算 ( 變數間的四則運算 )、變數資料的分組、合併等工作。

4. 功能列的「分析 (A)」程序可以進行所有的統計分析，範例中包括報表、敘述統計量、平均數的差異檢定、一般線性模式、概化線性模式、混合模式、相關、迴歸等主選單，各主選單旁如有「▶」符號，表示還有次選單，範例

「敘述統計」主選單下有次數分配表、描述性統計量、預檢資料、交叉表、比率、P-P 圖、Q-Q 圖等次功能選單。進入各選單視窗中，選取各標的變數及輸出選項鈕，即可輸出統計分析結果。

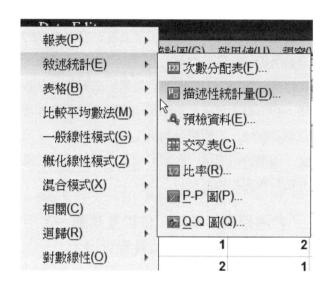

5. 按功能列「視窗 (W)」鈕可切換視窗界面，於輸出文件「PASW Statistics Viewer」統計瀏覽視窗可查看所有統計分析結果，此輸出視窗的界面與微軟作業系統中的檔案總管視窗界面類似，每個表格可以複製至 WORD 文件中，所有統計分析結果也可整批輸出。

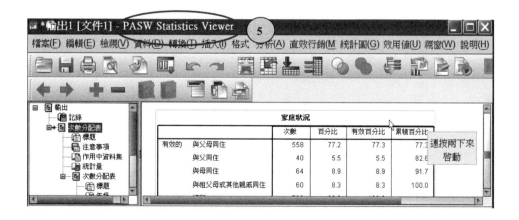

## 二、迷思二：「為了節省時間，直接引用先前研究工具？」

若是之前研究工具的題項適切且信效度均佳，則研究者直接採用當然可以；但若是之前編製的量表／測驗或問卷，所要測得的潛在特質或構念與目前研究者不同，或是其信效度不佳，或是研究對象不同等，研究者均不應直接採用，應再加以修訂或根據理論文獻加以自編。研究工具直接影響到搜集的資料，如果研究工具不適切，則之後所搜集的資料與統計分析結果均會有偏誤。問卷調查法採用之測量工具，除了標準化測驗外，研究者對於量表或測量工具最好經過編修或修訂，若是一般群體，必須經過預試分析與正式施測二個階段，當研究者有進行量表或測驗題項的逐題審核時，才能提升測量工具的信效度；從預試分析程序中，才能學會項目分析、因素分析與信度考驗的統計方法，這對於量化研究或統計分析專業知能的提升都有正面的效益。

## 三、迷思三：「參考學長姐寫法，依樣畫葫蘆，定不會錯？（因為學長姐的論文已經口試委員審查過）」

參考之前學長姐的論文格式與撰寫方式的確可減少許多的錯誤，但並非每個口試委員均能鉅細靡遺地指出論文稍欠嚴謹或不周延之處，或是之前學長姐轉引註的文獻內容有誤，或是對量化數據的解釋或圖表呈現欠缺完整，則研究者再次引用，會再發生相同的偏誤，因而研究者最好對輸出的報表數據能完全理解。

如乙研究者撰寫論文時，參閱近似研究主題甲學長之論文，甲學長在論文定稿裝訂前未更正以下錯誤：「以積差相關求出所有人口變項／背景變項與計量變數間的相關」，乙研究者在數據統計分析中也依照甲學長使用方法，以積差相關求出所有人口變項／背景變項與計量變數間的相關情形，並根據積差相關係數摘要表洋洋灑灑加以論述（積差相關係數適用於二個變數均為計量變項才可以，人口變項／背景變項均為間斷變數，不能以積差相關求出其與計量變數間的相關情形）。

以「高雄市國小高年級學童之生命意義感、自我概念與憂鬱傾向間關係之研究」為例，研究者在探究生命意義感、自我概念與憂鬱傾向三個主要變數間的相關外，也以積差相關求出背景變項與自我概念與憂鬱傾向間之相關，研究範例中的背景變項如下（徐香景，2009）：

個人基本資料：

我就讀高雄市　　　　　　國小　　　　年級

（　　）1. 性別 ①男 ②女。

（　　）2. 家中排行 ①老大 ②介於老大老么中間 ③老么 ④家中只有我一個
孩子 ( 獨生子或獨生女 )。

（　　）3. 家庭狀況 ( 同住者 ) ①與爸爸和媽媽同住 ②只和爸爸同住 ③只和
媽媽同住 ④只與其他親戚 ( 祖父母或其他親戚 ) 同住。

（　　）4. 家庭氣氛 ①很和諧 ②普通 ③不和諧。

（　　）5. 平均學業成績 ① 90 分以上 ② 80-89 分 ③ 70-79 分 ④ 60-69 分
⑤ 60 分以下。

（　　）6. 家庭管教方式 ①民主式 ②權威式 ③放任式。

研究者利用 SPSS 統計軟體執行下列程序：「分析 (A)」／「相關 (C)」
／「雙變數 (B)」，可求出背景變項與自我概念、憂鬱傾向間之相關係數摘要
表。

**表 3-1** 學生背景變項、自我概念與憂鬱傾向相關係數摘要表＿誤用統計方法的輸出表格

| | 年級 | 性別 | 家中排行 | 家庭狀況 | 家庭氣氛 | 平均學業成績 | 家庭管教方式 | 整體憂鬱傾向 | 正向自我概念 | 負向自我概念 |
|---|---|---|---|---|---|---|---|---|---|---|
| 年級 | 1 | | | | | | | | | |
| 性別 | .032 | 1 | | | | | | | | |
| 家中排行 | .018 | -.103** | 1 | | | | | | | |
| 家庭狀況 | .055 | -.018 | .114** | 1 | | | | | | |
| 家庭氣氛 | -.031 | -.098** | .029 | .171*** | 1 | | | | | |
| 平均學業成績 | .036 | -.060 | .048 | .148*** | .165*** | 1 | | | | |
| 家庭管教方式 | -.028 | -.091* | .046 | .033 | .222*** | .169*** | 1 | | | |
| 整體憂鬱傾向 | .036 | -.035 | .055 | .069 | .287*** | .195*** | .214*** | 1 | | |
| 正向自我概念 | .004 | .017 | -.012 | -.042 | -.246*** | -.131*** | -.122** | -.420*** | 1 | |
| 負向自我概念 | .023 | .005 | -.047 | -.042 | -.252*** | -.219*** | -.142*** | -.515*** | .512*** | 1 |

* p<.05　**p<.01　*** p<.001

在上面相關係數摘要表中,除了二個自我概念變項與整體憂鬱傾向變項間的相關係數有意義外,其餘的統計量數均是沒有意義的,於推論統計中也無法合理解釋,因為年級、性別、家中排行、家庭狀況、家庭氣氛、平均學業成績、家庭管教方式等七個變項均為間斷變數,間斷變數間的相關一般採用列聯相關及卡方檢定,間斷變數與連續變數間的相關一般採用點二系列相關及多系列相關,研究者把背景變項作為連續變數,求出與其餘連續變數間的積差相關,是誤用統計方法,其結果推論是錯誤的。

再如研究者於參考文獻中引用二手資料,先前甲研究者作最後論文修改時未查覺,之後乙研究者再參考甲研究者的論文時也引用同樣錯誤的格式型態:

---

**錯誤的參考文獻格式 ( 將全部標題以粗體字或斜體字表示,而忽略文獻的來源資料型態 )**

吳明隆 (2010)。**論文寫作與量化研究**。臺北:五南。

傅粹馨 (1998)。**典型相關分析:與其他統計方法之關係**。高雄師大學報,9,173-186。

Clark-Cater, D. (1997). *The account taken of statistical power in research published in the British Journal of Psychology*. British Journal of Psychology, 88, 71-83.

Kirk, R. E. (1995). *Experimental design procedures for the behavior sciences* (3rd ed.). Pacific Grove, CA: Brooks/Cole.

**正確的參考文獻格式 (APA 格式 )**

吳明隆 (2010)。**論文寫作與量化研究**。臺北:五南。

傅粹馨 (1998)。典型相關分析:與其他統計方法之關係。**高雄師大學報,9**,173-186。

Clark-Cater, D. (1997). The account taken of statistical power in research published in the British Journal of Psychology. *British Journal of Psychology, 88*, 71-83.

Kirk, R. E. (1995). *Experimental design procedures for the behavior sciences* (3rd ed.). Pacific Grove, CA: Brooks/Cole.

## 四、迷思四：「研究變項愈多，表示題目愈有深度？」

　　每個研究均有其價值性、教育性與限制性，價值性高低端視研究主題與整個研究進程的嚴謹性而異。研究時要考量研究者的財力、時間與人力，這是研究的「可行性」。探究的變因愈多當然愈能瞭解行為或現象的全貌，但探究的變因愈多，研究設計會變為更為複雜，此時，研究者是否能在有限時間內獨立完成，研究者必須加以縝密考量。對於某些事實現況的調查研究，研究者主要就想探究的重要研究主題加以探測即可，不必納入無關的變項，如大學生自尊概念與作弊行為的調查研究中，研究者想要探究的主要問題有二：一為大學生作弊的現況及比率約為多少？二為大學生的作弊行為是否與其自尊信念有密切關係。若是研究者納入的變項愈多，研究的架構會較為繁雜，研究的完成需要更多的時間、人力與財力等。

## 五、迷思五：「使用愈複雜的統計方法，表示分析愈深入？」

　　量化研究統計分析需要的不是多深入、多複雜的統計方法；統計方法的使用需配合研究目的與研究問題，並能回應假設驗證，進而清楚、正確地呈現研究結果。若是統計方法運用不當，反而是在「玩數字遊戲」，而非是進行有意義的資料分析。就事實現況調查的研究問題而言，如「抽樣有效樣本中，曾有考試作弊行為的樣本個數佔全體有效樣本的百分比約為多少？」，回答此問題最佳的統計量數即為次數、百分比，如有效樣本 500 位中，曾有考試作弊行為者有 50 位，則曾有考試作弊行為大學生的比例約為 $50 \div 500 = 0.10 = 10\%$，回應研究問題最適宜的數值即為「10%」，之後，研究者若要探究男女生作弊行為比例人數是否有顯著不同，一樣採用次數百分比並增列卡方統計量即可。

　　上述曾有考試作弊行為者，男生有 40 位、女生有 10 位，未曾有考試作弊行為者，男生有 210 位、女生有 240 位。執行 SPSS 功能列「分析 (A)」／「敘述統計 (E)」／「交叉表 (C)」程序，可以求出各細格的個數、行百分比、列百分比、總和百分比、調整後的殘差值及卡方統計量等數值。

表 3-2 考試行為 * 性別交叉表

| | | | 性別 | | 總和 |
|---|---|---|---|---|---|
| | | | 男生 | 女生 | |
| 考試行為 | 曾有作弊過 | 個數 | 40 | 10 | 50 |
| | | 考試行為內的 % | 80.0% | 20.0% | 100.0% |
| | | 性別內的 % | 16.0% | 4.0% | 10.0% |
| | | 總和的 % | 8.0% | 2.0% | 10.0% |
| | | 調整後的殘差 | 4.5 | -4.5 | |
| | 從無作弊過 | 個數 | 210 | 240 | 450 |
| | | 考試行為內的 % | 46.7% | 53.3% | 100.0% |
| | | 性別內的 % | 84.0% | 96.0% | 90.0% |
| | | 總和的 % | 42.0% | 48.0% | 90.0% |
| | | 調整後的殘差 | -4.5 | 4.5 | |
| 總和 | | 個數 | 250 | 250 | 500 |
| | | 考試行為內的 % | 50.0% | 50.0% | 100.0% |
| | | 性別內的 % | 100.0% | 100.0% | 100.0% |
| | | 總和的 % | 50.0% | 50.0% | 100.0% |

表 3-3 卡方檢定摘要表

| | 數值 | 自由度 | 漸近顯著性（雙尾） | 精確顯著性（雙尾） | 精確顯著性（單尾） |
|---|---|---|---|---|---|
| Pearson 卡方 | 20.000[b] | 1 | .000 | | |
| 連續性校正 (a) | 18.689 | 1 | .000 | | |
| 概似比 | 21.276 | 1 | .000 | | |
| Fisher's 精確檢定 | | | | .000 | .000 |
| 線性對線性的關聯 | 19.960 | 1 | .000 | | |
| 有效觀察值的個數 | 500 | | | | |

[a] 只能計算 2×2 表格。

[b] 0 格 (.0%) 的預期個數少於 5。最小的預期個數為 25.00。

Pearson 卡方值為 20.000，顯著性機率值 p = .000 < .05，表示男生、女生

有作弊行為的人數百分比的差異達到顯著水準，男生有作弊行為的人數百分比 (16.0%) 顯著高於女生有作弊行為的人數百分比 (4.0%)。量化研究之統計方法的選用必須與假設檢定有關，如此才能回應研究問題，再以複選題為例，最適當的統計方析方法是統計各選項被受試者勾選的人次及百分比，並採用逐題分析法即能解答研究者問題，如果研究者編製的調查問卷型態是複選題或重要性等級排列題項，研究者捨棄簡單的次數及百分比，改用多變量統計方法，不僅無法回答研究問題，也用錯了統計方法。長期投入於量化研究議題的筆者，誠懇地以下列的一句話和想從事量化研究的研究者共勉：

「統計分析方法是拿來解決問題的，不是拿來玩弄的，統計方法是應用導向性；統計方法不是愈困難或愈複雜愈好，而是要看能否回應研究問題與進行假設檢定，研究者不要玩弄表面上的統計數字遊戲。要讓統計方法發揮實質效益與功能，必須將各統計方法視為平等地位，將它們置放於最適當的位置。」

## 六、迷思六：「問卷題項的題項數愈多，愈能測得所要的特質？」

一般而言，問卷中各量表的題項數愈多，愈能測得研究者所要測得的潛在特質或心理構念，但題項數愈多，受試者填答的效度與填答意願會愈低，如此所獲得的數據效度 ( 受試者填答的真實性 ) 有待商榷，當研究者搜集的資料可靠性愈低時，資料統計分析結果的正確性也會愈低。量化研究中，測量資料的搜集均透過問卷或測驗而來，此種資料搜集是種自陳量表的格式，當題項數愈多，受試者填答的配合度不高，填答的真實性可能很低，即使問卷回收率很高，回收問卷數據的可靠性也可能很低。因而問卷調查法的實施時，研究者題項的數量多寡要考量到受試對象，此外，也要考量到研究的層級，若是博士論文，可能探究的潛在特質或構念較多，因而測量指標也可能較多。對於問卷題項數的取捨，研究者要把握的原則是：

「量表或測驗的信效度達到基本的準則後，測量指標數愈少愈好，因為題項數愈少受試者填答的意願愈高、內在效度會愈佳。」

## 七、迷思七：「取樣的樣本數愈大，表示研究推論效度愈高？」

一般而言，從母群體抽取的樣本數愈大，樣本愈能有效代表母群，但研究者必須考量到取樣代表性與研究可行性，若是研究者不是採取隨機取樣方式，而是採用便利取樣或立意取樣，則即使樣本數很大，抽樣誤差也會很大。如在某個總統選舉民調中，調查者只集中抽取於所居住縣市的民眾作為樣本，但此縣市的民眾多數偏向於某個政黨，即使調查者抽樣的樣本高達 5000 位，此種調查研究(電話調查或問卷調查)的結果其可靠性及可信度均不高。至於正式問卷調查實施中，要抽取多少位樣本才算足夠？問卷調查之樣本數抽取的人數問題，讀者可參閱第六章的內容。推論統計之抽樣程序，最重要是從母群體中抽取的樣本要有代表性，即抽取樣本的屬性或特徵能有效反映樣本所隸屬的母群體之屬性或特徵，如此，從樣本統計而得的統計量數才能推估至母群體的參數／母數。

## 八、迷思八：「研究差異或相關之顯著性沒有達到顯著水準，是否研究就欠缺價值性？」

在量化研究中，許多研究者過度關注於差異或相關統計水準，許多社會現象或人類行為會隨著環境或時間而有所改變，經驗法則並非是一成不變的，相關的變項對不同的受試者而言，其結果可能與之前的調查結果不同，沒有達到統計上顯著水準的數據，或許是研究者不同的發現。因而在假設驗證方面，研究者不應過度關注於統計顯著水準 $(p < .05)$ 或所提假設均要得到支持，而是研究過程的嚴謹性如何？研究結果的內在及外在效度如何？研究過程所採用的方法是否已解決研究問題？研究目的是否確實達成？在相關研究或因果研究中，統計分析關注的是潛在變項(無法觀察變項)間的相關或預測情形，至於人口變項／背景變項在計量變數的差異則不是探究的重點，若是潛在變項(無法觀察變項)間的相關或預測達到 .05 顯著水準，即使人口變項／背景變項在所有計量變數的差異都未達 .05 顯著水準，也是有學術或應用價值性。至於準實驗研究，統計分析關注的重點是組別(實驗組、控制組)在排除前測成績影響後，實驗處理效果的差異是否達到顯著，因而其強調是調整後平均數的差異是否達到 .05 顯著水準，而非是變項間的相關是否達到顯著。

### 九、迷思九：「統計方法只用到簡單的次數百分比及卡方檢定，統計方法是否太簡單？」

任何統計方法均有其適用的時機，對於類別變項 ( 名義變項或次序變項 ) 資料，要比較觀察次數 (observed frequency) 與期望次數 (expected frequency) 間的差異，最佳的統計方法即是卡方檢定，因為卡方檢定特別適用於適合度考驗或百分比同質性考驗；再如複選題題目，最適切的統計方法即是統計各選項被勾選的次數及百分比，此時採用次數與百分比即是最適宜的資料分析方法。採用單變量統計方法即可回應研究問題，就不需採用多變量統計分析，各種統計方法均有其適用時機與適用的變項尺度，因而「統計方法間沒有優劣之分，只有適用時機是否適宜的問題」，研究者要考量的是：選取的測量尺度屬性或變數是否符合該統計方法的基本假定？多變量統計分析法並不表示優於單變量統計分析法，只是多變量統計方法的程序可以對變數間的關係有更多的瞭解。

### 十、迷思十：「研究變項的相關文獻很少，研究主題是否值得探究？」

量化研究主題可以是研究者關注或有興趣的議題，此議題若是相關的文獻很多，表示過去已經有太多人探究過，研究主題的價值性與創新性可能較低；相對地，相關的文獻很少或沒有可能才是一個值得探究的新議題，但研究者要考量的是之前為何都沒有人從事此相關議題的探究，是否此主題沒有研究的價值，或是研究的可行性有問題，所以才沒有人從事此領域的探究，此部分研究者要加以考量。若是研究主題有其價值性，或是一項新的議題，即使文獻很少，只要可行也是值得探究的。創新性的研究相關的文獻資料可能比較少，但研究者應儘可能搜集到類似或相關的文獻資料來說明，此外，研究者也可以從經驗法則加以論述，因為經驗法則或實務經驗也是形成問題與發掘問題的一個途徑。

如果問卷調查抽取的對象為全部母群的樣本 ( 稱為普查 )，統計分析時是否可以採用推論統計法？這個議題可以從二個部分來說明，一是如果研究者想要瞭解某個有限而明確的小規範母群的描述性統計量，則不用採取推論統計法，如某國民小學六年級田徑隊有 30 位成員，研究者想瞭解這 30 位田徑隊學生的身高、體重的情形與六年級上學期國語、數學的學業成就，研究者最簡便而經濟的方法

就是直接測量 30 位學生的身高、體重，並從學籍資料表查核上學期的數學、國語成績，從量測值的次數分配及描述性統計量可以得到精確結果，此種統計分析通常是行動研究的歷程。

統計推論程序之樣本來自的母群有二種類型：第一種類型是有形母群 (tangiblepupulation)，統計分析的樣本全部來自此有形母群，樣本統計量數也是推論至這個有形母群的參數；第二種類型是受試者來自有形母群中全部樣本 ( 普測 )，統計推論時可推論至樣本產製的抽象母群體 (abstract population) 或未來母群體，此種普測的推論，研究者感興趣的是全部樣本擴展延伸至未來的母群 (Huck, 2008)。普測樣本推論至未來樣本產製的母群例子，如研究者以甲直轄市的市立國中校長為研究對象，探究校長的人格特質、領導策略與學校經營的關係，由於國中校長的母群只有 100 位，研究者採用普測方法搜集資料，統計分析時研究者將顯著水準 $\alpha$ 定為 .05，進行統計推論與假設檢定，研究者之所以採用推論統計是因為研究結果假定可以類推至以後擔任甲直轄市國中的校長母群 ( 產製的抽象母群體 )，如從普測統計分析中發現校長的人格特質、領導策略與學校經營有顯著相關，則研究者可以推論未來甲直轄市國中之學校經營會受到校長人格特質與領導策略的影響。樣本統計量數推論至未來抽象母群的架構圖如下。由於是採用普測，有形母群體的人數等於抽取樣本的有效人數 ( 假設全部樣本均為有效樣本 )，因而有形母群體的圓形區塊大小等同統計分析樣本之圓形區塊大小，至於由樣本產製的抽象母群體或未來母群體的圓形區塊大小不一定會與原形有形母群體的圓形區塊大小相等 ( 表示二者的總樣本人數不一定相等，但二個母群性的屬性或特徵是相似的 )。

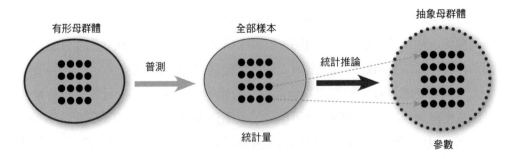

普測之所以能夠採用統計推論，其所持的理由是從有形母群體中普測所得的統計量數，可以推估到樣本延展的母群體 ( 抽象母群體 )，樣本產製的抽象母群

體的屬性與特徵與原先普測之有形母群體的屬性或特徵差不多，因為抽象母群體是由抽取全部樣本產製而成的。抽象母群體的推論範例再如研究者想探究某一縣市國民小學主任的角色衝突與工作壓力情形，此一縣市國民小學全部有 70 所，全部的主任有 132 位，由於母群體總人數遠少於 300 位，因而研究者採用普測方式，數據資料的有效樣本數為 132 位，統計分析結果發現：女性主任的工作壓力與角色衝突均顯著高於男性主任，對於此種現象，研究者推估此一縣市國民小學教師兼主任者，與男性主任工作相較之下，女性主任的工作壓力較大、角色衝突也較為高。範例中的國民小學主任產製了一個抽象母群體作為普測推估的母群體。

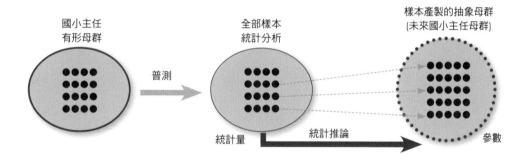

如果研究者採用抽樣方法，則標的樣本來自有形母群，樣本統計量推論則是推論至原先樣本來自的有形母群體。此種抽樣推論的架構圖如下，由於樣本人數是從有形母群體中抽樣而得，因而樣本的人數遠小於母群體人數 ( 中間樣本的圓形區塊小於有形母群體的圓形區塊 )，統計分析之樣本來自的原始有形母群與統計量數推論的有形母群是同一個母群體。

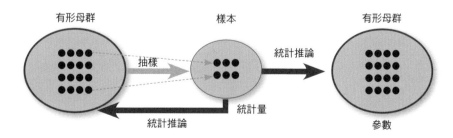

# 04

量化研究之
測量工具

網路是消息最活躍的地方，據說 2002 年 7 月聯合國執行了一項全球性大規模的問卷調查研究，其中只有一個題項，此題項為：「請您給予一個解決世界其他地區食物短缺的最誠實具體的意見。」這項問卷調查的結果最後是失敗收場，原因是 ( 戴久永，2006，p.33)：

在非洲，受試者不懂「食物」是什麼意思；

在西歐，受試者不懂「短缺」是什麼意思；

在東歐，受試者不懂「意見」是什麼意思；

在中東，受試者不懂「解決」是什麼意思；

在南美，受試者不懂「請」是什麼意思；

在亞洲，受試者不懂「誠實」是什麼意思；

在美國，受試者不懂「世界其他地區」是什麼意思。

不論是量化或質化研究，資料搜集的方法包括研究者直接搜集的「原始資料」(primary data) 或透過各式文件、刊物、官方報告等所獲得的「次級資料」(secondary data)。原始資料又稱一手資料，次級資料又稱二手資料。獲得原始資料的方法包括問卷調查、測驗資料、觀察及訪談。問卷或測驗可能為研究者自編、修訂或引用，觀察的類型又根據研究者參與的程度分為「參與觀察法」(participant observation) 與「非參與觀察法」(non-participant observation) 二種，參與觀察乃是研究者與被觀察者成員一起參與各式活動，而被觀察者並不知其行為正接受研究者的觀察，至於非參與觀察乃是研究者以旁觀者的立場，獨立於被觀察者群體之外，而觀察、記錄被觀察者群體成員的活動，如教室學生學習活動的觀察中，觀察者通常採用的是「非參與觀察法」，而田野研究通常會採用參與式觀察法。訪談法是藉由研究者與受試者不同形式的互動而搜集受試者有關的訊息，訪談法又分無結構性訪談 (unstructured interview)、半結構性訪談 (semistructured interview) 與結構性訪談 (structured interview)。半結構性訪談為一種介於結構性訪談與無結構性訪談中間的訪談法，無結構性訪談法為輔導與諮商領域之案主中心法，此方法可對案主或單一個體獲得較為深入而完整的資料，此種訪談法也成為質化研究主要資料搜集方法。在問卷調查中，研究者為了深究瞭解受試者行為特質或感受內在的原因，有時會輔以半結構性訪談或結構性訪談，以搜集較深入的資料；此外，有時會採用「團體訪談」(group interview)，藉由專

家學者及實務工作者的意見及看法，以得出群體對事件或議題的共同反應，藉以形成共識。

　　原始資料搜集方法可以用下列圖示表示，圖示中資料搜集的工具為量表、測驗或問卷時，研究程序偏向於定量研究；以觀察法或訪談法作為資料搜集的方法，則歸類質性研究。

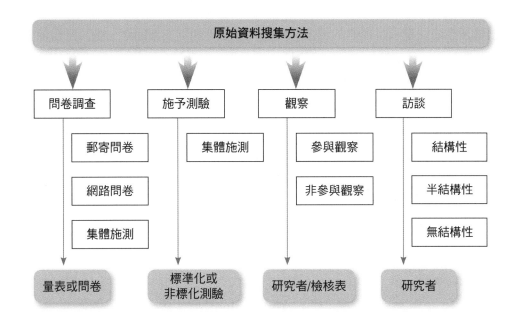

　　就問卷調查型態而言，目前常用者為郵寄調查問卷與線上調查問卷 ( 藉由上網填答問卷 )，若是問卷題項較少且容易回答，也可以採用電話訪談調查，一般正式研究論文或專案，多數採用郵寄問卷與線上問卷調查二種型態，因為這二種類型施測上較為簡易，與電話訪談調查比較下，受試者對於較為複雜或需要較多時間填答的問卷較有意願與耐心填答。

## 壹、總加評定量表的特性

　　量化研究中測量反應者潛在心理特質或受試者反應傾向最常使用的量表格式型態為「李克特量表」(Likert Scales)( 為 R. A. Likert 於 1932 年所創 ) 及「語意差異量表」(semantic difference scale)。「李克特量表」及「語意差異量表」均

可視為一種「總和評定量表」(summated rating scales)。總加評定量表有以下特性 ( 簡春安、鄒平儀，2005)：

## 一、是一種自陳量表

總加量表是一種自陳量表 (self-report inventories)，是受試者自評而產生的一種「主觀意見」，而非是由領域專家所認定的「客觀事實」。自陳量表是受試者根據量表之測量項目描述的現象、問題或現象等加以主觀回應，由於是自陳量表，所以受試者填答的意願與真實性十分重要。當受試者沒有能力、填答意願不高、不願據實填答、沒有充足時間作答等，則研究者所搜集資料的可靠性就不高 ( 效度不佳 )。此外，個別測量項目的詞句若是編製不適切，也會誤導受試者的反應，自陳量表要讓受試者能真實回答，一般採用無記名式的調查問卷，因為若是具名 ( 德懷術除外 )，多數受試者填答或勾選時會有所保留。

## 二、題項的權重相等

在總加量表中每個題項或測量項目 (item) 的「份量」或「重要性」是相同的，量表中不能說那個題項或項目的權重比較重，而須另外加權計分，以生活壓力量表的感受而言，若是在五點量表中，研究者於下列二個題項：「家庭經濟有困難」、「家庭居住環境不佳」均勾選「非常困擾」選項，則二個選項的計分是相同的，如皆是五分 ( 分數愈高，表示受試者感受到的困擾程度愈高，即知覺的生活壓力愈大 )。從潛在構念及指標項目的理論觀點而言，每個指標變項對同一潛在構念的影響均是相同的，就同一潛在變項的所有指標變項而言，從理論觀點來說，每個指標變項 ( 題項 ) 反映的潛在變項的權重是相同的，研究者不能把某些測量題項視為重要指標、把某些測量題項視為不重要指標。

理論上，總加量表選項變數原為次序變項，但問卷調查研究中多數將其視為等距變數，若是各選項測量值間非等距關係，則統計分析會有偏誤。如研究者在探究消費者對產品購買意願之主題中，量表五個選項為「非常符合」、「大部分符合」、「一半符合」、「少部分符合」、「非常不符合」，研究者編碼時給予五個選項詞的量測值分別為 7、6、4、2、1 或 8、6、3、2、1，則選項詞之間的關係非是「等距」，因而所有受試者的得分無法與界定的操作型定義相呼應，之後所有統計分析都是不適切的結果。

### 三、包含數個分量表

　　每個總加量表通常會再劃分成數個分量表，分量表又稱層面、構念、向度、面向或構面，如企業組織知識管理量表中，又分三個構面：「知識獲取」、「知識流通」、「知識創新」；高年級學生自我概念量表又分為五個分量表：「能力自我」、「社會自我」、「家庭自我」、「心理自我」、「生理自我」，每個分量表均包含數個題項或測量項目，可以單獨進行分數加總，而視為一個「變數」，分量表的總分和為整體量表的得分。總加量表中的變數名稱或分量表變數名稱通常為潛在變項 (latent variables) 或構面 ( 或稱向度、層面或因子 )，而個別指標項目或題項稱為「觀察變項」或測量題項或指標變項。就探索性因素分析而言，分量表即為因素分析程序中，從測量題項萃取的共同因素，採用總加量表作為測量工具時，資料統計分析的標的變數一般是構面或共同因素，而不是個別測量題項。

### 四、採用不同選項詞

　　總加量表的測量選項通常採用 4 至 7 個選項來測量，一般使用較多者為五點評定量表形式 (5-point rating scale)，因為五點評定量表法包含正向、反向及中間反應，中間反應選項如「沒有意見」、「無法確定」；若是研究者要強迫研究者勾選一個反應選項，避免選取中間選項，可以改採四點評定量表或六點評定量表。行為及社會科學領域中以奇數點評定量表法較符合母群體的特質，此外，選項詞的編製較能符合精確化準則。選項詞的型態與個數沒有絕對的，選項詞的內容與選項詞的數目要視研究需要而定，其中最重要的是選項詞的內涵要與測量題項可以契合，此外，選項詞的表達要能精準、互斥與周延。

### 五、多元的計分方式

　　總加量表每一個題項或測量項目的分數不是由受試者來決定，而是由研究者主觀判斷及根據研究目的決定，在一份學習焦慮量表中，四點評定量表選項「非常符合、符合、不符合、非常不符合」，研究者可以根據選項順序給予 4、3、2、1 分，此時研究的操作型定義為學習焦慮量表中的得分愈高，受試者學習焦慮程度感受愈大；相反地，研究者也可以根據選項順序分別給予 1、2、3、4

分，此時研究的操作型定義為學習焦慮量表中的得分愈低，受試者學習焦慮程度感受愈大，若是研究者資料輸入正確且反向計分也正確，不同的計分方式並不會影響到最後統計分析結果。

## 六、關注加總後分數

受試者對個別題項的回答反應結果並不重要，重要的是整個量表或分量表的「加總分數」，即對不同項目或題項作出不同回答的受試者，分量表加總的總分可能相同，只要分量表總分相同表示受試者對問題的反應態度傾向是相同的；如果總量表加總分數相同，表示受試者對問題的反應態度傾向是一樣的（如均為高焦慮者）。總加量表的態度傾向反應主要不是看個別題項或測量項目上的得分，研究者關注的是總量表或分量表上的加總分數。

總加評定量表或相關的態度量表（如塞斯通等距量表型態）之測量題項或測量項目所要測量的構念或現象是「無法觀察的變項」，這些變項又稱為潛在變項，潛在變項所顯示的態度或行為特質是無法直接觀察到的，它是隱藏而不是顯性的，這些態度是受試者的「典型表現」(typical performance) 行為，而非如成就測驗之最佳表現或最大表現行為。受試者的態度或潛在行為特質有些是會受到時間、情境或成長等變因而改變的，如教師的工作壓力感受可能受到校長領導方式、教改推展政策、教師人格特質等變因影響，因而教師工作壓力感受可能因施測時間地不同而得到不同結果，如數年前相同的研究顯示教師的工作壓力較輕，但目前的研究卻顯示教師有很高的工作壓力。對於相同的變數，卻有不同的研究結果，在問卷調查中是合理的，因為受試者某些行為特質或感受會因時間、情境等變因而改變。

「語意差異量表」乃是題項的反應，包括二元相反的形容詞或個體二種極端的行為表現或行為屬性，語意差異量表關注的是物體、概念或個體之描述或特質的測量，語意差異量表二個相對立的語詞通常採用相反的形容詞、語詞或片語，如個體行為表現為「友善的－不友善的」、學校位置為「便利－不便利」、辦學績效為「高品質－低品質」、學生個性為「獨立的－依賴的」、警察行為特質的描述為「正義的－功利的」等。以學校效能的三大評鑑指標而言：學生向度、行政向度、教師向度，採用語意差異量表法的設計如下：

| (一) 學生向度 | 7 | 6 | 5 | 4 | 3 | 2 | 1 | |
|---|---|---|---|---|---|---|---|---|
| 品德良好 | ― | ― | ― | ― | ― | ― | ― | 品德欠佳 |
| 主動積極 | ― | ― | ― | ― | ― | ― | ― | 被動消極 |
| 學習動機高 | ― | ― | ― | ― | ― | ― | ― | 學習動機低 |
| 學習成就高 | ― | ― | ― | ― | ― | ― | ― | 學習成就低 |
| **(二) 行政向度** | | | | | | | | |
| 效率高 | ― | ― | ― | ― | ― | ― | ― | 效率低 |
| 電腦化 | ― | ― | ― | ― | ― | ― | ― | 人工作業 |
| 主動服務 | ― | ― | ― | ― | ― | ― | ― | 被動應付 |
| 民主 | ― | ― | ― | ― | ― | ― | ― | 權威 |
| **(三) 教師向度** | | | | | | | | |
| 熱心投入 | ― | ― | ― | ― | ― | ― | ― | 低迷被動 |
| 主動積極 | ― | ― | ― | ― | ― | ― | ― | 被動消極 |
| 和諧 | ― | ― | ― | ― | ― | ― | ― | 衝突 |
| 相互幫助 | ― | ― | ― | ― | ― | ― | ― | 獨立自我 |

　　範例中語意差異量表的選項為七點量尺，因而其計分從 1 至 7 分，由於每個概念行為採用的是二個極端相反的形容詞或語詞，每個概念或行為特質均可以單獨給予一個測量分數，每個向度中的行為或屬性也可以進行分數加總。一般語意差異量表的選項最好在四至七個中間，選項量尺劃分太細，受試者不易填答，選項量尺低於 4 個，無法明確測出受試者的真正感受，而負向行為特質或屬性特徵的測量值通常給予 1 分。

　　李克特量表是種連續潛在特質反應傾向 ( 李克特量表之數據理論上是次序測量尺度，但在實際應用上均將其視為計量測量尺度 )。連續潛在量表反應問卷形式如下：

| 極端負向反應 | | 中性反應 | | 極端正性反應 | |
|---|---|---|---|---|---|
| 非常不同意 1 | 有點不同意 2 | 沒有同意，也沒有不同意 3 | 有點同意 4 | 非常同意 5 | |
| 非常不符合 1 | 有點不符合 2 | 無法確定 3 | 有點符合 4 | 非常符合 5 | |

| | 非常不同意 1 | 有點不同意 2 | 沒有同意，也沒有不同意 3 | 有點同意 4 | 非常同意 5 | |
|---|---|---|---|---|---|---|
| | 非常不符合 1 | 有點不符合 2 | 無法確定 3 | 有點符合 4 | 非常符合 5 | |
| 非常不重要 1 | 很不重要 2 | 不重要 3 | 普通 4 | 重要 5 | 很重要 6 | 非常重要 7 |
| 完全不滿意 1 | 很不滿意 2 | 有點不滿意 3 | 沒有意見 4 | 有點滿意 5 | 很滿意 6 | 完全滿意 7 |
| 非常不喜愛 1 | 大部分不喜愛 2 | 有點不喜愛 3 | 無法確定 4 | 有點喜愛 5 | 大部分喜愛 6 | 非常喜愛 7 |
| 完全不符合 1 | 很不符合 2 | 有點不符合 3 | | 有點符合 4 | 很符合 5 | 完全符合 6 |
| | 極少如此 1 | 偶爾如此 2 | | 經常如此 3 | 經常如此 4 | |
| | 每週 1 天以下 [1] | 每週 1-2 天 [2] | 每週 3-4 天 [3] | 每週 5-6 天 [4] | 每週天天如此 [5] | |

在李克特量表編製中，研究中最感困惑的是選項詞要採用多少個，一般而言，選項詞太多，受試者填答較為不易，且問卷編製也較為困難；但選項詞太少，又無法正確地測出所要測量的潛在特質或心向反應。就多數研究而言，選項詞的數目以「四點量表至七點量表」較為適宜，每個分量表的題項以 3 至 10 題為宜，整個量表的題項總數約 20 至 30 題最佳，若是量表的構面數在五個以上，則每個構面數以 3 至 5 題為宜，如果量表的分量表數目在五個以下，則每個分量表的測量指標題項可以稍微多一些，測量指標題項要能有效測出受試者的行為反應或潛在特質，每個層面或分量表的指標變項至少要有三題。

問卷調查中，研究者通常會探究數個變數間的關係，每個變數 ( 潛在變項 ) 可能皆有一種量表，因而一份調查問卷可能包含二至四種不同的量表，若是量表的種類愈多，每份量表的題項或測量項目數應相對地減少，如此問卷內容包含的總題項數才不會過多。若是研究要經預試程序，則預試量表的題項或測量項目數約為將來要保留之正式量表題項數的 1.2 至 1.5 倍，如成年人公民素養的調查研究中，「公民素養量表」研究者計畫採用 25 題，則預試問卷的題項約為 32 題 ( = 1.2×25) 至 38 題 ( = 1.5×25)。

問卷 (questionnaire)、量表 (scale/inventory)、構念 (construct) 及測量項目 (items) 間的關係如下圖。由於一份調查問卷可能包含數個不同類型的量表，因而問卷標題的名稱最好不要偏向於某一個量表的內容，問卷標題要儘量中性化，尤其是敏感性議題的量表，如在大學生自我概念與作弊行為的調查研究中，問卷的標題若出現「考試作弊」詞語，會讓受試者看到問卷後第一印象有所遲疑，對

於填答內容可能有所保留，研究者可改用「大學生考試行為調查問卷」作為問卷標題；如高職學生生活壓力與憂鬱傾向的調查研究，問卷標題可採用「高職學生生活事件感受調查問卷」。採用中性化的問卷標題名稱，較能去除受試者自我防衛的心理，而較能真實地就描述的問題據實回答。

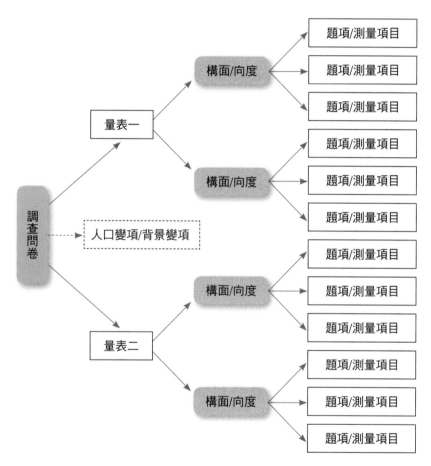

問卷中各量表的構念或向度的來源有二：一為根據理論文獻發展而成；二為根據經驗法則編製，這些面向或因素構念稱為「潛在變項」(無法直接觀察或測量的態度或構念)，測量面向或因素構念的題項或項目即為「指標變項」或稱「觀察變項」。各量表編製後，最好經專家審核，以檢視各題項的適切性，以建立專家效度或內容效度 (content validity)，並經預試過程，進一步確認各量表的構念效度。若是研究者可以取得受試者與研究相關的行為，量表的效度也可以採用效標關聯效度 (criterion related validity)，如研究者在進行一項「國中學生人際

關係與憂鬱傾向相關」之研究，研究者編製二種量表：「學生人際關係量表」、「憂鬱傾向量表」，預試時研究者可同時搜集受試者在班級內人際關係情形與生活態度，並由任課教師給予 1 至 10 分的量測值，教師所評定的測量值愈高，表示受試者的人際關係愈佳或憂鬱傾向程度可能愈高，之後，再求受試者量表所勾選的分數與教師評定分數間的相關，即可求出的量表的同時效度 (concurrent validity)。以人際關係量表為例，同時效度的關係圖如下：

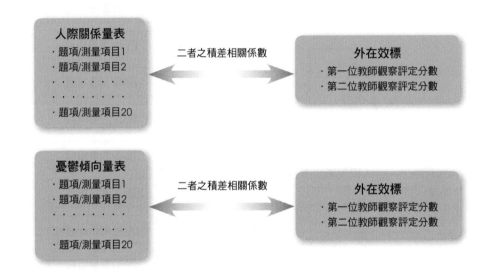

## 貳、總加評定量表編製注意事項

總和評定量表要獲得較為正確而可靠的資料必須注意以下幾點：

### 一、受試者必須有意願填答

要讓受試者有意願填答，量表題項總數不應太多，問卷中各量表的題項總數最好讓受試者在 15 至 20 分鐘填完 ( 可以的話最好能讓受試者在 10 分鐘左右填完問卷 )，每種量表的題項數最好不要超過 30 個項目；此外，為激發受試者填答的意願，問卷印刷時的「表面效度」(face validity) 要格外注意，所謂表面效度是研究者基於測量題項與研究目的間的邏輯連結，讓受試者看到量表有很高的填答意願，要達此目標，問卷印刷的品質、版面的排列、內容文字的大小、問卷題

項的長短等，均是研究者要重視的。

## 二、受試者必須有能力填答

　　各量表測量題項的詞句必須儘量白話，並符合問卷編製原則，如避免模稜兩可及雙重否定的問題、測量題項的題意要具體清楚、多用肯定正向語詞、避免假設性假定描述、不要誘導及出現學術性用詞等。尤其是選項詞的使用要「精確化」，精確化的選項詞才能真正反映出受試者的主觀感受。若是研究者探究的對象為國小三年級以下學生，問卷題項內容詞句要符合其年段的用語，此外，最好增列注音符號，這樣才不會有學生看不懂的字詞或文義。如果研究者探究的母群體為高齡化的老人，如果老人視力不好，問卷施測時可以採用一對一的讀題方式，由施測者逐一讀出題目，讓受試者回答，此種施測方式較為費時，但較能搜集到客觀、可靠的數據資料。

## 三、選項詞必須精確易懂

　　李克特量表為一種總和評定量表，其勾選的選項詞必須能使填答者明白且能讓受試者易於區隔，不同的選項詞能反映出受試者對描述題項的感受。如「總是如此」、「常常如此」、「經常如此」三個選項詞，對多數的受試者而言不易區分。過多繁雜不明確的選項詞不僅造成受試者填答的困難，也會造成受試者填答的意願。如研究者量表的題項是詢問受試者對「國中學生入學常態編班的支持程度」，但選項詞卻採用「非常滿意」至「非常不滿意」選項尺度，造成受試者回答的困惑。

## 四、加入反向題／不計分題

　　問卷調查為人質疑之一是受試者填答資料的真實性，為簡要判別受試者是否亂填答，在問卷中可挑選一份量表，將量表中原先的正向題描述改為反向題描述，並和原先正向題項分開；若是研究的題目是有關自我社會觀感的議題 ( 如考試作弊、婚前性行為等 ) 可在量表中加入一、二題不計分數的測謊題。以學生為樣本的群體，研究者可增列的中性效度評估題目如：「我每次考試都 100分」；以成人為樣本的群體，研究者可增列的中性效度評估題目如：「從小到現在我都沒有生氣過」，若是受試者於上面二個題項勾選「完全同意」或「完全

符合」，資料建檔時可將之列為無效問卷。就學生群體而言，我們相信真的有每次考試都 100 分的學生，但此種現象的機率極低，因而可將之列為無效問卷；就成年人的群體而言，至成年時都沒有生氣過者的機率也極小。

## 五、受試者有充足時間作答

問卷調查實施的一個重要原則，是問卷施測時要讓受試者有充足的時間回答，若是受試者在很匆促的時間下填寫問卷，則可能會發生受試者因時間不足，而無法完全看完測量題項的情形，為了趕時間或快速繳交問卷而亂填或隨便勾選選項的情況，此種現象通常發生在研究者／施測者現場施測的場景。若是因為受試者填答時間不足或無法配合，研究者或施測者最好重新安排時間施測問卷，因為獲得無效度的問卷，即使樣本數再多對整個研究並沒有學術或應用的價值性存在。

## 六、確實依照問卷編製原則

問卷題項的編製有其基本原則，如多用正向肯定敘述詞句，不宜用雙重否定的描述語；每個題項詞句要敘述明確，所用詞句是受試者能明瞭的，尤其是避免使用學術性用語；每個題項只測量一個主要概念或行為屬性，題項所要測得的潛在構念是和研究確實相關的；避免具誘導性及有不當假定的提示語詞；問卷題項內容不要讓受試者思考許久才能作答或造成受試者的困擾；若是詞句為反向敘述應在反向敘述詞句下加底線等。

不適切的問卷題項內容舉例如下：

範例 1：「您反對國中學生下午第一節不能排體育課嗎？」( 雙重否定 )

上述測量題項中描述語中同時包含二個否定語詞：「反對」、「不能」，此種描述會造成受試者填答的困擾或誤解題項意思。研究者可將題項改為：

「您反對國中學生下午第一節排體育課嗎？」或「您贊同國中學生下午第一節排體育課嗎？」

範例 2：「您的婚姻狀況為何？□已婚　□未婚」( 勾選的選項欠周延 )

上述測量的選項詞欠缺周延，因為成年人的婚姻狀況除了已婚、未
婚外，也包括結婚後又離婚者、結婚後配偶已去世者、同居而未結
婚者，因而若是填答受試者是屬於後面三種婚姻狀況者，則無法勾
選。研究者可將調查題項改為：

「您的婚姻狀況為何？□已婚　□未婚　□離異　□喪偶」或「您
的婚姻狀況為何？□已婚　□未婚　□其他」。

**範例 3**：「退休後您常常從事爬山及慢跑等休閒運動？□總是　□偶爾　□
從不」( 一個題項包含二個行為屬性 )

上述測量題項中是要調查退休者是否有從事爬山或慢跑等休閒運
動，但一個題項卻同時包含二個行為屬性，有些受試者只從事爬山
休閒運動、有些受試者則只從事慢跑等休閒運動，研究者在題項
中加入「及」，表示要受試者同時具備此二種以上的休閒運動。
「及」、「或」的用語在題項中最好不要使用，若要使用，最好使
用「或」，而把「及」、「與」所描述的行為特質拆開為單獨的題
項。上述題項可改為：

「退休後您常常從事爬山或慢跑等休閒運動？□總是　□偶爾　□
從不」，或「退休後您常常從事有氧類型之休閒運動？□總是　□
偶爾　□從不」

**範例 4**：「教師必須具備良好的班級經營策略，您認為新進教師是否需要再
接受班級經營策略的相關研習？□非常需要　□需要　□不需要
□非常不需要」( 提示誘導性的題項 )

在範例題項 4 中，研究者已有不當假定，此種假定具有明顯誘導受
試者填答的傾向，當受試者閱讀到「教師必須具備良好的班級經營
策略」，其先入為主的觀念為教師具備班級經營策略的重要性，因
而對於新進教師是否需要再接受班級經營策略的相關研習，受試者
會產生一種期望效應，因而定會勾選「□非常需要」及「□需要」
二個選項。誘導性的題項包括社會的期望、醫療變因的因果現象、

倫理道德規範等，如題項敘述：「人們都認為考試作弊是不好的行為，您對考試作弊的看法為何？□可以接受　□無法接受　□沒有意見」，測量題項敘述詞：「人們都認為考試作弊是不好的行為」是一種社會期許的誘導性效應語詞，具有不當假定或誘導性的語句，表示研究者已有偏見或不中立的立場，受試者的填答內容會朝向研究者所期望的回應。題項範例 4 可改為：

「您認為新進教師是否需要再接受班級經營策略的相關研習？□非常需要　□需要　□不需要　□非常不需要」

**範例 5**：「您認同班級青少年的次文化嗎？□認同　□不認同　□沒有意見」(出現學術用語的題項)

上述受試者為國中家長，多數家長可能不知道何謂「次文化」一詞的內涵，因而填答者可能無法據實回應題項內容，研究者可於在「次文化量表」填答前簡要敘述次文化的意涵，或將學術文化用語的詞句重新撰寫。再如「您認同學校知識管理的作法嗎？□認同　□不認同　□沒有意見」，「知識管理」一詞對多數家長而言，其意涵不易瞭解，此外，多數家長對於學校知識管理的作法與相關策略也根本不會關注，因而此種題項對家長而言是「沒有能力回答」，當受試對象無法理解題項所描述的內容或所表達的意涵時，如何能夠作出判斷及意見回應？

**範例 6**：「您第一次考試作弊是在那個求學階段？□國小　□國中　□高中職　□大學」(題項涉及記憶保留)

一般受試者看到題項範例 6 的描述語詞中，會因事隔太久而無法回憶確切時間，此外，一般受試者在填答問卷時，均不會花太多時間來思考題項內容，這樣的題項只會造成受試者填答的困擾，因而有關記憶回溯的測量題項，在調查研究中最好儘量不要出現。

反向題作為效度評定題項的應用，以下述組織員工工作投入量表為例，題項 02「我喜愛我目前的工作」為正向題、題項 05「我不喜愛我現在的工作」為

反向描述題，其中第五題的內容為反向描述詞，若是受試者在二個題項均勾選同一個選項詞如：「非常同意」或「非常不同意」，則表示填答者量表的填答效度有問題，因為若是受試者不認同喜愛其目前工作，則題項 02 「我喜愛我目前的工作」應勾選「不同意」或「非常不同意」選項；題項 05 「我不喜愛我現在的工作」應勾選「同意」或「非常同意」選項；簡單測謊題如：「我從小到大均沒有生氣過」；「每次考試的平均都是 100 分」等，測謊題的題目屬性最好不要和原先量表題項要測得的行為特質或潛在構念差異太大。

**【工作投入感受量表 _ 增列效度檢核題項】**

| | 非常同意 | 同意 | 不同意 | 非常不同意 |
|---|:---:|:---:|:---:|:---:|
| | 4 | 3 | 2 | 1 |
| 01. 生活中最大的成就感是來自於我的工作。 | ☐ | ☐ | ☐ | ☐ |
| 02. 我喜愛我目前的工作。 | ☐ | ☐ | ☐ | ☐ |
| 03. 我認為工作是我目前最重要的生活重心。 | ☐ | ☐ | ☐ | ☐ |
| 04. 若是可以再作選擇，我仍會選擇目前工作。 | ☐ | ☐ | ☐ | ☐ |
| 05. 我不喜愛我現在的工作 ( 反向題 )。 | ☐ | ☐ | ☐ | ☐ |

受試者可能亂填或沒有效度的問卷如：

| | 非常同意 | 同意 | 不同意 | 非常不同意 |
|---|:---:|:---:|:---:|:---:|
| | 4 | 3 | 2 | 1 |
| 01. 生活中最大的成就感是來自於我的工作。 | ☑ | ☐ | ☐ | ☐ |
| 02. 我喜愛目前的工作。 | ☑ | ☐ | ☐ | ☐ |
| 03. 我認為工作是我目前最重要的生活重心。 | ☑ | ☐ | ☐ | ☐ |
| 04. 若是可以再作選擇，我仍會選擇目前的工作。 | ☑ | ☐ | ☐ | ☐ |
| 05. 我不喜愛現在的工作 ( 反向題 )。 | ☑ | ☐ | ☐ | ☐ |

受試者可能亂填的情形如：

| | 非常同意 | 同意 | 不同意 | 非常不同意 |
|---|---|---|---|---|
| | 4 | 3 | 2 | 1 |
| 01. 生活中最大的成就感是來自於我的工作。 | ☐ | ☑ | ☐ | ☐ |
| 02. 我喜愛目前的工作。 | ⊙ | ☐ | ☐ | ☐ |
| 03. 我認為工作是我目前最重要的生活重心。 | ☐ | ☑ | ☐ | ☐ |
| 04. 若是可以再作選擇，我仍會選擇目前的工作。 | ☐ | ☑ | ☐ | ☐ |
| 05. 我不喜愛現在的工作。 | ⊙ | ☐ | ☐ | ☐ |

在上述範例中，受試者於第二個題項「我喜愛目前的工作」勾選「非常同意」，於第五題「我不喜愛現在的工作」也勾選「非常同意」，受試者是否真的喜愛目前的工作無法判別，若是研究者熱愛目前的職務 ( 有很高的工作投入感 )，第五個題項「我不喜愛現在的工作」理應勾選「非常不同意」或「不同意」選項才能與第二題勾選的感受前後呼應，問卷檢核程序中若是發現此種情形，研究者應當此問卷視為無效問卷，從正式問卷中排除。因為反向題可作為問卷效度檢核的題項，測知受試者是否有亂填或任意勾選情形，研究者使用問卷調查法作為資料搜集時，於編製或修改的量表中最好增列 1 至 2 題的反向題或效度檢核題項。

受試者可能亂填的情形如：

| | 非常同意 | 同意 | 不同意 | 非常不同意 |
|---|---|---|---|---|
| | 4 | 3 | 2 | 1 |
| 01. 生活中最大的成就感是來自於我的工作。 | ☐ | ☐ | ☑ | ☐ |
| 02. 我喜愛目前的工作。 | ☐ | ☐ | ☐ | ⊙ |
| 03. 我認為工作是我目前最重要的生活重心。 | ☐ | ☐ | ☑ | ☐ |
| 04. 若是可以再作選擇，我仍會選擇目前的工作。 | ☐ | ☐ | ☑ | ☐ |
| 05. 我不喜愛現在的工作。 | ☐ | ☐ | ☐ | ⊙ |

上述問卷填答中，受試者於第二題「我喜愛目前的工作」勾選「非常不同意」，但於第五題「我不喜愛現在的工作」也勾選「「非常不同意」，無法顯示受試者真正工作投入感受的程度，因為受試者勾選二個選項的內涵是前後相互矛盾的。

李克特總加評定量表在應用上，要注意選項詞的計分，進行分量表的加總前要先進行反向題的反向計分，否則加總的分數是不正確的。以下列國中學生生活壓力量表為例。研究者採用五點量表法之選項詞為「非常困擾」、「很困擾」、「沒有困擾」、「有些困擾」、「很少困擾」，在選項詞的計分上研究者分別給予 5、4、3、2、1 分，研究者界定受試者量表得分愈高，困擾程度愈高 ( 生活壓力的感受愈大 )，其中中性選項詞「沒有困擾」，表示題項事件對受試者而言，並沒有造成困擾程度，研究者給予 3 分，在計分上是錯誤的，因為受試者對題項生活事件並沒有感受到任何困擾程度，其計分應是 0 分，而非是 3 分。

## 【生活壓力感受量表 I】

最近半年來，下列事件對您造成困擾的程度：

以總加量表型態計分時，將沒有困擾選項給予3分是不適切的

| | 非常困擾 5 | 很困擾 4 | 沒有困擾 3 | 有些困擾 2 | 很少困擾 1 |
|---|---|---|---|---|---|
| 01. 家庭經濟有困難 | □ | □ | □ | □ | □ |
| 02. 家庭居住環境不佳 | □ | □ | □ | □ | □ |
| 03. 擔心學校考試 | □ | □ | □ | □ | □ |
| 04. 覺得自己外表比不上別人 | □ | □ | □ | □ | □ |
| 05. 家中有人嚴重生病或身體不適 | □ | □ | □ | □ | □ |

在下列生活壓力感受量表 II 中，研究者增列「沒有發生過」選項，此選項和原先選項詞中的「沒有困擾」對受試者而言是相同的知覺感受，若是受試者勾選「沒有發生過」或「沒有困擾」選項，其計分應均為 0 分，而「非常困擾」、「很困擾」、「有些困擾」、「很少困擾」四個選項的分數要分別給予 4、3、2、1 分。

**【生活壓力感受量表 II_ 錯誤的計分型態】**

最近半年來，下列事件對您造成困擾的程度：

| | 沒有發生過 | 非常困擾 | 很困擾 | 沒有困擾 | 有些困擾 | 很少困擾 |
|---|---|---|---|---|---|---|
| | N | 5 | 4 | 3 | 2 | 1 |
| 01. 家庭經濟有困難 | ☐ | ☐ | ☐ | ☐ | ☐ | ☐ |
| 02. 家庭居住環境不佳 | ☐ | ☐ | ☐ | ☐ | ☐ | ☐ |
| 03. 擔心學校考試 | ☐ | ☐ | ☐ | ☐ | ☐ | ☐ |
| 04. 覺得自己外表比不上別人 | ☐ | ☐ | ☐ | ☐ | ☐ | ☐ |
| 05. 家中有人嚴重生病或身體不適 | ☐ | ☐ | ☐ | ☐ | ☐ | ☐ |

最近半年來，下列事件對您造成困擾的程度：

| | 沒有發生過 | 非常困擾 | 很困擾 | 沒有困擾 | 有些困擾 | 很少困擾 |
|---|---|---|---|---|---|---|
| | N | 5 | 4 | 0 | 2 | 1 |
| 01. 家庭經濟有困難 | ☐ | ☐ | ☐ | ☐ | ☐ | ☐ |
| 02. 家庭居住環境不佳 | ☐ | ☐ | ☐ | ☐ | ☐ | ☐ |
| 03. 擔心學校考試 | ☐ | ☐ | ☐ | ☐ | ☐ | ☐ |
| 04. 覺得自己外表比不上別人 | ☐ | ☐ | ☐ | ☐ | ☐ | ☐ |
| 05. 家中有人嚴重生病或身體不適 | ☐ | ☐ | ☐ | ☐ | ☐ | ☐ |

在上述錯誤的計分型態中，研究者將「沒有困擾」選項的測量值改為 0 分是合理的，但其餘四個選項：非常困擾、很困擾、有些困擾、很少困擾的分數分別為 5、4、2、1 分，選項間測量值間並非是等距變數，最後會造成分數加總的錯誤。

**【生活壓力感受量表 II_ 正確的計分型態】**

最近半年來，下列事件對您造成困擾的程度：

| | 沒有發生過 | 非常困擾 | 很困擾 | 沒有困擾 | 有些困擾 | 很少困擾 |
|---|---|---|---|---|---|---|
| | 0 | 4 | 3 | 0 | 2 | 1 |
| 01. 家庭經濟有困難 | ☐ | ☐ | ☐ | ☐ | ☐ | ☐ |
| 02. 家庭居住環境不佳 | ☐ | ☐ | ☐ | ☐ | ☐ | ☐ |
| 03. 擔心學校考試 | ☐ | ☐ | ☐ | ☐ | ☐ | ☐ |
| 04. 覺得自己外表比不上別人 | ☐ | ☐ | ☐ | ☐ | ☐ | ☐ |
| 05. 家中有人嚴重生病或身體不適 | ☐ | ☐ | ☐ | ☐ | ☐ | ☐ |

生活壓力感受量表各選項嚴謹的計分及「精確化」的選項詞如下：「非常困擾」、「很困擾」、「有些困擾」、「很少困擾」四個選項的分數分別給予4、3、2、1分，「沒有困擾」選項的計分為 0 分。若是研究者要詳細呈現受試者對事件的感受程度，最好增列「沒有發生過」選項，此種「沒有經驗過」、「沒有發生過」等選項的使用，必須根據量表題項所描述的具體內容選用，多數的態度或感受量表不會呈現。

**【生活壓力感受量表 III】**

最近半年來，下列事件對您造成困擾的程度：

| | 非常困擾 | 很困擾 | 沒有困擾 | 有些困擾 | 很少困擾 |
|---|---|---|---|---|---|
| | 4 | 3 | 0 | 2 | 1 |
| 01. 家庭經濟有困難 | ☐ | ☐ | ☐ | ☐ | ☐ |
| 02. 家庭居住環境不佳 | ☐ | ☐ | ☐ | ☐ | ☐ |
| 03. 擔心學校考試 | ☐ | ☐ | ☐ | ☐ | ☐ |
| 04. 覺得自己外表比不上別人 | ☐ | ☐ | ☐ | ☐ | ☐ |
| 05. 家中有人嚴重生病或身體不適 | ☐ | ☐ | ☐ | ☐ | ☐ |

　　避免讓受試者對「沒有發生過」選項與「沒有困擾」選項感受的混淆，造成填答的困難，研究者也可以將「沒有困擾」選項的勾選移除，而保留其中一個選項即可。

### 【生活壓力感受量表 IV】

　　最近半年來，下列事件對您造成困擾的程度：

| | 沒有發生過 | 非常困擾 | 很困擾 | 有些困擾 | 很少困擾 |
|---|---|---|---|---|---|
| | 0 | 4 | 3 | 2 | 1 |
| 01. 家庭經濟有困難 | ☐ | ☐ | ☐ | ☐ | ☐ |
| 02. 家庭居住環境不佳 | ☐ | ☐ | ☐ | ☐ | ☐ |
| 03. 擔心學校考試 | ☐ | ☐ | ☐ | ☐ | ☐ |
| 04. 覺得自己外表比不上別人 | ☐ | ☐ | ☐ | ☐ | ☐ |
| 05. 家中有人嚴重生病或身體不適 | ☐ | ☐ | ☐ | ☐ | ☐ |

### 【生活壓力感受量表 V】

　　最近半年來，下列事件對您造成困擾的程度：

| | 沒有困擾 | 非常困擾 | 很困擾 | 有些困擾 | 很少困擾 |
|---|---|---|---|---|---|
| | 0 | 4 | 3 | 2 | 1 |
| 01. 家庭經濟有困難 | ☐ | ☐ | ☐ | ☐ | ☐ |
| 02. 家庭居住環境不佳 | ☐ | ☐ | ☐ | ☐ | ☐ |
| 03. 擔心學校考試 | ☐ | ☐ | ☐ | ☐ | ☐ |
| 04. 覺得自己外表比不上別人 | ☐ | ☐ | ☐ | ☐ | ☐ |
| 05. 家中有人嚴重生病或身體不適 | ☐ | ☐ | ☐ | ☐ | ☐ |

　　有些學者認為李克特量表為次序變數，不能進行題項間的加總，也不能進行平均數的差異檢定，但若是將李克特量表作為次序變數 ( 間斷變項 )，則多數多變量統計方法皆不能採用，如此，對受試對象的行為與態度無法進行深入探究分

析，因而之後多數研究者多將李克特量表視為等距變數，採用此種問卷型態進行資料搜集時，要減少統計分析的偏誤，提高統計分析的內在效度必須慎用量表的選項詞。

　　以高中學生學習壓力量表為例，研究者採用五點量表，中間選項詞為中性語詞「無意見」或「無法確定」，此種選項可反映母群受試者的真正性質，但選項詞計分時不應給予 3 分，因為研究者界定量表的得分愈高，受試者的學習壓力感受程度也愈高，但此選項詞所顯示的是受試者「即沒有表示『同意』也沒有表示『不同意』」，從受試者勾選「無意見」或「無法確定」選項，並無法判定受試者對該題項的壓力感受情形，因而將勾選「無意見」或「無法確定」選項之受試者給予 3 分是不合理的。如果研究者探究是受試者對事實現況的看法 ( 描述性目的 )，採用逐題分析法，增列「無意見」或「無法確定」選項是合理的，水準數值以 3 表示也是正確的，但若是作為潛在變數的指標變項，將「無意見」或「無法確定」選項的測量值給予 3 分，與研究者界定之變數的操作型定義是無法契合的。

**【學習壓力量表 I_1_ 錯誤計分】**

| | 非常同意 | 同意 | 無意見 | 不同意 | 非常不同意 |
|---|---|---|---|---|---|
| | 5 | 4 | 3 | 2 | 1 |
| 01. 我擔心考試成績會落後其他同學很多 | ☐ | ☐ | ☐ | ☐ | ☐ |
| 02. 我擔心考不好，家人會責備我 | ☐ | ☐ | ☐ | ☐ | ☐ |
| 03. 只要一想到考試，我就害怕起來 | ☐ | ☐ | ☐ | ☐ | ☐ |
| 04. 我害怕考不好，會被老師處罰 | ☐ | ☐ | ☐ | ☐ | ☐ |

**【學習壓力量表 I_2_ 錯誤計分】**

「無法確定」與「沒有意見」選項無法判別受試者符合的程度高低

| | 非常符合 | 符合 | 無法確定 | 不符合 | 非常不符合 |
|---|---|---|---|---|---|
| | 5 | 4 | 3 | 2 | 1 |
| 01. 我擔心考試成績會落後其他同學很多 | □ | □ | □ | □ | □ |
| 02. 我擔心考不好，家人會責備我 | □ | □ | □ | □ | □ |
| 03. 只要一想到考試，我就害怕起來 | □ | □ | □ | □ | □ |
| 04. 我害怕考不好，會被老師處罰 | □ | □ | □ | □ | □ |

**【學習壓力量表 I_3_ 合理計分】**

| | 無法確定 | 非常符合 | 符合 | 不符合 | 非常不符合 |
|---|---|---|---|---|---|
| | 0 | 4 | 3 | 2 | 1 |
| 01. 我擔心考試成績會落後其他同學很多 | □ | □ | □ | □ | □ |
| 02. 我擔心考不好，家人會責備我 | □ | □ | □ | □ | □ |
| 03. 只要一想到考試，我就害怕起來 | □ | □ | □ | □ | □ |
| 04. 我害怕考不好，會被老師處罰 | □ | □ | □ | □ | □ |

**【學習壓力量表 I_4_ 合理計分】**

| | 沒有意見 | 非常同意 | 同意 | 不同意 | 非常不同意 |
|---|---|---|---|---|---|
| | 0 | 4 | 3 | 2 | 1 |
| 01. 我擔心考試成績會落後其他同學很多 | □ | □ | □ | □ | □ |
| 02. 我擔心考不好，家人會責備我 | □ | □ | □ | □ | □ |
| 03. 只要一想到考試，我就害怕起來 | □ | □ | □ | □ | □ |
| 04. 我害怕考不好，會被老師處罰 | □ | □ | □ | □ | □ |

在四點量表或六點量表中因為沒有中性選項詞，可強迫受試者勾選一個感受

選項詞，而不會直接勾選「沒有意見」或「無法確定」，但此種選項中的選項詞意義不能重疊，其感受的程度應有差異，計分時才能明確地對概念界定其操作型定義，以下列量表為例：六個從非常符合至非常不符合的選項詞分別為：「非常符合」、「大部分符合」、「少部分符合」、「少部分不符合」、「大部分不符合」、「非常不符合」，計分時分別給序 6、5、4、3、2、1。研究者對學習壓力界定的操作型定義為「受試者在研究者編製之學習壓力量表上的得分，得分愈高，表示受試者的學習壓力愈大；相對地，得分愈低，表示受試者感受的學習壓力愈低。」此種計分與資料處理好像正確，但仔細比較研究者所設定的六個選項詞中：「大部分符合」與「少部分不符合」及「少部分符合」與「大部分不符合」應是相同的感受程度，如第一位受試者在四個測量題項均勾選「大部分符合」，第二位受試者在四個測量題項均勾選「少部分不符合」，二位受試者學習壓力的感受應是相同的，但研究者對於第一位受試者分數給予 20 分 ( = 5×4)、第二位受試者的分數給予 12 分 ( = 3×4)，此種結果將造成原始資料檔的偏誤，進而影響所有統計分析結果的正確性。

**【學習壓力量表 II_1】**

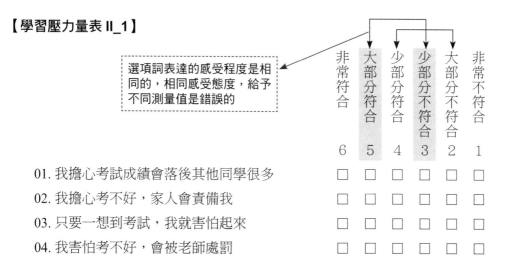

| | 非常符合 | 大部分符合 | 少部分符合 | 少部分不符合 | 大部分不符合 | 非常不符合 |
|---|---|---|---|---|---|---|
| | 6 | 5 | 4 | 3 | 2 | 1 |
| 01. 我擔心考試成績會落後其他同學很多 | □ | □ | □ | □ | □ | □ |
| 02. 我擔心考不好，家人會責備我 | □ | □ | □ | □ | □ | □ |
| 03. 只要一想到考試，我就害怕起來 | □ | □ | □ | □ | □ | □ |
| 04. 我害怕考不好，會被老師處罰 | □ | □ | □ | □ | □ | □ |

選項詞表達的感受程度是相同的，相同感受態度，給予不同測量值是錯誤的

以第二種不同的選項詞而言，研究者界定的六個選項詞分別為：「完全同意」、「大部分同意」、「少部分同意」、「少部分不同意」、「大部分不同意」、「完全不同意」，計分時正向題分別給予 6、5、4、3、2、1 分，反向題分別給予 1、2、3、4、5、6 分，量表的總分愈高，表示受試者所知覺的學習壓

117

力愈大。選項詞中「『大部分同意』與『少部分不同意』」及「『少部分同意』與『大部分不同意』」所表示的感受程度是相同的,但研究者對於相同學習壓力感受的受試者卻給予不同的測量量數值,因而也會造成資料計分的偏誤。

**【學習壓力量表Ⅱ_2】**

選項詞表達的感受程度是相同的,相同感受態度,給予不同測量值是錯誤的

| | 完全同意 | 大部分同意 | 少部分同意 | 少部分不同意 | 大部分不同意 | 完全不同意 |
|---|---|---|---|---|---|---|
| | 6 | 5 | 4 | 3 | 2 | 1 |
| 01. 我擔心考試成績會落後其他同學很多 | ☐ | ☐ | ☐ | ☐ | ☐ | ☐ |
| 02. 我擔心考不好,家人會責備我 | ☐ | ☐ | ☐ | ☐ | ☐ | ☐ |
| 03. 只要一想到考試,我就害怕起來 | ☐ | ☐ | ☐ | ☐ | ☐ | ☐ |
| 04. 我害怕考不好,會被老師處罰 | ☐ | ☐ | ☐ | ☐ | ☐ | ☐ |

**【學習壓力量表Ⅱ_3_ 正確計分】**

| | 非常符合 | 大部分符合 | 少部分符合 | 少部分不符合 | 大部分不符合 | 非常不符合 |
|---|---|---|---|---|---|---|
| | 4 | 3 | 2 | 3 | 2 | 1 |
| 01. 我擔心考試成績會落後其他同學很多 | ☐ | ☐ | ☐ | ☐ | ☐ | ☐ |
| 02. 我擔心考不好,家人會責備我 | ☐ | ☐ | ☐ | ☐ | ☐ | ☐ |
| 03. 只要一想到考試,我就害怕起來 | ☐ | ☐ | ☐ | ☐ | ☐ | ☐ |
| 04. 我害怕考不好,會被老師處罰 | ☐ | ☐ | ☐ | ☐ | ☐ | ☐ |

**【學習壓力量表 II_4_ 正確計分】**

| | 完全同意 | 大部分同意 | 少部分同意 | 少部分不同意 | 大部分不同意 | 完全不同意 |
|---|---|---|---|---|---|---|
| | 4 | 3 | 2 | 3 | 2 | 1 |
| 01. 我擔心考試成績會落後其他同學很多 | ☐ | ☐ | ☐ | ☐ | ☐ | ☐ |
| 02. 我擔心考不好，家人會責備我 | ☐ | ☐ | ☐ | ☐ | ☐ | ☐ |
| 03. 只要一想到考試，我就害怕起來 | ☐ | ☐ | ☐ | ☐ | ☐ | ☐ |
| 04. 我害怕考不好，會被老師處罰 | ☐ | ☐ | ☐ | ☐ | ☐ | ☐ |

研究者若採用五點量表法，受試者若勾選「無意見」選項，該題的計分應給予 0 分。

**【學習壓力量表 III】**

| | 無意見 | 非常同意 | 同意 | 不同意 | 非常不同意 |
|---|---|---|---|---|---|
| | 0 | 4 | 3 | 2 | 1 |
| 01. 我擔心考試成績會落後其他同學很多 | ☐ | ☐ | ☐ | ☐ | ☐ |
| 02. 我擔心考不好，家人會責備我 | ☐ | ☐ | ☐ | ☐ | ☐ |
| 03. 只要一想到考試，我就害怕起來 | ☐ | ☐ | ☐ | ☐ | ☐ |
| 04. 我害怕考不好，會被老師處罰 | ☐ | ☐ | ☐ | ☐ | ☐ |

研究者若怕過多受試者勾選中性選項詞，無法測出受試者對指標變項的真正反應態度，上述五點量表選項詞可改為：「非常同意」、「大多數同意」(或大部分同意)、「一半同意」、「少部分同意」、「非常不同意」，正向題的計分分別給予 5、4、3、2、1 分，反向題的計分分別給予 1、2、3、4、5 分，量表／分量表的總得分愈高，表示受試者的學習壓力感受程度愈大。

**【學習壓力量表 III_1_ 精確選項詞】**

| | 非常同意 | 大多數同意 | 一半同意 | 少部分同意 | 非常不同意 |
|---|---|---|---|---|---|
| | 5 | 4 | 3 | 2 | 1 |
| 01. 我擔心考試成績會落後其他同學很多 | ☐ | ☐ | ☐ | ☐ | ☐ |
| 02. 我擔心考不好，家人會責備我 | ☐ | ☐ | ☐ | ☐ | ☐ |
| 03. 只要一想到考試，我就害怕起來 | ☐ | ☐ | ☐ | ☐ | ☐ |
| 04. 我害怕考不好，會被老師處罰 | ☐ | ☐ | ☐ | ☐ | ☐ |

　　如果以「符合程度」表達受試者對題項事件所描述內容程度的感受，精確的選項詞可採用：「非常符合」、「大部分符合」、「一半符合」、「少部分符合」、「非常不符合」或是「完全符合」、「大部分符合」、「一半符合」、「少部分符合」、「完全不符合」，正向題的計分分別給予 5、4、3、2、1 分，反向題的計分分別給予 1、2、3、4、5 分，量表／分量表的總得分愈高，表示受試者的學習壓力感受程度愈大。此種選項詞的分類符合「具體化」、「明確化」、「等距化」的特徵。

**【學習壓力量表 III_2_ 精確選項詞】**

| | 非常不符合 | 大部分不符合 | 一半不符合 | 少部分不符合 | 非常符合 |
|---|---|---|---|---|---|
| | 1 | 2 | 3 | 4 | 5 |
| 01. 我擔心考試成績會落後其他同學很多 | ☐ | ☐ | ☐ | ☐ | ☐ |
| 02. 我擔心考不好，家人會責備我 | ☐ | ☐ | ☐ | ☐ | ☐ |
| 03. 只要一想到考試，我就害怕起來 | ☐ | ☐ | ☐ | ☐ | ☐ |
| 04. 我害怕考不好，會被老師處罰 | ☐ | ☐ | ☐ | ☐ | ☐ |

【學習壓力量表 III_3_ 精確選項詞】

| | 完全符合 | 大部分符合 | 一半符合 | 少部分符合 | 完全不符合 |
|---|:---:|:---:|:---:|:---:|:---:|
| | 5 | 4 | 3 | 2 | 1 |
| 01. 我擔心考試成績會落後其他同學很多 | ☐ | ☐ | ☐ | ☐ | ☐ |
| 02. 我擔心考不好，家人會責備我 | ☐ | ☐ | ☐ | ☐ | ☐ |
| 03. 只要一想到考試，我就害怕起來 | ☐ | ☐ | ☐ | ☐ | ☐ |
| 04. 我害怕考不好，會被老師處罰 | ☐ | ☐ | ☐ | ☐ | ☐ |

另一種李克特量表選項詞的形式為語差異量表法的應用，選項詞只以二個相反極端的語詞呈現，中間的感受程度由受試者依其主觀認知勾選，此種量表較不適合中小學生作答。

| | 非常<br>同意 ←———→ | | | 非常<br>不同意 | |
|---|:---:|:---:|:---:|:---:|:---:|
| | 5 | 4 | 3 | 2 | 1 |
| 01. 我擔心考試成績會落後其他同學很多 | ☐ | ☐ | ☐ | ☐ | ☐ |
| 02. 我擔心考不好，家人會責備我 | ☐ | ☐ | ☐ | ☐ | ☐ |
| 03. 只要一想到考試，我就害怕起來 | ☐ | ☐ | ☐ | ☐ | ☐ |
| 04. 我害怕考不好，會被老師處罰 | ☐ | ☐ | ☐ | ☐ | ☐ |

| | 完全<br>符合 ←———→ | | | | | 完全<br>不符合 |
|---|:---:|:---:|:---:|:---:|:---:|:---:|
| | 7 | 6 | 5 | 4 | 3 | 2 | 1 |
| 01. 我擔心考試成績會落後其他同學<br>很多 | ☐ | ☐ | ☐ | ☐ | ☐ | ☐ | ☐ |
| 02. 我擔心考不好，家人會責備我 | ☐ | ☐ | ☐ | ☐ | ☐ | ☐ | ☐ |
| 03. 只要一想到考試，我就害怕起來 | ☐ | ☐ | ☐ | ☐ | ☐ | ☐ | ☐ |
| 04. 我害怕考不好，會被老師處罰 | ☐ | ☐ | ☐ | ☐ | ☐ | ☐ | ☐ |

　　一份好的量表或測驗如果編製不當，可能無法反映受試者的真實情況或特徵，如測驗編製中題目太難或太容易，均會使測驗的鑑別度 ( 高分組答對的百分比與低分組答對百比的相減值 ) 過低。一份優良的測驗，其總平均難度約為 0.50，個別試題的鑑別度均在 .30 以上。一份不良的量表或測驗可能會產生地板效應 (floor effect，或稱下向效應 ) 或天花板效應 (ceiling effect，或稱上限效應 ) ( 董奇、申繼亮，2003)。所謂地板效應指的是測驗試題太難，即使整份測驗中最容易的題目，對大多數受數試者而言，答對的比例仍然很低，在大家都不會或無法作答的情況下，測驗本身即失去對受試者個別差異的鑑別程度；反之，若測驗試題太容易，即使整份測驗中被視為最困難的題目，對大多數的受試者而言，答錯的比例仍然很低，在大家都會或可以作答的情況下，測驗本身也失去對受試者個別差異的鑑別程度。前者由於試題太難，所有受試者的分數偏向於低分群，靠近於分數的下限 ( 地板部分 )；後者由於試題太容易，所有受試者的分數偏向於高分區域，靠近於分數的上限 ( 天花板部分 )，不論是地板效應或天花板效應，受試者的反應情形是因測驗本身試題不佳所造成的虛假結果，研究者搜集的資料結果並無法正確可靠反映受試者真實能力。

　　以成就測驗的編製為例，一般研究者在編製成就測驗時會參照「雙向細目表」(two-way specification table)，雙向細目表的二個向度分別為「教材內容」與「教學目標」，教學目標從低階目標至高階目標又分為知識 ( 記憶 )、理解、應用、分析、綜合、評鑑，愈高階目標愈不普遍，因而不是每份成就測驗的教學目標均會包含這六個目標，許多研究者也會將較高階的目標加以合併，以語文成就測驗為例，簡化後的雙向細目表可能為：

| 教學目標 / 教材內容 | 知識 | 理解 | 應用 | 批判性思考 |
|---|---|---|---|---|
| 生字 | 配分或題項 | 配分或題項 | 配分或題項 | 配分或題項 |
| 詞義 | 配分或題項 | 配分或題項 | 配分或題項 | 配分或題項 |
| 句子 | 配分或題項 | 配分或題項 | 配分或題項 | 配分或題項 |
| 文章 | 配分或題項 | 配分或題項 | 配分或題項 | 配分或題項 |
| 文化常識 | 配分或題項 | 配分或題項 | 配分或題項 | 配分或題項 |
| 成語應用 | 配分或題項 | 配分或題項 | 配分或題項 | 配分或題項 |

　　不論研究者採用何種雙向細目表，編製出的成就測驗要能真正反映出受試者的學習表現，因而測驗內容要有良好的信效度，若是試題不當，學生的測驗分數即會產生地板效應或天花板效應。良好成就測驗題項必須經試題分析程序，試題分析主要包括難度與鑑別度，所謂難度即高分組 ( 前 27%) 答對題項的百分比與低分組 ( 後 27%) 答對題項百分比的平均值，此平均值數值愈接近 1 (100%)，表示試題太簡單；相對地，難度數值愈小，表示題項答對的人數愈少，此種試題難度愈高，一份良好的試題其平均總難度約在 .50 (50%)；至於鑑別度是指測驗試題能區辨高分組與低分組的程度，一個具鑑別度的試題，高分組答對的百分比應多於低分組答對的百分比，鑑別度指標值最好在 .30 以上，當試題鑑別度指標值出現負值時，表示試題有問題，此種鑑別度出現負值的試題要優先刪除。假設為高分組答對的百分比、 為低分組答對的百分比，則試題難度與鑑別度指標值分別為：

$$P = (P_H + P_L) \div 2$$
$$D = P_H - P_L$$

測驗試題的難度太容易 ( 多數受試者都答對 ) 或太難 ( 多數受試者都答錯 ) 時，試題均無法呈現良好的鑑別度，當試題難度在 .50 時，試題鑑別度最佳。難度指標值與鑑別度指標值的關係可以用下圖表示：

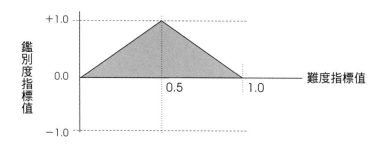

　　從難度指標值與鑑別度指標值的圖示中可以發現，當試題難度指標為 0.0 時 ( 天花板效應 ) 表示所有受試者均答錯 ( 答對人數的百分比為 0.0%)，此時試題完全沒有鑑別度，鑑別度指標值為 0.0；相對地，當試題難度指標為 1.0 時 ( 地板效應 ) 表示所有受試者均答對 ( 答對人數的百分比為 100.0%)，此時試題也完

全沒有鑑別度，鑑別度指標值為 0.0；當難度指標值為 0.50 時，鑑別度的指標值為最大，但要設計一份每個試題難度指標值均為 0.50 的測驗，是不太可能的，若是試題難度指標在 0.2 至 0.8 中間 ( 更為嚴格是難度指標值域介於 0.3 至 0.7 中間 )，而試題又有不錯的鑑別度 (D ≥ 0.30)，則試題即可稱為佳的測量題項，唯整體測驗的難度若能維持在 .05 附近，則測驗的鑑別力會更好。

## 參、選項詞精確化範例解析

**【六點量表之學習壓力感受題項】**

| | 非常符合 | 大部分符合 | 少部分符合 | 少部分不符合 | 大部分不符合 | 非常不符合 |
|---|---|---|---|---|---|---|
| | 6 | 5 | 4 | 3 | 2 | 1 |
| 01. 我覺得國中的學習壓力很大 | □ | □ | □ | □ | □ | □ |

在六點量表選項中，「大部分符合」選項 ( 水準數值編碼為 5) 的感受與「少部分不符合」選項 ( 水準數值編碼為 3) 的感受是相同的，「少部分符合」選項 ( 水準數值編碼為 4) 的感受與「大部分不符合」選項 ( 水準數值編碼為 2) 的感受是相同的，相同的感受態度給予不同的測量值是不適切的。

**【四點量表之學習壓力感受題項】**

| | 非常符合 | 大部分符合 | 少部分符合 | 非常不符合 |
|---|---|---|---|---|
| | 4 | 3 | 2 | 1 |
| 01. 我覺得國中的學習壓力很大 | □ | □ | □ | □ |

將六點量表選項型態改為四點量表型態，原始填答數據中的編碼情形對照如

下：1 → 1、2 → 2、3 → 3、4 → 2、5 → 3、6 → 4。範例資料檔共有二十四位受試者，年級變項有二分水準變數，水準 1 表示國中一年級群體、水準 2 表示國中二年級群體。

| 年級 | 1 | 2 | 1 | 1 | 1 | 1 | 1 | 1 | 2 | 2 | 2 | 2 | 2 | 2 | 2 | 1 | 1 | 1 | 1 | 2 | 2 | 2 | 1 | 1 |
|------|---|---|---|---|---|---|---|---|---|---|---|---|---|---|---|---|---|---|---|---|---|---|---|---|
| 六個選項 | 4 | 4 | 5 | 6 | 3 | 5 | 3 | 2 | 2 | 1 | 2 | 5 | 5 | 6 | 4 | 1 | 4 | 4 | 6 | 5 | 5 | 4 | 4 |
| 四個選項 | 2 | 2 | 3 | 4 | 3 | 3 | 3 | 2 | 2 | 1 | 2 | 3 | 4 | 2 | 1 | 2 | 2 | 4 | 3 | 3 | 2 | 2 |

**描述性統計量摘要表**

| | 個數 | 範圍 | 最小值 | 最大值 | 平均數 | 標準差 | 百分比值 |
|---|------|------|--------|--------|--------|--------|----------|
| 六個選項 | 24 | 5 | 1 | 6 | 3.96 | 1.49 | 59.2% |
| 四個選項 | 24 | 3 | 1 | 4 | 2.54 | 0.83 | 51.4% |

從描述性統計量摘要表可以發現：採用原始六個選項計分型態，六個選項測量值分別給予 6 分、5 分、4 分、3 分、2 分、1 分，二十四位有樣本的總平均數為 3.96，換算成百分比值為 59.2%；將六個選項合併為四個不重疊的選項詞，計分分別給予 4 分、3 分、2 分、1 分，二十四位有樣本的總平均數為 2.54，換算成百分比值為 51.4%。

**組別統計量**

| 選項個數 | 年級 | 個數 | 平均數 | 標準差 | 平均數的標準誤 |
|----------|------|------|--------|--------|----------------|
| 六個選項 | 一年級 | 13 | 4.00 | 1.22 | 0.34 |
| | 二年級 | 11 | 3.91 | 1.81 | 0.55 |
| 四個選項 | 一年級 | 13 | 2.46 | 0.78 | 0.22 |
| | 二年級 | 11 | 2.64 | 0.92 | 0.28 |

從組別統計量摘要表可以看出：六個選項型態的組別統計量中，十三位一年級受試者的平均數為 4.00、十一位二年級受試者的平均數為 3.91；改為四個明確而不重疊的選項詞，十三位一年級受試者的平均數為 2.46、十一位二年級受試者的平均數為 2.64。當樣本數愈大時，描述語內涵相同重疊詞所造成的統計偏誤會

愈明顯，此部分研究者於問卷編製時要特別謹慎。

### 【五點量表計分之生活壓力感受題項】

最近半年來，下列事件對您造成困擾的程度：

| | 非常困擾 | 很困擾 | 沒有困擾 | 有些困擾 | 很少困擾 |
|---|---|---|---|---|---|
| | 5 | 4 | 3 | 2 | 1 |
| 01. 整體家庭經濟的負擔 | □ | □ | □ | □ | □ |

就整體家庭經濟負擔的困擾程度感受而言，研究者最初採用五點量表型態，五個選項分別為「非常困擾」、「很困擾」、「沒有困擾」、「有些困擾」、「很少困擾」，若是研究者採用逐題分析，探究每個選項被勾選次數、百分比，此種選項詞是適切的。若是研究者將各選項作為等距變數，分別給予 5 分、4 分、3 分、2 分、1 分，操作型定義界定量表或構面的得分愈高，表示受試者的困擾程度愈多、生活壓力感愈大；相對地，量表或構面的得分愈低，表示受試者的困擾程度愈少、生活壓力感愈小，此種態度量表選項詞的選用欠缺精確化。因為「沒有困擾」選項是一個狀況事實，從此選項詞的勾選無法看出受試者生活壓力之困擾程度的高低。

將上面欠精確化選項詞的計分重新改為四點量表型態的計分，中間「沒有困擾」選項的計分改為 0 分，因為受試者勾選此選項，表示受試者在測量題項的感受是沒有困擾的，因而計分要給予 0 分。

### 【四點量表計分之生活壓力感受題項】

最近半年來，下列事件對您造成困擾的程度：

| | 非常困擾 | 很困擾 | 沒有困擾 | 有些困擾 | 很少困擾 |
|---|---|---|---|---|---|
| | 4 | 3 | 0 | 2 | 1 |
| 01. 整體家庭經濟的負擔 | □ | □ | □ | □ | □ |

上表選項詞的型態位置可改為下列方式排列：「沒有困擾」、「非常困擾」、「很困擾」、「有些困擾」、「很少困擾」五個選項的分數為 0 分、4 分、3 分、2 分、1 分。

### 【四點量表計分之生活壓力感受題項】

最近半年來，下列事件對您造成困擾的程度：

| | 沒有困擾 | 非常困擾 | 很困擾 | 有些困擾 | 很少困擾 |
|---|---|---|---|---|---|
| | 0 | 4 | 3 | 2 | 1 |
| 01. 整體家庭經濟的負擔 | □ | □ | □ | □ | □ |

範例中以二十位學生的數據為例，年級變項為二分背景變項，水準數值 1 為高職一年級、水準數值 2 為高職二年級。

| 年級 | 1 | 1 | 1 | 1 | 1 | 1 | 1 | 1 | 1 | 1 | 1 | 1 | 2 | 2 | 2 | 2 | 2 | 2 | 2 | 2 | 2 | 2 | 2 | 2 |
|---|---|---|---|---|---|---|---|---|---|---|---|---|---|---|---|---|---|---|---|---|---|---|---|---|
| 五個選項 | 1 | 2 | 3 | 4 | 5 | 2 | 1 | 1 | 2 | 2 | 1 | 3 | 1 | 5 | 3 | 5 | 4 | 5 | 3 | 4 | 3 | 4 | 5 | 3 |
| 四個選項 | 1 | 2 | 0 | 3 | 4 | 2 | 1 | 1 | 2 | 2 | 1 | 0 | 1 | 4 | 0 | 4 | 3 | 4 | 0 | 3 | 0 | 3 | 4 | 0 |

二種不同計分方法在 t 檢定統計量的差異比較摘要表如下：

**敘述統計量摘要表**

| 選項型態 | 個數 | 範圍 | 最小值 | 最大值 | 平均數 | 標準差 | 百分比值 |
|---|---|---|---|---|---|---|---|
| 五個選項 | 24 | 4 | 1 | 5 | 3.00 | 1.45 | 50.0% |
| 四個選項 | 24 | 4 | 0 | 4 | 1.87 | 1.51 | 29.0% |

從描述性統計量摘要表可以發現：採用原先 5 至 1 分的計分型態，二十四位受試者總平均數為 3.00、標準差為 1.45，換算成百分比值為 50.0%，表示受試者平均困擾程度為中等；改為 0 至 4 分四個選項的計分型態 ( 沒有困擾選項計分為 0 分 )，二十四位受試者總平均數為 1.87、標準差為 1.51，換算成百分比值為 29.0%，表示受試者平均困擾程度約為 30.0%。

組別統計量及 t 檢定統計量摘要表

| | 年級 | 個數 | 平均數 | 標準差 | Levene 檢定 | F 檢定 | 顯著性 | t | 自由度 | 顯著性 (雙尾) |
|---|---|---|---|---|---|---|---|---|---|---|
| 五個選項 | 一年級 | 12 | 2.25 | 1.29 | 假設變異數相等 | .02 | .889 | -2.93 | 22 | .008 |
| | 二年級 | 12 | 3.75 | 1.22 | 不假設變異數相等 | | | -2.93 | 21.93 | .008 |
| 四個選項 | 一年級 | 12 | 1.58 | 1.17 | 假設變異數相等 | 8.34 | .009 | -.94 | 22 | .356 |
| | 二年級 | 12 | 2.17 | 1.80 | 不假設變異數相等 | | | -.94 | 18.83 | .358 |

　　從 t 檢定摘要表可以知悉：採用原先 5 至 1 分的計分型態，年級在整體生活壓力感受的差異達到 .05 顯著水準 (t = -2.93、p = .008<.01)，高職二年級學生的生活壓力 (M = 3.75) 顯著高於高職一年級學生的生活壓力 (M = 2.25)。若將選項詞計分改為 4 至 0 分的型態，年級在整體生活壓力感受的差異未達到 .05 顯著水準 (t = -0.94、p = .358>.05)，高職一年級學生的生活壓力 (M = 1.58) 與高職二年級學生的生活壓力 (M = 2.17) 並沒有顯著不同。

　　另外一種計分型態設定為將勾選「沒有困擾」選項的受試者設為遺漏值，因為研究者是要探究指標事項對受試者造成的困擾程度，若是受試者勾選「沒有困擾」選項，表示此生活事件對受試者而言完全沒有困擾情形，亦即對生活壓力沒有影響。計分時將勾選「沒有困擾」選項的受試者設為遺漏值，即將測量值為「0」分設為遺漏值。

敘述統計

| | 個數 | 範圍 | 最小值 | 最大值 | 平均數 | 標準差 | 百分比值 |
|---|---|---|---|---|---|---|---|
| 四個選項 | 18 | 3 | 1 | 4 | 2.50 | 1.20 | 50.0% |
| 有效的 N (完全排除) | 18 | | | | | | |

　　從描述性統計量摘要表可以看出，有效樣本數為十八位、全部的受試者有二十四位，表示有六位受試者在事件感受勾選「沒有困擾」選項，十八位受試

者在事件得分的最小值為 1、最大值為 4，總平均數為 2.50，換算成百分比值為 50.0%，表示十八位受試者整體生活壓力的感受程度約為 50%。

組別統計量

| | 年級 | 個數 | 平均數 | 標準差 | Levene 檢定 | F 檢定 | 顯著性 | t | 自由度 | 顯著性 (雙尾) |
|---|---|---|---|---|---|---|---|---|---|---|
| 四個選項 | 一年級 | 10 | 1.90 | .99 | 假設變異數相等 | .01 | .92 | -2.81 | 16 | .013 |
| | 二年級 | 8 | 3.25 | 1.04 | 不假設變異數相等 | | | -2.80 | 14.85 | .014 |

　　從 t 檢定摘要表可以知悉：排除勾選「沒有困擾」選項的六位受試者後，年級在整體生活壓力感受的差異達到 .05 顯著水準 (t = -2.81、p = .013 < .05)，高職二年級學生的生活壓力 (M = 3.25) 顯著高於高職一年級學生的生活壓力 (M = 1.90)。

## 肆、總加量表的分組

　　李克特量表中，研究者若是探討二個變項間的關係，如高中學生學習壓力與憂鬱傾向間的關係，研究者可以採用積差相關或典型相關統計分析，進行二個變項間相關的分析探究：

學習壓力　　　　　　　　　　　　　　憂鬱傾向

　　除了以相關方法探究二個變項的關係外，研究者也可以採用平均數差異檢定法進行資料分析，研究者可採用獨立樣本 t 檢定、獨立樣本變異數分析或多變量變異數分析 (MANOVA) 探討不同學習壓力組在憂鬱傾向感受的差異情形。要進行差異檢定，學習壓力變項要由計量變數重新編碼為間斷變數，分組時可將樣本在學習壓力變項的得分高低分為高分組 ( 高學習壓力群體 )、中分組 ( 中學習壓力群體 )、低分組 ( 低學習壓力群體 ) 三個群體，或分為高分組 ( 高學習壓力群體 )、低分組 ( 低學習壓力群體 ) 二個群體。

　　若是研究者改將「憂鬱傾向」計量變項重新編碼為間斷變項，如分為三個群組：高分組 ( 高憂鬱傾向群體 )、中分組 ( 中憂鬱傾向群體 )、低分組 ( 低憂鬱傾向群體 )，統計方法可改採用區別方法，探究自變項對高、中、低三個群組的區別情形；如果分為二個群組：高分組 ( 高憂鬱傾向群體 )、低分組 ( 低憂鬱傾向群體 )，統計方法可採用邏輯斯迴歸方法，探討自變項對高、低憂鬱傾向群體的預測力。

　　在態度量表的型態中，研究者使用最多的為李克特量表，李克特量表選項數一般為四至六個最為普遍。李克特量表的型態中，單題平均分數與百分比對照表如下：

**( 一 ) 五點量表 ( 有五個選項詞，計分為 1 至 5 分 )**

| 選項分數 | 1 | 1.5 | 2 | 2.5 | 3 | 3.5 | 4 | 4.5 | 5 |
|---|---|---|---|---|---|---|---|---|---|
| 百分比值 | 0.0% | 12.5% | 25.0% | 37.5% | 50.0% | 62.5% | 75.0% | 87.5% | 100.0% |

| 1.4 | 1.8 | 2.2 | 2.6 | 2.8 | 3 | 3.2 | 3.4 | 3.6 | 3.8 | 4.2 | 4.6 | 4.8 |
|---|---|---|---|---|---|---|---|---|---|---|---|---|
| 10.0% | 20.0% | 30.0% | 40.0% | 45.0% | 50.0% | 55.0% | 60.0% | 65.0% | 70.0% | 80.0% | 90.0% | 95.0% |

　　五點量表中如果構面單題平均數的分數為 2.00、3.00、4.00、5.00，百分比值分別為 25.0%、50.0%、75.0%、100.0%。五點量表的中位數為 3.00 分，3.00分的百分比值為 50.0%，構面單題平均得分為 3.4、3.8、4.2，相對應的百分比值為 60.0%、70.0%、80.0%，單題平均分數為 2.6 分，百分比值為 40.0%；單題平

均分數為 2.8 分，百分比值為 45.0%。

## (二) 六點量表 ( 有六個選項詞，計分為 1 至 6 分 )

| 選項分數 | 1 | 1.5 | 2 | 2.5 | 3 | 3.5 | 4 | 4.5 | 5 | 5.5 | 6 |
|---|---|---|---|---|---|---|---|---|---|---|---|
| 百分比值 | 0.0% | 10.0% | 20.0% | 30.0% | 40.0% | 50.0% | 60.0% | 70.0% | 80.0% | 90.0% | 100.0% |

　　六點量表中如果構面單題平均數的分數為 2.00、3.00、4.00、5.00、6.00，百分比值分別為 20.0%、40.0%、60.0%、80.0%、100.0%。六點量表的中位數為 3.5 分，3.5 分的百分比值為 50.0%。

| 1 | 1.2 | 1.4 | 1.6 | 1.8 | 2 | 2.2 | 2.4 | 2.6 | 2.8 | 3 | 3.2 | 3.4 |
|---|---|---|---|---|---|---|---|---|---|---|---|---|
| 0.0% | 4.0% | 8.0% | 12.0% | 16.0% | 20.0% | 24.0% | 28.0% | 32.0% | 36.0% | 40.0% | 44.0% | 48.0% |

| 3.6 | 3.8 | 4 | 4.2 | 4.4 | 4.6 | 4.8 | 5 | 5.2 | 5.4 | 5.6 | 5.8 | 6 |
|---|---|---|---|---|---|---|---|---|---|---|---|---|
| 52.0% | 56.0% | 60.0% | 64.0% | 68.0% | 72.0% | 76.0% | 80.0% | 84.0% | 88.0% | 92.0% | 96.0% | 100.0% |

　　六點量表型態，單題平均分數 1.80 分，相對應的百分比值為 16.0%；單題平均分數 2.80 分，相對應的百分比值為 36.0%；單題平均分數 3.80 分，相對應的百分比值為 56.0%；單題平均分數 4.80 分，相對應的百分比值為 76.0%；單題平均分數 4.20 分，相對應的百分比值為 64.0%。

## (三) 四點量表 ( 有四個選項詞，計分為 1 至 4 分 )

| 1 | 1.3 | 1.6 | 1.9 | 2 | 2.2 | 2.5 | 2.8 | 3 | 3.1 | 3.3 | 3.4 | 3.7 | 4 |
|---|---|---|---|---|---|---|---|---|---|---|---|---|---|
| 0.0% | 10.0% | 20.0% | 30.0% | 33.3% | 40.0% | 50.0% | 60.0% | 66.7% | 70.0% | 76.7% | 80.0% | 90.0% | 100.0% |

　　四點量表中如果構面單題平均數的分數為 2.00、3.00、4.00，百分比值分別為 33.3%、40.0%、66.7%、100.0%。四點量表的中位數為 2.5 分，2.5 分的百分比值為 50.0%，構面單題平均得分為 3.1 分、3.4 分時，相對應的百分比值分別為 70.0%、80.0%。

單題平均數轉換成百分比值的公式為：

$$百分比值 = \frac{(M-1)}{(ITEM\_N-1)} \times 100\%$$

公式中的 M 為單題平均數，ITEM_N 為選項個數。以四點量為為例，ITEM_N = 4，單題平均得分為 3.1 分，換算成百分比值為：

$$\frac{3.1-1}{4-1} \times 100\% = \frac{2.1}{3} \times 100\% = 70.0\%$$

以五點量表為例，ITEM_N = 5，單題平均得分為 3 分，換算成百分比值為：

$$\frac{3-1}{5-1} \times 100\% = \frac{2}{4} \times 100\% = 50.0\%$$

將單題平均分數乘於量表的總題數，即為量表的總分與百分比值的對照表，如國中學生生活壓力量表有 25 題，採用李克特四點量表型態，樣本在生活壓力量表的得分介於 25 至 100 分中間，樣本總分為 40 分 ( 單題平均得分為 1.6 分 )，百分比值為 20.0%；測量值總分為 70 分 ( 單題平均得分為 2.8 分 )，百分比值為 60.0%。

| 25 題 | 25.0 | 32.5 | 40.0 | 47.5 | 50.0 | 55.0 | 62.5 | 70.0 | 75.0 | 77.5 | 82.5 | 85.0 | 92.5 | 100.0 |
|---|---|---|---|---|---|---|---|---|---|---|---|---|---|---|
| 15 題 | 15.0 | 19.5 | 24.0 | 28.5 | 30.0 | 33.0 | 37.5 | 42.0 | 45.0 | 46.5 | 49.5 | 51.0 | 55.5 | 60.0 |
| 單題 | 1 | 1.3 | 1.6 | 1.9 | 2 | 2.2 | 2.5 | 2.8 | 3 | 3.1 | 3.3 | 3.4 | 3.7 | 4 |
| 百分比值 | 0.0% | 10.0% | 20.0% | 30.0% | 33.3% | 40.0% | 50.0% | 60.0% | 66.7% | 70.0% | 76.7% | 80.0% | 90.0% | 100.0% |

如果研究者未依構面單題平均進行資料分析，直接以構面總分 ( 數個題項／測量指標變項加總的分數 )，則上述對照表的單題分數要乘於題項數，以「班級經營效能量表」為例，「班級經營效能量表」共有 24 個題項，整體班級經營效能量表的分數為原先對照表中的單題分數 ×24。包含二十四個測量題項的總分

數與百分比對照表如下：

| 總題項數 | 24題 | 總分 | 24 | 36 | 48 | 60 | 72 | 84 | 96 | 108 | 120 | |
|---|---|---|---|---|---|---|---|---|---|---|---|---|
| | | 單題分數 | 1 | 1.5 | 2 | 2.5 | 3 | 3.5 | 4 | 4.5 | 5 | |
| | | 百分比值 | 0.0% | 12.5% | 25.0% | 37.5% | 50.0% | 62.5% | 75.0% | 87.50% | 100.0% | |
| 33.6 | 43.2 | 52.8 | 62.4 | 67.2 | 72 | 76.8 | 81.6 | 86.4 | 91.2 | 100.8 | 110.4 | 115.2 |
| 1.4 | 1.8 | 2.2 | 2.6 | 2.8 | 3 | 3.2 | 3.4 | 3.6 | 3.8 | 4.2 | 4.6 | 4.8 |
| 10.00% | 20.0% | 30.0% | 40.0% | 45.0% | 50.0% | 55.0% | 60.0% | 65.0% | 70.0% | 80.0% | 90.0% | 95.0% |

　　若是受試者在整體班級經營效能量表的總得分為 72 分，則百分比值為 50.0%，如果量表的測量值總分為 81.6 分 ( 換算成單題平均得分為 3.4 分 )，百分比值為 60.0%；測量值總分為 91.2 分 ( 換算成單題平均得分為 3.8 分 )，百分比值為 70.0%。

　　增列百分比值之整體班級經營效能變項的描述性統計量如下：

**整體班級經營效能之敘述統計摘要表**

| | 題項數 | 範圍 | 最小值 | 最大值 | 平均數 | 單題平均數 | 百分比值 |
|---|---|---|---|---|---|---|---|
| 班級經營效能 | 24 | 79.00 | 39.00 | 118.00 | 96.645 | 4.027 | 75.7% |

# 一、相對分組

　　與常態分配的型態相較之下，如果多數受試者的分數偏低或偏高，分數的分配情形不會形成左右對稱的鐘形曲線，若是測量值之分配型態，形成了一條指向左邊的尾巴，此種分配多數受試者的分數在中位數的右邊，多數受試者的分數高於群體平均數，此種型態即為負偏態的分配，負偏態的分配型態，表示多數人的測量分數高於平均數。相對地，如果測量值之分配型態，形成了一條指向右邊的尾巴，此種分配多數受試者的分數在中位數的左邊，多數受試者的分數低於群體平均數，此種型態即為正偏態的分配。正偏態的分配型態，表示多數人的測量分數低於群體平均數，相對分組指的是不管樣本在變項或構面上的分數分配情形而依樣本在變項的得分高低排序，選取一定比例百分比的人數，組別選取時通常有二種情形：

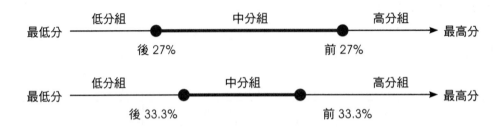

第一種情形為依總分高低排序後，測量分數的前 27% 樣本為高分組群體、後 27% 樣本為低分組群體，中間 46% 樣本為中分組群體；第二種情形為依總分高低排序後，測量分數的前 33.3% 樣本為高分組群體、後 33.3% 樣本為低分組群體，中間 33.3% 樣本為中分組群體。由於相對分組採用的是測量分數的相對位置，即受試者在量表得分的高低是跟其餘受試者測量值的高低進行比較的結果，這種依總分 ( 所有題項的加總 ) 的排序將樣本分組的方法稱為相對分組。若是所有受試者在某個量表的得分都偏高，則相對分組中的「低分組」可能並非實際於量表中測量值分數較低的群體；相對地，如果所有受試者在某個量表的得分都偏低，則相對分組中的「高分組」可能並非實際於量表中測量值分數較高的群體。

**【相對分組的操作】**

若要依某個計量變項測量值的高低將樣本依分數高低平均分為三組，其操作方法有二：一為依標的變項排序，選取高低 33.3% 的臨界分數，執行功能列「轉換 (T)」／「重新編碼成不同變數 (R)」的程序；二為執行功能列「轉換 (T)」／「Visual Binning」的程序，按製作分割點鈕，選取「以掃描的觀察值為基礎的相對百分比位數」選項，「分割點數目」界定為二 ( 一個分割點可以將樣本分成二個群體、二個分割點可以將樣本分成三個群體、三個分割點可以將樣本分成四個群體 )。

## 二、絕對分組

若是李克特量表有五個選項，絕對分組是依李克特量表的選項個數的中位數 3 或某個測量值作為分組的臨界點。不管全部樣本的總平均數的數值高低，分組時以單題平均 3.8 分以上為「高分組」( 百分比值為 70.0% 以上 )、單題平均 3.01

至 3.79 分為「中分組」，單題平均 3.0 分以下為「低分組」( 百分比值為 50.0% 以下 )。班級經營效能量表總共有 24 題，高分組臨界點為每題平均為 3.8 分，總分為 91.2 分；低分組臨界點為每題平均為 3.0 分，總分為 72.0 分。

| 絕對分組 | 絕對低分組 | | | 絕對中分組 | | | 絕對高分組 | | | |
|---|---|---|---|---|---|---|---|---|---|---|
| | ← | | | | | | | | | → |
| 單題分數 | 2.6 | 2.8 | 3 | 3.2 | 3.4 | 3.6 | 3.8 | 4.2 | 4.6 | 4.8 |
| 百分比 | 40.0% | 45.0% | 50.0% | 55.0% | 60.0% | 65.0% | 70.0% | 80.0% | 90.0% | 95.0% |
| 總分 (24 題 ) | 62.4 | 67.2 | 72.0 | 76.8 | 81.6 | 86.4 | 91.2 | 100.8 | 110.4 | 115.2 |

絕對分組時，三個組別群體的分數為：

班級經營效能量表總分 ≦ 72.0 的樣本為低分組群體。

班級經營效能量表總分 ≧ 91.2 的樣本為高分組群體。

班級經營效能量表總分介於 72.01 至 91.19 間的樣本為中分組群體。

由於研究者編製之測量工具的選項個數並非都是五點量表，可能是四點量表型態或六點量表型態，當量表選項數不同，中位數的數字也不會一樣，因而，研究者最好參考量表單題平均分數的百分比值作為絕對分組的參考。絕對分組常用之低分組、中分組、高分組與百分比值對應情形的圖示如下：

| 百分比值 | 0.0% | 10.0% | 20.0% | 30.0% | 40.0% | 50.0% | 60.0% | 70.0% | 80.0% | 90.0% | 100.0% |
|---|---|---|---|---|---|---|---|---|---|---|---|
| 組別劃分 A | ← | | | | | | | | | | → |
| 組別劃分 B | ← | | | | | | | | | | → |
| 組別劃分 C | ← | | | | | | | | | | → |
| 組別劃分 D | ← | | | | | | | | | | → |
| 組別劃分 E | ← | | | | | | | | | | → |
| 組別劃分 F | ← | | | | | | | | | | → |
| 組別劃分 G | ← | | | | | | | | | | → |

採用絕對分組的操作：執行功能列「轉換 (T)」 ／ 「重新編碼成不同變數

(R)」的程序,即可增列一個分組變數,若是測量值分配的偏態較為明顯,則採用絕對分組時,可能使低分組或高分組的人數過少,此時,研究者可採用組別合併法,將樣本過少的組別與中分組群體合併,分組群體由三組變為二組。

## 伍、絕對分組的實例解析

一項從事國小生命意義感與憂鬱傾向關係的探究中,研究者修訂編製「憂鬱傾向量表」,此量表共有 22 題,有效樣本數為 723 位,22 題加總後的變項名稱為「整體憂鬱傾向」,樣本在整體憂鬱傾向變項的描述性統計量如下:

| 變項名稱 | 個數 | 最小值 | 最大值 | 平均數 | 標準差 | 單題平均 | 百分比值 |
|---|---|---|---|---|---|---|---|
| 整體憂鬱傾向 | 723 | 22.00 | 85.00 | 36.228 | 12.999 | 1.647 | 21.6% |

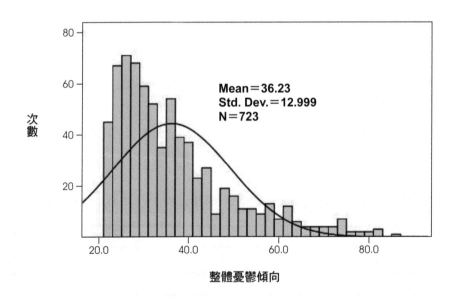

整體憂鬱傾向的分配型態,形成了一條指向右邊的尾巴,此種分配多數受試者的分數在中位數的左邊,多數測量值的分數低於群體平均數,此種型態即為正偏態的分配。正偏態的分配型態,表示多數人的測量分數低於群體平均數。從樣本於憂鬱傾向量表得分之直方圖可以看出,多數樣本的得分低於整體平均數 36.23 (四點量表的中位數為 2.50,22 題的總分為 55 分,整體平均數遠低於中位

數 55，表示多數樣本於憂鬱傾向量表的得分偏低，這種情形與教育現場的實際現況符合，資料結構分配是合理的 )，樣本測量值分數偏向於左側。

採用相對分組時，依樣本在憂鬱傾向量表得分的高低排序，前 33.3% 為高分組 ( 總分高於 39.00 分 )、後 33.3% 為低分組 ( 總分低於 28.00 分 )，中間 33.3% 為中分組 ( 總分介於 29.00 至 38.00 間 )。

相對分組

| | | 次數 | 百分比 | 有效百分比 | 累積百分比 |
|---|---|---|---|---|---|
| 有效的 | <= 28.00 ( 相對低分組 ) | 251 | 34.7 | 34.7 | 34.7 |
| | 29.00 - 38.00 ( 相對中分組 ) | 239 | 33.1 | 33.1 | 67.8 |
| | 39.00 + ( 相對高分組 ) | 233 | 32.2 | 32.2 | 100.0 |
| | 總和 | 723 | 100.0 | 100.0 | |

相對分組後，三個組別的人數：低憂鬱傾向群體有 251 位、中憂鬱傾向群體有 239 位、高憂鬱傾向群體有 233 位。

根據三個群組變項求出各群組在憂鬱傾向量表的描述性統計量如下表：低分組的總平均為 24.861，單題平均分數為 1.130、百分比值為 4.3%；中分組的總平均為 33.188，單題平均分數為 1.509、百分比值為 17.0%；高分組的總平均為 51.592，單題平均分數為 2.345、百分比值為 44.8%。採用相對分組方法，憂鬱傾向三個群組：低分組、中分組、高分組三個群體人數的差異不大，但三個群體樣本實際所感受的憂鬱傾向程度與研究者劃分歸類的群組間有很大的差異。

| 相對分組 | | 個數 | 最小值 | 最大值 | 平均數 | 標準差 | 單題平均 | 百分比值 |
|---|---|---|---|---|---|---|---|---|
| <= 28.00 | 相對低分組 | 251 | 22.00 | 28.00 | 24.861 | 2.026 | 1.130 | 4.3% |
| 29.00 - 38.00 | 相對中分組 | 239 | 29.00 | 38.00 | 33.188 | 2.937 | 1.509 | 17.0% |
| 39.00+ | 相對高分組 | 233 | 39.00 | 85.00 | 51.592 | 11.233 | 2.345 | 44.8% |

從相對分組摘要表可以看出依總分得分高低排序分組的優點是可以控制各組的人數，若是採用等均分法可以將全部樣本平均分為三個群組 ( 二個分割點 ) 或二個群組 ( 一個分割點 )，其缺點是各組樣本的實際分數有時無法反映量表的

真正特質或各群組實際的特性。以 233 位高憂鬱傾向群組而言，其總分平均數為 51.592、單題平均數為 2.345，百分比值為 44.8%，群組的平均得分低於中位數 2.50( 總分的平均數為 55 分 )、百分比值未達 50.0%，將這些樣本歸類為「高憂鬱傾向群組」並不適切；以 239 位中憂鬱傾向群組而言，其總分平均數為 33.188、單題平均數為 1.509，百分比值為 17.0%，群組的平均得分低於 1.60、百分比值未達 20.0%，將這些樣本歸類為「中憂鬱傾向群組」更不適切。

相對分組乃是按照全部樣本在憂鬱傾向量表得分的高低排序分組，當全部受試者在量表的測量值的總分偏低時，研究者在分組時可以將標準定在各組臨界點的下限值附近。22 題加總後測量值總分與百分比值對照表如下：

| 1 | 1.3 | 1.6 | 1.9 | 2 | 2.2 | 2.5 | 2.8 | 3 | 3.1 | 3.3 | 3.4 | 3.7 | 4 |
|---|---|---|---|---|---|---|---|---|---|---|---|---|---|
| 0.0% | 10.0% | 20.0% | 30.0% | 33.3% | 40.0% | 50.0% | 60.0% | 66.7% | 70.0% | 76.7% | 80.0% | 90.0% | 100.0% |
| 22 | 28.6 | 35.2 | 41.8 | 44 | 48.4 | 55 | 61.6 | 66 | 68.2 | 72.6 | 74.8 | 81.4 | 88 |

四點量表的中位數為 2.50，22 題的總分值為 55 分 ( 百分比值為 50.0%)，低分組假定為單題平均數 2.20 分以下，2.20 分相對的百分比值為 40.0%，22 題的總分為 48.4 分；高分組假定為單題平均數 3.10 分以上，3.10 分相對的百分比值為 70.0%，22 題的總分為 68.2。三個組別分割點：總分 48.4 分以下之樣本為低分組群體、總分 68.2 分以上之樣本為高分組群體、總分介於 48.41 至 68.19 間之樣本為中分組群體。另外一種劃分法為總分 44 分以下 ( 單題平均得分為 2.0 分、百分比值為 33.3%) 樣本為低分組群組、總分 61.6 分以上樣本為高分組群組 ( 單題平均得分為 2.8 分、百分比值為 60.0%)、介於 44.01 至 61.59 之樣本為中分組群組；最後一種彈性絕對分組方法為總分 44 分以下樣本為低分組群組 ( 單題平均得分為 2.0 分、百分比值為 33.3%)、總分 66 分以上樣本為高分組群組 ( 單題平均得分為 3.0 分、百分比值為 66.7%)、介於 44.01 至 65.99 之樣本為中分組群組。

絕對分組之次數分配摘要表

| | | 次數 | 百分比 | 有效百分比 | 累積百分比 |
|---|---|---|---|---|---|
| 有效的 | <=48.40 ( 絕對低分組 ) | 605 | 83.7 | 83.7 | 83.7 |
| | 48.41 - 68.19 ( 絕對中分組 ) | 93 | 12.9 | 12.9 | 96.5 |
| | 68.20 + ( 絕對高分組 ) | 25 | 3.5 | 3.5 | 100.0 |
| | 總和 | 723 | 100.0 | 100.0 | |

採用絕對分組時，低憂鬱傾向樣本的群體有 605 位、佔全部有效樣本的 83.7%；中憂鬱傾向樣本的群體有 93 位、佔全部有效樣本的 12.9%；高憂鬱傾向樣本的群體有 25 位、佔全部有效樣本的 3.5%，各群組的有效樣本數與測量值分配之直方圖結構是相符合的。

絕對分組之敘述統計摘要表如下：

| 絕對分組 | | 個數 | 最小值 | 最大值 | 平均數 | 標準差 | 單題平均 | 百分比值 |
|---|---|---|---|---|---|---|---|---|
| <=48.40 | 絕對低分組 | 605 | 22.00 | 48.00 | 31.517 | 7.033 | 1.433 | 14.4% |
| 48.41 - 68.19 | 絕對中分組 | 93 | 49.00 | 68.00 | 56.473 | 5.376 | 2.567 | 52.2% |
| 68.20+ | 絕對高分組 | 25 | 69.00 | 85.00 | 74.920 | 4.545 | 3.405 | 80.2% |

從描述性統計量摘要表可以得知：605 位低憂鬱傾向樣本在整體憂鬱傾向的平均得分為 31.517、單題平均為 1.433、百分比值為 14.4%；93 位中憂鬱傾向樣本在整體憂鬱傾向的平均得分為 56.473、單題平均為 2.567、百分比值為 52.2%；25 位高憂鬱傾向樣本在整體憂鬱傾向的平均得分為 74.920、單題平均為 3.405、百分比值為 80.2%。採用絕對分組時，低、中、高憂鬱傾向三組群體的平均得分較能真正反映不同程度憂鬱傾向的受試者。

第二種絕對分組範例，將組別臨界點採用下限數值，低分組為總分 44 分以下 ( 百分比值為 33.3%、單題平均得分 2.00)、高分組為總分 66 分以上 ( 百分比值為 66.7%、單題平均得分 3.00)

| 1 | 1.3 | 1.6 | 1.9 | 2 | 2.2 | 2.5 | 2.8 | 3 | 3.1 | 3.3 | 3.4 | 3.7 | 4 |
|---|---|---|---|---|---|---|---|---|---|---|---|---|---|
| 0.0% | 10.0% | 20.0% | 30.0% | 33.3% | 40.0% | 50.0% | 60.0% | 66.7% | 70.0% | 76.7% | 80.0% | 90.0% | 100.0% |
| 22 | 28.6 | 35.2 | 41.8 | 44 | 48.4 | 55 | 61.6 | 66 | 68.2 | 72.6 | 74.8 | 81.4 | 88 |

139

　　在「重新編碼成不同變數：舊值與新值」的對話視窗中，「舊值與新值」方盒的編碼以下二種均可 ( 如果總分沒有小數點，則計量變項轉換為間斷變項時就採用整數間距，如果構面變數有小數點，要轉換為間斷變數時要考量到小數點位數 )：

| Lowest thru 44 -->1 | Lowest thru 44 -->1 |
|---|---|
| 66 thru Highest -->3 | 66 thru Highest -->3 |
| 45 thru 65　　-->2 | 44.01 thru 65.99 -->2 |

| 絕對分組二 | | 個數 | 最小值 | 最大值 | 平均數 | 標準差 | 單題平均 | 百分比值 |
|---|---|---|---|---|---|---|---|---|
| <=44 | 絕對低分組 | 577 | 22 | 44 | 30.78 | 6.318 | 1.399 | 13.3% |
| 45-65 | 絕對中分組 | 115 | 45 | 65 | 53.57 | 5.703 | 2.435 | 47.8% |
| >=66 | 絕對高分組 | 31 | 66 | 85 | 73.35 | 5.212 | 3.334 | 77.8% |

　　從描述性統計量摘要表可以得知：憂鬱傾向總分低於 44 分的樣本有 577 位、憂鬱傾向總分高於 66 分的樣本有 31 位、憂鬱傾向總分介於 45 至 65 分的樣本有 115 位。577 位低憂鬱傾向群組的總平均數為 30.78 分、單題平均分數為 1.399、百分比值為 13.3%；115 位中憂鬱傾向群組的總平均數為 53.57 分、單題平均分數為 2.435、百分比值為 47.8%；31 位高憂鬱傾向群組的總平均數為 73.35 分、單題平均分數為 3.334、百分比值為 77.8%。

chapter

# 05

量表的編製

　　一份問卷中可能包含二至四個量表，除了各部分量表的測驗項目外，也包含填答者的基本資料 ( 或稱背景資料 )，基本資料的內容最好跟研究架構或未來資料處理有關，否則跟研究主題無關的背景資料填答，反而造成填答者的困擾。量表所要測量的潛在特質或態度反應稱為「構念」，每個構念是一個變項，構念間的關係即變項的關係，如高職學生生活壓力與其自殺傾向關係之研究，二個主要的構念分別為「生活壓力」與「自殺傾向」，資料分析的焦點在於探究「生活壓力」與「自殺傾向」二個構念間是否有顯著相關，「生活壓力」、「自殺傾向」是研究架構中主要的變項，資料之統計分析即在探究這二個變數間的關聯程度。構念潛在變項的測量必須藉助具體測量題項的「量表」獲得。

# 壹、量表編製的流程

　　各量表修訂編製的流程大致如下：

## 一、確定各量表的構面 ( 向度 )

　　量表中的各構面或向度 ( 層面、分量表 ) 可能是研究者從相關理論文獻，或先前他人研究量表，或個人經驗法則等歸納統整而得，在偏向行動研究之量表編製時，也可能經由焦點團體訪談或稱焦點訪談 (focused interviews) 歷程中所搜集的資料為基礎，來編製一種實務導向的量表或測驗。當一個主題是創新的議題或研究者要發展新的量表工具時，更需要相關的理論或文獻支持，研究者量表中採用的構面 ( 分量表或向度 ) 必須有其合理的理論文獻作為支持架構，若是沒有理論文獻也必須根據經驗法則延伸。以高職學生生活壓力量表為例，研究者從心理學及社會學觀點歸納出學生的生活壓力源主要有個人、家庭、學校、情感等四大面向，因而量表的構面 ( 向度 ) 分為四個：家庭壓力、學校壓力、個人壓力、情感壓力。

　　如果研究者採用逐題分析或題項內容為複選題，則問卷編製時要考量的不是構面的內涵，而是每個題項要測得的事象或要分析的內容要與研究議題相契合，此種問卷調查法的目標在於描述性目的之論述，而非變項間的相關研究或理論模型的驗證。探究受試者對某一政策或議題的看法，若是每個題項中的「選項內容不同」，或題項的作答選項數多寡不一，則不能將受試者在題項回應的情形等量

化並進行加總成為一個新變數 ( 此新變數一般稱為構面或向度 )。此種問卷題項
如：

> 1. 您選擇子女就讀之國中首要考量的因素為下列那一個？
>    □學校升學率　　□交通因素　　□校長人選　　□學校評價　　□校園氣氛
> 2. 對於您小孩的國中生涯，您最重視是那一項？
>    □品德行為　　□學業成績　　□藝術才能　　□同儕關係　　□生活知能
> 3. 對於您小孩目前就讀班級的教師班級經營您的看法為何？
>    □非常滿意　　□滿意　　□沒有意見　　□不滿意　　□非常不滿意

　　在上述範例問卷題項中，各題目的「選項詞內容」明顯不同，選項詞之間並
非是等距的，選項詞彼此間沒有次序關係，因而不能將其視為等距量表或次序變
項，各選項詞之間的測量值沒有大小或等距的關係，研究者在統計分析時只能就
各題項被勾選情形「逐題分析」，各題之選項被受試者勾選的情形，也只能以次
數、百分比等次數分配情形論述，如果研究者將三個題目加總起來，以一個新變
數表示，則此新變數是沒有意義的；此外，若是以平均數、標準差等描述性統計
量表示各題項被勾選的情形，也違反統計分析的基本原理。

## 二、依據構面編製測量項目

　　確定量表的構面後，研究者要依據構面的數目與量表的個數編製各構面的測
量項目，測量項目即為觀察變項或可測量變項 ( 一般稱為題項 )，預試時各構面
的題項數一般約為 4 至 7 題 ( 正式問卷時可保留 3 至 5 題 )，研究者編製或修訂
的各測量項目／題項要能反映出其所要測得的潛在心理特質或態度，此為量表的
內容效度，效度是量表測量分數能確實回應受試者態度的正確性與可靠性，內容
效度佳的量表其信度也會較佳。態度量表中的構面又稱為潛在變項 ( 無法觀察的
變項 )，測量構面的題目又稱為指標變項／觀察變項／測量變項。潛在變項與測
量變項 ( 題目 ) 間的關係可以用下列圖示說明 ( 範例圖中的生活壓力量表包含家
庭壓力與學校壓力二個構面，二個構面各包含三個題項 )：

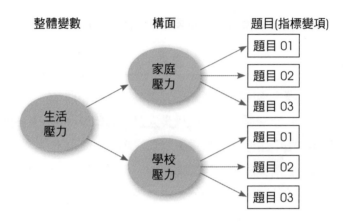

## 三、進行專家效度的審核

　　研究者編製完量表後，學者專家可就問卷構面及其測量項目內容進行逐題審核，學者專家包括對研究主題有涉獵的學者，曾經研究過此主題的相關教授，與此主題領域有關的實務工作者均可。如一項「國小學生依附關係與情緒智力之研究中」，研究者編製完「依附關係量表」、「情緒智力量表」後，可請教育、輔導與諮商的教授作為專家，可請實務工作者如小學學校輔導主任、校長及教師作為專長。敦請實務工作者參與量表題項內容與詞句的審核非常重要，因為有時實務工作者更能看出那些量表題項的敘述較不適宜；此外，研究者也可請抽樣母群體之受試者 2 至 3 位，請其就量表各構面測量題項試填一次，看是否有詞意不清或語意不明瞭之處，試填的程序可以在進行專家效度審核之前。至於專家效度審核時，專家學者的人數一般在 8 至 12 位間即可，專家學者人數低於 5 位，代表性可能不足，但若是學者專家人數多於 15 位，有時會造成提供的訊息或意見太多，無法形成共識，以致研究者無法統整。專家效度的審核也是一種對量表題項內容適切性 (adequacy) 的檢核，因而也是一種「內容效度」(content validity)，內容效度是評定者根據其專業素養與智能，對構面及題項內容進行邏輯的分析與作出合理的判斷，因而也稱為「合理效度」(rational validity) 或「邏輯效度」(logical validity)。學者專家效度之人員，研究者可列表呈現於本文或作為附錄，其中人員名單的排列要依照學者專家的姓氏筆劃，而不要依照其當事職務來排序。如果研究者要將各學者專家對量表修正的意見列出，各學者專家要以代號表示 ( 如 A、B、C、……)，以代號將學者專家對量表修正或表達的個別意見列出

較符合學術倫理。

## 四、進行預試問卷的預試

預試對象的母群體必須與將來正式施測的母群體相同，如研究者研究的主題為高職學生生活壓力的調查研究，研究對象的母群體為高職學生，預試時的對象也必須為高職學生，研究者不能因為方便而改採高中學生為預試對象。預試的樣本數最好是問卷中包含最多題項數量表之題項個數的(不是整份問卷題項總數)的 3 至 5 倍，如在一項「高職學生生活壓力、生命意義感與自殺傾向之相關研究中」，研究者編製三種量表：「生活壓力量表」、「生命意義感量表」、「自殺傾向感受量表」，三種量表的測量題項數分別為 20、30、25 題，預試對象的人數採用生命意義感量表題項數 (30 題) 的 3 至 5 倍，其人數約為 90 至 150 位，若是研究者要進行各量表的因素分析，預試對象的人數最好不要少於 150 位。

上述預試對象人數的估計是針對一般研究對象，有些特殊群體的母群體本身人數就不多，此時預試對象可以減少為 2 至 3 倍，一個最基本原則是有效樣本數不能少於量表題項的個數，以上述範例而言，若是母群體很小，則預試對象的人數最少也要有 30 位以上 (因為生命意義感量表題項數有 30 題)。由於是特殊群體，問卷或量表重複給受試者填答也沒有關係，若是填答者有部分重複，避免讓受試者產生練習效應或依之前保留記憶填答，研究者可將問卷各量表的順序作一調整，如預試問卷的四大部分分別為：「基本資料」、「生活壓力量表」、「生命意義感量表」、「自殺傾向感受量表」，正式施測時可調整為：「自殺傾向感受量表」、「生命意義感量表」、「生活壓力量表」、「基本資料」等四個部分。

預試資料的統計分析包括項目分析、因素分析與信度考驗。項目分析的目的在於經由統計程序判斷題項的適切性 (與成就測驗的鑑別度類似)；因素分析的目的在於求出量表的構念效度 (construct validity)；信度考驗在於採用統計方法求出量表及構面的信度 (reliability) 指標值，信度是指測驗分數的一致性 (consistency) 或穩定性 (stability)，當一份量表或測驗的測量誤差愈小，則表示信度愈具有一致性與穩定性，此時量表或測驗的信度較高。一般量表或測驗的信度指標是採用內部一致性方法 (internal-consistency method)，內部一致性方法常見者有以下幾種方法：折半信度 (split-half method)、庫李方法 (Kuder-Richardson method)、$\alpha$ 係數 (coefficient alpha)。

折半信度的求法與複本信度的求法類似，折半信度是將量表或測驗依題項數均勻分成二個獨立的子量表或子測驗，然後求出二個子量表或子測驗間的相關係數，相關係數愈大，表示測驗或量表的折半信度愈高，量表或測驗分成二個部分的方法很多，較常用者為以隨機方式將題項數平分為二大部分，或以題項數的編號依偶數題及奇數題平分為二大部分，或以切割分式，以中間題項數為分割點，將前半部或後半部的試題平分為二大部分。由於折半信度方法中各子量表或子測驗的題項數只有原有整個量表或測驗題項總數的一半，二個半測驗所得到的相關係數通常會有低估現象，因為在其他條件維持穩定且相同的情境下，量表或測驗的題項數愈多，測驗誤差會愈小、信度係數會愈高，所得的測量結果愈可靠。為克服原始折半信度法低估量表或測驗信度指標值的現象，通常採用斯布公式 (Spearman-Brown formula) 加以校正，其公式為：

$$r_{total} = \frac{2r_{s-h}}{1+r_{s-h}}$$

$r_{total}$ 為全量表的／全測驗的信度、$r_{s-h}$ 為二半測驗／量表的相關。庫李方法通常適用於計分為「對」、「錯」二元計分的測驗，如在一份成就測驗中，研究者資料檔只鍵入 1、0，1 表示題項答對、0 表示題項答錯，此時成就測驗資料檔求出的信度為庫李信度。至於李克特態度量表，由於不是採用二元選項的作答方式，而是採用多重選項計分的方法，此時的信度指標必須改採克朗巴賀發展的 $\alpha$ 係數 (Cronbach $\alpha$)。上述量表或測驗的折半信度在 SPSS 統計軟體中的操作為：執行功能列「分析 (A)」 ／ 「尺度 (A)」 ／ 「信度分析 (R)」程序。

SPSS 統計軟體不僅可以求出折半信度的 Cronbach $\alpha$ 係數，也可以求出量表或測驗的折半信度，輸出的折半信度表格中也會提供 Spearman-Brown 校正信度係數。範例中有五位受試者，測驗有六個題項。

| 受試者 | I1 | I2 | I3 | I4 | I5 | I6 | IA | IB | 備註 |
|--------|----|----|----|----|----|----|------|------|------|
| S1 | 1 | 1 | 1 | 1 | 0 | 0 | 3.0 | 1.0 | IA 為前三題的加總分數 |
| S2 | 0 | 0 | 0 | 0 | 0 | 0 | 0.0 | 0.0 | = I1 + I2 + I3 |
| S3 | 1 | 1 | 1 | 1 | 1 | 1 | 3.0 | 3.0 | IB 為後三題的加總分數 |
| S4 | 0 | 0 | 1 | 0 | 0 | 0 | 1.0 | 0.0 | = I4 + I5 + I6 |
| S5 | 1 | 1 | 1 | 1 | 0 | 0 | 3.0 | 1.0 | |

**可靠性統計量**

| Cronbach's Alpha 值 | 第 1 部分 | 數值 | .900 |
|---|---|---|---|
| | | 項目的個數 | 3[a] |
| | 第 2 部分 | 數值 | .800 |
| | | 項目的個數 | 3[b] |
| | 項目的總個數 | | 6 |
| 形式間相關 ( 二個部分間的積差相關係數 ) | | | .722 |
| Spearman-Brown 係數 | 等長 | | .838 |
| | 不等長 | | .838 |
| Guttman Split-Half 係數 | | | .833 |

[a] 項目為 \：I1, I2, I3.    [b] 項目為 \：I4, I5, I6

從上表中可以發現：前三題加總變項 (IA) 與後三題加總變項 (IB) 的相關係數為 .722，第一部分測驗 ( 前半段三個題項 ) 的內部一致性 $\alpha$ 係數為 .900，第二部分測驗 ( 後半段三個題項 ) 的內部一致性 $\alpha$ 係數為 .800，二個部分測驗的題項個數各有三題。校正後的 Spearman-Brown 折半信度係數為 .838，採用 Guttman Split-Half 校正方法所得的折半信度係數為 .833。Spearman-Brown 校正法之係數求法為：

$$r_{total} = \frac{2r_{s-h}}{1 + r_{s-h}} = \frac{2 \times .722}{1 + .722} = \frac{1.444}{1.722} = 0.838$$

若是時間許可，在信度的檢核上，研究者可以增列「重測信度」(test-retest reliability)，所謂重測信度是指同一量表或測驗於不同的時間讓同一群受試者填

答，根據受試者二次填答的測量值之相關係數的高低，作為重測信度的指標。重測信度又稱再測信度，其信度指標表示的量表或測驗的穩定性，因而又稱穩定係數 (coefficient of stability)。進行重測信度指標建構時，受試者二次測驗的間隔時間一般為一至二週，此外要注意：1. 不能讓受試者知悉此量表或測驗要進行第二次施測；2. 二次施測的情境不能差異太大，如一次在月考考試前、一次在月考考試後，由於月考前後學生的心情與感受差異甚大，受試者所感受或所知覺的心理特質或態度會有顯著變化。重測信度求法的架構模式如下：

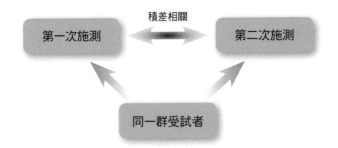

進行重測信度檢定之資料建檔時，每位受試者第一次回應的數據與第二次回應的數據要建在同一列，因為重測信度是同一群受試者於不同時間前後二次分數的相關，若是受試者在二次量表或測驗分數間的相關很高，表示重測信度係數／穩定係數佳，穩定係數佳的內涵就個別受試者而言，指的是受試者在第一次測驗或量表有高的測量值或分數，在第二次測驗或量表也會有高的測量值或分數；相對地，受試者在第一次測驗或量表有低的測量值或分數，在第二次測驗或量表也會有低的測量值或分數。重測信度資料檔的範例如：

| | | 正確的受試者配對 | | 錯誤的資料檔鍵入格式 | |
|---|---|---|---|---|---|
| 受試者 | 第一次測量值 V1 | 受試者 | 第二次測量值 RV2 | 受試者 | 第二次測量值 EV2 |
| S1 | 20 | S1 | 19 | S5 | 10 |
| S2 | 30 | S2 | 27 | S3 | 16 |
| S3 | 15 | S3 | 16 | S2 | 27 |
| S4 | 21 | S4 | 23 | S1 | 19 |
| S5 | 11 | S5 | 10 | S4 | 23 |

重測信度係數為二次測驗分數間的相關係數，SPSS 統計軟體的操作為：執行功能列「分析 (A)」 ／ 「相關 (C)」 ／ 「雙變數 (B)」程序，統計分析結果變項 V1 與變項 RV2 間的積差相關係數為 .964 (p ＝ .008)、變項 V1 與變項 EV2 間的積差相關係數為 -.568 (p ＝ .318)( 重測信度雖然以相關係數表示，但信度係數的臨界值為 0 至 +1.00 中間，若是積差相關係數為負值，則重測信度係數還是以 0 表示，重測信度係數愈接近 0 表示信度愈差 )。受試者在二次測驗分數的相關係數高達 .964，表示測驗或量表的重測信度係數高，量表或測驗的信度良好；但因為研究第二次數據鍵入時，受試者的順序或編號沒有與第一次配對好，造成變項 V1 與變項 EV2 間的積差相關係數為負值 ( 積差相關係數低表示再測信度不佳，積差相關係數為負值表示量表或測驗完全沒有信度，重測信度係數為 0)，因而研究者進行量表或測驗的再測信度檢定時，必須注意受試者二次測驗分數間的配對問題。

## 五、編製正式施測的問卷

預試問卷回收後，經統計分析處理，根據項目分析與信效度指標，再刪除部分題項，保留的測量項目即可編製為正式問卷題項。研究者經過探索性因素分析程序後，量表中各構面所包含的測量項目可能部分與原先編製者不同，或資料結構產生的因素構面與原先研究者初擬時有部分出入，這些均是合理的，只要各構面可以合理命名，各構面包含的測量項目所要測得的潛在特質或態度行為類似即可。探索性因素分析中的「探索性」一詞表示的是研究者可能要經多次因素分析程序，才能探索而建構一個最佳的構念效度。正式問卷的編排要重視版面的美觀性、可讀性與系統性，除了之前的內容效度與構念效度外，也要重視整份問卷的「表面效度」。

表面效度並不是真正的效度，但此種效度特性會影響受試者填答問卷的意向，表面效度如問卷格式內容的編排是否適宜？印刷是否美觀？字體的大小是否適中？回答或勾選是否複雜？如果研究者問卷編排及印刷時能以受試者為中心，從受試者的觀點來編修問卷或測驗內容，則受試者填答意願會大為提升、問卷的回收率相對地也會提高。

測量工具的編製最重要的是要有信效度，除了要有高信度外，也要有良好的效度。一般量表的效度指標有內容效度與構念效度，如果研究者研究的主題是量

表或測驗的編製，則除了內容效度(或稱內容關聯效度)與建構效度外，也要呈現效標關聯效度(criterion-related validity)，效標關聯效度是指研究者編修的量表或測驗與外在效標的相關程度，如果受試者在量表或測驗的量測值很高，在外在效標的量測值分數或評定分數也很高，則表示量表或測驗有良好的效度。作為外在效標者，本身必須是可靠的與客觀的，也就是效標本身必須有高信效度。

量表或測驗信效度檢核的順序可以統整以下圖示：

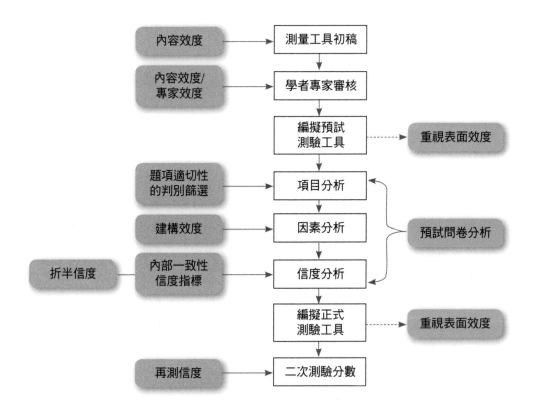

## 貳、量表建構效度

就預試問卷分析而言，研究者於統計分析程序中最感困擾的是量表建構效度／構念效度的建立。構念效度建立的統計分法一般使用要使用因素分析，SPSS統計軟體中因素分析的操作程序為：執行功能列「分析」(Analyze)／「維度縮減」(Dimension Reduction)／「因子」(Factor)程序。因素分析的目的若是要減

化量表變項的個數，使用的是變項間的相關矩陣，此種因素分析的型態稱為 R 因素分析 (R factor analysis)，R 因素分析型態即是一般探索性因素分析法，其目的在於將變項分組，使彼此間相關較高的變項或指標變項間可以反映某個共同層面 ( 潛在變項 )。另一種因素分析的應用是使用個別樣本某些特質的相似關係，而將所有樣本分成幾個不同群組，群組內樣本的特質十分類似，群組間樣本的特質相異度較大，此種因素分析在於把大樣本的個體分類，因素分析的型態稱為 Q 因素分析 (Q factor analysis)，Q 因素分析型態屬於集群分析 (cluster anlysis) 法之一，其關注的重點是將樣本 ( 觀察值 ) 加以分類。Q 因素分析型態與 R 因素分析型態以圖表示如下：

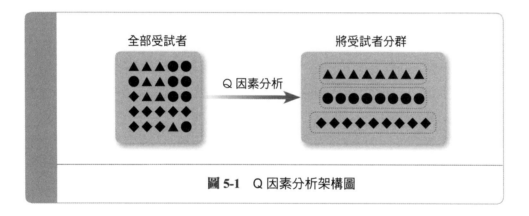

**圖 5-1　Q 因素分析架構圖**

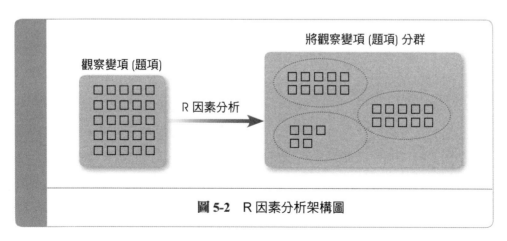

**圖 5-2　R 因素分析架構圖**

　　因素選取的準則最常用的為「潛在根值準則」(latent root criterion)，潛在根值準則一般用於主成分分析或共同因素分析，主成分分析中每個指標變項 ( 題項 ) 可以貢獻的總特徵值數值為 1，一個量表如果有 20 個題項，題項貢獻的特徵值總和為 22。潛在根值或稱特徵值 (eigenvalues) 準則指的是共同因素的特徵值如果大於 1.00，表示潛在根值是顯著的，多數潛在根值小於 1 的共同因素被認為是未達顯著的，這些共同因素可以忽略。保留潛在根值大於 1 的共同因素是 SPSS 統計應用軟體內定的選項，採用此種方法萃取共同因素並不是一種最佳的方法，當指標變項數 ( 題項數 ) 介於 20 至 50 個中間 (20 至 50 題間 )，採用潛在根值大於 1 的方法萃取共同因素最為可靠；但當指標變項數 ( 題項數 ) 少於 20 個 (20 題 ) 時，採用潛在根值大於 1 的方法可能會萃取過少的共同因素 ( 題項數少於 20 時萃取共同因素時較為保守 )；相反地，當指標變項數 ( 題項數 ) 多於 50 個 (50 題 ) 時，採用潛在根值大於 1 的方法可能會萃取過多的共同因素，造成因素命名的困難。研究者採用潛在根值大於 1 準則萃取的共同因素若是與原先編製量表時差距較大，研究者可改採用「先驗準則」(priori criterion)，在一種不確定的情境下，先驗準則是一種較為合理的準則，尤其是研究者在進行因素分析程序前已經明確要萃取多少個共同因素時，可以事先決定要萃取的共同因素個數，先驗準則特別適用於萃取因素個數理論的檢定或假設的考驗，如研究者嘗試檢驗先前量表題項所包含共同因素個數的確認，或量表指標變項所萃取共同因素的穩定性的評估等。

　　因素負荷量 (factor loadings) 是測量變項與萃取因素間的相關，因素負荷量愈高表示測量變項與因素構面間的關係愈密切，因素負荷量平方值表示的是共同因素可以解釋測量變項的變異量，其意義類以相關係數的平方值 ( 決定係數 ) (Hair et al., 2010)。

1. 因素負荷量最低考量的準則是介於 ±.30 至 ±.40 之間，即因素負荷量的絕對值大於 3.00 以上是最小可接受的範圍。當因素分析的有效樣本數很大或分析變項的個數較多時，可採用較小值的因素負荷量；如果萃取的因素個數較多，或進行潛在因素負荷量的評估時，指標變項 ( 題項 ) 的因素負荷量要採用較高的數值。
2. 因素負荷量 ±.50 以上才有實務顯著性 (practically significant)。

**3.** 因素負荷量 ±.70 以上，表示因素結構中觀察變項 ( 題項 ) 是反映潛在因素
構念的良好指標。

學者 Hair 等人認為因素負荷量的判別選取與因素分析之樣本數有關，在相
同的顯著水準下，有效樣本數愈大，因素負荷量的選取準則較低，如有效樣本數
為 350 位，題項因素負荷量選取標準為 .30 以上；相對地，有效樣本數愈小，因
素負荷量的選取準則較高，如有效樣本數為 150 位，題項因素負荷量選取標準
為 .45 以上、有效樣本數為 120 位，題項因素負荷量選取標準為 .50 以上。因素
負荷量與達到 .05 顯著水準之樣本數的關係對照表如下：

**表 5-1** 顯著因素負荷量與所需樣本的關係摘要表

| 因素負荷量 | 達到 .05 顯著水準之樣本數 | 備註 |
| --- | --- | --- |
| .30 | 350 | 顯著水準 $\alpha$ 為 .05，統計考驗力為 .80 |
| .35 | 250 | 顯著水準 $\alpha$ 為 .05，統計考驗力為 .80 |
| .40 | 200 | 顯著水準 $\alpha$ 為 .05，統計考驗力為 .80 |
| .45 | 150 | 顯著水準 $\alpha$ 為 .05，統計考驗力為 .80 |
| .50 | 120 | 顯著水準 $\alpha$ 為 .05，統計考驗力為 .80 |
| .55 | 100 | 顯著水準 $\alpha$ 為 .05，統計考驗力為 .80 |
| .60 | 85 | 顯著水準 $\alpha$ 為 .05，統計考驗力為 .80 |
| .65 | 70 | 顯著水準 $\alpha$ 為 .05，統計考驗力為 .80 |
| .70 | 60 | 顯著水準 $\alpha$ 為 .05，統計考驗力為 .80 |
| .75 | 50 | 顯著水準 $\alpha$ 為 .05，統計考驗力為 .80 |

資料來源：Hair et al., 2010, p.117.

共同性 (communality) 是測量變項在每個因素之因素負荷量的平方總和 ( 橫
列因素負荷量平方和 )，共同性表示的變項 ( 題項 ) 對所有共同因素貢獻的程度，
即測量變項 ( 題項 ) 對所有共同因素可以解釋的變異量高低，測量變項共同性數
值的高低可以作為變項 ( 題項 ) 對因素結構的重要性。一個較高數值的共同性表
示變項被因素解值萃取的變異量較大；相對地，一個較低數值的共同性表示變項
被因素解值萃取的變異量較小，此種變項對共同因素的貢獻程度較低，因素分析
結果可考慮將之排除。測量變項共同性的高低目前沒有絕對的統計準則指標，但

從實務應用的考量觀點而言，一般以 .50 作為測量變項共同性高低指標的臨界標準。因素分析輸出表格中共同性、特徵值與因素負荷量的關係如下表所列：

**轉軸後的因子矩陣**

| 測量變項 | 因子 | | 因素 I | 因素 II | 共同性 |
| --- | --- | --- | --- | --- | --- |
| | 1 | 2 | 因素負荷量平方 | 因素負荷量平方 | |
| X1 | .283 | .523 | 0.080 | 0.274 | .354 |
| X2 | .651 | .200 | 0.423 | 0.040 | .463 |
| X3 | .671 | .317 | 0.450 | 0.100 | .551 |
| X4 | .242 | .677 | 0.058 | 0.458 | .516 |
| X5 | .720 | .400 | 0.518 | 0.160 | .678 |
| X6 | .389 | .207 | 0.151 | 0.043 | .194 |
| 特徵值 | | | 1.681 | 1.075 | |
| 解釋變異量 % | | | 28.024 | 17.913 | |
| 累積解釋變異量 % | | | 28.024 | 45.937 | |

註：共同性為因素 I、因素 II 欄數值 ( 橫列 ) 的總和；
　　因素 I 欄數值的和、因素 II 欄數值的和為特徵值；特徵值除以題項數為解釋變異量。

範例中六個測量變項的共同性介於 .194 至 .678 之間、因素 I 可以解釋所有測量題項的變異量為 28.024%、因素 II 可以解釋所有測量題項的變異量為 17.913%，二個共同因素可以解釋測量變項的變異量為 45.937%。就社會科學領域而言，一個良好的因素結構，萃取的共同因素要能解釋所有題項變異的 60.0% 以上，若是萃取共同因素能解釋指標變項的變異量低於 50.0%，則表示因素分析之建構效度不佳。

因素分析的轉軸方法有二種：一為直交轉軸 (orthogonal rotation)、一為斜交轉軸 (oblique rotation)，直交轉軸是把因素軸間維持在 90 度、直交因素轉軸是因素分析中使用最為普及的轉軸方法，研究目標希望簡化變項數目成為少數幾個沒有相關或相關較低的因素構面，可採用直交轉軸方面。至於斜交轉軸法之因素軸間並沒有維持 90 度，表示因素構面間有某種程度的關聯存在，因素轉軸的目的在於使變項 ( 題項 ) 的歸類更為明確。在因素分析程序中，研究者要採用那種轉軸方法均可以，直交轉軸法的表格較易解讀，但統計分析假定與行為及社會科學

實際現況較無法符合；斜交轉軸法的假定較能呼應社會實際事象，但轉軸後的數據結果統整較為複雜。

　　因素轉軸的構念圖可以用下列圖示表示，九個觀察變項 ( 題項 ) 在未轉軸前要歸屬於那個因素軸較為不易，但將因素軸以數學方程式進行直交轉軸後，九個指標變項可以很明確的被區分為二個群組：V1、V2、V3、V4 四個變項與因素軸 II 關係比較密切，V5、V6、V7、V8、V9 五個變項與因素軸 I 關係比較密切，因而經由直交轉軸後，九個觀察變項被區分為二群，因素二包含 V1、V2、V3、V4 四個變項，因素一包含 V5、V6、V7、V8、V9 五個變項。

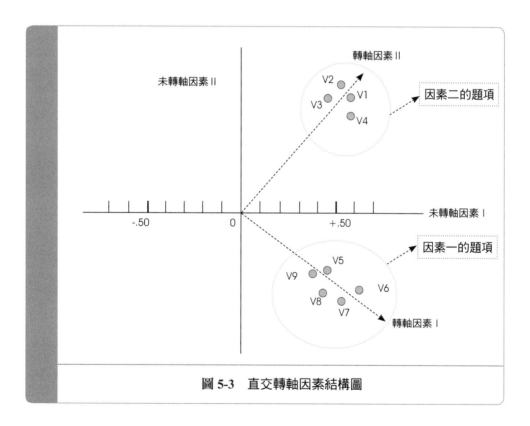

圖 5-3　直交轉軸因素結構圖

chapter

# 06

抽樣樣本與
資料填補

在問卷調查程序中，許多研究者心裡一定納悶著：「在正式抽樣中，我要抽取多大的樣本才夠或才可以呢？」這個議題與研究者研究主題、研究目的與母群體的特質有關。學者 W. Lawrence Neuman (2003) 明確指出：「……就你所知，單單大樣本而無隨機抽樣，或抽樣架構 (sampling frame) 不良，抽樣的代表性遠不如採用隨機抽樣與優良抽樣架構的小樣本。」( 王佳煌等譯，2008)

# 壹、抽樣樣本數的大小

抽樣架構是研究者具體界定的標的母群體，此母群體是研究者擬推論的母群，而不是與研究主題無關的群體。研究者若要進行預試，採用探索性因素分析建構量表的構念效度，則必須依據量表題項數抽取適當比例的樣本數，因為如果樣本數太少，會造成因素分析統計結果的偏誤，因素分析的樣本數大小有以下規則 (Hair et al. , 2010)：

1. 進行因素分析時最少的樣本數必須在 50 位以上，較適當的樣本數最好在 100 位以上。
2. 有效樣本的個數必須多於量表的變項 ( 題項 ) 數，如一份有 30 題的量表，若要進行量表的因素分析，有效樣本的個數不能低於 30，此項準則只適用於特殊母群體，若是一般母群體或研究對象，研究者不應採用此項準則。
3. 一般的研究對象，有效樣本個數必須隨題項數 ( 變項個數 ) 的增多而增列，最常採用的標準是每個變項能對應最大有效的樣本數。最適切的比例是變項數與有效樣本數的比例為 1：10；多數學者使用最基本的比例為變項數與有效樣本數的比例為 1：5，如一份「生活壓力量表」有 20 個題項 (20 個變項／觀察變項／指標變項 )，研究者若要進行 R 因素分析，有效樣本數最少要求為 20×5 ＝ 100 位，更適當的樣本個數有 20×10 ＝ 200。

抽樣皆會有抽樣誤差 (sampling error)，抽樣誤差愈小則樣本的性質愈能代表其所在的母群。所謂抽樣誤差是指樣本統計量偏離真正母群參數數值的差距，任何抽樣方法都可能產生二種誤差：一為偏差；一為欠精確化 (lack of precision)。偏差指的是樣本統計量總是朝同一方向偏離母群體參數值；欠精確化指的是不斷抽取樣本，在不同樣本下，同一個樣本統計量間差異很大、統計量間的分佈很分

散，因而無法估算出一個代表母群體參數的統計量。以當事者打靶為例，若是
將群體參數的正確值作為箭靶上的大圓心點，樣本統計量想像成對靶心發射的
箭，則偏差的意思是當事者瞄準的目標有問題，射出的都往同一個方向偏離靶
心，如多數集中於靶的上端；欠精確化則是指當事者射出的箭分散在靶的每個地
方，箭靶分散得很廣 ( 重複抽樣所得的結果，統計量間彼此差異很大 )( 戴久永，
2006)。

　　學者 Gay、Mills 與 Airasian (2009) 認為問卷調查實施中，所需的樣本人數與
研究類型有關，若是屬於敘述性研究，抽取的樣本數至少要佔母群體的 10%，
如果母群體屬於特殊群體，母群總數低於 500 人時，抽取的樣本數至少要佔母群
體的 20%，若是母群體屬於極特殊群體 ( 母群體的總人數很少的群體 )，母群總
數不足 100 位，則母群總數為全部施測的對象。以 Gay 等人的觀點來看，若是
母群體 100000 人，抽取的標的分析樣本數約為 1000 人 ( 約佔母群的 10%)，如
果母群體的人數超過 100000 萬人，則抽取的樣本數將會超過 1000 人，1000 位
以上樣本數可能造成研究者困擾或不便；若是母群體為 450 人，抽取的標的分析
樣本數約為 90 人 ( 約佔母群的 20%)，90 個分析樣本數可能不足。以上 Gay 等
人所提的觀點是一種絕對的取樣方法，此種方法當母群體人數太多，或母群體人
數太少時，抽取的樣本數就不是十分適切。

　　學者 Gall、Gall 與 Borg (2007) 認為定量研究之相關研究實施抽取的樣本數
至少要有 30 位，進行變項間的因果比較及採用實驗研究程序進行組別間的比
較時，各組的人數最少要有 15 位。Gall 等人進一步提出問卷調查研究便於分
析群組差異時，較大的次群體 (major subgroup) 至少要有 100 位受試者，較小的
次群體 (minor subgrup) 至少要有 20 至 50 位受試者。學者 Lodico、Spaulding 與
Voegtle(2006) 等人認為問卷調查之抽樣程序中，若是母群體總數少於 200 人，則
整個母群體的總數可全部抽取；若是母群體的總數在 400 人左右，抽取的樣本數
應佔全部母群的 40% 較為適當 ( 約至少 160 位 )；如果母群體總數超過 1000 人，
抽取的樣本數約佔母群總數的 20% ( 約 200 位以上 )；如果母群體的總數在 5000
人以上，抽取的樣本數總數在 350 至 500 人中間即可 ( 引自王文科、王智弘，
2010)。

　　以理論統計學的觀點而言，樣本抽樣誤差表示誤差 ( 母群體參數與樣本統計
量間的差異 ) 是選取樣本之機遇 (chance) 所造成的，只要是抽樣定會有隨機抽樣

誤差。隨機抽樣誤差的公式為

$$\lceil \pm \text{ 抽樣誤差 \%}\rfloor = 1.96 \times \sqrt{\frac{pq}{n}} = 1.96 \times \sqrt{\frac{p(1-p)}{n}}$$

$pq$ 是受試者對特定問題回答的相異性或相似性的變動情形,如果受試者對問題反應的情形是贊同與不贊同的比例各為 50%,此種情形為整體最大的相異性 ( 如 .50×.50 = .25>.90×.10 = .09,或 .50×.50 = .25>.60×.40 = .24),如果母群體為常態分配資料,以 $p$ = 50%、$q$ = 50% 的數值代入上述抽樣誤差的公式為:

$$\lceil \pm \text{ 抽樣誤差 \%}\rfloor = 1.96 \times \sqrt{\frac{pq}{n}} = 1.96 \times \sqrt{\frac{(50) \times (50)}{n}} = 1.96 \times \sqrt{\frac{2500}{n}}$$

根據「中央極限定理」(central limit theorem),95% 的信賴區間 ( 樣本平均數可能出現的機率 ) 為「$\mu \pm (1.96 \times$ 標準差 )」,假設母群體有 1000 個隨機樣本,研究者抽取的樣本數 $n$ 為 100,則樣本大小的抽樣誤差:

$$\lceil \pm \text{ 抽樣誤差\%}\rfloor = 1.96 \times \sqrt{\frac{2500}{n}} = 1.96 \times \sqrt{\frac{2500}{100}} = 1.96 \times \sqrt{25} = \pm 9.8\%$$

信賴區間 (confidence interval) 公式為:信賴區間 = p± 抽樣誤差,平均數 95% 的信賴區間為 50%±9.8% = [50% － 9.8%,50% ＋ 9.8%] = [40.2%,59.8%]。如果研究者抽樣誤差採用的信賴區間為 99%,則抽樣誤差的 $z$ 值為 2.58 (95% 信賴區間的 $z$ 值為為 1.96),下表為不同抽樣人數之抽樣誤差及平均數 95% 的信賴區間值,從表中的數值可以看出「抽樣樣本數愈大抽樣誤差值愈小,95% 信賴區間抽樣分配的圖形愈呈高狹峰」。

| n | z | 抽樣誤差 | 95% 信賴區左側 | 95% 信賴區右側 |
|---|---|---|---|---|
| 50 | 1.96 | 13.86% | 36.14% | 63.86% |
| 100 | 1.96 | 9.80% | 40.20% | 59.80% |
| 200 | 1.96 | 6.93% | 43.07% | 56.93% |
| 400 | 1.96 | 4.90% | 45.10% | 54.90% |
| 600 | 1.96 | 4.00% | 46.00% | 54.00% |
| 800 | 1.96 | 3.46% | 46.54% | 53.46% |
| 1000 | 1.96 | 3.10% | 46.90% | 53.10% |
| 1500 | 1.96 | 2.53% | 47.47% | 52.53% |
| 2000 | 1.96 | 2.19% | 47.81% | 52.19% |

　　因為樣本大小與母群大小互為獨立,因而抽樣樣本大小的一個法則之下是:「機率樣本大小可能是微小的母群大小百分比,此抽樣大小仍然非常正確,只有很小的抽樣誤差值」,當抽樣誤差設定為 ±3% 時,全國性民意調查樣本大小一般是 1000 至 1200 位,樣本大小若是 5000 位,則抽樣誤差約只有 ±1.4%。

　　標準樣本大小公式為:

$$n = \frac{z^2(pq)}{e^2} = \frac{(1.96)^2(pq)}{e^2}$$

其中 $e$ 為可接受的抽樣誤差,一般設定為 3%,如果研究者採用 99% 信賴區間,則標準樣本大小公式為:

$$n = \frac{z^2(pq)}{e^2} = \frac{(2.58)^2(pq)}{e^2}$$

當 $p = 50\%$、$q = 50\%$、$e = 3\%$、$\alpha$ 為 5% 時 ($z = 1.96$),抽樣樣本大小公式為:

$$n = \frac{(1.96)^2(pq)}{e^2} = \frac{(1.96)^2(50 \times 50)}{3^2} = \frac{3.84 \times 2500}{9} = \frac{9600}{9} = 1067$$

全國性的調查研究樣本約為 1067 人 ( 約 1100 位受試者 );若將信賴區間改為 99% ($\alpha = .01$),抽樣樣本大小公式為:

$$n = \frac{(2.58)^2(pq)}{e^2} = \frac{(2.58)^2(50 \times 50)}{3^2} = \frac{6.66 \times 2500}{9} = \frac{16650}{9} = 1850$$

(Burns & Bush, 2006, pp.366-375)。當 $p = 50\%$、$q = 50\%$、$e = 3.5\%$、$\alpha$ 為 5% 時 ($z = 1.96$)，抽樣樣本大小公式為：

$$n = \frac{(1.96)^2(pq)}{e^2} = \frac{(1.96)^2(50 \times 50)}{3.5^2} = \frac{3.84 \times 2500}{12.25} = \frac{9600}{12.25} = 784$$

對於樣本取樣規模的大小，學者 Dillman (2000, p.206) 以理論統計學的觀點提出以下的估算方法：

$$N_{SAMPLE} = \frac{(N_P)(p)(1-p)}{(N_P - 1)(E/C)^2 + (p)(1-p)}$$

其中 $N_{SAMPLE}$ 為抽樣的樣本人數、$N_P$ 為研究之母群體的規模大小、$E$ 為可容忍的抽樣誤差值，一般研究者容忍的抽樣誤差值為 3% 或 5%（表示樣本與真正母群體間平均數的差異在 3% 或 5% 以內）；$C$ 為標準 95% 信賴區間的 $z$ 值（= 1.96），95% 的信賴區間即將顯著水準 $\alpha$ 定為 .05（顯著水準 $\alpha$ 設為 .05 表示犯第一類型錯誤的機率在 5% 以內，所謂第一類型錯誤為虛無假設為真的情況下，研究者加以拒絕的機率）。$p$、$1 - p$ 為母群體異質性程度，在常態分配及符合期望特徵之下，母群體變異最大的情況是 50% 為一種型態；其餘 (1 − 50%) 為另一種型態，因而 $(p) \times (1 - p)$ 的最大樣本數通常為 (0.50)×(1 − 0.50)，表示母群體均分為二，當 $p$ 值為 .50 時，$p \times (1 - p)$ 的數值= .25（羅清俊，2007）。

從有限母群體大小與抽樣樣本數對照表來看，抽樣誤差設定為 ±3% 時，當母群體大小為 6000 時，抽樣樣本數約為 907 人；當母群體大小為 10000 時，抽樣樣本數約為 965 人，有限母群體從 10000 人擴增至 1000000 人，根據學者 Dillman 所提的估算公式，抽樣樣本數大約在 1000 人附近。可見在量化研究中，抽樣樣本數有效人數若是在 1000 附近，表示母群體的總樣本數很大，此種推論可推及至全國性的調查研究，當研究者進行一項全國性的調查研究時，有效樣本數為 1000，表示抽樣的樣本已經足夠，但其前提必須樣本具有代表性，即研究者採用的抽樣方法必須為機率取樣，而非是便利取樣。

母群體大小與抽樣樣本數簡要對照表

| 母群體大小 | ±5% 抽樣誤差之樣本數 | ±3% 抽樣誤差之樣本數 |
|---|---|---|
| 100 | 80 | 92 |
| 200 | 132 | 169 |
| 400 | 197 | 292 |
| 600 | 235 | 385 |
| 800 | 260 | 458 |
| 1000 | 278 | 517 |
| 1500 | 306 | 624 |
| 2000 | 323 | 697 |
| 4000 | 351 | 843 |
| 6000 | 362 | 907 |
| 8000 | 367 | 942 |
| 10000 | 370 | 965 |
| 20000 | 377 | 1014 |
| 30000 | 380 | 1031 |
| 40000 | 381 | 1040 |
| 50000 | 382 | 1045 |
| 60000 | 382 | 1049 |
| 70000 | 383 | 1052 |
| 80000 | 383 | 1054 |
| 100000 | 383 | 1056 |
| 500000 | 384 | 1065 |
| 1000000 | 385 | 1066 |

　　上述學者 Dillman 所提的方法根據抽樣誤差與母群體大小來估算，此估算公式研究者可作為調查樣本數抽取多少的參考指標之一，但研究者不應拘泥於此估算公式，因為在多數的研究中，母群體的大小很難確切得知。此外，對於特殊群體的抽樣也不應受此限制。對於量化研究之有效樣本數大小，下列原則或相關學

者的論點可供研究者參考：

1. 若是研究對象為一般樣本 ( 非特殊群體 )，採用問卷調查研究進行量化統計分析時，學者 Cresswell (2008) 認為有效樣本數約需 350 位即可，若研究者要進行各種推論統計 ( 如卡方檢定、變異數分析等 )，區域性研究的有效樣本數最好在 500 位以上。如果研究者要進行結構方程模式以驗證建構理論或進行驗證性因素分析，抽取的有樣本數至少要有 200 位以上。

2. 進行交叉列聯表分析時，每個細格人數的有效樣本至少要 30 個以上，若是有細格人數少於 30 位時，最好進行細格人數的合併，如原先為 3×3 列聯表，可改為 2×3 列聯表、或 3×2 列聯表或 2×2 列聯表 ( 賴虹燕譯，2006)。

    如學生年級與學習壓力組別變項的 3×3 列聯表之差異檢定分析中，「一年級＆低學習壓力組」細格的人數只有 25 位、「三年級＆低學習壓力組」細格的人數只有 12 位，這二個細格人數顯著的少於其他細格人數，進行統計分析可能造成偏誤，研究者可把 3×3 列聯表改為 3×2 列聯表。

| A 因子<br>B 因子 | 一年級 | 二年級 | 三年級 |
|---|---|---|---|
| 高學習壓力組 | 87 | 76 | 65 |
| 中學習壓力組 | 65 | 67 | 90 |
| 低學習壓力組 | 25 | 30 | 12 |

    合併後各細格人數如下，合併後的細格有效樣本數差異不大，若進行二因子單變量變異數分析或二因子多變量變異數分析時，統計分析的結果更為精確 ( 合併的細格必須要合理且能單獨代表某一個群體 )。

| A 因子<br>B 因子 | 一年級 | 二年級 | 三年級 |
|---|---|---|---|
| 高學習壓力組 | 87 | 76 | 65 |
| 中低學習壓力組 | 90 | 97 | 102 |

3. 進行多變量分析時，每個變數至少要有 10 位的樣本數。進行因素分析時，預試的有效樣本數最好是量表題項總數的 3 至 5 倍，如量表題項總數有 20 題，研究者想要進行因素分析以求出量表的建構效度，則預試有效樣本數最好在 100 位以上，最低的要求為 60 位；若是量表題項總數有 25 題，則預試有效樣本數最好在 125 位 ( = 5×25) 以上，最低的要求為 75 位 ( = 3×25)。

4. 學者 Ariasian 與 Gay (2003) 也提出：敘述研究的樣本數最好佔母群體大小的 10%，若是母群體的大小少於 500 人，則抽取的樣本人數至少要佔母群體大小的 20%；相關研究在確定二個變數間有無關係存在，有效樣本數最好在 30 人以上，低於 30 人則不應採母數統計法 ( 可改採無母數統計分析法 )，因果比較研究或準實驗研究中，各組受試者最少在 15 位以上，達到 30 位以上則較佳。進行變異數分析時，自變個組別人數至少要在 15 位以上，學者 Harrison (1979) 則認為每組人數至少要在 20 位以上，若是某個組別的人數少於 20 位，最好將此組別與其他組別合併。

以下面「成人之公民素養調查研究」為例，背景變項中的「學歷」，研究者原先分為五個類別：「□國小　□國中　□高中職　□大學　□研究所」，研究者採取簡單隨機抽樣抽取樣本 400 位，有效樣本 360 位，學歷背景變項五個組別的人數分別為 12、76、89、87、92、4，其中「國小畢業」與「研究所畢業」的樣本數各只有 12 位與 4 位，在進行學歷變項在公民素養之差異比較中，這二個組別的人數均少於 15 位，且與其餘三組樣本人數差距較大，因而在進行學歷變項於公民素養之差異比較中，可將組別合併：「國小」類別與「國中」類別合併，合併後的組別名稱為「國中小」；「大學」類別與「研究所」類別合併，合併後的組別名稱為「大學以上」，合併後的四個組別，組別樣本人數間的差異會較少，統計推論的偏誤會較少。

| 學歷變項合併前，各水準類別的名稱與樣本數 ( 六分類別變項 ) | | | | | | |
|---|---|---|---|---|---|---|
| 國小 | 國中 | 高中職 | 專科 | 大學 | 研究所 | 總數 |
| 12 | 76 | 89 | 87 | 92 | 4 | 360 |
| 水準數值 1 | 水準數值 2 | 水準數值 3 | 水準數值 4 | 水準數值 5 | 水準數值 6 | |

| 學歷變項合併後，各水準類別的名稱與樣本數 ( 四分類別變項 ) | | | | | | |
|---|---|---|---|---|---|---|
| | 國中小 | 高中職 | 專科 | 大學以上 | | 總數 |
| | 88 | 89 | 87 | 96 | | 360 |
| 變數水準 | 水準數值 1 | 水準數值 2 | 水準數值 3 | 水準數值 4 | | |

5. 學者 Neuman (2003) 認為抽樣的比例數與母群體大小有關，若是母群體較小 ( 如少於 1000)，需要有較高的抽樣比例才能提高樣本的精確度，如抽取的樣本人數至少要佔母群體大小的 30% 以上 ( 有效樣本數約 300 位 )；如果母群體較大，則樣本抽取的比例值約 10% 即可獲得同樣的精確度，如母群體大小為 10000 人，其 10% 比例值約為 1000 人；若是母群體的大小是屬於大型的母群體 ( 如母群體有 100000 人 )，則樣本抽取的比例值可以更低，如 0.5% 或 1%。小樣本與抽樣誤差有密切關係，當樣本數增加，可大幅增加精確度。同樣是增加樣本數，小樣本時精確度的增加比大樣本還高，如樣本數從 50 增加到 100 時，誤差值會從 7.1% 減少到 2.1%；但樣本數從 1000 增加到 2000 時，只能將誤差值從 1.6% 降到 1.1% (Sudman, 1976, p.99；王佳煌等譯，2008)。

綜合相關學者論點與經驗法則，問卷調查中對於抽樣樣本數的大小，若是知道母群體的大小，可以套用學者 Dillman (2000) 所提估算方法來抽取適宜的樣本數，此為統計法則的應用。但多數的問卷調查中，研究者對於母群體真正的大小或數目很難確定，此時統計法則便無法應用，但研究者可採用傳統可接受的數量 ( 經驗法則 ) 與統計分析法來決定抽樣樣本大小，若是小區域型的研究，適當抽樣樣本數的大小約為 300 至 500；若是中區域型的研究，適當抽樣樣本數的大小約為 400 至 600；若是大區域型的研究，適當抽樣樣本數的大小約為 500 至 800；如果是全國性的調查研究，適當抽樣樣本數的大小約為 800 至 1200。就準實驗設計而言，各組的人數至少要在 15 位以上，若是能達 30 位以上更佳。上述

抽樣樣本數的大小乃是針對母群體為一般的樣本而言，若是研究者研究的是特殊的群體，抽樣樣本數可以不受上述統計法則與經驗法則的限制。如果研究主題的受試者為特殊群體，群體母體總數界於 400 至 500 位，正式問卷抽取的樣本數最好能佔母體總數的 50% 以上；如果群體母體總數少於 400 或 300 位，研究者最好能全部抽取，至於統計分析方法可採用「一階段的抽樣 ( 全部施測 )、二階段的統計分析。」二階段的統計分析包括階段一的預試分析、階段二的統計分析與假設檢定。

綜合相關學者論點與問卷調查的實況，正式問卷樣本施測時所需的樣本數，筆將之統整以下摘要表供研究者參考：

| 母群類型 | 性質 | 抽樣樣本數 |
|---|---|---|
| 一般母群體 | 小區域型研究 | 300 至 500 位 |
| 一般母群體 | 中區域型研究 | 400 至 600 位 |
| 一般母群體 | 大區域型研究 | 500 至 800 位 |
| 一般母群體 | 全國性研究 | 900 至 1100 位 |
| 特殊母群體 | 母體總數界於 400 至 500 位 | 母群的 50% 以上 (200 位以上 ) |
| 特殊母群體 | 母體總數界於 200 至 400 位 | 母群的 80% 以上 (160 位以上 ) |
| 特殊母群體 | 母體總數少於 300 位 | 全部施測 |

當研究者大致確定研究抽樣本大小後，要根據相關抽樣方法抽取樣本大小，如果研究者未依抽樣方法抽取具代表性的樣本，即使樣本數目再多也無法有效代表母群體真正的性質，如甲研究者為快速抽取到樣本，直接採用便利取樣方法，抽取 800 位樣本，乙研究者則採用隨機取樣方法抽取 400 位樣本，甲研究者抽取的樣本數雖然是乙研究者樣本數的二倍，但就代表性與統計推論效度而言，乙研究者從簡單隨機抽樣抽取的 400 位樣本可能較能真正反映出母群體的性質，因而就資料統計分析結果的正確性而言，乙研究者統計分析結果推論的外在效度較為可靠而精確。

至於問卷的回收率多少才算是適切？一般研究者都需要問卷調查程序中，寄發出的問卷回收率愈高愈好，因為過低的回收率可能造成有效樣本數的不足，如果問卷設計不良 ( 如題項內容過多 ) 需要花費受試者較長的時間，或是問卷格式

編排不良，無法吸引受試者的注意或關注等，則問卷的回收率通常會偏低。對於問卷回收率高低的看法，學者 Babbie (2004, p.261) 的論點可作為問卷調查實施的參考：「我覺得基於分析與撰寫報告的需要，回收率至少要達 50% 才是適當；回收率至少達 60%，才稱作好；回收率達 70% 以上，才能稱作很好。讀者 ( 研究者 ) 必須銘記於心的是，上述所提的回收率僅是概略的準則，並無統計上的根據，而且沒有偏見的反應比高回收率重要。」以美國人為母群的調查研發現，約有三分之一的受試者會拒絕研究者的調查，不同的研究對象，問卷回應的比率有顯著的不同，雜誌期刊的調查 ( 問卷印在雜誌上 ) 回應比率只有 1% 或 2%；郵寄問卷調查的回收比率介於 10% 至 50% 間；電話調查的回應比率約為 80%，面對面的調查回應比率約為 90% (McBurney & White, 2007, p.246)。

其實 Babbie 的論點並沒有統計學上的根據，因為問卷回收率的高低與研究者寄發的問卷總數有很大的關係，如研究者採用分層隨機方法選取受試者後，寄發的問卷份數很多 ( 如 3000 份 )，最後研究者只回收 20% 的問卷，回收的問卷數也高達 600 份；相對地，如果研究者採用立意取樣或便利取樣方法，只寄發 500 份問卷，研究者最後回收的問卷有 480 份，則問卷調查的回收率高達 96%，因而問卷調查的實施程序中，不能只以回收率的高低來判斷是否達到「良好」的標準。研究者若是採用便利取樣的方法或非機率抽樣的方法寄發問卷，問卷的回收率通常會很高；或是寄發的問卷總數較少，問卷的回收率也會很高。

研究者會想：「如果問卷回收率低於 20% 或更低時，問卷填答的效度會不會受到他人質疑」，筆者若是口試委員當然也會質疑，因為問卷回收率過低，表示研究者問卷編製的內在品質不佳或問卷實施程序欠缺嚴謹，或未能有效把握問卷調查的技巧。一般而言，若是研究者能克服量化研究之「黑箱問題」，把握問卷調查的基本原則，則多數主題的問卷回收率可以達到 50% 以上，問卷回收率達五成，應是問卷調查中可以掌握的基本原則，多數研究者希望問卷調查的回收率最低要求為 50%，若是回收率達到 90% 以上表示很好 (McBurney & White, 2007)。但如果研究者探究論文主題的敏感度很高 ( 高敏感度的主題如婚前性行為、學生考試作弊或說謊行為、偷竊行為等 )，問卷調查程序之問卷回收比例會降低，其中無效問卷數也會增多，此種高敏感問題的問卷回收，其回收率通常會偏低。

許多研究者對於量化研究常有這樣的困惑：「我要抽取多少位樣本數才可

以？」研究者應改為「我要抽取多少位樣本數才有代表性？」研究者在進行抽樣時，最重要的是抽取樣本的代表性是否可以真正反映出母群體的特徵或屬性，其次研究者要考量的是時間、財力與物力，也就是研究的可行性。當然，在研究可行性的前提下，研究者可以增加樣本的抽取數，因為理論上而言，樣本數愈多其代表性愈大，回收率愈低，統計分析偏誤率可能愈高；此外，為了有效反映出母群體的特徵，研究者應採用機率取樣方法，而不應採用便利取樣。

# 貳、資料填補法

準實驗研究採用的統計控制法，其統計分析的基本假定是實驗組與控制組的測量分數要符合組內迴歸同質性假定，此假定為以實驗組、控制組的共變項(如前測分數)為自變項來預測依變項(如後測分數)所得的迴歸線的斜率(迴歸係數)相同，當二條直線的斜率相同時表示二條直線是互相平行的，迴歸係數相同時才能找出一條具代表性的迴歸線來表示。在組內迴歸同質性假定符合的前提下才能使用傳統的共變數分析，探討排除共變數(如前測分數)的影響效果後，各組調整後平均數的差異是否達到顯著。如果二組測量分數的型態不符合組內迴歸同質性假定，研究者要改用詹森內曼 (Johnson-Neyman) 的校正方法，進行二組平均數的差異比較。

詹森內曼校正法的計算十分繁雜，非藉用現有已開發設計完成的程式，多數研究者無法完成。已有詹森內曼校正法的範例檔中，實驗組與控制組的人數都設為相等，但在實際研究歷程中，實驗組或控制組人數多數不會相同，研究過程中皆會有少許受試者退出，造成二組人數不等的情形。實驗組與控制組二個組別人數不等可以進行平均數的差異比較，但要應用詹森內曼校正法進行平均數的差異比較十分困難，此時，研究者可利用「遺漏值置換法」，以有效樣本數的總平均值作為新樣本的測量分數，如此可填補不足的受試者群體，讓二組人數相等 (SPSS 統計軟體執行功能列「轉換 (T) ／置換遺漏值 (V)」程序可完成遺漏值的置換)。

## 一、研究範例一

研究範例一，第 1 組有 15 位受試者、第 2 組有 12 位受試者，第 2 組 12 位

受試者於 Y 變項測量分數的總平均值為 6.67，因而第 2 組後面填補的 3 位受試者，其測量分數值均為 6.67。( 表格數據中 G 變項為組別變項、Y 變項為計量變項 )

| G ( 組別 ) | 1 | 1 | 1 | 1 | 1 | 1 | 1 | 1 | 1 | 1 | 1 | 1 | 1 | 1 | 1 |
|---|---|---|---|---|---|---|---|---|---|---|---|---|---|---|---|
| Y ( 測量值 ) | 8 | 7 | 5 | 9 | 10 | 2 | 5 | 6 | 8 | 7 | 7 | 9 | 8 | 6 | 4 |
| G ( 組別 ) | 2 | 2 | 2 | 2 | 2 | 2 | 2 | 2 | 2 | 2 | 2 | 2 | 2 | 2 | 2 |
| Y ( 測量值 ) | 10 | 8 | 9 | 1 | 4 | 8 | 9 | 7 | 8 | 7 | 5 | 4 | 6.67 | 6.67 | 6.67 |

第二組未填補三位受試者時，以原始數據進行二組平均數差異檢定的 t 統計量如下：

**未填補資料前的 t 檢定統計量摘要表**

| | G | 個數 | 平均數 | 標準差 | 平均數的標準誤 | | t 值 | 變異數相等的 Levene 檢定 |
|---|---|---|---|---|---|---|---|---|
| Y | 1 | 15 | 6.73 | 2.12 | .55 | 假設變異數相等 | .073(p=.943) | F 檢定 |
| | 2 | 12 | 6.67 | 2.64 | .76 | 不假設變異數相等 | .071(p=.944) | .774(p=.387) |

從上表可以發現，組別水準數值為 1 的個數有 15 個、平均數為 6.73、標準差為 2.12；組別水準數值為 2 的個數有 12 個、平均數為 6.67、標準差為 2.64。二個群體變異數同質性檢定的 Levene 檢定統計量為 .774，顯著性機率值 p = .387 > .05，接受虛無假設，表示二個群體的變異數同質，平均數差異檢定的 t 檢定統計量為 .073，顯著性機率值為 .943。

二個群體有效樣本數一為 15、一為 12，第二個群體的有效樣本數較第一個群體少 3 三位，若研究者要採用詹森內曼校正法，要增補第三個群體，則需要增補三位，三位的測量分數值均為 6.67 分 ( 因為原先 12 位有效樣本測量值的平均分數為 6.67 分 )。

**填補資料後的 t 檢定統計量摘要表**

| | G | 個數 | 平均數 | 標準差 | 平均數的標準誤 | | t 值 | 變異數相等的 Levene 檢定 |
|---|---|---|---|---|---|---|---|---|
| Y | 1 | 15 | 6.73 | 2.12 | .55 | 假設變異數相等 | .081(p=.936) | F 檢定 |
| | 2 | 15 | 6.67 | 2.34 | .60 | 不假設變異數相等 | .081(p=.936) | .005(p=.945) |

從填補資料後的 t 檢定統計量摘要表可以得知：組別水準數值為 2 的個數有 15 個、平均數為 6.67、標準差為 2.34 ( 資料未填補前的標準差為 2.64)、平均數的標準誤為 .60 ( 資料未填補前的平均數標準誤為 .76)，二個群體變異數同質性檢定的 Levene 檢定統計量為 .005，顯著性機率值 p = .945 > .05，接受虛無假設，表示二個群體的變異數同質，平均數差異檢定的 t 檢定統計量為 .081 > .05 ( 資料未填補前的平均數差異 t 統計量為 .073)，顯著性機率值為 .936 ( 資料未填補前的統計量顯著性機率值為 .943)，數據統計結果接受虛無假設，資料未填補前與資料填補後的結果相同。

## 二、研究範例二

研究範例二，第 1 組有 8 位受試者、第 2 組有 10 位受試者，第 1 組 8 位受試者於 Y 變項測量分數的總平均值為 17.38，採用平均數填補法，第 2 組後面填補的 2 位受試者，其測量分數值均為 17.38。

| 組別 | 1 | 1 | 1 | 1 | 1 | 1 | 1 | 1 | 1 | 1 |
|------|---|---|---|---|---|---|---|---|---|---|
| 分數 | 20 | 15 | 18 | 21 | 12 | 19 | 16 | 18 | 17.38 | 17.38 |
| 組別 | 2 | 2 | 2 | 2 | 2 | 2 | 2 | 2 | 2 | 2 |
| 分數 | 14 | 18 | 20 | 11 | 10 | 12 | 12 | 15 | 14 | 13 |

**未填補資料前的 t 檢定統計量摘要表 (N = 18)**

| | 組別 | 個數 | 平均數 | 標準差 | 平均數的標準誤 | | t 值 | 變異數相等的 Levene 檢定 |
|---|------|------|--------|--------|----------------|---|------|--------------------------|
| Y | 1 | 8 | 17.38 | 2.92 | 1.03 | 假設變異數相等 | 2.419 (p=.028) | F 檢定 |
| | 2 | 10 | 13.90 | 3.11 | .98 | 不假設變異數相等 | 2.436 (p=.027) | .000 (p=.983) |

就資料填補前的第一個群體而言，有效個數為 8、平均數為 17.38、平均數的標準誤為 1.03，二個群體變異數同質性檢定的 F 統計量為 .000，顯著性機率值 p = .983 > .05，接受虛無假設，表示二個群體的變異數同質。二個群體平均數差異檢定的 t 統計量為 2.419，顯著性機率值 p = .028。

填補資料後的 t 檢定統計量摘要表 (N = 20)

| | 組別 | 個數 | 平均數 | 標準差 | 平均數的標準誤 | | t 值 | 變異數相等的 Levene 檢定 |
|---|---|---|---|---|---|---|---|---|
| 分數 | 1 | 10 | 17.38 | 2.92 | .82 | 假設變異數相等 | 2.722 (p=.014) | F 檢定 |
| | 2 | 10 | 13.90 | 3.11 | .98 | 不假設變異數相等 | 2.722 (p=.014) | .335 (p=.570) |

　　就資料填補後的第一個群體而言，有效個數為 10、平均數為 17.38、平均數的標準誤為 .82，二個群體變異數同質性檢定的 F 統計量為 .335，顯著性機率值 p = 570 > .05，接受虛無假設，表示二個群體的變異數同質 ( 與資料未填補前的變異數同質性考驗相同 )。二個群體平均數差異檢定的 t 統計量為 2.722 ( 資料填補前的數據為 2.419)，顯著性機率值 p = .014 < .05 ( 資料填補前的數據為 .028)，拒絕虛無假設，數據統計結果與資料未填補前相同。某一群體資料個數以原先有效樣本的平均數取代，是一種彈性策略作法，其適用時機是「統計方法使用前提要求二個群體有效樣本數一定要相同」，若是沒有這個限制，研究者不應隨意增補有效群體個數。因為多數的單變量統計方法或多變量統計方法使用時，並沒有假定群組間的樣本數一定要相等。

Chapter

# 07

抽樣方法

統計抽樣的目的在於從未知或廣大的母群體中選取具有代表性的有限樣本，根據選取之樣本求出樣本的統計量數來反推樣本所在母群體的性質或特性，研究程序中為何不直接對母群體採用普查或普測，而要採取抽樣方法，其緣由很簡單，因為許多標的母群體的範圍無從得知，即使研究者得知標的母群體的範圍 ( 界定有一定範圍的母群 )，但限於研究時間、經費、人力等客觀條件，無法對所有母群觀察值進行施測，此外，根據理論統計的推理證明，以有代表性樣本統計分析的統計量，可以作為母群參數的不偏估計值，從樣本資料分析結果可以有效推論出母群的特徵。「樣本」(sample) 是母群體中一小部分的個體，根據樣本所導出的統計量數稱為「樣本統計量」(sample statistic)，統計量數通常以英文字母表示，用以表示樣本觀察值性質的統計指標值；描述母群體的統計量數稱為「母群體參數」(population parameter) 或稱「母群體母數」，參數通常以希臘字母表示，用以表示母群真正性質的統計指標值，因為一般的母群體個體未知或是母群體很大，因而母群體的參數或母數通常是未知的量數，當母群體的個數不多，全部母群體的個體作為調查研究的對象，即樣本數量等於母群體數量時，則稱為「普查」(census)。抽樣架構的簡要邏輯模型如下：

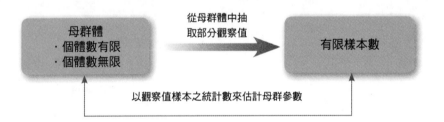

# 壹、抽樣與抽樣分配

抽樣 (sampling) 乃是從母群體 (population) 中，依照取樣方法隨機抽取 (random sampling) 某個數目的樣本 (sample) 數。由於抽樣之樣本數並不等於母群體的全部的個體，因而從樣本的屬性或資訊來推論母群體的真正屬性或資訊會產生偏差 / 偏誤 (bias)，抽樣偏差受到的二個因素的影響，一為樣本數大小，如果樣本數太少，造成樣本數的代表性不夠，無法正確反映母群體的性質或屬性；二為抽樣方法不當，造成抽取的樣本無法反映出母群體的特徵。學者 Cooper 與

Emory(1995) 認為要檢驗抽取樣本品質的好壞，應從下列二個指標著手：一為「正確性」(accuracy)，正確性表示隨機樣本的特徵能否真正代表其母群體特徵的程度；二為「精確性」(precision)，精確性表示抽樣分配 (sampling distribution) 之標準誤 (standard error) 的估計值，抽樣分配之樣本平均數的總平均值等於母群體的平均數，且其分布為常態分配；抽樣分配之樣本標準差則受到母群體離散程度 ( 變異數 ) 與抽取樣本數的影響 ($\sigma_{\bar{X}} = \dfrac{\sigma}{\sqrt{n}}$)，當樣本數愈大，母群體變異程度愈小，則標準誤之估計值愈小，隨機樣本的精確性會愈高。抽樣程序愈嚴謹正確，愈能減少抽樣產生的偏誤 (error)，由於抽樣只有從母群體抽取一定的樣本數，如果抽取的樣本屬性無法有效反映母群體的屬性，則根據抽取樣本資料所得的統計量數來推估母群體的參數值會有很大的偏差，此偏差即稱為抽樣誤差 (error in sampling)，抽樣程序中如何讓抽樣誤差值最小，是研究者在進行抽樣時要考量的因素之一。

　　根據中央極限定理 (central limit theorem)，當樣本數夠大時，不論母群是否為常態分配 (normal distribution)，樣本平均數 $\overline{X}$ 的抽樣分配會近似常態分配 ( 如果原母群為常態分配樣本平均數 $\overline{X}$ 的抽樣分配為常態分配 )。常態分配圖形或稱高斯分配 (Gaussian distribution) 圖形，其特徵是一個左右對稱的鐘型曲線，且由中間往兩旁遞減，曲線的中心最高點為母群平均數 μ、中位數與眾數。鐘型曲線的機率分配情況：平均數 ± 一個標準差 (μ±1σ) 間為 68.26%(μ±1σ)；平均數 ± 二個標準差 (μ±2σ) 為 95.44%；平均數 ± 三個標準差 (μ±3σ) 為 99.74%，其圖示如下頁所示。如果將每位觀察值測量分數轉換為標準分數，常態分配圖形稱為標準常態分配 (standard normal distribution)，標準常態分配的平均數為 0、標準差為 1，標準尺度轉換的公式為：$z = \dfrac{x_1 - u}{\sigma}$ (u 為母群平均數、σ 為母群標準差 )。

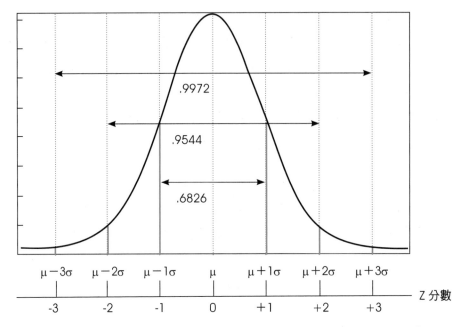

所謂中央極限定理即是一個平均數為 μ、標準差為 σ( 變異數為 $\sigma^2$) 的母群體，每次從母群體中隨機選取 n 個樣本，n 個樣本的平均數假設為 $\overline{X}$，當 n 的個數夠大時 ( 每次 n ≥ 30)，則所有樣本平均數 $\overline{X}$ 所構成的抽樣分配會接近常態分配，所有樣本平均數 $\overline{X}$ ( $\overline{X_1}$ & $\overline{X_2}$ &......& $\overline{X_m}$ ) 的總平均數假設為 $\mu_{\overline{X}}$，其標準差為 $\sigma_{\overline{X}}$、變異數為 $\sigma^2_{\overline{X}}$，則樣本平均數 $\overline{X}$ 之總平均數會等於母群體的平均數，樣本平均數 $\overline{X}$ 之總變異數會等於母群體的變異數除以 n，其關係式如下：

$$\mu_{\overline{X}} = \mu \text{ ( 母群體參數 )、} \sigma^2_{\overline{X}} = \frac{\sigma^2(\text{母群體參數})}{n}\text{，或 E}(\overline{X}) = \mu \text{、} \sigma(\overline{X}) =$$

$\frac{\sigma}{\sqrt{n}}$ ( 樣本平均數抽樣分配的標準差又稱標準誤 )、Var($\overline{X}$)，$\frac{\sigma^2}{\sqrt{n}}$，Z = $\frac{\overline{X} - \mu}{\sigma / \sqrt{n}}$

為接近以 N(0,1) 的分配 ( 平均值為 0、標準差為 1)。樣本平均數的抽樣分配中，當樣本數 n 愈大，則樣本平均數的變異數會愈小；如果樣本數 n 趨近於無限大，則樣本平均數的變異數就趨近於 0，此時表示樣本平均數間沒有變異存在，所有樣本平均數都相同，樣本平均數分配的總平均數等於母群體的平均數 ( 期望值 )，實際抽樣時，要獲得一個無限大的樣本數 n 是不可能的，但只要樣本數夠大，則樣本平均數分配的總平均數與母群體參數平均數間的差異就很小：$\mu_{\overline{X}} - \mu$ 間的差異值會趨近於 0。如果是樣本變異數的抽樣分配 (sampling distribution of sampling variance)，所求出的統計量 $S^2 = \dfrac{\sum(X_1 - \overline{X})^2}{n-1}$，為母群變異數的估計

值，$S^2$ 的抽樣分配無法直接推導，且計算十分複雜，須經適當轉換，轉換後的分

配稱為卡方分配 (chi-square distribution)，卡方統計量的計算公式為：

$\chi^2 = \dfrac{\sum_{i=1}^{n}(X_1 - \overline{X})^2}{\sigma^2} = \dfrac{(n-1)s^2}{\sigma^2}$，卡方分配的自由度為 $(n-1)(X_1, X_2, X_3, ..., X_{n-1},$

$X_n$ 為來自母群體的獨立隨機變數)。

　　根據二個獨立的樣本卡方統計量及其自由度 ($\upsilon$)，可以界定 F 分配 (f

distribution)，F 分配的定義為 $\chi_1^2/\upsilon_1$ 與 $\chi_2^2/\upsilon_2$ 的比值，以運算式表示為：

$F(\upsilon_1, \upsilon_2) = \dfrac{\chi_1^2/\upsilon_1}{\chi_2^2/\upsilon_2}$，運算式中的 F 值稱為 F 統計量，自由度 $\upsilon_1 = n_1 - 1$、

$\upsilon_2 = n_2 - 1$。

　　當母群體的變異數或標準差已知的情況，樣本平均數 $\overline{X}$ 抽樣分配的為常態

分配或近似常態分配，其中統計量 $z = \dfrac{\overline{X} - \mu}{\sigma/\sqrt{n}}$，但在大多數狀態下，母群體的

變異數是無法得知的，因而必須以樣本統計量的標準差 S 作為母群體標準差 $\sigma$ 的

估計值，此時 $\dfrac{\overline{X} - \mu}{S/\sqrt{n}}$ 之統計量稱為 t 統計量，即 $t = \dfrac{\overline{X} - \mu}{S/\sqrt{n}}$，t 統計量與 z 統計

量 ($z = \dfrac{\overline{X} - \mu}{\sigma/\sqrt{n}}$) 及卡方有以下關係存在：$t = \dfrac{z}{\sqrt{\dfrac{\chi^2}{\upsilon}}}$，t 統計量的機率分配稱為 t

分配 (t distribution) 或 Student's t 分配，當自由度 $\upsilon \geq 30$ 時，t 分配以標準常態

分配為極限，即當樣本觀察值個數愈多，t 分配的圖形愈趨近於標準常態分配的

圖形。

樣本平均數抽樣分配的圖示架構如下：

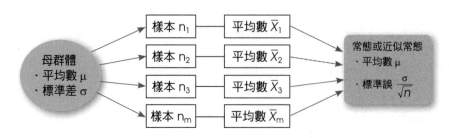

因而當抽樣的樣本數愈大時，樣本的代表性愈高，從樣本統計量估計母群體參數的可靠性也愈大。根據中央極限定理，無論原先母群體的分配是否為常態分配，當抽樣的樣本數夠大時，抽樣樣本的平均數 $\overline{X_1}$ & $\overline{X_2}$ &......& $\overline{X_m}$ 分配會接近於常態分配 ( 平均數為 μ、標準誤為 $\dfrac{\sigma}{\sqrt{n}}$ 的鐘型平滑對稱曲線 )。抽樣程序之抽樣樣本的屬性愈接近母群體的屬性或特徵，愈能反映母群體真正的特性，此時，以樣本統計量即能有效估計母群體的母數或參數。在實際進行調查研究時，採用的抽樣方法多數為樣本抽取後不重複放回母群體的方式，且母群體的變異數是未知的情況下，根據理論統計證實，樣本平均數抽樣分配的變異數為 $\dfrac{s^2}{n} \times \dfrac{N-n}{N}$，其中 n 為樣本數，$S^2$ 為抽取樣本的變異數。

投擲兩個骰子的隨機試驗，投擲二個骰子的樣本空間共有三十六種：{(1,1),(1,2),(1,3),(1,4) , (1,5),(1,6),(2,1),……,(6,5),(6,6)}，假設第一次投擲的樣本點為 (1,2)，則樣本平均數為 1.5( $\overline{X_1}$ )；第二次投擲的樣本點為 (3,5)，則樣本平均數為 4.0( $\overline{X_2}$ )，第三次投擲的樣本點為 (4,1)，則樣本平均數為 2.5( $\overline{X_3}$ )。下頁表格為電腦以亂數模擬連續投擲 500 次的樣本平均數 ( $\overline{X_1}$ , $\overline{X_2}$ , $\overline{X_3}$ , ......, $\overline{X_N}$ ) 的敘述統計量情況，其中 n 表示每次投擲的次數，如「n_2」表示每次投擲骰子二次，「n_10」表示每次投擲骰子十次，「n_25」表示每次投擲骰子二十五次範例中，母群體期望值 ( 平均值 )E(X) = 3.500。

敘述統計

| 樣本 | 個數 | 範圍 | 最小值 | 最大值 | 平均數 | | 標準差 | 變異數 |
|------|------|------|--------|--------|--------|--------|--------|--------|
| | 統計量 | 統計量 | 統計量 | 統計量 | 統計量 | 標準誤 | 統計量 | 統計量 |
| n_2 | 500 | 5.00 | 1.00 | 6.00 | 3.3450 | .05246 | 1.17313 | 1.376 |
| n_3 | 500 | 5.00 | 1.00 | 6.00 | 3.4053 | .04256 | .95159 | .906 |
| n_5 | 500 | 4.60 | 1.20 | 5.80 | 3.4700 | .03360 | .75142 | .565 |
| n_8 | 500 | 3.38 | 1.75 | 5.13 | 3.4882 | .02687 | .60082 | .361 |
| n_10 | 500 | 3.20 | 1.90 | 5.10 | 3.4968 | .02349 | .52519 | .276 |
| n_12 | 500 | 2.75 | 2.00 | 4.75 | 3.4960 | .02191 | .48986 | .240 |
| n_20 | 500 | 2.25 | 2.25 | 4.50 | 3.4902 | .01668 | .37291 | .139 |
| n_25 | 500 | 1.76 | 2.64 | 4.40 | 3.4912 | .01462 | .32685 | .107 |

　　從上表描述性統計量摘要表中可以看出，當樣本數 n 愈大時，樣本平均數的平均值分別愈接近 3.500，且樣本數愈大時，樣本平均數的平均值愈趨穩定。表示每次投擲次數愈多 ( 樣本數 n 愈大 )，樣本平均數 ( $\overline{X_1}$, $\overline{X_2}$, $\overline{X_3}$, ......, $\overline{X_N}$ ) 的總平均數愈趨近於母群平均數 3.500，平均數的標準誤量數愈小；而樣本平均數的變異數值也愈小，表示每次均投擲骰子很多次時，每次投擲間的變異程度愈小。此模擬數據結果顯示，抽樣程序中，抽取的樣本數不能太少，否則樣本平均數的抽樣分配愈會偏離母群參數平均數，二者之間的偏誤值會愈大。但抽樣樣本也不一定要無限大 ( 不可能也無法做到 )，只要樣本數夠大 ( 母數統計法樣本數的數目最好為 n ≧ 30，最低的要求為 n ≧ 25，如果有效樣本數少於 25，應改用無母數統計法 )，並有代表性，被抽取樣本的屬性特徵能有效反映母群體屬性特徵，樣本統計量即能作為母群體參數的不偏估計值。

　　樣本平均數抽樣分配構成的直方圖示情況，可以以下列亂數摸擬的數值為例，如果母體的數值是 1、2、3、4、5、6、7、8、9、10 (N = 10)，抽取後採用歸還的方式，每次隨機抽取二個 (n = 2)，V9、V10 直欄變數為亂數隨機抽取的數值，第一筆資料被抽取的數值為 4、3，平均數值為 3.500；第二筆資料被抽取的數值為 4、6，平均數值為 5.000，依此方法抽取樣本，共抽取 1000 次 (1000 筆資料 )，則 1000 筆資料「平均_2 次」欄數值的總平均數為 5.51，標準差為 2.032。

　　如果 n = 5，第一筆資料為 9、9、8、4、5，平均數為 7.000；第二筆資料為 1、1、8、10、8，平均數為 5.600，依此方式隨機抽取 1000 次 (1000 筆資料 )，則 1000 筆資料「平均 _5 次」欄數值的總平均數為 5.52，標準差為 1.300。

　　如果 n = 8，第一筆資料為 9、9、8、4、5、2、8、3，平均數為 6.000；第二筆資料為 1、1、8、10、8、3、2、3，平均數為 4.875，依此方式抽取樣本，共抽取 1000 次 (1000 筆資料 )，則 1000 筆資料「平均 _8 次」欄數值的總平均數為 5.49，標準差為 0.992。

| 1：次數 | | S001 | | | | | | | | | | | | |
|---|---|---|---|---|---|---|---|---|---|---|---|---|---|---|
| | 次數 | V1 | V2 | V3 | V4 | V5 | V6 | V7 | V8 | V9 | V10 | 平均_5次 | 平均_8次 | 平均_2次 |
| 1 | S001 | 9 | 9 | 8 | 4 | 5 | 2 | 8 | 3 | 4 | 3 | 7.000 | 6.000 | 3.500 |
| 2 | S002 | 1 | 1 | 8 | 10 | 8 | 3 | 2 | 6 | 4 | 6 | 5.600 | 4.875 | 5.000 |
| 3 | S003 | 8 | 7 | 8 | 7 | 5 | 7 | 7 | 8 | 10 | 1 | 7.000 | 7.125 | 5.500 |
| 4 | S004 | 8 | 4 | 1 | 9 | 2 | 7 | 2 | 10 | 9 | 7 | 4.800 | 5.375 | 8.000 |
| 5 | S005 | 10 | 3 | 1 | 4 | 10 | 9 | 5 | 3 | 5 | 5 | 5.600 | 5.625 | 5.000 |
| 6 | S006 | 10 | 8 | 5 | 5 | 5 | 4 | 2 | 10 | 4 | 1 | 6.600 | 6.125 | 2.500 |
| 7 | S007 | 4 | 5 | 2 | 2 | 4 | 6 | 3 | 9 | 10 | 6 | 3.400 | 4.375 | 8.000 |
| 8 | S008 | 9 | 5 | 9 | 7 | 7 | 10 | 7 | 4 | 5 | 5 | 7.400 | 7.250 | 5.000 |
| 9 | S009 | 10 | 4 | 4 | 5 | 2 | 10 | 7 | 4 | 9 | 1 | 5.000 | 5.750 | 5.000 |
| 10 | S010 | 8 | 7 | 7 | 6 | 8 | 6 | 8 | 6 | 7 | 6 | 7.200 | 7.000 | 6.500 |
| 11 | S011 | 8 | 1 | 1 | 5 | 7 | 9 | 3 | 7 | 2 | 7 | 4.400 | 5.125 | 4.500 |
| 12 | S012 | 10 | 1 | 4 | 8 | 4 | 2 | 3 | 7 | 8 | 8 | 5.400 | 4.875 | 8.000 |
| 13 | S013 | 10 | 7 | 5 | 3 | 5 | 6 | 1 | 7 | 5 | 10 | 6.000 | 5.500 | 7.500 |
| 14 | S014 | 8 | 9 | 3 | 1 | 8 | 4 | 4 | 8 | 5 | 3 | 5.800 | 5.625 | 4.000 |
| 15 | S015 | 5 | 8 | 5 | 7 | 1 | 2 | 9 | 9 | 5 | 1 | 5.200 | 5.750 | 3.000 |

　　1 至 10 十個數值的總平均數為 5.500 ( 總和為 55、全距為 9)、母體標準差為 2.872，樣本標準差為 3.028，SPSS 統計軟體求出的標準差為 3.028。

| 次數 | 範圍 | 最小值 | 最大值 | 平均數 | 標準差 | 偏態 | | 峰度 | |
|---|---|---|---|---|---|---|---|---|---|
| | 統計量 | 統計量 | 統計量 | 統計量 | 統計量 | 統計量 | 標準誤 | 統計量 | 標準誤 |
| n_2次 | 9.000 | 1.000 | 10.000 | 5.506 | 2.032 | -0.122 | 0.077 | -0.634 | 0.155 |
| n_5次 | 7.600 | 1.800 | 9.400 | 5.516 | 1.300 | -0.032 | 0.077 | -0.274 | 0.155 |
| n_8次 | 6.125 | 2.750 | 8.875 | 5.486 | 0.992 | 0.113 | 0.077 | -0.031 | 0.155 |

當 n＝2 時，重複抽取 1000 次的總平均數為 5.506，標準差為 2.032；當
n＝5 時，重複抽取 1000 次的總平均數為 5.516，標準差為 1.300；當 n＝8 時，
重複抽取 1000 次的總平均數為 5.586，標準差為 0.992，樣本平均數的總平均數
均接近母體平均數 5.500，樣本平均數的標準差均小於母體原先標準差 2.872。偏
態統計量與峰度統計量數值均接近 0.000，表示其分配接近常態分配。

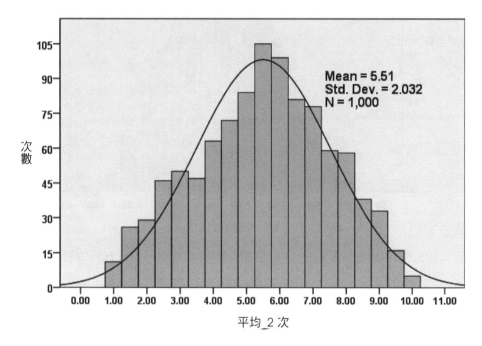

上圖為從母群中隨機抽樣 n＝2 之由抽樣分配的直方圖，有效資料等於 1000 筆。

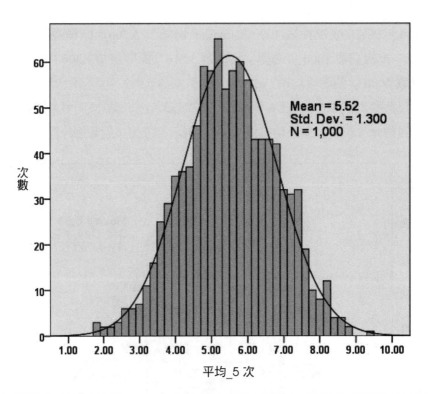

上圖為從母群中隨機抽樣 n = 5 之由抽樣分配的直方圖，有效資料等於 1000 筆。

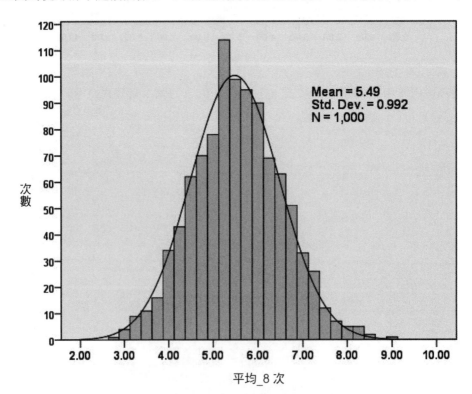

上圖為從母群中隨機抽樣 n = 8 之由抽樣分配的直方圖，有效資料等於 1000 筆。

當抽樣次數為 1000 次時，n = 2、n = 5、n = 8 樣本平均數的抽樣分配直方圖非常接近常態分配曲線圖，此模擬數據可以驗證上述抽樣分配的理論。

問卷調查之抽樣程序的一般架構圖模式如下，如果抽樣有代表性，且資料沒有偏離值或鍵入錯誤，資料結構符合統計假定，則可根據樣本之統計量數來估計推論母群真正性質或屬性。

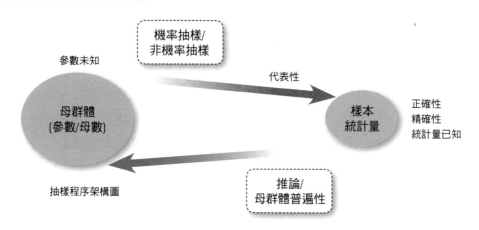

抽樣程序架構圖

## 貳、常用的抽樣法

抽樣方法主要分為「機率抽樣」(probability samples) 與「非機率抽樣」(nonprobability samples) 二大類型，常用「機率抽樣」的方法有四：簡單隨機抽樣 (simple random sampling)、系統隨機抽樣 (systematic random sampling)、分層隨機抽樣 (stratified random sampling)、叢集隨機抽樣 (cluster random sampling)；常用的「非機率抽樣」法也有四種：便利抽樣 (convenience sampling)、判斷抽樣 (judgment sampling) 或稱「立意抽樣」(purposive sampling)、參照抽樣 (referral sampling) 或稱「雪球抽樣」(snowball sampling)、配額抽樣 / 定額抽樣 (quota sampling)。所謂機率抽樣是採用機率方法，母群體每個樣本被抽樣到的機率均相等，以簡單隨機抽樣而言，必須符合二個原則：均等原則與獨立原則，抽樣時母群體中每個個體被抽取為研究樣本的機率均相等，即合乎均等原則，被抽取為樣本者稱為「隨機樣本」；此外，母群體中個體被抽取為研究樣本時，並不會影響

到其他個體被抽取為樣本的機率，即表示抽樣方法合乎獨立原則。

假設有 6 個號碼：1、2、3、4、5、6，隨機抽取其中一個號碼，在均等性的情況下，每個號碼被隨機抽取的機率均為 $\frac{1}{6}$，如果號碼抽取後不再重複放回，則剩餘五個號碼被隨機抽取的機率均為 $\frac{1}{5}$，每個號碼之間是互相獨立的，被抽取的機率都是相等的，如果每次隨機抽取 2 個，則樣本空間 S = {(1,2),(1,3),(1,4),(1,5),(1,6), (2,3),(2,4),(2,5),(2,6), (3,4),(3,5),(3,6), (4,5),(4,6), (5,6)}，樣本空間內每個樣本點 ( 或稱元素 ) 被抽到的機率都是 $\frac{1}{\binom{2}{6}} = \frac{1}{5}$。機率取樣中如果樣本空間的樣本點被抽取的機率若是均等的，且是隨機的，則抽取的樣本數達到一定適當個數時，抽取出的樣本特徵便與母群體特徵十分接近，由樣本統計量推估母群參數的正確性愈大，此時，抽樣造成的誤差值會相對較小。

若是母群體間有明顯的層級差異，則可以採用分層隨機抽樣，分層時各層級之內 ( 群組內 ) 樣本的同質性要高，而各層與各層 ( 群組與群組間 ) 間的異質性要高，然後從各層中依各層 ( 群組 ) 總數中抽取一定比例的樣本；分層隨機抽樣依各層次 ( 次群組 ) 選取樣本的方式分為「比率分配抽樣」(proportional allocation sampling) 或「等量分配抽樣」(equal allocation sampling)。分層隨機抽樣時，分層主要依據要與研究有關，且各層與各層間的主要差異變數要最大，而各層內個體變異要最小，如研究者想探究某個縣市國中非行政人員與學校行政人員 ( 組長、主任 ) 工作壓力之差異，研究者依縣市之國中教師總數分為專任教師層 ( 非行政人員 ) 與學校行政人員層，然後從二個層次分別選取 200 位教師 ( 等量分配抽樣 )，或依各層次的人數採用比率分配抽樣法分別從二個層次選取 400、200 位教師，如此研究主要類別變項：「非行政人員組」與「學校行政人員組」均有一定比例的樣本數。分層等量分配抽樣之抽樣架構圖如下頁所示 ( 從各層中分別抽取三個樣本 )，抽取樣本數時不管各層中母群的觀察值的總數是多少，均從各層中抽取出約相等的樣本數，如此，依主要變項分層的觀察值個數大致會相等。

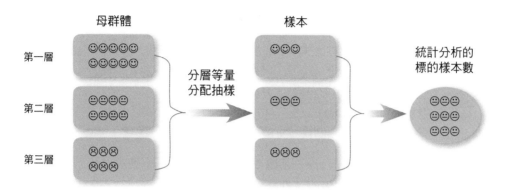

分層比例分配抽樣之抽樣架構圖如下（從各層中分別抽取二分之一的樣本），各層中抽取的樣本數乃根據各層中樣本點的總個數各抽取一定比例的數值，範例中第一層母群體的觀察值有 10 位，抽取二分之一有 5 位；第二層母群體的觀察值有 8 位，抽取二分之一有 4 位；第三層母群體的觀察值有 6 位，抽取二分之一有 3 位，根據分層比例分配抽樣程序，抽出的樣本共有 12 位。

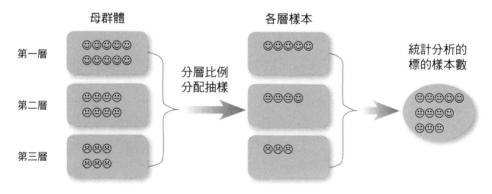

　　分層比例分配抽樣方法，各層要抽取的樣本數也可以根據各層人數所佔全部母群的比例抽取，若全部母群的個體有 40 個，第一層、第二層、第三層中的個體數分別為 20、8、12，三個層次 ( 次群體 ) 佔全部母群的比例依序為 0.50、0.20、0.30，若是研究者想抽取的樣本總數為 20，則各層的人數分別 $0.50 \times 20 = 10$、$0.20 \times 20 = 4$、$0.30 \times 20 = 6$，依比例分配原則，三個層次各隨機抽取 10 位、4 位、6 位的樣本。

|  | 母群 | 分配比例 | 樣本估算 | 樣本 |
|---|---|---|---|---|
| 第一層 | 20 | 0.50 | 0.50×20 | 10 |
| 第二層 | 8 | 0.20 | 0.20×20 | 4 |
| 第三層 | 12 | 0.30 | 0.30×20 | 6 |
| 總數 | 40 | 1.00 | 20 | 20 |

　　分層抽樣的方法主要在於探討某個主要研究變項時，不會發生標的變項的水準數值群組的樣本數太少，造成統計分析的偏誤，如研究者想探究不同學校規模教師工作壓力的差異情形，研究者根據理論文獻或經驗法則認為不同學校規模大小的教師，其感受的工作壓力有顯著不同，如果研究者未將母群的學校組織依班級規模加以分層，只單單採用隨機取樣的方法，可能造成某個學校規模群組的教師樣本數太少，此種情況研究者應採用分層抽樣程序，將母群的學校組織依班級(或學生總人數)分成數個不同層級，如大型規模學校(49 班以上)、中型規模學校(25 班至 48 班)、中小型規模學校(13 班至 24 班)、小型規模學校(12 班以下)，之後再從四個層級學校中隨機抽取學校及教師，如此四個不同規模類型的學校教師樣本都可以抽取。

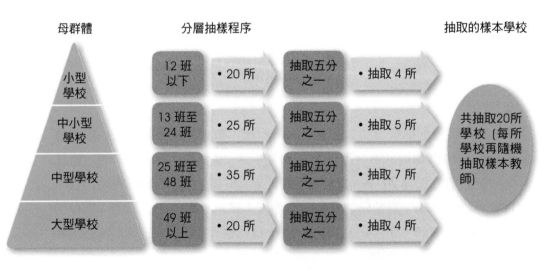

　　叢集隨機抽樣是以每個小群組 / 叢集 (cluster) 為單位，作為母群體的樣本點，此時母群體中的樣本點並非是個體，而是一個群組 / 叢集，母群體中的群組與群組間要儘量同質，而群組內的個體要儘量異質，叢集取樣方法最常用於班級

學生的抽測。如研究者想要探究高職學生的生活壓力情形，從某個縣市中隨機抽取三個職業學校，再從三個職業學校之一、二、三年級中各抽取二個班級，研究樣本中總共抽取 18 個班級 ( = 3×3×2 = 18)，每個班級假定為 45 位學生，則全部抽取學生共有 810 位。在上述抽樣方法中，研究者採用的是多階段的機率取樣方法，首先採用簡單隨機取樣，從縣市高職學校中隨機抽取三所學校，每所學校再採用分層隨機方法，將學生依就讀年級分為三個層級：一年級、二年級、三年級，最後採用叢集隨機取樣方法，從各年級中以「班級」為單位，各抽取二個班級 ( 群組 / 叢集 )。

便利抽樣即以抽樣的便利性作為抽樣的主要考量，對研究者而言，選取最方便的樣本可以減少研究的時間、人力與財力，由於此種方法是從母群體中選取最容易獲得的群體樣本作為研究受試者，因而有時抽樣誤差會相當大，造成統計結果的偏誤，便利取樣只考慮研究的便利性，因而從取樣的樣本中來推估母群體，可能會遺失許多母群體重要訊息，有統計學者就認為「便利取樣 ...... 可能造成嚴重誤導。」但若是作為問卷預試對象使用，採用便利取樣也可以。判斷抽樣乃是研究者根據個人主觀判斷 (subjective judgment) 或個人經驗法則 ( 教育猜想 ) 來選取具有代表性的樣本，有時研究者此種主觀判斷會根據其他專家的主觀看法來選取樣本，採用判斷抽樣時，研究者或意見提供者必須對群組的特徵或屬性有較深入的瞭解，如某研究者想探究某個縣市國中校長辦學情形，研究者從該縣市 25 個國中挑選 10 個他認為具代表性的學校，利用 10 個具代表性的學校來推估此縣市國中校長的辦學績效。由於判斷抽樣乃是根據研究者主觀的判別或意見來決定樣本的選取，因而又稱為「立意抽樣」。「參照抽樣」乃是根據先前抽取之少數受試者 ( 回應者 ) 所提供的資訊，來找尋或決定之後的樣本對象，此種方法剛開始時，受試者或受訪談者的人數較少，之後根據受試者或受訪談者提供的其他的樣本，研究者再將其納入抽樣或研究的對象，此抽樣方法類似滾雪球活動一樣，雪球愈滾愈大，因而又稱「雪球抽樣」( 或滾雪球抽樣 )，此方法非常適合特殊或少數群體的母群體。配額抽樣類似分層隨機抽樣，只是在分層樣本的取樣上，不是採用隨機取樣方式，而是採用判斷抽樣的方法，每個層次要選取那些樣本由研究者根據主觀的判斷加以決定。

便利取樣在正式的研究抽樣方法中最好不要使用，因為此種方法主要以便於取樣為考量，所抽取樣本的代表性、正確性與精確性均欠佳，與判斷取樣 ( 立意

187

取樣) 相較之下，便利取樣的抽樣誤差 (sampling error) 更大。便利取樣如研究者想探究家長對校長辦學的看法，站在校門口遇到接送的家長即作為受試者加以訪問，這些每天接送小孩至學校的家長與學校教師及行政人員的接觸較為密切，對學校的知覺與感受較為正向，因而研究者以這些家長為研究對象，無法代表全體家長的意見與感受，研究者所獲得的結論推論至全體家長，恐有很大的偏誤。再如某研究者想探究親子互動關係、教養態度與學生違規行為間之關係，藉由學校舉辦全校性之班級親師會時間，請出席家長填寫問卷，因為研究者認為這樣可以快速取得樣本數，此種便利取樣程序取得的樣本有很大的偏誤，因為多數會參加班級親師會議或親師座談會的家長，是較為關心子女教育的，親子互動關係較佳、教養方式較為合理民主；相對的，子女在校違規不當行為較少，因而以這些家長作為標的樣本是不適切的。「便利取樣程序雖然有方便於樣本的搜集，簡少研究的繁雜性，但抽取的樣本偏誤較大，樣本統計量較無法有效反映母體參數。」

便利抽樣與機率抽樣的異同與結果可以以一個包含各種多邊形 ( 不同屬性特徵的觀察值 ) 的母群體為例，此母群體中的樣本點 ( 個體 ) 的形狀有 ▲、■、⬟、◆、⬟、⬟，當研究者採取便利抽樣，只抽取母群體某一區域的樣本，結果得出的樣本形狀均為三角形，因而研究者推論母群體特徵形狀為 ▲( 樣本屬性特徵無法有效反映母群體屬性特徵，因而從樣本統計量推估母群體參數值其偏誤情況很大 )。

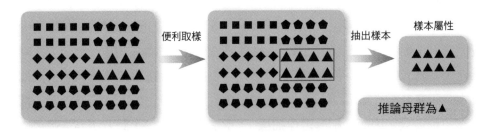

當研究者採取機率取樣，每個物件被抽取的機率皆相等，研究者從母群體中抽出的樣本個體之形狀可能有 ▲、■、⬟、◆、⬟、⬟，因而研究者推論母群體應為各式多變形所組成，而非只是 ▲( 樣本屬性特徵十分接近反映母群體屬性特徵，因而以樣本統計量推估母群體參數或母數值，其偏誤結果很小，統計推論的效度很高 )。

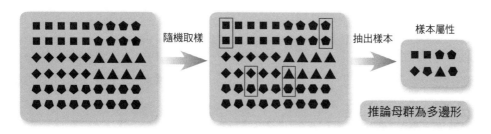

常見的抽樣方法可以簡要以下列的各種圖示表示 ( 修改自 Burns & Bush, 2006, pp. 349-351) :

## 一、簡單隨機抽樣

| 抽樣方法：母群樣本點以不同的數字編號，然後以隨機數字選取樣本。 | | | | |
|---|---|---|---|---|
| ☹1 | ☺2 | ☺3 | ☺4 | ☺5 |
| ☹6 | ☺7 | ☺8 | ☺9 | ☺10 |
| ☹11 | ☺12 | ☺13 | ☺14 | ☺15 |
| ☹16 | ☺17 | ☺18 | ☺19 | ☺20 |
| ☹21 | ☺22 | ☺23 | ☺24 | ☺25 |

| 結果樣本：母群體每個個體均有相等的機會被抽取為樣本。 | | | | |
|---|---|---|---|---|
| ☹6 | ☺12 | ☺18 | ☺14 | ☺19 |

在問卷調查中簡單隨機抽樣一般採用是不放回的隨機抽樣法，因而預試問卷程序中被抽取的樣本，會被排除於正式問卷施測程序，但如果母群不大，或是母群為特殊群體，預試程序中被抽取的樣本於正式問卷施測中可以再放回於母群內，此種抽樣為放回的隨機抽樣法，如果母群有 N 個觀察值，預試程序或正式程序，每個觀察值被抽中的機率均為 $\frac{1}{N}$；若是採用不放回的隨機抽樣法，每個觀察值被抽到的機率依次為 $\frac{1}{N}$、$\frac{1}{N-1}$、$\frac{1}{N-2}$,……,$\frac{1}{N-n+1}$。

## 二、系統抽樣

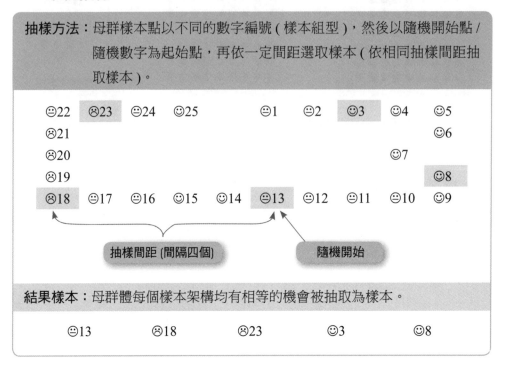

**抽樣方法**：母群樣本點以不同的數字編號 ( 樣本組型 )，然後以隨機開始點 / 隨機數字為起始點，再依一定間距選取樣本 ( 依相同抽樣間距抽取樣本 )。

抽樣間距 (間隔四個)　　　　　隨機開始

**結果樣本**：母群體每個樣本架構均有相等的機會被抽取為樣本。

☺13　　　☹18　　　☹23　　　☺3　　　☺8

## 三、叢集抽樣 ( 二階段 )

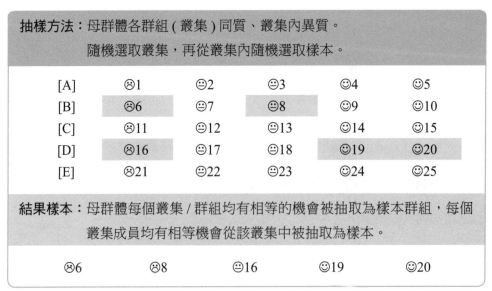

**抽樣方法**：母群體各群組 ( 叢集 ) 同質、叢集內異質。隨機選取叢集，再從叢集內隨機選取樣本。

| [A] | ☹1 | ☺2 | ☺3 | ☺4 | ☺5 |
| [B] | ☹6 | ☺7 | ☺8 | ☺9 | ☺10 |
| [C] | ☹11 | ☺12 | ☺13 | ☺14 | ☺15 |
| [D] | ☹16 | ☺17 | ☺18 | ☺19 | ☺20 |
| [E] | ☹21 | ☺22 | ☺23 | ☺24 | ☺25 |

**結果樣本**：母群體每個叢集 / 群組均有相等的機會被抽取為樣本群組，每個叢集成員均有相等機會從該叢集中被抽取為樣本。

☹6　　　☹8　　　☺16　　　☺19　　　☺20

## 四、叢集抽樣 ( 一階段 )

抽樣方法：母群體各群組 ( 叢集 ) 同質、叢集內異質。
隨機選取叢集，叢集內的成員均為樣本。

| [A] | ☹1 | 😐2 | 😐3 | 😊4 | 😊5 |
| [B] | ☹6 | 😐7 | 😐8 | 😊9 | 😊10 |
| [C] | ☹11 | 😐12 | 😐13 | 😊14 | 😊15 |
| [D] | ☹16 | 😐17 | 😐18 | 😊19 | 😊20 |
| [E] | ☹21 | 😐22 | 😐23 | 😊24 | 😊25 |

結果樣本：母群體每個叢集 / 群組均有相等的機會被抽取為樣本群組，被抽
取的叢集 ( 群組 A、C)，叢集內的個體均為樣本。

| [A] | ☹1 | 😐2 | 😐3 | 😊4 | 😊5 |
| [C] | ☹11 | 😐12 | 😐13 | 😊14 | 😊15 |

被抽取的叢集樣本為 [A] 與 [C]。

　　叢集抽樣的圖示架構如下 ( 叢集群組間為同質、同一叢集群組內的觀察值為
異質 )：

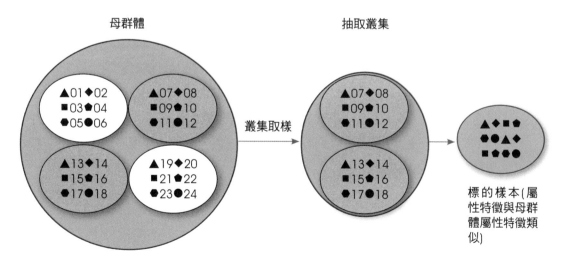

母群體分為四個叢集，隨機抽取二個叢集作為標的樣本圖示

研究取樣採用叢集抽樣法時，母群體中各叢集 ( 分類的群體 ) 的屬性或特徵必須相似或同質，若是母群體中的各叢集 ( 分類的群體 ) 包含的樣本點之屬性或特徵有很大的不同或是叢集群組與叢集群組間為異質，則不宜採用叢集抽樣，如下圖所示：

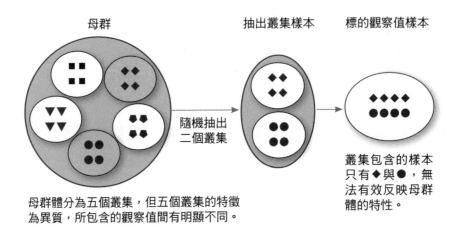

母群體分為五個叢集，但五個叢集的特徵為異質，所包含的觀察值間有明顯不同。

研究者在進行叢集抽樣法前，有時會根據研究架構中某個重要變項，而先對母群體進行分層，之後再根據各分層觀察值採取叢集抽樣，如研究者想探究不同規模企業組織員工的工作倦怠感情況，認為服務於不同規模大小企業組織員工的工作倦怠感間有差異存在，在實施抽樣時，先對標的母群的企業組織依員工人數量將其分為小型企業組織規模 ( 員工數 50 人以下 )、中型企業組織規模 ( 員工數 51 人至 200 人 )、中大型企業組織規模 ( 員工數 201 人至 499 人 )、大型企業組織規模 ( 員工數 500 人以上 ) 四個層級，之後從四個不同類型組織規模大小的組織層級中，採用隨機抽樣方法各抽取 5 個組織，中型、中大型、大型三種規模組織各隨機抽取 40 名員工填答，由於小型組織規模人數較少，因而五個被選取的標的組織採用叢集抽樣法，所有員工均為觀察值，此種抽樣程序結合分層抽樣、叢集抽樣二種方法。

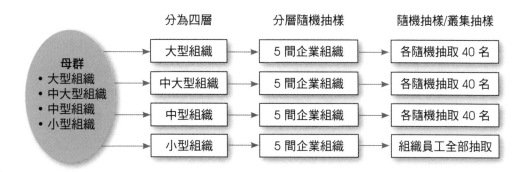

## 五、分層隨機抽樣

**抽樣方法**：母群體被分成二個以上異質性群體 ( 如 [A]、[B])，再各從二個異
質性群體中依比例或人數隨機抽取個體。分層隨機抽樣中的層次
劃分可依某個研究主題變項，如單親家庭組、完整家庭組。

| [A] | ☹1 | 😊2 | 😊3 | 😊4 | 😊5 |
|-----|-----|-----|-----|-----|-----|
| | ☹6 | 😊7 | 😊8 | 😊9 | 😊10 |
| | ☹11 | 😊12 | 😊13 | 😊14 | 😊15 |
| [B] | ☹16 | 😊17 | 😊18 | 😊19 | 😊20 |
| | ☹21 | 😊22 | 😊23 | 😊24 | 😊25 |

**結果樣本**：母群體每個分層之群組內的個體均有相等的機會被抽取為樣本。
[A] 群體中共有 15 位，抽取五分之一有三位成員；[B] 群體中共
有 10 位，抽取五分之一有二位成員。

| [A] | 😊3 | 😊7 | 😊15 |
|-----|-----|-----|------|
| [B] | 😊17 | 😊25 | |

　　當母群體各分層 ( 各群組間 ) 有很大的同質性，就不宜採用分層抽樣方法，
研究者之所以採取分層抽樣，就是要探究某個背景變項或人口變項在依變項的差
異，怕人口變項的水準數值群組分配不均，因而依人口變項的屬性將母群體加以
分層，之後再根據各分層的群體抽取一定的樣本數，如此，人口變項的水準數值
樣本數較為平均也較有代表性。相對的，如果分層的結果，各層級從主要變項的
屬性特徵來看，各層級觀察值同質性很高，那採用分層抽樣程序的實質意義不

大，將母群體觀察值分為數個層級時，一定要依據某個主要分類變數，這個人口
變項或自變項是研究者認為對依變項或檢定變項有重要影響的變因。如某研究者
想探究不同地區成年人的家庭幸福感的差異情形，為能順利取得北區、南區、東
區、中區的樣本數，研究者根據縣市的行政劃分，將全國成年人的母群體分為四
大區塊：北區、南區、東區、中區，之後在四大行政區域中隨機挑選二個縣市，
如此，研究者抽取的樣本數，從行政區域變數而言，行政區域中的四個地區水準
(北區、南區、東區、中區) 數值都會有一定的樣本數。

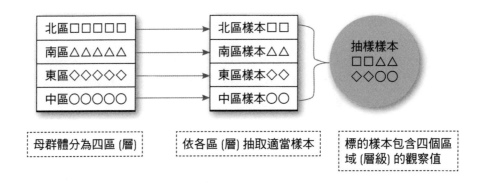

問卷調查實施程序中，有時會採用二階段的分層抽樣，如研究者想探究不同
組織規模大小與組織所在行政區域二個變因對組織知識管理的影響，為搜集較為
均勻的細格樣本數，先依組織所在區域進行分層：北區、中區、南區、東區，之
後，再根據四個行政區域的企業組織員工人數，將組織規模分為小型組織、中型
組織、大型組織，各行政區(第一層)各依組織規模(第二層)抽取適當比例的
組織員工作為受試者，此種抽樣樣本的方法可以控制十二個細格的觀察值人數，
二次分層抽樣的程序圖如下：

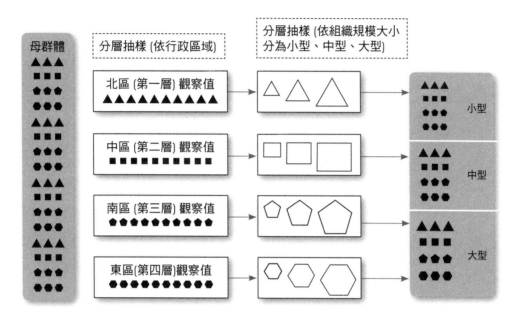

　　第一次分層抽樣以行政區域將觀察值分層，可以分為四個層級，第二次分層抽樣以各行政區域將企業組織依組織員工數多寡分層，可以分為三個層級，交叉細格共有十二格，四個行政區各包含小型規模組織、中型規模組織、大型規模組織的觀察值。

| 組織規模 ＼ 行政區域 | 北區 a1 | 中區 a2 | 南區 a3 | 東區 a4 |
|---|---|---|---|---|
| 小型規模 b1 | a1b1 | a2b1 | a3b1 | a4b1 |
| 中型規模 b2 | a1b2 | a2b2 | a3b2 | a4b2 |
| 大型規模 b3 | a1b3 | a2b3 | a3b3 | a4b3 |

　　此種交叉細格可進行多因子變異數分析，如果是交叉細格由「組織規模」與「行政區域」二個因子構成，則可以進行二因子單變量分析或二因子多變量分析，如探討「組織規模」因子在依變項的差異是否隨行政區域不同而不同；或「行政區域」因子在依變項的差異是否隨組織規模不同而不同。

## 六、便利抽樣 ( 方便取樣 )

**抽樣方法：** 只為研究的便利，選取最容易選取的個體作為研究樣本。便利取樣是能快速而簡便的選取樣本數，但其抽樣誤差值卻很大。

| | | | | |
|---|---|---|---|---|
| ☹1 | 😐2 | 😐3 | 🙂4 | 😊5 |
| ☹6 | 😐7 | 😐8 | 🙂9 | 😊10 |
| ☹11 | 😐12 | 😐13 | 🙂14 | 😊15 |
| ☹16 | 😐17 | 😐18 | 🙂19 | 😊20 |
| ☹21 | 😐22 | 😐23 | 🙂24 | 😊25 |

**結果樣本：** 母群體每個個體沒有相等的機會被抽取為樣本，被抽取為樣本者只是研究者根據某些因素 ( 如交通、時間、熟悉程度 ) 來選取。

| | | | | |
|---|---|---|---|---|
| ☹1 | ☹6 | ☹11 | 😐2 | 😐7 |

**註：** 假定研究者以配合度考量，母群中的 [1]、[2]、[6]、[7]、[11] 五位成員填答問卷的配合度最高，因而直接選取以上五位個體作為樣本。

　　便利取樣的最大優點為省時、方便又符合經濟成本，多數問卷回收率都能達100%，但論文寫作或正式問卷調查中，便利取樣法最好不要採用，因為此方法所得的樣本統計量通常偏誤值會很大，統計量的推論效度不高。

## 七、判斷抽樣 ( 立意取樣 )

**抽樣方法：** 研究者選取典型有代表性及會配合的樣本。

| | | | | |
|---|---|---|---|---|
| ☹1 | 😐2 | 😐3 | 🙂4 | 😊5 |
| ☹6 | 😐7 | 😐8 | 🙂9 | 😊10 |
| ☹11 | 😐12 | 😐13 | 🙂14 | 😊15 |
| ☹16 | 😐17 | 😐18 | 🙂19 | 😊20 |
| ☹21 | 😐22 | 😐23 | 🙂24 | 😊25 |

**結果樣本：** 母群體每個個體沒有相等的機會被抽取為樣本，被抽取為樣本者是研究者根據其主觀判斷具有代表及便利的個體。

☹2　　　☺8　　　☺12　　　☺4　　　☺24

> 註：研究者認為母群成員中的 [2]、[4]、[8]、[12]、[24] 的意見，最可能符合研究目標或代表整個母群體成員的意見，因為研究者主觀判斷這些樣本最具「代表性」。

## 八、參照抽樣 ( 雪球取樣 )

**抽樣方法**：研究者先選取某個參照樣本，再根據參照樣本提供的訊息來抽取之後的樣本。此種抽樣方法特別適用於特殊群體。

| ☹1 | ☺2 | ☺3 | ☺4 | ☺5 |
| ☹6 | ☺7 | ☺8 | ☺9 | ☺10 |
| ☹11 | ☺12 | ☺13 | ☺14 | ☺15 |
| ☹16 | ☺17 | ☺18 | ☺19 | ☺20 |
| ☹21 | ☺22 | ☺23 | ☺24 | ☺25 |

**結果樣本**：母群體每個個體沒有相等的機會被抽取為樣本，只有透過友誼網路或熟悉程度網的個體才能被選取為樣本。

☺3　　　☺9　　　☺15　　　☺19　　　☺25

> 註：開始的參照樣本個體為 ☺[15]。

　　雪球抽樣法一般用於探究的母群體為特殊群體，此特殊群體平時是隱而不見，沒有經由特殊管道或媒介很難知道觀察值在何處，此種方法主要在克服找到有足夠特殊觀察值的問題。

## 九、定額抽樣

抽樣方法：母群體根據背景變項或某些行為特質被分成二個以上群體 ( 如 [A]、[B])，再各從二個群體中依判斷取樣或便利取樣方式選取個體

| [A] | ☺1 | ☺2 | ☺3 | ☺4 | ☺5 |
| | ☺6 | ☺7 | ☺8 | ☺9 | ☺10 |
| | ☺11 | ☺12 | ☺13 | ☺14 | ☺15 |
| [B] | ☹16 | ☹17 | ☹18 | ☹19 | ☹20 |
| | ☹21 | ☹22 | ☹23 | ☹24 | ☹25 |

結果樣本：母群體每個分層之群組內的個體，並沒有相等的機會被抽取為樣本。只有研究者認為具代表性或便利性的個體才能被選取為樣本。

| [A] | ☺1 | ☺2 | ☺3 |
| [B] | ☹16 | ☹17 | |

註：研究者在 [A] 群體中以最先遇到的三位個體為樣本；在 [B] 群體中以最先遇到的二位個體為樣本，因而選取的樣本為 [1]、[2]、[3]、[16]、[17]。

問卷調查研究程序，許多研究者關注的議題是「問卷回收率到底要多高才算是有效？」對此，學者 Babbie(2004, p. 261) 提出以下的觀點：「我認為基於分析與撰寫報告的需要，回收率至少達 50%，才算是『適當』；回收率至少達 60%，才算是『好』；回收率達 70% 以上，則算是『很好』」，Babbie 的論點只是問卷調查研究中的一個參考的指標值，研究者不要單以回收比率數值的高低來衡量問卷回收的「好」、「壞」，若是受試者對於問卷填答不實或研究者問卷編製內容與題項不佳，量表的信效度不好，即使問卷回收率達到 90% 以上，研究的正確性與可靠性也不高；相對的，如果研究者問卷各量表題項編製或修訂得很適切，郵寄的問卷數量也很大，即使問卷回收率低於 20%，有效樣本數與可用的問卷數也會很多，如研究者寄出 5000 份問卷，回收率只有 25%，回收的問卷也有 1250 份。在各種條件都相等的情況下，問卷的回收率愈高與可用問卷數

愈多愈好，一般而言，若是進行問卷調查研究，問卷回收率的高低與優劣評定可大致分類如下：

| 問卷回收率 | 回收率適切性 |
|---|---|
| 回收率 <20% | 非常不適當 |
| 20% ≦回收率 <30% | 不適當 |
| 30% ≦回收率 <40% | 尚可 |
| 50% ≦回收率 <60% | 適當 |
| 60% ≦回收率 <70% | 好 |
| 70% ≦回收率 <80% | 很好 |
| 80% ≦回收率 | 非常好 |

　　Colton 與 Covert(2007) 認為試驗性的研究或預試程序，問卷的回收率最好高於 75.0%，因為預試程序中，研究者通常採用的是立意取樣 ( 判斷取樣 )，問卷回收率自應較高才對，若是研究者採用判斷抽取程序，問卷回收率又低，則研究程序可能欠缺嚴謹。

　　問卷回收率的百分比，只能作為抽樣適切性的檢核指標之一，研究者還應從問卷回收率中的有效問卷及問卷發出份數作整體評估。如果問卷回收率很高，但無效問卷 ( 或無效度問卷、亂填答問卷 ) 的比例很高，此種高問卷回收率是沒有意義的，問卷調查的最佳情況是問卷回收率達到一定比例，且回收問卷中無效問卷的比率很低 ( 無效問卷的份數不多 )。問卷調查實施中，最低的問卷回收率最好在 50% 以上，如果問卷回收率低於 50%，研究者最好採用其他的「請託」方式催繳問卷，如打電話、以電子郵件提醒，或再次寄發問卷、親自拜訪，在催繳問卷的用語與態度上，研究者應該特別注意「中肯」與「重要性」( 這份或這些問卷對研究者研究順利完成的重要性 )，因為一般受試者沒有義務為研究者填寫問卷，研究方法上用「催繳」或「催交」問卷是理論上的用詞，實際用於問卷調查程序中，研究者應改用「請託」、「幫忙」。

chapter

# 08

統計顯著性與
實務顯著性

統計顯著性關注的是資料結構是否有足夠證據可以拒絕虛無假設，效果值關注的統計顯著性是否有實務或臨床的應用價值。

# 壹、顯著水準與統計顯著性

在推論統計中，一般研究者均會將顯著水準 α(levels of significance) 設定為 .05，顯著水準表示從樣本資料分析中獲得的樣本統計量拒絕或接受「虛無假設」(null hypothesis) 的機率值，若是樣本統計量的顯著性 p 值小於 α 值，則研究者會作出拒絕「虛無假設」，接受「對立假設」(alternative hypothesis) 的結論；相對的，若是樣本統計量的顯著性 p 值 (p-value) 大於或等於 α 值 ($p \geq .05$)，則研究者會作出接受「虛無假設」，拒絕「對立假設」(alternative hypothesis) 的結論，由於對立假設被拒絕，因而研究者所提的研究假設無法獲得支持。以研究假設為例：「公立高職與私立高職學生的生活壓力有顯著不同」，研究之虛無假設為「公立高職與私立高職學生的生活壓力沒有顯著不同」，若樣本統計量 t 值之顯著性 p 值小於 .05，表示可以拒絕虛無假設：「公立高職與私立高職學生的生活壓力沒有顯著不同」，研究假設可以獲得支持。事件發生的機率小於 .05，表示重複進行 100 次研究，其中導出「公立高職與私立高職學生的生活壓力沒有顯著差異」的次數會小於 5 次，顯著性 p 表示無法拒絕虛無假設的機率，如 p 等於 .02，可以表示為 100 位研究者從相同母群體中，採用隨機取樣方式抽取相同的樣本數，且採用相同的統計推論方法 ( 獨立樣本 t 檢定或獨立樣本單因子變異數分析 )，所獲得的 100 個結論中有二個結論無法拒絕虛無假設：「公立高職與私立高職學生的生活壓力沒有顯著差異」，其餘 98 個結論會拒絕虛無假設，接受對立假設：「公立高職與私立高職學生的生活壓力沒有顯著不同」，其中 100 個結論中二個接受虛無假設、98 個拒絕虛無假設，研究假設無法得到支持的機率有 2%，顯著性 p 值也可說是推論錯誤的機率值大小。

研究問題中：「公立高職與私立高職學生的生活壓力是有顯著的不同」，研究問題所導引出的研究假設為：「公立高職與私立高職學生的生活壓力有顯著的不同」，由研究假設再推導的對立假設為：「公立高職學生母群體的平均數顯著的不等於私立高職學生母群體的平均數」，以符號表示為 $H_1 : \mu_{公立高職} \neq \mu_{私立高職}$，相對於對立假設，虛無假設為：「公立高職學生在生活壓力測量分

數的平均數等於私立高職學生在生活壓力測量分數的平均數」，以符號表示為 $H_0:\mu_{\text{公立高職}}=\mu_{\text{私立高職}}$。在下面的輸出範例結果中，二組平均數差異的 t 統計量為 -1.355，自由度等於 15 時，雙尾顯著性機率值 p = .202>.05，研究者沒有足夠證據可以拒絕虛無假設，因而必須接受虛無假設，研究之虛無假設為 $H_0:\mu_{\text{公立高職}}=\mu_{\text{私立高職}}$，表示公立高職學生在生活壓力測量分數的總平均數等於私立高職學生在生活壓力測量分數的總平均數，當二個母群體的平均數相等，表示二個母群體在生活壓力測量分數的差異值等於 0，即二個母群體沒有不同。但從樣本統計量的描述性統計量摘要表來看，公立高職學生樣本在生活壓力的平均數為 3.00，私立高職學生樣本在生活壓力的平均數為 3.78，二個樣本統計量的平均數並未相同。根據中央極限定理，當樣本夠大時，樣本平均數的分配會趨近於常態分配，且樣本平均數 $\overline{X}_m$ 的總平均數 $\mu_{\overline{X}}$ 會等於母群體的平均數 $\mu$，假設二個群組母群體的平均數均為 3.50，抽樣之樣本統計量的平均數一為 3.00、一為 3.78，均沒有等於 3.50，此種誤差即稱為「抽樣誤差」，由於抽樣誤差關係導致二個群組之樣本統計量的平均數不同，若是研究者將抽取的樣本數擴大或進行普測，或是反覆抽取樣本，求出樣本平均數 $\overline{X}_m$ 的總平均值，則二組的樣本統計量的平均數會接近於母群體的平均數 3.50，或二個群體平均數的差異顯著等於 0：$\overline{X}_{\text{公立}}-\overline{X}_{\text{私立}}=0$。由於從樣本統計量之數值顯示沒有足夠證據可以拒絕虛無假設，因而研究者只能接受二個群體平均數沒有差異的結論。

**組別統計量摘要表**

|  | 學校類別 | 個數 | 平均數 | 標準差 | 平均數的標準誤 |
|---|---|---|---|---|---|
| 生活壓力 | 公立 | 8 | 3.00 | 1.069 | .378 |
|  | 私立 | 9 | 3.78 | 1.302 | .434 |

組別統計量表顯示：公立學校 8 位觀察值在生活壓力量表平均得分 3.00、標準差為 1.069；私立學校 9 位觀察值在生活壓力量表平均得分 3.78、標準差為 1.302。

獨立樣本檢定摘要表

| | | 變異數相等的 Levene 檢定 | | 平均數相等的 t 檢定 | | | | | | |
|---|---|---|---|---|---|---|---|---|---|---|
| | | F 檢定 | 顯著性 | t | 自由度 | 顯著性 (雙尾) | 平均差異 | 標準誤差異 | 差異的 95% 信賴區間 | |
| | | | | | | | | | 下界 | 上界 |
| 生活壓力 | 假設變異數相等 | .331 | .574 | -1.335 | 15 | .202 | -.778 | .582 | -2.019 | .464 |
| | 不假設變異數相等 | | | -1.352 | 14.926 | .197 | -.778 | .575 | -2.005 | .449 |

獨立樣本檢定表可知：二個群體的變異數同質，F 值統計量為 .331，顯著性機率值 p = .574>.05，接受虛無假設 $(\sigma_1^2 = \sigma_2^2)$，t 統計量看假設變異數相等列的數據，t 統計量為 -1.335，平均數差異的 95% 信賴區間為 [-2.019，.464]，平均差異值為 -.778，因為平均數差異的 95% 信賴區間包含 0 數值，表示平均差異值為 0 的可能性很高。

再以就二個計量變數相關之探究為例，研究者探究的問題為「高中學生的學業成就與學習壓力間是否有顯著相關？」，研究假設為「高中學生的學業成就與學習壓力間有顯著相關存在。」二個計量變數間有顯著相關表示其相關係數不等於 0，統計檢定之對立假設為 $H_1：\rho \neq 0$，相對於對立假設，統計檢定之虛無假設為二個計量變數的相關係數等於 0，當相關係數等於 0 時，表示二個變項間沒有顯著關係 ( 既不是正相關也不是負相關 )，統計檢定之虛無假設為 $H_0：\rho = 0$。範例資料檔如下：

| | 01 | 02 | 03 | 04 | 05 | 06 | 07 | 08 | 09 | 10 | 11 | 12 | 13 | 14 | 15 | 16 | 17 | 18 |
|---|---|---|---|---|---|---|---|---|---|---|---|---|---|---|---|---|---|---|
| 學業成就 | 7 | 6 | 8 | 9 | 2 | 10 | 1 | 7 | 8 | 5 | 4 | 3 | 6 | 7 | 9 | 10 | 8 | 7 |
| 學習壓力 | 2 | 3 | 7 | 8 | 4 | 9 | 5 | 5 | 7 | 8 | 4 | 2 | 7 | 2 | 3 | 8 | 6 | 8 |

根據資料檔進行雙變數的相關分析，積差相關之樣本統計量 r = .430，雙尾顯著性機率值 p = .075>.05，接受虛無假設 $H_0 : \rho = 0$，表示母群體之學業成就變項與學習壓力變項間的相關係數等於 0，相關係數 $\rho$ 為 0，顯示母群體之學業成就變項與學習壓力變項間沒有顯著相關，研究者所提之研究假設「高中學生的學業成就與學習壓力間有顯著相關」無法獲得支持。從抽樣樣本的樣本統計量來看，二個變項之 r = .430，並不是如前面假設檢定所推論的相關係數 $\rho$ 等於 0，此種差異即是抽樣誤差或機遇 (chance) 所造成的，當抽樣樣本的個數接近母群體的大小，則樣本統計量 r 會接近母群參數 $\rho$ ( = 0)，由於從樣本統計量及顯著性機率值來看，研究者沒有足夠證據可以推翻虛無假設或否定虛無假設 ( 判決虛無假設是錯誤的 )，因而必須接受虛無假設，研究假設無法獲得支持 ( 對立假設 $H_1 : \rho \neq 0$ )，研究者根據調查數據推導高中學生母群體的學業成就與學習壓力間的相關係數為 0 的可能性很高，二個變因間有相關的機率很低 ( 當雙尾檢定之顯著性 p 值 $\geq$ .05 時，不論樣本統計量 r 的數值為正或為負，統計量絕對值為多少均沒有意義，因為我們寧願相信二個母群體的參數 $\rho$ 為 0)。

**學業成就與學習壓力之積差相關係數及顯著性摘要表**

|  |  | 學業成就 | 學習壓力 |
|---|---|---|---|
| 學業成就 | Pearson 相關 | 1 | .430 |
|  | 顯著性 ( 雙尾 ) |  | .075 |
|  | 個數 | 18 | 18 |
| 學習壓力 | Pearson 相關 | .430 | 1 |
|  | 顯著性 ( 雙尾 ) | .075 |  |
|  | 個數 | 18 | 18 |

統計量數

顯著性機率值 p，當 p $\geq$ .05 時，統計量 r 為 0 的可能性很高，沒有足夠證據否定虛無假設 ($\rho$ =0)

二個母群平均數差異檢定 ( 雙尾或雙側考驗 ) 的虛無假設為：$H_0 : \mu_1 - \mu_2 = 0$；對立假設為：$H_1 : \mu_1 - \mu_2 \neq 0$ ( 二個母群體平均數差異值如不等於 0，表示二個母體平均數間有顯著不同，差異值為正，表示第一個母體平均數顯著高於第二個母體平均數 )。資料分析統計結果，若是樣本統計量 t 值之顯著性 p 值大於或等於 .05，如 p = .26，表示二個母體平均數間差異值為 0 的可能性很高，從抽取樣本中獲得的資料沒有足夠證據可以拒絕虛無假設或判決虛無假設是錯誤

的，因為 p＝.26，表示研究者重複進行 100 次研究，有 26 次會得到「公立高職與私立高職學生的生活壓力沒有顯著差異」的結論，因而若是研究者拒絕虛無假設，作出「公立高職與私立高職學生的生活壓力有顯著不同」的結論，此結論錯誤的機率達 26%。無法拒絕虛無假設並不是表示「對立假設是錯誤或不正確的」或是「虛無假設一定是正確的」，而是研究者所提的假設命題無法成立（對立假設無法獲得支持），研究結果沒有「定論」(inconclusive)，從樣本資料中沒有足夠的證據可作決策來支持研究假設。推論統計中將決斷機率值設定為 .05 或 .01（當顯著水準 α 設為 .05 時，其信賴區間為 95%；當顯著水準 α 設為 .01 時，其信賴區間為 99%)，以樣本統計量顯著性 p 值判別拒絕或接受虛無假設，進而作出有無差異或有無相關等結論，此種統計法則的顯著性稱為「統計顯著性」(statistically significant)。

　　統計推論是研究者先選定一個可容許的機率值（此機率值一般設為 .05)，與統計分析所得之統計量的顯著性 p 值進行比較，進而作出接受或拒絕虛無假設的判決。如果 θ 為母群體的參數，$\theta_0$ 為某個估計值，雙尾檢定的情況下，虛無假設 $H_0$ 為：$\theta = \theta_0$（虛無假設一定是包含等號的假設)，對立假設 $H_1$ 為：$\theta \neq \theta_0$，顯著性機率 p 值 (p-value) 表示的是在虛無假設為真的狀態下，包含左側與右側機率的結果，如果此機率值很大，表示樣本估計值 $\theta_0$ 接近母群體參數 θ 的可能性很高，此種情況下 $\theta \neq \theta_0$ 的機率就非常大，$\theta = \theta_0$ 的可能性就非常低，因而 p 值很大的狀態下，研究結果就可判定 $\theta = \theta_0$，而 $\theta = \theta_0$ 是歸為虛無假設，表示必須接受虛無假設（相對的，對立假設就被拒絕)；若是機率值 p 很小，表示樣本統計量估計值 $\theta_0$ 接近母群體參數 θ 的可能性很低，此種情況下 $\theta \neq \theta_0$ 的機率就非常大，$\theta = \theta_0$ 的可能性就非常低，因而 p 值很小的狀態下，研究結果認為虛無假設 $\theta = \theta_0$ 不成立的機率很高，既然虛無假設 $\theta = \theta_0$ 不成立的機率很高，表示對立假設 $\theta \neq \theta_0$ 得到支持的可能性很大，而 $\theta \neq \theta_0$ 是歸為對立假設，表示研究假設得到支持，研究結果有足夠的證據判決虛無假設得到支持的機會很小。

　　p 值即是假定虛無假設 $H_0$ 為真的情況下，所有可能從母群體抽取之樣本統計量的結果和母群體實際結果相同的機率。p 值是個「機率值」而非是樣本統計量，此機率值可表示為：p 值 ＝（抽取樣本之樣本統計量拒絕 $H_0 \mid H_0$ 為真)，p 值即當虛無假設 $H_0$ 為真的情況下，拒絕虛無假設的機率。一般是當機率值 p 小於 .05(p<.05) 才能拒絕虛無假設 $H_0$（當顯著性 p 值很小，表示為虛無假設為真結

果的可能性很低，因而統計結果才有足夠證據認為虛無假設存在的機率很小，所以可以否決虛無假設)，拒絕虛無假設表示差異或相關顯著並非是機遇或運氣所造成的，也非是抽樣誤差導致的。在社會科學領域中，若是樣本統計量之 p 值小於 .05，通常其顯著性會以「*」表示，樣本統計量之 $p$ 值小於 .01 通常其顯著性會以「**」表示，樣本統計量之 $p$ 值小於 .001，通常其顯著性會以「***」表示；$p$ 值大於或等於 .05，表示未達顯著水準 (no significance)，會於樣本統計量旁加註「ns」或「n.s.」。若是研究者直接呈現樣本統計量及顯著性機率值 $p$，則不用再出現符號「*」或「$ns$」。

在下述範例中，研究者探究的是不同學校類別 ( 公立、私立 ) 的高職學生在生活壓力及憂鬱傾向的差異情形，採用獨立樣本 t 檢定統計分法：執行功能列「分析 (A)」/「比較平均數法 (M)」/「獨立樣本 T 檢定 (T)」程序，其輸出結果如下：

**組別統計量摘要表**

|  | 學校類別 | 個數 | 平均數 | 標準差 | 平均數的標準誤 |
|---|---|---|---|---|---|
| 生活壓力 | 公立 | 9 | 33.56 | 4.773 | 1.591 |
|  | 私立 | 9 | 47.89 | 7.026 | 2.342 |
| 憂鬱傾向 | 公立 | 9 | 28.00 | 5.745 | 1.915 |
|  | 私立 | 9 | 35.00 | 4.213 | 1.404 |

9 位公立學校觀察值在生活壓力、憂鬱傾向二個量表平均得分為 33.56、28.00；9 位私立學校觀察值在生活壓力、憂鬱傾向二個量表平均得分為 47.89、35.00。

獨立樣本檢定摘要表

| | | 變異數相等的 Levene 檢定 | | 平均數相等的 t 檢定 | | | | | | |
| | | F 檢定 | 顯著性 | t | 自由度 | 顯著性（雙尾） | 平均差異 | 標準誤差異 | 差異的 95% 信賴區間 | |
| | | | | | | | | | 下界 | 上界 |
| 生活壓力 | 假設變異數相等 | .990 | .335 | -5.063 | 16 | .000 | -14.333 | 2.831 | -20.335 | -8.332 |
| | 不假設變異數相等 | | | -5.063 | 14.087 | .000 | -14.333 | 2.831 | -20.402 | -8.265 |
| 憂鬱傾向 | 假設變異數相等 | 1.418 | .251 | -2.948 | 16 | .009 | -7.000 | 2.375 | -12.034 | -1.966 |
| | 不假設變異數相等 | | | -2.948 | 14.675 | .010 | -7.000 | 2.375 | -12.071 | -1.929 |

獨立樣本檢定表可知：就生活壓力依變項而言，二個群體的變異數同質，F 值統計量為 .990，顯著性機率值 p = .335>.05，接受虛無假設 $(\sigma_1^2 = \sigma_2^2)$，t 統計量看假設變異數相等列的數據，t 統計量為 -5.063，平均數差異的 95% 信賴區間為 [-20.335，-8.332]，平均差異值為 -14.333，因為平均數差異的 95% 信賴區間未包含 0 數值，表示平均差異值為 0 的可能性很低。就憂鬱傾向依變項而言，二個群體的變異數同質，F 值統計量為 1.0418，顯著性機率值 p = .251>.05，接受虛無假設 $(\sigma_1^2 = \sigma_2^2)$，t 統計量看假設變異數相等列的數據，t 統計量為 -2.948，平均數差異的 95% 信賴區間為 [-12.034，-1.966]，平均差異值為 -7.000，因為平均數差異的 95% 信賴區間未包含 0 數值，表示有 95% 的機率結果顯示二個群體的平均差異值不為 0。

**【表格範例】**

表 8-1 為直接將樣本統計量及顯著性 p 值呈現出來。

表 8-1

| 檢定變項 | 學校類別 | 個數 | 平均數 | 標準差 | t 值 | 顯著性 |
|---------|---------|------|--------|--------|------|--------|
| 生活壓力 | 公立 | 9 | 33.56 | 4.773 | -5.063 | .000 |
|         | 私立 | 9 | 47.89 | 7.026 |        |      |
| 憂鬱傾向 | 公立 | 9 | 28.00 | 5.745 | -2.948 | .009 |
|         | 私立 | 9 | 35.00 | 4.213 |        |      |

上述獨立樣本 t 檢定之表格中直接呈現二個平均數差異檢定的 t 統計量及顯著性機率值 p。

　　註：APA 第六版使用手冊中對於各組平均數統計量，除呈現平均數外，也增列平均數估計值之 95% 信賴區間的數值，以符號「95% CI」表示，如 [29.89, 37.22]，各組樣本數的個數以符號 n 表示，平均數以 M 表示、標準差以 SD 表示。二個群體差異檢定的 95% 信賴區間範圍如包含「0」這個數值，表示二個平均數差異值 D 可能為 0，如此，二個群體平均數相等的機率就很高，此時，t 值統計量會很小，而顯著性機率值 p 會很大，相對的平均數差異的 95% 信賴區間範圍未包含「0」這個數值，表示二個群體平均數差異值 D 為 0 的可能性很低，二個群體平均數間有顯著不同，此時，t 值統計量會較大，而對應的顯著性機率值 p 會小於 .05，以平均數差異的 95% 信賴區間判別二個母體平均數間是否有顯著差異與採用顯著性機率值 p 之結果會相同，所以統計表格中若呈現檢定統計量 t 值與顯著性 p 值，可以不用再呈現平均數差異檢定的 95% 信賴區間。範例中增列平均數統計量之 95% 信賴區間的數值，其數據表格如下：

| 檢定變項 | 學校類別 | 個數 N | 平均數 M | 標準差 SD | 95% CI [上界 , 下界] | t 值 | 顯著性 | 差異的 95%CI |
|---|---|---|---|---|---|---|---|---|
| 生活壓力 | 公立 | 9 | 33.56 | 4.773 | [29.89, 37.22] | -5.063 | .000 | [-20.335, -8.332] |
| | 私立 | 9 | 47.89 | 7.026 | [42.49, 53.29] | | | |
| 憂鬱傾向 | 公立 | 9 | 28.00 | 5.745 | [23.58, 32.42] | -2.948 | .009 | [-12.034, -1.966] |
| | 私立 | 9 | 35.00 | 4.213 | [31.76, 34.24] | | | |

表 8-2 為只呈現樣本統計量,顯著性 p 值以「*」號表示,若是顯著性 p 值小於 .05,則於樣本統計量數值旁加註「*」;若是顯著性 p 值小於 .01,則於樣本統計量數值旁加註「**」;若是顯著性 p 值小於 .001,則於樣本統計量數值旁加註「***」,如果顯著性 p = .001,表示機率值只小於 .01,未小於 .001,因而樣本統計量數值旁加註「**」,若是顯著性 p = .01,表示機率值只小於 .05,未小於 .01,因而樣本統計量數值旁加註「*」。

表 8-2 之顯著性機率值以通用符號表示:

**表 8-2**

| | 學校類別 | 個數 | 平均數 | 標準差 | t 值 |
|---|---|---|---|---|---|
| 生活壓力 | 公立 | 9 | 33.56 | 4.773 | -5.063*** |
| | 私立 | 9 | 47.89 | 7.026 | |
| 憂鬱傾向 | 公立 | 9 | 28.00 | 5.745 | -2.948** |
| | 私立 | 9 | 35.00 | 4.213 | |

*\*\*p<.01    \*\*\*p<.001*

增列平均數 95% 信賴區間及差異檢定統計量 95% 信賴區間估計值的表格如下:

| 檢定變項 | 學校類別 | 個數 | 平均數 | 標準差 | 95% CI | t 值 | 差異的95%CI |
|---|---|---|---|---|---|---|---|
| 生活壓力 | 公立 | 9 | 33.56 | 4.773 | [29.89, 37.22] | -5.063*** | [-20.335, -8.332] |
| | 私立 | 9 | 47.89 | 7.026 | [42.49, 53.29] | | |
| 憂鬱傾向 | 公立 | 9 | 28.00 | 5.745 | [23.58, 32.42] | -2.948** | [-12.034, -1.966] |
| | 私立 | 9 | 35.00 | 4.213 | [31.76, 34.24] | | |

**p<.01　***p<.001

　　表 8-3 為呈現樣本統計量、顯著性 p 值，並將顯著性 p 值再加註「*」號，此種表格呈現的加註是不適切的，因為顯著性 p 值是針對樣本統計量數值，既然研究者已直接呈現顯著性 p 值大小，就不用再增列是否顯著的通用符號，此外是否顯著是針對樣本統計量而言，研究者須將是否顯著的通用符號加註於「樣本統計量」旁 ( 如相關係數 r、t 檢定統計量 t 值、變異數分析 F 值 )，而非再加註於顯著性欄中。

【不適切的表格範例】

　　表 8-3 於顯著性機率值 p 旁又加註顯著與否的通用符號：

表 8-3

| 檢定變數 | 學校類別 | 個數 | 平均數 | 標準差 | t 值 | 顯著性 |
|---|---|---|---|---|---|---|
| 生活壓力 | 公立 | 9 | 33.56 | 4.773 | -5.063 | .000*** |
| | 私立 | 9 | 47.89 | 7.026 | | |
| 憂鬱傾向 | 公立 | 9 | 28.00 | 5.745 | -2.948 | .009** |
| | 私立 | 9 | 35.00 | 4.213 | | |

**p<.01　***p<.001

顯著性欄表示的為機率值 p 的原始數值，不用再增列顯著與否的通用符號

另一種表格是於檢定差異或相關統計量旁加註是否達 .05 顯著水準的符號，又完整增列「顯著性 p 值」的數據，此種表格並沒有錯，只是重複表示顯著性 p 值而已，徒增表格整理的困擾，此種表格可以將「顯著性」欄的數據刪掉 ( 若研究者不刪掉也可以 )，因為從增列的顯著與否通用符號 (* 號 )，即可知道虛無假設是否可以被否決或拒絕的結果。

| 檢定變數 | 學校類別 | 個數 | 平均數 | 標準差 | t 值 | 顯著性 |
|---|---|---|---|---|---|---|
| 生活壓力 | 公立 | 9 | 33.56 | 4.773 | -5.063*** | .000 |
| | 私立 | 9 | 47.89 | 7.026 | | |
| 憂鬱傾向 | 公立 | 9 | 28.00 | 5.745 | -2.948** | .009 |
| | 私立 | 9 | 35.00 | 4.213 | | |

*\*\*p<.01    \*\*\* p<.001*

顯著性欄可以刪除

再以不同年級高職學生 ( 一年級、二年級、三年級 ) 在生活壓力四個向度及生活壓力總量表之測量分數的差異比較為例 ( 差異檢定的依變數共有五個 )，SPSS 輸出之變異數分析摘要表如下 ( 資料處理方法為獨立樣本單因子變異數分析 )：

ANOVA

|  |  | 平方和 | 自由度 | 平均平方和 | F 檢定 | 顯著性 |
|---|---|---|---|---|---|---|
| 家庭壓力 | 組間 | 44.778 | 2 | 22.389 | 3.468 | .058 |
|  | 組內 | 96.833 | 15 | 6.456 |  |  |
|  | 總和 | 141.611 | 17 |  |  |  |
| 學校壓力 | 組間 | 52.111 | 2 | 26.056 | 2.286 | .136 |
|  | 組內 | 171.000 | 15 | 11.400 |  |  |
|  | 總和 | 223.111 | 17 |  |  |  |
| 個人壓力 | 組間 | 96.778 | 2 | 48.389 | 19.617 | .000 |
|  | 組內 | 37.000 | 15 | 2.467 |  |  |
|  | 總和 | 133.778 | 17 |  |  |  |
| 情感壓力 | 組間 | 18.778 | 2 | 9.389 | 2.624 | .105 |
|  | 組內 | 53.667 | 15 | 3.578 |  |  |
|  | 總和 | 72.444 | 17 |  |  |  |
| 生活壓力 | 組間 | 756.778 | 2 | 378.389 | 7.620 | .005 |
|  | 組內 | 744.833 | 15 | 49.656 |  |  |
|  | 總和 | 1501.611 | 17 |  |  |  |

F 檢定統計量為組間均方值與組內 ( 殘差項 ) 均方值的比值，如家庭壓力變項的

F 統計量 $= \dfrac{22.389}{6.456} = 3.468$，組間自由度 $= k - 1$。

多重比較 Tukey HSD

| 依變數 | (I) 年級 | (J) 年級 | 平均差異 (I-J) | 標準誤 | 顯著性 | 95% 信賴區間 | |
|---|---|---|---|---|---|---|---|
| | | | | | | 下界 | 上界 |
| 個人壓力 | 一年級 | 二年級 | -3.167(*) | .907 | .009 | -5.52 | -.81 |
| | | 三年級 | -5.667(*) | .907 | .000 | -8.02 | -3.31 |
| | 二年級 | 一年級 | 3.167(*) | .907 | .009 | .81 | 5.52 |
| | | 三年級 | -2.500(*) | .907 | .037 | -4.86 | -.14 |
| | 三年級 | 一年級 | 5.667(*) | .907 | .000 | 3.31 | 8.02 |
| | | 二年級 | 2.500(*) | .907 | .037 | .14 | 4.86 |
| 生活壓力 | 一年級 | 二年級 | -6.833 | 4.068 | .245 | -17.40 | 3.73 |
| | | 三年級 | -15.833(*) | 4.068 | .004 | -26.40 | -5.27 |
| | 二年級 | 一年級 | 6.833 | 4.068 | .245 | -3.73 | 17.40 |
| | | 三年級 | -9.000 | 4.068 | .101 | -19.57 | 1.57 |
| | 三年級 | 一年級 | 15.833(*) | 4.068 | .004 | 5.27 | 26.40 |
| | | 二年級 | 9.000 | 4.068 | .101 | -1.57 | 19.57 |

* 在 .05 水準上的平均差異很顯著。

多重比較表研究者只要看「平均差異 (I-J)」欄中數值為正，且有增列「(*)」符號者，有增列「(*)」符號者表示二個水準群組的平均數達到顯著，且第一個水準群組的平均數顯著高於第二個水準群組的平均數，二個水準群組平均數顯著差異不等於 0。

研究者將上述單因子變異數分析表格整理如表 8-4 所示。

【不適切表格範例】

表 8-4　不同年級的高職學生在生活壓力向度及整體生活壓力差異之變異數分析摘要表

| | | 平方和 | 自由度 | 平均平方和 | F 檢定 | 顯著性 | 事後比較 |
|---|---|---|---|---|---|---|---|
| 家庭壓力 | 組間 | 44.778 | 2 | 22.389 | 3.468 | .058*ns* | |
| | 組內 | 96.833 | 15 | 6.456 | | | |
| | 總和 | 141.611 | 17 | | | | |
| 學校壓力 | 組間 | 52.111 | 2 | 26.056 | 2.286 | .136*ns* | |
| | 組內 | 171.000 | 15 | 11.400 | | | |
| | 總和 | 223.111 | 17 | | | | |
| 個人壓力 | 組間 | 96.778 | 2 | 48.389 | 19.617 | .000*** | B>A |
| | 組內 | 37.000 | 15 | 2.467 | | | C>A |
| | 總和 | 133.778 | 17 | | | | C>B |
| 情感壓力 | 組間 | 18.778 | 2 | 9.389 | 2.624 | .105*ns* | |
| | 組內 | 53.667 | 15 | 3.578 | | | |
| | 總和 | 72.444 | 17 | | | | |
| 生活壓力 | 組間 | 756.778 | 2 | 378.389 | 7.620 | .005** | C>A |
| | 組內 | 44.833 | 15 | 49.656 | | | |
| | 總和 | 1501.611 | 17 | | | | |

註：*ns p>.05* **p<.01* ***p<.001* A：一年級　B：二年級　C：三年級

　　上述表格之所以不適切，乃是研究者已直接將顯著性 p 值完整呈現出來，就不必加註是否達到顯著水準之通用符號「＊」或「*ns*」，若是研究者要將是否達到顯著水準的符號「＊」或「*ns*」加註在表格中，應加註於統計量「F 檢定」欄中，而不是加註於「顯著性 p」欄內，上述表格較佳的呈現方式如表 8-5 所示。

**【表格範例】**

表 8-5 不同年級的高職學生在生活壓力向度及整體生活壓力差異之變異數分析摘要表

| | | 平方和 | 自由度 | 平均平方和 | F 檢定 | 事後比較 |
|---|---|---|---|---|---|---|
| 家庭壓力 | 組間 | 44.778 | 2 | 22.389 | 3.468 *ns* | |
| | 組內 | 96.833 | 15 | 6.456 | | |
| | 總和 | 141.611 | 17 | | | |
| 學校壓力 | 組間 | 52.111 | 2 | 26.056 | 2.286 *ns* | |
| | 組內 | 171.000 | 15 | 11.400 | | |
| | 總和 | 223.111 | 17 | | | |
| 個人壓力 | 組間 | 96.778 | 2 | 48.389 | 19.617*** | B>A |
| | 組內 | 37.000 | 15 | 2.467 | | C>A |
| | 總和 | 133.778 | 17 | | | C>B |
| 情感壓力 | 組間 | 18.778 | 2 | 9.389 | 2.624 *ns* | |
| | 組內 | 53.667 | 15 | 3.578 | | |
| | 總和 | 72.444 | 17 | | | |
| 生活壓力 | 組間 | 756.778 | 2 | 378.389 | 7.620** | C>A |
| | 組內 | 744.833 | 15 | 49.656 | | |
| | 總和 | 1501.611 | 17 | | | |

註：*ns p>.05* **p<.01* ***p<.001* A：一年級　B：二年級　C：三年級

三個年級在依變數的描述性統計量摘要表如下 ( 增列平均數 95% 信賴區間估計值 )：

| 檢定變數 | 年級 | 個數 | 平均數 | 標準差 | 95% CI |
|---|---|---|---|---|---|
| 家庭壓力 | 一年級 (A) | 6 | 8.50 | 1.871 | [6.54, 10.46] |
| | 二年級 (B) | 6 | 10.00 | 3.347 | [6.49, 13.51] |
| | 三年級 (C) | 6 | 12.33 | 2.160 | [10.07, 14.60] |
| 學校壓力 | 一年級 (A) | 6 | 8.67 | 3.830 | [4.65, 12.69] |
| | 二年級 (B) | 6 | 10.83 | 2.787 | [7.91, 13.76] |
| | 三年級 (C) | 6 | 12.83 | 3.430 | [9.23, 16.43] |
| 個人壓力 | 一年級 (A) | 6 | 7.17 | 1.169 | [5.94, 8.39] |
| | 二年級 (B) | 6 | 10.33 | 1.211 | [9.06, 11.60] |
| | 三年級 (C) | 6 | 12.83 | 2.137 | [10.59,15.08] |
| 情感壓力 | 一年級 (A) | 6 | 8.83 | 1.722 | [7.03, 10.64] |
| | 二年級 (B) | 6 | 8.83 | 2.137 | [6.59, 11.08] |
| | 三年級 (C) | 6 | 11.00 | 1.789 | [9.12, 12.88] |
| 生活壓力 | 一年級 (A) | 6 | 33.17 | 5.231 | [27.68, 38.66] |
| | 二年級 (B) | 6 | 40.00 | 7.211 | [32.43, 47.57] |
| | 三年級 (C) | 6 | 49.00 | 8.343 | [40.24, 57.76] |

上述統計顯著性之 p 值的判斷準則流程可以以下圖表示：

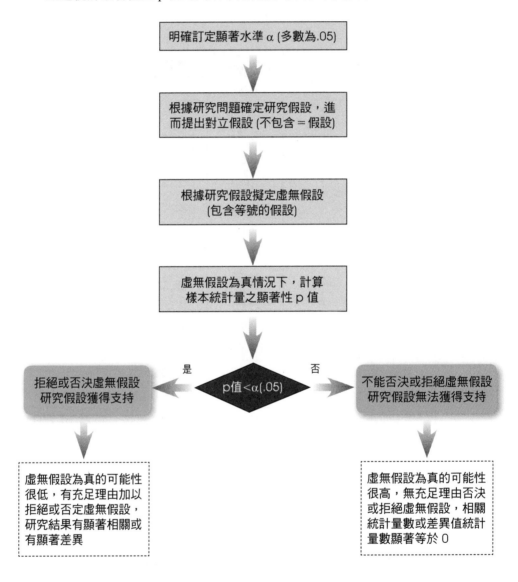

在統計顯著性方面，只要 p 值小於顯著水準 α 值，便可以說「顯著」(significance) 並非是機遇或運氣所造成的，p 值愈小研究者愈有足夠證據拒絕虛無假設。有些研究者會再根據 p 值的大小，將顯著性分為「顯著」(p<.05)、「很顯著」(very significance) 或「非常顯著」(p<.01)、「極端顯著」或「高度顯著」(highly significance)(p<.001)，其實這樣的分類沒有多大意義，因而 p 值既然小於

顯著水準 α 值，不論 p 是 .04 或 .009，均表示從樣本資料結構中有足夠證據可以拒絕虛無假設，拒絕虛無假設表示可以接受對立假設，即研究者所提的研究假設獲得支持。從樣本統計量推論至母群體性質或特徵時，研究者所擬定的研究假設不是「獲得支持」就是「被拒絕」，若是研究假設獲得支持，表示有足夠證據否決「虛無假設」，顯著性 p 值愈小否決「虛無假設」的證據愈強，但只要是樣本統計量之顯著性 p 值小於設定顯著水準 α( = .05)，均表示資料結構不是靠機遇 (chance) 或運氣所導致的，研究者可以下「研究假設獲得支持」的結論。至於自變項與依變項間的關聯程度，不能從顯著性 p 值來判別，而應從「效果量」或「效果值」數值的高低來判斷，效果量數值愈大，表示實務顯著性愈大。

完整統計顯著性決策的流程可以簡化如下：

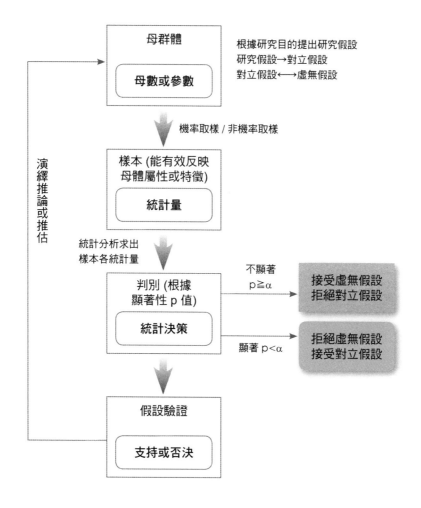

推估或推論都可能會發生誤判的情形,推論統計分析程序也是如此。統計顯著性的判定法則中,若虛無假設為真,但研究者根據樣本統計量作出拒絕虛無假設而接受對立假設的結論時,其所犯下的統計推論錯誤稱為第 I 類型錯誤 (type I error;α 錯誤),α = P(第 I 類型錯誤) = P(拒絕 $H_0$ | $H_0$ 為真);如真正母群體中「公立高職與私立高職學生的生活壓力沒有顯著差異」,研究者從樣本統計量得出的 p 值為 .023,作出拒絕虛無假設 ($H_0$:$\mu_1 - \mu_2 = 0$),接受對立假設 ($H_1$:$\mu_1 - \mu_2 \neq 0$) 的結論:「公立高職與私立高職學生的生活壓力有顯著的不同」,此種結論與母群真正特徵並不相同,此時研究者所犯的錯誤稱為型 I 錯誤,因為當顯著性 p 值小於顯著水準 α 值,表示虛無假設為真的可能性很低,可能性很低或機率很低,不表示虛無假設百分之百不可能為真,只表示此種情況發生的可能結果不高,因而第 I 類型錯誤表示的即是「當虛無假設為真的狀態下,統計推估加以拒絕的錯誤」;相對的,如果虛無假設為假,但研究者根據樣本統計量作出接受虛無假設而拒絕對立假設的結論,其所犯下的統計推論錯誤稱為第 II 類型錯誤 (type II error;β 錯誤),β = P(第 II 類型錯誤) = P(接受 $H_0$ | $H_0$ 為假),因為當顯著性 p 值遠大於顯著水準 α 值,表示虛無假設為真的可能性很高,可能性很高或機率很大,不表示虛無假設百分之百一定為真,既然虛無假設不是百分之百為真,研究推估接受虛無假設也可能發生虛無假設是錯的狀態下,推論加以接受的情況,因而第 II 類型錯誤表示的即是「當虛無假設為假的狀態下,統計推估加以接受的錯誤」。

假設考驗決策的情形與錯誤類型摘要表如下:

| 母群真實情況 <br> 統計決策 | $H_0$ 為真 | $H_0$ 為假 |
|---|---|---|
| 接受 | 決策正確 <br> $1 - \alpha$ | 型 II 錯誤 <br> (決策錯誤) β |
| 拒絕 | 型 I 錯誤 <br> (決策錯誤) α | 決策正確 <br> $1 - \beta$ (power) |

如果虛無假設為假,而研究者根據樣本統計量也正確拒絕虛無假設,表示研究者的決策正確,此種正確拒絕錯誤虛無假設的決策率稱為「統計考驗力」(statistical power),統計考驗力一般以符號 $1 - \beta$ 表示,表示的檢定統計中裁決正

確率，統計考驗力也可說是達到目標的能力，瞭解研究統計考驗力的大小，能確定達到目標的機率。一般而言，研究目的是在研究假設確定為真時，獲得顯著性的結果，而統計考驗力是指研究假設是真時，獲得顯著性結果的機率。研究推論中，統計考驗力有許多特點，如在搜集資料之前，計算統計考驗力的大小，可以知道需要多少受試者或樣本才能達到統計的顯著水準；此外從統計考驗力大小，可以知悉未達到統計顯著性 (p ≠ α)、或達到統計顯著性 (p<α) 時是否有達到「實務顯著性」(practical significance)。實驗設計的統計考驗力只有在研究假設是真的情況下才有意義，如果研究假設無法獲得支持，則呈現統計考驗力沒有實質意義 ( 黃瓊容編譯，2005)。

　　「統計顯著性」(statistical significance) 與「實務或臨床顯著性」(practical/ clinical significance) 是不同的。樣本平均數 M 與 $\mu_{HYP}$ ( 假設母群體平均數的數值 ) 間的差異稱為統計顯著性，然而 M 與 $\mu_{HYP}$ 間的差異雖然達到統計顯著性 (p<.05)，但可能由於實務或臨床顯著性的量數值的太小，而沒有實務上應用的價值。統計顯著性並不是實務顯著性或有用性的保證，如果樣本數比較小，組間平均數的差異要達到很大，且 / 或組內變異數要很小才可能達到統計上顯著水準；相反的，若是樣本數很大，只要組間平均數差異很小，即可達到統計上顯著水準 ( W arner, 2008, p.103)。「實務或臨床顯著性」就是效果值。

　　「效果值」(effect size) 反映的是依變項與自變項水準關聯之變異數比例，它表示的是依變項的總變異數中可以由自變項水準預測的程序，若以二個圓形分別表示依變項與自變項的總變異數，則效果值就是二個圓形重疊的部分，統計顯著性檢定 (statistical significance testing) 評估的是自變項與依變項關聯的信度 (reliability)，效果值測量的是關聯信度的程度有多大，效果值的數值愈大，表示自變項與依變項間關聯的程度愈高。若將二個圓形重疊的部分比喻為效果值的大小，則二個圓形重疊部分愈大，表示自變項可以解釋依變項的變異比例部分愈大；相對的二個圓形重疊部分愈小，表示依變項可以被自變項解釋的變異比例部分愈小。

在一般平均數差異檢定中效果值以「η 平方來衡量」，η 平方的求法為：$\eta^2 = \dfrac{SS_{effect}}{SS_{total}}$，若是自變項為二分變項（有二個水準），則效果值 $\eta^2$ 剛好等於計量依變項與二分間斷變項間的點二系列相關係數 (point biserial correlation)，如果主要效果或交互作用項效果達到顯著，表示依變項的總變異量 ($SS_{total}$) 中，可以由自變項解釋的變異量有多少 ($SS_{effect}$)（可以由實驗處理效果解釋的部分），但直接採用 η 平方在實際研究設計中會高估總變異量 ($SS_{total}$)，因而效果值會以「淨 $\eta^2$」(partial $\eta^2$) 來取代：淨 $\eta^2 = \dfrac{SS_{effect}}{SS_{effect+}SS_{error}}$，$\eta^2$ 表示組間平方和佔總平方和的比率。在變異數分析中，效果值通常會以 $\omega^2$ (omega squared) 來表示，$\omega^2$ 又稱為「關聯性強度係數」(coefficient of strength of association)：

$$\omega^2 = \frac{SS_{effect} - (df_{effect}) \times (MS_{error})}{SS_{total} + MS_{error}} = \frac{SS_b - (k-1) \times (MS_w)}{SS_t + MS_w}$$

（固定效果模式，指變異數分析中每次類別變項的群組水準是相同的，若是每次群組水準都不同的實驗處理稱為隨機效果模式，其關聯強度係數計算公式為：$\dfrac{MS_b - MS_w}{MS_b + (n-1) \times MS_w}$，n 為各水準群組觀察值個數，若是各水準群組的觀察值個數不同，以調和平均數取代）效果值的數值介於 0 至 1 中間；另外一個效果值指標為 Cohen d（柯恩 d 指標值），其數值為平均數的差異除以標準差：

$$d = \frac{(M - \mu_{HYP})}{\sigma} = \frac{(M - \mu_{HYP})}{S} \text{ (Tabachnick \& Fidell, 2007, pp.54-55)}$$

Cohen d 效果值大小的判別指標為：d 數值 ≤ 0.20 屬小的效果值、.20<d<.70 屬中的效果值、d ≥ .80 屬大的效果值；η 平方的判別：$\eta^2$≦.90 屬小的效果值、.09<$\eta^2$<.25 屬中的效果值、$\eta^2$≧.25 屬大的效果值。至於關聯性強度係數的判別準則為：$\omega^2$≦.06 屬微弱關聯關係（小效果值）、.06< $\omega^2$≦.14 屬中度關聯關係（中效果值）、.14≦$\omega^2$ 屬強度關聯關係（大效果值）(SPSS 輸出之淨 Eta 平方值效果量大小的判別準則與關聯性強度係數 $\omega^2$ 相同）。

實驗設計程序單一樣本效果值的計算公式為：$d = \dfrac{\overline{X} - \overline{X_0}}{SD_\delta}$，$SD_\delta$ 為組內樣

本標準差，雙樣本標準化均差統計量的計算公式為：$d = \dfrac{\overline{X_1} - \overline{X_2}}{SD_\delta}$，$SD_\delta$ 為組內合併標準差 (pooled standard deviation)，若是以獨立樣本 t 檢定統計量換算，其計算公式為：$d = \dfrac{t^2}{t^2 + (n_1 + n_2 - 2)}$。以「學校類別」固定因子 ( 分為公立、私立二個水準群組 ) 在「生活壓力」依變數的差異檢定為例，平均數差異檢定的 t 值統計量為 -5.063(p<.001)，效果值 $d = \dfrac{t^2}{t^2 + (n_1 + n_2 - 2)} = \dfrac{(-5.063)^2}{(-5.0632) + (9 + 9 - 2)} = \dfrac{25.634}{41.634} = 61.6\%$，效果值 $\eta^2$ 等於 61.6%，表示「學校類別」固定因子可以解釋高職學生「生活壓力」變數 61.6% 的變異量，或是高職學生「生活壓力」的總變異量中，有 61.6% 的變異可以由「學校類別」因子來解釋。在 SPSS 統計軟體中，要求出效果值可以執行功能表列「分析 (A)」/「一般線性模式 (G)」/「單變量 (U)」或「多變量 (M)」程序，於「單變量：選項」或「多變量：選項」次對話視窗中勾選「☑ 效果大小估計值 (E)」選項即可，輸出之「受試者間效應項的檢定」摘要表中，會增列「淨相關 Eta 平方」欄的數據，此數據即為效果值的量數。

**受試者間效應項的檢定——依變數：生活壓力**

| 來源 | 型 III 平方和 | df | 平均 平方和 | F | 顯著性 | 淨相關 Eta 平方 |
|------|------|------|------|------|------|------|
| 學校類別 | 924.500 | 1 | 924.500 | 25.631 | .000 | .616 |
| 誤差 | 577.111 | 16 | 36.069 | | | |
| 校正後的總數 | 1501.611 | 17 | | | | |

執行一般線性模式，效果值也可以從「型 III 平方和」的數據求出：

$\eta^2 = \dfrac{SS_b}{SS_b + SS_w} = \dfrac{SS_{effect}}{SS_{total}} = \dfrac{924.500}{1501.611} = 61.6\%$，無法解釋的變異量為 $\eta^2 = \dfrac{SS_{error}}{SS_{total}} = \dfrac{577.111}{1501.611} = 38.4\%$，其中，無法解釋的變異量 38.4% 表示「生活壓力」依變數中無法被「學校類別」因子解釋的變異程度部分。若是將生活壓力依變數的變異量設定為 1 (100.0%)，效果值或解釋量可以圖示如下：

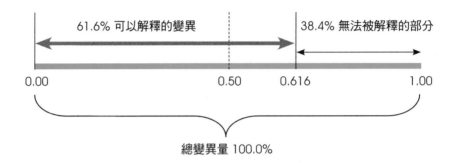

以不同年級因子在生活壓力的差異檢定而言，年級固定因子有三個水準，執行變異數分析程序，發現不同年級的高職學生其感受的生活壓力有顯著不同。差異檢定的效果量 ( 關聯強度係數 ) 為：$\omega^2 = \dfrac{SS_b - (k-1) \times MS_w}{SS_t + MS_w}$，其中 $SS_b = 756.778$ ( 組間的 $SS$)，$SS_t = 1501.611$ ($SS$ 的總和 )，$MS_w = 49.656$ ( 誤差項的均方 )，k = 3( 三個群組 )，$\omega^2 = \dfrac{SS_b - (k-1) \times MS_w}{SS_t + MS_w} = \dfrac{756.778 - (3-1) \times 49.656}{1501.611 + 49.656} = 0.438$，「受試者間效應項的檢定」摘要表中的調過後的 R 平方值 = .438，即為變異數分析程序中的關聯性強度係數，此係數表示的固定因子可以解釋依變項變異的部分，範例中為生活壓力依變項總變異中可以被年級因子變數解釋的變異部分為 43.8%。

**受試者間效應項的檢定——依變數：生活壓力**

| 來源 | 型 III 平方和 $SS$ | df | 平均 平方和 | F | 顯著性 | 淨相關 Eta 平方 [a] |
|------|------|------|------|------|------|------|
| 年級 | 756.778 | 2 | 378.389 | 7.620 | .005 | .504 |
| 誤差 | 744.833 | 15 | 49.656 | | | |
| 校正後的總數 | 1501.611 | 17 | | | | |

a. R 平方 = .504 ( 調過後的 R 平方 = .438)

年級固定因子可以解釋「生活壓力」依變數的解釋變異與殘差量 ( 無法解釋的變異部分 ) 以圖表示如下：

可以被「年級」因子解釋 | 無法被「年級」因子解釋的變異量為
的變異量為 43.8% | 殘差量或誤差量為 56.2%

「生活壓力」變數的變異量為 100.0%

簡單相關程序，實務顯著性為相關係數平方值 ( 稱為決定係數 ) $(r^2)$，$1-r^2$ 為二個變項間無法解釋的變異 ( 殘差量 )；二個平均數差異檢定程序 ( t 檢定 )，實務顯著性量數一般稱為效果值 $(\eta^2)$；變異數分析程序，實務顯著性量數為關聯量數 $(\omega^2)$；多元迴歸分析程序，實務顯著性量數為多元相關係數平方 $(R^2)$；因素分析程序，實務顯著性為特徵值 $(\lambda)$( 特徵值為共同因素在所有題項因素負荷量的平方總和，平方總和的平均值為共同因素的解釋量，表示共同因素可以解釋所有指標變項的變異多寡 ) 與共同性 ( 指標題項可以解釋所有共同因素的變異 )；典型相關程序，實務顯著性為典型相關係數平方 $(\rho^2)$；卡方檢定程序，實務顯著性為列聯係數、Φ 相關係數等，上述實務性統計量數皆可由 SPSS 統計軟體求出。

## 貳、樣本數大小與統計顯著性

統計顯著性的「拒絕」或「接受」的假設，主要是針對虛無假設，虛無假設為包含等號的假設，假設 θ 為母群體的參數，$\theta_0$ 為某個估計值，雙尾檢定情況下，虛無假設 $H_0$ 為：$\theta=\theta_0$，對立假設 $H_1$ 為：$\theta=\theta_0$；單尾檢定情況下，虛無假設 $H_0$ 為：$\theta\leqq\theta_0$，或 $\theta\geqq\theta_0$，對應的對立假設 $H_1$ 為 $\theta>\theta_0$ 或 $\theta<\theta_0$，虛無假設與對立假設是互斥的，統計分析結果之統計量的顯著性 p 如小於 .05，表示虛無假設發生的可能性很小，研究結果可以作出拒絕虛無假設的判決。估計與檢定中，統計量的顯著性 p 值與抽樣樣本數有很密切關係，當抽樣的有效樣本數愈大時，樣本統計量之顯著性 p 值很容易達到顯著水準 $(p<\alpha)$，即樣本數愈大時，愈容易達到統計上的顯著水準，即出現「拒絕虛無假設」結果的機率很大。下面是相同數據為不同樣本統計分析所得出之樣本統計量及顯著性的說明範例：

### 一、平均數差異性檢定

自變項 G 為二分類別變項，二個水準數值分別為 1、2，X 與 Y 變數均為計量變項。範例中為只抽取十位受試者的資料，以二分類別變項 G 為自變項、計量變數 X 為檢定變數：

| G | X | Y | G | X | Y | G | X | Y | G | X | Y | G | X | Y |
|---|---|---|---|---|---|---|---|---|---|---|---|---|---|---|
| 1 | 3 | 8 | 2 | 7 | 3 | 2 | 3 | 6 | 2 | 6 | 5 | 1 | 10 | 9 |
| 1 | 4 | 1 | 1 | 8 | 4 | 1 | 2 | 5 | 2 | 5 | 4 | 2 | 4 | 8 |

執行 SPSS 功能列「分析 (A)」/「比較平均數法 (M)」/「獨立樣本 T 檢定 (P)」程序，可以求出二組平均數差異的 t 值及顯著性；執行功能列「分析 (A)」/「一般線性模式 (G)」/「單變量 (U)」程序，可以求出二組平均數差異的 F 值、效果值及統計考驗力 $(1 - \beta)$，其中 F 統計量數值為 t 值統計量的平方 ( $F = t^2$、$\sqrt{F} = t$ )。執行功能列「資料 (D)」/「選擇觀察值 (C)」程序可以選取符合條件的樣本，在「選擇觀察值」對話方塊中，勾選「⊙ 以時間或觀察值範圍為準 (B)」選項，再按「範圍 (N)」鈕，可開啟「選擇觀察值：界定範圍」次對話視窗，可選取要進行統計分析之觀察值個數與範圍。

二個群體的有效樣本數各為 50，總樣本數為 100 時所輸出之部分結果如下：

| G | 平均數 | 標準差 | 個數 |
|---|---|---|---|
| 1.00 | 5.4000 | 3.10365 | 50 |
| 2.00 | 5.0000 | 1.42857 | 50 |
| 總和 | 5.2000 | 2.41209 | 100 |

第一個群組的平均數為 5.40、標準差為 3.104、有效樣本數等於 50；第二個群組的平均數為 5.00、標準差為 1.429、有效樣本數等於 50；總平均數為 5.20、標準差為 2.412，全部樣本數為 100。

| 來源 | 型 III 平方和 | 自由度 | 平均平方和 | F 檢定 | 顯著性 | 淨相關 Eta 平方 (b) | 觀察的檢定能力 (a) |
|---|---|---|---|---|---|---|---|
| G | 4.000 | 1 | 4.000 | .685 | .410 | .007 | .130 |
| 誤差 | 572.000 | 98 | 5.837 | | | | |
| 總和 | 3280.000 | 100 | | | | | |
| 校正後的總數 | 576.000 | 99 | | | | | |

a 使用 alpha ＝ .05 計算
b R 平方＝ .007 ( 調過後的 R 平方＝ -.003)

　　二組平均數差異之 F 統計量為 .685、顯著性機率值 p ＝ .410，淨相關 Eta 平方為 .007，統計考驗力為 .130。

　　二個群體的有效樣本數各為 500，總樣本數為 1000 時所輸出之部分結果如下：

| G | 平均數 | 標準差 | 個數 |
|---|---|---|---|
| 1.00 | 5.4000 | 3.07554 | 500 |
| 2.00 | 5.0000 | 1.41563 | 500 |
| 總和 | 5.2000 | 2.40120 | 1000 |

　　第一個群組的平均數為 5.40、標準差為 3.076、有效樣本數等於 500；第二個群組的平均數為 5.00、標準差為 1.416、有效樣本數等於 500，總平均數為 5.20、標準差為 4.401，全部樣本數為 1000。

| 來源 | 型 III 平方和 | 自由度 | 平均平方和 | F 檢定 | 顯著性 | 淨相關 Eta 平方 (b) | 觀察的檢定能力 (a) |
|---|---|---|---|---|---|---|---|
| G | 40.000 | 1 | 40.000 | 6.979 | .008 | .007 | .752 |
| 誤差 | 5720.000 | 998 | 5.731 | | | | |
| 總和 | 32800.000 | 1000 | | | | | |
| 校正後的總數 | 5760.000 | 999 | | | | | |

a 使用 alpha ＝ .05 計算
b R 平方＝ .007 ( 調過後的 R 平方＝ .006)

二組平均數差異之 F 統計量為 6.979、顯著性機率值 p = .008，淨相關 Eta 平方為 .007，統計考驗力為 .752。

依照上述程序逐一將樣本數由 10 位 ( 二個群組有效樣本數各有 5 位 ) 擴大至 1500 位 ( 二個群組有效樣本數各有 750 位 )，其數據表格統整如下：

獨立樣本 t 檢定之樣本數大小與統計顯著性摘要表 (F 值統計量 $= t^2$ )

| 樣本數 | t 值 | F 值 | 顯著性 p | 統計考驗力 | 備註 |
|---|---|---|---|---|---|
| 10 [5,5] | .237 | 0.056 | .819 | .055 | >.05 |
| 100 [50,50] | .828 | 0.685 | .410 | .130 | >.05 |
| 300 [150,150] | 1.444 | 2.085 | .150 | .302 | >.05 |
| 400 [200,200] | 1.668 | 2.782 | .096 | .384 | >.05 |
| 500 [250,250] | 1.866 | 3.482 | .063 | .461 | >.05 |
| 600 [300,300] | 2.045 | 4.182 | .041 | .533 | <05 |
| 800 [400,400] | 2.362 | 5.579 | .018 | .655 | <.05 |
| 1000 [500,500] | 2.642 | 6.979 | .008 | .752 | <.01 |
| 1200 [600,600] | 2.894 | 8.738 | .004 | .824 | <.01 |
| 1500 [750,750] | 3.237 | 10.746 | .001 | .899 | <.01 |

平均數 [5.40, 5.00]、總平均數 = 5.20、效果值 = .007

從平均數差異之樣本數、樣本統計量與顯著性摘要表中可以發現：

1. 只要再增加樣本人數，原先未達統計顯著水準 (p<α) 的量數，很容易達到統計顯著性，範例中抽樣樣本數等於 500 位時 ( 每個水準群組觀察值的總個數為 250 位 )，顯著性機率值 p = .063>.05，但當樣本數達到 600 位時 ( 每個水準群組觀察值的總個數為 300 位 )，顯著性機率值 p = .041<.05，表示二個群體在 X 計量變數的平均數有顯著差異 ($u_1 - \mu_2 \neq 0$)，二個群體平均數的差異量顯著不等於 0；樣本數達到 1500 位時 ( 每個水準群組觀察值的總個數為 750 位 )，顯著性機率值 p 更降為 .001。雖然二個群體的平均數有顯著差異 ( 達到統計顯著性 )，但從效果值來看，效果值為 .007，表示自變項群組可以解釋 X 計量變數的變異只有 0.7%，其實務顯著性很低。效果值可以說明自變項的強度，表示自變項與依變項關聯程度的強弱，當抽取之樣本數較大

時，研究者應同時呈現統計顯著性與效果量的大小。

2. 統計考驗力是正確拒絕虛無假設的機率，即當虛無假設為假，而研究者又根據樣本統計量正確的拒絕虛無假設，此時表示決策正確。在推論統計中，一般將顯著水準定為 .05，將研究可接受的統計考驗力定為 .80 以上。統計考驗力的數值與樣本大小有密切關係，當樣本數愈大，統計考驗力就會愈大。從平均數差異檢定摘要表中可以得知：各群體人數從 5 位變為 750 位時，平均數差異的統計考驗力從 .055 增大至 .899。當總樣本數分別為 600、1,200 時，顯著性機率值分別為 .041、.004，均達到統計上顯著水準，但二者統計考驗力的數值大小則有明顯不同，一為 .533、一為 .824，可見，抽樣時應有足夠的代表性樣本，才能得到較佳的統計考驗力。最佳的研究結果是平均數的差異達到統計上的顯著水準 (p<.05)，但效果值能達到中度關聯程度，統計考驗力 $(1 - \beta)$ 在 .80 以上 ( 實際的虛無假設為偽的情況下，又加以拒絕的正確率高達 80.0% 以上 )。

## 二、相關顯著性檢定

以上述 X 與 Y 二個計量變項的數據為例，執行 SPSS 功能列「分析 (A)」/「相關 (C)」/「雙變數」程序，可以求出二個變項間的積差相關係數。

虛無假設為：$\rho = 0$ ( 雙尾檢定 )；對立假設為：$\rho \neq 0$。其中虛無假設假定相關係數值為 0，對立假設假定相關係數值不等於 0，相關係數值不為 0，表示二個變數間有相關，當相關係數大於 0，二個變數間為正相關；相關係數小於 0，二個變數間為正相關，不管相關係數大於 0 或小於 0，均表示二個變數間有顯著相關。

**相關**

|   |   | X | Y |
|---|---|---|---|
| X | Pearson 相關 | 1 | .095 |
|   | 顯著性 ( 雙尾 ) |   | .347 |
|   | 個數 | 100 | 100 |
| Y | Pearson 相關 | .095 | 1 |
|   | 顯著性 ( 雙尾 ) | .347 |   |
|   | 個數 | 100 | 100 |

有效樣本數為 100 時，X 變項與 Y 變項間的積差相關係數為 .095，顯著性機率值 p 等於 .347。

**相關**

|  |  | X | Y |
|---|---|---|---|
| X | Pearson 相關 | 1 | .095(*) |
|  | 顯著性 ( 雙尾 ) |  | .034 |
|  | 個數 | 500 | 500 |
| Y | Pearson 相關 | .095(*) | 1 |
|  | 顯著性 ( 雙尾 ) | .034 |  |
|  | 個數 | 500 | 500 |

\* 在顯著水準為 0.05 時 ( 雙尾 )，相關顯著。

有效樣本數為 500 時，X 變項與 Y 變項間的積差相關係數為 .095，顯著性機率值 p 等於 .034(p<.05)。

不同樣本數時，X 變數與 Y 變數間的相關係數與顯著性機率值 p 的摘要表如下：

**不同樣本數大小之 X 變數與 Y 變數間的相關與顯著性 p 值摘要表**

| 樣本數 | 相關係數 | 顯著性 p | 備註 |
|---|---|---|---|
| 10 | .095 | .794 | >.05 |
| 100 | .095 | .347 | >.05 |
| 300 | .095 | .101 | >.05 |
| 400 | .095 | .058 | >.05 |
| 500 | .095* | .034 | <.05 |
| 600 | .095* | .020 | <05 |
| 800 | .095** | .007 | <.01 |
| 1000 | .095** | .003 | <.01 |
| 1500 | .095*** | .000 | <.001 |

決定係數 (r 平方 )：$r^2$：.095×.095 = .009

　　從上述摘要表中可以發現，當樣本數夠大時，即使相關係數值很小，也會達到 .05 的統計顯著水準。以樣本數 100 及 500 而言，二者之相關係數統計量均為 .095，二者的顯著性機率值 p 分別為 .347、.034。當樣本數為 1000 時，即使二個變項間的相關係數只有 .095，顯著性機率值 p 也很容易小於設定的顯著水準 (p = .003<.05)，樣本數愈大，顯著性機率值 p 則愈小，表示樣本統計量愈易達到統計顯著水準，易得到「拒絕虛無假設、研究假設獲得支持」的結論。此時，決定係數 (coefficient of determination——為相關係數的平方值 ) $r^2$ 等於 .095×.095 = .009，表示 Y 變項總變異量中可以被 X 變項解釋的比例只有 0.9%，或 X 變項總變異量中可以被 Y 變項解釋的比例只有 0.9%，無法被 Y 變項解釋的變異量高達 91.0%。決定係數值不到 1%，表示效果量為微弱效果，X 變項與 Y 變項間的關聯程度為微弱關係，二者雖達統計顯著性，但實務顯著性很低。因而 X 變項與 Y 變項雖呈顯著正相關，但由於二者間關聯程度甚低，若作為一項結論進而撰述研究建議，恐結論太過薄弱。

從理論統計的觀點分析，母體相關係數是否為 0 的檢定公式為：$t = \dfrac{r - \rho}{\sqrt{\dfrac{1 - r^2}{N - 2}}}$ 或

$Z = \dfrac{r - \rho}{\sqrt{\dfrac{1}{N}}}$，當樣本數 N 趨近於很大或無限大時，原分母項 $\sqrt{\dfrac{1 - r^2}{N - Z}}$ 或 $\sqrt{\dfrac{1}{N}}$ 會趨

近於 0，t 值統計量或 Z 值統計量的絕對值會變得很大，此時統計量絕對值定會落入拒絕域，而作出拒絕虛假的結論，此種拒絕虛無假設的統計推論，並非真正是二個變數間的關聯密切，而是因為抽取的樣本數 N 很大導致的。

## 三、卡方檢定統計量

　　下面為二個二分類別變項間之相關，「家庭結構」變項中水準數值 0 為「單親家庭」、水準數值 1 為「完整家庭」；「學習動機」變項中水準數值 0 為「低學習動機」、1 為「高學習動機」，研究者要探究的研究問題為「國中學生的家庭結構與其學習動機間是否有顯著相關」，由於二個變數均為名義二分變項 (nominal-dichotomous variables)，採用統計相關方法為 Φ 相關 (phi coefficient)，

而 Φ 相關由卡方值導出 ，因而 Φ 相關的顯著性考驗多半以卡方考驗法代替。範例中 SPSS 模擬之資料檔如下：

| 家庭結構 | 學習動機 | 次_50 | 次_100 | 次_200 | 次_300 | 次_400 | 次_500 |
|---|---|---|---|---|---|---|---|
| 0 | 0 | 12 | 24 | 48 | 72 | 96 | 120 |
| 0 | 1 | 8 | 16 | 32 | 48 | 64 | 80 |
| 1 | 0 | 12 | 24 | 48 | 72 | 96 | 120 |
| 1 | 1 | 18 | 36 | 72 | 108 | 144 | 180 |

交叉表檢定的操作為執行功能表列「分析(A)」/「敘述統計(E)」/「交叉表(C)」程序，於「交叉表：統計量」次對話視窗勾選「☑ 卡方分配(H)」、「☑ Phi 與 Cramer's V」選項。

樣本觀察值總數 N = 50 時的相關統計量如下：

| | 數值 | 自由度 | 漸近顯著性（雙尾） | 精確顯著性（雙尾） | 精確顯著性（單尾） |
|---|---|---|---|---|---|
| Pearson 卡方 | 1.923[a] | 1 | .166 | | |
| 有效觀察值的個數 | 50 | | | | |

a. 0 格 (.0%) 的預期個數少於 5。最小的預期個數為 9.60。
b. 只能計算 2x2 表格

卡方檢定之卡方統計量為 1.923，自由度等於 1，顯著性機率值 $p = .166 > .05$，接受虛無假設，家庭結構與學習動機二個變數間沒有顯著相關存在。

**對稱性量數**

| | | 數值 | 顯著性近似值 |
|---|---|---|---|
| 以名義量數為主 | Phi 值 | .196 | .166 |
| | Cramer's V 值 | .196 | .166 |

Phi 數值為 .196，顯著性機率值 $p = .166$，由於二個二分名義變項間沒有顯著相關，因而 Φ 相關係數顯著等於 0，樣本觀察值求出的統計量為 .196，是抽樣誤差造成的。

不同樣本數之卡方統計量、顯著性及 Φ 相關統計量摘要表如下：

**不同樣本數之卡方統計量、顯著性摘要表**

|  | 低學習動機 | 高學習動機 | 總樣本數 | $\chi^2$ | 顯著性 | Φ 值 |
|---|---|---|---|---|---|---|
| 單親家庭 | 12 | 8 | 50 | 1.923 | .166 | .196 |
| 完整家庭 | 12 | 18 | | | | |
| 單親家庭 | 24 | 16 | 100 | 3.846 | .050 | .196 |
| 完整家庭 | 24 | 36 | | | | |
| 單親家庭 | 48 | 32 | 200 | 7.692 | .006 | .196 |
| 完整家庭 | 48 | 72 | | | | |
| 單親家庭 | 72 | 48 | 300 | 11.538 | .001 | .196 |
| 完整家庭 | 72 | 108 | | | | |
| 單親家庭 | 120 | 80 | 500 | 19.231 | .000 | .196 |
| 完整家庭 | 120 | 180 | | | | |

　　樣本數大小從 100 變為 200 時，樣本統計量之卡方值從 3.846 變為 7.692，顯著性機率值從 .050 變為 .006，範例中當樣本數大於 200 以上時，二個名義變項間的相關係數均達到 .05 顯著水準 (p<.05)，數據資料顯示樣本數愈大愈容易達到統計顯著水準，但從 Φ 相關係數值來看，其相關係數值只有 .196，小於 .400，表示二個變數間的關聯程度不高，「家庭結構」與「學習動機」二個二分類別變項間雖有關係，但關聯強度屬微弱關係。以卡方值統計量而言，卡方值統計量對樣本數大小更為敏感，當樣本數夠大時，卡方值統計量顯著性機率值 p 多數會小於 .05，而得出「拒絕虛無假設、接受對立假設」的結論。

## 四、變異數分析 F 值統計量與樣本數

　　下面範例中，固定因子變數為「GRO」，變數尺度為三分名義變項，依變項為 Y，變數尺度為計量變項。三個水準群組觀察值人數相等，水準群組 1 的平均數為 6.00、水準群組 2 的平均數為 6.20、水準群組 3 的平均數為 5.80。

　　單因子獨立樣本變異數分析的虛無假設與對立假設如下：

$H_0：\mu_1 = \mu_2 = \mu_3；H_1$ 並非所有 μ 都相等 ( 至少有一配對間的 μ 差異 ≠0)

| GRO | 1 | 1 | 1 | 1 | 1 | 2 | 2 | 2 | 2 | 2 | 3 | 3 | 3 | 3 | 3 |
|---|---|---|---|---|---|---|---|---|---|---|---|---|---|---|---|
| Y | 4 | 5 | 9 | 10 | 2 | 5 | 10 | 6 | 7 | 3 | 4 | 6 | 3 | 7 | 9 |

將上述十五位觀察值數據重複複製作為樣本觀察值統計分析的模擬數據，SPSS
統計軟體中執行「分析 (A)」/「一般線性模式 (G)」/「單變量 (U)」程序，於
「單變量：選項」次對話視窗，勾選「☑ 效果大小估計值 (E)」、「☑ 觀察的檢
定能力 (B)」選項可以求出關聯強度 $\omega^2$ 統計量及統計考驗力。

觀察值為 105，各組人數等於 35 時，組別變數在依變項 Y 差異檢定結果如
下：

| 來源 | 型 III 平方和 | df | 平均 平方和 | F | 顯著性 | 淨相關 Eta 平方[a] | 觀察的檢定能力 |
|---|---|---|---|---|---|---|---|
| GRO | 2.800 | 2 | 1.400 | .213 | .808 | .004 | .083 |
| 誤差 | 669.200 | 102 | 6.561 | | | | |
| 校正後的總數 | 672.000 | 104 | | | | | |

觀察值 N 為 105 位時，F 值統計量為 0.213，顯著性 p = .808>.05，統計考驗力
為 .083，接受虛無假設，三個水準群組在依變項的平均數相同。

觀察值為 1575，各組人數等於 525 時，組別變數在依變項 Y 差異檢定結果
如下：

| 來源 | 型 III 平方和 | df | 平均 平方和 | F | 顯著性 | 淨相關 Eta 平方[a] | 觀察的檢定能力 |
|---|---|---|---|---|---|---|---|
| GRO | 42.000 | 2 | 21.000 | 3.289 | .038 | .004 | .626 |
| 誤差 | 10038.000 | 1572 | 6.385 | | | | |
| 校正後的總數 | 10080.000 | 1574 | | | | | |

a. R 平方 = .004 (調過後的 R 平方 = .003)

觀察值 N 為 1575 位時，F 值統計量為 3.289，顯著性 p = .038<.05，統計考驗力
為 .626。

下表為不同樣本個數在依變項之 F 值統計量及顯著性摘要表

| GRO<br><br>樣本總數 | 組別 1 平均數 6.00<br><br>群組 1 觀察值個數 | 組別 2 平均數 6.20<br><br>群組 2 觀察值個數 | 組別 3 平均數 5.80<br><br>群組 3 觀察值個數 | F 值 | 顯著性 | 關聯強度 | 統計考驗力 |
|---|---|---|---|---|---|---|---|
| 105 | 35 | 35 | 35 | .213 | .808 | - | |
| 210 | 70 | 70 | 70 | .433 | .649 | - | |
| 315 | 105 | 105 | 105 | .653 | .521 | - | |
| 420 | 140 | 140 | 140 | .872 | .419 | - | |
| 525 | 175 | 175 | 175 | 1.092 | .336 | - | |
| 630 | 210 | 210 | 210 | 1.312 | .270 | - | |
| 735 | 245 | 245 | 245 | 1.531 | .217 | - | |
| 1050 | 350 | 350 | 350 | 2.190 | .112 | - | |
| 1260 | 420 | 420 | 420 | 2.630 | .072 | - | |
| 1365 | 455 | 455 | 455 | 2.849 | .058 | | .560 |
| 1470 | 490 | 490 | 490 | 3.069 | .047 | .003 | .594 |
| 1575 | 525 | 525 | 525 | 3.289 | .038 | .003 | .626 |
| 1785 | 595 | 595 | 595 | 3.728 | .024 | .003 | .684 |
| 1995 | 665 | 665 | 665 | 4.167 | .016 | .003 | .736 |
| 2310 | 770 | 770 | 770 | 4.826 | .008 | .003 | .800 |

從上述摘要表可以看出，當各水準群組的個數為 455，觀察值總個數等於 1365 時，F 值統計量為 2.849，顯著性機率值 p = .058>.05；各水準群組個數大於 490 位、觀察值總個數大於 1470 以上，F 值統計量的顯著性機率值 p 就會小於 .05，當各水準群組的個數愈多，F 值統計量會愈大，相對應的顯著性機率值 p 愈小，統計考驗力愈高，總樣本數達 2310 位，統計考驗力可達 .800 的標準。在達到統計顯著性的數據中，進一步探討其關聯強度係數，其關聯強度統計量 $\omega^2$ 只有 .003，表示固定因子變項可以解釋 Y 計量變項的解釋變異量只有 0.3%。群組間平均數的差異主要是因為大樣本數造成的，因為當有效觀察值愈大，殘差項的自由度 $(N-1)-(k-1)＝N-k$ 愈大 (N 為總樣本數，k 為水準群組個數，組間的

自由度為 k－1，整體的自由度為 N－1)，殘差項離均差平方和 $SS_w$ 除以自由度

N－k 所得均方值 $MS_w(\frac{SS_w}{N-k})$ 愈小，F 值統計量會愈大 ( 因為分母項的數值比

較小 )。

$$F=\frac{MS_b}{MS_w}=\frac{\frac{SS_b}{df_b}}{\frac{SS_W}{df_w}}=\frac{\frac{SS_b}{k-1}}{\frac{SS_W}{N-k}}$$ ，當 N 很大時，N－k 值約等於 N，F 值統計量之分母

項 $\frac{SS_w}{N-k}$ 會較小。範例資料檔統計分析結果雖然拒絕虛無假設，但依變項總變

異量中可以被固定因子變數 ( 或實驗處理效果 ) 解釋的變異量只有 0.3%，此種拒

絕虛無假設 (p<.05) 的統計顯著性，其實是因為大樣本情況下所導致的，依變項

可以被固定因子解釋的變異量 ( 關聯強度係數值 ) 很低。

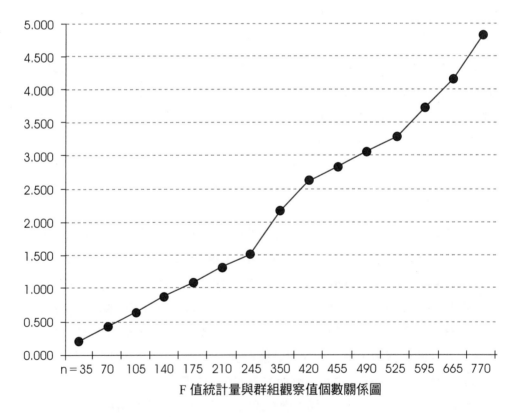

F 值統計量與群組觀察值個數關係圖

　　上圖為水準群組個數與 F 值統計量關係變化圖，當三個水準群組觀察值個

數愈多時 ( 觀察值總個數愈大 )，F 值統計量會愈大，即 F 值統計量隨樣本總數

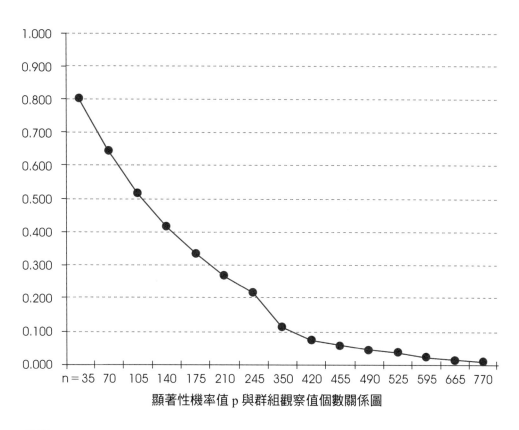

**顯著性機率值 p 與群組觀察值個數關係圖**

改變。

　　上圖為水準群組個數與顯著性機率值 p 關係變化圖，當三個水準群組觀察值個數愈多時 ( 觀察值總個數愈大 )，顯著性機率值 p 愈小，統計檢定結果愈有可能拒絕虛無假設。

　　從上述範例的說明中可以發現，當樣本數逐次增大時，顯著性機率值 p 會愈小，拒絕虛無假設的可能性愈大，一直增加樣本數，必然可以拒絕虛無假設，而接受對立假設。問卷調查程序，若是研究者抽取的樣本數很大 ( 如在 500 位以上 )，進行相關或差異檢定時，除進行統計顯著性的考驗外，最好能再增列實務顯著性的統計量數，否則即使拒絕虛無假設，變項間的效果值很低也沒有實質意義。

# 參、單側檢定與雙側檢定

在統計顯著性的假設檢定方面，研究者應提出雙側檢定 ( 雙尾 ) 之研究假設，因為單側檢定 ( 單尾檢定 / 有方向性的 ) 的假設較易拒絕虛無假設，而獲得研究假設得到支持的結果。以資料結構為常態分配的母群體而言，當顯著水準 α 設定為 .05 時，在雙尾檢定的情況下，左右兩邊的臨界域 (critical region) ( 或稱拒絕區 ) 的 z 值統計量分別為 ＋1.96、－1.96。當計算之樣本統計量的 z 值絕對值要大於 1.96，才是落入拒絕區，此時才有足夠證據說可以拒絕虛無假設，如圖 8-1 所示。

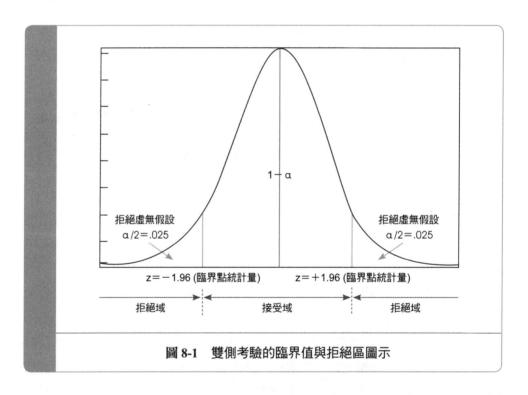

**圖 8-1 雙側考驗的臨界值與拒絕區圖示**

在單側檢定時，左尾檢定的臨界域統計量 z 值為 －1.645，當樣本統計量的 z 值小於 －1.645 時，即可拒絕虛無假設，如圖 8-2 所示。

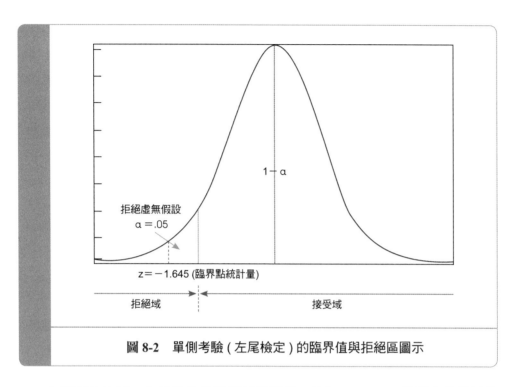

**圖 8-2 單側考驗 ( 左尾檢定 ) 的臨界值與拒絕區圖示**

在單側檢定時,右尾檢定的臨界域統計量 z 值為 $+1.645$,當樣本統計量的 z 值大於 $+1.645$ 時,即可拒絕虛無假設,如圖 8-3 所示。

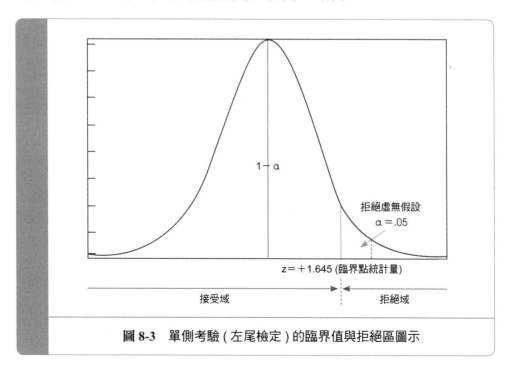

**圖 8-3 單側考驗 ( 左尾檢定 ) 的臨界值與拒絕區圖示**

以單尾檢定之研究假設為例，研究者所擬的研究假設為「私立高職學生的生活壓力顯著的高於公立高職學生的生活壓力」，研究假設研究者明確指出「高於」，表示此研究假設是有方向性，因而屬於右尾檢定的問題。假設從資料結構估算出的樣本統計量 z 值為 ＋1.750，由於 ＋1.750＞＋1.645，表示檢定統計量 (test statistic) 的估計量落入拒絕區，因而研究者可以拒絕虛無假設，獲得研究假設得到支持的結果；但如果先前的研究假設改為雙側檢定，則研究假設為：「私立高職學生的生活壓力與公立高職學生的生活壓力有顯著不同。」在雙側檢定的研究假設中，研究假設並沒有方向性，研究者只假定公立高職生、私立高職生二個母群體的生活壓力平均數有顯著的不同，並沒有假定那個母群體的平均數較高。當顯著水準 α 一樣設定為 .05 時，雙側檢定的二個 z 值臨界域分別為 ＋1.96、－1.96，從資料結構估算出的樣本統計量 z 值為 ＋1.750＜＋1.96，未落入拒絕區，研究者沒有足夠證據來拒絕虛無假設，研究假設無法獲得支持，此結果和採用單側檢定的結果剛好相反。任一統計分配之單側檢定臨界域 ( 拒絕域 ) 的區域較大，因而樣本統計量落入拒絕域的機率較高，所以容易得出「拒絕虛無假設、接受對立假設」的結果。

在 SPSS 輸出報表中，除呈現樣本統計量外，也會直接呈現顯著性機率值 p，SPSS 輸出之顯著性 p 為雙側檢定之機率值，若是單側檢定則顯著性機率值 p 要再除以 2。在高職學生生活壓力與自殺傾向之關係研究中，研究中提出二個有方向性的單尾檢定：

**研究假設 1**：高職學生的生活壓力與其自殺傾向間有顯著正相關存在。
**研究假設 2**：高職男生比高職女生有顯著較高的生活壓力感受。

範例資料檔如下：其中性別為名義二分變項，水準數值 1 為男生、水準數值 2 為女生，生活壓力與自殺傾向均為計量變項，分數值域為 1 至 5 分。

| 性別（男生） | 生活壓力 | 自殺傾向 | 性別 | 生活壓力（女生） | 自殺傾向 |
|---|---|---|---|---|---|
| 1 | 5 | 3 | 2 | 4 | 5 |
| 1 | 4 | 3 | 2 | 2 | 3 |
| 1 | 3 | 5 | 2 | 3 | 3 |
| 1 | 3 | 5 | 2 | 4 | 5 |
| 1 | 1 | 4 | 2 | 2 | 3 |
| 1 | 5 | 4 | 2 | 4 | 3 |
| 1 | 4 | 2 | 2 | 1 | 2 |
| 1 | 5 | 4 | 2 | 4 | 3 |
| 1 | 3 | 5 | 2 | 1 | 1 |
| 1 | 4 | 4 | 2 | 1 | 1 |

## 一、相關分析的檢定

執行 SPSS 功能列「分析 (A)」/「相關 (C)」/「雙變數 (B)」程序，可以求出二個計量變項間的相關係數統計量及顯著性 p 值。

相關

| | | 生活壓力 | 自殺傾向 |
|---|---|---|---|
| 生活壓力 | Pearson 相關 | 1 | .441 |
| | 顯著性（雙尾） | | 0.26 |
| | 個數 | 20 | 20 |
| 自殺傾向 | Pearson 相關 | .441* | 1 |
| | 顯著性（雙尾） | .026 | |
| | 個數 | 20 | 20 |

相關係數摘要表中，生活壓力與自殺傾向二個變項的相關係數統計量估計值為 .441，雙尾檢定下的顯著性 p 值為 .052，單尾檢定的顯著性 p 值 ＝.052÷2＝.026。單尾檢定時，顯著性 p 值 ＝.026<.05，拒絕虛無假設，相關係數估計量為 .441，表示二個計量變數間有顯著正相關，研究假設 1：「高職學生的生活壓力與其自殺傾向間有顯著正相關存在」獲得支持。當研究者採用報表輸出之雙側

檢定時，顯著性 p 值為 .052>.05，未達 .05 顯著水準，接受虛無假設，表示生活壓力與自殺傾向二個變項間沒有顯著關係存在。設定單尾檢定之統計分析結果報表如下：

**相關**

| | | 生活壓力 | 自殺傾向 |
|---|---|---|---|
| 生活壓力 | Pearson 相關 | 1 | .441 |
| | 顯著性 ( 雙尾 ) | | 0.26 |
| | 個數 | 20 | 20 |
| 自殺傾向 | Pearson 相關 | .441* | 1 |
| | 顯著性 ( 雙尾 ) | .026 | |
| | 個數 | 20 | 20 |

> 顯著性(單尾)機率值 p=.026<.05，拒絕虛無假設，表示二個變數間的相關係數顯著不等於 0。

\*. 在顯著水準為 0.05 時 ( 單尾 )，相關顯著。

　　相關係數 $\rho_{XY}$ 的統計推論程序在於考驗相關係數 $\rho_{XY}$ 是否顯著等於 0，雙尾檢定的虛無假設為 $H_0 : \rho_{XY} = 0$，對立假設 $H_1 : \rho_{XY} \neq 0$；單尾檢定的虛無假設為 $H_0 : \rho_{XY} \leqq 0$ ( 生活壓力與自殺傾向間有顯著正相關，檢定的相關係數有方向性 )，對立假設 $H_1 : \rho_{XY} > 0$。相關係數 $\rho_{XY}$ 統計量是否顯著等於 0，必須經由其檢定統計量 t 值加以判別，如果樣本數很大，相關係數 r 的抽樣分配會趨近於平均數為 0、變異數 $\frac{1}{n}$ 的常態分配；若是樣本數不大，相關係數 r 的抽樣分配會趨近於平均數為 0、變異數 $\frac{1-r^2}{n-2}$ 的近似常態分配，此分配為自由度 N−2 的 t 分配，t 值統計量的計算公式為：$t = \dfrac{r - \rho}{S_r} = \dfrac{r - 0}{\sqrt{\dfrac{1-r^2}{N-2}}} = \dfrac{r}{\sqrt{\dfrac{1-r^2}{N-2}}}$，t 值統計量的自由度 ＝ n−2 ＝ 18。範例中樣本相關係數 r 等於 .441，有效觀察值樣本數為 20，檢定統計量 t 值等於：

$$t = \frac{r}{\sqrt{\dfrac{1-r^2}{N-2}}} = \frac{.441}{\sqrt{\dfrac{1-(.441)^2}{20-2}}} = \frac{.441}{.212} = 2.085$$

雙尾檢定臨界值 (n = 18，α = .05) $t_{18.025} = 2.101$，樣本相關係數 $r_{XY}$ 的檢定值統計量 t = 2.085< 臨界值 $t_{18.025} = 2.101$，沒有落入拒絕區，位於接受域區塊，不能拒絕虛無假設 ($H_0$：$\rho_{XY} = 0$)，相關係數 $\rho_{XY}$ 顯著等於 0。

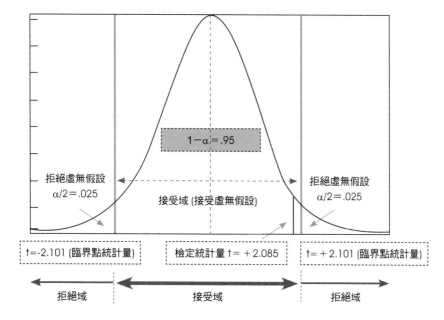

單尾檢定臨界值 (n = 18，α = .05) $t_{18.05} = 1.734$。

因為對立假設為大於符號 (>)( 二個變數間有顯著正相關 )，故進行右尾檢定，樣本相關係數 $r_{XY}$ 的檢定值統計量 t = 2.085> 單尾檢定臨界值 (n = 18，α = .05) $t_{18.05} = 1.734$，落入拒絕區，有足夠證據拒絕虛無假設 ($H_1$：$\rho_{XY} \le 0$)，因此須接受對立假設 ，研究結論為「高職學生的生活壓力與其自殺傾向者有顯著正相關」可以支持。上述單尾檢定與雙尾檢定的程序比較圖如下：

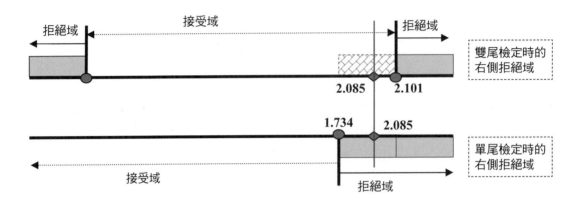

在相同的自由度情況下 ( 有效觀察值人數相同 )，單尾檢定時拒絕虛無假設的機率是雙尾檢定時的二倍，以同時右側檢定的區塊而言，單尾檢定時拒絕域的範圍較大，臨界指標值的數值較小，因而統計量數落入拒絕域的可能性較高，易形成拒絕虛無假設、接受對立假設的結論。但如果虛無假設為真，研究者的推論結果又加以虛無假設，就犯下型 I 的錯誤，因為單尾檢定的拒絕域明顯大於雙尾檢定的拒絕域，因而檢定估計時，採用單尾檢定犯下型 I 錯誤的可能性會明顯提高。

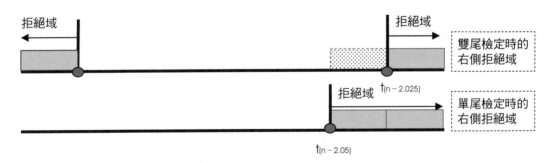

如果研究者的假設為假定「高職學生的生活壓力與其自殺傾向間有顯著負相關存在。」則對立假設為 $H_1 : \rho_{XY} < 0$，虛無假設 $(H_0 : \rho_{XY} \geq 0)$，因為方向為負，所以為左尾檢定，單側檢定與雙側檢定比較之下，樣本統計量數落入拒絕域的可能性較大，因而也較易拒絕虛無假設，接受對立假設，形成二個變數間有顯著負相關的結論。

拒絕域　　　　　　　　　　　　　　　　　拒絕域

$t_{(n-2.025)}$

雙尾檢定時的
左側拒絕域

拒絕域

單尾檢定時的
左側拒絕域

$-t_{(n-2.05)}$

## 二、兩母體平均數的差異檢定

執行功能列「分析 (A)」/「比較平均數法 (M)」/「獨立樣本 T 檢定」程序，可以進行二個獨立樣本群體之平均數的差異檢定。

**組別統計量**

| | 性別 | 個數 | 平均數 | 標準差 | 平均數的標準誤 |
|---|---|---|---|---|---|
| 生活壓力 | 男生 | 10 | 3.70 | 1.252 | .396 |
| | 女生 | 10 | 2.60 | 1.350 | .427 |

從獨立樣本 T 檢定的描述統計量摘要表中可以看出：男生與女生二個群體的樣本個數各有 10 位，男生在生活壓力的平均數為 3.70、標準差為 1.252，女生在生活壓力的平均數為 2.60、標準差為 1.350。

**獨立樣本檢定**

| | | 變異數相等的 Levene 檢定 | | 平均數相等的 t 檢定 | | | | | | |
|---|---|---|---|---|---|---|---|---|---|---|
| | | F 檢定 | 顯著性 | t | 自由度 | 顯著性（雙尾） | 平均差異 | 標準誤差異 | 差異的 95% 信賴區間 | |
| | | | | | | | | | 下界 | 上界 |
| 生活壓力 | 假設變異數相等 | .753 | .397 | 1.890 | 18 | .075 | 1.100 | .582 | -.123 | 2.323 |
| | 不假設變異數相等 | | | 1.890 | 17.898 | .075 | 1.100 | .582 | -.124 | 2.324 |

獨立樣本 T 檢定之 T 值檢定統計量為 1.890，雙尾檢定之顯著性 p 值為 .075>.05，未達 .05 顯著水準，接受虛無假設，表示不同性別的高職學生在生活壓力的感受沒有顯著的不同。若採用單尾檢定，則顯著性機率值 p＝.075÷2＝.0375<.05，達 .05 顯著水準，拒絕虛無假設，表示高職男學生在生活壓力的感受顯著的高於高職女學生的生活壓力知覺，研究假設 2：「高職男生比高職女生有顯著較高的生活壓力感受」獲得支持。

若改用傳統估計與檢定的方法，其結果與採用顯著性機率值 p 的判別相同。

## (一) 單尾檢定

**1.** 虛無假設與對立假設

單尾檢定的研究假設為「高職男生比高職女生有顯著較高的生活壓力感受」，表示就生活壓力量的得分而言，男生平均數－女生平均數顯著大於 0，或男生平均數顯著大於女生平均數 ( 對立假設 )。根據研究假設提出的虛無假設與對立假設如下：

$$H_0：\mu_{男} \leq \mu_{女}、H_1：\mu_{男} > \mu_{女}$$

**2.** 估算樣本統計量 t 值

從資料結構中估算出的樣本統計量 t 值為 1.890，自由度 ＝ N－2＝ 20－2＝18

**3.** 查 t 分配臨界值，顯著水準 $\alpha$ 設為 .05，自由度等於 18 時之單尾檢定的 t 臨界值為 1.734。

**4.** 進行決策判別

由於 $t_{樣本統計量}$ ＝ 1.890 > $t_{臨界值}$ ＝ 1.734，落入臨界域的範圍，所以拒絕虛無假設，研究假設獲得支持。

## (二) 雙尾檢定

**1.** 虛無假設與對立假設

雙尾檢定的研究假設為「高職男生與高職女生的生活壓力感受有顯著不同」，表示就生活壓力量的得分而言，男生平均數－女生平均數顯著不等於 0 ( 對立假設 )。根據研究假設提出的虛無假設與對立假設如下：

$$H_0：\mu_{男} ＝ \mu_{女}、H_1：\mu_{男} \neq \mu_{女}$$

**2.** 估算樣本統計量 t 值

　　　　從資料結構中估算出的樣本統計量 t 值為 1.890，自由度 $= N - 2 =$ $20 - 2 = 18$。

**3.** 查 t 分配臨界值，顯著水準 $\alpha$ 設為 .05，自由度等於 18 時之雙尾檢定的 t 臨界值為 2.101。

**4.** 進行決策判別

　　　　由於 $t_{樣本統計量} = 1.890 > t_{臨界值} = 2.101$，未落入臨界域的範圍，所以無法拒絕虛無假設，研究假設無法獲得支持。

**t 分配臨界值與顯著水準對照表**

| 自由度 (df) | 單尾檢定 $\alpha = .05$ 雙尾檢定 $\alpha = .10$ | 單尾檢定 $\alpha = .025$ 雙尾檢定 $\alpha = .05$ | 單尾檢定 $\alpha = .005$ 雙尾檢定 $\alpha = .01$ |
|---|---|---|---|
| 10 | 1.812 | 2.228 | 3.169 |
| 11 | 1.796 | 2.201 | 3.106 |
| 12 | 1.782 | 2.179 | 3.055 |
| 13 | 1.771 | 2.160 | 3.012 |
| 14 | 1.761 | 2.145 | 2.977 |
| 15 | 1.753 | 2.131 | 2.947 |
| 16 | 1.746 | 2.120 | 2.921 |
| 17 | 1.740 | 2.110 | 2.898 |
| 18 | 1.734 | 2.101 | 2.878 |
| 19 | 1.729 | 2.093 | 2.861 |
| 20 | 1.725 | 2.086 | 2.845 |
| 21 | 1.721 | 2.080 | 2.831 |
| 22 | 1.717 | 2.074 | 2.819 |
| 23 | 1.714 | 2.069 | 2.807 |
| 24 | 1.711 | 2.064 | 2.797 |
| 25 | 1.708 | 2.060 | 2.787 |
| 26 | 1.706 | 2.056 | 2.779 |
| 27 | 1.703 | 2.052 | 2.771 |
| 28 | 1.701 | 2.048 | 2.763 |
| 29 | 1.699 | 2.045 | 2.756 |
| 30 | 1.697 | 2.042 | 2.750 |

雙尾檢定右側的臨界值為： $t_{(1-\frac{\alpha}{2},\ v)} = t_{(1-\frac{.05}{2},\ 10+10-2)} = t_{(.975,\ 18)} = 2.101$

單尾檢定右側的臨界值為： $t_{(1-\alpha,\ v)} = t_{(1-.05,\ 10+10-2)} = t_{(.95,\ 18)} = 1.734$

雙尾檢定與單尾檢定之樣本統計量與臨界值的關係圖比較如下：

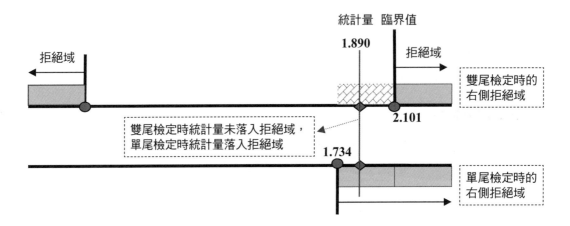

從上述 t 分配臨界值與顯著水準對照表可以明顯看出，自由度相同的情況下，當顯著水準設定為 .05 時，單尾檢定之 t 臨界值絕對值的 t 值會小於雙尾檢定之 t 臨界值的 t 值，以自由度等於 30 為例，顯著水準 $\alpha$ = .05 時，單尾檢定 ( 單側考驗 ) 的臨界值 t = 1.697，雙尾檢定 ( 雙側考驗 ) 的臨界值 t = 2.042；以自由度等於 25 為例，顯著水準 $\alpha$ = .05 時，單尾檢定 ( 單側考驗 ) 的臨界值 t = 1.708，雙尾檢定 ( 雙側考驗 ) 的臨界值 t = 2.060，因為單尾檢定的臨界值小於雙尾檢定的臨界值，所以拒絕域範圍較大，統計量落入拒絕域的可能性較高。因而採用單尾檢定時，樣本統計量估計量較容易大於單尾檢定之 t 臨界值的 t 值，即較易落入拒絕域，而得出拒絕虛無假設的結論，從拒絕域的範圍來看，單尾檢定或單側檢定的拒絕域範圍明顯大於雙尾檢定的拒絕域範圍，因而樣本統計量落入拒絕域的可能性較高或機率值較大。因而在量化研究中，研究者不應隨意提出單尾檢定的研究假設，若要提出有方向的研究假設，必須有理論文獻或之前一致性的研究結果作為支持。此外，如果研究者的研究假設是有方向性的，可將顯著水準 $\alpha$ 定為較嚴格些，如雙尾檢定時，顯著水準 $\alpha$ 一般設定為 .05，在單尾檢定時顯著水準應改為 .05 ÷ 2 = .025，當顯著性機率值 p<($\alpha$ ÷ 2) = .025，樣本統計量才達到統計顯著水準。

就範例資料而言,在相關係數摘要表中,生活壓力與自殺傾向二個變項的相關係數統計量估計值為 .441,單尾檢定的顯著性 p 值 $= .052 \div 2 = .026$,將顯著水準 $\alpha$ 設為 .025,顯著性機率值 $p = .026 > .025$,沒有達到統計顯著水準,接受虛無假設,研究者所提之研究假設 1:「高職學生的生活壓力與其自殺傾向間有顯著正相關」無法獲得支持。在獨立樣本 t 檢定中,樣本 t 統計量數值為 1.890,單尾顯著性機率值 $p = .0375 > .025$,接受虛無假設,研究假設 2:「高職男學生比高職女學生有顯著較高的生活壓力」無法獲得支持。進行有方向性的單尾檢定時,研究者可把顯著水準定為較嚴格些 ( 將顯著水準由原先 .05 改為 .025,或將顯著水準由原先 .01 改為 .005),如此可以避免第一類型錯誤率的增加,研究樣本資料不會輕易就拒絕虛無假設。

## ( 三 ) 一個母體平均數的假設檢定

忠和國中校長想探討該校入學國一新生男生一分鐘仰臥起坐體適能的情況,從入學的國一新生隨機挑選 20 名男學生作為受試者,測得的數據如下,已知全市國一新生一分鐘仰臥起坐體適能平均 25 次。

| 受試者 | S01 | S02 | S03 | S04 | S05 | S06 | S07 | S08 | S09 | S10 | S11 | S12 | S13 | S14 | S15 | S16 | S17 | S18 | S19 | S20 |
|---|---|---|---|---|---|---|---|---|---|---|---|---|---|---|---|---|---|---|---|---|
| 次數 | 24 | 24 | 23 | 19 | 17 | 25 | 24 | 27 | 29 | 22 | 26 | 20 | 30 | 19 | 21 | 26 | 24 | 27 | 23 | 18 |

**假設一:**忠和國中學生仰臥起坐體適能與全市學生仰臥起坐體適能有顯著差異。

雙尾檢定的虛無假設:參數 = 估計值;對立假設:參數 ≠ 估計值,以符號表示如下:

$H_0 : \mu = 25$;$H_1 : \mu \neq 25$,顯著水準 $\alpha = .05$。

**單一樣本統計量**

| | 個數 | 平均數 | 標準差 | 平均數的標準誤 |
|---|---|---|---|---|
| 次數 | 20 | 23.40 | 3.604 | .806 |

20 位觀察值一分鐘仰臥起坐的平均次數為 23.40 次,標準差為 3.604。

單一樣本檢定

| | 檢定值 = 25 | | | | | |
|---|---|---|---|---|---|---|
| | t | 自由度 | 顯著性（雙尾） | 平均差異 | 差異的 95% 信賴區間 | |
| | | | | | 下界 | 上界 |
| 次數 | -1.985 | 19 | .062 | -1.600 | -3.29 | .09 |

　　雙尾檢定顯著性 p = 0.62>.05，接受虛無假設 $H_0：\mu = 25$，忠和國中學生仰臥起坐體適能與全市學生仰臥起坐體適能沒有顯著差異存在，平均數差異的 95% 信賴區間為 [-3.29，.09]，包含「0」數值，表示為平均數差異值為 0 的可能性很高。

　　假設二：忠和國中學生仰臥起坐體適能較全市學生仰臥起坐體適能為差。

　　單尾檢定的虛無假設與對立假設如下：

$$H_0：\mu \geq 25；H_1：\mu < 25，顯著水準 \alpha = .05。$$

　　雙尾顯著性 p = .062，單尾顯著性機率值 p = .062÷2 = .031，.031<.05，拒絕虛無假設，接受對立假設 $H_1：\mu < 25$，或 $\mu - 25 < 0$，平均差異值顯著不等於 0，假設「忠和國中學生仰臥起坐體適能較全市學生仰臥起坐體適能為差」得到支持。雙尾檢定與單尾檢定結果的比較如下：

　　雙尾檢定→接受虛無假設→雙側考驗的研究假設無法得到支持。

　　單尾檢定→拒絕虛無假設→單側考驗 ( 左尾 ) 的研究假設得到支持。

　　在統計推論中，也可進行單側檢定，單側檢定的假定必須有很明確的方向及相關知識或理論文獻的支持，此外，可以把顯著水準定為較嚴苛，如 $\alpha = .01$，如此就不會發生統計檢定結果較易拒絕虛無假設的情況 ( 較容易發生第一類型的錯誤 )。

# 測量變項型態

　　所謂變項 (variable) 是一種能夠被測量的意象、感覺或概念，這些意象、感覺或概念可以採用不同的數值呈現。根據 Kerlinger (1986, p.27) 的看法，變項是「能產生不同數值的特質」，Black 與 Champion (1976,p.34) 對變項的定義為「合理的分析單位，其可假定任一個體在此項特徵上的數值。因而可用名義尺度、次序尺度、等距尺度、比率尺度等四種測量尺度中的任何一種來測量的概念，此被測量的概念稱為變項，這些變項或被測量的概念各有不同的精確程度」。概念與變項的意涵不同，概念是心理的意象或感覺，每個人對同一種概念覺察的意象可能不同；變項是種可測量的尺度，由於變項是測量而得的，因而會有不同程度的誤差值，當測量誤差值愈小，其精確度愈高，「可測量性」是概念與變項最主要的差異。概念是抽象的，是無法被測量的，而變項則可以透過測量工具來測量 ( 胡龍騰等譯，2000)。統計學領域的「變項」一詞，有學者把它譯為變因或變數。

　　當研究者採用問卷調查法來搜集資料時，資料搜集時之測量型態會影響測量尺度 (measurement scale)，變數的型態不同所採用的統計方法便不同。通常變項的型態依 Stevens(1946) 的分類有四種類型：名義變項 (nominal variables)、次序變項 (ordinal variables)、等距變項 (interval variables)、比率變項 (ratio variables)。其中名義變項 ( 類別變項 ) 與次序變項 ( 順序變項 ) 均屬間斷變項，等距變項與比率變項則歸為計量變數。間斷變項又稱為非計量尺度 ( 有時又稱為計質變項 )，無法估算平均數、標準差，只能以次數或百分比來表示，問卷調查中的背景變項或人口變項的勾選選項即是非計量尺度，如受試者的「性別：□男　□女」、「婚姻狀態：□已婚　□未婚　□離異　□喪偶」、「成績等第：□優　□甲　□乙　□丙　□丁」、「組織員工總數：□ 50 人以內　□ 51 人至 200 人　□ 201 人至 400 人 □ 401 人以上」等，這些變數無法估算其平均數，若以平均數或變異程度表示變項的情況並沒有實質意義存在。相對的計量變數可以求出變數的平均數值或變異程度，常見的計量變數如測驗成績、總加評定量表、語意差異量表、Thurstone 等距量表 ( 此種量表編製較為複雜，一般問卷調查較少使用 ) 等，屬計量變項者，可以用集中量數 (central measure) 來作為觀察值的代表值，常見者如平均數、中位數、眾數等；並且可以用差異量數 (dispersion measure) 或離散量數來作為觀察值間的變異情形，常用者如平均差、全距、標準差、變異數、四分差等。

　　名義尺度 ( 類別變項 ) 在編製時必須注意二大原則：一為不同類別間要完全

互斥，不能重疊 ( 水準群組間要有互斥性 )；二為列舉的類別要能包含所有受試者可能的屬性特徵，若是類別無法包括所有受試者的屬性，要增列「其他」一項，如在成年人宗教信仰中，研究者只列舉「佛教」、「基督教」、「道教」、「天主教」四大類別，但可能有其他受試者信仰的是回教、一貫道、喇嘛教等，這些不同信仰的受試者並沒有包含在前面列舉的四個宗教類別中，因而造成受試者無法填答的情況；此外，對於完全沒有宗教信仰者，也會造成困擾，此種名義變項的調查較為完整的設計為：

---

**您的宗教信仰：**

☐無

☐有 ( 勾選此項者請就下列五個選項再勾選一個 )

      ☐佛教　☐基督教　☐道教　☐天主教　☐其他

---

宗教信仰人口變項的資料編碼要增列二個變項，一為二個水準的類別變項，此變項名稱假定命名為「信仰」，「信仰」變項為二分名義變項，水準數值 0 為「無」、水準數值 1 為「有」；二為五個水準的名義變項，此變項名稱假定命名為「宗教」，水準數值 1 為「佛教」、水準數值 2 為「基督教」、水準數值 3 為「道教」、水準數值 4 為「天主教」、水準數值 5 為「其他」。如果研究者部分變項的探討只限定有宗教信仰者的觀察值，可藉用選擇觀察值的功能 ( 執行功能列「資料」/「選擇觀察值」程序 )，篩選出「信仰」變項的水準數值為 1 者：「信仰 ＝1」，如此可將無宗教信仰的觀察值暫時從統計分析程序中排除。

上述的問題設計也可改為跳躍式問題 (skip questions)，跳躍式問題即根據上一題受試者填答情形再指向另一個題項或直接跳到某個題項繼續作答，跳躍式問題範例如下：

---

一、您有無宗教信仰：☐無 ( 請直接跳到<u>第三題</u>作答)

                ☐有 ( 請繼續作答<u>第二題</u>)

二、您信仰的宗教是：☐佛教　☐基督教　☐道教　☐天主教　☐其他

三、您的性別是：☐男生　☐女生

---

　　跳躍式問題每個「題項」都是一個變項，假定三題的變數名稱分別為「信仰」、「宗教」、「性別」，則「信仰」為二分名義變項 ( 水準數值 0 為勾選無選項群體、水準數值 1 為勾選有選項群體 )、「宗教」為五分名義變項 ( 五個選項的計分：佛教為 1、基督教為 2、道教為 3、天主教為 4、其他為 5)、「性別」為二分名義變項 ( 通常會將男生群組編碼為 1、女生群組編碼為 2)。

　　名義或次序變項中的類別稱為水準 (level)，變項本身又稱為因子 (factor)，以性別名義變項而言，二個類別群組分別為男生、女生，因而有二個水準，二個水準表示名義變項劃分為二個群組；「社經地位」順序變項而言，其三個類別依序為高社經地位、中社經地位、低社經地位，因而有三個水準，三個水準表示此次序變項劃分為三個群體，在水準數值編碼方面，研究者最好依數字 1、2、3 等排序，如性別變項中 1 表示男生、2 表示女生；社經地位變項中 1 表示高社經地位群體、2 表示中社經地位群體、3 表示低社經地位群體。

　　上述四種測量變項尺度之屬性與分類如下：

| 變項測量水準 | 邏輯或數學運算 | 傳統或保守建議 | 類別或計量變數 |
|---|---|---|---|
| 名義變項 | =、≠ | 只能採用無母數統計法多以次數、百分比統計量數呈現 | 類別變項 |
| 次序變項 | =、≠、<、> | 只能採用無母數統計法多以次數、百分比統計量數呈現 | 計量變數 / 類別變項 |
| 等距變項 | =、≠、<、>、+、− | 母數統計法 | 計量變數 |
| 比率變項 | =、≠、<、>、+、−、÷、× | 母數統計法 | 計量變數 |

資料來源：Warner, 2008, p.7

　　等距尺度與比率尺度的差異在於有無絕對的零點，比率變數除了具相同距離屬性外，也有絕對的 0 值，如身高、體重、年齡、收入等。次序尺度與名義尺度的差異則在於次序尺度比名義尺度多了類別間的順序關係，在等級或排名或順序的排序中，可以比較個體之間的次序，常見者如成績排名或排序，在人口變項或背景變項的調查中，除少數為次序變項外，多數變項皆屬名義變項或名義量尺。

在量化研究中，研究中不必刻意去區分計量變項為等距尺度或比率尺度，也不必刻意去區隔次序尺度或名義尺度，重要的是關注變數為計量變項或非計量變項，計量變項又稱為連續變數 (continuous variables)，非計量變項又稱為「間斷變數 / 離散變數」(discrete variables)，二種變項主要區隔為前者可以估算其平均數與變異程度，後者只能以次數或百分比來表示。

　　量表型態的類別中，常見的李克特量表 (Likert-type scale)，理論上其實是一種次序尺度，以五點量表選項為例：「非常不同意、大部分不同意、一半不同意、少部分不同意、非常同意」，研究者給予的測量值分別為 1、2、3、4、5，而計算題項或量表構面的平均數，其實這五個選項之間的差距並不一定相等，但若將李克特量表視為次序量尺，許多母數統計法或多變量統計程序無法使用，無法進行更深入的統計分析，如此可能浪費許多有用資訊，因而實務應用上，學者均將其視為等距量尺，如果量表要界定操作型定義，並減少偏誤值，量表選項詞的界定要「精確化」與「具體化」，最好不要用「沒有意見」、「無法確定」、「普通」等欠缺具體明確的選項詞。為讓李克特量表的屬性更接近等距尺度，研究者不宜在選項詞下增列單一感受的百分比數值，如：

|  | 非常同意 100% | 同意 75% | 普通 50% | 不同意 25% | 非常不同意 0% |
|---|---|---|---|---|---|
| 1. 我覺得目前的工作壓力很大。 | ☐ | ☐ | ☐ | ☐ | ☐ |
| 2. 題項…… | ☐ | ☐ | ☐ | ☐ | ☐ |

|  | 非常符合 100% | 符合 75% | 尚可 50% | 不符合 25% | 非常不符合 0% |
|---|---|---|---|---|---|
| 1. 上數學課時我會感到不安。 | ☐ | ☐ | ☐ | ☐ | ☐ |
| 2. 每次考數學時我會很緊張。 | ☐ | ☐ | ☐ | ☐ | ☐ |

　　上述量表偏離等距量尺的屬性，其原因有二：一為選項用語欠缺精準化，「普通」、「尚可」選項詞無法明確看出填答者同意或不同意的程度，或是符合或不符合的程度；二為增列同意或符合百分比，此數值表示的是一種間斷的量尺，如樣本觀察值感受為 10% 或 85% 的同意程度，要勾選那個選項，此種量表的編製與使用是不適切的。於李克特量表選項下增列選項百分比值反而無法彰顯各選項間等距的特性，研究者編製量表時最好不要採用此種方式。為了讓量表選項詞符合等距尺度的特性，選項詞的計分間的差距值必須相同，一般的差距值均設為 1。下面範例二種選項詞所給予的測量值皆是錯誤的，因為選項詞間的差距數值彼此間並不相等，研究者不能採用加權的計分法任意給予選項詞測量值。如果研究者不進行構面的加總，或沒有界定變數的操作型定義，而是採逐題分析或進行敘述統計分析，則採用任何型態選項詞皆可，只要題幹意涵及選項詞用語能回應研究者想要探究的研究問題即可。

| 相鄰配對選項間的差距值不相等，不符合等距尺度的特性，如 $7-6 \neq 6-4$；$6-4 \neq 4-3$ | 非常符合 | 大部分符合 | 一半符可 | 少部分符合 | 非常不符合 | | 非常符合 | 大部分符合 | 一半符可 | 少部分符合 | 非常不符合 |
|---|---|---|---|---|---|---|---|---|---|---|---|
| | 7 | 6 | 4 | 3 | 1 | | 6 | 4 | 3 | 2 | 1 |
| 1. 上數學課時我會感到不安。 | □ | □ | □ | □ | □ | | □ | □ | □ | □ | □ |
| 2. 每次考數學時我會很緊張。 | □ | □ | □ | □ | □ | | □ | □ | □ | □ | □ |

「非常符合」選項不能加權計分

兩端選項詞情緒量表錯誤的計分範例：

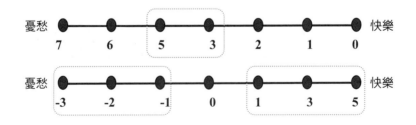

正確的計分範例如下，其中以第一種型態與第二種型態編碼最為常見，這二

種型態測量值編碼剛好相反，因而變項之操作型定義之受試者在量表得分高低的解釋也相反，第一種型態計分法的操作型定義：受試者在量表的得分愈高，正向情緒愈多，得分愈低，正向情緒愈少 ( 負向情緒愈多 )；第二種型態計分法的操作型定義：受試者在量表的得分愈高，正向情緒愈少 ( 負向情緒愈多 )，得分愈低，正向情緒愈多。

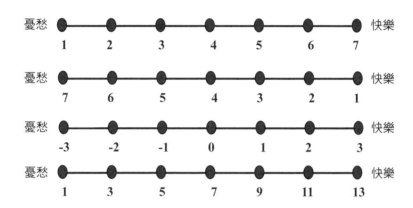

上述不同等距型態的計分，統計分析所得的結果是相同的，唯一不同的是各水準群體及總量表的平均數與標準差統計量數會有所不同 ( 全距有時也會不同，前三種計分型態的全距為 6，第四種計分型態的全距為 12，第四種型態的計分法較少採用，筆者不建議研究者使用此種計分型態 )。選項詞如果超過 6 個以上，有時很難將選項詞界定很明確，此時，研究者可採用圖示型評定型態，將二極端感受選項詞列出，中間呈現的是一條水平直線，水平直線間的距離劃分是相同 ( 等距的 )，如：

如果數值間的距離不同，無法彰顯等距尺度的特性，即使圖示下列標示的數值為等距，此種違反等距尺度量表的測量題項如：

同一量表之測量題項的計分方式必須一致，且各測量指標 ( 題項 ) 之操作型定義必須相同，如每題得分愈高，焦慮感受愈大；或每題得分愈低，焦慮感受愈大，研究者不能界定受試者在某些題項的得分愈高，焦慮感受愈大；受試者在某些題項的得分愈高，焦慮感受愈小，此種個別題項之操作型定義方向不同，無法進行量表之構面或向度及總量表變數的分數加總，如果測量題項有反向題，研究者進行層面加總前必須將反向題重新編碼計分。以學生生活壓力量表為例，量表在內容效度上共分為四個構面：家庭壓力、學校壓力、個人壓力、情感壓力，四個構面測量題項的選項詞個數必須相同，如均為五點量表型態或六點量表型態。但各個量表的選項詞個數或型態不一定要完全相同，因為各量表的計分是獨立的，同一份問卷中的各量表作答型態或格式不用一致，如在「高職學生生活壓力、憂鬱傾向與自殺意向相關之研究中」，研究者採用的測量工具為「學生生活感受問卷」，問卷內容分為四大部分：第一大項為學生的人口變項、第二大項為「生活壓力量表」、第三大項為「憂鬱傾向量表」、第四大項為「自殺意向量表」，生活壓力量表採用李克特五點量表型態、憂鬱傾向量表採用李克特六點量表型態、自殺意向量表採用三個選項詞的型態，因為各個量表是獨立的，只要量表中所有測量題項採用的選項型態一樣，則量表中的構面及整體量表變項均可以進行加總程序，上述學生生活感受問卷四大項的選項型態如下：

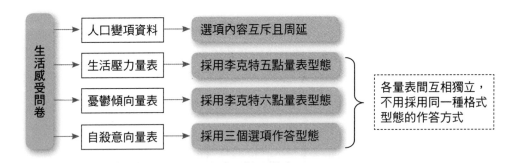

若以資料型態二分法來分類，變項可以分為計質型資料 (qualitative data) 與計量型資料 (quantitative data)，計質型資料主要指的是名義資料與順序資料，如受試者的學歷背景 ( 分國中小、高中職、專科、大學、研究所五個類別 )、社經地位等級 ( 高社經地位、中社經地位、低社經地位 )、服務年資 (5 年以內、6 年至 10 年、11 年至 15 年、16 年以上 ) 等。計量型資料如各種測驗成績、態度量

度測得的分數、收入、智商、身高、體重等。測量變項尺度的分類可以整理如下圖示：

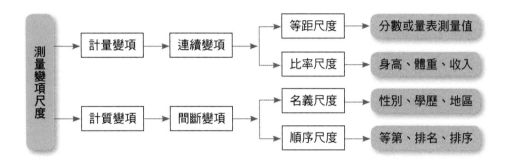

　　名義尺度變數與次序尺度變數雖然多以次數及百分比呈現統計量數，並以卡方值 $(\chi^2)$ 作為檢定估計的統計量數，但二種尺度在某些統計方法使用上還是有不同的。卡方考驗包括適合度檢定、獨立性檢定、百分比同質性考驗等，卡方檢定的基本定義公式為：$\chi^2 = \Sigma \dfrac{(f_{observed} - f_{expected})^2}{f_{expected}}$。$f_{expected}$ 表示期望次數 (expected frequency)，期望次數為根據機率理論計算細格期望發生的次數；$f_{observed}$ 表示觀察次數 (observed frequency)，如果卡方統計量數大於臨界值卡方值，表示樣本觀察值次數與期望次數間有顯著差異存在。以二個變數的相關或關聯為例，若是二個變數皆為名義尺度變數 ( 類別尺度變數 )，二個變數間的關聯程度可採用 Φ 係數 (Phi coefficient)、列聯相關係數 (contingency coefficient) 或 Kappa 一致性係數 (Kappa coefficient of agreement)；若是二個變數皆為次序尺度變數，二個變數間的關聯程度須採用等級相關 (rank order correlation)，等級相關係數包括 Spearman 等級相關量數、Kendall 等級相關量數、Kendall 和諧係數 (Kendall's coefficient of concordance)，等級相關係數是一種評分者信度指標。

　　變項的測量尺度中，連續變項 ( 計量變項 ) 可轉為間斷變項 ( 名義變項 )，但計質變項 ( 間變變項 ) 不能轉換為計量變項，即計量變項可以轉換為類別變項，但類別變項不能轉換為計量變項。二者關係圖示如下：

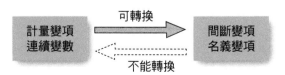

　　如受試者在英語成就測驗上的分數是屬於計量變項，研究者為了探究不同成就測驗者在英語學習壓力 ( 計量變項 ) 上的差異，依受試者在成就測驗上的得分高低分成三個類別群組：高學習成就組、中學習成就組、低學習成就組，此時，研究者可採用單因子變異數分析探究不同學習成就群體 ( 名義三分變項 ) 在英語學習壓力上的差異情形。再如在「企業組織之知識管理與組織效能之相關」的研究中，原先知識管理與組織效能均為計量變項，研究者為了探究知識管理變因是否可以有效區辨高低組織效能的群組，將受試者依其在組織效能的分數的測量值，將得分前 30% 的受試者稱為高組織效能組、得分後 30% 的受試者稱為低組織效能組，將組織效能計量變數轉換為類別變項「組織效能群組」( 水準數值 0 為低組織效能組、水準數值 1 為高組織效能組，測量分數中間 40% 的水準數值 2 界定為遺漏值 )，由於自變項 ( 知識管理 ) 為計量變項、結果變項 ( 組織效能群組 ) 為名義二分變項，因而研究者可以採用區別分析或邏輯斯迴歸分析，以探究知識管理變項是否可以有效區辨高低組織效能組的受試者，若是可以區別或預測，其正確區別力或預測力的百分比為何？至於將計量變數分成幾個類別變項群組，需與研究目的及研究者所擬的研究架構、研究問題相結合，一般分組方式如下 ( 一般進行預試問卷的項目分析或成就測驗試題鑑別度、難度分析，會採用受試者在量表或測驗得分的前 27% 及後 27% 作為高分組、低分組 )：

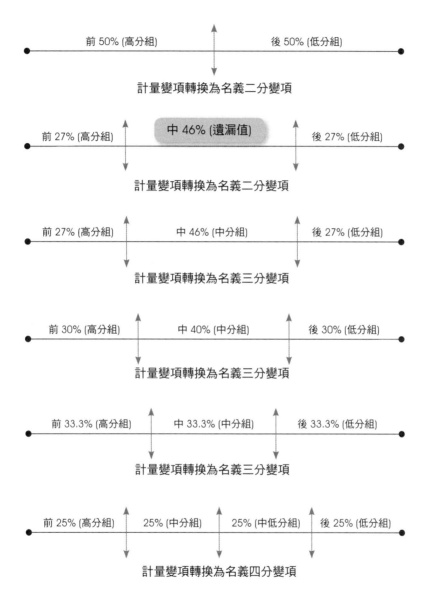

在變項測量的界定方面，另外一種分類為潛在變項 (latent variable) 與指標變項 (indicators)，潛在變項是一種構念 (constructs) 或行為特質，又稱為「無法觀察變項」(unobserved variables)，因素分析中所抽取的共同因素 (factor)，即是量表構念所包含次構念，量表構念是一種潛在特質或行為屬性，研究者無法得知，為了測出受試者某個潛在行為特質，研究者因而編製了測量工具，以受試者在自陳量表上的感受作為評定其行為特質的指標 ( 研究者也可以採用觀察法來評

定 )，量表中題項或測量項目即稱為潛在變項的指標變項，指標變項又稱「觀察變項」(observed variables) 或「顯性變項」(manifest variables)。在結構方程模式 (structural equation modeling；簡稱 SEM) 中，觀察變項以長方形或正方形物件表示，潛在變項以橢圓形或圓形物件表示，誤差項或殘差項也是潛在變項的一種，其變數圖示也以橢圓形或圓形物件表示。

以高職學生生活壓力為例，「生活壓力」是個潛在行為特質，為了探究受試者的生活壓力，研究者編製了一份有 12 個題項的李克特總加評定量表，採用五點量表型態，受試者在「生活壓力量表」自陳感受的得分愈高，表示其生活壓力愈大；在「生活壓力量表」的得分愈低，表示知覺的生活壓力愈低。量表經因素分析結果，共萃取四個構面 ( 因素 )：家庭壓力、學校壓力、個人壓力、情感壓力。生活壓力概念的模式圖如下：其中四個構面或向度為其分量表測量指標項目的分數總和，分數愈高，表示各壓力向度的感受程度愈高；受試者之「生活壓力」為受試者在「家庭壓力」、「學校壓力」、「個人壓力」、「情感壓力」四個因素上的加總分數。受試者在研究者編製之「生活壓力量表」上的得分高低，表示受試者生活壓力感受程度的大小，此種概念的界定為「操作性定義」(operational definition)。

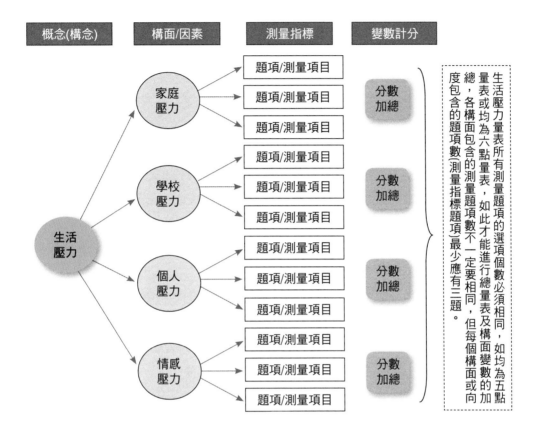

| 概念(構念) | 構面/因素 | 測量指標 | 變數計分 |

家庭壓力 — 題項/測量項目 / 題項/測量項目 / 題項/測量項目 — 分數加總

學校壓力 — 題項/測量項目 / 題項/測量項目 / 題項/測量項目 — 分數加總

生活壓力

個人壓力 — 題項/測量項目 / 題項/測量項目 / 題項/測量項目 — 分數加總

情感壓力 — 題項/測量項目 / 題項/測量項目 / 題項/測量項目 — 分數加總

生活壓力量表所有測量題項的選項個數必須相同，如均為六點量表，如此才能進行總量表及構面變數的加總，各構面包含的測量題項數不一定要相同，但每個構面或向度包含的題項數(測量指標題項)最少應有三題。

　　量化研究中構念或概念的定義有二種：一為操作性定義、一為概念性定義，操作性定義與概念性定義 (conceptual definition) 不同。概念性定義又稱結構性定義 (constitutive definition)，是以一般概念來界定研究的變項，概念性定義通常會以其他更低層次 ( 淺顯 )、精確的描述語或次概念來界定研究變項的意涵，以將變項的意義內涵完整的表達出來，概念性定義為一般理論或學者對某個概念的通俗化定義，它通常是以較易理解的文字來解釋某個抽象的意義。至於操作性定義則是將變項之概念性定義具體化，具體化表示的是變項如何測量，如何以測量分數來說明變項的屬性或特徵。由於每個人對概念的定義未盡相同，個體對抽象特質的察覺也未必一樣，因而研究者若沒有界定變項的操作型定義，則無法得知研究者所指的變項意涵。如「工作滿意度」概念，有些人認為它是個體對工作環境滿意的知覺、有些人認為它是個體對福利薪資的滿意、有些人認為它是個體對主管領導的滿意、有些人認為它是個體對工作現狀的滿意。構念或概念是一種主觀的覺知，可能每個人理解的方式均不同，它是無法測量的，但變項的操作性定義

是可以測量的，經由研究者編製的量表或測驗工具，可以測得某個潛在特質或行為。

　　如在一項高職學生的生活壓力調查研究中，研究者界定「生活壓力」的概念性定義為「受試者就日常生活事件中對其造成困擾或壓力的情形。」此種概念性的定義是一般對生活壓力的看法，研究者若沒有再界定生活壓力的操作性定義，則無法區別受試者生活壓力的高低，因而必須將生活壓力轉換為可測量的量數，如研究者編製一份李克特之五點量表，測量指標項目共 20 題，分數值域介於 20 至 100 分中間，當受試者在生活壓力量表之測量分數愈高，表示學生感受的生活壓力愈大，因而若有二位受試者，甲受試者在生活壓力量表測量值的分數為 40 分、乙受試者在生活壓力量表測量值的分數為 90 分，則研究者可以判別乙受試者的生活壓力較大、甲受試者的生活壓力較小。

　　再如在一項國小學生學習壓力的調查研究中，研究中對學習壓力界定的概念性定義為「國小學生在學習過程中，足以讓其擔心憂慮、懊惱不安與煩躁的一些事情」，為了測知國小學生學習壓力感受程度，研究者編製了一份有 30 題的「學習壓力量表」，研究者在研究中界定學習壓力的操作性定義為「本研究中所指的學習壓力為受試者在研究者編製修訂之『學習壓力量表』上的得分，得分愈高，表示受試者所知覺的學習壓力感受愈大；得分愈低，表示受試者所知覺的學習壓力感受愈小」。研究中將概念性定義轉換為操作性定義，才可以將抽象概念或概念所代表的潛在行為特質予以量化，若研究者沒有界定研究主要名詞或關鍵變數的操作性定義，抽象概念指標無法評定。

---

**自殺意向**

概念性定義：自殺是個人有意摧殘自我、結束自己生命的一種行為，自殺意向 (suicidal ideation) 是個人曾計畫要自殺或想過要自殺的意圖，但此意圖並未以實際行動展現出來。

操作性定義：本研究所指的自殺意向是指受試者在研究者修訂編製之「自殺意向量表」上的得分，得分 0 分者表示受試者沒有自殺意向、得分大於 0 分者表示受試者有自殺意向，測量分數愈高表示受試者自殺意向愈強。

**外向性人格**

概念性定義：外向性人格係指個體主動積極、樂觀進取，擅於社交技巧富
熱情，愛與人交往進行溝通互動，喜愛追求正向刺激與獲得
成就取向的一種人格特質。

操作性定義：本研究所指的外向性人格是指受試者在研究者修訂編製之
「外向性人格量表」上的得分，此量表為李克特五點量表型
態，題項共有 10 題，分數值域介於 10 分至 50 分間，受試者
測量分數愈高，表示其外向性人格特質愈明顯；相對的，受
試者測量分數愈低，表示受試者外向性人格特質愈不明顯。

　　同一量表中各構面界定的測量題項計分一致，才能進行構面變數的加總；各
構面 / 向度變數的計分一致 ( 分數高低表示的概念相同 )，才能進行整體量表的
加總，此描述內涵的架構如下：

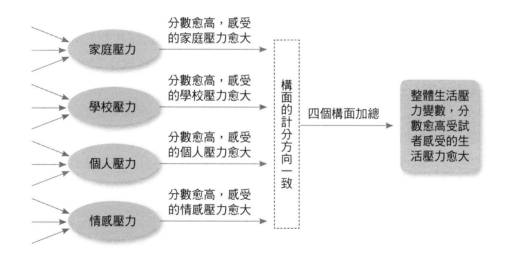

　　若是構面變數間的計分方向不同，則不宜將量表構面加總，加總分數不能作
為整體量表的操作性定義，如：

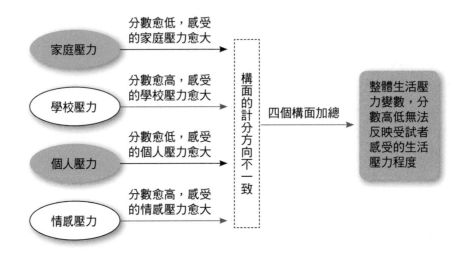

　　若根據變項在研究架構中的位置及統計分法的使用，通常可以劃分為「自變項」、「依變項」與「中介變項」。自變項 (independent variable) 又稱解釋變項、依變項 (dependent variable) 又稱結果變項 (outcome variable) 或效標變項。在實驗研究中自變項是研究者操弄的變數，而依變項是研究者操弄自變項後所引發的結果變數，結果變數會依研究者操弄之自變項不同而不同，如在教師教學策略對學生學習成就的實驗研究中，學生的學習成就會因教師採取的不同教學策略而有顯著的不同，此時教學策略是自變項，而學生的學習成就是依變項 / 結果變項。在問卷調查中自變項是獨立變化，並且可以造成依變項改變的變數，此時自變項是研究者有意探究或選擇的變項，如不同高職學生之「學校類別」在「生活壓力」感受的調查研究中，研究者假定公立、私立學校類型的高職學生在生活壓力的感受有顯著的不同，此時，「學校類別」為自變項，此自變項為名義二分變數，「生活壓力」為依變項，此依變項為計量變數，若是自變項只有一個，則是單因子變異數分析的差異比較，如果自變項有二個以上，則是多因子變異數分析的差異比較，如研究者認為除「學校類別」變數對高職學生生活壓力有影響外，「年級」變數 ( 名義三分變項 ) 對高職學生的生活壓力也有影響，即「學校類別」變數在生活壓力的差異會受到學生年級不同而不同；或「年級」變數在生活壓力的差異會受到「學校類別」變因的不同而不同，此時研究者探討的自變項中同時包含二個自變項：「學校類別」、「學生年級」。相關研究主題中，通常會把具依變項屬性的變項放在最後面，如「高職學生的生活壓力、自我概念與自

殺意向關係之研究」，研究架構的依變項為自殺意向，自變項為生活壓力、自我概念，統計程序除探討生活壓力、自我概念與自殺意向變項之相關外，也可探討不同程度的生活壓力群體在自殺意向感受的差異情形。

中介變項 (intervening variable) 指的是無法直接操弄、觀察或測量的變因，但從理論、經驗法則或推論中假定此變因會影響受試者的行為結果或研究過程中所觀察到的現象。在社會科學及行為科學領域中，許多自變項與依變項的關係非單純的因果關係或單純刺激——反應關係，受試者行為的改變除受到研究者操弄的自變項影響外，也多多少少受到許多無法直接觀察、測量或操作變因的影響，如學生學習成就受到教師教學策略變因的影響外，也可能受到學生個人的學習動機、教師的人格特質及生理狀態等變因的影響。就實驗研究法的內涵而言，自變項是研究者可以操弄的變因，而依變項隨著操弄變因改變而改變的變項，至於中介變項則是實驗程序中沒有操弄或控制的變因，但此變因的改變也可能使依變項產生改變，此種中介變項有時會干擾實驗的效度，因而中介變項也屬混淆變項 (confounding variables) 的一種。教育領域中，對於學業成就與學習態度依變項影響的自變項之一為學生智商與投入程度，但教師的人格特質、教學策略、父母的介入態度、班級氛圍等，也都可能影響對學生學業成就產生影響，自變項、中介變項、依變項間的關係圖示如下：

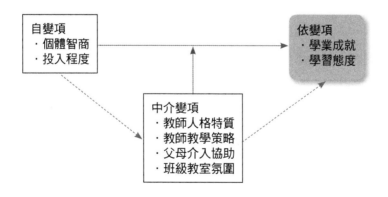

自變項、依變項、中介變項間的範例圖示架構如下面所列：

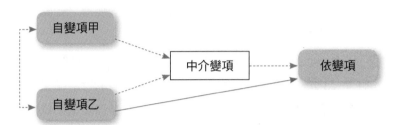

自變項甲、自變項乙除對依變項有直接影響外，二個自變項均透過一個中介變項而間接影響到依變項。

下圖中自變項甲、自變項乙除對依變項有直接影響外，二個自變項分別透過二個不同的中介變項而間接影響到依變項。

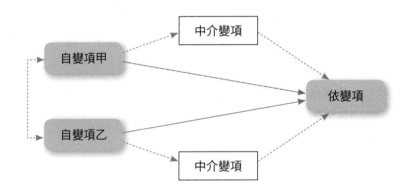

下圖中自變項甲、自變項乙除對依變項有直接影響外，二個自變項分別透過二個不同的中介變項而間接影響到依變項，此外二個中介變項間也有直接效果關係，即一個中介變項也會對另一個中介變項產生直接影響。

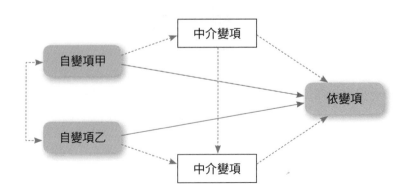

　　下圖中為二個中介變項間又互為影響的徑路圖,二個自變項透過中介變項丙影響到中介變項丁而對依變項產生影響;此外,二個自變項又透過中介變項丁影響到中介變項丙而對依變項產生影響。

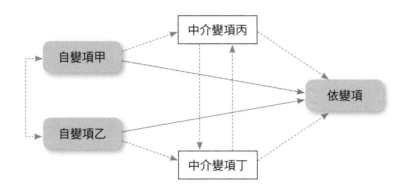

　　自變項與依變項的影響關係模式中,有一種變項屬性類似自變項,但在整個因果模型中並非是研究者界定的自變項,此種變數投入迴歸模型中,會改變自變項對依變項的影響關係,這種變項稱為「調節變項」(moderator variable),又稱為「次級自變項」,當調節變項投入迴歸模型中,自變項與依變項間的關係會改變,即自變項與依變項二者間關係會隨「調節變項」的調節,而出現不同的影響結果。

　　以下列的模型圖為例,性別變數不區分水準群組,以全體受試者為樣本之統計分析發現:「運動健康知識」得分對每週運動行為實踐(實際從事有氣運動所花的時間)有顯著預測力,其標準化迴歸係數 $\beta$ 為正,表示運動健康知識得分愈高者,每週實際從事有氣運動所花的時間愈多;運動健康知識得分愈低者,每週實際從事有氣運動所花的時間愈少,但此結果會受到「性別」變因的影響而有不同。性別為男生群體時,自變項對效標變項預測模式的標準化迴歸係數顯著較大,表示以男生群體為標的樣本時,運動健康知識得分愈高,其每週運動行為實踐的程度愈多;以女生群體為標的樣本時,運動健康知識得分愈高,其每週運動行為實踐的程度也會愈多,但男生群組中的「運動健康知識」自變項對「運動實踐行為」效標變項的影響程度顯著比女生群組來得大,把性別二個群組分開加以探討時,二條迴歸線的斜率顯著不同,表示性別變項可「調節」自變項對於依變項的預測效果。

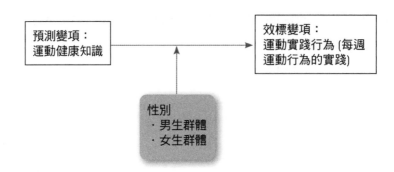

下列模擬數據為三十位成年人運動保健知識分數(得分愈高,運動保健知識的知能愈好)、運動實踐行為(每週從事有氧運動的時間,測量值愈大,表示每週從事有氧運動的時間愈多),性別變數中水準數值 0 為女生群體、水準數值 1 為男生群體。

| 性別 | 0 | 0 | 0 | 0 | 0 | 0 | 0 | 0 | 0 | 0 | 0 | 0 | 0 | 0 | 0 |
|---|---|---|---|---|---|---|---|---|---|---|---|---|---|---|---|
| 運動保健知識 | 5 | 4 | 9 | 8 | 6 | 7 | 3 | 4 | 9 | 10 | 2 | 1 | 4 | 7 | 8 |
| 運動實踐行為 | 20 | 40 | 60 | 70 | 20 | 60 | 35 | 20 | 60 | 50 | 30 | 20 | 60 | 50 | 80 |
| 性別 | 1 | 1 | 1 | 1 | 1 | 1 | 1 | 1 | 1 | 1 | 1 | 1 | 1 | 1 | 1 |
| 運動保健知識 | 2 | 9 | 4 | 10 | 9 | 8 | 5 | 5 | 7 | 6 | 3 | 5 | 6 | 3 | 8 |
| 運動實踐行為 | 10 | 70 | 10 | 100 | 100 | 90 | 70 | 60 | 80 | 90 | 20 | 80 | 85 | 50 | 95 |

以全體觀察值為標的樣本進行迴歸分析,輸出結果如下:

**係數──全體樣本**

| 模式 | | 未標準化係數 | | 標準化係數 | t | 顯著性 | R | R 平方 |
|---|---|---|---|---|---|---|---|---|
| | | B 之估計值 | 標準誤 | Beta 分配 | | | .779 | .607 |
| 1 | (常數) | 2.353 | 9.056 | | .260 | .797 | | |
| | 性別 | 20.863 | 6.709 | .376 | 3.110 | .004 | | |
| | 運動保健知識 | 7.353 | 1.330 | .668 | 5.527 | .000 | | |

就全體樣本而言,「性別」變數及「運動保健知識」變項與「運動實踐行為」的多元相關係數為 .779,$R^2 = .607$,「性別」變數、「運動保健知識」二個自變項均可以有效解釋「運動實踐行為」效標變項,聯合解釋變異量為 60.7%,

性別變項的 β 係數為 .376(t = 3.110，p = .004<.05)，表示男生群體與女生群體相較之下，有較高的運動實踐行為 ( 女生群體編碼為 0 表示為參照組，迴歸係數為正，表示男生群體的平均數顯著高於女生群體的平均數 )；運動保健知識預測變項的 β 係數為 .668(t = 5.527，p<.001)，表示受試者「運動保健知識」愈高，其「運動實踐行為」愈多 ( 每週從事有氧運動的時間顯著愈多 )。迴歸方程式如下：運動實踐行為 = 2.353+20.863× 性別 + 7.353× 運動保健知識。

如果性別變因具有調節迴歸方程式的作用，則以性別變因中的水準群體為標的樣本時，所建構的迴歸方程式應有顯著不同，即「運動保健知識」對「運動實踐行為」的影響程度會隨性別不同而有顯著不同。

係數——女生群體

| 模式 | | 未標準化係數 | | 標準化係數 | t | 顯著性 | R | R 平方 |
| | | B 之估計值 | 標準誤 | Beta 分配 | | | .671 | .450 |
| --- | --- | --- | --- | --- | --- | --- | --- | --- |
| 1 | ( 常數 ) | 16.654 | 9.568 | | 1.741 | .105 | | |
| | 運動保健知識 | 4.887 | 1.499 | .671 | 3.260 | .006 | | |

就女生群體而言，「運動保健知識」自變項可以有效預測「運動實踐行為」效標變項，迴歸係數估計值為 4.887(t = 3.260, p = .006<.05)，標準化迴歸係數 β 為 .671，$R^2$ = .450，表示「運動保健知識」預測變項可以解釋「運動實踐行為」變數 45.0% 的變異量，由於迴歸係數為正，表示「運動保健知識」預測變項對「運動實踐行為」效標變項的影響為正向。女生群組的迴歸方程式為：運動實踐行為 = 16.654 + 4.887× 運動保健知識。

係數——男生群體

| 模式 | | 未標準化係數 | | 標準化係數 | t | 顯著性 | R | R 平方 |
| | | B 之估計值 | 標準誤 | Beta 分配 | | | .819 | .671 |
| --- | --- | --- | --- | --- | --- | --- | --- | --- |
| 1 | ( 常數 ) | 4.476 | 13.128 | | .341 | .739 | | |
| | 運動保健知識 | 10.476 | 2.035 | .819 | 5.147 | .000 | | |

就男生群體而言，「運動保健知識」自變項可以有效預測「運動實踐行為」效標變項，迴歸係數估計值為 10.476(t = 5.1475, p<.001)，標準化迴歸係數 β 為 .819，$R^2$ = .671，表示「運動保健知識」預測變項可以解釋「運動實踐行為」

變數 67.1% 的變異量，由於迴歸係數為正，表示「運動保健知識」預測變項對「運動實踐行為」效標變項的影響為正向。

男生群組的迴歸方程式為：運動實踐行為 ＝ 4.476 ＋ 10.476× 運動保健知識

如果性別變項具有調節迴歸方程式的作用，則性別變項二個水準群組之迴歸線的斜率通常不會相同，二條迴歸線的斜率估計值若有顯著不同，表示性別變項的調節效果是顯著的。

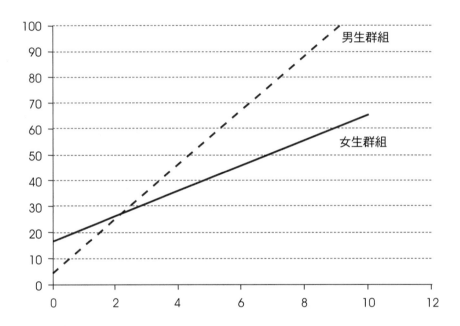

上圖為根據男生群組、女生群組二條迴歸方程式所繪製的迴歸線，二條迴歸線相交，表示二條迴歸線的斜率顯著不相同。就男生群組、女生群組而言，「運動保健知識」自變項均可以有效預測運動實踐行為，只是男生群體的影響程度顯著大於女生群體，解釋變異量分別為：$R^2_{女生} = .671$、為：$R^2_{男生} = .819$。男生群體的斜率顯著大於女生群體的斜率，表示男生群體與女生群體在「運動保健知識」測量值增加相同的單位量，在「運動實踐行為」測量值增加的分數有顯著不同，男生群體的變化程度較女生群體的變化程度快速。

| | 性別 | 個數 | 平均數 | 標準差 | t | 顯著性（雙尾） | 差異的 95% 信賴區間 | |
|---|---|---|---|---|---|---|---|---|
| 運動保健知識 | 0 女生 | 15 | 5.80 | 2.757 | -.210 | .835 | -2.150 | 1.750 |
| | 1 男生 | 15 | 6.00 | 2.449 | | | | |
| 運動實踐行為 | 0 女生 | 15 | 45.00 | 20.089 | -2.324 | .028 | -42.174 | -2.493 |
| | 1 男生 | 15 | 67.33 | 31.332 | | | | |

上表為以「性別」變數為分組變項，「運動保健知識」與「運動實踐行為」為依變項進行獨立樣本 t 檢定的摘要表，從結果摘要表可以發現：不同性別的成年人在「運動保健知識」並沒有顯著的差異，在「運動實踐行為」上的差異則達顯著 (t = -2.324，p = .028<.05)，男生群組在「運動實踐行為」顯著高於女生群組。正因為性別變數在「運動實踐行為」的差異達到顯著，所以性別變項對於「運動實踐行為」的影響是顯著的。

| 模式 | | 未標準化係數 | | 標準化係數 | t | 顯著性 | R | R 平方 |
|---|---|---|---|---|---|---|---|---|
| | | B 之估計值 | 標準誤 | Beta 分配 | | | .819 | .670 |
| 1 | (常數) | 16.654 | 10.601 | | 1.571 | .128 | | |
| | 性別 | -12.178 | 16.055 | -.219 | -.758 | .455 | | |
| | 運動保健知識 | 4.887 | 1.661 | .444 | 2.942 | .007 | | |
| | 交互作用項 | 5.589 | 2.501 | .691 | 2.235 | .034 | | |

表中的「交互作用項」變數為「性別 × 運動保健知識」，迴歸分析程序同時把「性別」、「運動保健知識」二個自變項及「交互作用項」變項投入，迴歸模型的架構圖如下：

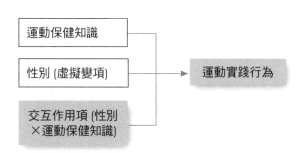

　　迴歸模型中三個自變項：「性別」、「運動保健知識」、「交互作用項」。統計分析結果摘要表顯示：多元相關係數 R 為 .819、$R^2$ = .670，迴歸係數達顯著 ( 迴歸係數顯著不等於 0) 的預測變數有「運動保健知識」(t = 2.942，p = .007<.05) 與「交互作用項」(t = 2.235，p = .034<.05)，「性別」自變項的影響變得不顯著，原先「性別」自變項對「運動實踐行為」效標變項預測達到顯著，但由於「交互作用項」變數的投入，使得性別變數 ( 調節變項 ) 對效標變項的解釋變異變得很小，「運動保健知識」、「交互作用項」的迴歸係數估計值分別為 4.887、5.589，標準化迴歸係數 β 值分別為 .444、.691，「交互作用項」對「運動實踐行為」效標變項的影響程度高於「運動保健知識」自變項。複迴歸分析之迴歸方程式為：

　　運動實踐行為 ＝16.654-12.178× 性別 ＋4.887× 運動保健知識 ＋5.589× 交互作用項。

　　調節變項的作用若以結構方程模式檢核，可以採用多群組模型檢定法，多群組分析的限制模式為將各水準群組之迴歸係數 ( 斜率 ) 設定相同，之後，更嚴格的限制模式為設定水準群組之迴歸係數 ( 斜率 ) 相同外，也將截距項設為相同。

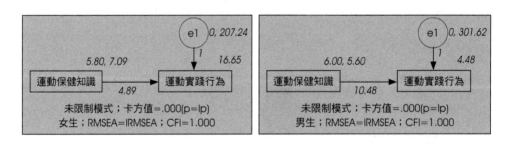

　　上圖為未限制模式，未限制模式的群組為「性別」變數 ( 調節變項 ) 的水準群組，群組變數為性別，水準數值 0 為女生群體、水準數值 1 為男生群體。非標準化估計值模式圖顯示，女生群體的徑路係數 ( 迴歸係數估計值 ) 與截距項 ( 迴歸方程常數項 ) 分別為 4.89、46.65；男生群體的徑路係數與截距項分別為 10.48、4.48。女生群體模式中之外因觀察變項「運動保健知識」的平均數為 5.80、變異數為 7.09；男生群體模式中之外因觀察變項「運動保健知識」的平均數為 6.00、變異數為 5.60。限制模式中假定女生群體的徑路係數參數為 W1、男生群體的徑路係數參數為 W2，則參數限制為「W1 ＝W2」。

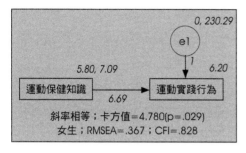
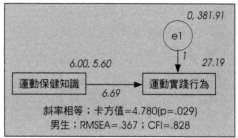

　　限制模式之一為界定二個群組的斜率相同 ( 迴歸係數相同 )，模式估計結果，斜率估計值為 6.69，女生群體的截距項為 6.20、男生群體的截距項為 27.19，二個群組的迴歸方程式分別為：

**女生群組：**運動實踐行為 ＝ 6.20 ＋ 6.69 × 運動保健知識
**男生群組：**運動實踐行為 ＝ 27.19 ＋ 6.69 × 運動保健知識

　　整體模式適配度的卡方值統計量為 4.780，顯著性 p ＝ .029<.05，RMSEA 值為 .367>.08、CFI 值為 .828<.90，表示限定模式的假設模型與樣本資料無法適配，女生與男生群體二個群組的斜率顯著不相同，當限制模式無法得到支持時，表示性別變數二個水準群組的迴歸係數顯著不同，性別變項具有調節徑路模型圖的作用。

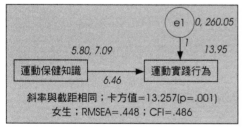
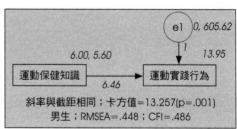

　　限制模式之二為界定二個群組的斜率相同 ( 迴歸係數相同 )、截距項也相同，假定女生群體的徑路係數參數為 W1、截距項參數為「I1」；男生群體的徑路係數參數為 W2、截距項參數為「I2」，則參數限制為「W1 ＝ W2」、「I1 ＝ I2」。模式估計結果，斜率估計值為 6.46，截距項為 13.95，整體模式適配度的卡方值統計量為 13.257，顯著性 p ＝ .001<.05、RMSEA 值為 .448>.08、CFI 值為 .486<.90，表示限定模式的假設模型與樣本資料無法契合，女生與男生

群體二個群組的斜率或截距項參數至少有一個顯著不相等。限制模式二無法得到支持時，表示性別變數二個水準群組的迴歸線不僅斜率顯著不相等，連截距項參數也顯著不相等，「性別」變項具有調節徑路模型圖的作用。

從多群組結構模式分析，可以發現，徑路圖中二個群組的迴歸係數估計值顯著不相同，群組水準的變數為性別，因而「運動保健知識」對「運動實踐行為」的預測或影響效果程度會隨「性別」水準群組不同而不同。

Chapter

# 10

資料處理之
統計方法

　　量化研究搜集的資料若是未經處理，則無法看出數據資料所代表的意義。資料處理即是資料變項編碼、資料數字鍵入與資料的統計分析。影響統計檢定方法選擇的因素有以下幾點 (Abu-Bader, 2010, pp.2-3)：

1. **抽樣的方法**：推論統計中的母數檢定或無母數檢定法，分析的標的樣本必須是有代表性的樣本，即抽取的樣本屬性或特徵必須能有效反映母群體的屬性或特徵，因而抽樣方法最好採取機率抽樣法 ( 如隨機抽樣 )。在調查研究中，如果回應問卷的樣本數比例過低，研究者必須注意樣本代表性問題，此問題強調的是問卷回收率過低的效度議題，有效問卷回收率過低，樣本的代表性與研究者原先的規劃便有落差，如研究者採用分層隨機抽樣方法，從標的母群體中抽取 500 名，原先 500 名樣本可以有效代表母群體的特徵，但問卷回收數只有 200 位，此 200 位樣本是否可以實際反映母群體的屬性或特徵，則有待商榷。

2. **測量變項的層次**：母數統計法中檢定的依變項一般是連續資料，變項尺度為等距或比率變項，但母數檢定法也可應用分析於依變項為名義尺度的變項 ( 如邏輯斯迴歸分析、區別分析等 )，但前提的假設是資料結構必須是常態分配。每種統計方法如果是雙變數間的關聯或差異檢定，變項的測量尺度都有基本的標準，研究者要知悉的是間斷變數 ( 只能以次數、百分比表示 ) 與連續變數 ( 可以用平均數及標準差表示變數屬性 ) 間的差異，對於連續變數中的等距尺度或比率尺度變項間的差別可以忽略。

3. **常態分配**：母數檢定法分析的資料結構形狀分配必須呈常態分配曲線，依變項為常態分配，即依變項分配不能呈極端的偏態形狀，若是依變項呈極端偏態，則最好進行原始分數的轉換，如採用平方根、對數、倒數轉換或其它函數等。偏態的資料進行資料轉換後，資料結構會較近似常態分配，許多母數統計法對於不是嚴重偏離常態分配的資料，統計結果也有很高的精確性。

4. **樣本大小**：採用母數檢定法的前提之一是分析的樣本數要夠大，因為從統計原理來看，樣本數愈大、平均數的標準誤愈小；此外，再根據中央極限定理，樣本數愈大，平均數分配的形狀才會近似常態分配。一般而言，如果進行二個群體參數的檢定，樣本的大小最好在 30 位以上，即每個群體的樣本數最好有 15 位以上。

　　若是樣本數不夠大，或是依變項尺度為名義或次序屬性，統計分析最好採用無母數檢定法，無母數檢定法又稱「自由分配檢定法」(distribution-free tests)，因而即使樣本資料結構分配形狀呈極端偏態 ( 正偏或負偏 )，或樣本數個數很少，都可以使用，但與對應的母數檢定法相較之下，無母數檢定法所得的統計考驗力 (power) 會較低 ( 影響統計考驗力的三個因素：1. 實驗設定的顯著水準 α 大小、2. 樣本大小、3. 效果值大小 )，統計考驗採用母數檢定法時，當事實存在情況下，母數檢定法在偵測顯著結果會有較佳的機遇。若是非常態的資料進行資料轉換後，資料結構還是無法符合常態性假定，統計考驗時研究者可同時進行母數檢定與無母數檢定，若是檢定的結果一致，研究結果可採用母數檢定的數據；若是檢定結果不一致，研究者宜呈現無母數檢定的數據，母數檢定法與對應無母數檢定法的摘要表如下 (Abu-Bader, 2010, P. 3)：

| 檢定法 | 型態 | 觀察 | 分配 | 自變項 | 依變項 | 個數 | 符號 |
|---|---|---|---|---|---|---|---|
| Pearson | 母數 | 配對 | 常態 | 等距尺度 + | 等距尺度 + | 30+ | $r$ |
| Spearman | 無母數 | 配對 | 自由分配 | 次序尺度 + | 次序尺度 + | >30 | $\rho$ |
| 獨立樣本 t 檢定 | 母數 | 配對 | 常態 | 2 個群體 | 等距尺度 + | 30+ | $t$ |
| M-W U 檢定 | 無母數 | 配對 | 自由分配 | 2 個群體 | 次序尺度 + | >30 | $z$ |
| 相依樣本 t 檢定 | 母數 | 重複 | 常態 | 等距尺度 + | 等距尺度 + | 30+ | $t$ |
| Wilcoxon | 無母數 | 重複 | 自由分配 | 次序尺度 + | 次序尺度 + | >30 | $Z$ |
| ANOVA | 母數 | 配對 | 常態 | 3+ 個群體 | 等距尺度 + | 30+ | $F$ |
| K-W H 檢定 | 無母數 | 配對 | 自由分配 | 3+ 個群體 | 次序尺度 + | >30 | $\chi^2$ |
| 卡方檢定 | 無母數 | 配對 | N/A | 2+ 個群體 | 2+ 個群體 | 20+ | $\chi^2$ |

註：M-W U 檢定 = Mann-Whitney U 檢定法；K-W H 檢定 = Kruskal-Wallis H 檢定法
等距尺度 += 等距尺度以上 ( 等距尺度、比率尺度 )；2+ 個群體 =2 個以上群體

　　社會科學領域中最常為研究者使用的統計軟體為 SPSS( 結構方程模式統計分析軟體為 AMOS 及 LISREL)，根據變項測量尺度與變項數目，在量化研究者常用的統計方法如下：

## 一、卡方檢定

　　卡方檢定用於適合度考驗 (test of goodness-of-fit)、百分比同質性考驗 (test

of homogeneity of proportions)、獨立性考驗 (test of independence)，其變數測量尺度為類別變項 ( 間斷變數 )。卡方適合度檢定屬於無母數檢定法 ( 沒有對應的母數檢定法 )，此法在於考驗從樣本取得的觀察次數 (observed frequency) 是否相似母群體的期望次數 (expected frequency)，即觀察資料適配於母群體的程度，卡方 (Chi-square) 統計量以公式表示為：$\chi^2 = \Sigma \dfrac{(O-E)^2}{E}$，公式中 $\chi^2$ 為卡方統計量，O 為從樣本資料所得的觀察次數，E 為從母群體計算的期望次數。卡方檢定之資料結構不必假定資料分配需符合常態分配，但卻要求單一變項選項 ( 水準 ) 的測量值或列聯表各細格測量值來自不同的受試者，即水準測量值或細格分數的受試者必須符合「獨立性」原則。

卡方適合度考驗適用於單一名義變項，此名義變項有數個水準 (level)，適合度檢定的範例一：某國中輔導主任想探究國三學生對戶外教學行程安排的滿意情形，隨機抽取該校三年級學生 100 位，受試者對戶外教學行程安排滿意感受各選項的勾選情形如下，請問學生對四個選項勾選的百分比是否有所不同？受試學生是否偏向於某個選項？

| 非常滿意 | 滿意 | 不滿意 | 非常不滿意 |
|---|---|---|---|
| 12 | 32 | 42 | 14 |

卡方適合度檢定的虛無假設為：四個水準選項被勾選的百分比相等。

統計軟體執行功能列「分析 (A)」/「無母數檢定 (N)」/「歷史對話記錄」/「卡方」程序，可以求出相關統計量數。

| | 觀察個數 | 期望個數 | 殘差 |
|---|---|---|---|
| 1 非常滿意 | 12 | 25.0 | -13.0 |
| 2 滿意 | 32 | 25.0 | 7.0 |
| 3 不滿意 | 42 | 25.0 | 17.0 |
| 4 非常不滿意 | 14 | 25.0 | -11.0 |
| 總和 | 100 | | |

上表為各選項的觀察個數與期望個數，期望個數設定為四個水準類別有相同

的期望值，其數值 ＝100÷4＝25，每個選項期望比值為四分之一，殘差值為觀察個數與期望個數的差異值。卡方統計量的求法如下：

$$\chi^2 = \Sigma \frac{(O-E)^2}{E} = \frac{(12-25)^2}{25} + \frac{(32-25)^2}{25} + \frac{(42-25)^2}{25} + \frac{(14-25)^2}{25}$$

$$= \frac{(32-25)^2}{25} + \frac{(7)^2}{25} + \frac{(17)^2}{25} + \frac{(-11)^2}{25} = 25.120$$

**檢定統計量**

| | 選項 |
|---|---|
| 卡方 | 25.120[a] |
| 自由度 | 3 |
| 漸近顯著性 | .000 |

a. 0 個格 (0.0%) 的期望次數少於 5。最小的期望格次數為 25.0。

検定統計量表的卡方值為 25.120，自由度等於 3(＝4−1)，顯著性機率值 p<.001，有足夠的證據可以拒絕虛無假設，四個選項被勾選的次數 ( 次數百分比 ) 間有顯著不同，受試者以勾選「不滿意」選項的次數最多，勾選「滿意」選項的次數最少。

卡方適合度考驗範例二：某研究者想探討高三學生將來選填大學科系考量的首要因素：□個人興趣　□未來就業　□社會評價　□父母意見。

百分比同質性考驗中，二個變數均為類別變項，作為自變項的類別變項稱為「設計變項」(design variable)，作為依變項的類別變項稱為「反應變項」(response variable)，設計變項中的 J 個水準稱為 J 個群體、反應變項中的 I 個水準稱為 I 個反應，百分比同質性考驗的目的在檢定 J 個群體在 I 個反應的百分比是否相同，若是卡方檢定統計量達到顯著水準 (p<.05)，表示 J 個群體中至少有二個群組在某個反應的百分比有顯著差異存在。百分比同質性考驗與變異數分析程序相同，當整體檢定統計量 ( 卡方值 ) 達到顯著水準時，必須再進一步進行百分比同質性檢定的事後比較 (a posteriori comparisons)。

研究問題一：輔導室想探究高中三個年級群體閱讀課外書的情形，從三個年級中各抽取五十名學生，詢問他們上學期看課外書的狀況 ( 分為常常、很少二個

水準類別)，得到下表資料，請問三個年級學生看課外書的百分比是否相同？

| 情況 ＼ 年級 | 一年級 | 二年級 | 三年級 |
|---|---|---|---|
| 常常 | 23 | 30 | 21 |
| 很少 | 27 | 20 | 29 |
| 合計 | 50 | 50 | 50 |

統計軟體執行功能列「分析 (A)」/「敘述統計 (E)」/「交叉表」程序，可以求出相關統計量數。

**相關統計量數**

| | | 年級 | | | 總和 |
|---|---|---|---|---|---|
| | | **1 一年級** | **2 二年級** | **3 三年級** | |
| 情況 | 1 常常 | 個數 | 23(A) | 30 | 21 | 74 |
| | | 期望個數 | 24.7 | 24.7 | 24.7 | 74.0 |
| | | 在 情況 之內的 | 31.1% | 40.5% | 28.4% | 100.0% |
| | | 在 年級 之內的 | 46.0% | 60.0% | 42.0% | 49.3% |
| | 2 很少 | 個數 | 27 | 20 | 29 | 76 |
| | | 期望個數 | 25.3 | 25.3 | 25.3 | 76.0 |
| | | 在 情況 之內的 | 35.5% | 26.3% | 38.2% | 100.0% |
| | | 在 年級 之內的 | 54.0% | 40.0% | 58.0% | 50.7% |

表中的期望次數的公式為：$E = \dfrac{RN}{N} \times CN$，N 為有效受試者總數 (N=150)，RN 為細格所在橫列的總觀察次數，CN 為細格所在直欄的觀察次數總和、E 為期望次數，以細格觀察次數 23 為例，期望次數 $E = \dfrac{74}{150} \times 50 = 24.7$，由於三個年級直欄總和皆相同 (=50)，同一橫列細格的期望次數相同 (因為 RN、CN 數值均相等)。卡方考驗中若是某個細格的期望次數太低，會降低統計考驗力，統計推論犯第二類型錯誤的機率會大幅提高，一般最低的期望次數門檻值為 5，較佳的期望值是 10，至於樣本的有效個數最好是細格總數的 5 倍以上，如 2×2 列聯

表中，細格總數為 4，有效樣本數至少要有 20 個以上；2×3 列聯表中，細格總數為 6，有效樣本數至少要有 30 個以上；3×3 列聯表中，細格總數為 9，有效樣本數至少要有 45 個以上。若是有效樣本數無法符合細格總數 5 倍以上的標準，研究者可把細格合併，如把 2×3 列聯表合併歸納為 2×2 列聯表，將 3×3 列聯表合併歸納為 2×2 或 2×3 列聯表。

#### 相對分組

| | 數值 | 自由度 | 漸近顯著性 ( 雙尾 ) |
|---|---|---|---|
| Pearson 卡方 | 3.574[a] | 2 | .167 |
| 概似比 | 3.593 | 2 | .166 |
| 線性對線性的關連 | .159 | 1 | .690 |

a. 0 格 (0.0%) 的預期個數少於 5。最小的預期個數為 24.67。

　　卡方統計量數值為 3.574，顯著性機率值為 .167，沒有足夠證據可以拒絕虛無假設：$H_0 : P_1 = P_2 = P_3$，三個年級群體勾選「常常」選項的百分比並沒有不同。如果統計結果的卡方值統計量夠大，可以拒絕虛無假設，表示三個年級群體勾選「常常」選項的百分比是有顯著不同的，事後比較的組合可能為：一年級＞二年級、一年級＞三年級、二年級＞三年級。

　　**研究問題二**：不同學院的大一學生其每週上網的時間是否有所不同？研究問題中的學院為五分名義變數，五個學院類別為人文學院、教育學院、理學院、科技學院、藝術學院；上網時間為三分類別變項，三個水準選項分別為「常常」( 五小時以上 )、「普通」( 二小時至五小時 )、「很少」( 二小時以內 )，設計變項為「學院」、反應變項為「上網時間」，其列聯表為 I×J＝3×5，共有 15 個細格，細格中為勾選的人數。

| 上網時間 ＼ 學院 | 人文學院 | 教育學院 | 理學院 | 科技學院 | 藝術學院 |
|---|---|---|---|---|---|
| 常常 | 23 | 25 | 36 | 19 | 18 |
| 普通 | 16 | 35 | 15 | 30 | 32 |
| 很少 | 36 | 15 | 24 | 26 | 25 |
| 合計 | 75 | 75 | 75 | 75 | 75 |

二個間斷變項的關聯指標值，常用者為 $\phi$ 係數 (Phi coefficient) 統計量及 Cramer's V 係數統計量， 係數用於 2×2 的列聯表 ( 二個變項均為二分名義變數 )，Cramer's V 係數適用於所有類別變項。$\phi$ 係數統計量的求法為：

$\phi = \sqrt{\dfrac{\chi^2}{N}}$，$\phi$ 係數值最小值為 0、最大值為 1。從實驗效果而言，當 $\phi$ 係數值為 .10 時，表示為小型的實驗效果；$\phi$ 係數值為 .30 時，為中型的實驗效果；$\phi$ 係數值為 .50 時，為大型的實驗效果。Cramer's V 係數統計量的求法為：

$V = \sqrt{\dfrac{\chi^2}{N \times df_{(smaller)}}}$，其中，$df_{(smaller)} = $ 最小值 $(I-1, J-1)$， 數值等於列聯表中較小一側的自由度，以 2×3 列聯表為例，最小自由度 = 最小值 $(2-1，3-1)=1$，Cramer's V 係數與 $\phi$ 係數值一樣，介於 0 至 1 之間 ( 沒有負值 )。$\phi$ 係數值與 Cramer's V 係數值平方的解釋與相關係數平方 $r^2$ 類似，表示依變項變異數比例中 (%) 可以被自變項解釋的程度，如學生年級變項可以解釋學生閱讀課外書情況多少的變異比例。

在複選題選項中，一般最常用的方法為統計各選項被勾選的次數、百分比，因為複選題通常是現況或行為頻率的調查，以勾選次數及百分比來呈現受試者對各選項的反應情形最為適合。複選題的編碼中通常各「選項」( 非題項 ) 視為一個變數 ( 單一勾選的題項，各題項是一個變數 )，選項被勾選者輸入 1、沒有勾選者輸入 0。範例問題如：

---

您選擇孩子就讀之國中考量的因素有那些？( 可以複選 )
□交通因素　　□學校升學率　　□學校評價　　□校長　　□硬體設備
□教師年齡

---

上述有六個選項複選題之資料結構如下，其中數值 1 表示受試者有勾選、數值 0 表示受試者沒有勾選，統計分析可以統計各選項被勾選為 1 的次數及百分比，由於題項可以複選，以有效樣本數為分母時，各選項加總的百分比可能超過 100% ( 此種統計結果是合理且正確的 )，在 SPSS 統計軟體中功能列「分析 (A)」選單中，有一個專門處理複選題的選單。

| 受試者 | 交通因素 | 學校升學率 | 學校評價 | 校長 | 硬體設備 | 教師年齡 |
|--------|----------|------------|----------|------|----------|----------|
| A | 0 | 1 | 0 | 1 | 0 | 0 |
| B | 1 | 0 | 1 | 0 | 0 | 0 |
| C | 1 | 1 | 0 | 1 | 1 | 1 |
| D | 0 | 0 | 1 | 0 | 1 | 0 |

## 二、相關

相關表示二個變數或二個以上變數間的關係。相關研究 (correlation research) 表示不操弄或不控制研究的變項，而是從社會科學或行為科學領域的情境中搜集二種變項屬性，進行二個資料 ( 變數 ) 間關係的探討。相關的型態有二種：一為 A 型相關、二為 B 型相關。A 型相關的相關係數之數值介於 0 至 1 之間、B 型相關的相關係數之數值介於 -1 至 1 之間，相關係數的絕對值愈大，表示二個變數間的關聯程度愈密切。A 型相關的類型如：$\phi$ 相關、Cramer's V 係數、列聯相關 (contingency correlation) 係數、等級相關 (rank order correlation) 係數、Kendall 和諧係數 (coefficient of concordance)、Kappa 一致性係數；B 型相關的類型如：皮爾遜積差相關、二系列相關 (biserial correlation)、點二系列相關 (pointbiserial correlation)、四分相關 (tetrachoric correlation) 等。

相關研究中並沒有操弄任何變項，相關研究的數據通常藉由問卷取得，它是一種對現存社會現象二個變項間關係的探討，相關研究結果旨在反映社會現象中變項間關聯程度，二個變項間可能有正相關、可能有負相關，或可能沒有任何相關存在。相關研究中因為無法明顯區分那個變項為自變項 ( 解釋變項 )、那個變項為依變項 ( 結果變項 )，因而相關研究統計分析結果只能確認二個變項間是否有某種程度關聯存在，若是進行相關研究的同時，研究者發現變項間有某種程度關聯。此外研究者能明確區分變項的前後關係，能根據理論文獻或經驗法則確認何者為自變項、何者為依變項，進一步的統計分析可採用迴歸分析統計方法進行預測型或解釋型的研究，因而在進行複迴歸分析之前，研究者必須先呈現變項間的相關係數矩陣，以檢核預測變項與效標變項間是否有顯著相關存在，若是預測變項與效標變項間的相關很低，甚至沒有顯著相關，則進行多元迴歸分析並沒有實質意義，因為預測變項與效標變項間的相關係數很低，表示變項間關聯程度不

高，預測變項對效標變項的解釋變異量也會很低。

不同變項尺度常用的相關方法及研究問題如下：

## (一) $\phi$ 相關

**適用時機**：第一個變數為名義二分變項、第二個變數為名義二分變項。

**研究問題範例一**：某研究者想探究國中學生的家庭結構與學生攻擊行為的關係，其中「家庭結構」變數為名義二分變項，水準數值 0 為完整家庭、水準數值 1 為單親家庭；「攻擊行為」也為名義二分變項，水準數值 0 表示「有攻擊行為」、水準數值 1 表示「無攻擊行為」。研究假設：「國中學生的家庭結構與其攻擊行為間有顯著相關」。

**研究問題範例二**：某輔導學者想探究高職學生性別與有無抽煙有無關係，其中性別變數中水準數值 0 表示男生、水準數值 1 表示女生；有無抽煙變項中，水準數值 0 表示「從無抽煙經驗」、水準數值 1 表示「有抽煙經驗」，由於二個變數均為二分類別變項，二個變數間的相關程度採用統計方法為 $\phi$ 相關，$\phi$ 相關係數是否有統計上的意義，必須由卡方統計量加以判別，若是卡方統計量夠大 (p<.05)，表示有足夠的證據拒絕虛無假設：$\phi = 0$，二個二分名義變項有顯著相關存在。$\phi$ 相關之脈絡關係圖如下：

## (二) 列聯相關

**適用時機**：第一個變項為二分以上類別變數、第二個變項為二分以上類別變數。

**研究問題範例**：某民意調查機構想分析區域與其對甲、乙、丙三位候選人之投票反應間是否有顯著相關。其中區域為三分名義變項，三個水準 1、2、3 的註解分別表示為南區、中區、北區；投票反應也為三分名義變項，三個水準 1、2、3 的數值註解分別表示為甲候選人、乙候選人、丙候選人，3×3 列聯表或交叉表如下：

| 投票反應    區域 | 甲候選人 | 乙候選人 | 丙候選人 | 總計 |
|---|---|---|---|---|
| 南區 | 121 | 191 | 118 | 430 |
| 中區 | 162 | 154 | 114 | 430 |
| 北區 | 149 | 111 | 170 | 430 |

C×R 列聯表 (I×J 列聯表 ) 之 C>2、J>2 時，二個間斷變項間的相關程度也可採用 Cramer's V ( 克拉碼 V) 係數表示。以「投票區域」與「投票反應」之間的相關為例，若是 Cramer's V ( 克拉碼 V) 係數為 .40(p<.05)，表示受試者在「投票區域」與「投票反應」之間達 .40 的顯著列聯相關存在，受試者「投票反應」行為的總變異中，可以被「投票區域」變項解釋的變異為 16%。列聯相關之脈絡圖代表如下：

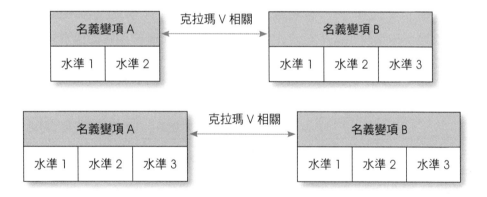

## 【範例】

某高中輔導主任想探究學生家庭的「家庭社經地位」與其是否有「作弊行為」間的相關情形，採分層隨機抽樣方法，各從高社經家庭、中社經家庭、低社經家庭群體中各抽取 100 位學生，作弊行為之自陳量表選項為「曾經」、「從未」，調查所得的交叉表及統計結果如下：

| | | 社經地位 | | | 總和 |
|---|---|---|---|---|---|
| | | **1 高社經地位** | **2 中社經地位** | **3 低社經地位** | |
| 作弊行為 | **0 曾經** 個數 | 25 | 51 | 70 | 146 |
| | 在 作弊行為 之內的 | 17.1% | 34.9% | 47.9% | 100.0% |
| | 在 社經地位 之內的 | 25.0% | 51.0% | 70.0% | 48.7% |
| | **1 從未** 個數 | 75 | 49 | 30 | 154 |
| | 在 作弊行為 之內的 | 48.7% | 31.8% | 19.5% | 100.0% |
| | 在 社經地位 之內的 | 75.0% | 49.0% | 30.0% | 51.3% |
| 總和 | 個數 | 100 | 100 | 100 | 300 |
| | 在 作弊行為 之內的 | 33.3% | 33.3% | 33.3% | 100.0% |
| | 在 社經地位 之內的 | 100.0% | 100.0% | 100.0% | 100.0% |

在 300 位受試者，中小學曾經有作弊過的樣本共有 146 位，佔總樣本的比例為 48.7%；中小學至高中從未作弊過的樣本共有 154 位，佔總樣本的比例為 51.3%。

**卡方檢定**

| | 數值 | 自由度 | 漸近顯著性 ( 雙尾 ) |
|---|---|---|---|
| Pearson 卡方 | 40.856[a] | 2 | .000 |
| 概似比 | 42.446 | 2 | .000 |
| 線性對線性的關連 | 40.394 | 1 | .000 |
| 有效觀察值的個數 | 300 | | |

a. 0 格 (0.0%) 的預期個數少於 5。最小的預期個數為 48.67。

卡方值 (Pearson 卡方欄數值 ) 統計量為 40.856，交叉表的自由度 $= (C-1) \times (R-1) = 1 \times 2 = 2$ ( 最小的自由度為 1)，顯著性機率值 $p < .001$，有足夠證據顯示虛無假設 ( 相關係數 $= 0$) 出現的機率甚低。

對稱性量數

|  |  | 數值 | 顯著性近似值 |
|---|---|---|---|
| 以名義量數為主 | Phi 值 | .369 | .000 |
|  | Cramer's V 值 | .369 | .000 |
| 有效觀察值的個數 | 總和 | 300 | |

a. 未假定虛無假設為真。

b. 使用假定虛無假設為真時之漸近標準誤。

$$V = \sqrt{\frac{\chi^2}{N \times df_{(\text{smaller})}}} = \sqrt{\frac{40.856}{300 \times 1}} = \sqrt{0.136} = .369$$，表示受試者之「家庭社經地位」與曾經是否有「作弊行為」間有 .369 的顯著列聯相關。

## ( 三 ) 點二系列相關

適用時機：第一個變數為名義二分類別變項、第二個變數為計量變數 ( 等距尺度或比率尺度變項 )。點二系列相關與二系列相關之變項尺度類似，其中一個變項為二名義變項，另一個變項為等距尺度或比率尺度變項，其中的差異在於二系列相關的二分名義變項是經由變項轉換的程度，變數尺度原先也為計量變數，因為研究需要將計量變項轉換為二個群體的變數，如學生學業成就。變項尺度原為計量變項，研究者以 60 分為分割點將學業成就分為大於等於 60 分群體 ( 及格群組 )、小於 60 分群體 ( 不及格群組 )，經由資料轉換程序，學生學業成就由計量變項變為二分類別變項；至於點二系列相關中的二分類別變項為真正二分變項，變項原先的尺度為二分互斥的水準。點二系列相關的脈絡關係圖如下：

研究問題範例一：某研究者探究國中二年級學生的家庭結構與其數學學業成就的關係。其中「家庭結構」變數為名義二分變項，水準數值 0 為「完整家庭」、水準數值 1 為「單親家庭」；「數學學業成就」為計量變項，測量指標為學生二年級上學期班級數學成就的 T 分數。研究假設：「國中學生的家庭結構與其數學學業成就間有顯著相關。」

研究問題範例二：某公立高中英文老師想瞭解其任教學校二年級學生之英文成就與學生性別間是否有顯著關聯，採用分層隨機取樣方法，從該校二年級學生中隨機抽取男生、女生各 10 名，以學生三次英文定期考查成績的總平均作為學生英文成就指標。研究問題中的性別為二分類別變項，水準數值 0 表示女生、水準數值 1 表示男生，英文成就的分數值域介於 0 至 100 分，分數愈高表示學生的英文成就愈佳，英文成就變項為計量變項。

【範例】

學生性別水準群體在英文成就的描述性統計量摘要表

| 性別 | 平均數 | 個數 | 標準差 | 最小值 | 最大值 |
|---|---|---|---|---|---|
| 0　女生 | 73.70 | 10 | 10.573 | 57 | 85 |
| 1　男生 | 63.20 | 10 | 9.705 | 43 | 75 |
| 總和 | 68.45 | 20 | 11.251 | 43 | 85 |

女生群體水準數值編碼為 0，十位女生英文成績的平均為 73.70、標準差為 10.573；男生群體水準數值編碼為 1，十位男生英文成績的平均為 63.20、標準差為 9.705；全體樣本的平均數為 68.45、標準差為 11.251，測量值介於 43 至 85 中間。

| | | 性別 | 英文成就 |
|---|---|---|---|
| 性別 | Pearson 相關 | 1 | -.479* |
| | 顯著性 ( 雙尾 ) | | .033 |
| | 個數 | 20 | 20 |
| 英文成就 | Pearson 相關 | -.479* | 1 |
| | 顯著性 ( 雙尾 ) | .033 | |
| | 個數 | 20 | 20 |

點二系列相關的執行程序為：功能列「分析 (A)」/「相關 (C)」/「雙變數 (B)」。範例中的點二系列相關係數統計量等於 -.479，顯著性機率值 p=.033<.05，表示點二系列相關係數值 $r_{pb}$ 顯著不等於 0，「性別」變項與「英文成就」間有顯著相關存在，由於 $r_{pb}$ 值 = -.479，表示水準數值編碼為 0 的群體 ( 女生 )，其英文成績顯著的高於水準數值編碼為 1 的群體 ( 男生 )。

### ( 四 ) 等級相關

等級相關係數通常可作為評分者間信度係數指標 ( 一致性係數 )。等級相關係數可採用 Spearman 等級相關 (ρ-rho 等級相關係數 ) 或 Kendall 等級相關 ( τ -tau 等級相關係數 ) 方法計算均可。當評分者有二人時，採用 Spearman 等級相關，若是評分者超過三人以上時，或評分次數大於二次以上時，宜改用 Kendall 和諧係數。

**適用時機：**第一個變數為次序尺度或順序變項、第二個變數為次序尺度或順序變項。等級相關之變數關係脈絡圖如下：

執行 SPSS 統計軟體功能列「分析 (A)」/「相關 (C)」/「雙變數 (B)」程序，可以開啟「雙變數相關分析」對話視窗，視窗中「相關係數」統計量有三種型態：「相關係數 (N)」、「Kendall's tau-b 相關係數 (K)」、「Spearman 相關係數 (S)」，第一個選項為積差相關統計量，後二個選項為等級相關統計量。

**研究問題範例一：**在校務評鑑指標重要性等級的評定中，男性教師與女性教師間的看法是否一致？範例中男生在七個指標變項中分別給予 1 至 7 的名次，女生在七個指標變項中也分別給予 1 至 7 的名次，因而變數測量尺度均為次序變項，並非為計量變項。

| 指標 | 教學指標 | 輔導指標 | 活動指標 | 設標指標 | 和諧指標 | 競賽指標 | 行政指標 |
|---|---|---|---|---|---|---|---|
| 男生 | 4 | 2 | 3 | 5 | 1 | 7 | 6 |
| 女生 | 2 | 1 | 5 | 7 | 4 | 3 | 6 |

上述測量項目的題項如下：

---

在下列七項校務評鑑指標中，根據您的看法，填入 1 至 7 的數字，數字 1
表示最重要、數字 2 表示次重要。

☐教學指標　☐輔導指標　☐活動指標　☐設標指標

☐和諧指標　☐競賽指標　☐行政指標

---

【範例】

| | | | 性別 | 英文成就 |
|---|---|---|---|---|
| Kendall's tau_b 統計量數 | A | 相關係數 | 1.000 | .238 |
| | | 顯著性 ( 雙尾 ) | . | .453 |
| | | 個數 | 7 | 7 |
| | B | 相關係數 | .238 | 1.000 |
| | | 顯著性 ( 雙尾 ) | .453 | . |
| | | 個數 | 7 | 7 |
| Spearman's rho 係數 | A | 相關係數 | 1.000 | .321 |
| | | 顯著性 ( 雙尾 ) | . | .482 |
| | | 個數 | 7 | 7 |
| | B | 相關係數 | .321 | 1.000 |
| | | 顯著性 ( 雙尾 ) | .482 | . |
| | | | 7 | 7 |

Kendall 等級相關 τ 係數統計量為 .238，顯著性機率值 p=.453>.05，沒有足
夠的證據拒絕虛無假設，τ 係數顯著等於 0，τ 係數統計量值 .238 為抽樣誤差或
機運所造成，男生群組與女生群組二個群體對校務評鑑指標排序間沒有一致的看
法。

Spearman 等級相關 ρ 係數統計量為 .321，顯著性機率值 p=.482>.05，沒有
足夠的證據拒絕虛無假設，ρ 係數顯著等於 0，ρ 係數統計量值 .321 為抽樣誤差
或機運所導致，男生群組與女生群組二個群體對校務評鑑指標排序間沒有一致的
看法。

表中採用 Kendall 等級相關或 Spearman 等級相關所獲得的結果一樣：男生教師群體與女生教師群體的看法並不一致。

**研究問題範例二**：在一項資優班入學考試分組實作的觀察中，二位觀察者對於十位受試者的成績等第的評定如下表，請問二位觀察者評分結果的關聯性為何？

| 觀察者 | A | B | C | D | E | F | G | H | I | J |
|---|---|---|---|---|---|---|---|---|---|---|
| 甲 | 10 | 1 | 9 | 3 | 4 | 2 | 8 | 6 | 7 | 5 |
| 乙 | 10 | 3 | 8 | 4 | 2 | 1 | 9 | 7 | 6 | 5 |

如果對次序尺度 ( 次序變數 ) 評定者或觀察者有三人或三個群組以上，則應改用肯德爾和諧係數。肯德爾和諧係數適用於 G 個評分者 / G 個群組對 N 件作品 / N 個事件等第的看法是否一致。

統計軟體執行功能列「分析 (A)」/「無母數檢定 (N)」/「歷史對話記錄」/「K 個相關樣本 (S)」程序，可以求出肯德爾和諧係數統計量，在上述操作程序中，可以開啟「多個相關樣本的檢定」對話視窗，視窗下「檢定類型」勾選的選項統計量有三種：「Friedman 檢定」、「Kendall's W 檢定」、「Cochran's Q 檢定」，三種統計量中以「Kendall's W 檢定」統計量較為普遍。

**研究問題範例三**：在校務評鑑指標重要性等級的評定中，不同學校規模大小的教師看法是否一致？

| 指標 | 教學指標 | 輔導指標 | 活動指標 | 設標指標 | 和諧指標 | 競賽指標 | 行政指標 |
|---|---|---|---|---|---|---|---|
| 大型 | 4 | 2 | 3 | 5 | 1 | 7 | 6 |
| 中型 | 2 | 1 | 5 | 7 | 4 | 3 | 6 |
| 小型 | 3 | 5 | 6 | 4 | 2 | 7 | 1 |

**研究問題範例四**：在一項資優班入學考試分組實作的觀察中，四位觀察者對於十位受試者的成績等第的評定如下表，請問四位觀察者評分結果的關聯性為何？

| 觀察者 | A | B | C | D | E | F | G | H | I | J |
|--------|-----|-----|-----|-----|-----|-----|-----|-----|-----|-----|
| 甲 | 10 | 1 | 9 | 3 | 4 | 2 | 8 | 6 | 7 | 5 |
| 乙 | 10 | 3 | 8 | 4 | 2 | 1 | 9 | 7 | 6 | 5 |
| 丙 | 10 | 4 | 8 | 1 | 2 | 3 | 9 | 7 | 5 | 6 |
| 丁 | 9 | 1 | 7 | 2 | 3 | 4 | 10 | 8 | 6 | 5 |

表中數據求出的 Kendall 和諧係數統計量結果如下：

**相關統計量數**

| 個數 | 4 |
|------|------|
| Kendall's W 檢定 [a] | .912 |
| 卡方 | 32.836 |
| 自由度 | 9 |
| 漸近顯著性 | .000 |

a. Kendall 和諧係數

Kendall 和諧係數統計量 ω 為 .912( 轉換為卡方值統計量約為 32.836，自由度等於 9)，顯著性機率值 p<.001，拒絕虛無假設，表示 Kendall 和諧係數值 .912 顯著不等於 0，四位觀察者所評定的等級名次間有很高的相關，評分結果的一致性佳 ( 有良好的評分者信度 )。

## ( 五 ) Pearson 積差相關

適用時機：第一個變數為計量變項 ( 等距尺度或比率尺度 )、第二個變數為計量變項 ( 等距尺度或比率尺度 )。皮爾遜積差相關係數 (Pearson product-moment correlation coefficient) 為正且達顯著，表示二個變項為顯著正相關 (positive correlation)；皮爾遜積差相關係數為負且達顯著，表示二個變項為顯著負相關 (negative correlation)，皮爾遜積差相關係數又稱皮爾遜相關係數 (Pearson correlation coefficient)，相關係數統計量通常以小寫 r 表示 (r 是迴歸 regression 的縮寫，因為迴歸與相關的理念十分接近，二個變數間有相關，才可能有因果關係，才可以進行迴歸分析 )。相關係數的絕對值 ≥ .70，表示二個變項呈「高度相關」、相關係數的絕對值 < .40，表示二個變項呈「低度相關」、相關係數的絕對值介於 .40 至 .70 間，表示二個變項呈「中度相關」。

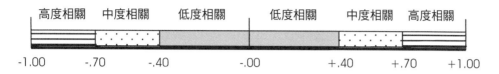

二個變項間有相關，不表示二個變項間有因果關係。當二個變數間的相關達到顯著，表示二個變項間有顯著關聯，二個變項可能都是因、也可能都是果、也可能是一因一果。如學生的數學成績與理化成績有顯著正相關，數學成績愈高者，理化成績也愈佳，二者雖有顯著相關卻沒有因果關係，二個變數均是「果」變數，其因變項可能為學生智力、課堂投入與努力程度。計量變項 X 與計量變項 Y 間有顯著相關 ($r \neq 0$)，二者的因果關係至少有下列三種情況，其圖示如下：

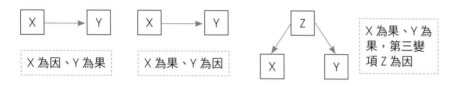

上述三種情況是較為單純的因果關係，較為複雜的因果模型可能有一個以上的中介變項。

積差相關變項間脈絡關係圖如下：

當受試者樣本的同質性愈高 ( 變異程度愈小 )，樣本統計量的相關係數會愈低；相對的，當受試者樣本的同質性愈低 ( 變異程度愈大 )，樣本統計量的相關係數會愈高。相關係數是一種次序尺度，相關係數間的差距並不相等，也不能以倍數表示，如甲變項與乙變項間的相關係數為 .60、甲變項與丙變項間的相關係數為 .40、甲變項與丁變項間的相關係數為 .20，研究者不能是甲乙變項的相關跟甲丙變項間相關的差距 ( = .60 − .40 = .20) 與甲丙變項的相關與甲丁變項間相關的差距 ( = .40 − .20 = .20) 相等，因為二個 .20 間的大小並不是表示相同的「大小」；此外，研究者也不能敘寫甲變項與乙變項間的相關 ( = .60) 是甲變項與丁變項間相關係數 (.20) 的 3 倍，因為倍數 3 是一個無法合理解釋的數值。

以國中學生的數學學習動機與數學學習成就為例，若是研究者選取的樣本為國中數學資優班學生，或是國中資源班學生，因為選取群體的同質性很高，變項的變異程度很低，造成二個變項間的相關係數會偏低，此種情況在於研究者抽取的樣本在變項測量值的全距只限定在某個較小的範圍，統計程序中只使用部分變項的測量值，此測量值並未真正反映變項實際包括的分數上下限，造成統計結果的偏誤，此種結果稱為「全距受限」(restriction in range) 的偏誤。以國中數學資優班學生的群體而言，學生數學學習動機測量值很高、數學學習成就的測量值也很高；相對的，以國中數學資源班學生的群體而言，學生數學學習動機測量值很低、數學學習成就的測量值也很低，測量值分布範圍較為狹窄，無法呈現二個變項原先測量值的分布型態，變項分數的上下限僅集中於某個小範圍，因而二個變項可能由顯著的中高程度相關變為低相關或沒有相關。

研究論文中若是探究二個計量變數間的相關，除呈現相關係數統計量及顯著性機率值 p 外，最好能再呈現「決定係數」(coefficient of determination)，決定係數等於積差相關係數的平方 $(CD=r^2)$，若是二個計量變項分別為 X、Y，X 與 Y 二個變項間有顯著相關，則決定係數表示的是 Y 變項的總變異量中可由 X 變項解釋的比例；或是 X 變項的總變異量中可由 Y 變項解釋的比例。如國中學生智力與數學學業成就間的相關為 .80(p<.05)，表示智力變項與數學成就變項間有顯著正相關，二個變項間屬高度相關，從決定係數值來看，智力變項可以解釋數學成就變項 64% 的解釋變異，至於其餘 36%($=1-64\%$) 的變異是智力變項無法解釋的變異，這些變異可能是學生個體變項 ( 如學生身心狀態 )、物理環境變項及學生學習動機、投入程度等變因造成的，由於相關理論文獻支持智力變項與數學成就變項間的關係可能也是一種因果關係，智力變項為因變項、數學成就為果變項，因而研究者可以不用再描述「數學成就變項也可以解釋智力變項 64% 的變異。」若是研究者無法明確區分二個變項間的前後關係，則不宜作出單一方向的解釋，因為二個變數間有顯著相關 ( 正相關或負相關 )，不一定表示二個變數間也存在因果關係。

變異程度太小 ( 群體同質性太高 ) 會低估相關係數，相關係數與變異程度的關係可用下列數據說明。

| 學習動機 | 學業成就 | 班別 ( 資源班 ) | 學習動機 | 學業成就 | 班別 ( 資優班 ) |
|---|---|---|---|---|---|
| 1 | 30 | 1 | 8 | 89 | 2 |
| 1 | 25 | 1 | 9 | 90 | 2 |
| 2 | 29 | 1 | 8 | 90 | 2 |
| 2 | 31 | 1 | 10 | 100 | 2 |
| 3 | 38 | 1 | 10 | 98 | 2 |
| 4 | 35 | 1 | 9 | 95 | 2 |
| 4 | 40 | 1 | 8 | 94 | 2 |
| 3 | 23 | 1 | 8 | 98 | 2 |
| 3 | 34 | 1 | 9 | 98 | 2 |
| 2 | 29 | 1 | 10 | 88 | 2 |

執行結果如下：

## 1. 班別 = 資源班

資源班學生學習動機與學業成就相關係數摘要表

| | | 學習動機 | 學業成就 |
|---|---|---|---|
| 學習動機 | Pearson 相關 | 1 | .629 |
| | 顯著性 ( 雙尾 ) | | .052 |
| | 個數 | 10 | 10 |
| 學業成就 | Pearson 相關 | .629 | 1 |
| | 顯著性 ( 雙尾 ) | .052 | |
| | 個數 | 10 | 10 |

就資源班的群體而言，學生數學學習動機與數學學業成就間的相關係數為 .629，顯著性機率值 p=.052>.05，未達 .05 顯著水準，接受虛無假設，相關係數 r 顯著為 0 ( 表中積差相關係數 .629 為抽樣誤差或機遇造成的 )，表示學生數學學習動機與數學學業成就間沒有顯著相關存在。

### 2. 班別 = 資優班

資優班學生學習動機與學業成就相關係數摘要表

| | | 學習動機 | 學業成就 |
|---|---|---|---|
| 學習動機 | Pearson 相關 | 1 | .257 |
| | 顯著性 ( 雙尾 ) | | .474 |
| | 個數 | 10 | 10 |
| 學業成就 | Pearson 相關 | .257 | 1 |
| | 顯著性 ( 雙尾 ) | .474 | |
| | 個數 | 10 | 10 |

就資優班的群體而言，學生數學學習動機與數學學業成就間的相關係數為 .257，顯著性機率值 p=.474>.05，未達 .05 顯著水準，接受虛無假設，相關係數 r 顯著等於 0( 表中積差相關係數 .629 為抽樣誤差或機遇造成的 )，表示學生數學學習動機與數學學業成就間沒有顯著相關存在。

### 3. 從二個群體各選取五個樣本

普通班學生學習動機與學業成就相關係數摘要表

| | | 學習動機 | 學業成就 |
|---|---|---|---|
| 學習動機 | Pearson 相關 | 1 | .993(**) |
| | 顯著性 ( 雙尾 ) | | .000 |
| | 個數 | 10 | 10 |
| 學業成就 | Pearson 相關 | .993(**) | 1 |
| | 顯著性 ( 雙尾 ) | .000 | |
| | 個數 | 10 | 10 |

** 在顯著水準為 0.01 時 ( 雙尾 )，相關顯著。

就不同群體的受試者而言，學生數學學習動機與數學學業成就間的相關係數為 .993，顯著性機率值 p<.001，達 .05 顯著水準，拒絕虛無假設，相關係數 r 顯著不為 0，表示學生數學學習動機與數學學業成就間有顯著正相關存在。由於相關係數大於 .800，顯示國中學生數學學習動機與數學學業成就二個變項間呈現高度相關，學生的數學學習動機愈強，數學學業成就愈高 ( 全部二十位樣本的相關

係數為 .969，顯著性 p<.001)。

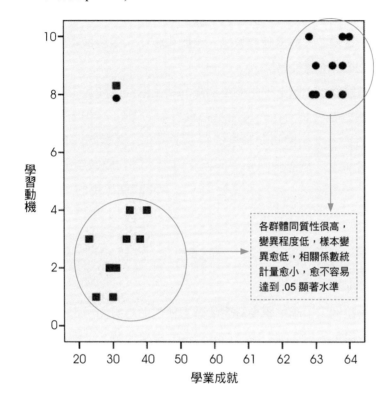

| 班別 | | 個數 | 範圍 | 最小值 | 最大值 | 平均數 | 標準差 | 變異數 |
|------|------|------|------|--------|--------|--------|--------|--------|
| 1 資源班 | 學習動機 | 10 | 3 | 1 | 4 | 2.50 | 1.080 | 1.167 |
| | 學業成就 | 10 | 17 | 23 | 40 | 31.40 | 5.400 | 29.156 |
| 2 資優班 | 學習動機 | 10 | 2 | 8 | 10 | 8.90 | .876 | .767 |
| | 學業成就 | 10 | 12 | 88 | 100 | 94.00 | 4.447 | 19.778 |
| 整體樣本 | 學習動機 | 20 | 9 | 1 | 10 | 5.70 | 3.420 | 11.695 |
| | 學業成就 | 20 | 77 | 23 | 100 | 62.70 | 32.472 | 1054.432 |

　　從描述性統計量而言，資源班群組在學習動機變項的平均數為 2.50、全距為 3、變異數為 1.167；在學業成就變項的平均數為 31.40、全距為 17、變異數為 29.156。資優班群組在學習動機變項的平均數為 8.90、全距為 2、變異數為 0.767；在學業成就變項的平均數為 94.00、全距為 12、變異數為 19.778。就全體樣本而言 ( 混合資源班與資優班樣本 )，二十位樣本在學習動機變項的平均數為

5.70、全距為 9、變異數為 11.695；在學業成就變項的平均數為 62.70、全距為 77、變異數為 1054.432。就資源班或資優班的群組而言，由於受試者的同質性很高，樣本在檢定變數的變異程度較小，全距也較小，這些樣本群組的分配形狀並不是常態 ( 可能正偏或負偏 )。

　　研究問題範例一：高職學生的生活壓力與憂鬱傾向間是否有顯著相關？其中生活壓力測量值為受試者在「生活壓力量表」的得分，得分愈高表示受試者感受的生活壓力愈大；憂鬱傾向測量值為受試者在「憂鬱傾向量表」的得分，得分愈高表示受試者之憂鬱傾向感受的程度愈大。研究問題中的二個變數：「生活壓力」與「憂鬱傾向」均為計量變項，二者間關係採用的是「Pearson 積差相關」。

　　研究問題範例二：高中學生的生活壓力與生命意義間是否有顯著相關？研究假設為「高中學生的生活壓力與生命意義間有顯著相關。」由於生活壓力分為四個向度 ( 加上四個向度總分有五個變項 )、生命意義感受分為三個向度 ( 加上四個向度總分有四個變項 )，二個變項構成的相關係數摘要表如表 10-1，摘要表中共有 20 個待檢定的相關係數，若是研究假設要獲得支持，必須所有相關係數均達 .05 顯著水準，如果有部分或少數的相關係數未達 .05 顯著水準，研究假設的支持可改為「大部分獲得支持」或「部分獲得支持」；相對的，若是多數的相關係數未達 .05 顯著水準，研究假設的支持宜改為「少部分獲得支持」或「部分獲得支持」。

**表 10-1** 生活壓力與生命意義之相關係數摘要表

| 生活壓力 ＼ 生命意義 | 學校壓力 | 家庭壓力 | 情感壓力 | 個人壓力 | 整體生活壓力 |
|---|---|---|---|---|---|
| 生命價值 | $r_1$ | $r_2$ | $r_3$ | $r_4$ | $r_5$ |
| 生活品質 | $r_6$ | $r_7$ | $r_8$ | $r_9$ | $r_{10}$ |
| 生活目標 | $r_{11}$ | $r_{12}$ | $r_{13}$ | $r_{14}$ | $r_{15}$ |
| 整體生命意義 | $r_{16}$ | $r_{17}$ | $r_{18}$ | $r_{19}$ | $r_{20}$ |

| 生活壓力 | 生命意義 |
|---|---|
| ·學校壓力向度<br>·家庭壓力向度<br>·情感壓力向度<br>·個人壓力向度 | ·生命價值向度<br>·生活品質向度<br>·生活目標向度 |

積差相關表格呈現範例 ( 陳思縈，2012)

國小高年級學童人格特質與生活適應之相關係數摘要表 (N＝807)

|  | 友善性 | 嚴謹自律性 | 神經質 | 聰穎開放性 | 外向性 |
|---|---|---|---|---|---|
| 個人適應構面 | .534***<br>$(r^2=.285)$ | .524***<br>$(r^2=.275)$ | -.056 | .456***<br>$(r^2=.208)$ | .584***<br>$(r^2=.341)$ |
| 家庭適應構面 | .416***<br>$(r^2=.173)$ | .418***<br>$(r^2=.175)$ | -.009 | .320***<br>$(r^2=.102)$ | .419***<br>$(r^2=.176)$ |
| 學校適應構面 | .479***<br>$(r^2=.229)$ | .568***<br>$(r^2=.323)$ | .067 | .422***<br>$(r^2=.178)$ | .398***<br>$(r^2=.158)$ |
| 同儕適應構面 | .554***<br>$(r^2=.307)$ | .469***<br>$(r^2=.220)$ | -.015 | .422***<br>$(r^2=.178)$ | .580***<br>$(r^2=.336)$ |
| 整體生活適應 | .572***<br>$(r^2=.327)$ | .569***<br>$r^2=.324)$ | -.007 | .463***<br>$(r^2=.214)$ | .574***<br>$(r^2=.329)$ |

*** p<.001 括號內為決定係數值 $(r^2)$

註：由於相關係數絕對值及決定係數值最大值為 1.000，小數點之前的數值 0 可以省略。

## 三、重複量數 t 檢定

　　重複量數表示同一群受試者在二次測驗成績或測量項目分數的差異比較，重複量數的設計 (repeated-measurement design) 又稱「受試者內的設計」(within-subjects design)，重複量數設計中，群體每位受試者均有二個不同測驗項目的分數 ( 或測量值 )，考驗「同一群受試者」在二個測驗分數值的差異，稱為「相依樣本 t 檢定」(t test for dependent means)。t 檢定的假設之一是資料結構須符合常態分配的假定，但若是資料結構未完合符合常態性假定，使用 t 檢定乃可得到正確結果，因為 t 檢定方法具有統計強韌性 (robustness)。

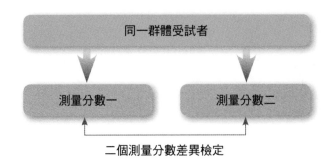

相依樣本 t 檢定的虛無假設與對立假設如下：

$H_0 : M_1 = M_2$；$H_1 : M_1 \neq M_2$（雙側檢定），假設考驗結果若是顯著性 p<.05，表示結果為虛無假設的機會可能性很低，研究者必須拒絕虛無假設，接受對立假設；相對的如果顯著性 p>.05，表示結果為虛無假設的機會可能性很高，沒有足夠證據可以拒絕虛無假設，二個測量分數間沒有顯著不同或顯著差異存在。

**研究問題範例一**：某研究者想探究國一肥胖學生參加減肥訓練課程後體重是否有顯著的減輕，從國一學生中挑選 20 位肥胖學生參與減肥訓練課程，經過一個月的密集訓練課程與飲食控制後，再測量學生的體重，研究者想要比較的是 20 位受試者前後一個月體重間是否有顯著的不同。

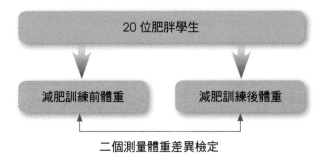

**研究問題範例二**：在一項教師班級經營指標重要性與實踐程度的調查中，研究者建構的指標項目共有五大構面：教學活動經營、訓育工作經營、情境規劃經營、親師生溝通經營、行政事務經營。其編製的量表格式如下：

| 指標重要性 | | | | | 班級實踐程度 | | | |
|---|---|---|---|---|---|---|---|---|
| 非常重要 | 重要 | 不重要 | 非常不重要 | | 非常符合 | 符合 | 不符合 | 非常不符合 |
| ☐ | ☐ | ☐ | ☐ | 01. 題項或測量項目 | ☐ | ☐ | ☐ | ☐ |
| ☐ | ☐ | ☐ | ☐ | 02. 題項或測量項目 | ☐ | ☐ | ☐ | ☐ |
| ☐ | ☐ | ☐ | ☐ | ‧‧‧‧‧‧‧‧ | ☐ | ☐ | ☐ | ☐ |
| ☐ | ☐ | ☐ | ☐ | 19. 題項或測量項目 | ☐ | ☐ | ☐ | ☐ |
| ☐ | ☐ | ☐ | ☐ | 20. 題項或測量項目 | ☐ | ☐ | ☐ | ☐ |

　　研究者如要探究受試者對「指標構面重要性」知覺與「指標構面實踐程度」間的差異，採用的方法為相依樣本 t 檢定，因為是相同的受試者在二種不同測量分數間的差異比較。

| 重要性感受測量值 | 統計方法 | 實踐程度感受測量值 |
|---|---|---|
| 教學活動經營→ | ＜相依樣本 t 檢定＞ | ←教學活動經營 |
| 訓育工作經營→ | ＜相依樣本 t 檢定＞ | ←訓育工作經營 |
| 情境規劃經營→ | ＜相依樣本 t 檢定＞ | ←情境規劃經營 |
| 親師生溝通經營→ | ＜相依樣本 t 檢定＞ | ←親師生溝通經營 |
| 行政事務經營→ | ＜相依樣本 t 檢定＞ | ←行政事務經營 |

　　若是要探究受試者在同一量表之配對構面 ( 向度 ) 間的差異，也可採用相依樣本 t 檢定，因為構面變數的測量值或分數是來自相同的受試者。以高年級學生「人格特質量表」為例，量表的測量題項共有 21 題，構面及題項數如下：

**高年級學生人格特質**

| 構面名稱 | 友善性 | 嚴謹自律性 | 神經質 | 聰穎開放性 | 外向性 |
|---|---|---|---|---|---|
| 題項數 | 5 題 | 4 題 | 3 題 | 5 題 | 4 題 |
| 構面平均 | 19.02 | 13.71 | 8.59 | 16.44 | 16.33 |
| 構面單題平均 | 3.80 | 3.43 | 2.86 | 3.29 | 4.08 |
| 百分比值 | 70.00% | 60.75% | 46.50% | 57.25% | 77.00% |

由於各構面包含的題項數不同，進行配對構面變數的比較時，要將各構面的分數轉換為「構面單題平均數」，五個構面配對比較的組合共有十對，配對構面單題平均數間的差異是否達到 .05 顯著水準，可採用相依樣本 t 考驗加以檢定。

| 807 位國小高年級學生 | | | | |
|---|---|---|---|---|
| 友善性分數 | 嚴謹自律性分數 | 神經質分數 | 聰穎開放性分數 | 外向性分數 |

## 【範例】

社會心理學者想探究成年人在婚前三個月與婚後三個月，當事者與另一半吵架衝突的情況，調查 10 位新婚夫妻的先生，就婚前三個月及婚後三個月分別與太太爭吵衝突的次數，調查數據如下：

| 婚前衝突次數 | 4 | 3 | 3 | 2 | 1 | 4 | 5 | 3 | 0 | 1 |
|---|---|---|---|---|---|---|---|---|---|---|
| 婚後衝突次數 | 4 | 3 | 5 | 6 | 5 | 4 | 7 | 3 | 0 | 4 |

SPSS 統計軟體執行功能列「分析 (A)」/「比較平均數法 (M)」/「成對樣本 T 檢定 (P)」程序，可以求出相依樣本 t 考驗的相關統計量。

**成對樣本統計量**

| | | 平均數 | 個數 | 標準差 | 平均數的標準誤 |
|---|---|---|---|---|---|
| 成對 1 | 婚前衝突次數 | 2.60 | 10 | 1.578 | .499 |
| | 婚後衝突次數 | 4.10 | 10 | 1.912 | .605 |

10 位受試者，婚前三個月與另一半發生的爭吵衝突平均次數為 2.60 次，婚後三個月與另一半發生的爭吵衝突平均次數為 4.10 次。$M_1=2.60$、$M_2=4.10$，$M_1$ 與 $M_2$ 間的差異是否達到 .05 顯著水準，必須經由假設考驗才能確認，研究者不能直接由平均數的高低來判別。

成對樣本檢定

| | | 成對變數差異 | | | | | t | 自由度 | 顯著性（雙尾） |
| --- | --- | --- | --- | --- | --- | --- | --- | --- | --- |
| | | 平均數 | 標準差 | 平均數的標準誤 | 差異的 95% 信賴區間 | | | | |
| | | | | | 下界 | 上界 | | | |
| 成對1 | 婚前衝突次數 - 婚後衝突次數 | -1.500 | 1.716 | .543 | -2.728 | -.272 | -2.764 | 9 | .022 |

　　「成對樣本檢定」摘要表中的「平均數」欄為 $M_1$ 與 $M_2$ 間的差異值，$-1.50 = 2.60 - 4.10$，差異的 95% 信賴區間為 $[-2.728，-0.272]$，自由度為 9 $(= N - 1 = 10 - 1)$，平均數差異檢定的 t 值統計量等於 $-2.764$，顯著性機率值 $p = .022 < .05$，表示結果為虛無假設的機率可能性很低，二個平均數的差異值顯著不等於 0，婚後衝突次數的平均數 (4.10 次 ) 顯著高於婚前衝突次數的平均數 (2.60 次 )。

　　表中「平均數的標準誤」欄數值：$SD_M = \sqrt{\dfrac{SD^2}{N}} = \sqrt{\dfrac{1.716^2}{10}} = 0.543$

　　t 值統計量 $= \dfrac{M_1 - M_2}{SD_M} = \dfrac{-1.50}{0.543} = -2.764$，使用雙側考驗與 5% 的顯著水準，自由度為 9 時，t 分配的臨界值為 2.262 ( 左側為 $-2.262$)。

　　若是研究者調查受試者在某個變項的測量值，要探究測量值平均數與大群體平均數或常模平均數間的差異情形，假設考驗的檢定方法稱為「單一樣本 t 考驗」(t test for a single sample)，研究問題如某大學部一年級學生一星期平均的讀書時間為 16 小時，教育學院隨機抽取 20 名大一學生，統計調查其一星期平均讀書時間如下，請問教育學院大一學生與全校大一學生一星期平均讀書時間是否有差異？

　　假設考驗的虛無假設與對立假設如下：

　　虛無假設：$\mu = 16$ ( 雙側考驗 )

　　對立假設：$\mu \neq 16$ ( 雙側考驗 )

| 15 | 10 | 9 | 21 | 16 | 14 | 13 | 17 | 18 | 15 | 11 | 15 | 18 | 11 | 16 | 10 | 13 | 16 | 8 | 15 |
|---|---|---|---|---|---|---|---|---|---|---|---|---|---|---|---|---|---|---|---|

SPSS 統計軟體執行功能列「分析 (A)」/「比較平均數法 (M)」/「單一樣本 T 檢定 (S)」程序，可以求出單一樣本 t 考驗的相關統計量。

**單一樣本統計量**

|  | 個數 | 平均數 | 標準差 | 平均數的標準誤 |
|---|---|---|---|---|
| 看書時間 | 20 | 14.05 | 3.395 | .759 |

全部受試者有 20 位，平均數為 14.05、標準差為 3.395，平均數的標準誤等於 0.759，教育學院大一學生一星期平均讀書時間為 14.05 小時。

表中「平均數的標準誤」欄數值：$SD_M = \sqrt{\dfrac{SD^2}{N}} = \sqrt{\dfrac{3.395^2}{20}} = 0.759$

**單一樣本檢定**

|  | 檢定值 =16 |  |  |  |  |  |
|---|---|---|---|---|---|---|
|  | t | 自由度 | 顯著性 ( 雙尾 ) | 平均差異 | 差異的 95% 信賴區間 |  |
|  |  |  |  |  | 下界 | 上界 |
| 看書時間 | -2.569 | 19 | .019 | -1.950 | -3.54 | -.36 |

「平均差異」值欄為樣本資料所得的平均數 14.05，與母群平均數 16 間的差異值 ( = 14.05 - 16 = -1.95)，差異的 95% 信賴區間為 [ - 3.54，- 0.36]，差異的 95% 信賴區間未包含 0 這個數值，表示平均數差異值為 0 的可能性很低。t 值統計量為 - 2.569，顯著性 p = .019<.05，分析結果為虛無假設的機率很小，研究者有足夠證據拒絕虛無假設，樣本所得的平均數 14.05 顯著與檢定值 16 不相等，由於差異值為負，表示教育學院大一學生每週平均讀書時間顯著少於全校大一學生每週平均讀書時間。表中 t 值統計量 $= \dfrac{M - \mu}{SD_M} = \dfrac{-1.950}{0.759} = -2.569$。

重複量數 t 檢定與獨立樣本 t 檢定間差異脈絡圖，以 10 位受試者為例如下：

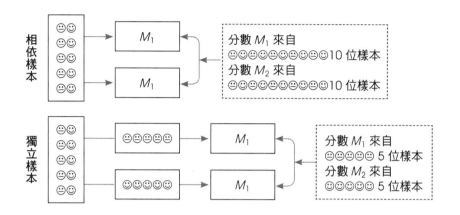

## 四、相依樣本變異數分析

相依樣本變異數分析與相依樣本 t 檢定主要差異在於檢定變數個數的不同，相依樣本 t 檢定是同一群受試者在二種不同測驗分數的差異比較，而相依樣本變異數分析為同一群受試者在二種以上不同測驗分數的差異比較。

**研究問題範例一：**在一項高職學生生活壓力的調查研究中，研究者想探究生活壓力四個構面 / 向度 ( 學校壓力、家庭壓力、情感壓力、個人壓力 ) 的感受間是否有顯著不同，由於比較的群體是同一組的受試者，檢定的依變項有四個，採用的統計方法為相依樣本變異數分析。因為四個因素構面所包含的題項數不同，不能直接進行層面題項數加總後分數的差異比較，必須轉換為「單題平均數」，單題平均測量值為層面題項數加總後的分數除以題項個數。

上述研究問題統計分析的架構圖如下：

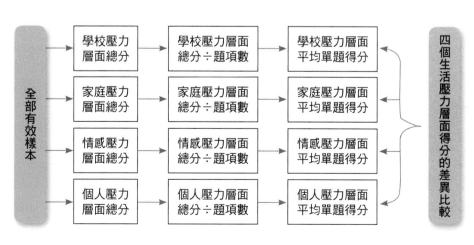

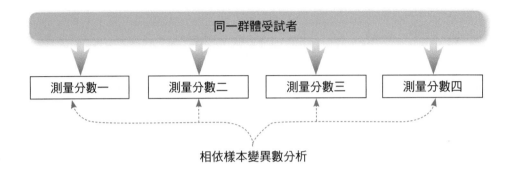

相依樣本變異數分析

研究問題範例二：研究者想探究消費者對甲、乙、丙、丁四種新上市品牌奶茶的喜愛程度，隨機選取 30 名消費者，請其每隔二小時飲用四種不同品牌的奶茶，飲用完後讓其填寫包含五個題項的「喜愛量表」，之後再採用重複量數變異數分析方法，以檢定受試者在四種量表得分的差異。

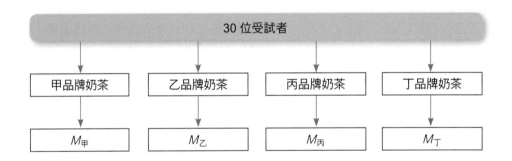

相依樣本變異數分析的虛無假設與對立假設如下：

$H_0：M_甲 = M_乙 = M_丙 = M_丁$

$H_1：M_甲 \neq M_乙 \neq M_丙 \neq M_丁$ (對立假設：至少有一配對組平均數間顯著不相等)

SPSS 統計軟體的操作步驟：執行功能列「分析 (A)」/「一般線性模式 (G)」/「重複量數 (R)」程序，可以求出重複量數變異數分析相關的統計量數，包括整體考驗的 F 值統計量、配對組差異檢定事後比較摘要表等。

## 五、獨立樣本 t 檢定

適用時機：自變項為名義二分變項、依變項／結果變項為計量變數 (等距尺度或比率尺度)。獨立樣本 t 檢定 (t test for independent samples) 適用於二個獨立

不同群體間之測量分數的差異比較。以變項檢定關係架構圖為例，測量分數 M1 來自甲群體、測量分數 M2 來自乙群體，甲、乙二個群體為互斥群體，測量分數為連續變項，獨立樣本 t 檢定即在考驗二個群體在依變項之測量分數 M1、M2 的平均數是否相等。

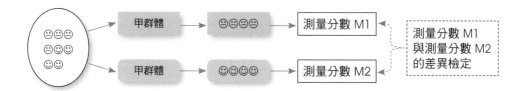

獨立樣本 t 檢定關係圖中，甲群體的受試者與乙群體的受試者是二個獨立的樣本，從甲群體所得的測量分數平均數為 M1，從乙群體所得的測量分數平均數為 M2，甲群體、乙群體二組分數是彼此獨立，二組測量值是來自不同的二個群體，二個群體測量值假設檢定的方法稱為獨立樣本平均數差異考驗，由於進行比較的群組只有二個，平均數差異考驗法稱為 t 檢定。

獨立樣本 t 檢定的虛無假設與對立假設如下：

$H_0：M_1 = M_2；H_1：M_1 \neq M_2$ ( 雙側檢定 )，假設考驗結果若是顯著性 p<.05，表示結果為虛無假設的機會可能性很低，研究者必須拒絕虛無假設，接受對立假設：二個群體的平均數差異值顯著不等於 0；相對的如果顯著性 p>.05，表示結果為虛無假設的機會可能性很高，沒有足夠證據可以拒絕虛無假設，二個群體的平均數差異值顯著等於 0 $(M_1 - M_2 = 0)$，平均數差異值顯著等於 0，即二個群體的平均數相等 $(M_1 = M_2)$。

**研究問題範例**：不同性別的高職學生在生活壓力的感受是否有顯著的不同？研究問題中的「性別」變項為二分類別變項，水準數值 1 為男生、水準數值 2 為女生；「生活壓力」變項為受試者在生活壓力量表上的得分，變項尺度屬於計量變項，四個壓力因素向度為：學校壓力、家庭壓力、個人壓力、情感壓力。研究假設如下：

**研究假設 I**：不同性別的高職學生在生活壓力的感受有顯著的不同。此研究假設包含五個待檢定的子假設：

研究假設 I-1：不同性別的高職學生在「學校壓力」向度的感受有顯著不同。

研究假設 I-2：不同性別的高職學生在「家庭壓力」向度的感受有顯著不同。

研究假設 I-3：不同性別的高職學生在「個人壓力」向度的感受有顯著不同。

研究假設 I-4：不同性別的高職學生在「情感壓力」向度的感受有顯著不同。

研究假設 I-5：不同性別的高職學生在整體「生活壓力」的感受有顯著不同。

　　由於性別變項在生活壓力變數檢定的差異比較包括四個生活壓力向度及四個向度的總分，因而若是研究假設 I 要獲得支持，必須不同性別變數在五個依變項的差異比較均達到 .05 顯著水準，若是其中有部分依變項的差異沒有達到顯著水準，研究者在研究假設支持的敘寫方面可改為：「『研究假設 I：不同性別的高職學生在生活壓力的感受有顯著的不同』大部分獲得支持」或「『研究假設 I：不同性別的高職學生在生活壓力的感受有顯著的不同』小部分獲得支持」，或直接以「部分獲得支持」取代「大部分獲得支持」或「小部分獲得支持」，假設驗證的敘寫為「『研究假設 I：不同性別的高職學生在生活壓力的感受有顯著的不同』部分獲得支持」。

　　如果四個向度及生活壓力總分五個變數均達統計顯著水準，則假設驗證的敘寫為「『研究假設 I：不同性別的高職學生在生活壓力的感受有顯著的不同』獲得支持」；相對的，若是四個向度及生活壓力總分五個變數均未達統計顯著水準 ($p > .05$)，則假設驗證的敘寫為「『研究假設 I：不同性別的高職學生在生活壓力的感受有顯著的不同』無法獲得支持。」

【範例】

　　研究者想探究不同學校類型 ( 公立學校、私立學校 ) 教師的工作壓力、工作滿意是否有顯著不同，隨機抽取 16 位教師，調查數據如下：

| 學校類型 | 0 | 0 | 0 | 0 | 0 | 0 | 0 | 0 | 1 | 1 | 1 | 1 | 1 | 1 | 1 | 1 |
|---|---|---|---|---|---|---|---|---|---|---|---|---|---|---|---|---|
| 學校地區 | 1 | 1 | 1 | 1 | 1 | 2 | 2 | 2 | 2 | 2 | 3 | 3 | 3 | 3 | 3 | 3 |
| 工作壓力 | 9 | 10 | 6 | 9 | 8 | 9 | 5 | 4 | 3 | 5 | 2 | 3 | 2 | 3 | 1 | 5 |
| 工作滿意 | 3 | 6 | 7 | 8 | 9 | 4 | 5 | 6 | 5 | 6 | 4 | 5 | 10 | 2 | 4 | 3 |

　　SPSS 統計軟體執行功能列「分析 (A)」/「比較平均數法 (M)」/「單一樣本 T 檢定 (S)」程序，可以求出單一樣本 t 考驗的相關統計量。

| | 學校類型 | 個數 | 平均數 | 標準差 | 平均數的標準誤 |
|---|---|---|---|---|---|
| 工作壓力 | 0 私立 | 8 | 7.50 | 2.204 | .779 |
| | 1 公立 | 8 | 3.00 | 1.414 | .500 |
| 工作滿意 | 0 私立 | 8 | 6.00 | 2.000 | .707 |
| | 1 公立 | 8 | 4.88 | 2.416 | .854 |

　　上表為不同學校類型受試者在工作壓力與工作滿意感受的組別統計量，8 名私立學校受試者在工作壓力的平均數及標準差分別為 7.50、2.204，8 名公立學校受試者在工作壓力的平均數及標準差分別為 3.00、1.414；就工作滿意變項而言，8 名私立學校樣本的平均數及標準差分別為 6.00、2.000，8 名公立學校樣本的平均數及標準差分別為 4.88、2.416。表中「平均數的標準誤」欄數值由下列公式求出：

$$SD_{M0} = \sqrt{\frac{SD^2}{N}} = \sqrt{\frac{2.204^2}{8}} = 0.779 \quad \text{、} \quad SD_{M1} = \sqrt{\frac{SD^2}{N}} = \sqrt{\frac{1.414^2}{8}} = 0.500$$

單一樣本檢定

| | | 變異數相等的 Levene 檢定 | | 平均數相等的 t 檢定 | | | | | | |
|---|---|---|---|---|---|---|---|---|---|---|
| | | F 檢定 | 顯著性 | t | 自由度 | 顯著性 (雙尾) | 平均差異 | 標準誤差異 | 差異的 95% 信賴區間 | |
| | | | | | | | | | 下界 | 上界 |
| 工作壓力 | 假設變異數相等 | 3.611 | .078 | 4.861 | 14 | .000 | 4.500 | .926 | 2.514 | 6.486 |
| | 不假設變異數相等 | | | 4.861 | 11.929 | .000 | 4.500 | .926 | 2.481 | 6.519 |
| 工作滿意 | 假設變異數相等 | .029 | .866 | 1.014 | 14 | .328 | 1.125 | 1.109 | -1.254 | 3.504 |
| | 不假設變異數相等 | | | 1.014 | 13.527 | .328 | 1.125 | 1.109 | -1.261 | 3.511 |

　　不同學校類型受試者在工作壓力平均數差異檢定的 t 值統計量等於 4.861，顯著性機率值 p<.001，有足夠證據拒絕虛無假設，二個群體平均數差異值 4.50 並不是機遇造成的，差異的 95% 信賴區間為 [2.514，6.486]，未包含 0 這個數值，表示平均數差異值為 0 的機率很低。由於 t 值統計量大於 0，表示第一個群體的平均數顯著高於第二個群體的平均數，私立學校教師感受的工作壓力 (M = 7.50) 顯著高於公立學校的教師 (M = 3.00)。表中平均數差異的次數分配標準誤及 t 值統計量求法如下：

平均數差異的次數分配變異數
$$= SD^2_{差異} = SD^2_{M0} + SD^2_{M1} = .779^2 + .500^2 = 0.857 ，$$
平均數差異的次數分配標準誤
$$= \sqrt{SD^2_{差異}} = \sqrt{0.857} = 0.926$$
$$t \text{ 值統計量} = \frac{M_0 - M_1}{\sqrt{SD^2_{差異}}} = \frac{7.50 - 3.00}{0.926} = \frac{4.500}{0.926} = 4.861$$

　　不同學校類型受試者在工作滿意平均數差異檢定的 t 值統計量等於 1.014，顯著性機率值 p=.328>.05，沒有足夠證據可以拒絕虛無假設，二個群體平均數差異值 1.125 是機遇或抽樣誤差造成的，差異的 95% 信賴區間為 [-1.254，3.504]，包含 0 這個數值，表示平均數差異值為 0 的機率很高。由於二個群體平

均數的差異值顯著等於 0，表示私立學校教師感受的工作滿意與公立學校教師感受的程度沒有顯著不同。

## 六、獨立樣本單因子變異數分析

**適用時機：**自變項為名義三分以上變項、依變項 / 結果變項為計量變數。獨立樣本單因子變異數分析 (one-way analysis of variance；簡稱 one-way ANOVA) 適用於三個以上獨立不同群體間之測量分數的差異比較。

以檢定模式圖為例，測量分數 X1 來自甲群體、測量分數 X2 來自乙群體、測量分數 X3 來自丙群體、測量分數 X4 來自丁群體，四個群體為互斥群體，因而四個測量分數分別來自四個不同的群體樣本，測量分數 X 為連續變項，獨立樣本變異數分析檢定即在考驗四個不同群體 ( 四個類別 ) 在 X 變項之測量分數 X1、X2、X3、X4 的平均數是否相等。其虛無假設為 $H_0：\mu_{群體一}＝\mu_{群體二}＝\mu_{群體三}＝\mu_{群體四}$。

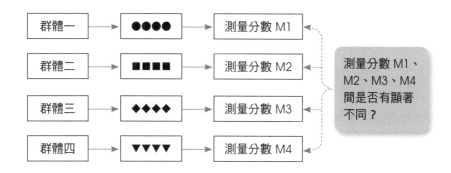

下圖為三個不同群體 ( 三個類別 ) 在 X 變項之測量分數 M1、M2、M3 的差異比較，其虛無假設：群體一 [ 母群平均數 ] = 群體二 [ 母群平均數 ] = 群體三 [ 母群平均數 ]。

變異數分析的檢定統計量稱為 F 值 (F ratio)，F 值為組間變異數估計值與組內變異數估計值的比值：$F = \frac{MS_b}{MS_w} = \frac{\frac{SS_b}{df_b}}{\frac{SS_w}{df_w}}$，其中分子自由度 $df_b$ ( 組間自由度 ) 等於群組個數 $-1$，$df_w$ 分母自由度 ( 組內自由度 ) 等於每個樣本自由度的總和，以公式表示為 $df_1 + df_2 + df_G$。變異數分析的假定與獨立樣本 t 檢定相同，資料結構須符合常態分配且各組變異數同質時，使用 F 檢定才會得到最精確的結果，但 F 統計量與 t 統計量性質類似，都具有統計強韌性，因而即使資料結構稍微偏離常態分配，F 值檢定所得到的結果也會十分精確。一般而言，如果各群組樣本數相等，且最大變異數估計值群體與最小變異數估計值群體間的差距不超過 4 倍或 5 倍以上，利用 F 分配所得的結果仍會大致正確 (Aron, Aron, & Coups, 2006)。如果資料結構嚴重違反變異數同質性假定及常態性假定，研究者可以進行資料轉換，一般的資料轉換方法為對數轉換 (log transformation)、倒數轉換 (inverse transformation)、平方根轉換、正弦轉換等。變異數分析程序中，若是母群體嚴重違反變異數同質性假定 ( 最大變異數估計值群體與最小變異數估計值群體間的差距超過 5 倍以上 )，SPSS 統計軟體也提供校正的 F 值統計量，在「單因子變異數分析：選項」次對話視窗，「統計」方盒中提供二個校正統計量選項：「Brown-Forsythe (B)」、「Welch (W)」等二個。

研究問題範例：不同婚姻狀態 ( 已婚、未婚、離異、喪偶 ) 的成年人其憂鬱傾向是否有顯著的不同。研究問題中的自變項為四分類別變項，水準數值 1 為「已婚」群組、水準數值 2 為「未婚」群組、水準數值 3 為「離異」群組、水準數值 4 為「喪偶」群組，依變項為憂鬱傾向，是受試者在「憂鬱傾向量表」上的得分，分數愈高表示受試者憂鬱傾向愈高、分數愈低表示受試者憂鬱傾向愈低，「憂鬱傾向」依變項為計量變項，「婚姻狀態」自變項為名義四分變項，採用的統計方法為單因子變異數分析，單因子中的「因子」(factor) 表示自變項的個數，若自變項的個數只有一個，則稱為「單因子」，自變項的個數有二個則稱為「二因子變異數分析」(two-way ANOVA)。

變異數分析採用的統計量數為 F 檢定，當 F 值達到統計上顯著水準 (p<.05 或 $F_{統計量} > F_{臨界值}$)，表示自變項的不同之水準群組中，至少有一配對組群體平均數的差異達到 .05 顯著水準，至於是那些配對組群體平均數的差異達到顯著，

必須進一步進行事後比較 (post hoc comparison) 方能得知。事後比較的方法很多，一般為多數研究者採用者是較保守的 Scheffe 事後檢定法。此外，還有 LSD 法、Tukey 法、Bonferroni 法 ( 又稱 Bonferroni 校正法 )。上述四種事後比較方法，其前提是依變項要符合變異數同質性的假定，若是依變項變異數同質性假定無法符合，常用的事後比較法為 Tambane's T2 法。以研究問題為例，其虛無假設為 $H_0：\mu_1=\mu_2=\mu_3=\mu_4$、對立假設為 $H_1：$至少有一配對組平均數顯著不相等。當變異數分析摘要表整體考驗的 F 值未達統計上顯著水準 (p $\geq$ .05 或 $F_{統計量} \leq F_{臨界值}$)，接受虛無假設，表示四個不同婚姻狀態群體之成年人在「憂鬱傾向」的感受沒有顯著不同，四個不同婚姻狀態群體之母體平均數均相等，所有配對群體平均數差異值均顯著等於 0；相對的，當變異數分析摘要表整體考驗的 F 值達統計上顯著水準 (p<.05 或 $F_{統計量}>F_{臨界值}$)，表示有足夠證據可拒絕虛無假設，即四個不同婚姻狀態群體之受試者至少有一個配對群體在「憂鬱傾向」的感受有顯著不同 ( 至少有一配對組在依變項的平均數差異值顯著不等於 0)，由於自變項有四個水準群組，因而事後比較的配對組數有六組 ($=4 \times (4-1) \div 2 = 4 \times 3 \div 2 = 6$)，六個事後多重比較配對組為：「已婚＆未婚」、「已婚＆離異」、「已婚＆喪偶」、「未婚＆離異」、「未婚＆喪偶」、「離異＆喪偶」，整體考驗 F 值達到 .05 顯著水準，表示上述六個配對群體中至少有一個配對群體的平均數之差異達到顯著。

**【範例】**

不同學校地區 ( 北區、中區、南區 ) 的教師在工作壓力、工作滿意的感受是否有顯著不同，變異數分析及事後比較摘要表如下：

| | | 平方和 | 自由度 | 平均平方和 | F | 顯著性 |
|---|---|---|---|---|---|---|
| 工作壓力 | 組間 | 89.667 | 2 | 44.833 | 14.818 | .000 |
| | 組內 | 39.333 | 13 | 3.026 | | |
| | 總和 | 129.000 | 15 | | | |
| 工作滿意 | 組間 | 10.604 | 2 | 5.302 | 1.088 | .366 |
| | 組內 | 63.333 | 13 | 4.872 | | |
| | 總和 | 73.938 | 15 | | | |

不同學校地區教師在工作壓力平均數差異檢定的 F 值統計量等於 14.818，顯著性機率值 p<.001，表示研究結果為虛無假設 ($H_0：\mu_1 = \mu_2 = \mu_3$) 的機率很低，研究假設得到支持。至於是那些配對組平均數間的差異值顯著不等於 0，需要從下列事後比較摘要表方能得知。表中 F 值統計量的求法如下：

$$F = \frac{MS_b}{MS_w} = \frac{44.833}{3.026} = \frac{\dfrac{SS_b}{df_b}}{\dfrac{SS_w}{df_w}} = \frac{\dfrac{89.667}{2}}{\dfrac{39.333}{13}} = 14.818$$

因為有三個群組，每個群組的樣本有 6 人，各水準組內變異數估計值的自由度為 6－1＝5，整體自由度＝3×5＝15，組內自由度＝15－2＝13。當顯著水準 $\alpha$ 等於 .05，自由度分別為 2 與 15 時，F 的決斷值為 3.68 ($F_{2.15} = 3.68$)，計算所得的 F 值統計量 > 臨界值，落入拒絕區，表示研究結果為虛無假設的機會很低，由於 $H_0：\mu_1 = \mu_2 = \mu_3$ 出現的可能機會甚小，所以三個群體平均數都相等的可能性不高，此時可能會有三種結果：$\mu_1$ 與 $\mu_2$ 的差異值顯著不等於 0，$\mu_1$ 與 $\mu_3$ 的差異值顯著不等於 0，$\mu_2$ 與 $\mu_3$ 的差異值顯著不等於 0。

不同學校地區教師在工作滿意平均數差異檢定的 F 值統計量等於 1.088，顯著性機率值 p＝.366>.05，表示研究結果為虛無假設 ($H_0：\mu_1 = \mu_2 = \mu_3 = \mu_4$) 的機率很高，研究者沒有足夠證據可以拒絕虛無假設，三個不同地區教師在工作滿意的感受程度相同。

| 依變數 | | (I) 學校地區 | (J) 學校地區 | 平均差異 (I-J) | 標準誤 | 顯著性 | 95% 信賴區間 | |
|---|---|---|---|---|---|---|---|---|
| | | | | | | | 下界 | 上界 |
| 工作壓力 | Tukey HSD | 1 北區 | 2 中區 | 3.200* | 1.100 | .031 | .30 | 6.10 |
| | | | 3 南區 | 5.733* | 1.053 | .000 | 2.95 | 8.51 |
| | | 2 中區 | 1 北區 | -3.200* | 1.100 | .031 | -6.10 | -.30 |
| | | | 3 南區 | 2.533 | 1.053 | .076 | -.25 | 5.31 |
| | | 3 南區 | 1 北區 | -5.733* | 1.053 | .000 | -8.51 | -2.95 |
| | | | 2 中區 | -2.533 | 1.053 | .076 | -5.31 | .25 |
| | Scheffe 法 | 1 北區 | 2 中區 | 3.200* | 1.100 | .038 | .16 | 6.24 |
| | | | 3 南區 | 5.733* | 1.053 | .000 | 2.83 | 8.64 |
| | | 2 中區 | 1 北區 | -3.200* | 1.100 | .038 | -6.24 | -.16 |
| | | | 3 南區 | 2.533 | 1.053 | .091 | -.37 | 5.44 |
| | | 3 南區 | 1 北區 | -5.733* | 1.053 | .000 | -8.64 | -2.83 |
| | | | 2 中區 | -2.533 | 1.053 | .091 | -5.44 | .37 |
| | LSD | 1 北區 | 2 中區 | 3.200* | 1.100 | .012 | .82 | 5.58 |
| | | | 3 南區 | 5.733* | 1.053 | .000 | 3.46 | 8.01 |
| | | 2 中區 | 1 北區 | -3.200* | 1.100 | .012 | -5.58 | -.82 |
| | | | 3 南區 | 2.533* | 1.053 | .032 | .26 | 4.81 |
| | | 3 南區 | 1 北區 | -5.733* | 1.053 | .000 | -8.01 | -3.46 |
| | | | 2 中區 | -2.533* | 1.053 | .032 | -4.81 | -.26 |
| | Bonferroni 法 | 1 北區 | 2 中區 | 3.200* | 1.100 | .037 | .18 | 6.22 |
| | | | 3 南區 | 5.733* | 1.053 | .000 | 2.84 | 8.63 |
| | | 2 中區 | 1 北區 | -3.200* | 1.100 | .037 | -6.22 | -.18 |
| | | | 3 南區 | 2.533 | 1.053 | .095 | -.36 | 5.43 |
| | | 3 南區 | 1 北區 | -5.733* | 1.053 | .000 | -8.63 | -2.84 |
| | | | 2 中區 | -2.533 | 1.053 | .095 | -5.43 | .36 |

多重比較摘要表為變異數分析程序的事後比較，表中同時呈現 Tukey HSD、Scheffe 法、LSD 法、Bonferroni 法四種事後比較方法：

1. Tukey HSD、Scheffe 法、Bonferroni 法事後比較結果相同：北區＞中區、北區＞南區，至於中區與南區受試者平均數的差異顯著為 0。
2. LSD 法事後比較結果與其餘三個方法有稍微差異：北區＞中區、北區＞南區、中區＞南區 ( 中區與南區受試者平均數的差異達到顯著 )。

## 七、共變數分析

**適用時機**：準實驗設計研究中等組 / 不等組前後測設計，共變量 (covariance) 與依變項均為計量變數，在社會科學領域中作為共變量者如智力、量表或測驗前測成績等。等組或不等組前後測設計的架構模式如下：

| 組別 | 前測 | 實驗處理 | 後測 ( 立即效果 ) |
|---|---|---|---|
| 實驗組 | O1 | X | O3 |
| 控制組 | O2 | | O4 |

以二組前測 (pretest) 成績作為共變量，而以後測成績 (posttest) 作為依變項，以統計控制方法 (statistical control analysis) 來處理其它干擾變項與控制變項對依變項造成的影響。若研究者進行的是二種不同實驗處理 (treatment) 效果的差異比較，則等組或不等組前後測設計的架構模式改為：

| 組別 | 前測 | 實驗處理 | 後測 ( 立即效果 ) |
|---|---|---|---|
| 實驗組一 | O1 | X1 | O3 |
| 實驗組二 | O2 | X2 | O4 |

**研究問題範例一**：在一項大一學生四公里耐力訓練比較研究中，研究者從其任教的二個班級中隨機抽取甲乙二班學生，甲班學生每週三次的耐力訓練課程為：每次跑二公里→休息十分鐘→再跑二公里；乙班學生每週三次的耐力訓練課程為：每次跑四百公尺→休息二分鐘→再跑四百公尺，共重複十次。學期初，甲乙二班各測量其跑四公里的時間 ( 前測成績作為共變量 )，訓練二個月後再測量二班學生跑四公里的時間 ( 後測成績為依變項或效標變項 )，研究者以二

班「前測成績」作為共變量,而以二班「後測成績」作為依變項,採用共變數分析 (analysis of covariance;簡稱 ANCOVA),進行二組實驗處理效果的比較。

在共變數分析中資料結構必須符合「組內迴歸係數同質性」(homogeneity of within-class regression coefficient) 的假定,組內迴歸係數同質性的假定是以各實驗處理組的共變量為預測變項,而以實驗處理效果為依變項 / 效標變項進行迴歸分析時,所得到的二條迴歸線的迴歸係數 ( 斜率 ) 是相同的,即 $\beta_1 = \beta_2 = \cdots\cdots = \beta_j$,當 $\beta_1 = \beta_2$ 時表示二條迴歸線是互相平行的,此時可以以母群體迴歸係數值 ( 整體斜率 $\beta$) 來代替各組組內迴歸方程的迴歸係數值:$\beta = \beta_1 = \beta_2$。組內迴歸係數同質性假設圖示如下:

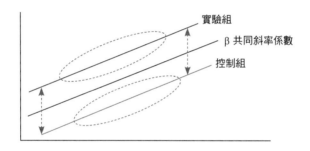

未符合組合迴歸係數同質性假定的圖示如下:由於實驗組與控制組二條迴歸線的斜率顯著不相同,無法找出共同的迴歸係數。在 SPSS 一般線性模式的輸出中,組別變數與共變項變數的交互作用列:「組別 * 共變項」列的數值為迴歸係數同質性檢定的數據,當此列 F 值未達 .05 顯著水準,接受虛無假設 $H_0$:$\beta_1 = \beta_2$,表示資料結構符合迴歸係數同質性的假定,此時才可以進一步使用傳統共變數分析進行資料分析。

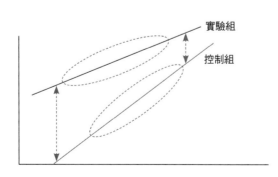

當組別變數與共變項變數的交互作用列之 F 值達 .05 顯著水準 (p<.05)，拒絕虛無假設 $H_0 : \beta_1 = \beta_2$，表示資料結構不符合迴歸係數同質性的假定。如果二條迴歸線的斜率差異太大，即不平行的情況較為嚴重，之後的統計分析不應直接採用共變數分析，而應改採 Johnson-Neyman 校正方法。Johnson-Neyman 校正方法範例圖示如下：由於二條迴歸線不是互相平行，因而會有一個交叉點 (Xc)，交叉點左右二個臨界點 X1、X2 內的區域 [X1，X2]，表示「實驗處理一」、「實驗處理二」兩種教學方法的效果沒有顯著的不同。當前測分數低於 X1 時，教學法二的處理效果顯著的優於教學法一的處理效果；但當前測分數高於 X2 時，教學法二的處理效果反而顯著的比教學法一的處理效果還差。因而對前測分數低於 X1 的受試者採用教學法二的方法會有較佳的表現，而對前測分數高於 X2 的受試者採用教學法一的方法反而會有較優的學習結果。

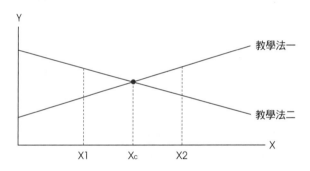

**組內迴歸線的交叉點及差異顯著的臨界點圖示**

準實驗設計中通常以量表前測分數作為共變數，為避免前測、後測量表題項順序出現的一致性，造成受試者的厭煩，或由於記憶保留造成的填答效應 ( 研究者照第一次填答的大概記憶隨便作答 )，在實驗處理完之立即效果的測試量表之題項，其前後的順序最好加以調整，以一份有十二題的自我概念量表而言，研究者可根據量表四個構面 ( 生理自我、心理自我、能力自我、社會自我 ) 的順序來調整。

| 前測量表題項順序 | 後測（立即效果）量表題項順序 | 後測（保留效果）量表題項順序 |
|---|---|---|
| 01. 生理自我題項 1 | 01. 心理自我題項 1 | 01. 能力自我題項 1 |
| 02. 生理自我題項 2 | 02. 心理自我題項 2 | 02. 能力自我題項 2 |
| 03. 生理自我題項 3 | 03. 心理自我題項 3 | 03. 能力自我題項 3 |
| 04. 心理自我題項 1 | 04. 能力自我題項 1 | 04. 社會自我題項 1 |
| 05. 心理自我題項 2 | 05. 能力自我題項 2 | 05. 社會自我題項 2 |
| 06. 心理自我題項 3 | 06. 能力自我題項 3 | 06. 社會自我題項 3 |
| 07. 能力自我題項 1 | 07. 社會自我題項 1 | 07. 生理自我題項 1 |
| 08. 能力自我題項 2 | 08. 社會自我題項 2 | 08. 生理自我題項 2 |
| 09. 能力自我題項 3 | 09. 社會自我題項 3 | 09. 生理自我題項 3 |
| 10. 社會自我題項 1 | 10. 生理自我題項 1 | 10. 心理自我題項 1 |
| 11. 社會自我題項 2 | 11. 生理自我題項 2 | 11. 心理自我題項 2 |
| 12. 社會自我題項 3 | 12. 生理自我題項 3 | 12. 心理自我題項 3 |

　　不同時段量表的施測除調整量表題項 / 測量項目的順序外，若一份問卷中同時有使用到二種不同的量表，也可以同時調整其順序。如在一項現實治療方案對員工自尊信念、自我效能、自我概念效果的實驗研究中，研究者同時使用到三種不同量表：自尊信念量表、自我效能量表、自我概念量表，三種量表以「自我感受問卷」為問卷標題，在前測、後測、保留測驗可將問卷調整為下列形式：

| 前測問卷順序 | 後測（立即效果）問卷順序 | 後測（保留效果）問卷順序 |
|---|---|---|
| 一　自尊信念量表 | 一　自我效能量表 | 一　自我概念量表 |
| 二　自我效能量表 | 二　自我概念量表 | 二　自尊信念量表 |
| 三　自我概念量表 | 三　自尊信念量表 | 三　自我效能量表 |
| 四　個人基本資料 | 四　個人基本資料 | 四　個人基本資料 |

## 八、複（多元）迴歸分析

　　**適用時機：**自變項為計量變數、依變項為計量變數。迴歸分析中的自變項又稱為預測變項 (predictor) 或解釋變項、被預測的依變項又稱為結果變項

(outcome variable) 或稱效標變項 (criterion variable)。自變項的個數只有一個，表示以一個自變項來預測一個依變項，此種迴歸分析稱為「簡單迴歸分析」(simple regression analysis)。由迴歸分析所導出的數學函數稱為「迴歸方程式」(regression equation)，簡單迴歸分析問題範例如以國中生畢業的總成績來預測高中入學的測驗成績 ( 基測考試成績 )，簡單迴歸分析模式圖如下：

如果預測變項有二個以上，則表示以多個自變項來預測或解釋一個效標變項，此種迴歸分析稱為複迴歸分析或稱多元迴歸分析 (multiple regression analysis)。在多元迴歸分析中，包含截距項 ( 常數項 ) 的迴歸方程式，由於採用的是原始迴歸係數 ( 非標準化迴歸係數 B)，因而無法看出那個自變項對效標變項的影響較為重要，研究者應再參考不含截距項的標準化迴歸模式，從各自變項中的標準化迴歸係數 (standardized regression coefficient) Beta 值 (β) 絕對值的高低，來判別那些預測變項對效標變項較具影響力。標準化迴歸係數值與積差相關係數值的意涵相同，其值域介於 −1 至 +1 間，β 參數值絕對值愈接近 1，表示預測變項對效標變項的影響愈重要；β 係數值為正，表示預測變項對效標變項的影響為正向，正向的影響即預測變項量測的數值愈高，效標變項量測的數值也愈高；β 係數值為負，表示預測變項對效標變項的影響為負向，負向的影響即預測變項量測的數值愈高，效標變項量測的數值愈低。

迴歸分析程序中，若顯著水準設定為 .05，統計考驗力 ≧ .80，樣本有效數最少須為預測變項數的 15 倍以上，較佳的樣本數是預測變項數的 20 倍以上，如預測變項有四個，樣本有效數最少為 60 位，較佳的樣本數為 80 位以上；預測變項有六個，樣本有效數最少為 90 位，較佳的樣本數為 120 位以上。社會科學領域中，所有預測變項對效標變項較合理的解釋變異量為 $R^2 \geqq .50$，自然科學領域，所有預測變項對效標變項較合理的解釋變異量為 $R^2 \geqq .75$ (Stevens, 2009, p.117)。從解釋變異量的觀點而言，行為及社會科學領域中的分類標準如下：

| 準則 | 說明 |
|---|---|
| $R^2 < .40$ | 解釋變異量欠佳 |
| $R^2 \geq .40$ | 解釋變異量普通 |
| $R^2 \geq .50$ | 解釋變異量佳 |
| $R^2 \geq .60$ | 解釋變異量良好 |

**研究問題範例**：在高職學生生活壓力、生命意義感與自殺意向之關係研究中，研究依研究目的及理論文獻所擬之**研究架構圖如下**：

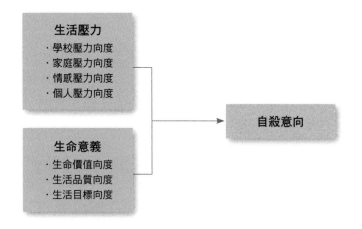

研究問題之一為「生活壓力四個向度與生命意義三個向度是否可以有效預測其自殺意向？」研究問題中的預測變項共有七個：學校壓力向度、家庭壓力向度、情感壓力向度、個人壓力向度、生命價值向度、生活品質向度、生活目標向度，結果變項或依變項為自殺意向，統計分析方法為多元迴歸分析法。研究者在同一個量表中，若是量表內包含數個構面 ( 向度 / 因素 )，研究者不能將量表的加總變項及各構面變項同時投入迴歸模式，作為複迴歸分析的預測變項，因為此時測量分數並沒有獨立而是互有重疊，將造成複迴歸分析中多元共線性問題。此外，迴歸模型也無法作出合理解釋。以生活壓力量表為例：生活壓力量表經因素分析結果，共萃取出四個共同因素：學校壓力向度、家庭壓力向度、情感壓力向度、個人壓力向度，研究者若將此四個向度變數作為預測變項，就不應再把四個向度的加總變項「生活壓力」投入迴歸模式中，不適切的迴歸分析應用如下：

→以學校壓力向度、家庭壓力向度、情感壓力向度、個人壓力向度、「生活壓力加總」變項為預測變項，以自殺意向為效標變項，進行多元迴歸分析。

→以生命價值向度、生活品質向度、生活目標向度及「生命意義感加總變項」為預測變項，以自殺意向為效標變項，進行多元迴歸分析。

→以學校壓力向度、家庭壓力向度、情感壓力向度、個人壓力向度、生活壓力加總變項、生命價值向度、生活品質向度、生活目標向度、生命意義感加總變項為預測變項，以自殺意向為效標變項，進行多元迴歸分析。

根據上述研究架構圖，研究者要進行的多元迴歸分析圖示如下：

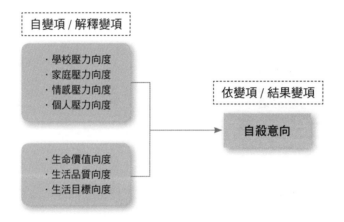

多元迴歸程序中，最佳的模式要求是自變項彼此間的相關不高 ( 低度相關 )，但每個自變項與依變項間都有中高度相關 (r ≧ .40)。若是投入迴歸模型的自變項彼此間有很高的相關，進行迴歸分析時會發生多元共線性問題，其結果可能出現不合理的迴歸參數，或是多數自變項對結果變項的解釋變異未達顯著情形，雖然逐步多元迴歸分析法可以解決多元共線性問題，但如果共線性問題較為嚴重，即使研究者採用逐步多元迴歸分析法也會出現不合理的迴歸參數 ( 不適當解值 )，此時，研究者可以簡化自變項的個數，將有高度相關的自變項組刪除其中部分變項，如此可以避免線性相依的情形發生。

自變項與依變項間有顯著相關，才可能有因果關係，如果自變項與依變項間的相關很低或是未達 .05 顯著水準，此時，再採用迴歸分析方法是沒有實質意

義，因為相關係數很低或相關係數顯著為 0，表示依變項可被自變項解釋的變異程度很少 ($R^2$ 值很低)，為了檢核變項間的彼此相關情形，研究者在進行迴歸分析前，應先呈現變數間的相關矩陣表。

【範例】

範例資料檔模擬數據變項中，變數 X1、X2、X3 為預測變項 (自變項)，變數 Y 為效標變項 (依變項)。

| 迴歸分析一 | | | | 迴歸分析二 | | | |
|---|---|---|---|---|---|---|---|
| **X1** | **X2** | **X3** | **Y** | **X1** | **X2** | **X3** | **Y** |
| 3 | 1 | 1 | 3 | 3 | 3 | 3 | 1 |
| 3 | 5 | 1 | 7 | 3 | 5 | 5 | 4 |
| 6 | 2 | 2 | 8 | 6 | 5 | 4 | 3 |
| 3 | 2 | 5 | 9 | 3 | 6 | 5 | 4 |
| 4 | 7 | 3 | 8 | 4 | 4 | 3 | 6 |
| 7 | 7 | 4 | 5 | 4 | 5 | 5 | 8 |
| 7 | 9 | 4 | 3 | 7 | 6 | 4 | 7 |
| 8 | 9 | 6 | 4 | 8 | 9 | 6 | 8 |
| 7 | 10 | 9 | 9 | 9 | 10 | 9 | 7 |
| 9 | 10 | 9 | 10 | 9 | 10 | 10 | 10 |

變數間相關矩陣摘要表如下 (迴歸分析一表的數據)：

| | | **X1** | **X2** | **X3** | **Y** |
|---|---|---|---|---|---|
| X1 | Pearson 相關 | 1 | | | |
| | 顯著性 (雙尾) | | | | |
| X2 | Pearson 相關 | .768** | 1 | | |
| | 顯著性 (雙尾) | .009 | | | |
| X3 | Pearson 相關 | .711* | .723* | 1 | |
| | 顯著性 (雙尾) | .021 | .018 | | |
| Y | Pearson 相關 | .034 | .082 | .458 | 1 |
| | 顯著性 (雙尾) | .927 | .821 | .184 | |

** $p < .01$   * $p < .05$

　　從相關矩陣摘要表可以發現：自變項X1、X2、X3彼此間的相關均達顯著，表示三個相關係數均顯著不等於 0；X1、X2、X3 三個反應變項與效標變項 Y 間的相關係數分別為 .034(p = .927 > .05)、.082(p = .821 > .05)、.458(p = .184 > .05)，均未達 .05 顯著水準，表示三個相關係數值均顯著為 0，表中的統計量數之所以不等於 0，乃是抽樣誤差或機遇所造成的。

| 模式 | R | R 平方 | 調過後的 R 平方 | 估計的 標準誤 | F | 顯著性 |
|---|---|---|---|---|---|---|
| 1 | .640ª | .410 | .115 | 2.477 | 1.390 | .334 |

　　迴歸模式的 R 平方值為 .410，多元相關係數值 R 等於 .640，顯著性檢定 F 值統計量為 1.390，顯著性機率值 p = .334>.05，沒有足夠證據可以拒絕虛無假設，表示多元相關係數 R 顯著為 0，相對的 $R^2$ 值也為 0( 表中 R 平方值為 .410 是抽樣誤差或機遇導致，若是研究者將樣本數擴大或進行普測，則 $R^2$ 值會趨近於 0)，X1、X2、X3 三個自變項，對效標變項 Y 的聯合解釋變異量為 0。

| 模式 | | 未標準化係數 | | 標準化係數 | t | 顯著性 |
|---|---|---|---|---|---|---|
| | | B 之估計值 | 標準誤差 | Beta 分配 | | |
| 1 | ( 常數 ) | 6.983 | 2.248 | | 3.107 | .021 |
| | X1 | -.516 | .609 | -.444 | -.848 | .429 |
| | X2 | -.216 | .402 | -.286 | -.537 | .611 |
| | X3 | .886 | .438 | .980 | 2.020 | .090 |

　　從個別變項迴歸係數顯著性而言，三個自變項迴歸係數顯著性檢定的 t 統計量分別為 −0.848(p = .429 > .05)、−0.537(p = .611 > .05)、2.020(p = .090 > .05)，均未達 .05 顯著水準，表示三個個別自變項對依變項均沒有解釋量，三個自變項的迴歸係數值均顯著為 0。此結果與之前相關矩陣摘要表呈現的表格相同，自變項與依變項間沒有顯著相關，則自變項對依變項就沒有顯著的解釋變異量，此時，進行迴歸分析是沒有實質意義的。

　　迴歸分析二表數據之變項間的相關矩陣如下：

|  |  | **X1** | **X2** | **X3** | **Y** |
|---|---|---|---|---|---|
| X1 | Pearson 相關 | 1 |  |  |  |
|  | 顯著性 ( 雙尾 ) |  |  |  |  |
| X2 | Pearson 相關 | .875** | 1 |  |  |
|  | 顯著性 ( 雙尾 ) | .001 |  |  |  |
| X3 | Pearson 相關 | .743* | .918** | 1 |  |
|  | 顯著性 ( 雙尾 ) | .014 | .000 |  |  |
| Y | Pearson 相關 | .683* | .724* | .665* | 1 |
|  | 顯著性 ( 雙尾 ) | .029 | .018 | .036 |  |

從相關矩陣摘要表可以發現：自變項 X1、X2、X3 彼此間的相關均達顯著，表示三個相關係數均顯著不等於 0，三對變項間相關的相關係數分別為 .875 (p<.01)、.743 (p<.05)、.918 (p<.001)；X1、X2、X3 三個反應變項與效標變項 Y 間的相關係數分別為 .683 (p<.05)、.724 (p<.05)、.665 (p<.05)，均達 .05 顯著水準，表示三個相關係數值均顯著不為 0，三個預測變項與效標變項均達顯著正相關，三個預測變項對效標變項的個別解釋變異量 ( 決定係數 ) 為分別 46.6%、52.4%、44.2%。

| 模式 | R | R 平方 | 調過後的<br>R 平方 | 估計的<br>標準誤 | F | 顯著性 |
|---|---|---|---|---|---|---|
| 1 | .732 | .536 | .304 | 2.286 | 2.313 | .176 |

迴歸模式的 R 平方值為 .536，多元相關係數值 R 等於 .732，顯著性檢定 F 值統計量為 2.313，顯著性機率值 p=.176>.05，沒有足夠證據可以拒絕虛無假設，表示多元相關係數 R 顯著為 0，相對的 $R^2$ 值也為 0( 表中 R 平方值為 .536 是抽樣誤差或機遇導致，若是研究者將樣本數擴大或進行普測，則 $R^2$ 值會趨近於 0)，X1、X2、X3 三個自變項對效標變項 Y 的聯合解釋變異量為 0.0%。

| 模式 | | 未標準化係數 | | 標準化係數 | t | 顯著性 |
|---|---|---|---|---|---|---|
| | | B 之估計值 | 標準誤差 | Beta 分配 | | |
| 1 | (常數) | .780 | 2.055 | | .380 | .717 |
| | X1 | .258 | .661 | .236 | .390 | .710 |
| | X2 | .478 | 1.117 | .436 | .428 | .684 |
| | X3 | .104 | .853 | .090 | .122 | .907 |

從個別變項迴歸係數顯著性而言，三個自變項迴歸係數顯著性檢定的 t 統計量分別為 0.390 (p = .710>.05)、0.428 (p = .684>.05)、0.122 (p = .907>.05)，均未達 .05 顯著水準，表示三個個別自變項對依變項均沒有解釋量，三個自變項的迴歸係數值均顯著為 0，此結果與之前相關矩陣摘要表呈現的結果相反，造成研究結果前後矛盾的現象，之所以會出現此種情形，乃是預測變項間有高度的顯著相關存在，造成多元共線性的問題。

## 九、典型相關

**適用時機**：第一組 X 變項有 p 個 (p ≥ 2)、第二組 Y 變項有 q 個 (q ≥ 2)，第一組變項與第二組變項均為計量變數，當第一組自變項個數在二個以上，第二組效標變項個數也在二個以上時，可採用典型相關 (canonical correlation) 分析。典型相關即在找出第一組 p 個 X 變項的線性組合 (線性組合稱為典型變量—— canonical variate)、第二組 q 個 Y 變項的線性組合，使二個線性組合或典型變量間的相關達到最大，二個典型變量間的相關係數稱為「典型相關係數」(canonical correlation coefficient；ρ)。

**研究問題範例**：在一項已婚成年人情緒智能與家庭生活滿意度相關的調查研究中，研究者採用隨機取樣方法，共抽取有效樣本 600 位。研究者使用二種量表，一為「情緒智能量表」、一為「家庭生活滿意度量表」，研究簡要架構圖如下：

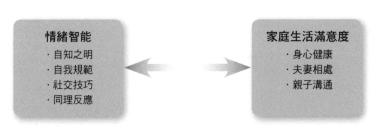

情緒智能
· 自知之明
· 自我規範
· 社交技巧
· 同理反應

家庭生活滿意度
· 身心健康
· 夫妻相處
· 親子溝通

　　二個變項相關的統計方法如下：一為皮爾遜積差相關：探究情緒智能 ( 情緒智能量表總分 ) 與家庭生活滿意度 ( 家庭生活滿意度量表總分 ) 的相關情形；二為典型相關分析：探究情緒智能四個向度與家庭生活滿意度三個向度間的關聯情形，由於第一組情緒智能有四個向度 ( 四個變數 )、第二組家庭生活滿意度有三個向度 ( 三個變數 )，要探究第一組四個變數間線性組合與第二組三個變數間線性組合的關係，可採用典型相關分析，由於第一組變項數有四個、第二組變項數有三個，因而最多有三組典型變量。各組典型變量 $\chi$、$\eta$ 與原始變項的相關係數稱為「典型因素結構係數」(canonical factor structure coefficient) 或稱「結構相關係數」(structural correlations)。「結構相關係數」表示的是 X 組變數與典型變量 $\chi$、或 Y 組變數與典型變量 $\eta$ 間的簡單相關，結構相關係數絕對值愈接近 1，表示觀察變項與典型變量間的關聯程度愈大，一般的判別標準與區別分析相同，若是結構相關係數絕對值 ≧ 0.50，表示觀察變項與典型變量間有高度相關。在典型相關徑路圖的繪製方面，若是研究者能明確指出情緒智能四個向度為自變項、家庭生活滿意度三個向度為依變項，則典型變量間的關係以單箭號表示，而典型變項 $\eta$ 與 Y 組原始變項的係數為結構相關係數。

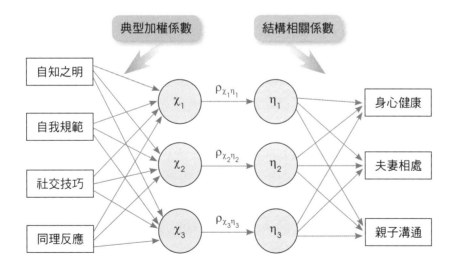

　　如果研究者無法明確指出情緒智能四個向度為自變項、家庭生活滿意度三個向度為依變項，則典型變量間的關係以雙箭號 ( 直線或曲線 ) 表示，典型變項 $\eta$ 與 Y 組原始變項的係數為典型加權係數，所有指標變項與其典型變量的關係箭號均由指標變項指向典型變量。

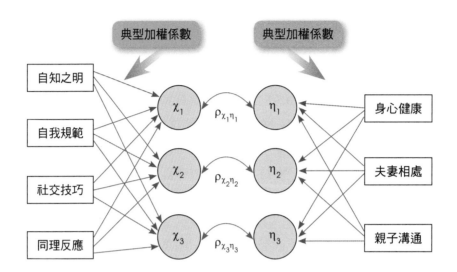

對於上述典型相關徑路圖，自變項與其典型變量 $\chi$ 間的參數為典型相關係數（自變項在每個因素的典型負荷量），依變項與其典型變量 $\eta$ 間的參數為依變項在 $\eta$ 典型變量上的負荷量，典型相關係數 (canonical correlation coefficient) 為典型變量與其指標變數（自變項或依變項）間的相關，典型相關係數又稱「典型負荷量」(canonical loading)，其係數絕對值愈大，表示變數與其典型變項間的關聯程度愈大，典型變量 $\chi$ 與對應典型變量 $\eta$ 間的相關係數稱為典型相關係數 ($\rho$)，$\rho^2$ 為二個典型變量間可以互為解釋的變異量，其性質與 $r^2$ 類似，典型相關分析程序若有二個以上的典型相關係數，通常都是第一個典型相關係數值 ($\rho_1$) 最大。

在下列模擬的典型相關徑路圖中，自變項 $X_1$ 與典型變量 $\chi$ 間為負相關 (−.60)，配對典型變量 $\chi$ 與典型變量 $\eta$ 間定為正相關（典型相關係數值定大於 0），依變項 $Y_1$ 與典型變量 $\eta$ 間為正相關 (+.80)，所以自變項 $X_1$ 經由第一對典型變量而對依變項 $Y_1$ 有負向影響，由於依變項 $Y_2$ 與典型變量 $\eta$ 間為負相關 (−.50)，表示自變項 $X_1$ 經由第一對典型變量而對依變項 $Y_2$ 有正向影響。此外，由於依變項 $Y_3$ 與典型變量 $\eta$ 間為正相關 (+.60)，表示自變項 $X_1$ 經由第一對典型變量而對依變項 $Y_3$ 有負向影響。自變項 $X_2$ 與典型變量 $\chi$ 間為正相關 (+.70)，配對典型變量 $\chi$ 與典型變量 $\eta$ 間定為正相關（典型相關係數值定大於 0），依變項 $Y_1$、$Y_3$ 與其典型變量 $\eta$ 為正相關，典型相關係數分別為 +.80、+.60，表示自變項 $X_2$ 經由第一對典型變量 $(X_1\eta_1)$ 對依變項 $Y_1$、$Y_3$ 有正向影響，由於依變項 $Y_2$ 與其典型變量 $\eta$ 為負相關，典型相關係數為 −.50，表示自變項 $X_2$ 經由第一對典

型變量 $(X_1 \& \eta_1)$ 對依變項 $Y_2$ 有負向影響。典型變量 $\chi_1$ 可以被三個自變項解釋的

變異量為 $\dfrac{(-.60)^2 + (+.70)^2 + (+.50)^2}{3} = 36.7\%$，典型變量 $Y_1$ 可以被三個依變項

解釋的變異量為 $\dfrac{(-.80)^2 + (-.50)^2 + (+.60)^2}{3} = 41.7\%$。

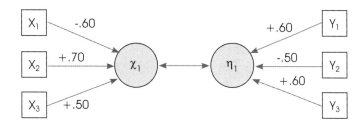

## 十、因素分析與集群分析

　　因素分析 (factor analysis) 與集群分析 (cluster analysis) 的內涵甚為接近，因素分析是將「觀察變項」依其相關程度情形分成有意義的群組、集群分析是依「受試者」( 可能是個體、組織體 ) 的相似度分成有意義的群組。因素分析是將許多測量相同的心理特質或潛在構念的指標變項合併在一個群集，同一群集的指標變項或測量項目所測得的心理特質 ( 潛在變項 ) 是相同的，潛在變項 ( 或稱無法觀察變項 ) 是一種「構念」(construct)，因而經由因素分析所建構的構念 ( 萃取的共同因素 ) 稱為「構念效度」(construct validity)，構念效度即是測驗或量表能夠測量或解釋理論上的構念、心理學某種概念或某項行為特質的程度 (Anastasi, 1988)。在社會科學領域中，經由因素分析程序抽取的共同因素其累積的解釋變異最好能達 60% 以上，最佳為 70% 以上、最低要求要達 50% 以上；若萃取共同因素可以解釋所有指標變項的變異量可達 80% 至 85%，量表的建構效度更好。

　　因素分析程序中保留共同因素的準則是因素的特徵值 (eigenvalues) 大於 1，此準則較適用於指標變項 ( 題項 ) 數介於 10 至 40 中間，研究者指出小的指標變項數 (10 至 15 題)、中等的指標變項數 (20 至 30 題) 及題項共同性大於 .70 以上時，使用特徵值大於 1 的準則最正確 ( 萃取的共同因素會與原先研究者編製的內容效度最為接近 )；若是題項個數多於 40，萃取的共同因素有時會過多，因素命名不易，此時可參考陡坡圖決定保留的因素個數。萃取共同因素時，常用的方法

為主成分法與主軸因子法。主成分法是 SPSS 統計軟體內定的方法 ( 其餘方法還包括未加權最小平方法、概化最小平方法、最大概似值法、主軸因子法、Aplha 因素萃取法、映像因素萃取法 )，其中最適宜的方法為「主軸因子」法，因為主軸因子法的分析程序與因素分析的內涵最為接近。

集群分析的程序與因素分析類似，但其分組對象的「受試者」( 個體、組織體 )，經由集群分析過程可將相似度程度較大的受試個體合併為一個集群或群組，經由集群分析後，各群組內樣本個體的相似度最大、各群組間的相似度最小，如此可將個數較多的樣本個體分成有意義的群組，之後，研究者可探究各集群組在某些依變項的差異情形。因素分析與集群分析差異的模式圖如下：

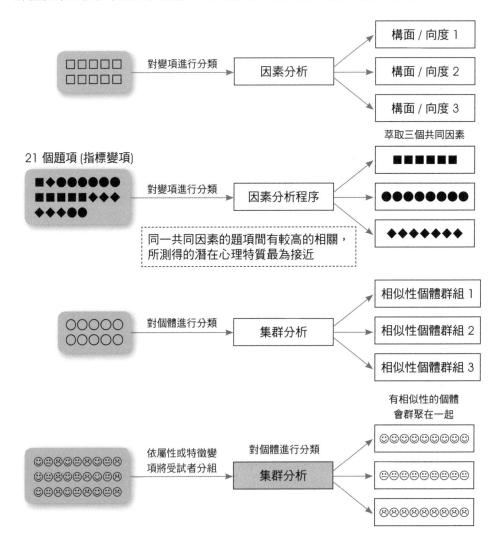

　　SPSS 統計軟體執行「分析 (A)」/「分類 (Y)」程序，可以進行集群分析，在「分類 (Y)」選單的後面有三種集群分析的方法可以選擇：「TwoStep 集群分析法」、「K 平均數集群分析法」、「階層集群分析法」。

　　SPSS 統計軟體執行「分析 (A)」/「維度縮減 (D)」/「因子 (F)」程序，可以求出量表因素分析結果，此操作程序是一種探索性 (exploratory factor analysis) 的因素分析，而非是驗證性因素分析 (confirmatory factor analysis)。驗證性因素分析是量表的因素 ( 構念 ) 及其反映的指標變項間已經十分明確，分析程序並不是在於可以萃取多少個因素 ( 潛在構念 )，而是在於驗證量表建構的構念及反映的指標變項間的整體關係是否可以得到支持，因而是一種模式的假設考驗，其虛無假設為：理論建構 ( 研究者建構的模式 ) 的共變異數矩陣 = 樣本資料所得的共變異數矩陣，對立假設為：理論建構 ( 研究者建構的模式 ) 的共變異數矩陣 ≠ 樣本資料所得的共變異數矩陣，假設考驗的檢定統計量為 $\chi^2$ 值，如果 $\chi^2$ 值統計量未達 .05 顯著水準，研究結果為虛無假設的機率很高，表示理論建構 ( 研究者建構的模式 ) 的共變異數矩陣 = 樣本資料所得的共變異數矩陣，研究者建構的因素構念模式可以得到支持。

## 【範例】

國小學童人格特質量表因素分析摘要表

| 預試題項與題目 | | 最大變異法直交轉軸後之因素負荷量 | | | | | |
|---|---|---|---|---|---|---|---|
| | | 友善性 | 聰穎開放性 | 外向性 | 嚴謹自律性 | 神經質 | 共同性 |
| A1 | 樂於助人的 | 0.759 | 0.181 | 0.211 | 0.145 | -0.062 | .678 |
| A2 | 有愛心的 | 0.783 | 0.237 | 0.129 | 0.167 | 0.012 | .714 |
| A3 | 關心別人的 | 0.755 | 0.066 | 0.262 | 0.278 | -0.055 | .722 |
| A4 | 善解人意的 | 0.675 | 0.181 | 0.164 | 0.391 | -0.078 | .674 |
| A5 | 友愛同學的 | 0.776 | 0.164 | 0.14 | 0.091 | 0.062 | .661 |
| A6 | 用功的 | 0.221 | 0.426 | 0.058 | 0.743 | 0.061 | .789 |
| A7 | 專心的 | 0.222 | 0.347 | 0.126 | 0.779 | -0.028 | .793 |
| A8 | 細心的 | 0.400 | 0.145 | 0.107 | 0.74 | 0.025 | .741 |
| A9 | 有責任心的 | 0.396 | 0.313 | 0.218 | 0.47 | -0.056 | .526 |
| A13 | 容易緊張的 | -0.051 | -0.007 | 0.101 | 0.025 | 0.773 | .612 |
| A14 | 容易嫉妒的 | -0.225 | -0.066 | -0.137 | 0.159 | 0.681 | .562 |
| A15 | 容易傷心的 | 0.271 | 0.067 | -0.113 | -0.219 | 0.779 | .746 |
| A16 | 聰明的 | 0.105 | 0.759 | 0.098 | 0.376 | 0.009 | .738 |
| A17 | 會隨機應變的 | 0.088 | 0.698 | 0.231 | 0.248 | -0.022 | .609 |
| A18 | 機智的 | 0.200 | 0.817 | 0.100 | 0.206 | -0.008 | .760 |
| A19 | 常識豐富的 | 0.173 | 0.772 | 0.154 | 0.212 | -0.071 | .699 |
| A20 | 愛動腦筋的 | 0.211 | 0.775 | 0.094 | -0.017 | 0.053 | .658 |
| A21 | 充滿活力的 | 0.114 | 0.19 | 0.831 | 0.097 | -0.037 | .750 |
| A22 | 喜歡交朋友的 | 0.156 | 0.082 | 0.807 | 0.067 | 0.045 | .689 |
| A23 | 樂觀的 | 0.275 | 0.058 | 0.817 | 0.057 | -0.056 | .753 |
| A24 | 熱情的 | 0.190 | 0.263 | 0.736 | 0.134 | -0.096 | .675 |
| 特徵值 | | 3.627 | 2.613 | 1.718 | 3.641 | 2.953 | 14.552 |
| 解釋變異量 % | | 17.270 | 12.441 | 8.182 | 17.339 | 14.061 | 69.292 |
| 累積解釋變異量 % | | 17.270 | 29.711 | 37.893 | 55.232 | 69.292 | |

　　因素分析程序是採用主成分法萃取共同因素，配合最大變異法進行正交轉軸 ( 假設因素構念間的相關很低或因素構念彼此間沒有相關 )，在不限定因數個數的情況下，轉軸後的成分矩陣共得五個因素，但是原先編製歸屬於因素四 ( 嚴謹自律性 ) 的題項 A10，卻移到因素一 ( 聰穎開放性 )，判別與題意不符合，故將此題項刪除，並進行第二次因素分析 ( 題項 A11、A12 於之前項目分析時已刪除 )。第二次因素分析也萃取出五個因素，A1 到 A5 命名為「友善性」，A6 到 A9 命名為「嚴謹自律性」，A13 到 A15 命名為「神經質」，A16 到 A20 命名為「聰穎開放性」，A21 到 A24 命名為「外向性」，「友善性」、「聰穎開放性」、「外向性」、「嚴謹自律性」、「神經質」五個因素轉軸後的特徵值分別為 3.627、2.613、1.718、3.641、2.953，五個因素轉軸後的個別解釋變異量分別為 17.270%、12.441%、8.182%、17.339%、14.061%，聯合解釋變異量為 69.292%，表示萃取的五個共同因素可以解釋所有指標變項 69.292% 的變異量 ( 陳思縈，2012 )。

　　12 位受試者以父親薪資所得、母親薪資所得、父親教育程度、母親教育程度為標的變項，進行樣本的集群分析，所得的樹狀圖結果如下：

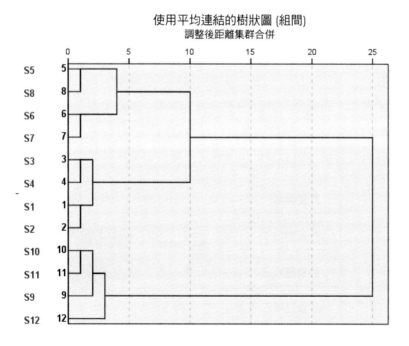

使用平均連結的樹狀圖 (組間)
調整後距離集群合併

從樹狀圖可以看出，12 位樣本可以分為三大群組，樣本 S5、S8、S6、S7 為第一集群、樣本 S3、S4、S1、S2 為第二集群、樣本 S10、S11、S9、S12 為第三集群。集群 1 為「中社經地位家庭」、集群 2 為「高社經地位家庭」( 父母親的平均薪資最高、教育程度最高 )、集群 3 為「低社經地位家庭」( 父母親的平均薪資最低、教育程度最低 )。若是分為二個群組，樣本 S5、S8、S6、S7、S3、S4、S1、S2 為第一集群樣本 ( 中高社經地位家庭 )，S10、S11、S9、S12 為第二集群 ( 低社經地位家庭 )。

## 十一、區別分析與邏輯斯迴歸分析

當自變項為計量變項，而依變項為名義二分變項時，為探究計量自變項是否可以有效區別二個不同的群組，可採用區別分析或邏輯斯迴歸分析。若是依變項的群組在三個以上，即效標變項為三分以上名義變項，為探究計量自變項是否可以有效區別三個以上不同的群組，則可採用區別分析 (discriminant analysis)。區別分析與邏輯斯迴歸分析法歸屬於多變量統計方法，因而是較為進階統計方法的應用。

研究範例一：以高中學生的智力、畢業總成績、三年級模擬考成績三個計量變項是否可以有效區別其考上公立、私立二種類型的大學？上述研究範例中依變項 / 效標變項為學校類型，此類型為名義二分變項，其水準數值 0 表示公立大學、水準數值 1 表示為私立大學，自變項均為計量變項。

研究範例二：高職學生的四個生活壓力向度 ( 家庭壓力、學校壓力、情感壓力、個人壓力 ) 及人際關係變項是否可以有效區別高社經地位、中社經地位、低社經地位群組的學生。區別分析及邏輯斯迴歸分析使用時機的模式圖如下：

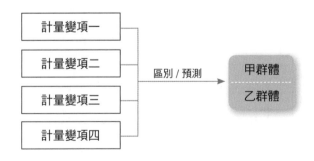

當效標變項為三分名義變項時，可使用區別分析或多項式邏輯斯迴歸分析：

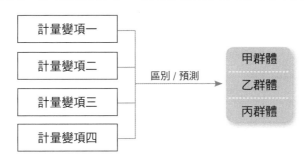

問題範例為以家庭社經地位、學生個人智力、學習投入程度、課餘讀書時間來區別學生的學業成就群：高學業成就組 (80 分以上 )、中學業成就組 (60 分至79 分 )、低學業成就組 (59 分以下 )。

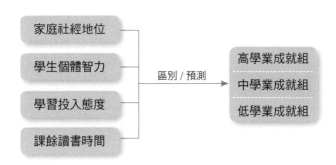

| 社經地位 | 個體智力 | 投入程度 | 讀書時間 | 學業成就組 | 學業成就 | 預測組別 |
|---|---|---|---|---|---|---|
| 5 | 10 | 4 | 5 | 1 | 85 | 1 |
| 5 | 8 | 4 | 4 | 1 | 91 | 1 |
| 5 | 9 | 5 | 4 | 1 | 92 | 1 |
| 4 | 10 | 5 | 5 | 1 | 88 | 1 |
| 4 | 8 | 4 | 5 | 1 | 83 | 1 |
| 3 | 7 | 1 | 2 | 1 | 84 | 2 |
| 3 | 6 | 2 | 4 | 2 | 75 | 2 |
| 3 | 5 | 4 | 3 | 2 | 76 | 2 |
| 3 | 6 | 4 | 3 | 2 | 64 | 2 |
| 3 | 7 | 3 | 2 | 2 | 70 | 2 |
| 2 | 1 | 1 | 1 | 3 | 54 | 3 |
| 2 | 3 | 1 | 1 | 3 | 53 | 3 |
| 1 | 2 | 2 | 1 | 3 | 48 | 3 |
| 1 | 1 | 2 | 2 | 3 | 55 | 3 |
| 1 | 3 | 1 | 2 | 3 | 49 | 3 |

註：表中「預測組別」為根據四個自變項最佳組合之「分類函數係數」所預測區別的組別。

Fisher's 區別線性區別函數如下：

| | 學業成就組 | | |
|---|---|---|---|
| | 1 高成就組 | 2 中成就組 | 3 低成就組 |
| 社經地位 | 8.385 | 5.401 | 2.956 |
| 個體智力 | 6.095 | 4.117 | 1.024 |
| 投入程度 | -1.592 | -.412 | -.258 |
| 讀書時間 | 1.801 | 1.066 | .846 |
| （常數） | -46.378 | -22.483 | -4.604 |

分類結果摘要表如下：

| | 學業成就組 | 預測的各組成員 | | | 總和 |
|---|---|---|---|---|---|
| | | 1 高成就組 | 2 中成就組 | 3 低成就組 | |
| 個數 | 1 高成就組 | 5 | 1 | 0 | 6 |
| | 2 中成就組 | 0 | 4 | 0 | 4 |
| | 3 低成就組 | 0 | 0 | 5 | 5 |
| % | 1 高成就組 | 83.3 | 16.7 | .0 | 100.0 |
| | 2 中成就組 | .0 | 100.0 | .0 | 100.0 |
| | 3 低成就組 | .0 | .0 | 100.0 | 100.0 |

a. 93.3% 個原始組別觀察值已正確分類。

根據學生家庭社經地位、學生個人智力、學習投入程度、課餘讀書時間來區別學生的學業成就組別，其總體區別正確率為 93.3%，原先六位高學業成就組樣本中，以四個區別變項來預測，預測組別為中學業成就組 ( 預測錯誤 )，15 位樣本中，預測正確的樣本數有 14 位，預測分組錯誤的有 1 位。

其它更為進階的統計方法為多層次模式 (multilevel modeling) 或階層線性模式 (hierarchical linear modeling) 與時間系列分析。多層次模式的資料檔一般有二個層次，第二個層次稱為總體層次、總體單位、主要單位、集群、第二層、組別；相對應的第一層次稱為個體層次、個體單位、次要單位、個體、第一層、組員等。第二個層級 ( 第一個層級 ) 如學校 ( 教師 )、班級 ( 學生 )、社區 ( 家庭 )、公司 ( 員工 )、家庭 ( 孩童 )、醫生 ( 病患 )、訪談者 ( 回應者 ) 等，多層次模式指的是納入總體層級的影響後，個體層級自變項與依變項間的關係是否還達到顯著，如排除學校間 ( 總體層次 ) 的差異後，學生的社經地位是否可以有效預測其學習動機，多層次模式分析的統計軟體為 SPSS 與 HLM ( 多數研究者以 HLM 軟體來執行多層次模式 )。以學生個體層次的數學態度對數學成就的迴歸方程為例，單一層次的迴歸模式為：$Y_i = \beta_0 + \beta_1 X_1 + r_1$，$Y_i$ 為個體學生的數學成就分數 ( 結果變項 )、$X_1$ 為個體學生數學態度分數 ( 解釋變項 )、$\beta_1$ 是迴歸斜率項、$\beta_0$ 為迴歸常數項、$r_1$ 為殘差項或誤差項，假定其符合平均數為 0，變異數為 $\sigma^2$ 的常態分配。

總體層次為教師或班級，因為一位教師可能教數個班級，或多個學生，或是

班級數學資源間的有顯著差異，以學生為分析單位時，無法得知班級數學資源的影響，將班級數學資源 ( 如教師教學方法、投入態度等 ) 變異納入迴歸方程，迴歸模式變為：$Y_{ij} = \beta_{0j} + \beta_{1j}X_{ij} + r_{ij}$，班級教師 ( 數學資源 ) j 的截距項為 $\beta_{0j}$，斜率為 $\beta_{1j}$，均可能因班級不同而有很大差異。多層次模型中個體層次學生被內嵌於總體層次班級之內，考量到教師變項時 ( 學生被巢套於教師變項內 ) 的分析為層次 2 模型，班級層次 ( 層次 2) 方程表示的較低層次之迴歸係數在班級間會有不同的變異，迴歸係數 $\beta_{0j}$ 與 $\beta_{1j}$ 在班級層次模式中變為反應變項模型，即作為結果變數，班級迴歸方程變異隱含的意義是方程的係數會有跨班級差異存在，班級層次的二個迴歸係數之方程分別為：$\beta_{0j} = \gamma_{00} + \mu_{0j}$，$\beta_{0j}$ 是班級 j 的截距項，$\gamma_{00}$ 是跨班級的平均截距項 ( 控制學生數學態度分數後，跨班級的平均數學成就分數 )，$\mu_{0j}$ 是班級間截距項的差異，其常態分配的平均數為 0，變異數為 $\tau_{00}$。

$\beta_{1j} = \gamma_{10} + \mu_{1j}$，$\beta_{1j}$ 是班級 j 的斜率，$\gamma_{10}$ 是跨班級的平均斜率 ( 跨班級間數學成就與數學態度分數間關係的平均量測值 )，$\mu_{1j}$ 是班級間斜率的差異，其常態分配的平均數為 0，變異數為 $\tau_{11}$。其中截距項 $\beta_{0j}$ 與斜率項 $\beta_{1j}$ 均假定是呈二元常態分配的形狀，共變數為 $\tau_{01}$。

上述方程中有三個隨機變異，層次 1 的個體變異 $r_{ij}$，層次 2 ( 跨班級 ) 截距變異 $\mu_{0j}$，層次 2 ( 跨班級 ) 斜率變異 $\mu_{1j}$，層次 1 變異的估計量為 $\sigma^2$，層次 2 變異量統計量為 $\tau_{00}$ 及 $\tau_{11}$，統計顯著性檢定在考驗 $\tau_{00}$ 及 $\tau_{11}$ 是否達到 .05 顯著水準，檢定 $\tau_{00}$ 量數是否為 0 的統計量數為卡方統計量，如果卡方統計量的顯著性小於 .05，表示班級內學生數學成就的集群差異達到顯著，二個層次的模型可以得到支持 (Stevens, 2009)。就層次 2 而言，組內相關係數 (intraclass correlation；[ICC]) 表示個體與多層次模型標的層次間的變異程度，如果是二個層次的模型，組內相關係數表示的班級間數學成就的變異比值，組內相關係數的公式為：

$\rho_{ICC} = \dfrac{\tau_{00}}{\tau_{00} + \rho^2}$，範例中如果 $\rho_{ICC}$ 量數等於 .35，表示班級間可以解釋的數學成就變異有 35%，其餘 65% 的數學成就變異可推估是班級內造成的。

如果研究者認為學生數學成就於班級內有性別差異存在，擬將性別變因納入迴歸方程中，則層次 1 迴歸方程式為：

數學成就$_{ij}$ $= \beta_{0j} + \beta_{1j}$數學態度$_{ij}$ $+ \beta_{2j}$性別$_{ij}$ $+ r_{ij}$，層次2三個方程式為：

$\beta_{0j}=\gamma_{00}+\mu_{0j}$、$\beta_{1j}=\gamma_{10}+\mu_{1j}$、$\beta_{2j}=\gamma_{20}+\mu_{2j}$ (HLM 視窗界面中的方程式，不會出現個體層次 i 及總體層次 j 的註標 )。

　　時間系列分析是探究之前一組有順序的縱貫性資料，此資料隨時間變化，間隔時間可能是一年、一季、一個月，範例如根據近十年新生兒的人數預測未來五年新生兒的可能人數；或如根據近十年的小一新生報到人數，預測未來五年的小一新生人數。時間系列分析通常用於財經及管理領域，尤其是財經領域方面。時間數列分析也屬於一種預測，所搜集的資料檔必須跨不同時段，它與一般橫斷性研究的資料檔有很大的差異，時間系列的迴歸法如自身迴歸 (autoregressive;[AR]) 模式、 移動平均 (moving average;[MA]) 模式、ARMA (p,q) 模式、ARIMA (p,d,q) 模式、季節性 ARIMA 模式等。

## 參考書目

陳思縈 (2012)。**高雄市國小高年級學童人格特質、情緒智力與生活適應之相關研究**。國立高雄師範大學教育學系生命教育碩士班碩士論文 ( 未出版 )。

Abu-Bader, S. H. (2010). *Advanced and multivariate statistical methods for social science research.* Chicago: Lyceum books, Inc.

Aron, A., Aron, E. N., & Coups, E. J. (2006). *Statistics for psychology.* Englewood Cliffs, NJ: Prentice Hall.

Stevens, J. P. (2009). *Applied multivariate statistics for the social sciences.* New York: Routledge.

量化研究
常犯的錯誤

　　量化研究主要是在分析受試者於測量工具反應上測量分數的現況或差異情形，研究者必須將受試者個別反應的測量分數，經統計分析轉換為有系統的數字表格，並輔以適當的圖來完整說明這些測量分數的意義。量化研究程序中研究者常見的錯誤如下：

## 一、鍵入資料的檢核工作不夠，造成結果偏誤

　　量化研究在資料鍵入後的檢核工作非常重要，若是資料檢核不實，容易造成統計分析的偏誤。如一份 30 題之七點評定量表中，受試者在每個題項的分數從 1 分至 7 分，資料鍵入時卻題項測量分數為 4 者誤打為 44，或題項測量分數為 7 者誤打為 77，之後研究者進行各因素構念的加總時，便會產生嚴重的偏離值或極端值。因而研究者若未在資料處理前先進行資料的處理與監控，統計分析結果便會產生完全錯誤。此外，少數研究者在遺漏值 (missing value) 界定方面欠缺周延，如受試者在某個成就測驗方面沒有分數，此測驗分數的值域介於 0 分至 100 分中間，研究者在資料鍵入時對於沒有填答者給予「999」( 因測驗分數不可能 999 分 )，但在變數遺漏值的界定方面，卻沒有將變項數值「999」設為「遺漏值」，造成成就測驗加總的錯誤。變項資料檢核在於檢查資料檔有無偏離值 (outliers) 或極端值，或是錯誤的數值資料。資料檢核的方法可藉由下列二個程序：一為執行 SPSS 功能列「分析 (A)」/「敘述統計 (E)」/「描述性統計量 (D)」程序；二為執行 SPSS 功能列「分析 (A)」/「敘述統計 (E)」/「次數分配表 (F)」程序。從描述性統計量輸出摘要表可以快速檢核變項數值水準的最小值及最大值是否為不合理數值，從次數分配表中可以看出各編碼水準數值的分配次數及是否有錯誤的編碼水準數值。以一份有 20 個題項的生活滿意度量表為例，量表採用的是七個選項的勾選型態，七個選項的計分值分別為 1 分至 7 分，每個題項 ( 個別指標變項 ) 的測量值上下限為〔1，7〕，以題項變數為標的變項，執行描述性統計量，每個題項變數的最小值不應小於 1、最大值不應大於 7，如果題項變數的上下限超出 [1，7] 的範圍，表示鍵入的資料數值有錯誤。

　　以下面性別次數分配表的輸出為例，性別變項為名義二分變項，水準數值編碼中 1 為男生、2 為女生，水準數值資料若不是 1、2，表示資料鍵入有誤。輸出之性別的次數分配表中，出現二個數值 3 及一個數值 6，表示有三個樣本鍵入錯誤，研究者可將數值 3、6 設定為遺漏值，或重新檢核這三個樣本之原始填答問

卷，將之更改為正確資料 ( 若是受試者沒有填答，可將受試者在性別變項的數值設定為遺漏值 )。

次數分配表——性別

| | | 次數 | 百分比 | 有效百分比 | 累積百分比 |
|---|---|---|---|---|---|
| 有效的 | 1 男生 | 201 | 39.9 | 39.9 | 39.9 |
| | 2 女生 | 300 | 59.5 | 59.5 | 99.4 |
| | 3 | 2 | .4 | .4 | 99.8 |
| | 6 | 1 | .2 | .2 | 100.0 |
| | 總和 | 504 | 100.0 | 100.0 | |

錯誤的資料數值

　　除以次數分配表檢核各個變項的測量值被勾選的次數外，研究者也可採用描述性統計量來檢核測量值是否有誤，判別的二個統計量數為最大值與最小值。以李克特五點型態量表為例，題項中被勾選選項編碼的測量值一般是 1 至 5，如果最小值小於 1、最大值大於 5，表示測量值的數據有鍵入錯誤。

| | 個數 | 最小值 | 最大值 | 平均數 | 標準差 |
|---|---|---|---|---|---|
| A1 | 408 | 1 | 5 | 3.55 | .960 |
| A2 | 408 | 1 | 5 | 3.60 | .925 |
| A3 | 408 | 1 | 22 | 3.52 | 1.354 |
| A4 | 408 | 1 | 8 | 3.71 | .967 |
| A5 | 408 | 1 | 5 | 3.81 | .738 |
| 有效的 N ( 完全排除 ) | 408 | | | | |

最大值超出臨界值 [1,5] 的範圍

　　問卷資料檢核過程中，有所謂的遺漏值 (missing values)，遺漏值就是受試者在某些題項未填答或填答錯誤，無法形成有效數據，由於受試者漏答的題項可能只有一題或二題，此問卷作為無效問卷是一種數據資訊的遺失，研究者可將這些問卷作為有效問卷，受試者未填答或填答錯誤的題項設為遺漏值。在遺

漏值的設定方面，若是背景變項可設為「99」( 因為沒有背景變項的選項有高達 99 項者 )、態度量表或其它題項可設為「99」或「999」，成就測驗分數可設為「999」。如一個有 10 個題項的學習焦慮量表，量表採用李克特五點量表型態，第二位受試者第 9 題漏答 ( 測量值設定為 999)；第三位受試者性別變數未勾選，測量值設定為 99，第三題勾選二個選項，視為無效題項，測量值鍵入 999，則其資料結構為：

| 性別 | I1 | I2 | I3 | I4 | I5 | I6 | I7 | I8 | I9 | I10 |
|---|---|---|---|---|---|---|---|---|---|---|
| 1 | 1 | 3 | 2 | 4 | 5 | 5 | 4 | 3 | 4 | 3 |
| 2 | 3 | 4 | 4 | 5 | 3 | 2 | 1 | 2 | 999 | 5 |
| 99 | 2 | 4 | 999 | 3 | 1 | 4 | 5 | 3 | 3 | 2 |

SPSS 資料檔視窗的「變數檢視」工作次視窗中，有一個「遺漏」欄，此欄可用以設定變項的遺漏值，包括個別遺漏值的設定，或區間遺漏值的設定。偏離值 ( 錯誤測量值 ) 對統計分析的結果，可以以下列數據說明：

| 受試者 | X | Y | A | B | 十二位受試者 ( 有極端值 S12) |
|---|---|---|---|---|---|
| S1 | 6 | 8 | 2 | 3 | $r_{XY} = .675$ (p=.016) |
| S2 | 7 | 6 | 3 | 6 | $r_{AB} = .225$ (p=.482) |
| S3 | 7 | 11 | 4 | 8 | |
| S4 | 8 | 4 | 6 | 4 | 沒有極端值 (S1 至 S111 樣本 ) |
| S5 | 8 | 6 | 7 | 10 | $r_{XY} = .086$ (p=.800) |
| S6 | 9 | 10 | 8 | 14 | $r_{AB} = .841$ (p=.001) |
| S7 | 10 | 4 | 9 | 8 | |
| S8 | 10 | 8 | 10 | 12 | |
| S9 | 11 | 11 | 11 | 14 | |
| S10 | 12 | 6 | 12 | 12 | |
| S11 | 13 | 9 | 13 | 16 | |
| S12 | 20 | 18 | 24 | 5 | 極端值 |

資料來源，Stevens, 2009, p.13

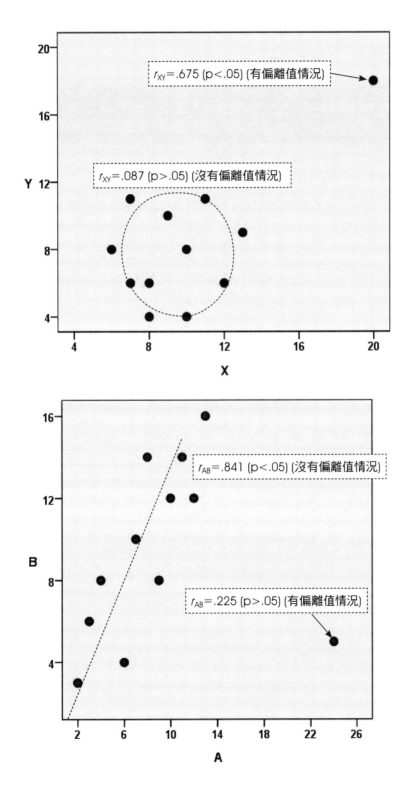

　　以加總量表而言，若是個別題項(指標變項)的測量值有錯誤數值，錯誤數值若是為偏離值，可能會導致相反的研究結論：

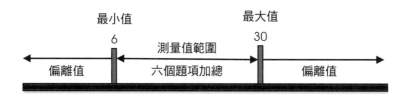

| 題項有偏離值 測量值有錯誤 | 向度加總錯誤 構面計分不正確 | 量表總分錯誤 量表計分不正確 | 分析結果錯誤 假設驗證不正確 | 拒絕虛無假設變接 受虛無假設 接受虛無假設變拒 絕虛無假設 |

**【範例】**

　　教學滿意構面共有六個題項(指標變項)，題項採用李克特五點量表型態，選項詞為非常同意、大部分同意、一半同意、少部分同意、非常不同意，選項詞的計分為5、4、3、2、1，教學滿意構面為六個題項的加總，分數介於5分至30分，測量值大於30或小於6者均為偏離值，年級變項為三分名義變項，三個水準群體為大一、大二、大三。

| | 最小值 6 | 測量值範圍 | 最大值 30 | |
|---|---|---|---|---|
| 偏離值 | | 六個題項加總 | | 偏離值 |

| 受試者 | S1 | S2 | S3 | S4 | S5 | S6 | S7 | S8 | S9 | S10 | S11 | S12 | S13 | S14 | S15 | S16 | S17 | S18 |
|---|---|---|---|---|---|---|---|---|---|---|---|---|---|---|---|---|---|---|
| 年級 | 1 | 1 | 1 | 1 | 1 | 1 | 2 | 2 | 2 | 2 | 2 | 2 | 3 | 3 | 3 | 3 | 3 | 3 |
| 教學滿意1 | 20 | 25 | 25 | 24 | 66 | 18 | 19 | 21 | 12 | 13 | 20 | 9 | 12 | 21 | 6 | 8 | 7 | 24 |
| 教學滿意2 | 20 | 25 | 25 | 24 | 26 | 18 | 19 | 21 | 12 | 13 | 20 | 9 | 12 | 21 | 6 | 8 | 7 | 24 |

　　「教學滿意1」變數中，受試者S5的加總分數是錯誤的，其數值為66遠大於六個題項加總的上限值30，正確的測量值為26。

| | | 個數 | 平均數 | 標準差 | 平均數的 95% 信賴區間 | | 最小值 | 最大值 |
|---|---|---|---|---|---|---|---|---|
| | | | | | 下界 | 上界 | | |
| 教學滿意 1 | 1 一年級 | 6 | 29.67 | 18.030 | 10.75 | 48.59 | 18 | 66 |
| | 2 二年級 | 6 | 15.67 | 4.967 | 10.45 | 20.88 | 9 | 21 |
| | 3 三年級 | 6 | 13.00 | 7.694 | 4.93 | 21.07 | 6 | 24 |
| | 總和 | 18 | 19.44 | 13.298 | 12.83 | 26.06 | 6 | 66 |
| 教學滿意 2 | 1 一年級 | 6 | 23.00 | 3.225 | 19.62 | 26.38 | 18 | 26 |
| | 2 二年級 | 6 | 15.67 | 4.967 | 10.45 | 20.88 | 9 | 21 |
| | 3 三年級 | 6 | 13.00 | 7.694 | 4.93 | 21.07 | 6 | 24 |
| | 總和 | 18 | 17.22 | 6.830 | 13.83 | 20.62 | 6 | 26 |

　　變異數分析之描述性統計量摘要表的最後二欄為「最小值」、「最大值」，最小值為測量值中的最小數值、最大值為測量值中的最大數值，這二個數值若是介於 6 至 30 中間，表示構面加總的分數是正確的；相對的，如果這二個數值不是介於 6 至 30 中間，表示構面加總的分數是錯誤的。「教學滿意 1」依變數的水準群體 1 列 ( 一年級群體 ) 的最小值為 18、最大值為 66，最大值欄的數值大於構面加總的上限值 30，表示此測量值是錯誤的，由於教學構面是六個題項的加總分數，表示原始題項鍵入的數據中有錯誤數值。「教學滿意 2」依變數三個水準群體的最小值與最大值分別為 [18，26]、[9，21]、[6，24] 均介於 [6，30] 範圍之內，表示構面加總的分數是正確的。

| | | 平方和 | 自由度 | 平均平方和 | F | 顯著性 |
|---|---|---|---|---|---|---|
| 教學滿意 1 | 組間 | 961.778 | 2 | 480.889 | 3.528 | .055 |
| | 組內 | 2044.667 | 15 | 136.311 | | |
| | 總和 | 3006.444 | 17 | | | |
| 教學滿意 2 | 組間 | 321.778 | 2 | 160.889 | 5.120 | .020 |
| | 組內 | 471.333 | 15 | 31.422 | | |
| | 總和 | 793.111 | 17 | | | |

從變異數分析摘要表得知：組間自由度為 2 ( 有三個水準類別 )，組內自由度為 15，「教學滿意 1」變項平均數差異整體考驗的 F 值統計量為 3.528，顯著性機率值 p=.055>.05，接受虛無假設，三個水準群體在教學滿意變項的平均數沒有顯著不同，研究假設無法得到支持。「教學滿意 2」變項平均數差異整體考驗的 F 值統計量為 5.120，顯著性機率值 p=.020<.05，拒絕虛無假設，三個水準群體在教學滿意變項的平均數有顯著不同，研究假設得到支持。研究範例中，因為依變數測量值有偏離值 (26 分變 66 分 )，造成統計分析結果偏誤，從拒絕虛無假設變為接受虛無假設，可見要得到正確的統計分析結果，問卷數據資料的鍵入過程要特別注意其精確性。

## 二、對測量變項的屬性／尺度定義不清，誤用統計方法

各種統計方法其自變項或依變項的測量尺度均有明確的規範，若是變數測量尺度未符合該統計方法之變數屬性假定，則統計結果便會產生偏誤。如二個變數均為名義二分變項便不能採用積差相關方法，因為積差相關之變數必須為計量變項；共變數分析中之「共變量」(covariate)、實驗效果之依變項均必須為計量變項，如果變數不是連續變數則不應作為共變項，區別分析及邏輯斯迴歸分析之依變項必須為類別變項、自變項必須為計量變項，而變異數分析之依變項則必須為計量變項、自變項必須為類別變項；列聯表之差異比較的檢定統計量採用的是卡方統計量等。每種統計方法之變項均有變項測量尺度的假定，研究者必須知道每種統計方法之變項測量尺度的假定，否則誤用統計方法會造成所謂的「垃圾進、垃圾出」的情況，常見者如背景變項多數為類別變項，研究者在複迴歸分析中也直接將之作為預測變項，而投入迴歸模型中。

測量變項尺度應用不適切的範例如下：在一項國中學生家庭社經地位對學生人際關係的預測中，研究者所擬的研究假設為：「國中學生家庭社經地位對學生人際關係有顯著的解釋力。」研究變項中家庭社經地位為名義三分變項，水準數值 1 為「低社經地位」組、水準數值 2 為「中社經地位」組、水準數值 3 為「高社經地位」組，此變項的測量尺度為「類別變項／間斷變項」( 或次序尺度 )，人際關係變數為計量變項( 連續變項)其測量分數的值域介於 1 至 10 分間，分數愈高表示受試者的人際關係愈佳。範例數據的資料檔如下：

| 社經地位 ( 低 ) | 人際關係 | 社經地位 ( 中 ) | 人際關係 | 社經地位 ( 高 ) | 人際關係 |
|---|---|---|---|---|---|
| 1 | 3 | 2 | 8 | 3 | 5 |
| 1 | 2 | 2 | 6 | 3 | 7 |
| 1 | 2 | 2 | 9 | 3 | 8 |
| 1 | 1 | 2 | 10 | 3 | 8 |
| 1 | 2 | 2 | 8 | 3 | 6 |
| 1 | 2 | 2 | 9 | 3 | 7 |
| 1 | 9 | 2 | 10 | 3 | 5 |

## ( 一 ) 迴歸分析結果

研究者直接以「社經地位」類別變項為預測變項、「人際關係」計量變項為依變項進行迴歸分析，執行 SPSS 功能列「分析 (A)」/「迴歸方法 (R)」/「線性 (L)」程序，輸出結果如下：

**模式摘要**

| 模式 | R | R 平方 | 調過後的 R 平方 | 估計的標準誤 |
|---|---|---|---|---|
| 1 | .320[a] | .102 | .080 | 2.329 |

[a] 預測變數：( 常數 )，社經地位

「社經地位」變項對「人際關係」的解釋力為 10.2%，二者的相關係數為 .320。

**係數 [a]**

| 模式 | | 未標準化係數 | | 標準化係數 | t | 顯著性 |
|---|---|---|---|---|---|---|
| | | B 之估計值 | 標準誤 | Beta 分配 | | |
| 1 | ( 常數 ) | 4.243 | 1.181 | | 3.593 | .001 |
| | 社經地位 | 1.029 | .482 | .320 | 2.133 | .039 |

[a] 依變數：人際關係

非標準化迴歸模式中的常數項為 4.243，非標準化迴歸係數 B 為 1.029；標準化迴歸方程中的標準化迴歸係數 β 為 .320，迴歸係數顯著性檢定的 t 值為

2.133，顯著性 p=.039<.05，達到顯著水準。表示學生的社經地位變項可有效解釋或預測學生的人際關係，其解釋力 / 預測力為 10.2%。由於標準化迴歸係數 $\beta$ 等於 .320，其數值為正，表示「社經地位」預測變項對「人際關係」結果變項的影響為正，即「社經地位」測量值的分數愈高，「人際關係」結果變項的測量值分數也愈高 ( 但此種解釋是錯誤的，因為社經地位變項不是計量變項，而是名義三分變項，水準數值編碼間沒有測量分數高低的意涵 )。

### ( 二 ) 獨立樣本單因子變異數分析結果

因為社經地位為名義三分變項，人際關係為計量變項，探究不同社經地位的學生群組在人際關係的差異，可採用獨立樣本單因子變異數分析，執行 SPSS 功能列「分析 (A)」/「比較平均數法 (M)」/「單因子變異數分析 (O)」程序，輸出結果如下：

**變異數同質性檢定**

| Levene 統計量 | 分子自由度 | 分母自由度 | 顯著性 |
|:---:|:---:|:---:|:---:|
| 1.326 | 2 | 39 | .277 |

變異數同質性檢定方面，Levene 統計量為 1.326，顯著性 p=.277>.05，接受虛無假設，三個群組之母群體的變異數相等，符合變異數同質假定，直接進行傳統的變異數分析。

| | 平方和 | 自由度 | 平均平方和 | F 檢定 | 顯著性 |
|:---:|:---:|:---:|:---:|:---:|:---:|
| 組間 | 145.071 | 2 | 72.536 | 29.293 | .000 |
| 組內 | 96.571 | 39 | 2.476 | | |
| 總和 | 241.643 | 41 | | | |

變異數分析摘要表中，F 檢定統計量為 29.293，顯著性 p<.001，達到 .05 顯著水準，表示三個群組中至少有一配對群組的平均數間有顯著的不同 ( 至少有一配對組群體在依變項平均數的差異值顯著不等於 0，至於是那幾對配對組平均數間的差異值顯著不為 0，要查事後比較摘要表才能得知 )。

事後比較摘要表如下 (Tukey HSD)：

| (I) 社經地位 | (J) 社經地位 | 平均差異 (I-J) | 標準誤 | 顯著性 | 95% 信賴區間 | |
|---|---|---|---|---|---|---|
| | | | | | 下界 | 上界 |
| 低社經地位 | 中社經地位 | -5.571(*) | .728 | .000 | -7.35 | -3.80 |
| | 高社經地位 | -3.571(*) | .687 | .000 | -5.24 | -1.90 |
| 中社經地位 | 低社經地位 | 5.571(*) | .728 | .000 | 3.80 | 7.35 |
| | 高社經地位 | 2.000(*) | .543 | .002 | .68 | 3.32 |
| 高社經地位 | 低社經地位 | 3.571(*) | .687 | .000 | 1.90 | 5.24 |
| | 中社經地位 | -2.000(*) | .543 | .002 | -3.32 | -.68 |

\* 在 .05 水準上的平均差異很顯著。

　　從事後多重比較摘要表中可以發現：「中社經地位」組學生的人際關係顯著的較「低社經地位」組及「高社經地位」組為佳，而「高社經地位」組學生的人際關係又顯著的比「低社經地位」組學生為佳，其中人際關係最佳的組別為「中社經地位」群組的學生，從各組在人際關係檢定變項之測量分數的平均數高低來看，中社經地位 > 高社經地位 > 低社經地位。從單因子變異數分析而言，三個群組中以中社經地位在結果變項測量值的分數最高，而非是高社經地位的群組，此結果和上述直接採用迴歸方法所得的結果截然不同。二種不同統計方法之所以無法形成一致的結果，乃是在迴歸分析中研究者誤用預測變項的測量尺度，將原先為類別變項的自變項在未經轉換 ( 須化為虛擬變項 ) 的情況下，即直接投入迴歸模式中，此種程序並不符合直線迴歸模式的基本假定，因而造成錯誤的結果。

【範例】

基本資料：

性　　別：□女　　　　□男

年　　齡：□ 30 歲以下　□ 31-40 歲　□ 41-50 歲　□ 51 歲以上

婚姻狀況：□未婚　　　　□已婚　　　　□其他

教育程度：□高中職以下　□專科　　　　□大學　　　　□研究所 ( 碩、博士 )

服務年資：□ 5 年以下　　□ 5-10 年　　□ 11-15 年　　□ 16 年以上

　　問卷調查之個人基本資料又稱背景變項或人口變項，這些變項多數是名義尺度或次序尺度，適切的統計方法是以次數分配求出樣本在人口變項各選項的次數及百分比，讓讀者知悉樣本背景的分配情形，由於人口變項並不是計量變項 ( 等距尺度或比率尺度 )，因而不能以皮爾遜積差相關係數來表示兩兩配對變項間的關係，但在 SPSS 統計軟體操作中，使用者若是執行積差相關程序，於「雙變數相關分析」對話視窗中，將人口變項選入「變數 (V)」方盒內，也可求出相關係數統計量。五個人口變項的積差相關係數矩陣摘要表如下：

| | | 性別 | 年齡 | 婚姻 | 教育程度 | 服務年資 |
|---|---|---|---|---|---|---|
| 性別 | Pearson 相關 | 1 | | | | |
| | 顯著性 ( 雙尾 ) | | | | | |
| | 個數 | 402 | | | | |
| 年齡 | Pearson 相關 | .184** | 1 | | | |
| | 顯著性 ( 雙尾 ) | .000 | | | | |
| | 個數 | 402 | 408 | | | |
| 婚姻 | Pearson 相關 | .141** | .568** | 1 | | |
| | 顯著性 ( 雙尾 ) | .005 | .000 | | | |
| | 個數 | 397 | 398 | 398 | | |
| 教育程度 | Pearson 相關 | .064 | -.224** | -.250** | 1 | |
| | 顯著性 ( 雙尾 ) | .201 | .000 | .000 | | |
| | 個數 | 402 | 408 | 398 | 408 | |
| 服務年資 | Pearson 相關 | .165** | .786** | .553** | -.251** | 1 |
| | 顯著性 ( 雙尾 ) | .001 | .000 | .000 | .000 | |
| | 個數 | 402 | 408 | 398 | 408 | 408 |

**. 在顯著水準為 0.01 時 ( 雙尾 )，相關顯著。

　　上述摘要表中各配對變數細格呈現積差相關係數統計量、相關係數顯著性檢定機率值 p、配對變數有效樣本數個數，由於人口變項並非是計量變數，無法求出各變項的平均數、離均差分數、標準差，表中所呈現的積差相關係數統計量是「沒有實質意義的」，研究者不能只根據表中的數據加以解釋變數間的關係，如：

「服務年資與性別、年齡、婚姻狀況均呈顯著正相關，相關係數 r 分別為 .165(p<.01)、.786(p<.001)、.553(p<.001)，服務年資與教育程度呈顯著負相關，相關係數 r 等於 −.251(p<.001)」，這樣的論述是錯誤的：1. 因為人口變項各選項的水準類別是一個獨立的群體，這些變項無法以平均數及標準差來表示其意涵，由於變項沒有平均數統計量，離均差分數統計量就無法估計，當然也無法計算積差相關係數統計量；2. 配對變項間有顯著正相關或顯著負相關，「正」、「負」相關的意義無法合理詮釋。

### 三、數據表格的呈現不完整，未將原始資料統整為有用的資訊

資料 (data) 為未經研究者整理的原始數據，而資訊 (information) 是經研究者整理歸納後的資料數據。有些研究者在呈現量化數據時，直接將統計分析軟體 ( 如 SPSS/AMOS/LISREL) 輸出的原始數據報表呈現出來，並未將原始數據報表加以整理，因而顯得過於凌亂而沒有系統。知識管理的流程為將資料轉化為資訊、再將資訊轉化為知識、智慧，若是研究者只將原始輸出結果數據呈現，並未加以有系統的整理，所呈現結果為知識管理的最低層次——資料，而非是系統資訊的呈現。

以生活壓力四個構面因素間的相關為例，原始輸出的報表如下，此報表數據所呈現的為「資料」而非「資訊」。

## 【資料型態的表格範例】

相關

| | | 家庭壓力 | 學校壓力 | 個人壓力 | 情感壓力 |
|---|---|---|---|---|---|
| 家庭壓力 | Pearson 相關 | 1 | .468 | .614(**) | .822(**) |
| | 顯著性 ( 雙尾 ) | | .050 | .007 | .000 |
| | 個數 | 18 | 18 | 18 | 18 |
| 學校壓力 | Pearson 相關 | .468 | 1 | .506(*) | .529(*) |
| | 顯著性 ( 雙尾 ) | .050 | | .032 | .024 |
| | 個數 | 18 | 18 | 18 | 18 |
| 個人壓力 | Pearson 相關 | .614(**) | .506(*) | 1 | .608(**) |
| | 顯著性 ( 雙尾 ) | .007 | .032 | | .007 |
| | 個數 | 18 | 18 | 18 | 18 |
| 情感壓力 | Pearson 相關 | .822(**) | .529(*) | .608(**) | 1 |
| | 顯著性 ( 雙尾 ) | .000 | .024 | .007 | |
| | 個數 | 18 | 18 | 18 | 18 |

\* 在顯著水準為 0.05 時 ( 雙尾 )，相關顯著。
\*\* 在顯著水準為 0.01 時 ( 雙尾 )，相關顯著。

## 【資訊】型態的表格範例

生活壓力四個構面因素間的相關矩陣摘要表

| 因素構念 | 家庭壓力 | 學校壓力 | 個人壓力 | 情感壓力 |
|---|---|---|---|---|
| 家庭壓力 | 1 | | | |
| 學校壓力 | .468n.s. | 1 | | |
| 個人壓力 | .614**(.377) | .506*(.256) | 1 | |
| 情感壓力 | .822***(.676) | .529*(.280) | .608**(.370) | 1 |

n.s. $p > .05$
 \*$p < .05$
 \*\*$p < .01$
\*\*\*$p < .001$
括號內的數字為決定係數 ($r^2$)

　　以不同年級在生活壓力、憂鬱傾向的差異比較而言 ( 資料數據見附錄一 )，其研究假設為：

**假設 1：**不同年級的高職學生在生活壓力上有顯著差異。

**假設 2：**不同年級的高職學生在憂鬱傾向上有顯著差異。

　　原始輸出的數據表格如下 ( 執行 SPSS 功能列「分析 (A)」/「比較平均數法 (M)」/「單因子變異數分析 (O)」程序 )：

**【直接呈現輸出統計報表結果】**

描述性統計量

| | | 個數 | 平均數 | 標準差 | 標準誤 | 平均數的 95% 信賴區間 | | 最小值 | 最大值 |
|---|---|---|---|---|---|---|---|---|---|
| | | | | | | 下界 | 上界 | | |
| 生活壓力 | 一年級 | 6 | 33.17 | 5.231 | 2.136 | 27.68 | 38.66 | 26 | 40 |
| | 二年級 | 6 | 40.00 | 7.211 | 2.944 | 32.43 | 47.57 | 29 | 49 |
| | 三年級 | 6 | 49.00 | 8.343 | 3.406 | 40.24 | 57.76 | 34 | 57 |
| | 總和 | 18 | 40.72 | 9.398 | 2.215 | 36.05 | 45.40 | 26 | 57 |
| 憂鬱傾向 | 一年級 | 6 | 28.50 | 6.656 | 2.717 | 21.52 | 35.48 | 20 | 36 |
| | 二年級 | 6 | 31.00 | 5.514 | 2.251 | 25.21 | 36.79 | 22 | 38 |
| | 三年級 | 6 | 35.00 | 4.980 | 2.033 | 29.77 | 40.23 | 26 | 40 |
| | 總和 | 18 | 31.50 | 6.071 | 1.431 | 28.48 | 34.52 | 20 | 40 |

　　上表為三個年級群體在依變項的描述性統計量，包括平均數、標準差、標準誤、平均數的 95% 信賴區間值、最小值及最大值，三個年級群體的有效樣本數各為 6 位。

ANOVA

|  |  | 平方和 | 自由度 | 平均平方和 | F 檢定 | 顯著性 |
|---|---|---|---|---|---|---|
| 生活壓力 | 組間 | 756.778 | 2 | 378.389 | 7.620 | .005 |
|  | 組內 | 744.833 | 15 | 49.656 |  |  |
|  | 總和 | 1501.611 | 17 |  |  |  |
| 憂鬱傾向 | 組間 | 129.000 | 2 | 64.500 | 1.945 | .177 |
|  | 組內 | 497.500 | 15 | 33.167 |  |  |
|  | 總和 | 626.500 | 17 |  |  |  |

　　上表為變異數分析摘要表，年級變項在「生活壓力」差異檢定的 F 值統計量為 7.620，顯著性機率值 p=.005<.05；年級變項在「憂鬱傾向」差異檢定的 F 值統計量為 1.945，顯著性機率值 p=.177>.05。

多重比較：Tukey HSD

| 依變數 | (I) 年級 | (J) 年級 | 平均差異 (I-J) | 標準誤 | 顯著性 | 95% 信賴區間 下界 | 95% 信賴區間 上界 |
|---|---|---|---|---|---|---|---|
| 生活壓力 | 一年級 | 二年級 | -6.833 | 4.068 | .245 | -17.40 | 3.73 |
|  |  | 三年級 | -15.833(*) | 4.068 | .004 | -26.40 | -5.27 |
|  | 二年級 | 一年級 | 6.833 | 4.068 | .245 | -3.73 | 17.40 |
|  |  | 三年級 | -9.000 | 4.068 | .101 | -19.57 | 1.57 |
|  | 三年級 | 一年級 | 15.833(*) | 4.068 | .004 | 5.27 | 26.40 |
|  |  | 二年級 | 9.000 | 4.068 | .101 | -1.57 | 19.57 |
| 憂鬱傾向 | 一年級 | 二年級 | -2.500 | 3.325 | .737 | -11.14 | 6.14 |
|  |  | 三年級 | -6.500 | 3.325 | .158 | -15.14 | 2.14 |
|  | 二年級 | 一年級 | 2.500 | 3.325 | .737 | -6.14 | 11.14 |
|  |  | 三年級 | -4.000 | 3.325 | .470 | -12.64 | 4.64 |
|  | 三年級 | 一年級 | 6.500 | 3.325 | .158 | -2.14 | 15.14 |
|  |  | 二年級 | 4.000 | 3.325 | .470 | -4.64 | 12.64 |

\* 在 .05 水準上的平均差異很顯著。

　　上表為事後比較摘要表，採用的方法為「Tukey HSD」法。

在表格的呈現上，研究者不應把上述 SPSS 輸出的原始數據直接放在研究論文中，因為上面的數據是未經整理過的原始資料，研究者要呈現的是經整理過的系統資訊。

## 【表格範例】

不同年級在生活壓力、憂鬱傾向之描述性統計量摘要表

| 變項名稱 | 組別 | 個數 | 平均數 | 標準差 | 95% CI | |
|---|---|---|---|---|---|---|
| | | | | | LL | UL |
| 生活壓力 | 一年級 A | 6 | 33.17 | 5.231 | [27.68 | 38.66] |
| | 二年級 B | 6 | 40.00 | 7.211 | [32.43 | 47.57] |
| | 三年級 C | 6 | 49.00 | 8.343 | [40.24 | 57.76] |
| 憂鬱傾向 | 一年級 A | 6 | 28.50 | 6.656 | [21.52 | 35.48] |
| | 二年級 B | 6 | 31.00 | 5.514 | [25.21 | 36.79] |
| | 三年級 C | 6 | 35.00 | 4.980 | [29.77 | 40.23] |

不同年級在生活壓力、憂鬱傾向差異之變異數分析摘要表

| 變數名稱 | | 平方和 | 自由度 | 平均平方和 | F 檢定 | 事後比較 | $\omega^2$ | 統計考驗力 |
|---|---|---|---|---|---|---|---|---|
| 生活壓力 | 組間 | 756.778 | 2 | 378.389 | 7.620** | C>A | .438 | .893 |
| | 組內 | 744.833 | 15 | 49.656 | | | | |
| | 總和 | 1501.611 | 17 | | | | | |
| 憂鬱傾向 | 組間 | 129.000 | 2 | 64.500 | 1.945n.s. | | | |
| | 組內 | 497.500 | 15 | 33.167 | | | | |
| | 總和 | 626.500 | 17 | | | | | |

n.s. p.>.05
** p<.01

## 四、違背母數統計法假定的資料也採用母數統計法

各種「母數統計法」(parametric statistics) 是一個最基本的假定，即樣本必須來自常態分配的母群，及母群體的變異程度必須具有同質性。母數統計考驗所用

的測量資料之樣本母群必須為呈常態分配或接近常態分配、樣本變異數具有同質性或近乎相等的變異數、觀察的各項資料是相互獨立的，抽樣樣本數不能為小樣本。相對於母數統計法對母群假定的要求，「無母數統計法」(nonparametric statistics) 即不受此限制。無母數統計是一種不受母群分配限制的統計方法 (distribution-free statistics)，特別適用的檢定變項為非計量變數（間斷變數），如類別變項或次序變項，尤其是研究者取樣樣本的母群體性質無法明確得知其為常態分配時，使用無母數統計法較為適宜，因而無母數統計是一種「不受分配影響」(Distribution-free) 的檢定法。此種不受母群分配性質限制的無母數統計考驗法有以下優點：

1. 除了研究者明確地知悉母群分配的性質 (nature of the population distribution) 外，否則研究的樣本個數非常少，則應當採用無母數統計考驗 (nonparametric statistical test)，不應使用母數統計檢定 (parametric statistical test)。在社會科學研究領域中，多數的小樣本研究 ( 問卷調查程序之有效樣本數少於 30)，應採用無母數統計考驗較為適宜。無母數統計對於資料或母群體的假定較少，對於在特別情境下的資料分配也可使用；此外，對研究調查而言，無母數檢定法對於假設考驗也可適用。

2. 如果資料不是計量變項，而是比計量變項還弱的次序變項，則使用無母數統計法考驗更為適切，因為無母數統計考驗特別適用於次序變數。如果研究者只希望其受試者填寫較多或較少的屬性 ( 間斷變數 )，而不是填寫多多少或少多少的資料 ( 連續變數 )，則測量的分數就不是計量變項，此時不能採用母數統計法，而應使用無母數統計考驗。

3. 無母數統計法對於處理如分類或類別化的資料 ( 間斷變項 ) 特別有用，此種分類資料即名義或類別變數，對於名義變項的假設檢定無法使用母數統計法加以考驗。無母數統計考驗可以處理數個來自不同母群分配的樣本觀察值，母數統計無法處理來自不相同母群分配樣本資料 ( 違反母數統計的基本假定 )。

4. 與母數統計相較之下，無母數統計考驗比較容易學習和應用；而其考驗的結果也較母數統計的解釋更為直接。

因而在問卷調查中若是：1. 不知道母群參數的性質或是隨機樣本不是來自

常態分配的母群體；2. 小樣本的受試者或觀察值 ( 調查研究的有效樣本數在 30 以下，較為嚴格的要求為問卷調查的有效樣本數在 50 以下 )；測量資料的屬性為名義或次序變數要進行差異比較時等，應採用無母數統計法，不應使用母數統計法。在小樣本的資料結構分析中，有時採用母數統計法無法拒絕虛無假設 (p>.05)，但改用無母數統計法則呈現統計顯著性達到 .05 顯著水準 (p<.05)，因而形成二種不同的結果。

## 【範例】

| 受試者 | S01 | S02 | S03 | S04 | S05 | S06 | S07 | S08 | S09 | S10 | S11 | S12 | S13 | S14 | S15 | S16 | S17 | S18 |
|---|---|---|---|---|---|---|---|---|---|---|---|---|---|---|---|---|---|---|
| 家庭結構 | 1 | 1 | 1 | 1 | 1 | 1 | 1 | 1 | 1 | 2 | 2 | 2 | 2 | 2 | 2 | 2 | 2 | 2 |
| 閱讀成績 | 8 | 1 | 5 | 4 | 3 | 8 | 1 | 3 | 1 | 9 | 10 | 10 | 4 | 6 | 10 | 2 | 5 | 4 |

在一項以單親家庭及雙親家庭國小六年級學生為研究對象的行動研究，研究者想探究二個群體在閱讀成績的差異是否有顯著差異，從班級中挑選出 9 位單親家庭學生，並隨機抽取 9 位雙親家庭學生，調查數據如上表所列。閱讀成績的評定分數從 1 分至 10 分，分數愈高表示學生的閱讀成績愈佳。

## ( 一 ) 母數檢定——獨立樣本 t 檢定

| | 家庭結構 | 個數 | 平均數 | 標準差 | 平均數的標準誤 |
|---|---|---|---|---|---|
| 閱讀成績 | 1 單親家庭 | 9 | 3.78 | 2.774 | .925 |
| | 2 雙親家庭 | 9 | 6.67 | 3.122 | 1.041 |

9 位單親家庭學生的平均數為 3.78 分、9 位雙親家庭學生的平均數為 6.67 分。

| | 變異數相等的 Levene 檢定 | | 平均數相等的 t 檢定 | | | | | | |
| | F 檢定 | 顯著性 | t | 自由度 | 顯著性（雙尾） | 平均差異 | 標準誤差異 | 差異的 95% 信賴區間 | |
| | | | | | | | | 下界 | 上界 |
| 閱讀成績 假設變異數相等 | .746 | .401 | -2.075 | 16 | .054 | -2.889 | 1.392 | -5.840 | .062 |
| 不假設變異數相等 | | | -2.075 | 15.781 | .055 | -2.889 | 1.392 | -5.844 | .066 |

平均數差異的 95% 信賴區間為 [-5.840，0.062]，包含 0 數值，表示平均差異值為 0 的機會很大，平均數差異檢定的 t 統計量等於 -2.075，自由度等於 16，顯著性機率值 p=.054>.05，表示結果為虛無假設的可能性很高，研究結果無法拒絕虛無假設，二個群體平均數差異值顯著等於 0（或二個群體平均數相等）。

## (二) 無母數檢定── Mann-Whitney 檢定

| | 家庭結構 | 個數 | 等級平均數 | 等級總和 |
|---|---|---|---|---|
| 閱讀成績 | 1 單親家庭 | 9 | 6.94 | 62.50 |
| | 2 雙親家庭 | 9 | 12.06 | 108.50 |
| | 總和 | 18 | | |

9 位單親家庭學生的等級平均數為 6.94、9 位雙親家庭學生的等級平均數為 12.06 分（無母數檢定中測量值最小者等級為 1，等級愈高，表示原始分數測量值愈大）。

| | 閱讀成績 |
|---|---|
| Mann-Whitney U 統計量 | 17.500 |
| Wilcoxon W 統計量 | 62.500 |
| Z 檢定 | -2.047 |
| 漸近顯著性（雙尾） | .041 |
| 精確顯著性 [2*（單尾顯著性）] | .040 |

Mann-Whitney U 統計量等於 17.500，換算成 Wilcoxon W 統計量等於

62.500，Z 檢定統計量為 -2.047，漸近顯著性 ( 雙尾 )p=.041<.05，精確顯著性
p=.040<.05，表示統計結果虛無假設的可能性很低，二個群體的等級平均數顯著
不相等，由於雙親家庭群組的等級平均數顯著高於單親家庭群組的等級平均數，
表示雙親家庭群組的閱讀成績顯著優於單親家庭群組的閱讀成績。

**【範例】**

| 受試者 | S1 | S2 | S3 | S4 | S5 | S6 | S7 | S8 | S9 | S10 |
|---|---|---|---|---|---|---|---|---|---|---|
| 前測 | 4 | 5 | 6 | 2 | 1 | 3 | 7 | 8 | 9 | 6 |
| 後測 | 6 | 4 | 7 | 3 | 4 | 5 | 9 | 6 | 10 | 9 |

　　10 位受試者在前測與後測的調查數據如上表，測量值介於 1 至 10，測量值
愈高表示受試者的推理能力愈佳。

**( 一 ) 母數統計**

**成對樣本統計量**

| | | 平均數 | 個數 | 標準差 | 平均數的標準誤 |
|---|---|---|---|---|---|
| 成對 1 | 前測 | 5.10 | 10 | 2.601 | .823 |
| | 後測 | 6.30 | 10 | 2.406 | .761 |

　　從成對樣本 T 檢定統計量摘要表得知：10 位受試者在前測推理能力的平均
數為 5.10、標準差為 2.601；在後測推理能力的平均數為 6.30、標準差為 2.406。

**成對樣本檢定**

| | | 成對變數差異 | | | | | | t | 自由度 | 顯著性 ( 雙尾 ) |
|---|---|---|---|---|---|---|---|---|---|---|
| | | 平均數 | 標準差 | 平均數的標準誤 | 差異的 95% 信賴區間 下界 | 上界 | | | | |
| 成對 1 | 前測 - 後測 | -1.200 | 1.619 | .512 | -2.358 | -.042 | | -2.343 | 9 | .044 |

　　平均數差異值為 -1.200，差異的 95% 信賴區間為 [-2.358，-0.042] 未包含
0 數值，表示前測與後測平均數差異值為 0 的機率很低，差異檢定的 t 統計量

為 -2.343，顯著性機率值 p=.044<.05，拒絕虛無假設。10 位受試者在前測平均數與後測平均數差異值顯著不等於 0，後測平均數顯著高於前測平均數。

### (二) 無母數統計

等級

|  |  | 個數 | 等級平均數 | 等級總和 |
|---|---|---|---|---|
| 後測 - 前測 | 負等級 | 2[a] | 4.50 | 9.00 |
|  | 正等級 | 8[b] | 5.75 | 46.00 |
|  | 等值結 | 0[c] |  |  |
|  | 總和 | 10 |  |  |

a. 後測 < 前測。
b. 後測 > 前測。
c. 後測 = 前測。

負等級 ( 後測分數低於前測分數 ) 的個數有 2 位，等級平均數為 4.50；正等級 ( 後測分數高於前測分數 ) 的個數有 8 位，等級平均數為 5.75。

檢定統計量 [b]

|  | 後測 - 前測 |
|---|---|
| Z 檢定 | -1.912[a] |
| 漸近顯著性 ( 雙尾 ) | .056 |

a. 以負等級為基礎。
b. Wilcoxon 符號等級檢定。

二個相關樣本檢定的統計量數為「Wilcoxon 符號等級檢定 Z 統計量」，Z 檢定統計量為 −1.912，漸近顯著性 p=.056>.05，接受虛無假設。負等級之等級平均數與正等級之等級平均數的差異值為 0，表示 10 位受試者在前測、後測的分數沒有顯著不同。

上述小樣本範例 ( 樣本數小於 30，或各水準類別的樣本數小於 15) 的假設檢定中，使用母數考驗及無母數考驗方法所獲得的結果剛好相反 ( 在小樣本數據資料中，同時使用母數考驗及無母數考驗的結果多數會一致 )，當樣本數愈少時，母數檢定及無母數檢定方法所得到的結果不一致的可能性愈大，此時，研究者應

以無母數考驗的結果為論述的依據，否則會違背母數統計的基本假定，造成統計結果的偏誤。

【範例】

| 受試者 | S1 | S2 | S3 | S4 | S5 | S6 | S7 | S8 | S9 | S10 | S11 | S12 | S13 | S14 | S15 | S16 | S17 | S18 |
|---|---|---|---|---|---|---|---|---|---|---|---|---|---|---|---|---|---|---|
| 年級 | 1 | 1 | 1 | 1 | 1 | 1 | 2 | 2 | 2 | 2 | 2 | 2 | 3 | 3 | 3 | 3 | 3 | 3 |
| 學習焦慮 | 5 | 4 | 3 | 1 | 6 | 3 | 10 | 5 | 7 | 2 | 8 | 9 | 2 | 3 | 4 | 5 | 6 | 3 |

範例資料中，類別變項「年級」為三分名義變項，三個水準群體各有 6 位受試者，依變項為「學習焦慮」，測量值介於 1 至 10 分，分數愈高表示受試者的學習焦慮感受愈高。

## (一) 母數統計

| | 個數 | 平均數 | 標準差 | 標準誤 | 平均數的 95% 信賴區間 | | 最小值 | 最大值 |
|---|---|---|---|---|---|---|---|---|
| | | | | | 下界 | 上界 | | |
| 1 一年級 | 6 | 3.67 | 1.751 | .715 | 1.83 | 5.50 | 1 | 6 |
| 2 二年級 | 6 | 6.83 | 2.927 | 1.195 | 3.76 | 9.90 | 2 | 10 |
| 3 三年級 | 6 | 3.83 | 1.472 | .601 | 2.29 | 5.38 | 2 | 6 |
| 總和 | 18 | 4.78 | 2.510 | .592 | 3.53 | 6.03 | 1 | 10 |

從單因子變異數分析的描述性統計量可以知悉：水準群體 1 在學習焦慮的平均數為 3.67、標準差為 1.751。水準群體 2 在學習焦慮的平均數為 6.83、標準差為 2.927。水準群體 3 在學習焦慮的平均數為 3.83、標準差為 1.472。18 位受試者在學習焦慮依變項測量值的最小值為 1、最大值為 10，沒有偏離值出現。

| | 平方和 | 自由度 | 平均平方和 | F | 顯著性 |
|---|---|---|---|---|---|
| 組間 | 38.111 | 2 | 19.056 | 4.143 | .037 |
| 組內 | 69.000 | 15 | 4.600 | | |
| 總和 | 107.111 | 17 | | | |

變異數分析摘要表中組間自由度為 2、組內自由度為 15，平均數差異考驗整體檢定的 F 值統計量為 4.143，顯著性機率值 p＝.037<.05，拒絕虛無假設，表示母群中三個水準群體至少有一個配對群組的平均數差異值顯著不等於 0。

## ( 二 ) 無母數統計

NPar 檢定 -Kruskal-Wallis 檢定

| | 年級 | 個數 | 等級平均數 |
|---|---|---|---|
| | 1 一年級 | 6 | 7.50 |
| | 2 二年級 | 6 | 13.25 |
| 學習焦慮 | 3 三年級 | 6 | 7.75 |
| | 總和 | 18 | |

三個水準群體的等級平均數分別為 7.50、13.25、7.75。

| | 學習焦慮 |
|---|---|
| 卡方 | 4.527 |
| 自由度 | 2 |
| 漸近顯著性 | .104 |

a. Kruskal Wallis 檢定

Kruskal Wallis 檢定統計量之卡方值等於 4.527、自由度為 2，顯著性機率值 p＝.104>.05，接受虛無假設，三個水準群體之等級平均數沒有顯著不同。

小樣本情況下 ( 有效樣本數小於 30)，使用母數統計分析結果可能與無母數統計分析結果不同，由於有效樣本數為小樣本，較易違反母數統計的基本假定，此時，最好使用無母數統計法，較不會違背各統計方法的假定要求。

## 五、準實驗研究程序未採用共變數分析統計方法

社會科學領域中，多數的實驗設計均為「準實驗設計」(quasi-experimental design)，準實驗設計不同於「實驗室設計」(laboratory experimental 或「真正實驗設計」(true experimental design )，真正實驗設計可採用隨機取樣與隨機分派外，並能控制實驗研究中無關因素 ( 干擾變項 ) 的影響；準實驗設計無法像真

正實驗設計一樣，可以完全以「實驗控制」(experimental control) 來減少實驗誤差，但可以讓隨機樣本在自然且實際的情境下讓實驗進行 ( 比較符合社會科學實際的現況 )，研究的外在效度較高，但由於其無法完全控制干擾變因的影響，因而實驗誤差較大，為了降低實驗誤差與提高統計考驗力，須改由「統計控制」(statistical control) 的方法來處理，統計控制方法即是採用共變數分析 (analysis of covariance；簡稱 ANCOVA)。

常用準實驗設計模式為「不等組前後測設計」(the nonequivalent pretest-posttest designs) 或「等組前後測設計」(the equivalent pretest-posttest designs)：

| | 前測 | 實驗處理 | 後測 ( 立即效果 ) | 追蹤測驗 ( 保留效果 / 延宕效果 ) |
|---|---|---|---|---|
| 實驗組 | O1 | X | O3 | O5 |
| 控制組 | O2 | | O4 | O6 |

未採用共變數分析進行的比較模式：為直接採用獨立樣本 t 檢定進行 O1、O2 的差異檢定；直接採用獨立樣本 t 檢定進行 O3、O4 的差異檢定，採用獨立樣本 t 檢定進行 O5、O6 的差異檢定，採用成對樣本 t 檢定進行 O1、O3 的差異檢定，採用成對樣本 t 檢定進行 O1、O5 的差異檢定。

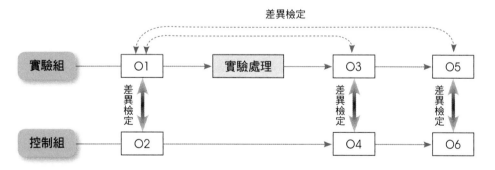

共變數分析旨在探討排除共變項的影響後，實驗處理組與控制組在結果變項 (outcome variables)/ 依變項間的差異是否達到顯著。共變數分析的概念架構圖如下頁圖：共變數分析中的共變量為前測分數，依變項 / 結果變項分別為後測分數 ( 立即效果 )、追蹤測分數 ( 保留效果 )，自變項為實驗操弄的變項 ( 組別變數 )；此外，研究者也可以由二組進步分數的情形進行差異檢定，實驗組正向效果 ( 進步分數 )「＝O3－O1」、「＝O5－O1」，控制組分數變化「＝O4－O2」、

「＝O6－O2」，獨立樣本 t 檢定的差異比較在比較「O3－O1」與「O4－O2」二個量測值，或進行「O5－O1」與「O6－O2」二個量測值的差異檢定。

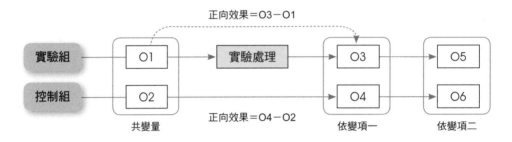

**研究問題範例：**在一項現實治療對國小高年級低成就學生之輔導效果研究中，實驗組與控制組在前測 ( 共變量 )、後測 ( 立即效果 )、追蹤測 ( 保留效果 ) 的相關資料數據如下，其中實驗組 ( 接受實驗處理者 ) 有 13 位受試者、控制組 ( 未接受實驗處理者 ) 也有 13 位受試者。

| 組別 ( 實驗組 ) | 前測 | 後測 | 追蹤測 | 組別 ( 控制組 ) | 前測 | 後測 | 追蹤測 |
|---|---|---|---|---|---|---|---|
| 1 | 6 | 31 | 30 | 2 | 15 | 25 | 27 |
| 1 | 5 | 27 | 29 | 2 | 14 | 7 | 28 |
| 1 | 7 | 28 | 30 | 2 | 17 | 23 | 28 |
| 1 | 9 | 26 | 28 | 2 | 16 | 27 | 25 |
| 1 | 8 | 25 | 27 | 2 | 10 | 25 | 24 |
| 1 | 9 | 39 | 25 | 2 | 12 | 27 | 28 |
| 1 | 9 | 40 | 33 | 2 | 14 | 25 | 29 |
| 1 | 11 | 35 | 27 | 2 | 15 | 29 | 14 |
| 1 | 4 | 15 | 27 | 2 | 23 | 23 | 12 |
| 1 | 5 | 30 | 25 | 2 | 25 | 28 | 11 |
| 1 | 12 | 28 | 27 | 2 | 23 | 27 | 23 |
| 1 | 15 | 33 | 27 | 2 | 24 | 26 | 32 |
| 1 | 13 | 25 | 26 | 2 | 15 | 30 | 22 |

統計檢定的二個研究假設如下：

**研究假設 1：**經實驗處理後，實驗組與控制組在立即效果 ( 後測分數 ) 上有

顯著的不同。

**研究假設 II**：經實驗處理後，實驗組與控制組在保留效果 ( 追蹤測分數 ) 上有顯著的不同。

## ( 一 ) 描述性統計量

執行 SPSS 功能列「分析 (A)」/「敘述統計 (E)」/「描述性統計量 (D)」程序，可以求出各組在前測、後測、追蹤測三個變項的描述性統計量。「調整後平均數」欄是執行功能列「一般線性模式 (G)」/「單變量 (O)」程序之輸出結果摘錄出來的數據。

**描述性統計量**

| | | 個數 | 平均數 | 標準差 | 調整後平均數 |
|---|---|---|---|---|---|
| 前測 | 實驗組 | 13 | 8.69 | 3.351 | - |
| | 控制組 | 13 | 17.15 | 4.913 | - |
| | 總　和 | 26 | 12.92 | 5.966 | - |
| 後測 | 實驗組 | 13 | 29.38 | 6.577 | 30.860[a] |
| | 控制組 | 13 | 24.77 | 5.732 | 23.294[a] |
| 追蹤測 | 實驗組 | 13 | 27.77 | 2.242 | 26.069[a] |
| | 控制組 | 13 | 23.31 | 6.824 | 25.008[a] |

[a] 使用下列的值評估模型中的共變量：前測＝ 12.92.

## ( 二 ) 直接進行二組平均數的差異比較

執行功能列「分析 (A)」/「比較平均數法 (M)」/「單因子變異數分析 (O)」程序，進行實驗組、控制組二組在三個變項平均數的差異檢定 (F 統計量也可以代替 t 檢定，進行二個獨立群組之平均數顯著性檢定 )。

ANOVA

| | | 平方和 | 自由度 | 平均平方和 | F 檢定 | 顯著性 |
|---|---|---|---|---|---|---|
| 前測 | 組間 | 465.385 | 1 | 465.385 | 26.314 | .000 |
| | 組內 | 424.462 | 24 | 17.686 | | |
| | 總和 | 889.846 | 25 | | | |
| 後測 | 組間 | 138.462 | 1 | 138.462 | 3.638 | .069 |
| | 組內 | 913.385 | 24 | 38.058 | | |
| | 總和 | 1051.846 | 25 | | | |
| 追蹤測 | 組間 | 129.385 | 1 | 129.385 | 5.016 | .035 |
| | 組內 | 619.077 | 24 | 25.795 | | |
| | 總和 | 748.462 | 25 | | | |

　　從變異數分析摘要表中得知：實驗組與控制組二個群組在後測 ( 立即效果 ) 沒有顯著的不同，F 統計量為 3.638，顯著性機率值 p=.069>.05，接受虛無假設；實驗組與控制組二個群組在追蹤測 ( 保留效果 ) 有顯著的不同，F 統計量為 5.016，顯著性機率值 p=.035<.05，拒絕虛無假設。如果直接進行二組平均數的差異檢定，而未採用統計控制方法 ( 單因子共變數分析 )，則研究假設的支持結果為：

**1.** 經實驗處理後，實驗組與控制組在立即效果上沒有顯著的不同，研究假設 I 無法獲得支持。

**2.** 經實驗處理後，實驗組與控制組在保留效果上有顯著的不同，實驗組追蹤測的群組平均數 (M=27.77) 顯著的優於控制組追蹤測的群組平均數 (M=23.31)，研究假設 II 獲得支持。

**( 三 ) 採用統計控制法**

　　統計控制法為以二組前測成績為共變量，改用獨立樣本單因子共變數分析。執行功能列「一般線性模式 (G)」/「單變量 (O)」程序，將後測、追蹤測變項指定為「依變數 (D)」，組別變項指定為「固定因子 (F)」、前測變項指定為「共變量 (C)」。

**受試者間效應項的檢定──依變數：後測**

| 來源 | 型 III 平方和 | 自由度 | 平均平方和 | F 檢定 | 顯著性 |
|------|------------|--------|-----------|--------|--------|
| 前測 | 51.604 | 1 | 51.604 | 1.377 | .253 |
| 組別 | 177.475 | 1 | 177.475 | 4.737 | .040 |
| 誤差 | 861.780 | 23 | 37.469 | | |
| 校正後的總數 | 1051.846 | 25 | | | |

a R 平方＝ .181 ( 調過後的 R 平方＝ .109)

　　排除前測成績的影響後，實驗組與控制組二個群組在後測 ( 立即效果 ) 上有顯著的不同，F 統計量為 4.737，顯著性機率值 p＝.040<.05，效果量為 .181，拒絕虛無假設。經實驗處理後，實驗組後測分數之調整後平均數 (M＝30.860) 顯著的優於控制組後測分數之調整後平均數 (M＝23.294)。

**受試者間效應項的檢定──依變數：追蹤測**

| 來源 | 型 III 平方和 | 自由度 | 平均平方和 | F 檢定 | 顯著性 |
|------|------------|--------|-----------|--------|--------|
| 前測 | 68.518 | 1 | 68.518 | 2.862 | .104 |
| 組別 | 3.496 | 1 | 3.496 | .146 | .706 |
| 誤差 | 550.559 | 23 | 23.937 | | |
| 校正後的總數 | 748.462 | 25 | | | |

a R 平方＝ .264 ( 調過後的 R 平方＝ .200)

　　排除前測成績的影響後，實驗組與控制組二個群組在追蹤測 ( 保留效果 ) 方面沒有顯著的不同，F 統計量為 .146，顯著性機率值 p＝.706>.05，接受虛無假設。採用統計控制方法 ( 單因子共變數分析 )，則研究假設的支持結果為：

1. 經實驗處理後，實驗組與控制組在立即效果上有顯著的不同，研究假設 I 獲得支持。

2. 經實驗處理後，實驗組與控制組在保留效果上沒有顯著的不同，研究假設 II 無法獲得支持。

　　上述實驗數據採用統計控制法與未採用統計控制法之研究假設檢定的情形如下：

| 方法 | 前測 | 立即效果 ( 後測 ) | 保留效果 ( 追蹤測 ) |
|---|---|---|---|
| 變異數分析 | - | 未獲支持 | 獲得支持 |
| 統計控制法 | - | 獲得支持 | 未獲支持 |

　　從表中可以看出未採用統計控制法所得到的結果，剛好與採用統計控制法相反。

　　如果實驗設計採取真正實驗設計 (true experimental design)，真正實驗設計程序中研究者可以隨機選取與隨機分派受試者，除實驗者可操弄的自變項或實驗變項外，其它對於會影響結果變項或效果變項的干擾變項 (extraneous variables) 或混淆變項均可加以控制。一般的干擾變項包括個體變項 ( 生理狀態、身心發展程度 ) 或情境變項 ( 個體所在的物理情境變因，如設備、通風等 )，由於研究者可有效操控干擾變項，因而可使實驗組與控制組 (control group) 或實驗組與對照組 (comparison group) 二個組別受試者在各方面的特徵或條件完全相同，真正實驗設計是一種「受試者間設計」( 或稱完全隨機化設計 )。一般常見的真正實驗設計包括等組後測設計、等組前後測設計、所羅門四群組設計 (Soloman four-group design)。

　　等組後測的設計架構如下：

|  | 實驗處理 | 後測 ( 立即效果 ) |
|---|---|---|
| R ( 實驗組 ) | X | O1 |
| R ( 控制組 ) |  | O2 |

　　等組前後測的設計架構如下：

|  | 前測 | 實驗處理 | 後測(立即效果) |
|---|---|---|---|
| R (實驗組) | O1 | X | O3 |
| R (控制組) | O2 |  | O4 |

　　由於研究者採用的是真正實驗設計，因而統計分析方法可採用傳統的獨立樣本 t 檢定或獨立樣本變異數分析來進行假設檢定考驗。在等組前後測的設計中，由於有前測的測量分數，實驗組正向效果之測量分數變化為 O3－O1，控制組測

量分數的變化為 O4－O2，因而也可以進行 (O3－O1) & (O4－O2) 的差異比較。將等組前後測的設計架構擴充，真正實驗設計程序中可能會有二個接受實驗處理的實驗組或二個沒有接受實驗處理的對照組，有二個實驗處理的實驗組之架構如下：

| | 前測 | 實驗處理 | 後測 ( 立即效果 ) |
|---|---|---|---|
| R ( 實驗組一 ) | O1 | X1 | O4 |
| R ( 實驗組二 ) | O2 | X2 | O5 |
| R ( 控制組 ) | O3 | | O6 |

所羅門四群組設計為合併「等組前後測設計」及「等組後測設計」二種設計法，因而會有二個實驗組及二個控制組，此種設計可以排除前測效應的影響。所羅門四群組的實驗架構如下：

| | 前測 | 實驗處理 | 後測 ( 立即效果 ) |
|---|---|---|---|
| R ( 實驗組一 ) G1 | O1 | X1 | O2 |
| R ( 控制組一 ) G2 | O3 | | O4 |
| R ( 實驗組二 ) G3 | | X2 | O5 |
| R ( 控制組二 ) G4 | | | O6 |

所羅門四群組的實驗設計可以進行「前測與實驗處理間之交互作用」是否達到顯著，二個固定因子 ( 自變項 ) 分別為前測 ( 有無前測 )、實驗處理 ( 有無進行實驗處理 )，二個固定因子均為名義二分變項，依變項為實驗處理效果，其交叉細格為 2×2，如此可進行獨立樣本二因子變異數分析。此外，對於實驗處理效果的顯著性，研究者可以進行下列測量值的差異比較：「O2 & O1」( 實驗處理效果的影響 )、「O2 & O4」( 實驗處理效果的影響 )、「O5 & O6」( 實驗處理效果的影響 )「O5 & O3」( 實驗處理效果的影響 )、「O6 & O4」( 時間或成熟變因的影響 )，這些差異比較可使用傳統獨立樣本 t 檢定或獨立樣本單因子變異數分析。上述前測與實驗處理間交互作用之 2×2 細格如下：

| B 因子 ＼ A 因子 | | 實驗處理固定因子 | |
|---|---|---|---|
| | | 有實驗處理 | 無實驗處理 |
| 前測固定因子 | 有前測 | G1 (O2) | G2 (O4) |
| | 無前測 | G3 (O5) | G4 (O6) |

獨立樣本二因子單變量變異數分析的操作：執行 SPSS 功能列「分析 (A)」/「一般線性模式 (G)」/「單變量 (U)」程序；獨立樣本二因子多變量變異數分析的操作：執行 SPSS 功能列「分析 (A)」/「一般線性模式 (G)」/「多變量 (M)」程序。

## 六、統計的邏輯順序顛倒，造成較不嚴謹的結果論述

就多因子變異數分析而言，若是自變項、結果變項 / 依變項均相同，研究者採用以下的統計流程：one-way ANOVA → two-way ANOVA → three-way ANOVA，其結果會造成部分之解釋欠缺完整。如高職學生性別 (A 因子 )、學生年級 (B 因子 ) 在生活壓力依變項的差異比較而言，若是二因子交互作用項達到顯著 (p<.05)，表示高職學生性別 (A 因子 ) 在生活壓力的差異會受到學生年級 (B 因子 ) 自變項的影響；而高職學生年級 (B 因子 ) 在生活壓力的差異會受到學生性別 (A 因子 ) 自變項的影響，研究者進一步要進行的是「單純主要效果」(simple main effect) 項的比較，因為二因子變異數分析的交互作用項達到統計顯著水準，因而之前的單因子變異數分析的結果便沒有實質的意義 ( 不論變異數分析之 F 值統計量是否達到顯著水準 )。相對的，若是二因子變異數分析的交互作用項沒有達到統計顯著水準 (p ≥ α，實務統計程序中，顯著性機率值 p=.05 顯著水準的可能性較低 )，此時可以直接就二個因子主要效果 (main effect) 項的 F 值統計量是否達到統計顯著水準進行解釋，如果顯著性機率值 p 小於 .05，便可拒絕虛無假設，獲得研究假設得到支持的結論；如果顯著性機率值 p 大於或等於 .05，表示研究假設無法得到支持，此種解釋又與之前單因子變異數分析的統計結果重複，造成資訊解釋過度累贅。

以高職學生性別及年級在生活壓力的交互作用而言，性別變項為名義二分變項 ( 男生、女生 )、年級變項為名義三分變項 ( 一年級、二年級、三年級 )，生活壓力變項為受試者在「生活壓力量表」上的得分，測量值分數愈高表示受試者所

感受的生活壓力愈大。所謂交互作用顯著表示性別變項在生活壓力的差異會受到年級變項的影響，當年級不同時，性別變項在生活壓力的差異便不同。就一年級群體而言，女生的生活壓力顯著的低於男生的生活壓力；就三年級群體而言，女生的生活壓力顯著的高於男生的生活壓力；就二年級群體而言，女生的生活壓力與男生的生活壓力沒有顯著不同。若是研究者沒有進行二因子變異數分析，直接採用單因子變異數分析，可能得出：就全體樣本而言，「女生與男生的學習壓力沒有顯著不同的結論」，此結論並未考量到年級變項，當納入年級變項時，性別變項在生活壓力的差異並未呈現一致的結果。此種二因子變異數分析交互作用圖如下：

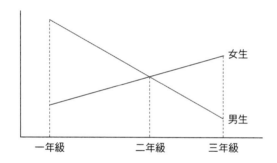

　　再以一個結構方程模式之假設模型適配度的檢驗為例，研究者根據相關理論文獻及之前的實徵性研究，提出中小企業組織之組織學習、知識管理、組織制度影響組織文化及組織效能的因果模式圖。圖中的三個外因潛在變項為組織學習、知識管理、組織制度，二個內因潛在變項為組織文化及組織效能。研究者提出此假設模型圖必須根據調查之樣本資料進行統計分析，以檢驗假設模型圖與樣本資料是否適配，若是假設模型圖與樣本資料無法適配，研究者可根據修正指標值及指標增刪的合理性來修正簡化假設模型圖，並進行新修正與簡化的假設模型圖之適配度的考驗。

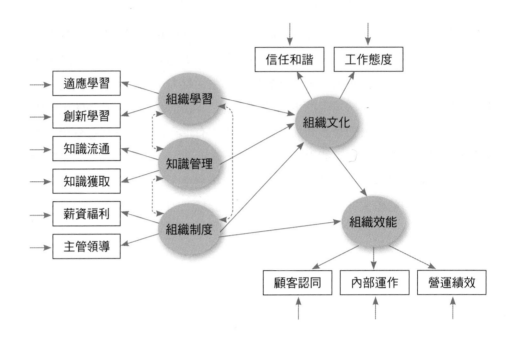

　　若是研究者根據整體假設模型圖,將之分離為數個次模型圖,再分別檢驗每個次假設模型圖是否與樣本資料是否適配,其操作與檢驗之假設模型圖如下:

(一) 探究結構方程模式圖 I 是否適配?其中外因潛在變項 (自變項) 為組織學習、內因潛在變項 (依變項) 為組織文化。

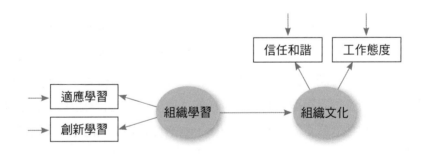

(二) 探究結構方程模式圖 II 是否適配?其中外因潛在變項 (自變項) 為知識管理、內因潛在變項 (依變項) 為組織文化。

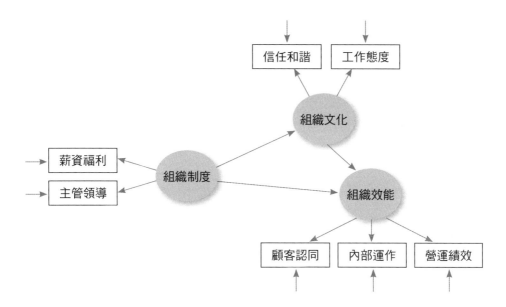

(三) 探究結構方程模式圖 III 是否適配？其中外因潛在變項 ( 自變項 ) 為組織制度、內因潛在變項 ( 依變項 ) 為組織文化與組織效能，假設模型圖中的組織文化變數為中介變項，對組織制度變項而言為內因潛在變項 ( 依變項 )，對組織效能變項而言為外因潛在變項 ( 自變項 )。

(四) 探究結構方程模式圖 IV 是否適配？其中外因潛在變項 ( 自變項 ) 為組織學習與知識管理、內因潛在變項 ( 依變項 ) 為組織文化與組織效能，假設模型圖中的組織文化變數為中介變項，對組織學習與知識管理變項而言為內因潛在變項 ( 依變項 )，對組織效能變項而言為外因潛在變項 ( 自變項 )。

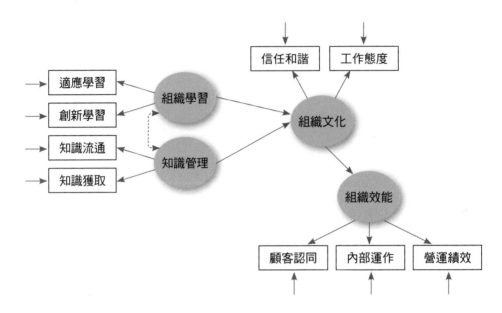

(五) 探究結構方程模式圖 IV 是否適配？其中外因潛在變項 ( 自變項 ) 為組織學習與組織制度、內因潛在變項 ( 依變項 ) 為組織文化與組織效能，假設模型圖中的組織文化變數為中介變項，對組織學習與組織制度變項而言為內因潛在變項 ( 依變項 )，對組織效能變項而言為外因潛在變項 ( 自變項 )。

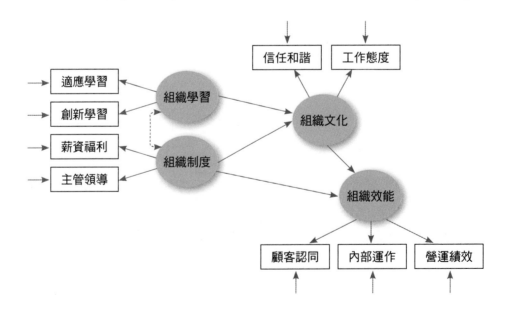

研究者將依據研究架構與理論所導出的完整模型圖,分開為數個子假設模型圖,再逐一進行假設模型圖與樣本資料是否適配的檢定,其操作方法並非是錯誤的,但此種程序與結構方程模式的理論與假定不合,研究者所進行的是一種模型適配度的探索性建構,而非是假設模型適配度的考驗。因為研究者所要進行檢定考驗的是三個外因潛在變項與二個內因潛在變項間的因果關係,而非是其中配對潛在變項間影響路徑的檢定,若是整體適配度不佳,表示研究者所提的假設模型圖與樣本資料間無法契合,此時研究者可根據修正參數指標值與統計參數顯著性,進行假設模型的修正,以簡化假設模型圖,之後再驗證修正的假設模型圖與樣本資料是否適配,如此才能達到模型簡約與模型驗證的目標。

## 【範例】

完整的徑路分析圖如下:三個外因變項為社經地位、學生智力、行為表現,三個內因變項為教師期望、學習動機、學業成就,教師期望及學習動機為中介變項。

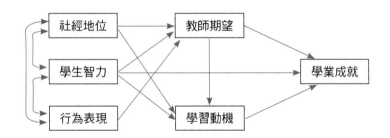

不適切的徑路分析程序為從驗證簡單徑路分析圖至完整徑路分析圖:

1. 徑路分析圖中三個外因變項為社經地位、學生智力、行為表現,中介變項為教師期望,內因變項為學業成就,三個外因變項對內因變項為學業成就沒有直接影響效果。

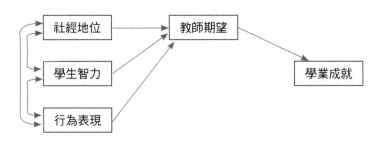

2. 增列外因變項學生智力對內因變項學業成就的直接效果路徑。

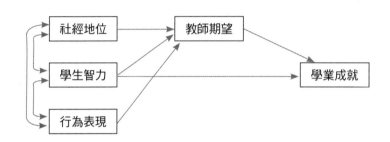

3. 增列中介變項學習動機,教師期望除對學業成就有直接影響路徑外,也透過學習動機變項而影響到學業成就。

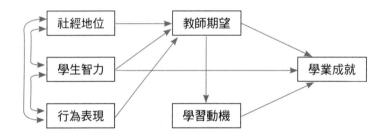

4. 增列外因變項社經地位對學習動機中介變項的直接影響路徑。

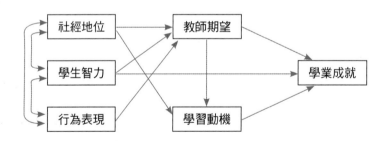

5. 增列外因變項學生智力對學習動機中介變項的直接影響路徑,理論建構假設模型徑路圖的驗證。

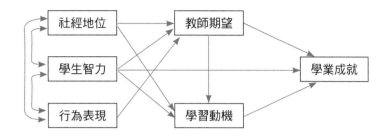

## 七、背景變項組別人數的差異過大，而未將組別人數合併

在問卷調查中多數採用機率抽樣方式，因而會造成部分背景變項中某個名義變數之組別或類別的有效樣本數過少，尤其是當名義變數的群組劃分超過五個類別以上時，愈容易產生某個類別／群組人數與其它群組人數差距過大的情形。如研究者在成人公民素養的調查研究中，有效樣本數共 370 位，受試者年齡變項群組及人數如下：五個群組的有效樣本數分別為 78、92、110、81、9，其中「61-70 歲」組的樣本數只有 9 位。在變異數分析中，研究者並未將「61-70 歲」組人數併入「51-60 歲」組，而直接以五個群組進行公民素養的差異比較，由於「61-70 歲」組的樣本數只有 9 位，與其餘四組差異甚大，統計結果會造成偏誤。較佳的統計方法為將年齡變項從「名義五分變項」變為「名義四分變項」，如此，便不會出現某一個水準群組樣本數特別少的情況。

| 合併前之「名義五分變項」各組人數摘要表 | | | | | |
|---|---|---|---|---|---|
| 20-30 歲 | 31-40 歲 | 41-50 歲 | 51-60 歲 | 61-70 歲 | 總人數 |
| 78 | 92 | 110 | 81 | 9 | 370 |
| 合併後之「名義四分變項」各組人數摘要表 | | | | | |
| 20-30 歲 | 31-40 歲 | 41-50 歲 | 51-70 歲 | - | 總人數 |
| 78 | 92 | 110 | 90 | - | 370 |

在一項不同學歷成年之生活滿意度感受差異的調查研究，研究者問卷設計中，「學歷」基本資料分為五個類別：「□國中小　□高中職　□專科　□大學　□研究所」，學歷為五分名義變項，其水準數值編碼分別為 1、2、3、4、5。調查數據資料如下：

| 學歷 | 生活滿意 | 學歷_合併 | 學歷 | 生活滿意 | 學歷_合併 |
|---|---|---|---|---|---|
| 1 | 9 | 1 | 3 | 5 | 3 |
| 1 | 10 | 1 | 3 | 9 | 3 |
| 1 | 8 | 1 | 3 | 8 | 3 |
| 1 | 7 | 1 | 3 | 5 | 3 |
| 1 | 4 | 1 | 3 | 10 | 3 |
| 1 | 7 | 1 | 3 | 6 | 3 |
| 1 | 8 | 1 | 3 | 10 | 3 |
| 1 | 9 | 1 | 4 | 9 | 4 |
| 2 | 8 | 2 | 4 | 9 | 4 |
| 2 | 4 | 2 | 4 | 3 | 4 |
| 2 | 10 | 2 | 4 | 10 | 4 |
| 2 | 8 | 2 | 4 | 8 | 4 |
| 2 | 3 | 2 | 4 | 9 | 4 |
| 2 | 8 | 2 | 4 | 9 | 4 |
| 2 | 9 | 2 | 4 | 10 | 4 |
| 2 | 7 | 2 | 5 | 1 | 4 |
| 3 | 10 | 3 | 5 | 2 | 4 |

　　學歷背景五個群組中，國中小、高中職、專科、大學、研究所五個水準類別的有效樣本人數分別為 8、8、8、8、2 位，由於研究所組的人數只有 2 人，與其它各組的人數差距較大，因而將水準數值 4( 大學 ) 與水準數值 5( 研究所 ) 的人數合併，水準數值註解為「大學研究所」，合併的學歷變項變為四分名義變項，四個水準數值編碼為 1、2、3、4，水準數值的註解分別為「國中小」、「高中職」、「專科」、「大學研究所」。

**學歷背景合併前與合併後之描述性統計量對照表**

| 學歷背景合併前描述性統計量 | | | | 學歷背景合併後描述性統計量 | | | |
|---|---|---|---|---|---|---|---|
| 組別 | 個數 | 平均數 | 標準差 | 組別 | 個數 | 平均數 | 標準差 |
| 國中小 | 8 | 7.75 | 1.832 | 國中小 | 8 | 7.75 | 1.832 |
| 高中職 | 8 | 7.13 | 2.416 | 高中職 | 8 | 7.13 | 2.416 |
| 專科 | 8 | 7.88 | 2.232 | 專科 | 8 | 7.88 | 2.232 |
| 大學 | 8 | 8.38 | 2.264 | 大學研究所 | 10 | 7.00 | 3.528 |
| 研究所 | 2 | 1.50 | .707 | | | | |
| 總和 | 34 | 7.41 | 2.560 | 總和 | 34 | 7.41 | 2.560 |

**學歷水準合併前之變異數分析摘要表**

| | 平方和 | 自由度 | 平均平方和 | F 檢定 | 顯著性 |
|---|---|---|---|---|---|
| 組間 | 80.610 | 4 | 20.153 | 4.309 | .007 |
| 組內 | 135.625 | 29 | 4.677 | | |
| 總和 | 216.235 | 33 | | | |

變異數分析之 F 值統計量為 4.309，顯著性機率值 p=.007<.05，拒絕虛無假設，表示至少有一配對水準群組在依變項的平均數差異值顯著不等於 0。

**多重比較　依變數：生活滿意　Tukey HSD**

| (I) 學歷 | (J) 學歷 | 平均差異 (I-J) | 標準誤 | 顯著性 | 95% 信賴區間 | |
|---|---|---|---|---|---|---|
| | | | | | 下界 | 上界 |
| 研究所 | 國中小 | -6.250(*) | 1.710 | .008 | -11.22 | -1.28 |
| | 高中職 | -5.625(*) | 1.710 | .020 | -10.59 | -.66 |
| | 專科 | -6.375(*) | 1.710 | .007 | -11.34 | -1.41 |
| | 大學 | -6.875(*) | 1.710 | .003 | -11.84 | -1.91 |

經 Tukey HSD 事後比較發現：「研究所」群體 ( 水準類別 5) 在依變項的平均數，同時顯著高於「國中小」群體 ( 水準類別 1)、「高中職」群體 ( 水準類別 2)、「專科」群體 ( 水準類別 3)、「大學」群體 ( 水準類別 4)。

學歷水準合併後之變異數分析摘要表

|  | 平方和 | 自由度 | 平均平方和 | F 檢定 | 顯著性 |
|---|---|---|---|---|---|
| 組間 | 4.985 | 3 | 1.662 | .236 | .871 |
| 組內 | 211.250 | 30 | 7.042 | | |
| 總和 | 216.235 | 33 | | | |

　　學歷水準合併前之變異數分析 F 值為 4.309( 自由度 =5−1=4)，顯著性 p=.007，表示五個群組中至少有一配對群組的平均數有顯著的不同，其中的差異主要是「國中小 > 研究所」、「高中職 > 研究所」、「專科 > 研究所」、「大學 > 研究所」，顯示「研究所」群組在生活滿意度的測量值顯著的低於其它四個群組。學歷水準合併後之變異數分析 F 值統計量為 .236 ( 自由度 =4−1=3)，顯著性 p=.871>.05，接受虛無假設：$\mu_1 = \mu_2 = \mu_3 = \mu_4$，表示四個群組在生活滿意的測量分數平均數均沒有顯著不同，任一配對群組平均數的差異值均顯著等於 0。

　　上述資料範例在於說明進行變異數分析時，若有某個背景變項中的水準數值間之有效樣本數的差距如果過大，可能會造成變異數分析結果的偏誤。因而在進行某個類別變項各水準在依變項上的差異比較檢定時，若是發現類別變項中某個群組的人數為個位數或少於 15，或與其它各群組的人數差異甚大，可將此群組的人數與其它群組的人數合併，或不要將此群組的人數納入統計分析當中，範例中由於研究所群組樣本數只有二位，因而於變異數之差異比較中，可將研究所二位樣本暫時排除，如此只進行「國中小」、「高中職」、「專科」、「大學」四個群組在生活滿意度的差異比較。

排除「研究所」群組樣本後變異數分析摘要表 (N=32)

|  | 平方和 | 自由度 | 平均平方和 | F | 顯著性 |
|---|---|---|---|---|---|
| 組間 | 6.344 | 3 | 2.115 | .438 | .727 |
| 組內 | 135.125 | 28 | 4.826 | | |
| 總和 | 141.469 | 31 | | | |

　　四個水準類別為國中小、高中職、專科、大學，組間自由度為 3，組內自由度為 28，平均數差異整體考驗的 F 值統計量為 0.438，顯著性機率值

p=.717>.05，接受虛無假設，四個類別群組在生活滿意變項的平均數沒有顯著不同，研究假設無法得到支持。

## 【範例】

某教育學者想探究不同教育階段教師對「十二年國教實施日程」的看法，從國小、國中、高中三個不同教育階段的群體中各隨機抽取受試樣本，題項共分為五個選項：□非常同意、□同意、□無意見、□不同意、□非常不同意。調查細格的次數及百分比如下：

原始選項 * 階段教師 交叉表

| | | | 階段教師 | | | 總和 |
|---|---|---|---|---|---|---|
| | | | 1 國小教師 | 2 國中教師 | 3 高中教師 | |
| 原始選項 | 1 非常同意 | 個數 | 4 | 0 | 12 | 16 |
| | | 在 階段教師 之內的 | 2.7% | .0% | 8.8% | 3.9% |
| | 2 同意 | 個數 | 50 | 40 | 35 | 125 |
| | | 在 階段教師 之內的 | 33.6% | 31.0% | 25.5% | 30.1% |
| | 3 無意見 | 個數 | 35 | 34 | 30 | 99 |
| | | 在 階段教師 之內的 | 23.5% | 26.4% | 21.9% | 23.9% |
| | 4 不同意 | 個數 | 60 | 50 | 45 | 155 |
| | | 在 階段教師 之內的 | 40.3% | 38.8% | 32.8% | 37.3% |
| | 5 非常不同意 | 個數 | 0 | 5 | 15 | 20 |
| | | 在 階段教師 之內的 | .0% | 3.9% | 10.9% | 4.8% |
| 總和 | | 個數 | 149 | 129 | 137 | 415 |
| | | 在 原始選項 之內的 | 35.9% | 31.1% | 33.0% | 100.0% |
| | | 在 階段教師 之內的 | 100.0% | 100.0% | 100.0% | 100.0% |

149 位國小教師中，勾選非常同意、同意、無意見、不同意、非常不同意的人次分別為 4、50、35、60、0 位；129 位國中教師中，勾選非常同意、同意、無意見、不同意、非常不同意的人次分別為 0、40、34、50、5 位；137 位高中教師中，勾選非常同意、同意、無意見、不同意、非常不同意的人次分別為 12、35、30、45、15 位。在百分比同質性檢定中，設計變項為教育階段樣本 ( 國

小教師群、國中教師群、高中教師群三個群體 )，J = 3( 三個類別 )、反應變項為題項五個選項，I = 5 (5 個反應水準 )，構成的交叉表為 5×3。

**卡方檢定**

| | 數值 | 自由度 | 漸近顯著性 ( 雙尾 ) |
|---|---|---|---|
| Pearson 卡方 | 35.436[a] | 8 | .000 |
| 概似比 | 42.576 | 8 | .000 |
| 線性對線性的關連 | .786 | 1 | .375 |
| 有效觀察值的個數 | 415 | | |

a. 1 格 (6.7%) 的預期個數少於 5。最小的預期個數為 4.97。

百分比同質性考驗的卡方值統計量等於 35.436，自由度等於 8，顯著性機率值 $p<.001$，表示母群參數為虛無假設的可能性很低，研究結果必須拒絕虛無假設 $H_0：p_1 = p_2 = p_3 = p$，國小教師、國中教師、高中教師三個群體 ( 設計變項 ) 對「十二年國教實施日程」看法勾選的次數、百分比間有顯著不同。至於三個類別群體是在那個反應選項間的看法有顯著差異，須進一步百分比同質性考驗的事後比較才能得知。

在上述設計變項與反應變項構成的交叉表中，有二個細格人數為 0 次，且勾選「非常同意」及「非常不同意」二個選項的人次顯著少於其餘三個選項，「列」邊緣次數的人次差異甚大，進一步的分析，將受試者勾選「非常同意」與「同意」選項的次數合併，統稱為「同意」選項，勾選「非常不同意」與「不同意」選項的次數合併，統稱為「不同意」選項。合併後的交叉表之細格人次及百分比如下：

合併選項 * 階段教師 交叉表

| | | | 階段教師 | | | 總和 |
|---|---|---|---|---|---|---|
| | | | 1 國小教師 | 2 國中教師 | 3 高中教師 | |
| 合併選項 | 1 同意 | 個數 | 54 | 40 | 47 | 141 |
| | | 在 合併選項 之內的 | 38.3% | 28.4% | 33.3% | 100.0% |
| | | 在 階段教師 之內的 | 36.2% | 31.0% | 34.3% | 34.0% |
| | 2 無意見 | 個數 | 35 | 34 | 30 | 99 |
| | | 在 合併選項 之內的 | 35.4% | 34.3% | 30.3% | 100.0% |
| | | 在 階段教師 之內的 | 23.5% | 26.4% | 21.9% | 23.9% |
| | 3 不同意 | 個數 | 60 | 55 | 60 | 175 |
| | | 在 合併選項 之內的 | 34.3% | 31.4% | 34.3% | 100.0% |
| | | 在 階段教師 之內的 | 40.3% | 42.6% | 43.8% | 42.2% |
| 總和 | | 個數 | 149 | 129 | 137 | 415 |
| | | 在 合併選項 之內的 | 35.9% | 31.1% | 33.0% | 100.0% |
| | | 在 階段教師 之內的 | 100.0% | 100.0% | 100.0% | 100.0% |

　　合併後細格顯示，直行邊緣次數分別為 149 ( 國小教師群 )、129 ( 國中教師群 )、137 ( 高中教師群 )，橫列邊緣次數分別為 141 ( 同意反應選項 )、99 ( 無意見反應選項 )、175 ( 不同意反應選項 )，沒有細格的次數為 0 或接近 0。

卡方檢定

| | 數值 | 自由度 | 漸近顯著性 ( 雙尾 ) |
|---|---|---|---|
| Pearson 卡方 | $1.351^{a}$ | 4 | .853 |
| 概似比 | 1.352 | 4 | .852 |
| 線性對線性的關連 | .295 | 1 | .587 |
| 有效觀察值的個數 | 415 | | |

a. 0 格 (.0%) 的預期個數少於 5。最小的預期個數為 30.77。

　　百分比同質性考驗的卡方值統計量等於 1.351，自由度等於 4，顯著性機率值 p = .853>.05，表示母群參數為虛無假設的可能性很高，研究結果必須接受拒絕虛無假設 $H_0：p_1 = p_2 = p_3 = p$，國小教師、國中教師、高中教師三個群體 ( 設

計變項) 對「十二年國教實施日程」看法勾選的次數、百分比間沒有顯著不同，研究假設無法得到支持。上述 5×3 構成細格與 3×3 構成細格間同時進行百分比同質性考驗，其統計分析結論剛好相反，一為拒絕虛無假設 (p<.05)、一為接受虛無假設 (p>.05)，其原因在於某些細格人次為 0 導致。

## 八、複迴歸分析中虛擬變項與多元共線性問題

在複迴歸分析中，多數研究者會將背景變項作為預測變項直接投入迴歸模式中，如此也能進行複迴歸分析，但輸出結果卻無法合理的作出解釋，其原因乃在於迴歸分析中作為預測變項 ( 自變項 / 解釋變項 ) 之變數必須為計量變項，而背景變項一般均為名義變項 ( 非計量變數 )，因而若直接將其投入迴歸模式中並不符合迴歸分析的基本假定，此時，研究者必須將非計量自變項轉換為「虛擬變項」(dummy variable)，「虛擬變項」的水準數值一般以 0、1 表示，一個有 m 個水準的間斷變項轉換為虛擬變項時會有「m−1」個。以上述年齡變項為例，合併後的年齡變數為「名義四分變項」，轉換為虛擬變項後必須增列 4−1＝3 個虛擬變項。

| 水準數值註解 | 20-30 歲 | 31-40 歲 | 41-50 歲 | 51-70 歲 |
|---|---|---|---|---|
| 水準數值 | 1 | 2 | 3 | 4 |

以水準數值 4 為參照組增列之虛擬變項

| 水準數值註解 | 水準數值 | 參照組 | 年齡 _D1 | 年齡 _D2 | 年齡 _D3 |
|---|---|---|---|---|---|
| 20-30 歲 | 1 | | 1 | 0 | 0 |
| 31-40 歲 | 2 | | 0 | 1 | 0 |
| 41-50 歲 | 3 | | 0 | 0 | 1 |
| 51-70 歲 | 4 | 0 | 0 | 0 | 0 |

以水準數值 3 為參照組增列之虛擬變項

| 水準數值註解 | 水準數值 | 參照組 | 年齡 _D1 | 年齡 _D2 | 年齡 _D4 |
|---|---|---|---|---|---|
| 20-30 歲 | 1 | | 1 | 0 | 0 |
| 31-40 歲 | 2 | | 0 | 1 | 0 |
| 41-50 歲 | 3 | 0 | 0 | 0 | 0 |
| 51-70 歲 | 4 | | 0 | 0 | 1 |

以水準數值 2 為參照組增列之虛擬變項

| 水準數值註解 | 水準數值 | 參照組 | 年齡 _D1 | 年齡 _D3 | 年齡 _D4 |
|---|---|---|---|---|---|
| 20-30 歲 | 1 | | 1 | 0 | 0 |
| 31-40 歲 | 2 | 0 | 0 | 0 | 0 |
| 41-50 歲 | 3 | | 0 | 1 | 0 |
| 51-70 歲 | 4 | | 0 | 0 | 1 |

以水準數值 1 為參照組增列之虛擬變項

| 水準數值註解 | 水準數值 | 參照組 | 年齡 _D2 | 年齡 _D3 | 年齡 _D4 |
|---|---|---|---|---|---|
| 20-30 歲 | 1 | 0 | 0 | 0 | 0 |
| 31-40 歲 | 2 | | 1 | 0 | 0 |
| 41-50 歲 | 3 | | 0 | 1 | 0 |
| 51-70 歲 | 4 | | 0 | 0 | 1 |

　　多元共線性 (multilinearility) 又稱線性相依，表示迴歸模式由於自變項 / 預測變項本身間的相關太高，造成迴歸分析時之情境困擾。複迴歸分析中若有多元共線性問題，可直接採用統計迴歸 (statistical regression) 來處理，統計迴歸中最常用者為「逐步迴歸法」(stepwise regression)，因而採用逐步多元迴歸可直接解決迴歸分析中共線性問題；但若是迴歸模式中共線性問題較為嚴重，即使採用逐步迴歸法也無法完全消弭共線性問題，此時輸出的迴歸分析結果中部分預測變項之標準化迴歸係數 (β 係數 ) 的正負號數值，與原先預測變項與結果變項之相關係數的正負號數值完全相反，造成部分研究結果前後相互矛盾，或部分預測變項標準化迴歸係數 (β 係數 ) 出現大於 1 的參數，造成迴歸模式出現無法解釋或不合

理的情形。解決多元共線性問題較簡單的方法為預測變數簡約法，研究者可將某個與其它預測變項相關特別高的自變項從迴歸模式中移除，較嚴謹的作法為採用主成分迴歸分析法。

## 九、解釋前後顛倒，誤解推論統計的意涵

量化研究之研究問題有二大類型：一為現況及行為頻率的調查、二為假設檢定，現況及行為頻率的調查旨在探究受試者對某個現象、方案或議題的看法，如國中學生家長對新量尺分數瞭解的比例、消費者對甲品牌車種滿意的比例等，此種現況及行為頻率通常以次數、百分比表示，國中學生家長對新量尺分數內涵瞭解的百分比只有 32%，結論之一就是「約只有三成國中學生家長瞭解新量尺分數的內涵」；假設檢定必須估算樣本統計量及統計量的顯著性，才能做出接受虛無假設或對立假設的結論，在假設檢定程序中研究者常犯的一個錯誤是統計量的顯著性 (p 值 ) 沒有達到顯著水準 (p<.05)，還解釋組別平均數的高低或相關係數的高低。如在一項男女生工作壓力的調查研究中，男生工作壓力的平均數為 30.25、女生工作壓力的平均數為 29.76，獨立樣本 t 檢定之 t 統計量為 1.504，顯著性機率值 p＝.052。部分研究者對此會作出以下解釋：

「男女生工作壓力 t 檢定的統計量雖未達顯著水準 (t＝1.504，p＝.052)，但顯著性 p 值 .052 與顯著水準 .05 差距很小，二者平均數的差異接近統計顯著水準，從平均數的高低而言，男生工作壓力的平均數 (M＝30.25) 稍微的高於女生的平均數 (M＝29.76)，因而研究假設也可以獲得支持。」（當顯著性機率值 p>.05，不管 p 值多少，均表示從樣本資料推估母群時，母群參數為虛無假設的可能性很高，因為虛無假設的機會很大，沒有足夠理由拒絕虛無假設，研究結果必須接受虛無假設：$\mu_{男生}＝\mu_{女生}$，或 $\mu_{男生}－\mu_{女生}＝0$，表示母體群體中，男生群體平均數與女生群體平均數的差異值顯著等於 0。）

上述的解釋是不符合假設檢定與推論統計的真正意涵。當顯著水準 $\alpha$ 定為 .05 時，要拒絕虛無假設必須是樣本統計量顯著性機率值 p<$\alpha$，因為只要 p ≧顯著水準 $\alpha$ 時，即使 p 值為 .05 或 .051 或 .052，均表示從樣本資料中獲得的樣本統計量沒有足夠證據可以拒絕虛無假設，研究結果為虛無假設的機率很大，此時研究假設無法得到支持。範例中的虛無假設為二個群體的平均數相等

$H_0:\mu_{男生}=\mu_{女生}$，樣本資料沒有足夠證據可以拒絕虛無假設，表示必須接受虛無假設，即男生群體工作壓力平均數等於女生群體工作壓力平均數。樣本統計量中，男生工作壓力平均數等於 30.25、女生工作壓力平均數等於 29.76，二個樣本平均數之所以不相等，乃是抽樣誤差或機遇所造成的。當研究者不採用抽樣而直接採用普查方法，二個母群體的平均數應會是相等數值或差異甚小的數值。範例中合理的解釋為：

「男女生工作壓力平均數的差異中，男生工作壓力的平均數 (M = 30.25) 雖稍微的高於女生的平均數 (M = 29.76)，但二個群體平均數差異並未達到 .05 顯著水準，樣本統計量之 t 值為 1.504，顯著性機率值 p = .052＞.05，接受虛無假設，研究假設：『男女生工作壓力有顯著差異』無法獲得支持，表示男生與女生的工作壓力沒有顯著的不同，樣本平均數間的差異值是機遇或抽樣誤差導致的。」

再以國中教師的外向人格特質與學生學習動機之相關而言，二個計量變數之積差相關係數為 .125，顯著性機率值 p = .051，錯誤的解釋為：

「國中教師的外向人格特質與學生學習動機之相關係數為 .125，顯著性機率值 p = .051，p 值雖大於 .050，但與臨界機率值顯著水準 α 差異甚小，二者的相關很接近統計顯著水準，從相關係數的大小及正負號來看，相關係數值為 .125，符號為正數，表示二個變數呈正相關，教師的外向人格特質愈多、學生的學習動機愈高。」

範例中合理的解釋為：

「國中教師的外向人格特質與學生學習動機之相關係數雖為 .125，但顯著性機率值 p = .051＞.050，樣本統計量數據沒有足夠證據可以拒絕虛無假設，表示二個變數間的相關係數顯著為 0，即『國中教師的外向人格特質與學生學習動機間沒有顯著相關存在』，研究假設無法獲得支持。」

推論統計程序中對於拒絕或接受虛無假設，研究者要採用「絕對比較」觀點，絕對比較是將統計量數與臨界值進行比較，結果只有二種情形：一為檢定統計量數落入拒絕區 ( 拒絕虛無假設 )、二為檢定統計量數落入接受區 ( 接受虛無假設 )，如以統計軟體輸出的顯著性 p 值作為判斷指標，要將顯著性 p 值與顯著

水準 α 進行比較，其結果也只有二種情形：顯著性 p 值 ≧ α、顯著性 p 值 <α，若將顯著水準 α 設定為 .05，則顯著性 p 值只要大於 .05，則結果為虛無假設的機率很大，研究結論為接受虛無假設，即使顯著性 p 值 = .051、p 值 = .052，研究者不能以「顯著性 p 值 ( 如 p = .052) 接近顯著水準 .05，與顯著水準 .05 差異甚小，作為拒絕虛無假設的依據」，因為這樣的比較並不是「絕對」的檢定，而是一種近似的推估，近似的推估並不符合推論統計的內涵，研究者不能以顯著性 p 值接近或十分接近 α 值來作為拒絕虛無假設論述的理由，統計量數的比較必須是絕對的比較，推論統計不能以「顯著性 p 接近顯著水準 .05」、「顯著性 p 與顯著水準 .05 十分接近」、「顯著性 p 與顯著水準 .05 差異甚小」、「顯著性 p 趨近於顯著水準 .05」等近似判別，作為拒絕虛無假設的理由。顯著性機率值 p 與顯著水準 α 間的二種明確關係如下圖，圖顯示的二分判別法十分明確，並沒有灰色地帶。

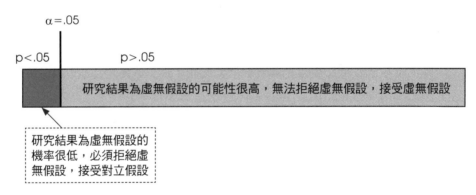

研究假設是研究者要驗證的假設，此種假設通常是假定母群的變項間是有相關或是平均數間有差異，與研究假設陳述相反的假定就稱為虛無假設 (null hypothesis)，虛無假設是包含等號的假定，其假定是母群的變項間沒有相關或是平均數間沒有差異。推論統計中研究者根據樣本資料所得的統計量數，會與臨界值 (critical value) 相比，其結果只有二種：一為樣本的統計量數大於或等於臨界值 ( 或稱決斷值 )，一為樣本的統計量數小於臨界值 ( 或稱決斷值 )，即使統計量數接近臨界值，不是「≧」就是「<」，即使樣本統計量數接近臨界值，也只有「≧」或「<」二種情況。以顯著水準 α 值 ( 一般設為 .05) 而言，樣本統計量數的顯著性 p 不是大於或等於顯著水準 α，就是小於顯著水準 α。典型的顯著水準是將 α 設定為 .05 或是 .01，行為及社會科學多數設為 .05，統計量數之顯著性 p

的意涵在於拒絕或接受虛無假設，如果顯著性 p 值小於 .05，表示結果為虛無假設的機率很低 ( 虛無假設出現的機會小於 5%)，有足夠的證據陳述虛無假設可能為假，研究假設成立，研究假設達到「統計顯著性」(statistically significant)；相對的，若是顯著性 p 值 ≧ .05，表示結果為虛無假設的機率很高 ( 虛無假設出現的機會大於 5%)，沒有足夠的證據可以陳述虛無假設是假，研究假設不成立，以顯著性 p 量數判別虛無假設是否可以被接受的情況就只有二種：一為接受虛無假設、一為拒絕虛無假設，即使顯著性 p 量數與顯著水準 α 差異較小，也只有上述二種情況：p ≧ α、p<α，因而沒有「接近」的判斷語。

## 十、表格的呈現不完整

量化研究統計方法程序之輸出數據有許多是有前後關係的，若是研究者沒有完整的將其呈現出來，而只呈現樣本統計量及顯著性機率值 p，即無法表現量化研究「完整性」的特徵。以上述不同年級在生活壓力及憂鬱傾向之變異數分析為例，許多研究生只呈現以下的表格：

### 【不完整表格範例】

不同年級在生活壓力、憂鬱傾向之差異比較摘要表

| | | 個數 | 平均數 | 標準差 | F 值 | 事後比較 |
|---|---|---|---|---|---|---|
| 生活壓力 | 一年級 A | 6 | 33.17 | 5.231 | 7.260** | C>A |
| | 二年級 B | 6 | 40.00 | 7.211 | | |
| | 三年級 C | 6 | 49.00 | 8.343 | | |
| 憂鬱傾向 | 一年級 A | 6 | 28.50 | 6.656 | 1.945ns | |
| | 二年級 B | 6 | 31.00 | 5.514 | | |
| | 三年級 C | 6 | 35.00 | 4.980 | | |

ns p.>.05
** p<.01

由於研究者只呈現一個 F 統計量，無法知道組間離均差平方和 (SS) 及組內離均差平方和，也沒有呈現自由度，因而無法看出組間均方值 (MS) 與組內均方值，F 統計量數據是否有誤或抄錄錯誤，無法由上述摘要表中看出。若是研究者能完整的將變異數分析摘要表呈現出來，則能真實呈現量化研究的面貌，也不會

受到他人的質疑 ( 表格不完整，並不是說研究者表格呈現錯誤，而是其提供的數據無法反映出該統計方法最真實的一面 )。

以因素分析為例，研究者編製一份有 10 個測量指標之國中學生「學習壓力量表」，經項目分析結果，10 個題項均適切；研究者再以探索性因素分析建立量表的「構念效度」(construct validity)，構念效度 ( 或稱建構效度 ) 指的是「量表能夠測量出理論上某個概念或潛在行為特質的程度」，由於構念或潛在特質是一種無法觀察變項，因而必須藉由量表之測量題項或測驗項目來讓受試者填答，量表題項是否能真正測出所要衡量的概念，便是量表效度的高低，此種效度稱為構念效度。

執行 SPSS 功能列「分析 (A)」/「維度縮減 (D)」/「因子 (F)」程序，可以進行因素分析，因素分析即在將相關較高或同質性較高的指標題項分組。範例中因素分析程序之因素萃取的方法為「主軸因子」法、萃取的「因子個數」限定為三個共同因素、因子分析之轉軸法為直交轉軸之「最大變異法」( 直交轉軸法表示共同因素與共同因素間沒有相關，共同因素間的夾角成 90 度 )。

**因子分析輸出結果：共同性**

|  | 初始 | 萃取 |
|---|---|---|
| 題項_1 | .964 | .969 |
| 題項_2 | .960 | .967 |
| 題項_3 | .970 | .967 |
| 題項_4 | .939 | .927 |
| 題項_5 | .955 | .931 |
| 題項_6 | .925 | .902 |
| 題項_7 | .950 | .959 |
| 題項_8 | .944 | .958 |
| 題項_9 | .934 | .940 |
| 題項_10 | .852 | .835 |

萃取法：主軸因子萃取法。

由於採用主軸因子分析法來萃取共同因素，所以初始共同性不是 1。

解說總變異量

| 因子 | 初始特徵值 | | | 平方和負荷量萃取 | | | 轉軸平方和負荷量 | | |
|---|---|---|---|---|---|---|---|---|---|
| | 總和 | 變異數的 % | 累積 % | 總和 | 變異數的 % | 累積 % | 總和 | 變異數的 % | 累積 % |
| 1 | 6.492 | 64.919 | 64.919 | 6.428 | 64.280 | 64.280 | 3.846 | 38.459 | 38.459 |
| 2 | 2.140 | 21.402 | 86.321 | 2.084 | 20.839 | 85.119 | 2.880 | 28.797 | 67.256 |
| 3 | .919 | 9.190 | 95.511 | .843 | 8.425 | 93.544 | 2.629 | 26.288 | 93.544 |
| 4 | .141 | 1.414 | 96.925 | | | | | | |
| 5 | .134 | 1.340 | 98.266 | | | | | | |
| 6 | .068 | .683 | 98.948 | | | | | | |
| 7 | .037 | .374 | 99.322 | | | | | | |
| 8 | .029 | .288 | 99.610 | | | | | | |
| 9 | .022 | .224 | 99.833 | | | | | | |
| 10 | .017 | .167 | 100.000 | | | | | | |

萃取法：主軸因子萃取法。

　　三個共同因素之特徵值分別為 3.846、2.880、2.629，累積的解釋變異量為 93.544%。

轉軸後的因子矩陣[a]——依題項順序排列

| | 因子 | | |
|---|---|---|---|
| | 1 | 2 | 3 |
| 題項 _1 | .951 | .179 | .179 |
| 題項 _2 | .944 | .135 | .241 |
| 題項 _3 | .944 | .150 | .229 |
| 題項 _4 | .146 | .911 | .274 |
| 題項 _5 | .914 | .186 | .247 |
| 題項 _6 | .206 | .867 | .328 |
| 題項 _7 | .298 | .329 | .873 |
| 題項 _8 | .172 | .907 | .324 |
| 題項 _9 | .292 | .333 | .862 |
| 題項 _10 | .236 | .383 | .796 |

萃取方法：主軸因子萃取法。
旋轉方法：旋轉方法：含 Kaiser 常態化的 Varimax 法。
[a] 轉軸收斂於 5 個疊代。

**轉軸後的因子矩陣 [a]——依因素負荷量排序**

| | 因子 | | |
|---|---|---|---|
| | 1 | 2 | 3 |
| 題項_1 | .951 | .179 | .179 |
| 題項_3 | .944 | .150 | .229 |
| 題項_2 | .944 | .135 | .241 |
| 題項_5 | .914 | .186 | .247 |
| 題項_4 | .146 | .911 | .274 |
| 題項_8 | .172 | .907 | .324 |
| 題項_6 | .206 | .867 | .328 |
| 題項_7 | .298 | .329 | .873 |
| 題項_9 | .292 | .333 | .862 |
| 題項_10 | .236 | .383 | .796 |

萃取方法：主軸因子萃取法。
旋轉方法：旋轉方法：含 Kaiser 常態化的 Varimax 法。
[a] 轉軸收斂於 5 個疊代。

## 【表格範例】

　　因素分析完整的表格呈現，其中共同因素一包括題項_1、題項_2、題項_3、題項_5 等四題，共同因素二包括題項_4、題項_6、題項_8 等三題，共同因素三包括題項_7、題項_9、題項_10 等三題。

| 指標題項 | 因素構念 1 | 因素構念 2 | 因素構念 3 | 共同性 | 獨特性變異量 |
|---|---|---|---|---|---|
| 題項 _1 | 0.951[#] | 0.179 | 0.179 | 0.968 | 0.032 |
| 題項 _2 | 0.944[#] | 0.135 | 0.241 | 0.967 | 0.033 |
| 題項 _3 | 0.944[#] | 0.15 | 0.229 | 0.966 | 0.034 |
| 題項 _4 | 0.146 | 0.911[#] | 0.274 | 0.926 | 0.074 |
| 題項 _5 | 0.914[#] | 0.186 | 0.247 | 0.931 | 0.069 |
| 題項 _6 | 0.206 | 0.867[#] | 0.328 | 0.902 | 0.098 |
| 題項 _7 | 0.298 | 0.329 | 0.873[#] | 0.959 | 0.041 |
| 題項 _8 | 0.172 | 0.907[#] | 0.324 | 0.957 | 0.043 |
| 題項 _9 | 0.292 | 0.333 | 0.862[#] | 0.939 | 0.061 |
| 題項 _10 | 0.236 | 0.383 | 0.796[#] | 0.836 | 0.164 |
| 特徵值 | 3.846 | 2.880 | 2.629 | 9.355 | |
| 解釋變異量 | 38.459 | 28.797 | 26.288 | | |
| 累積解釋變異量 | 38.459 | 67.256 | 93.544 | | |

註：＃因素負荷量大於 .70

## 【不完整表格範例】

| 指標題項 | 因素構念 1 | 因素構念 2 | 因素構念 3 | 共同性 |
|---|---|---|---|---|
| 題項 _1 | 0.951 | | | 0.968 |
| 題項 _2 | 0.944 | | | 0.967 |
| 題項 _3 | 0.944 | | | 0.966 |
| 題項 _4 | | 0.911 | | 0.926 |
| 題項 _5 | 0.914 | | | 0.931 |
| 題項 _6 | | 0.867 | | 0.902 |
| 題項 _7 | | | 0.873 | 0.959 |
| 題項 _8 | | 0.907 | | 0.957 |
| 題項 _9 | | | 0.862 | 0.939 |
| 題項 _10 | | | 0.796 | 0.836 |
| 特徵值 | 3.846 | 2.880 | 2.629 | 9.355 |
| 解釋變異量 | 38.459 | 28.797 | 26.288 | |
| 累積解釋變異量 | 38.459 | 67.256 | 93.544 | |

沒有呈現題項在所有共同因素的因素負荷量，對於共同性欄與特徵值列的數據無法完整的說明。

上述表格中，研究者只呈現共同因素所包含之題項的因素負荷量，題項在其餘共同因素之因素負荷量均未呈現，如此結果無法估算每個題項的共同性 ( 共同性是每個題項在三個共同因素之因素負荷量平方的總和 ) 及每個共同因素的特徵值 ( 特徵值為共同因素在 10 個指標變項之因素負荷量平方的總和 )，因而無法讓讀者完全知悉整個學習壓力量表的因素結構。此種表格出現在許多量化研究論文中，若是研究者能將因素結構中的所有因素負荷量 (factor loading) 完整呈現出來，則讀者也能估算題項的共同性與共同因素特徵值的數據。

## 十一、設定顯著水準為 .05，但統計分析程序的顯著水準卻大於 .05，增加第一類型的錯誤率

在一般社會科學及行為科學之量化研究中，均將顯著水準 $\alpha$ 設定為 .05( 有時也會設定為 .01)。當樣本統計量顯著性 p 值小於設定的 $\alpha$ 值，研究者才可以作出拒絕虛無假設的結論。當類別變項為三分名義以上之變項時，進行類別 ( 群組 ) 間之測量分數的差異比較時，研究者直接單獨進行多次的 t 檢定 ( 或 Z 考驗 )，每個 t 檢定的顯著水準雖然均設定為 .05，但此種統計分析程序的整體錯誤率卻不是 .05，若自變項有三個類別 ( 三分名義變項 )，總共要單獨進行三次的 t 檢定，雖然研究者將每個 t 檢定的顯著水準均設為 .05，但整個假設檢定結論的錯誤率卻增加至 .15( = .05×3)，研究者所犯第一類型的錯誤率大大增加，此時若改為採用獨立樣本變異數分析，則可以真正將顯著水準 $\alpha$ 控制在 .05。再以單因子多變量變異數分析而言 ( 同時考驗二個以上的依變項 )，研究者在多變量統計量 $\Lambda$ 值達到 .05 顯著水準後，直接進行單變量變異數分析，以查看那幾個依變項在自變項群組間的差異達到顯著，在進行個別單變量分析時，研究者直接將顯著水準設定為 .05，若是單變量 F 值統計量的顯著性 p 值 <.05，則作出拒絕虛無假設的結論。

二個群組單變量 t 檢定的虛無假設為：$H_0 : \mu_1 = \mu_2$ ( 母群平均數相等 )，二個群組多變量檢定 ( 三個依變項 ) 的虛無假設為：$H_0 : \begin{bmatrix} \mu_{11} \\ \mu_{21} \\ \mu_{31} \end{bmatrix} = \begin{bmatrix} \mu_{12} \\ \mu_{22} \\ \mu_{32} \end{bmatrix}$ ( 母群平均數向量是相等的 )。三個群組單變量 F 檢定的虛無假設為：$H_0 : \mu_1 = \mu_2 = \mu_3$

( 母群平均數相等 )，二個群組多變量檢定 ( 三個依變項 ) 的虛無假設為：

$$H_0 : \begin{bmatrix} \mu_{11} \\ \mu_{21} \\ \mu_{31} \end{bmatrix} = \begin{bmatrix} \mu_{12} \\ \mu_{22} \\ \mu_{32} \end{bmatrix} = \begin{bmatrix} \mu_{13} \\ \mu_{23} \\ \mu_{33} \end{bmatrix}$$ ( 母群平均數向量是相等的 )。如果 MANOVA 程序之

統計量未達 .05 顯著水準，表示統計結果為虛無假設的機率很高，研究結果必須接受虛無假設：母群平均數向量相等，此時，表示所有檢定依變項在類別變數的平均數差異值均為 0。

　　以生活壓力四個向度 ( 家庭壓力、學校壓壓、情感壓力、個人壓力 ) 而言，研究者探究不同年級的高職學生在生活壓力四個向度的差異時，由於檢定的依變項有四個，因而採用單因子多變量變異數分析，假定多變量統計量 Λ 值為 .654，顯著性 p = .002<.05，表示至少有一個依變項在年級自變項的差異達到顯著，研究者之後個別進行四個單變量檢定，每次單變量檢定之顯著水準也設定為 .05，由於研究者單獨進行四次單變量檢定，造成假設結論整體錯誤率提升至 .20( = .05×4 = .20)，增加第一類型的錯誤率。為實質控制整體統計分析程序之顯著水準為 .05，並與多變量程序相互呼應，研究者在進行單變量檢定時，應將顯著水準 α 改為 .05÷ 依變項個數 =.05÷4 = .0125，當單變量 F 值之顯著性 p 值小於 .0125，才能作出拒絕虛無假設的結論。四個依變項之 MANOVA 檢定的程序如下圖：

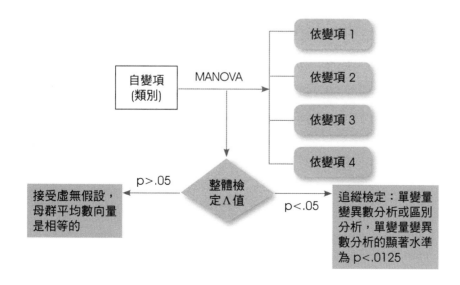

　　MANOVA 分析程序中，若是多變量虛無假設被拒絕，一般在單變量檢定中至少會有一個依變項是顯著性 (p<$\alpha$ ÷ 依變項個數 )，但因為多變量程序是同時考量到依變項間的關係，有時多變量虛無假設被拒絕 ( 即母群平均數向量顯著不相等 )，但單變量檢定程序中卻沒有任何一個依變項達到顯著，因而「拒絕多變量的虛無假設，並不一定保證至少在單變量 F 值檢定中有一個檢定變項是顯著的，因為顯著性檢定也包括變項間線性關係的比較」，此種關係類似於單變量變異數 F 值考驗及其事後比較分析。單變量變異數分析程序中有時整體考驗 F 值達到 .05 顯著水準，但以 Tukey 法或 Scheffe 法程序進行事後比較時，並沒有發現任何配對群體的平均數間有顯著差異，變異數分析整體考驗 F 值達到顯著水準，並不保證至少有一個配對水準群體的平均數間有顯著不同，因為事後比較有時要進行特別複雜的比較。多變量程序同時考量到依變項間的關係，單變量程序並沒有，也就是說多變量檢定法同時注意到變項間彼此的差異或關聯，單變量檢定法是獨立、分開考驗每個變項在水準群組間的差異 (Stevens, 2009)。

【範例】

| 群組 | 1 | 1 | 1 | 1 | 1 | 2 | 2 | 2 | 2 | 2 | 3 | 3 | 3 | 3 | 3 |
|---|---|---|---|---|---|---|---|---|---|---|---|---|---|---|---|
| **Y1** | 3 | 4 | 5 | 5 | 6 | 4 | 4 | 5 | 6 | 6 | 5 | 6 | 6 | 7 | 7 |
| **Y2** | 7 | 7 | 8 | 9 | 10 | 5 | 6 | 7 | 7 | 8 | 5 | 5 | 6 | 7 | 8 |

(Stevens, 2009, p.156)

**( 一 ) 單變量檢定結果**

| | | 平方和 | 自由度 | 平均平方和 | F | 顯著性 |
|---|---|---|---|---|---|---|
| Y1 | 組間 | 6.933 | 2 | 3.467 | 3.467 | .065 |
| | 組內 | 12.000 | 12 | 1.000 | | |
| | 總和 | 18.933 | 14 | | | |
| Y2 | 組間 | 11.200 | 2 | 5.600 | 3.574 | .061 |
| | 組內 | 18.800 | 12 | 1.567 | | |
| | 總和 | 30.000 | 14 | | | |

單變量檢定結果，三個群組在 Y1 檢定變項之整體考驗的 F 值統計量為 3.467，顯著性機率值 p = .065>.05，接受虛無假設 $H_0：\mu_1 = \mu_2 = \mu_3$（母群平均數相等）；三個群組在 Y2 檢定變項之整體考驗的 F 值統計量為 3.574，顯著性機率值 p = .061>.05，接受虛無假設 $H_0：\mu_1 = \mu_2 = \mu_3$（母群平均數相等），表示三個水準群組在依變項 Y1 的平均數沒有顯著不同，三個水準群組在依變項 Y2 的平均數也沒有顯著差異。

## (二) 多變量檢定結果

| 效果 | | 數值 | F | 假設自由度 | 誤差自由度 | 顯著性 |
|---|---|---|---|---|---|---|
| 群組 | Pillai's Trace | .952 | 5.450 | 4.000 | 24.000 | .003 |
| | Wilks' Lambda 變數選擇法 | .097 | 12.201 | 4.000 | 22.000 | .000 |
| | 多變量顯著性檢定 | 8.856 | 22.139 | 4.000 | 20.000 | .000 |
| | Roy 的最大平方根 | 8.799 | 52.791 | 2.000 | 12.000 | .000 |

多變量檢定 Λ 統計量為 .097，顯著性機率值 p<.001，餘三個多變量檢定統計量的顯著性 p 也均達顯著水準，表示統計結果為虛無假設的機會很低，母群平均數向量顯著不相同，研究結果拒絕虛無假設 $H_0：\begin{bmatrix} \mu_{11} \\ \mu_{21} \end{bmatrix} = \begin{bmatrix} \mu_{12} \\ \mu_{22} \end{bmatrix} = \begin{bmatrix} \mu_{13} \\ \mu_{23} \end{bmatrix}$，表示至少有一個依變項在水準群組間的平均數有顯著差異，但上述單變量檢定結果卻沒有任何一個依變項在水準群組的差異達到顯著（若採用追蹤考驗單變量檢定，其顯著水準為 .05÷2=.025)，此結果因為組內相關高達 .88 的關係，數值表示的意涵為受試者在變項內的分數變異情形，在 ANOVA 程序中為 $MS_w$ 量數，在 MANOVA 程序中相當於 |W|，當二個檢定變項間有不同程度的相關時，二個變項誤差間也會有不同程度的變化，對多變量誤差項會產生一定程度的影響，多變量統計量數 Λ 為誤差項 |W| 與 |T|（全體的 SSCP 矩陣）間的比值，當 |W| 量數愈小，整體檢定的統計量數 Λ 也會達到 .05 顯著水準。

| 年級 | 1 | 1 | 1 | 1 | 1 | 1 | 1 | 2 | 2 | 2 | 2 | 2 | 2 | 3 | 3 | 3 | 3 | 3 | 3 |
|---|---|---|---|---|---|---|---|---|---|---|---|---|---|---|---|---|---|---|---|
| 數學焦慮 | 20 | 25 | 25 | 24 | 26 | 18 | 19 | 21 | 12 | 28 | 20 | 19 | 18 | 21 | 20 | 21 | 20 | 24 | |
| 年級 | 1 | 1 | 1 | 1 | 1 | 1 | 1 | 2 | 2 | 2 | 2 | 2 | 2 | 3 | 3 | 3 | 3 | 3 | 3 |
| 數學焦慮 | 20 | 25 | 25 | 24 | 26 | 18 | 19 | 25 | 13 | 20 | 18 | 12 | 21 | 20 | 19 | 16 | 24 | | |

在範例資料中，年級變數為三分類別變項，水準數值 1 為一年級、水準數值 2 為二年級、水準數值 3 為三年級。依變項數學焦慮為計量變數，測量值分數愈高表示國中學生的數學焦慮愈高。

| | 個數 | 平均數 | 標準差 | 平均數的 95% 信賴區間 | | 最小值 | 最大值 |
|---|---|---|---|---|---|---|---|
| | | | | 下界 | 上界 | | |
| 1 一年級 | 12 | 23.00 | 3.075 | 21.05 | 24.95 | 18 | 26 |
| 2 二年級 | 12 | 19.58 | 4.358 | 16.81 | 22.35 | 12 | 28 |
| 3 三年級 | 12 | 19.67 | 3.284 | 17.58 | 21.75 | 12 | 24 |
| 總和 | 36 | 20.75 | 3.865 | 19.44 | 22.06 | 12 | 28 |

12 位水準群體 1 受試者 ( 一年級 ) 的平均數為 23.00、標準差為 3.075、平均數的 95% 信賴區間為 [21.05，24.95]，12 位水準群體 2 受試者 ( 二年級 ) 的平均數為 19.58、標準差為 4.358、平均數的 95% 信賴區間為 [16.81，22.35]，12 位水準群體 3 受試者 ( 三年級 ) 的平均數為 19.67、標準差為 3.284、平均數的 95% 信賴區間為 [17.58，21.75]，全部樣本的平均數為 20.75、標準差為 3.865。

| | 平方和 | 自由度 | 平均平方和 | F | 顯著性 |
|---|---|---|---|---|---|
| 組間 | 91.167 | 2 | 45.583 | 3.485 | .042 |
| 組內 | 431.583 | 33 | 13.078 | | |
| 總和 | 522.750 | 35 | | | |

學生年級在數學焦慮差異檢定之變異數分析摘要表之組間自由度為 2，組內自由度為 33，平均數差異整體考驗的 F 值統計量為 3.485，顯著性機率值 p=.042<.05，研究結果為虛無假設的可能性很低，三個類別群組在數學焦慮的平均數有顯著不同，研究假設得到支持。

| | (I) 年級 | (J) 年級 | 平均差異 (I-J) | 標準誤 | 顯著性 | 95% 信賴區間 | |
|---|---|---|---|---|---|---|---|
| | | | | | | 下界 | 上界 |
| Tukey HSD | 1 一年級 | 2 二年級 | 3.417 | 1.476 | .068 | -.21 | 7.04 |
| | | 3 三年級 | 3.333 | 1.476 | .076 | -.29 | 6.96 |
| | 2 二年級 | 1 一年級 | -3.417 | 1.476 | .068 | -7.04 | .21 |
| | | 3 三年級 | -.083 | 1.476 | .998 | -3.71 | 3.54 |
| | 3 三年級 | 1 一年級 | -3.333 | 1.476 | .076 | -6.96 | .29 |
| | | 2 二年級 | .083 | 1.476 | .998 | -3.54 | 3.71 |
| Scheffe 法 | 1 一年級 | 2 二年級 | 3.417 | 1.476 | .084 | -.37 | 7.20 |
| | | 3 三年級 | 3.333 | 1.476 | .093 | -.45 | 7.12 |
| | 2 二年級 | 1 一年級 | -3.417 | 1.476 | .084 | -7.20 | .37 |
| | | 3 三年級 | -.083 | 1.476 | .998 | -3.87 | 3.70 |
| | 3 三年級 | 1 一年級 | -3.333 | 1.476 | .093 | -7.12 | .45 |
| | | 2 二年級 | .083 | 1.476 | .998 | -3.70 | 3.87 |
| LSD | 1 一年級 | 2 二年級 | 3.417* | 1.476 | .027 | .41 | 6.42 |
| | | 3 三年級 | 3.333* | 1.476 | .031 | .33 | 6.34 |
| | 2 二年級 | 1 一年級 | -3.417* | 1.476 | .027 | -6.42 | -.41 |
| | | 3 三年級 | -.083 | 1.476 | .955 | -3.09 | 2.92 |
| | 3 三年級 | 1 一年級 | -3.333* | 1.476 | .031 | -6.34 | -.33 |
| | | 2 二年級 | .083 | 1.476 | .955 | -2.92 | 3.09 |
| Bonferroni 法 | 1 一年級 | 2 二年級 | 3.417 | 1.476 | .081 | -.31 | 7.14 |
| | | 3 三年級 | 3.333 | 1.476 | .092 | -.39 | 7.06 |
| | 2 二年級 | 1 一年級 | -3.417 | 1.476 | .081 | -7.14 | .31 |
| | | 3 三年級 | -.083 | 1.476 | 1.000 | -3.81 | 3.64 |
| | 3 三年級 | 1 一年級 | -3.333 | 1.476 | .092 | -7.06 | .39 |
| | | 2 二年級 | .083 | 1.476 | 1.000 | -3.64 | 3.81 |

\* 平均差異在 .05 水準是顯著的。

　　常用的三種事後比較方法中，Tukey HSD 法、Scheffe 法及 Bonferroni 法 ( 巴氏法 ) 都沒有發現有任何一個配對組的平均數間有顯著差異，表示三組配對群體的平均數差異值均顯著為 0 ($\mu_1 - \mu_2 = 0$ & $\mu_2 - \mu_3 = 0$ & $\mu_3 - \mu_1 = 0$，如果改為 LSD 法進行事後比較，可以發現配對群組一年級與二年級群體在數學焦慮平均數間有顯著不同，二個群體平均差異值為 3.417，一年級群體的數學焦慮顯著高於二年級群體。此資料檔在於說明即使假設考驗整體 F 值統計量達到 .05 顯著水準，也有可能出現採用 Tukey HSD 法、Scheffe 法或 Bonferroni 法進行事後比較時，沒有發現任何一組配對群體間的平均數達到顯著水準 ( 所有配對群體間平均數差異值均顯著等於 0)。

# 撰寫量化
# 研究論文的建議

　　量化研究中不論是問卷調查法或實驗研究法，其論文的撰寫與安排通常有一定的模式可以遵循，一般均分為五章 ( 包括緒論、文獻探討、研究設計與實施、研究結果與討論、結論與建議 )。由於研究者採用的是量化研究典範，因而一定會應用到統計方法，統計方法為量化研究的核心，研究者若能瞭解各統計方法應用時機，才能進行假設檢定與回答研究問題。此外，量化數據的分析要「客觀化」、「合理化」，假設檢定要「明確化」。

## 一、瞭解各統計方法應用的時機與母數統計的假定

　　各種統計方法中均有其基本假定與適用時機，研究者對此應有基本認識。其中較為研究者常用者為相關與平均數的差異檢定，若二個變項中一個為計量變數，另一個為名義二分變項，則不能採用積差相關，此時應改為點二系列相關；評分者信度 (scorer's reliability) 係數，則應採用等級相關或 Kendall 和諧係數；二個均為名義變項所構成的列聯表之相關，必須採用 Φ 相關或列聯相關，相關係數顯著性考驗的統計量為卡方檢定。平均數差異主要分為獨立樣本與相依樣本，獨立樣本為自變項之群組類別是獨立且互斥的，而相依樣本則是同一群受試者重複接受不同測量時，二個或二個以上測量分數間的差異。至於多變量分析與單變量分析的時機，研究者也必須釐清，尤其是採用母數統計方法時，其統計方法均有其基本的假定與變數測量尺度的要求，資料結構若未符合母數統計的基本假定或小樣本的資料分析，則應改為無母數統計法。若研究者能確實瞭解各測量變項的尺度與統計方法應用時機，則才能「編製最嚴謹的測量工具、選對正確的統計方法，求出最精確的統計結果，作出最完整的分析說明。」母數檢定包含單變量考驗與多變量考驗二大類型，若是檢定的依變項只有一個，且依變項的考驗是彼此獨立的，則為單變量檢定，單變量檢定的虛無假設為假定母群的平均數相等；如果檢定的依變項同時有二個以上，統計程序為多變量檢定，單變量檢定的虛無假設為假定母群的平均數向量矩陣相等。

## 二、完整的表格呈現——以呈現量化的真實性

　　若是表格的數據有其前後算術或運算關係，研究者最好完整的將表格歸納整理呈現，如變異數分析摘要表、探索性因素分析摘要表、典型相關參數摘要表、多變量分析之 SSCP 矩陣摘要表等 ( 從 SSCP 矩陣摘要表可求出不同矩陣的

行列式及多變量統計量 Λ 值 )。若是本文中的表格太多，研究者可考慮將部分表格放在【附錄】處。如果第四章研究結果的表格數不多，研究者可直接將整理的資訊表格放在第四章本文內。此外，若要更明確展現表格中數據的特性，研究者可輔以「圖」的方式呈現。不論研究者以何種圖或表的方式呈現統計分析的數據，研究者必須於本文中以文字說明圖或表內「統計分析數據或統計量」的意義，若是研究者沒有輔以文字說明，則研究者所繪製的圖或表是獨立分離於本文之外，無法和內文形成有機的連結。統計分析輸出或整理過的數據圖表，必須輔以文字說明或對圖表加以進一步的詮釋，如此才能賦予圖表生命力。為詮釋圖表數據的意涵，在本文中通常可用以下的方式連結：「……，從表 4-X 中可以發現：……」，或「……，從表 4-X 中可以得知以下幾點：……」，或「……，由表 4-X 中可以知悉：……」等。

APA 手冊中對於表格統計量數的呈現，建議統計量數的小數點只要四捨五入至小數第二位即可，如果表格中的統計量數包含點估計值 ( 如平均數、迴歸係數的斜率、勝算比 )，最好增其信賴區間 (confidence intervals)，一般的信賴區間為 95%，同一篇論文中所設定的信賴區間值最好一樣 ( 設定的顯著水準 α 相同 )，各水準群組有效樣本數以小寫斜體「$n$」表示，有效樣本總數以大寫「$N$」表示。論文本文為配合表的解讀，陳述的文字不宜用「從以上表格……」、「從前頁表格……」、「從下列表格……」、「從第 X 頁表格……」，因為這樣的論述過於籠統，文字是根據那一個表格論述的，應於本文應把表格編號完整交待，如「從表格 X……」( 序號一碼 )、「從表格 4-X……」( 序號二碼 )、「從表格 4-1-X……」( 序號三碼 ) 等。

## 【範例表格】

**表 X** 生活滿意結果變項的描述性統計量摘要表

| 變項 | 個數 $n$ | 平均數 $M$ | 標準差 $SD$ | α 信度 α | 全距 可能數值 | 全距 實際數值 | 偏態 *Skew* | 百分比值 % |
|------|------|------|------|------|------|------|------|------|
| 工作滿意 | 217 | 3.99 | .63 | .92 | 1.00-5.00 | 2.00-5.00 | -0.43 | 74.83% |
| 人際關係 | 217 | 4.00 | .57 | .89 | 1.00-5.00 | 2.00-5.00 | -0.18 | 74.90% |
| 家庭生活 | 217 | 4.00 | .69 | .96 | 1.00-5.00 | 1.63-5.00 | -0.37 | 75.01% |
| 整體生活滿意 | 217 | 4.00 | .52 | .95 | 1.00-5.00 | 2.55-5.00 | -0.14 | 75.04% |

表 4-X 不同性別的國小高年級學童人格特質量表之獨立樣本 t 檢定分析摘要表

| 變項 | 男生 (*n*=404) | | 女生 (*n*=403) | | t 值 | $\eta^2$ | 1−β |
| | *M(SD)* | 95%CI | *M(SD)* | 95%CI | | | |
|---|---|---|---|---|---|---|---|
| 友善性 | 18.39(4.45) | [17.35, 19.12] | 19.65(4.28) | [17.35, 21.23] | -4.083*** | .020 | .983 |
| 嚴謹<br>自律性 | 13.10(3.88) | [12.15, 14.26] | 14.31(3.70) | [13.37, 15.21] | -4.522*** | .025 | .995 |
| 神經質 | 7.97(2.97) | [5.65,9.21] | 9.22(3.05) | [8.38, 11.01] | -5.911*** | .042 | 1.000 |
| 聰穎<br>開放性 | 16.66(5.03) | [15.25, 18.16] | 16.21(5.26) | [15.08, 18.35] | 1.249ns | | |
| 外向性 | 16.25(3.72) | [15.29, 18.21] | 16.41(3.40) | [15.21, 17.98] | -.635ns | | |

註：*N*=807 *df*=805 ***$p<.001$ *ns* $p>.05$ CI：信賴區間
如果沒有呈現有效樣本個數，統計量部分應增列其自由度，如 t(805)
( 表格修改自陳思縈，2012)

**【範例表格──獨立樣本單因子變異數分析之水準群組統計量數】**

表 4-X 不同出生序的國小高年級學童生活適應量表之描述性統計量數摘要表

| 層面 | 老大 (A) (*n*=292) | | | 中間子女 (B) (*n*=105) | | | 老么 (C) (*n*=292) | | | 獨生子女 (D) (*n*=118) | | |
| | *M*<br>(*SD*) | 95%CI | | *M*<br>(*SD*) | 95%CI | | *M*<br>(*SD*) | 95%CI | | *M*<br>(*SD*) | 95%CI | |
| | | LL | UL | | LL | UL | | LL | UL | | LL | UL |
|---|---|---|---|---|---|---|---|---|---|---|---|---|
| 個人適應 | 24.33<br>(5.24) | 23.73 | 24.93 | 24.26<br>(5.30) | 23.23 | 25.28 | 24.10<br>(4.93) | 23.53 | 24.67 | 24.36<br>(4.23) | 23.59 | 25.13 |
| 家庭適應 | 31.11<br>(7.96) | 30.19 | 32.02 | 32.28<br>(7.60) | 30.81 | 33.75 | 31.02<br>(8.01) | 30.10 | 31.94 | 31.69<br>(6.97) | 30.43 | 32.96 |
| 學校適應 | 20.02<br>(4.51) | 19.50 | 20.54 | 19.88 | 19.11 | 20.64 | 19.50<br>(4.33) | 19.00 | 20.00 | 19.61<br>(4.27) | 18.83 | 20.39 |
| 同儕適應 | 20.01<br>(4.91) | 19.45 | 20.58 | 20.10<br>(4.76) | 19.18 | 21.03 | 19.72<br>(4.44) | 19.21 | 20.23 | 20.01<br>(4.49) | 19.19 | 20.83 |
| 整體生活<br>適應 | 95.47<br>(19.39) | 93.24 | 97.71 | 96.51<br>(17.96) | 93.04 | 99.99 | 94.35<br>(18.41) | 92.23 | 96.47 | 95.68<br>(16.86) | 92.60 | 98.75 |

註：CI＝信賴區間 LL＝下限 UL＝上限

【範例表格──強調測量題項結構的因素分析】

表 X　高雄市國小特教教師生活滿意度量表因素分析 ( 最大變異法直交轉軸 ) 摘要表

| 預試題號及題目 | 抽取因素構念 | | | 共同性 | 正式題號 |
|---|---|---|---|---|---|
| | 工作滿意 | 人際關係 | 家庭生活 | | |
| 1 我認為教學工作能增進自我成長。 | **0.78** | 0.19 | 0.17 | 0.67 | 1 |
| 2 教師工作能發揮我的興趣專長。 | **0.81** | 0.25 | 0.18 | 0.76 | 2 |
| 3 我對教學工作能促進教學相長感到滿意。 | **0.83** | 0.26 | 0.16 | 0.78 | 3 |
| 4 我認為教學工作可以成為終身的志業。 | **0.82** | 0.22 | 0.09 | 0.72 | 4 |
| 5 我樂意分享教學經驗。 | **0.83** | 0.26 | 0.11 | 0.76 | 5 |
| 6 我認為教師在社會中扮演重要的角色。 | **0.75** | 0.16 | 0.24 | 0.65 | 6 |
| 9 我喜歡與別人合作、共事。 | **0.50** | **0.55** | 0.25 | 0.62 | 7 |
| 10 我和親友 ( 或同事 ) 的關係能互相鼓勵。 | 0.44 | **0.71** | 0.25 | 0.76 | 8 |
| 11 我和親友 ( 或同事 ) 之間能彼此規勸。 | 0.32 | **0.69** | 0.22 | 0.62 | 9 |
| 12 和學校同事一同談論公事或私事，讓我有被支持的感覺。 | 0.14 | **0.81** | 0.08 | 0.68 | 10 |
| 13 當我有不愉快或困難時，有朋友可以傾訴或討論。 | 0.29 | **0.75** | 0.22 | 0.70 | 11 |
| 14 當我有困難時，朋友對我的協助讓我感動。 | 0.22 | **0.74** | 0.27 | 0.66 | 12 |
| 15 我和家人相處時是和樂融洽的。 | 0.08 | 0.40 | **0.78** | 0.78 | 13 |
| 16 我覺得我和家人可以互相分享彼此的感受。 | 0.20 | 0.19 | **0.87** | 0.84 | 14 |
| 17 我覺得我和家人可以互相溝通。 | 0.20 | 0.15 | **0.90** | 0.88 | 15 |
| 18 我與家人的關係是可以互補的。 | 0.27 | 0.20 | **0.85** | 0.84 | 16 |
| 19 在家庭中，我覺得我很重要而且受到尊重。 | 0.18 | 0.11 | **0.89** | 0.84 | 17 |
| 20 家人可以分享我的喜怒哀樂，是我傾吐討論的對象。 | 0.13 | 0.10 | **0.92** | 0.87 | 18 |
| 21 我可以毫無顧忌地和家人討論每一件事。 | 0.10 | 0.14 | **0.82** | 0.71 | 19 |
| 22 我喜歡和家人一起從事活動。 | 0.15 | 0.23 | **0.83** | 0.76 | 20 |
| 特徵值 | 4.81 | 3.71 | 6.37 | | |
| 解釋變異量 % | 24.04 | 18.55 | 31.86 | | |
| 累積解釋變異量 % | 24.04 | 42.59 | 74.45 | | |

註：因素負荷量表大於 .45，以粗體字表示 ( 表中因素負荷量中的整數位 0 也可以省略 ) ( 表格修改自呂淑惠，2012)

　　如果研究者要進行二個樣本群體在變項之相關分析，可將二個樣本群體在變項間的相關情形同時呈現，一組樣本群體的統計量數呈現於下三角形，另一組樣本群體的統計量數呈現於上三角形。

**【範例表格——二個樣本群體之群體組內相關】**

表 4-X

特教教師男生群體、女生群體正向心理與生活滿意之內在相關係數、平均數及標準差摘要表

| 測量變項 | 1 | 2 | 3 | 4 | 5 | 6 | 7 | 8 | 9 | M | SD |
|---|---|---|---|---|---|---|---|---|---|---|---|
| 樂觀態度 | — | .639*** | .644*** | .386*** | .819*** | .576*** | .537*** | .329*** | .568*** | 19.33 | 2.63 |
| 正向意義 | .591*** | — | .662*** | .366*** | .793*** | .645*** | .595*** | .373*** | .636*** | 16.43 | 2.14 |
| 正向情緒 | .459** | .606*** | — | .360*** | .791*** | .621*** | .546*** | .409*** | .610*** | 16.05 | 2.10 |
| 內在動機 | .325* | .353* | .533*** | — | .751*** | .376*** | .417*** | .402*** | .485*** | 22.78 | 3.64 |
| 整體正向心理 | .733*** | .754*** | .800*** | .799*** | — | .676*** | .649*** | .483*** | .716*** | 74.58 | 8.24 |
| 工作滿意 | .690*** | .747*** | .655*** | .393** | .755*** | — | .578*** | .353*** | .742*** | 24.04 | 3.71 |
| 人際關係 | .483** | .568*** | .578*** | .482** | .668*** | .691*** | — | .540*** | .834*** | 24.04 | 3.46 |
| 家庭生活 | .393** | .340* | .383** | .295* | .445** | .497*** | .664*** | — | .823*** | 32.42 | 5.42 |
| 整體生活滿意 | .592*** | .611*** | .602*** | .434** | .697*** | .819*** | .881*** | .878*** | — | 80.61 | 10.23 |
| M | 19.11 | 16.04 | 15.76 | 22.61 | 73.52 | 23.67 | 23.73 | 30.48 | 77.89 | | |
| SD | 2.77 | 2.14 | 2.20 | 4.14 | 8.72 | 4.04 | 3.30 | 5.53 | 11.08 | | |

註：上三角形為男生群體，下三角形為女生群體；最後二個橫列為男生群體的平均數與標準差；最後二個縱欄為女生群體的平均數與標準差。(為讓小數點一致，相關係數 r 的小數點可以四捨五入至小數第二位即可。)

## 三、敘寫描述要前後脈絡一貫、系統而能相互呼應

　　量化研究中，「研究目的」、「研究問題」、「研究假設」、「統計方法」應前後呼應，資料處理之統計分析是在驗證研究者所提的假設、回答研究問題，進而再形成主要研究發現，研究者再根據主要研究發現，歸納統整成結論。「研究目的」、「研究問題」、「研究假設」、「統計方法」間範例如：

　　研究目的：探討高職學生生活壓力與其憂鬱傾向間的關係。

　　研究問題：高職學生生活壓力與其憂鬱傾向間是否有顯著相關？

　　研究假設：高職學生生活壓力與其憂鬱傾向間有顯著相關。

統計方法：以皮爾遜積差相關求生活壓力與憂鬱傾向二個變數間的相關情
　　　　　形，若是統計量相關係數 r 達到 .05 顯著水準，則求出其決定係
　　　　　數；在關係程度的判別方面，相關係數 r 小於 .40，表示二個變
　　　　　數間為低度相關；相關係數 r 大於或等於 .70，表示二個變數間
　　　　　為高度相關；相關係數 r 介於 .40 至 .70 間，表示二個變數間為
　　　　　中度相關。

　　以公私立高職學生生活壓力的差異比較為例：「研究目的」、「研究問
題」、「研究假設」、「統計方法」敘寫如下：

研究目的：探討公私立高職學生生活壓力的差異情形。

研究問題：公私立高職學生的生活壓力是否有顯著不同？

研究假設：公私立高職學生的生活壓力有顯著不同。

統計方法：採用獨立樣本 t 檢定來瞭解公私立高職學生生活壓力的差異情
　　　　　形，若是樣本統計量 t 值達到 .05 顯著水準，則求出其效果量及
　　　　　統計考驗力，以瞭解公私立學校類別對高職學生生活壓力變數解
　　　　　釋變異的程度。

　　就結果變項為二分類別變數的邏輯斯迴歸分析之預測為例，「研究目的」、
「研究問題」、「研究假設」、「統計方法」敘寫如下：

研究目的：探討高中學生的社經地位、智力、學習動機、教師期望、在學學
　　　　　業成績對其考上學校類別 ( 公立、私立 ) 的預測情形。

研究問題：高中學生的社經地位、智力、學習動機、教師期望、在學學業成
　　　　　績等變項是否可有效預測其考上的學校類別 ( 公立、私立 )？

研究假設：高中學生的社經地位、智力、學習動機、教師期望、在學學業成
　　　　　績等變項可以有效預測其考上的公立、私立二種學校類別。

統計方法：由於效標變數為二分名義變項，解釋變項為計量變項，迴歸預測
　　　　　採用邏輯斯迴歸分析法。

　　就觀察變項的徑路分析或潛在變項的徑路分析模式圖的驗證，研究者根據
理論文獻提出變項間影響的因果模式圖，之後再利用 SEM 進行理論模型圖的驗
證，「研究目的」、「研究問題」、「研究假設」、「統計方法」敘寫如下：

研究目的：探究國中校長科技領導、教師科技素養與教師專業成長、創新教學能力間影響關係 ( 變項間因果關係模式圖如下 )。

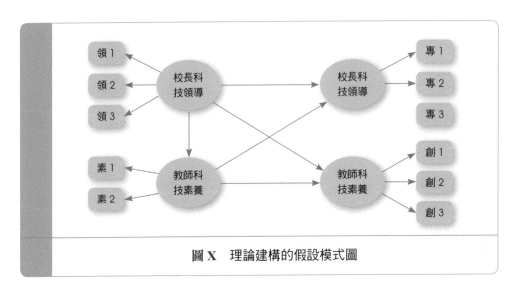

**圖 X　理論建構的假設模式圖**

研究問題：國中校長科技領導、教師科技素養與教師專業成長、創新教學能力間影響關係的模式圖是否可以得到支持？

研究假設：國中校長科技領導、教師科技素養與教師專業成長、創新教學能力間影響關係的模式圖可以得到支持。

統計方法：採用結構方程模式進行模型的檢定，包括模式外在適配度及內在適配度。

## 四、嚴謹選用或編製研究之測量工具

測量工具 ( 量表或測驗 ) 在量化研究中扮演著重要的角色，一份適切的量表或測驗必須具備良好的信效度。信度 (reliability) 指的是測量工具的一致性 (consistency)、穩定性 (stability) 或可預測性 (predictability)，一般量表或測驗較常使用的信度為折半信度 (split-half reliability)、重測信度 (test-retest reliability)、內部一致性 α 係數。李克特型態量表的信度指標通常採用克朗巴賀 (Cronbach) 所提的 α 係數。在信度指標的判別方面，量表層面或構面因素的內部一致性 α 係數最低要求最好在 .60 以上，較佳的指標值為 .70 以上，總量表內部一致性 α 係數最低要求最好在 .80 以上，較佳的指標值為 .90 以上。效度 (validity) 指的是

測量工具能夠正確的測出其所要測量的潛在行為特質或態度的程度，效度表示的是測量工具的正確性或可靠性程度。一般量表或測驗常用的效度為內容效度 (content validity)、效標關聯效度 (criterion-related validity)、構念效度 (construct validity)，構念效度通常藉由因素分析 (factor analysis) 統計方法來建構，以因素分析統計方法所萃取的共同因素要能解釋原先量表題項 60% 以上的變異量，最低的要求也要達 50% 以上的變異。

研究者使用的測量工具來源有三種：一為直接引用已有的研究工具、二為研究者修訂編製、三為研究自行編製。在直接引用上若是正式出版的測驗必須向出版商購買，否則會違反著作權法與研究倫理；如果是未出版的量表在徵求原作者／團體同意後，可以直接採用，但研究者直接採用者要考量幾個因素：

1. 原先測量工具施測的對象是否和研究者研究的對象相同，如果研究對象不同則不宜直接採用，如「生活壓力量表」，原作者探究的對象為一般高中學生，而研究者目前研究的對象為高職學生，由於高中生與高職生二個母群體是不同的，因而不能直接採用。

2. 原測量工具編製的年代與研究者使用的年代的差距是否在三年以內，由於社會變遷的快速，三年前編製的測量工具在目前的適切性如何有待商榷，相距的年代愈遠，測量工具直接引用，統計分析結果所造成的偏誤愈大。

3. 原測量工具的題項是否適切、每個測量項目詞句的描述是否明確清楚、量表的信效度是否良好、量表編製的理論依據是否紮實，是否有相關理論文獻或經驗法則支持等。

4. 量表的構面分類要有理論依據，編製初試的測量題項，題項與其所歸屬的構面要界定清楚，若是研究者沒有界定量表的構面內容及構面個數，測量題項的編製較為不易，也較欠缺內容效度，當然研究者編製的題項，經因素分析程序後，構面的個數可能會稍微變動，但此種變動是合理的，因為建構效度與內容效度間可能會有差異。

以下以某位甲研究者在 2012 年對高職學生學習壓力的調查研究中，研究者直接引用乙研究者之前編製的「學習壓力量表」為例，甲研究者在第三章研究工具小節中，就其直接引用乙研究者編製之「學習壓力量表」的敘述：

**範例 (一)**

「……，本研究使用之學習壓力量表直接引用王偉明 (2002) 編製之
『高職學生學習壓力量表』，該量表經因素分析抽取三個層面：『考試壓
力』、『課堂壓力』、『期望壓力』，三個層面的內部一致性 α 係數分別
為 .75、.81、.82，總量表的內部一致性 α 係數為 .92，因素分析之累積解釋
變異量為 67.85%，……。」

上述量表中，研究者直接引用乙研究者編製的測量工具之年代 (2002)，與研
究者目前研究的年代 (2012) 相差十年，二個研究的對象雖均為高職學生，乙研
究者編製之學習壓力量表的信效度也不錯，但由於間隔時間較為久遠，研究者不
宜直接採用，最好是重新修訂編製並經樣本預試較為適宜。

**範例 (二)**

「……，本研究使用之學習壓力量表直接引用王偉明 (2011) 編製之『高
職學生學習壓力量表』，該量表的因素分析採用主軸法，配合直交轉軸之最
大變異法共抽取三個因素構面：『考試壓力』、『課堂壓力』、『期望壓
力』，三個因素的內部一致性 α 係數分別為 .62、.65、.78，總量表的內部
一致性 α 係數為 .79，因素分析之累積解釋變異量為 63.24%，……。」

研究者引用量表的編製年代與研究者目前正要研究的時間僅差距一年，母群
體特質或屬性應不致變動太多，但總量表的內部一致性 α 係數未達 .80，且有二
個因素構面的 α 係數未達 .70，整體而言，量表的信度係數屬「尚可」而已，並
未達很好的指標，因而研究者不宜直接採用，最好是重新修訂編製並經樣本預試
較為適宜。

**範例 (三)**

「……，本研究使用之學習壓力量表直接引用王偉明 (2010) 編製之『高
職學生學習壓力量表』，該量表的因素分析採用主軸法，配合直交轉軸之最
大變異法共抽取三個因素構面：『考試壓力』、『課堂壓力』、『期望壓
力』，三個因素的內部一致性 α 係數分別為 .75、.81、.82，總量表的內部

一致性 α 係數為 .91，因素分析之累積解釋變異量為 48.95%，……。」

原量表編製的時間在三年以內，總量表信度之內部一致性 α 係數為 .91，三個學習壓力因素構面的信度指標均大於 .70，量表的信度良好；在構念效度方面，經因素分析萃取的三個因素構面及其所包含的測量指標題項，與原先編製差不多，表示量表的構念效度不錯。此時許多研究者會根據上述的指標，直接敘述為「學習壓力量表的信效度佳」，但觀之因素分析萃取的三個因素的解釋變異量，三個共同因素的累積解釋變異量只有 48.95%，未達 50%，表示以三個共同因素來解釋整個學習壓力量表測量項目的總變異未達一半，構念效度的品質不佳，因而研究者不宜直接採用，最好是修訂編製並經樣本預試較為適宜。

### 範例 ( 四 )

「……，本研究使用之學習壓力量表直接引用王偉明 (2010) 編製之『高中學生學習壓力量表』，該量表的因素分析採用主軸法，配合直交轉軸之最大變異法共抽取三個因素構面：『考試壓力』、『課堂壓力』、『期望壓力』，三個因素的內部一致性 α 係數分別為 .75、.81、.82，總量表的內部一致性 α 係數為 .91，因素分析之累積解釋變異量為 62.50，雖然原量表適用的對象為一般高中生，而非高職學生，但高中、高職同屬中等教育階段的後半段，樣本屬性類似，所以研究者直接採用此量表。」

上述研究者直接採用「高中學生學習壓力量表」為研究工具之一，其論述的內容有待商榷，雖然高中生與高職生同屬中等教育階段的後三年，但二者母群的特徵並未完全相同，在某些重要變因上差異甚大，由於高中學生母群體與高職學生母群體的特質或傾向間有很大的不同，其樣本的特質或傾向也有差異存在，研究者不能以「類似」、「近似」、「差不多」來進行母群間的推估，由於高職學生的母群體很大，樣本抽取容易，最佳的方法是根據原先量表加以編修，並進行預試，重新建構量表的信效度。

### 五、統計分析結果兼顧統計顯著性與實務顯著性

當樣本數愈大時，愈容易達到統計顯著性，有時變數間有顯著相關或平均數差異達到 .05 顯著水準，但其效果量其實很低，此時即使達到統計顯著性

(p<.05)，也沒有實務顯著性或臨床顯著性，統計顯著性所顯示的只是資料結構有足夠的證據可以拒絕虛無假設，研究者所擬的研究假設可以獲得支持而已。為讓讀者瞭解自變項與依變項間的關聯程度，在量化研究之表格中除呈現樣本統計量之統計顯著性外，最好也應一併呈現實務顯著性統計量，實務顯著性統計量即是效果值或效果量，如在相關分析中增列決定係數、在 t 檢定中增列 $\eta^2$、在變異數分析中增列 $\omega^2$、在因素分析中增列特徵值、解釋變異量與共同性、在複迴歸分析中增列 $R^2$ ( 多元相關係數的平方，表示迴歸模式中的預測變項對效標變項的可以解釋或預測的變異量 )、在區別分析與典型相關分析中增列 $\rho^2$ ( 典型相關係數的平方 )。此外，若能增列統計考驗力 (statistical power)，則可以知道研究推論裁決正確率的高低。

從虛無假設的考驗而言，如果虛無假設為假，且根據樣本資料所得的統計量數有足夠證據拒絕虛無假設，表示研究結果拒絕「錯誤的虛無假設」，推論是一種正確決定，此種裁決正確率的高低稱為統計考驗力。若將顯著水準 $\alpha$ 設定為 .05，統計考驗力的門檻值一般設為 .80( 高於 80%)，就樣本大小對統計考驗力的影響來看，樣本數愈大，抽樣標準誤愈小 ( 分母愈小 )，統計考驗力愈大，研究結果要達 80% 的統計考驗力，就要有足夠的樣本或受試者。就統計顯著性而言 (p<.05)，如果研究取樣有偏差，或是取樣人數不夠多，或是測量工具編製欠缺嚴謹，沒有好的信效度，都可能使原先可以拒絕虛無假設的可能，變為接受虛無假設的結果，研究假設從可以支持變為無法成立，如果研究假設是根據理論文獻而建構的，當研究假設無法得到支持時，並不表示研究假設一定是錯誤的，只能陳述目前所搜集的樣本資料無法支持研究者所建立的研究假設，研究假設無法適用於樣本所在的母群體，研究假設至目前為止無法得到支持，無法獲得支持不一定是錯誤或是不對的。研究假設驗證中，研究者最好以「得到支持」或「無法獲得支持」的用語來陳述，避免用「研究假設是對的」、或「研究假設是錯誤的」/「研究假設是不對的」的用語。

以高中國文教師教學投入與學生國文成就之相關研究為例，研究者編製「教師教學投入量表」與「國文成就測驗」，量表的測量值愈高，表示高中學生知覺的教師教學投入愈積極，國文成就測驗的分數值域介於 0 至 100 分，分數愈高表示受試者的國文成就愈佳。研究者採取分層叢集抽樣方法，共抽取 900 位高二學生填答量表與測驗，經統計分析結果得出教師教學投入與學生國文成就間有顯著

正相關，其相關係數為 .20(p=.008<.01)，研究者根據此統計分析結果作出以下結論：「高中二年級國文教師的教學投入愈積極，學生的國文成就愈佳。」再根據此結論作出以下建議：「高中國文教師的教學行為要讓學生真正感受到其投入與用心程度。」上述研究者的結論與建議是根據統計顯著性而得，其推論與論點並沒有錯，但研究者若是能增列效果量(決定係數)，則更能看出二個變項間的關係，國文教師之教學投入與學生國文成就間雖有顯著正相關，但二者實質的關聯程度並不是十分密切，決定係數只有 .04(=.20×.20)，表示教學投入變項對國文成就變項的解釋變異量只有 4%，可見教學投入變項並不是影響學生國文成就重要變因之一，其它變因可能是學習環境、教師的教學策略、學生的學習動機，因而上述研究結論若改為下面的敘述可能較為適宜：

> 高中二年級國文教師之教學投入雖與學生的國文成就間有顯著關係，但二者間的關聯程度不大。

教學投入變項對國文成就變項的解釋變異量只有 4%，可以以下面二個重疊正方形表示其意涵：

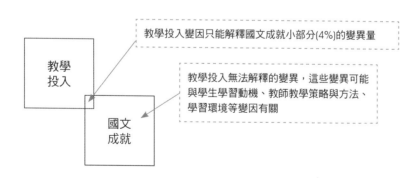

## 六、研究過程中取樣的方法要完整交待清楚

研究推論主要是從抽樣樣本推論至樣本所在的母群體，若是抽樣方法不當，統計分析結果可能就不同。因而在許多量化研究中，探究相同變數間的關係時，不同的研究者會獲致不同的結果，其中的一個因素即是抽樣方法不同。如先前的研究是採用分層隨機取樣，而研究者採用的是判斷取樣，統計分析結果即可能不

同，或呈現完全不一致的結論。在相同的研究程序與使用類似的測量工具下，統計分析之結果若是不同，其中一個原因可能是取樣樣本方法不同所造成的。若是研究者能於研究對象小節中，詳細交代抽樣方法，對於日後他人從事類似的研究會有較大的幫助。有些調查研究因為考量研究的可行性與母群體的屬性，因而採用判斷抽樣法或滾雪球抽樣法，相對於機率抽樣 (probability sampling) 之非機率抽樣法並非是錯誤的抽樣方法，只是此種方法較無法真正反映出母群體真正的屬性或特徵，研究推論的偏誤可能較大，當研究程序中無法採用機率抽樣而改採非機率抽樣法時，研究者更應詳細說明採用此方法的原因，以便後續研究者可以參考改進，設計更為嚴謹的研究程序。若是研究者採用便利抽樣法，研究者更應該詳細說明為何要採取此種抽樣方法，如果不採用便利抽樣法，為何無法抽取到有效樣本數，研究抽樣有何困難等。

非機率抽樣法特別適用於「特殊母群體」，所謂特殊母群體有幾個特徵：一為母群的總個數較少，此型態母群即使全部進行普測，有效總數也可能只有數百人而已，如研究對象為高雄市國民中學校長、高雄市九職等主管、某一地區醫院護理長、國民小學隔代教養的高年級學童等；二為此類母群體無法根據隨機取樣法順利抽取出樣本，如調查對象為抽煙的成年人、有參加學校班親會的家長等。對於特殊母群體的調查研究，優先考量的是研究的可行性及樣本的取得，若是隨機抽樣法無法抽取研究所需標的樣本，研究者應採用非機率抽樣法，如立意取樣、便利取樣。如研究者想探討隔代教養高年級學童的依附關係與其情緒智力間的關係，若是以班級為單位，採叢集隨機抽樣，抽取的班級學童中可能只有少數幾位是隔代教養者，有些班級可能沒有隔代教養的學童，此種隨機取樣即使可以得到很大的樣本數，但真正符合研究所需的「標的有效樣本」數可能很少，不僅浪費取樣調查的時間，也不符合經濟效益，為順利知道班級中有那些是隔代教養學童，可先向教師或輔導室處取得相關資料，之後，再將問卷發給這些學童，研究者如果要進行比較研究，可再從班上非隔代教養群體中隨機抽取相同的學生樣本數，經由非機率取樣方法才能順利抽取研究所需的目標樣本。

## 七、釐清主要研究發現與結論的差異

量化研究論文的第五章包括結論與建議，為了使結論一節的敘寫更明確，研究者在進行結論敘寫前會將第四章統計分析的結果整理成「主要研究發現」一

節，之後，研究者再根據主要研究發現統整歸納為研究「結論」，並根據研究結論提出研究的建議。研究結論與主要研究發現之不同點，在於結論是將主要研究發現中較有意義與較重要者加以統整歸納，並以非統計的術語來呈現，因而結論的標題儘量不要出現有關統計專門用詞，如「顯著差異」、「有顯著負相關」、「達 .05 顯著水準」等，但若是語詞無法進行轉換，統計專門用詞出現於結論標題中亦未嘗不可。如在一項高職學生的生活壓力與自殺意向的調查研究中，研究者主要研究發現為：

1. 私立高職學生的生活壓力顯著的高於公立高職學生的生活壓力。
2. 高職女學生的生活壓力顯著的高於高職男學生的生活壓力。
3. 低社經地位高職學生的生活壓力顯著的高於高社經地位、中低社經地位學生的生活壓力。
4. 高職學生的生活壓力與其自殺意向呈顯著正相關 $(r = .70)$，二者間的決定係數達 .49。

根據上述四個主要研究發現，研究者將之統整為二點結論：

結論一：「就讀私立、性別為女生及低社經地位的高職學生所感受的生活壓力較高。」（統整主要研究發現 1、研究發現 2、研究發現 3）
結論二：「高職學生所感受的生活壓力愈高，其自殺意向愈強。」( 將主要研究發現 4 統計術語轉換 )。

以二因子變異數分析而言，假設研究者探討的是高職學生學校類別 ( 公立學校、私立學校 )、社經地位 ( 高社經地位、中社經地位、低社經地位 ) 在生活壓力的交互作用情況，由於自變項有二個因子，二個因子構成的細格為 $2 \times 3$，依變項為整體生活壓力，使用的統計方法為二因子單變量變異數分析，假設交互作用顯著 ( 顯著性 $p < .05$ )，研究發現可以陳述為：

「高職學生學校類別與其社經地位對生活壓力有顯著的交互作用。」

「交互作用」一詞為二因子變異數分析的術語，表示一個自變項在依變項的差異會受到另一個變項的影響，上述研究發現的論述若改為下列描述語，多數讀者可能較容易瞭解：

　　「不同學校類別 ( 公、私立 ) 的高職學生在生活壓力感受的差異，受到家庭社經地位的不同而不同」，

　　或

　　「不同高、中、低家庭社經地位的高職學生在生活壓力感受的差異，受到其就讀公立、私立學校類別的不同而有差異。」

　　至於研究建議的提出必須與研究結論相契合，研究者不應過度類推或作經驗法則或作理論導引型的建議，理論導向及經驗法則的建議即研究者所提的建議完全與研究結論無法契合，研究建議論點的導出無法與任何一點之研究結論有關，此種建議過於鬆散，即他人不用進行先前的研究及統計分析等程序，也可以寫出這些建議論點，論文口試時，常有委員對當事者提出以下的質疑：「不用辛苦進行研究，您是否也可以寫出這些建議來？」、「您提出的研究建議是根據那些研究結果而來的？」、「您的研究建議好像跟研究結論完全無關？」等，就是研究者敘寫的研究建議與研究結論間沒有形成緊密關聯，令委員產生的困惑。主要研究發現、研究結論與研究建議間的關係可以圖示如下：

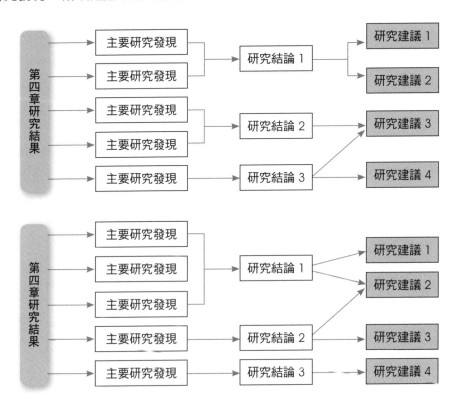

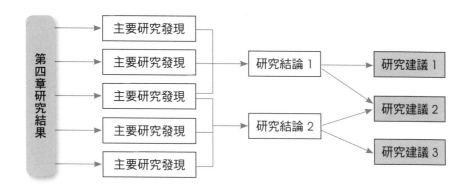

從上述圖形關聯圖中可以得知：一個主要研究發現可以導引出一個研究結論，但多數研究結論是統合歸納數個主要研究發現而得。每個研究結論可以導引出一個或數個研究具體建議，但也有可能研究建議是統合歸納二個研究結論而得。主要研究發現、研究結論與研究建議間並不是完全一對一的關係，重要的是要有前後脈絡的關係才行，根據資料統計分析及假設檢定可以得到許多主要研究發現，將主要研究發現統整可以歸納為研究結論，與主要研究發現相較之下，研究結論較有統整性，之後再根據研究結論延伸具體研究建議及未來研究建議等。

以下以謝玫芸 (2008) 進行「高雄市國小教師外向性人格、角色壓力與幸福感之關係研究」一文之部分結論與建議為例：

## 第二節　結論

綜合以上實證調查所獲致之發現，研究者將之歸納成三點結論：

**壹、**高雄市國小教師人格傾向多數接近於「外向性人格」；愈傾向外向性人格的教師，所知覺的幸福感及「生活滿意度」較佳，相對的，其所感受的角色壓力較低。

　　＜說明略＞

**貳、**高雄市國小教師角色壓力的知覺中，以「角色過度負荷」層面之感受最高；「角色過度負荷」感受程度愈高，幸福感之「身心健康」感受程度愈低；此外，角色壓力中的「角色模糊」知覺愈高，幸福感之「生活滿意度」的感受愈低。

＜說明略＞

參、高雄市國小教師所知覺的幸福感良好，其中以「人際關係」方面之感受最為深刻。

＜說明略＞

## 第三節　建議

本節依據研究結果及所歸納之結論，提供國小教師、學校單位、教育行政單位重視教師身心健康與幸福感狀態，並減輕分擔教師的工作角色壓力，以提升教育品質，促進學生良好學習成長之建議。最後，針對本研究的限制與缺失進行檢討，並提出未來研究方向之參考。

### 壹、對國小教師的建議

根據本研究結果，研究者提出對國小教師之具體建議如下：

一、積極強化正向的外向性人格特質，以增進生活滿意的品質【呼應結論壹】

　　　　在本研究結果中，外向性人格可以帶來較佳的生活滿意度。而每個個體中皆有不同程度的外向性人格，若能強化本身積極、熱情、樂觀、溫和、友善等正向的外向性人格特質，時時保持開朗、愉悅的情緒感受，則不管面對任何事物皆能輕易地面對它、接受它、並處理它。＜以下省略＞

二、培養多方抒壓管道，重視身心健康，保持良好的精神體力【呼應結論貳】

　　　　本研究結果發現，教師角色過度負荷會影響身心健康。因此，教師在面對繁雜的級務處理、課程教學、行政活動時，應該讓自己能夠專注有效率地處理事務，並能瞭解公私分明，意即工作時間與自我生活要清楚分明，勿將工作的事務帶回家，或讓個人的私事影響工作。＜以下省略＞

**貳、對學校及教育行政單位的建議**

根據本研究結果，研究者提出對學校及教育行政單位之建議如下：

一、學校活動之推動或行政工作之分派宜簡化或合併，以減少教師負荷量【呼應結論貳】

從研究中得知，高雄市國小教師角色壓力中以角色過度負荷為顯著最高，幸福感中以身心健康感受最低。根據文獻探討也得知，教師壓力若無法減輕、負擔無法減重，影響所及不僅是教師本身的身心問題，更會影響教育品質、影響學生成長。故學校應以教師教學、學生學習為重，其次在學校活動或行政工作方面，則以是否加重教師負擔、是否影響課程教學為優先考量，若能將工作合併、責任分工、活動簡化勿繁雜，在教師的壓力負荷不至於太大的情況下，則學校活動的推動與行政工作的推行才得以順利，教師的教學工作才得以不受影響。＜以下省略＞

二、學校定時舉行教師聯誼活動，並鼓勵教師參與，以增進教師間的情誼與互動【呼應結論參】

從研究中得知，教師間的人際關係感受顯著最高，可見人際關係的和諧是促進教師幸福感受的重要因素。一般來說，教師的生活圈較為單純，而學校通常是教師主要的人際來源，若學校能重視教師互動氣氛的和諧，使教師間相處的感受更為融洽，則教師對學校就會有向心力並感到認同，於公於私都能形成合作協助、相互關懷的關係。故學校應定時安排教師的休閒聯誼或人際互動技巧的相關活動，鼓勵教師積極參與，以增進教師間更為密切的情誼。

三、對於所指派的政策與活動，應給予學校行政人員或教師充分的運作時間與正向的回饋鼓勵【呼應結論貳】

從研究中得知，教師的角色過度負荷感受較為深刻，除了必須配合學校行政例行舉辦的活動，還有班級教學的級務處理、親師溝通與課程教學等待辦事項。然而，在因應這些事項之外，若再加上教育行政單位不定時指派政策或活動下來，而教職員必須在一定期

限內配合完成，這樣突如其來的壓力，必定會再加重了教師的負擔感受。故建議教育行政單位應於學期初前，將整個學年度的活動與政策實施計畫安排出來，並告知學校單位先行準備，以免措手不及，而學校也可因此酌量減少學年度的活動安排，以免加重教師的負擔。

### 八、購買已出版之統計應用的書籍作為寫作參考的工具書

所謂工欲善其事，必先利其器。在知識經濟時代中，講求的是效率與效能，研究者對於量化研究的統計方法，最好能參閱一二本統計軟體應用的工具書，如此才能獲得事半功倍之效。

供研究者參閱的幾本實用統計軟體的工具書如：

吳明隆、張毓仁編著《SPSS(PASW) 與統計應用分析 I》（五南出版）。
吳明隆、張毓仁編著《SPSS(PASW) 與統計應用分析 II》（五南出版）。
吳明隆編著《SPSS 操作與應用——問卷統計分析實務》（五南出版）。
吳明隆編著《SPSS 操作與應用——變異數分析實務》（五南出版）。
吳明隆編著《SPSS 操作與應用——多變量分析實務》（五南出版）。

若是研究者對於結構方程模式有興趣，可參閱以下有關 SEM 統計軟體應用的工具書：

吳明隆編著《結構方程模式—— SIMPLIS 的操作與應用》（五南出版）。
吳明隆編著《結構方程模式—— AMOS 的操作與應用》（五南出版）。

在社會科學與行為科學領域中，量化研究與質化研究是二個不同的研究典範，二種研究典範均有其適用時機與研究限制，研究者對於研究典範可能會有所偏好，但絕對不能有偏見或持排斥心態，因為許多情境中，必須統合二種研究典範。量化研究的核心是測量工具搜集後的統計分析，統計分析重視的是根據測量變項尺度，採用適切而符合統計假定的方法，統計分析結果要能回答研究問題與進行假設檢定，因而統計方法的使用沒有「優劣」之分，只有「適當與不適當」

的區別，當多變量統計分析的結果無法回應研究回答時，研究者寧可採用單變量統計分析法。不論統計分析的數據結果如何，量化研究中重要的一點是真實呈現數據結果，研究者絕對不可塗改統計分析的資料數據或輸出報表，真實的呈現統計分析結果是量化研究的倫理行為之一，只要研究者有正確的概念、採用嚴謹的研究程序，善用適切的統計方法，即使研究結果未達統計顯著性，研究結果多多少少亦有其價值性存在。

## 九、變項間的假設檢定要與研究架構圖相呼應

量化研究架構的繪製若是十分明確，讀者從研究架構圖中即可知悉研究者想探究的主要研究問題或要進行的假設檢定，變項中的自變項、中介變項、依變項等變數最好各以獨立的圖示表示。

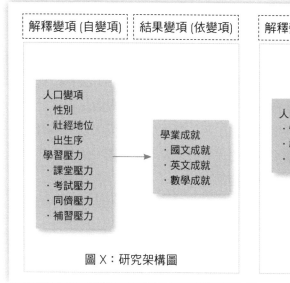
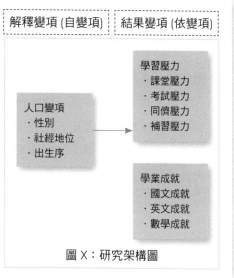

左方的研究架構中若是研究者的假設檢定之一為：

**1.** 不同人口變項的國中學生在學習壓力的感受有顯著差異。

**1-1.** 不同人口變項的國中學生在課堂壓力構面的感受有顯著差異。

**1-2.** 不同人口變項的國中學生在考試壓力構面的感受有顯著差異。

**1-3.** 不同人口變項的國中學生在同儕壓力構面的感受有顯著差異。

**1-4.** 不同人口變項的國中學生在補習壓力構面的感受有顯著差異。

**1-5.** 不同人口變項的國中學生在整體學習壓力的感受有顯著差異。

增列的假設檢定與架構圖無法呼應,從研究者繪製的架構圖中,人口變項與學習壓力變項均是自變項(解釋變項),依變項為「學業成就」變數,由於人口變項與學習壓力變項均為自變項,二者間只有相關沒有差異,如果要增列研究問題:「不同人口變項的國中學生在學習壓力的感受是否有顯著差異?」,原先變項間的關係應修改為右方的圖示,右方的圖示除可進行以下假設考驗外:「不同人口變項的國中學生在學習成就有顯著差異」、「不同學習壓力程度的國中學生在學習成就有顯著差異。」也可進行「不同人口變項的國中學生在學習壓力的感受有顯著差異。」的假設檢定,左方圖示無法明確說明「學習壓力」變項是個「中介變項」,右方架構圖可讓讀者知悉:對人口變項而言,「學習壓力」變數屬性為依變項,對學業成就變項而言,「學習壓力」變數屬性為依變項,能明確區分為自變項與依變項者才能進行差異檢定,否則只能進行自變數間相關的探究。

量化研究若是對現況或對某一事件看法的調查,為單一變項的資料分析,此種探究受試者對某一事件或某種社會現況看法的統計分析,一般會採用次數、百分比或平均數、標準差等基本統計量數加以說明,如果增列不同人口變項對看法間的差異,多數會採用卡方檢定或平均數的差異檢定。下圖為國中國文教師對多元評量實施現況調查研究的一種研究架構範例。

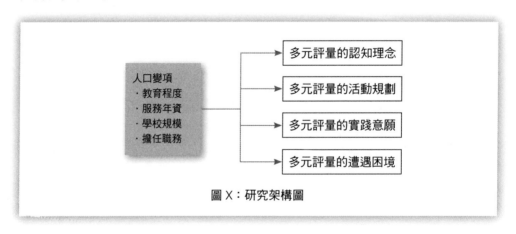

圖 X:研究架構圖

如果研究者探究的是變項間的關係,研究主題中變項的排列不同,所對應的

研究架構圖會有所不同，以「中小企業組織職員知覺知識管理、組織學習與組織效能間關係之研究」為例，研究主題是二個變項與一個變項間的關係，「知識管理」、「組織學習」為同一層次的變項，就變項的性質而言可歸為自變項，「組織效能」變項為另一層次變項，變項的性質屬於依變項，組織效能為主要結果變項。變項間探究的重點為：「知識管理」與「組織效能」間的關係，或不同知識管理在組織效能間的差異；「組織學習」與「組織效能」間的關係，或不同組織學習在組織效能間的差異；「知識管理」及「組織學習」對「組織效能」的影響 ( 如預測解釋或交互作用情形 )。

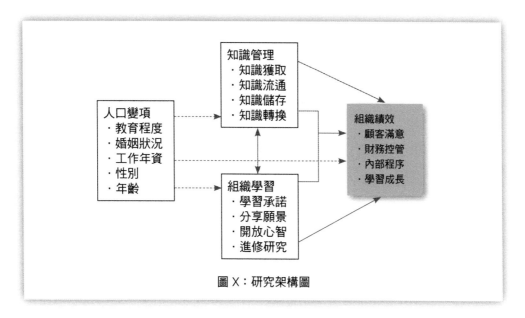

圖 X：研究架構圖

　　若是研究者探究的主題為「中小企業組織職員知覺知識管理與組織學習、組織效能間關係之研究」，研究主題是一個變項與二個變項間的關係，「知識管理」為第一層次的變項，就變項的性質而言為自變項，「組織學習」及「組織效能」變項為另一層次變項，變項的性質屬於依變項，變項間主要的結果變項為「組織學習」及「組織效能」二個，變項間探究的重點為：「知識管理」與「組織學習」間的關係，或不同知識管理在組織學習間的差異；「組織管理」與「組織效能」間的關係，或不同知識管理在組織效能間的差異；「知識管理」對「組織學習」的影響 ( 如預測解釋 )、「知識管理」對「組織效能」的影響 ( 如預測解釋 )。

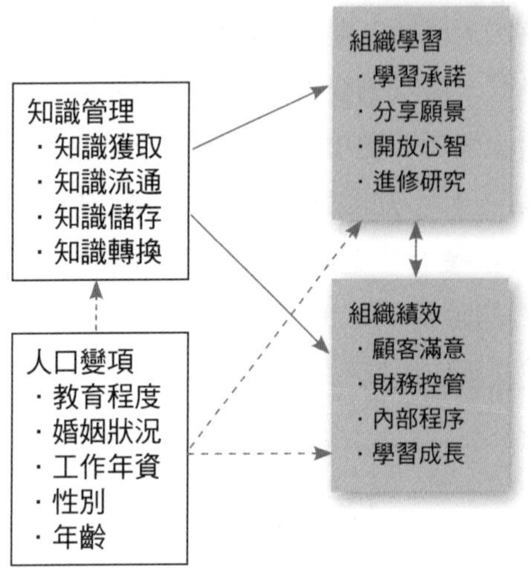

圖 X：研究架構圖

## 十、相同資料結構可採用不同統計方法交叉驗證

假定搜集的樣本資料符合基本假定 ( 如常態性假定、樣本獨立性假定、變異數同質性假定、線性關係假定等 )，採用不同的母數統計法所獲致的統計結果應會一致。如二個獨立水準群體在計量依變數的平均數差異檢定，研究者同時採用獨立樣本 t 檢定及獨立樣本單因子變異數分析所得到的假設檢定是相同的；二組計量變數間的關係採用皮爾遜積差相關及典型相關，所得到變數間的關聯程度應一樣 ( 個別變項的典型負荷量絕對值設為 ≧ .50)。如二個變數間達顯著負相關，在典型相關分析中，二個變數與其典型變量間的相關會一正一負；如果變數間呈線性相關，且相關達 .05 顯著水準，將具解釋變項的計量變項分成高、中、低三個水準群組，將另一計量變數作為依變項，採用獨立樣本單因子變異數分析的 F 值統計量也會達到 .05 顯著水準，但若是變數間的關係不是線性而是曲線相關，則採用積差相關法與單因子變異數分析所得到的假設檢定顯著性會不相同，可能二個變數間的積差相關統計量未達 .05 顯著水準 (p>.05)，但單因子變異數分析的 F 值統計量達 .05 顯著水準 (p<.05)。

統計方法所呈現結果的敘述是一種「理性的描述」，「理性的描述」就是就事論事，依據整理表格的數據加以論述假設檢定的結果，其結果只有二種：研究

假設得到支持 ( 拒絕虛無假設 )、研究假設無法得到支持 ( 接受虛無假設 )，統計量之顯著性 p 值與顯著水準 α 的比較也只有二種情況：$p < \alpha$ (.05)、$p \geq \alpha$ (.05)，假設檢定之虛無假設是被拒絕或是被接受，根據統計分析整理的表格數據作客觀的論述，通常是不會錯誤的，但此種論述是根據「數據逐一說明」，是一種客觀的、理性的陳述，在綜合討論時，研究者應將假設檢定的結果加以統整，並和之前相關的理論或實證研究相互印證，若是研究結果與之前的研究結果不同，研究者可就其可能原因加以論述，此種將實證結果與理論文獻，或經驗法則進行統合陳述的部分，就是「感性的投入」，理性與感性的結合，才能將量化研究的數據結果進行合理化的說明，與進行有意義的詮釋，尤其是研究結果與之前實徵研究不同之處，或是研究結果與理論不符合，或與經驗法則相互矛盾的地方，研究者更應就其緣由加以論述。量化研究論文架構的第四章或第四部分為「研究結果與討論」，研究結果為搜集資料統計分析的數據詮釋，討論為研究結果的對照、比較與可能原因論述。

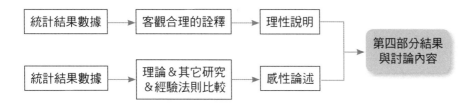

chapter

# 13

量化研究的
其他議題

# 壹、量化研究主題來源

## 一、題目選定的來源

　　量化或質化研究的主題來源，主要可從下列七個方面加以思考：

### (一) 個人的實務經驗

　　個人的實務經驗指研究者在其職場，或其他實際情境之經驗所發現值得探究的問題或相關議題，如學校行政人員發現教師兼任行政工作者的工作壓力與工作投入，與一般未兼任行政工作者有所不同，因而研究者可能會探究兼任行政工作者與未兼任行政工作者之工作壓力、工作投入的差異；新課程實施後，國中老師發現，學生課後補習者有增多的趨勢，以此推論學生的學習壓力可能與之前的學習壓力有所不同，因而研究者以「新課程實施後國中學生學習壓力的探究」作為其研究主題。如研究者是位有關護理領域的研究者，從其觀察與訪談接觸重大傷病之照顧者發現，重大傷病之照顧者的生活品質似乎較差，因而研究者擬編製一份有關能測量出重大傷病之照顧者生活品質的量表，研究者先採用團體焦體訪談，建構量表的構面與各測量題項，再根據專家效度加以修正並經預試，研究者研究的主要焦點在於重大傷病之照顧者生活品質量表的編製與應用，因而以「重大傷病之照顧者生活品質量表的建構與應用」為研究主題。

### (二) 所學理論的應用

　　研究者將其於課堂所學或其所熟知的理論加以應用於社會科學領域中，這些理論包括心理學理論、學習理論與教學理論、社會學理論、人格理論、組織與管理理論、行政學理論、政治學理論與經濟學理論等。如研究者將混沌理論應用於學校行政運作中，將多元智能理論應用於華語文教學歷程中，將行為改為技術應用於學生不當行為改善方面，將多媒體科技應用於低成就學生的學習輔導上等。以混沌理論而言，研究者可能以「混沌理論作為國中校園危機管理預警制度之研究」為主題；或「私立高職學校行政管理的混沌現象之研究」為主題，或「從混沌理論的觀點來探究高中學校組織之發展」為主題等。再如研究者閱讀有關教學評鑑指標的理論，發現目前有關教學評鑑指標測量項目及評鑑構面欠缺具體，且部分測量項目與教育現場不符合，因而研究者想編製一份適合國小教學評鑑指標

的量表，而以「國小教學評鑑指標的再建構」為研究主題，為達成研究目的，研究者採用德懷術、焦點團體訪談及問卷調查法。

### (三) 文獻資料的促發

從之前的文獻當中，研究者可能會發現許多值得研究者探討的主題。如文獻理論中研究者得知，一般教師的外向性人格特質與學生的學習動機有關，研究者是位華語文教師，因而研究者將研究對象改為以華語文教師為主，研究主題延伸為「華語文教師的外向性人格特質與學生學習動機之相關研究」，或「華語文教師的情緒智商與學生學習適應之相關研究」；再如研究者從內政部統計的相關資料中，發現國人的離婚率甚高，因而想探究離婚後的成年人對未來婚姻及人生的看法，可以設定「離婚成年人之婚姻觀的研究」為研究主題。

### (四) 驗證之前的研究

他人的研究成果與研究的進一步建議內容，也是研究者找尋研究議題的重要來源，從他人的研究中可以發現，原先研究主題的創新性與研究擴展的可行性。如研究者探究高中學生的生活壓力與憂鬱傾向之相關，研究者想探究的是變項間的關係是否也發生於高職學生的群體中，因而研究者可以以「高職學生的生活壓力與憂鬱傾向之相關研究」作為研究主題，如果研究者要縮小研究群體，而只以私立高職學生 ( 因為研究者認為私立高職學生的社經地位普遍較低，其生活壓力的感受可能較公立高職學生大 )，可以將研究主題設定為「私立高職學生的生活壓力與憂鬱傾向之相關研究」；此外，研究者從之前文獻中發現對於退休教師生活滿意度的調查研究中，甲研究者研究的主題為「退休教師的社會參與活動與生活滿意度之相關研究」；乙研究者研究的主題為「退休教師的身心調適與生活滿意度之相關研究」，二篇研究顯示社會參與活動、身心調適均與生活滿意度有顯著的正向關聯，此時，研究者可進一步將三個變項統整，除驗證之前退休教師之社會參與活動、身心調適變項與生活滿意度變項的關係外，也可探究二個變項對於生活滿意度是否有顯著的交互作用或有顯著的解釋力，或彼此間是否也有某種程度的關係存在，此時研究者可以就「退休教師的社會參與活動、身心調適與生活滿意度之相關研究」作為研究的主題。如果相同的一個主題已被多數研究者研究過，且研究獲致的結果大同小異，則重複相同研究議題的價值性相對的就較低，此時，研究者可改採「後設分析」(meta-analysis) ( 或稱統合分析 ) 的方法來

整合這些統計數據，建構不同的研究模型。

### (五) 因果關係的驗證

因果關係的驗證就是實驗研究法的應用，在社會科學領域中，實驗室實驗與真正實驗法的可行性較低，因而通常會採取「準實驗設計」，再以統計控制法 (共變數分析) 來處理數據資料。以教育或輔導諮商的領域中，一個新的教學策略、一個創新的教學方法或評量方式、一種輔導方案或理論的評估應用，均是一種教學效果或輔導效果的探究，如研究者想探究現實治療法於企業組織中的應用成效，而以「現實治療團體對中型企業組織績效落後員工輔導成效之效果研究」為主題；再如研究者想探究 Big 6 (大六) 理念應用於班級學習歷程的效益，可以以「大六技能為鷹架應用於國小高年級學童自我導向學習成效」為研究主題。在跳遠體育活動訓練中，研究者想探究左腳起跳與右腳起跳者，對跳遠成績是否有顯著的影響，可以以「不同起跳腳對跳遠成績之影響效果研究」作為研究主題。

### (六) 解決實務的問題

實務問題解決之研究歷程就是一種「行動研究」，行動研究是研究者於所處的情境中，為解決個體所遭遇到的實務問題，而採取之策略解決方法。行動研究的研究對象是一個個體，此個體可能是一個人、一個群體、一個組織 (班級或學校)，行動研究的結果關注的不是演繹推論到其他情境或其他母群體，著重的是對於研究者所處情境之人、環境或組織的改變。如研究者為國小主任，想提升學校學童的體適能，因而擬定一個完善而可行的體適能提升策略，並於學校中推展，研究者可以以「營造健康校園提升學童體適能之行動研究——以○○市 XX 國小為例」作研究主題；再如生態環境的教育推展研究，研究者可以以「建置生態校園提升學生探索興趣之行動研究——以○○市 XX 國中為例」作為研究主題。行動研究的研究典範可以是質性研究，也可以是量化研究，若是研究者有使用到測量工具或測驗或檢核表等，這些測量工具必須配合研究主題及組織情境自行編製，如此才能符合行動研究的意涵。

## 二、題目選定的考量

研究者在擬定研究主題時，同時必須考量到以下幾個因素：

**( 一 ) 研究者興趣**

　　有興趣的議題才能導引研究者研究的動力，興趣是動機的來源、動機是行動的開始，因而研究者在找尋主題時，必須是研究者感到興趣而又想進一步探究的議題。

**( 二 ) 專業的程度**

　　興趣只是促發研究者去「做」的動機，至於做了以後能否完成，或完成後論文的品質程度為何，則與研究者的專業知能有密切關係。專業知能的習得並非是短期的，它跟研究者在碩博士就讀期間的投入程度有密切關係，研究者專業知能愈豐富，愈能洞悉問題的根源，愈能完整而深入的進行資料的解釋，並作出合理而適切的推論。

**( 三 ) 概念的測量**

　　不論是量化研究或質性研究，研究者確定研究主題與研究實施程序後，還需要考量到一個重要因素：資料是可以有效搜集，以質性研究而言，受訪者是否願意配合，訪談的文字稿是否可以取得與轉譯；至於量化研究則是概念或構念是否可以有效測量，若沒有具體而適切的測量題項，則無法搜集到研究用的數據資料；此外，也需要考量到研究對象，若是研究的母群體為特殊群體 ( 如受刑人、離異者、遭遇家暴者、重大傷病照顧者等 )，則研究者應考量到特殊群體是否會配合問卷的填答。

**( 四 ) 研究的倫理**

　　研究倫理是研究者在整個研究過程中所應遵守的行為規範，如以正式出版社出版的測驗作為研究工具之一，研究者卻沒有向出版社購買測驗取得合法使用權限；或統計分析結果進行個體 ( 受試者個人或組織 ) 的資料分析並進行比較，個體資料未用編號代替，而直接把當事者的姓名或機構將統計分析結果呈現，造成當事者的困擾，或研究歷程中造成受試者的身心傷害等。

**( 五 ) 研究創新性**

　　創新是研究追求的目標之一，一個有創新性的研究其研究的價值性較高，但是創新必須有基本專業知能或學識涵養為基礎，其中主題可能是研究者經由觀察、閱讀、訪談等發現的。創新的主題探究，可作為後續研究者繼續研究的議

題，以創新性題目作為研究主題時，研究者要注意研究是否可行，因為此種創新性題目之前會沒有研究者從事研究，其中的原因之一可能是研究無法進行，此方面研究者要慎重評估考量。

### (六) 研究價值性

一般值得探究或研究的議題，是因為此研究主題或研究問題有其重要性或特殊性，研究結果有其理論的價值性或實務的應用性，對於社會科學或行為科學之知識有某種程度的助益。若是行動研究型的研究，則研究結果可提供問題解決的參考。量化研究研究議題之研究結果的效益有程度上的不同，不論效益如何，只要研究者循著研究流程，採取嚴謹方法搜集原始資料，則研究結果多少有其價值性存在。

### (七) 研究可行性

量化研究或質性研究在擬定研究主題與研究程序時，均需要考量到研究是否具體可行，研究目的是否可以達成。如研究者想探究婦女受家暴後，其婚姻觀及人生觀的看法為何？研究者擬採用訪談法，但卻沒有受家暴婦女願意受其訪談；或以「一位國外學生學習華語文心路歷程的分析──以韓國學生為例」研究主題而言，研究者無法從華語學習中心找到國籍為韓國學生，則此種研究主題的困難度就較高。以量化研究而言，研究者想以全國地區之高中教師為母群體，但此母群體甚大，研究抽樣甚為不易，則此類型的研究也較難以達成。

### (八) 研究實務性

就行動研究的觀點而言，研究者研究的主要目的在於解決問題，而非進行學術研究，因而行動研究的內涵是實務導向的研究，此種研究在於應用有效策略或方法以改變實務情境，增加效率與效能，或改變績效產能，或營造優質的工作或學習情境，因而研究者若是採用行動研究法，則應關注研究結果的應用性與實務性。

研究主題的來源及考量因素，可以以下列模型圖表示：

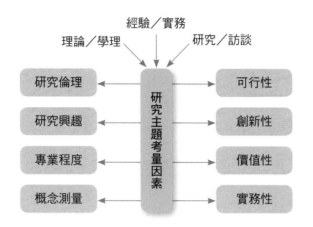

當研究者確定研究主題後，必須再閱讀相關的文獻資料，以擬定研究的目的及聚焦於要研究的問題，若是現況、事象或行為頻率看法的調查，則不用提出研究假設；若是二個變數間的相關研究或進行差異比較時，才需要提出研究假設。資料統計分析採用的是演繹推論，演繹推論為類似亞里斯多德所提的三段論式：

大前提：凡是人都會死。

小前提：因為您也是人。

結論：所以您也會死。

將演繹推論法用量化推論統計中的原理，以「有無抽煙和肺癌關係之研究」為例：

大前提：樣本統計量顯示有抽煙者得肺癌的機率，顯著高於無抽煙者。

小前提：母群體中有些人有抽煙、有些人沒有抽煙。

結論：母群體中有抽煙者得到肺癌的機率較高。

再以「高職學生生活壓力與自殺意向之相關研究」為例：

大前提：樣本統計量顯示高職學生生活壓力與自殺意向間有顯著正相關存在。

小前提：高職母群體中，學生對生活壓力的感受程度各不相同。

結論：高職學生對生活壓力感受愈高者，其自殺意向就愈高。

量化研究由於是由已知樣本統計量來推論未知母群體的參數，因而其統計分析方法的應用屬於哲學上的演繹法；如果研究者配合結構式訪談或非結構式訪談，以訪談受試者的想法、意見或對事件反應，以和量化研究結果進行檢核或比較，由於受訪者的意見不一，看法可能有所不同，此時研究者必須採用歸納法，將其中受訪者主要的共同論點擷取出來，否則無法聚焦資料，形成有系統的資訊。量化研究在確定主題後，其後的研究流程可以簡化為下列圖示：

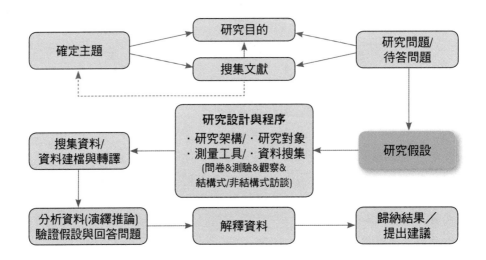

當研究者確定研究議題的同時，也要思考資料搜集的方法，研究的數據資料是否可以搜集得到，資料搜集的方法包括問卷、量表、測驗、觀察（檢核表或劃記）、結構式訪談等。若是研究者有把握資料可以藉由上述測量工具或方法加以搜集，接下來要考量的是「測量工具的編製」，不論測量工具是研究者自編、修訂編製或直接引用他人，研究者要把握測量工具的編製發展沒有問題。最後要考量的是慎選研究對象，如果研究對象是特殊群體，研究者要考量到可否找到這些特殊群體，或這些群體填答的可能性與填答的意願，如果研究對象填答問卷意願的機率可能性很低，則研究主題即使很有價值或創新性，研究目的也無法達成，這些因素均是研究者在擬定研究主題與選定研究對象時所應考慮的。

# 貳、測量工具——量表編製的一般原則

## 一、量表編製的一般原則

量表題項編製的適切性會影響受試者填答的真實性與意願。一般測量題項編製原則如下：

### (一) 編製修訂的量表必須與研究主題有關

如研究主題為國中學生學習動機、學習式態與學業成就關係之研究，研究者探究的三個變項名稱為「學習動機」、「學習式態」、「學業成就」，問卷中包含的三個主要研究測量工具為「學習動機量表」、「學習式態量」、「學業成就測驗」。問卷的名稱要能包括所有量表的內涵，並以中性的詞句作為標題，如上述研究測量工具探究的是國中學生的學習行為，因而整個問卷名稱以「國中學生學習行為調查問卷」為標題。一份問卷包含的量表類型愈多，則各量表的測量指標 ( 題項數 ) 就不應太多，一般而言，若有三個變項的量表，每個量表的測量指標項目最好在 20 題附近即可。

### (二) 測量題項的詞句要具體清楚明確，讓填答者能瞭解題項內涵

範例題項如：

1. 您瞭解我國的失業率嗎？
   □非常瞭解　□大部分瞭解　□少部分瞭解　□非常不瞭解
2. 您具有民主素養嗎？
   □非常符合　□大部分符合　□少部分符合　□非常不符合
3. 您推展的班上活動均有價值性？
   □非常符合　□大部分符合　□少部分符合　□非常不符合
4. 您認為貴校的行政單位運作良好嗎？
   □非常同意　□大部分同意　□少部分同意　□非常不同

範例中第一題「失業率」一詞欠缺具體明確，題項所列是要受試者回答那一年的失業率，第二題「民主素養」的一詞過於含糊，且其時間點也交代不清，第三題「價值性」語詞的界定不夠明確，是那種價值性？第四題「行政單位」所包含的處室很多，題項所要表達的是所有行政單位間的平行溝通聯繫，或某個行政單位的獨立有效運作呢？上述題項可分別修改如下：

**1.** 您瞭解我國今年的 ( 民國 97 年 ) 失業率大約是多少嗎？
**2.** 在開會場所表決中您會遵守「尊重多數服從少數」的規則嗎？
**3.** 您推展的班上活動都有正向的教育價值嗎？
**4.** 您認為貴校教務處的行政運作良好嗎？或
**5.** 您認為貴校處室間的職務分工情形合理嗎？

### ( 三 ) 測量題項的詞句要完整，讓受試者一看就懂

測量題項所表達的意思要完整，讓受試者一看到題項，即知道測量題項所要問的問題為何，表達不完整的題項如：

1. 退休後您固定運動嗎？
　　□非常符合　　□大部分符合　　□少部分符合　　□非常不符合

運動一詞過於模糊，題項中的「固定」指的是每週或每月？
建議修改題項為：退休後您每週固定從事游泳運動嗎？

2. 您的所得多少？＿＿＿＿

原題項中的「所得」指的是每天？每月？每年？或一年的總收入？由於研究者沒有完整的將詞句表達出來，易造成受試者填答的困擾，有些受試者可能無法明確判斷要如何填答，會跳過此題。
建議修改題項為：您一年的總收入所得多少？＿＿＿＿＿＿＿

收入變項的調查與受試者的隱私權有關，因而許多受試者可能不會據實回答，此效應會影響到之後問卷的填答，因而對於這種有關當事者隱私資料的調查，研究者要謹慎，若是此變因在研究者不是重要變項，研究者最好捨棄此調查題項，以免受試者產生防衛心理，而亂填問卷。

## (四) 測量題項中不要出現描述性的副詞或形容詞

　　所謂描述性副詞或形容詞如「經常」、「偶爾」、「極少」、「總是」、「常常」等，這些詞句是一種個人的知覺狀態，可以作為量表的選項詞，但出現於測量題項之中則較為不宜。以「經常」一詞而言，常會隨個人主觀認知不同而有差異，有些人一個星期七天游泳五次，覺得游泳的次數很少，有些人一個星期只游泳三次，便覺得已經很多了。較佳的測量題項是將描述詞轉換為較具體的數字。

　　出現描述詞的類型題項如：

---

1. 您經常運動嗎？
　□非常符合　□大部分符合　□少部分符合　□非常不符合
2. 您偶爾會大聲責罵學生嗎？
　□非常符合　□大部分符合　□少部分符合　□非常不符合
3. 退休後您極少從事運動嗎？
　□非常符合　□大部分符合　□少部分符合　□非常不符合
4. 貴校教師經常與行政單位對立嗎？
　□非常符合　□大部分符合　□少部分符合　□非常不符合

---

　　第一個題項可修改為：

　　1. 您一星期平均大約游泳多少次？

　　第二個題項可修改為：

　　2. 您平均每天大聲責罵班級學生大約多少次？

　　有些測量項目也可以出現描述頻率多寡的描述副詞或形容詞，只要題項的時間點能明確表示出來即可，如第三題與第四題可修改為：

　　3. 退休後您每週很少從事運動嗎？
　　4. 這學期來，貴校教師經常與行政單位對立嗎？

### (五) 一個測量題項只包含一個主要概念

　　每個測量項目或題項均是一個指標項目，因而只能測出一個主要概念，若是題項包含二個以上概念，則無法具體反映受試者對此概念或態度的看法。此類型題項如：

---

1. 您喜愛閱讀文藝小說及武俠小說嗎？
   □非常符合　　□大部分符合　　□少部分符合　　□非常不符合
2. 您和學校同仁喜愛閱讀心理輔導的相關書籍嗎？
   □非常符合　　□大部分符合　　□少部分符合　　□非常不符合
3. 教學活動中，您通常是採用直接教學法或分組討論法嗎？
   □非常符合　　□大部分符合　　□少部分符合　　□非常不符合
4. 我會參考其他教師有創意的教學策略或班級經營技巧，整合應用在我的班級中。
   □非常符合　　□大部分符合　　□少部分符合　　□非常不符合

---

　　上述題項中均包含二項概念，而二項概念又是獨立的，每個概念均可以單獨成為一個測量項目，以第一題為例，可能有某些受試者喜愛閱讀文藝小說，但不喜愛閱讀武俠小說，或不喜愛閱讀文藝小說，但喜愛閱讀武俠小說，此時測量項目即無法反映這些受試者的真正感受，造成受試者填答困擾。上述題項可修改為：

1-1. 您喜愛閱讀文藝小說嗎？

1-2. 您喜愛閱讀武俠小說嗎？

2-1. 您喜愛閱讀心理輔導的相關書籍嗎？

2-2. 貴校同仁喜愛閱讀心理輔導的相關書籍嗎？

【備註】：若是教師間的認識互動不夠，則詢問受試者對其他教師對某一事件或現象、方案看法的問題就不應出現。

3-1. 教學活動中，您通常是採用直接教學法嗎？

3-2. 教學活動中，您通常是採用分組討論法嗎？

4-1. 我會參考其他教師有創意的教學策略，整合應用在我的班級中。

4-2. 我會參考其他教師有創意的班級經營技巧，整合應用在我的班級中。

### ( 六 ) 避免雙重否定的描述語，少用單重否定的描述語

雙重否定的詞句易混淆當事者的判斷及思考，誤解題項所表達的意思，研究者若要增列測謊題或採用否定式詞句，則只要用單一否定的描述語即可，每個量表單一否定描述的題項最好不要超過二題。雙重否定描述語的題項類型及修正範例如：

1. 我不會與學生共同訂定具體不可行的班規。

   □非常符合　□大部分符合　□少部分符合　□非常不符合

   題項可修正為：我會與學生共同訂定具體可行的班規。

   或單一否定問題為：我<u>不會</u>與學生共同訂定具體可行的班規。

   我不贊同老師假期不分派——學生的回家功課。

   □非常符合　□大部分符合　□少部分符合　□非常不符合

   題項可修正為：我贊同老師假期不分派學生的回家功課。

   我不喜愛老師採取不民主的教學方式。

   □非常符合　□大部分符合　□少部分符合　□非常不符合

題項可修正為：我不喜愛老師採取權威的教學方式。

題項可修正為：我喜愛老師採取民主的教學方式。

或修正為：我<u>不喜愛</u>老師採取民主的教學方式。

### (七) 避免錯誤的前提或不當假定

題項內容詞句中若有不當假定或錯誤前提，則這些假定或前提通常會誘導受試者主觀的認知與勾選的取向，即會影響受試者原先的價值判斷。此類型題項如：

1. 學校應全部負起照顧學生的責任，基於此論點您同意學校應辦理營養早餐嗎？

 □非常同意　　□大部分同意　　□少部分同意　　□非常不同意

 題項中的不當假定語詞為「學校應全部負起照顧學生的責任」，此描述語詞會誤導受試者認為學校的職責是全面性，因而連學生早餐的問題也應重視，此種不當假定的題項通常會誘導受試者勾選「□非常同意」選項。

 題項可修正為：您同意學校應辦理營養早餐嗎？

2. 國小低年級每節上課時數 40 分鐘太長了，您同意縮短為每節 35 分鐘嗎？

 □非常同意　　□大部分同意　　□少部分同意　　□非常不同意

 第二題中「國小低年級每節上課時數 40 分鐘太長了」，此敘述語句是一種錯誤的前提假定，當受試者看到此句話時，會受到此句意涵的影響，認為目前國小低年級一節上課時間為 40 分鐘，對學童而言真的是太長了，因而當看到縮短到 35 分鐘時，便會傾向勾選「非常同意」選項或「大部分同意」選項。

 題項可修正為：您同意將國小低年級每節上課時間縮短為 35 分鐘嗎？

3. 若您是貴校校長，您會採取何種領導方式？

 □高關懷高取向　　□高關懷低取向　　□低關懷高取向　　□低關懷低取向

 或選項詞為：

 □民主　　□權威　　□權變

此種題項是一種不確定的假定詞句，假定受試者可能擔任某種職位、或某種事件會發生於當事者身上，爾後再詢問當事者有何反應或會採取何種策略，這與自陳量表的本質並不符合，這樣的題項最好不要出現。

## (八) 避免引導式或誘導式的詞句或問題

引導式或誘導式的詞句通常會引用學者專家或醫學觀點，來說明事件間的關聯性，之後詢問受試者對某一事件的看法或反應態度，由於受試者受到心理學「初始效應」的影響，因而其填答或勾選的選項，自然會朝向之前引導式或誘導式詞句所表達之事件關聯的影響，造成測量題項無法正確可靠的反映出受試者的真正看法或知覺感受。此類題項如：

1. 醫學證實抽煙對人體有害，您同意員工抽煙嗎？
   □非常同意　□大部分同意　□少部分同意　□非常不同意

   題項可修正為：您同意員工上班抽煙嗎？

2. 多數專家認為能力分班弊多於利，您同意國中新生應採取能力分班嗎？
   □非常同意　□大部分同意　□少部分同意　□非常不同意

   題項修正為：您同意國中新生採取能力分班嗎？

3. 學術研究證實，抄寫式作業對學生創意沒有幫助，您會同意暑假作業多數為抄寫式作業嗎？
   □非常同意　□大部分同意　□少部分同意　□非常不同意

   題項可修正為：您會同意暑假作業多數為抄寫式作業嗎？

4. 考試作弊是一種不道德的行為，您對於考試作弊的看法如何？_____
   _____

上述題項中的「醫學證實抽煙對人體有害」、「多數專家認為能力分班弊多於利」、「學術研究證實，抄寫式作業對學生創意沒有幫助」等，均是一種具引導式的提示語，這些提示語會導向受試者均朝某一個選項作出反應，如「□非常不同意」選項，此種題項所調查的數據資料之可靠性也不高。第四題為開放式題

項，但此題項的前半段卻出現負向誘導式的提示語：「考試作弊是一種不道德的行為」，受試者在回答此開放題時，定會受到前述負向誘導式的提示語的影響，如此無法真實反映出受試者對考試作弊的真正看法或意見。

### ( 九 ) 避免包裹式或同時涵蓋多種條文的法令問題

所謂包裹式的問題，即一個政策內包含許多次政策，或一個方案同時包含數個次方案，一個法令同時包含許多法令條文，或一個計畫同時包含多個子計畫等，研究者直接以包含次要項的主要項作為題項的題幹來詢問受試者，造成受試者填答的困擾。此種題項類型如：

---

1. 您認為《性別平等教育法》在中等學校實施的成效為何？
   □非常好　　□普通　　□尚可　　□欠佳
2. 您對《教師法》滿意的程度為何？
   □非常滿意　　□大部分滿意　　□少部分滿意　　□非常不滿意
3. 您對《高級中等以下學校及幼稚園教師資格檢定辦法》的瞭解程度為何？
   □非常瞭解　　□大部分瞭解　　□少部分瞭解　　□非常不瞭解
4. 您對貴子女就讀學校的滿意度為何？
   □非常滿意　　□大部分滿意　　□少部分滿意　　□非常不滿意

---

以第一題為例，性別平等教育法共有七大章三十條條文，內容包括了總則、學習環境與資源、課程、教材與教學、校園性侵害或性騷擾之防治、申請調查及救濟、罰則及附則，題項中所指的實施成效到底是那個主要部分，受試者無法明確得知，此外，若是受試者對於「性別平等教育法」的法令內容不瞭解，則無法填答此法令在學校落實實踐情形。再以第四題為例，題項所問的滿意度的內容過於寬廣，滿意度指的是對學校硬體的滿意、或對教師教學的滿意、或對校長領導的滿意，或對教師教學投入程度的滿意，因而受試者無法確切掌握題項的核心概念，在回答上造成某種程度的困擾。

### ( 十 ) 避免出現學術用語、地方俚語、成語或專門術語

題項的用語儘量要白話，詞句要讓每位受試者都看得懂、題意要讓每位受試

者都能明白，如此，受試者才能真實反映其看法。有關學術用語、地方俚語、成語或專門術語等，最好不要出現在題項中。此種類型的題項如：

---

1. 您對大學學力測驗每科劃分為 15 級分的看法為何？
   □同意　　□不同意　　□沒有意見
2. 我認為本校教師對學生普遍有月暈效應存在。
   □非常同意　　□大部分同意　　□少部分同意　　□非常不同意
3. 您同意教學觀摩中，學生會有霍桑效應的行為發生嗎？
   □非常同意　　□大部分同意　　□少部分同意　　□非常不同意
4. 您瞭解貴子弟在這次三年級模擬考中的 T 分數嗎？
   □瞭解　　□不瞭解　　□沒特別注意
5. 貴校校長採取下列何種領導方式？
   □高關懷高取向　　□高關懷低取向　　□低關懷高取向　　□低關懷低取向
6. 我覺得我們校長是位剛柔並濟的人？
   □非常同意　　□大部分同意　　□少部分同意　　□非常不同意

---

上述範例中的「學測 15 級分」、「月暈效應」、「霍桑效應」、「T 分數」、「X 關懷 X 取向」、「剛柔並濟」等詞，是學術用語或專門用語或成語，這些用語非其專門領域的人無法瞭解，多數人無法明白其所代表的意義，因而出現在題項中並不適切。

**(十一) 避免受試者能力無法回答的問題**

問卷填答要有效，必須是受試者有意願也有能力回答，對於受試者無法知悉的事情，如他人對某件事件或現象的看法，由於這並不針對受試者本身的知覺感受而設計，因而受試者通常無法回答，如「多數家長對於班上導師的班級經營多持肯定態度？」受試者對子女班上導師的班級經營看法如何予以回應，但對於其他家長的態度為何則無從得知，此種題項並不是自陳量表的一種。受試者能力無法回答的問題類型如：

1. 您瞭解青少年的次文化？(受試者家長)
   □瞭解　□不瞭解
2. 您對於貴子女就讀學校之知識管理作法的滿意程度為何？(受試者家長)
   □非常滿意　□大部分滿意　□少部分滿意　□非常不滿意
3. 本校其他教師十分肯定我採用的班級經營策略。
   □非常符合　□大部分符合　□少部分符合　□非常不符合
4. 您第一次被級任老師責罵是在那個求學階段？
   □國小　□國中　□高中職　□大學

**(十二) 背景資料最好與研究變項有關**

　　量化研究中多數研究者會將背景變項納入自變項之一，以探究不同背景變項的受試者在某個變項態度上的差異。背景資料變項如受試者性別、年齡、婚姻狀態、服務年資、教育程度、年總收入等。問卷中所列的背景資料，必須是日後資料分析時的變項之一，研究者日後資料的統計分析沒有使用到，調查這些背景變項，徒增受試者填答的困擾。背景資料變項分類時必須兼顧周延性與互斥性，所謂周延性是類別群體(水準)的分類，包含所有母群體中的所有可能類別，如性別變項的類別劃分為男生與女生，即可包含所有母群中個體的性別；互斥性是類別間不能有交集重疊處，否則許多受試者無法勾選，沒有互斥性的題項如：

　　您的年齡為：□ 30 歲以下　□ 30 至 40 歲　□ 40-50 歲　□ 50 歲以上

　　上述題項中若年齡剛好為 30 歲、40 歲、50 歲的受試者，則可以勾選二個選項，如年齡為 40 歲的受試者，可以勾選「☑ 30 至 40 歲」選項，也可以勾選「☑ 40-50 歲」選項，較適宜的類別劃分為：

　　您的年齡為：□ 30 歲 (含) 以下　□ 31 至 40 歲　□ 41-50 歲
　　　　　　　　□ 50 歲 (含) 以上

　　問卷調查實施時，可能是研究者親自施測或以郵寄問卷方式施測，若是研究者親自施測，則問卷回收較無問題；若是採用郵寄問卷的方法，則要注意問卷回

收的比率，問卷的回收率愈高，有效樣本數愈多，統計誤差或抽樣誤差值相對的就愈小，要提高問卷的回收率，應注意以下量表編製的事項。

## 二、量表編製時的注意事項

### (一) 慎選研究主題與研究對象

研究主題若是敏感性或具威脅性的議題，如婚前性行為、考試作弊行為、抽煙行為、課堂翹課行為等，其問卷若設計不當，則問卷的回收率可能很低，此種特異議題的調查研究一定要採用匿名方式填答。此外，研究者要具體明確的告知受試者研究用途，除不進行個別資料分析外，也會遵守保密守則。此外，若是研究的特殊群體，研究者不用局限於機率抽樣的方法，也可採用便利、判斷或滾雪球的抽樣方法。

### (二) 問卷的總題項數最好不要太多

問卷編製時，研究者可能會經專家效度、預試問卷歷程進行刪題，之後再編製為正式問卷，問卷的題項數不宜過多，每個量表的題項數最好介於 15 題至 20 題中即可，量表中的每個構面以 3-5 題最為適宜。總問卷的題項數最好不要超過 60 題 ( 總題項數能低於 50 題更佳 )，因為題項數愈少，受試者填答的意願愈高，若是問卷題項數超過 70 題以上，從未謀面的受試者配合填答的意願自會降低。

### (三) 重視問卷的表面效度

問卷的格式編排適切、印刷精美、字體適中，視覺效果佳，則能提高受試者填答問卷的意願。此外，除了進行研究所需，否則不需要受試者具名回答，而以「不具名」方式較佳，因為「具名」填答的問卷，受試者填答的意願會較低。表面效度除重視字體大小、版面的編排、印刷的品質，紙張顏色的選用也非常重要，過於沉浸於政治的民眾，有些對於某種紙張顏色會排斥，因而研究者在選用紙張顏色時也要注意。

### (四) 附上請託函及回郵信封

請託信函是研究者對受試者的一種書面性的禮貌行為，表示的是對受試者的尊重，讓受試者知道研究者為何人，為何要從事此研究，研究結果會如何應用等。當受試者覺得他受到研究者尊重，與自覺個人在研究中的重要角色時，對於

配合的意願會較高。此外，為讓受試者能儘速將問卷寄回，必須於原問卷信封中附上回郵信封，回郵信封的收件人、郵遞區號、收件人地址、郵票均已完備，如此，受試者將問卷郵寄回來的比率自會提高。

### (五) 同一組織找一位負責人回收寄回

若是研究者以各組織群體為問卷施測對象，可協調並請託單位組織內的某個個體協助發放及回收問卷，此個體在組織中是位較有影響力者，影響力並非是權勢的誤用，而是一種正向人際關係的運用。對於協助發放及回收問卷的組織或各單位負責人，研究者最好親自拜訪或電話請託。

### (六) 給與填答者誘因——金額不多的紀念品或物品

誘因即是一種增強物，其金額不用太多，所謂「禮輕人義重」，誘因只是表示研究者對受試者的尊重與禮貌，誘因物品太貴重，研究者財力負擔不起，而受試者也會覺得很奇怪。誘因物品的選擇上，要根據受試對象的不同而稍有差異，一般常見的誘因物品如原子筆、自動鉛筆等書寫工具，因為此種書寫工具增強物較為便宜也較為實用。

### (七) 考量受試者填答的前後日期

在問卷發放時，若能掌握研究母群體重大事件的活動日期，則研究者可避開於母群體最為忙碌的時間進行問卷調查。如研究者的母群體為中小學教師，開學後一至二星期及學期結束前一星期，是教師最為忙碌的時間點，研究者若於此時發放問卷，則造成教師的不便，進而影響教師填答問卷的意願與問卷回收的比例；再如國中學生月考前一週或月考當週對學生施測，也會造成學生及任課教師的困擾。

### (八) 催收——電話請求或再寄提示信函

當問卷寄發後二至三星期，若是尚未收到寄回問卷，則研究者可進行問卷催收工作。問卷催收是以電話中肯的態度，請求當事者能幫忙或再寄一份問卷及催收信給受試者，當研究者有進行問卷催收工作，問卷回收率都會提升。由於受試者是在配合研究者進行研究，問卷填答並不是受試者應履行的義務，因而在問卷催收信函的用語上，要以中肯而請託的詞句來敘寫。

## 參、量化研究倫理

不論是質性研究或量化研究，在整個研究歷程及資料結果的呈現均必須恪遵研究倫理，研究倫理是研究者在整個研究過程中所應遵守的行為準則，或表現出正向而能為社會大眾接受的行為。從教師行動研究或實驗研究觀點而言，研究者必須遵守研究倫理守則，研究倫理守則包括以下幾點 (Kirk, 1995)：

1. 研究者應該知悉研究倫理、價值的所有議題，負起作研究決定的責任，也應為採取的行動負起全責，不論是研究主持人、協同研究者、研究助理或研究職員均應遵守所有研究過程中應有的倫理守則。

2. 受試者應該被告知相關研究的訊息，尊重受試者。在實驗過程中受試者有權拒絕或中途離開，研究人員對受試者的福祉、權利、尊嚴，要特別加以保護與尊重。

3. 保護受試者身心安全，真實告知受試者危險程度與可能受到的影響。研究者有義務更改或重新規劃有害於受試者身心安全的實驗設計。

4. 保護弱勢族群受試者的人權、興趣，弱勢族群如學童、少數民族、病患、貧困者、犯人等。

5. 未經事前謹慎嚴謹的倫理分析，不能對受試者使用隱瞞策略。要保證受試者不因研究而受到任何傷害。

6. 參與者私人資料只有在其事先同意的前提下，才能搜集；研究結果的出版也要當事者的同意或以筆名出現，以保障當事者的隱私權與人格權。

7. 資料搜集分析後，應提供有關研究性質與相關發現給受試者。此外，更應正確而誠實地呈現研究報告，不能任意扭曲資料的解釋結果

以質性研究者而言，研究者若採用完全參與者的觀察類型，此模式即被觀察者完全不知研究者為何人，也不知其行為時時刻刻正在被他人觀察，觀察者與被觀察者在自然情境中一起從事活動，被觀察者從頭至尾均不知道其行為表現，或一舉一動、一言一行受到他人的觀察記錄，若是研究者在活動結束後，也未告知受試者其行為已被研究者觀察記錄下來，之後，研究者將田野觀察的結果作成研究論文發表，研究者的研究行為恐有違研究倫理；此外，在訪談結果中，研究者未持中性立場，誤解受訪者的意思並有意扭曲，未將受訪者原始表白的意思正確

轉譯為文字書面檔案，而是斷章取義或任意擷取受訪者的話語，表示研究者的研究欠缺詳實，可能造成受訪者的身心傷害，此種研究歷程也有違研究倫理。

社會科學領域中，研究者在研究過程中應遵守受試者「自動同意原則」，絕不強迫任何人參加研究，除非研究者是基於特殊而正當的理由，否則也不可以欺騙受試者。學者 W. L. Neuman 指出：不論是實地研究或實驗研究，研究者可能基於正當方法論的觀點採取欺騙受試者的方法，因為如果受試者知悉真實研究目的後，他們可能會改變原來真實的行為表現，或不讓研究者進入研究場域進行研究，若是研究者能夠在不欺騙情況下可達成同樣的事情，絕不可以採取欺騙受試者的方法。此外，研究者必須於事後對受試者詳細說明，絕對不能對受試者隱瞞 ( 王佳煌、潘中道譯，2008)。

就量化研究的觀點而言，不論研究者是採用問卷調查法 ( 可能是行為、現況調查，或是從事態度構念間相關的調查探究 ) 或實驗研究法，研究者應遵守的倫理行為有以下幾項：

## 一、嚴禁捏造原始數據資料

量化研究最重要的是研究者要去搜集原始資料 ( 一手資料 )，原始資料的取得可能是透過問卷調查 ( 一般書面式的問卷或網路線上問卷 ) 之量表、調查表或測驗等取得，此外，也可能是透過觀察劃記或檢核表取得。如果研究者沒有實際從事搜集資料的研究程序，即無法獲得原始的數據資料，此時，若是研究者憑空捏造數據資料，進行資料的統計分析，即是一種資料造假的行為，此種行為嚴重違反研究倫理，是一種不合乎倫理，也不道德的行為。量化研究中不論統計分析結果是否支持研究假設，至少數據資料是研究者利用修訂編製之相關測量工具搜集而得的原始資料，研究者若是依照量化研究的程序，所搜集到的一手資料並沒有「對」或「錯」的問題，只有「適切與否」、或「可靠性程度差異」的問題，但如果研究者完全沒有進行資料搜集的工作，而是於研究室或個人研究處理室內，憑空捏造假的數據資料，則其行為不僅是「錯的」，而且是研究中所不允許的行為。

## 二、嚴禁塗改統計分析數據

第二種嚴重違反研究倫理行為者，為研究者雖然有實際的從事資料搜集工

作，但在統計分析時，任意塗改統計輸出的報表數據，以讓研究者擬定的研究假設可以獲得支持，如二個變數間的相關係數與顯著性統計分析結果分別為 r = .25、p = .068，研究者在論文報表中故意將之改為「r = .45、p = .002」，因而假設檢定從「接受虛無假設」變為「拒絕虛無假設」，研究假設從「無法得到支持」變為「可以獲得支持」，任意篡改數據資料或統計分析結果也是一種造假行為，此種行為也是嚴重違背研究倫理，是一種不合乎倫理也不道德的行為。量化研究的迷思之一就是，研究者多希望其研究假設能獲得支持，其實未獲得支持的研究假設，也有其背後隱含的意義，只要研究者能加以客觀詮釋與作出合理解釋，也許也是一項另類的發現。

### 三、嚴禁以威脅或權力強迫受試者配合

研究者在資料搜集過程中，不能藉由權勢或威脅等不當方式，強迫受試者填答問卷、或配合參與實驗的進行。此外，整個研究過程不能讓受試者生理或心理受到傷害，如讓實驗組看了極恐怖的影片或照片，或讓受試者置身於會讓其產生高度焦慮的情境中，之後再讓受試者填寫情緒改變量表，此種研究歷程或研究設計也違反研究倫理；此外，若是研究者藉由職權，或權力或不當控制 ( 如以考績逼迫受試者 )，來強迫受試者填答問卷，也不符合研究倫理準則；如研究對象為學校教師，行政人員隨機發放問卷時，強迫教師一定要填答，若未繳交則會影響教師考績；採取叢集取樣時，被抽取為樣本的班級，老師強迫每位學生均要填答，否則要扣某科成績等，當受試者非在自由意志之下填答問卷，會心不甘情不願，也不會全心誠實的填答問卷，此時研究者所得到的數據資料是很不可靠的。此外，研究對象不能以「無行為能力」者為受試對象，因為無行為能力者 ( 如失智老人 ) 根本無法完成問卷的填寫，研究搜集到的數據資料是有問題的。

### 四、客觀進行資料分析並進行資料保密

質性研究中為保護當事人，在論文資料的呈現會將當事人真正的身分隱藏，而改以化名或其它間接方法來描述當事人，讓讀者無法從文章中推斷受訪者或當事者為何人。在量化研究中，研究者要統計分析的是整體數據資料，而非是個別填答者、個案或組織體，如果研究者要進行個別組織群體的分析，必須以代號呈現，論文報告中的個體均要轉換為代碼，不能將個體如學校名稱、個人、組織、

單位加以直接呈現；而個別受試者填答的資料，研究者也必須遵守保密規定（假設從問卷或測驗中可以得知受試者）。對於搜集的數據資料，研究者對於統計分析結果的解釋必須客觀中性，符合一般推論統計的寫法。若是採用從結構式訪談或半結構式訪談，必須真實無誤將受訪者的意見呈現，並加以統整歸納，而非以自己主觀的看法來論述。

## 五、敏感性資訊的獲得，要重視當事者的隱私

在量化研究中，有些研究主題的內容之敏感性極高，問卷的測量題項也與受試者的隱私權有關，這些研究主題如性行為、偷竊、考試作弊、抽煙、閱讀不良刊物等。這些主題的測量題項對多數人而言是頗具侵犯性，許多受試者對於這些調查問卷是不願據實填答的，因而若是研究者基於研究需要，要以上述所列之相關敏感性的主題作為探究的議題，研究者必須很明確且坦白的告知受試者研究目的及用途。此外，也要遵守保密行為規範，資料不進行個別受試者的統計分析，而是對所有樣本作整體現況的瞭解。為了讓受試者去除防衛心理，填答者最好以不具名方式填答問卷。

## 六、直接引用他人的測量工具，未徵求當事者同意

量化研究中的測量工具如果是出版社正式出版的測驗，研究者必須正式購買才能使用，若研究者未正式購買而直接使用，則會違反著作權法，將構成非法使用之不合法的研究行為。若是研究者的量表是直接引用他人編製的量表（未正式出版），或只進行少數題項的增刪或詞句修改，在使用前必須徵求原編製者的同意，在未徵得原編製者的同意之前，不能任意使用其量表作為研究的測量工具，這些都是研究者在使用測量工具時應遵守的行為準則。

## 七、抄襲他人數據或引註不當

數據抄襲是研究者將他人的研究數據結果作為自己統計分析的數據，此種行為與造假行為一樣，是研究程序嚴重的不合乎倫理守則行為。社會科學領域之量化研究的設計中，即使採用相同的測量工具、施測相同的研究對象，所得到的數據結果一定不會完全相同，如平均數、標準差、樣本統計量等量數的數值（一般取到小數第二位）不可能完全相同，其相同的機率甚低。此外，在文獻資料上，

研究者可能發生過度引用的情形，或研究者從某學者、他人研究中抄錄一段文章卻沒有加以引註來源，此種情形將造成引註遺漏的情形。引用不當或引註遺漏可能是研究者在撰寫論文中的疏漏之處，其爭議較少，只要研究者事後補上即可，但數據抄襲則是一種造假行為，其行為已經違法，其舉動是一種嚴重的違反研究倫理。

　　量化研究歷程中，研究者必須遵守的行為準則或研究倫理的具體行為如下圖：

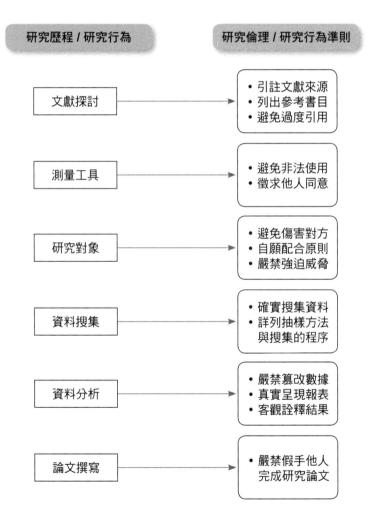

量化研究內容的
檢核與評析

　　不論是量化研究或質性研究，一般論文寫作格式均以美國心理學會 (American Psychological Association [APA]) 出版手冊為依據，這是行為及社會科學研究領域，多數研究論文寫作的參考範例格式。

　　在論文目次排列中，主要章節目錄之前會先呈現論文中英文摘要、圖表目次。一般而言，中文摘要列於英文摘要之前，其次是目次 ( 或稱目錄 )，目次的後面為表次 ( 表目錄 )、圖次 ( 圖目錄 )( 一般常說圖表，但通常是表次在前，圖次在後 )。論文主體第一章的編碼從數字 1 開始，依序遞增編碼，第一章之前的頁碼通常採用 I、II、III、IV、V、VI、VII、VIII、IX、X 的編碼方式，以和章節內容的頁碼有所區隔。

　　量化研究的摘要一般要包括以下幾個部分：研究目的、研究方法、研究樣本、研究工具、資料處理採用之統計方法、研究結果與研究建議，摘要後面附上三至四個關鍵字詞。下面範例摘要修改自吳窈芬 (2008) 論文摘要部分內容：

### 高雄市成人社區公共事務參與
### 態度與公民素養關係之研究

#### 中文摘要

①本研究旨在探究高雄市成人社區公共事務參與態度與公民素養之關係②，研究方法主要採用問卷調查法，以居住高雄市的成人為研究樣本，並以隨機取樣抽取受試者，總共發出問卷 500 份，有效回收 411 份，有效樣本回收率為 82%。主要研究工具為研究者修訂編製之「社區公共事務參與態度量表」及「公民素養量表」。資料處理採用的統計分析方法，包括項目分析、信度分析、次數分析、描述性分析、積差相關、t 考驗③、二因子變異數分析④、複迴歸分析、典型相關及結構方程模式等。

⑤有效資料經統計分析歸納主要研究發現得到以下結論：1. 成人對社區公共事務參與態度表現具中上水準，在「社區環境」層面得分最高，得分最低的是「社區活動」層面。2. 成人公民素養程度頗高，尤其對公民角色的認知最為理想，但在公民個人行為表現與公民團體行為表現兩個層面則較不理想。3. 50 歲以上、已婚、高中職、居住社區時間 15-20 年的成人，在社

區公共事務參與態度有較佳的表現。4. 成人社區公共事務參與態度程度越高，其公民素養表現亦高，顯示社區公共事務參與態度與公民素養有正相關存在。5. 成人社區公共事務參與態度的表現不因性別及個人收入而有差異存在。6. 性別、年齡、婚姻狀況、職業及個人收入不影響成人對「社區環境」、「互動意願」及「社區營造」的參與。7. 成人社區公共事務參與六個態度面向與其公民素養四個行為面向間典型相關顯著，六個控制變項主要透過二組典型變量影響到四個效標變項，二者之整體關係密切。8. 成人社區公共事務參與六個態度面向可以有效預測成人公民素養，其共同解釋變異量為50.2%。9. 成人社區公共事務參與態度對成人公民素養之因果模式圖的驗證方面，若將部分測量指標的誤差項設定為非獨立關係，則假設因果模式圖與樣本資料尚可以契合。

（6）根據上述研究發現，本研究提出以下幾點建議：(一) 對社區居民的建議：1. 在社區居住環境中，加強對公共領域的瞭解。2. 主動參與社區公共事務，並培養合群性。3. 學習公共服務的精神，進而對社會盡義務與責任。(二) 對社區及政府相關機關的建議：4. 舉辦居民喜歡且有意義的活動。5. 運用社區組織，整合社區資源，培養居民的認同感。6. 設計一套鼓勵社區參與的獎勵機制。7. 加強社區安全網絡。8. 重視對婦女及高齡者的服務，促進參與的機會。

關鍵詞：成人、社區公共事務、參與態度、公民素養（7）

459

上述摘要中包括研究題目、研究目的（1）、資料搜集方法與抽取樣本方法（2）、資料搜集的研究工具（3）、資料處理中所使用的統計方法（4）、研究結論（5）、研究建議（6）與關鍵詞（7）。摘要內容儘量簡短，最好不要超過二頁，若能簡化於一頁內呈現較佳。

在章節的敘述上，各章的起始頁通常為「奇數頁」，若是一章的結束在奇數頁，則次頁偶數頁應留空白頁。各章與節中間應加註一段簡要說明文字，否則文章本文的架構不夠完整。至於目錄中呈現的章節排列應呈現大綱式的排列方式，大標題與次標題排列要層次井然，章之下的次標題節要內縮一格，「附錄」中的附錄一、附錄二等次標題也要內縮一格，如此大綱層次才會清楚，至於章標題則

對齊文字的左邊緣即可。

【總目次範例】

# 目次

節要內縮一個或二個全形空格

次標題要內縮，綱要層次才會清楚

【 章起始頁範例 】

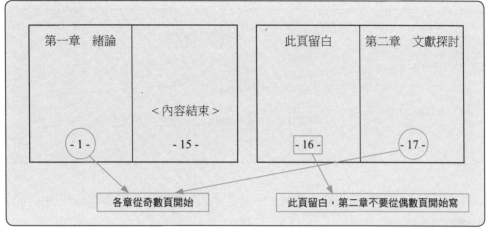

　　各章要從新的一頁開始 ( 必須為奇數頁 )，不要為了節省印刷成本而接續於
前一章節結尾之處。

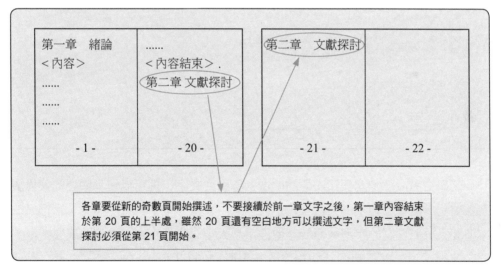

　　在章節的接續上，一般常見的缺失有以下幾點：一為章標題與節次標題中間
沒有導引性說明文字；二為部分章的起始頁接續於前一章文字之後，沒有從新的
一頁開始 ( 此頁應為奇數頁 )；三為各章中次標題節從新的一頁開始，而不是接
續前一節次的後面 ( 節標題不用從新的一頁開始 )；四為章標題與節次標題的格
式沒有置中對齊，章標題與節標題的文字大小一樣，無法看出章節的層次。若章
與節中沒有增列一二段起始說明文字，會造成較多的綱要標題，文章的前後脈絡

性較差，範例如：

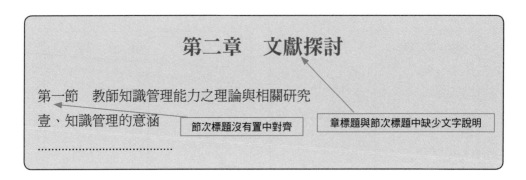

由於各章標題屬第一層次標題，因而各章的起始要從新的奇數頁開始，至於節次標題屬第二層次標題，節的標題接續前一節之後的文字即可，範例格式如：

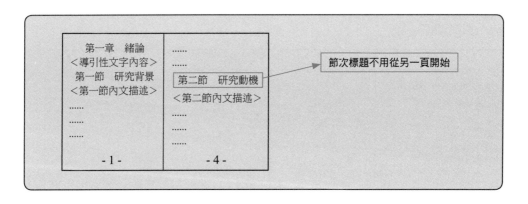

若研究者於章標題與節次標題間增列導引性文字，則可以使章節間的連貫更有脈絡化，而章標題字與節次標題字於本文中要採「置中對齊」格式，章標題的字型要大於節標題的字型，至於字型與字型大小研究者可自行決定，只要把握美觀、清晰即可。以下範例為摘錄修改方惠麗 (2009) 碩士論文之＜第二章文獻探討＞及＜第五章研究結論與建議＞的部分內容：

## 第二章　文獻探討

　　本研究就搜集到有關國內外與知識管理、班級經營之相關資料加以分析，以探討國小級任教師知識管理能力與班級經營效能間關係。首先，先就知識的意涵加以釐清，再從知識管理的意義與特性切入來分析知識管理的內涵，以作為本研究的依據；接著，針對班級經營的定義及特性提出討論，並釐清班級經營效能的意涵，以界定班級經營效能的研究指標，以作為量表編製的依據。最後再就近期相關實徵研究的結果，加以分析探究，以期與本研究的結果相互印證。

　　本章旨在探討國小教師知識管理能力與班級經營效能的意義與理論，以及兩者間的關係。全章共分三節：第一節為教師知識管理能力之理論與相關研究；第二節為班級經營效能之理論與相關研究；第三節為知識管理能力與班級經營效能之關係及其相關研究。

導引性說明之文字段落，類似前導架構

### 第一節　教師知識管理能力之理論與相關研究

## 第五章　研究結論與建議

　　本研究旨在探討高雄市國小級任教師知識管理能力與班級經營效能之關係。首先，從文獻分析探討教師知識管理能力與班級經營之意涵、理論基礎及相關實徵研究，據以形成本研究之研究架構，作為問卷調查之測量工具編製修訂的依據；其次，以高雄市國小級任教師為母群體，採用分層抽樣及隨機取樣二階段的取樣法，抽取研究對象進行問卷施測；最後就搜集的資料進行統計分析，並撰述歸納統計分析的結果，以驗證研究所提的研究假設；最後將主要研究發現統整為結論，並根據結論發現提出具體的研究建議。

導引性說明文字

```
第一節    主要研究發現

    根據第二章文獻探討及第四章資料之統計分析結果，本研究得到以下幾
點研究發現：
壹、......
    <標題壹之內容>                              導引性說明文字
貳、......
    <標題貳之內容>
```

# 壹、緒論內容的檢核

第一章研究動機的描述方面，敘述內容要扣緊研究主題，研究動機所要呈現的內容就是研究者為什麼要從事這個主題的研究，動機的敘寫要具說明力，其中研究者要考量的是研究動機定要契合研究主題，為什麼研究者要從事此研究的原因要完整的交代，通常研究者會從實務經驗或理論文獻導出。在理論文獻方面，一般會有二種情形：(1) 為研究文獻很少，之前相關研究很少或沒有人研究，所以研究者才要從事此方面的研究，以從事創新性或探索性的探究；(2) 為研究文獻很多，但研究者為進一步探究變項間的關係是否因時空轉變而有所不同，因而又做同樣類似的研究。

就第一點而言，相關的理論文獻很少，可能有三種可能，一為研究主題不值得研究，二為研究變項間的關係不值得探究，三為之前研究者對於此主題的價值性加以忽略。不論是何種論點，若是相關理論文獻不多或相關實徵研究很少，研究者應將為何 (why) 要探究此研究主題的原因加以詳細論述，只要研究者論述的合理且具說服力，當然研究主題就值得探究。對於第二點而言，理論文獻很多，表示之前已有許多相關的實徵研究，既然之前已經有很多研究者對類似或相關主題做過研究，為何研究者還要從事此一主題的探究，是否有舊酒裝新瓶的感覺，此部分研究者應該於研究動機中詳細論述此研究與之前研究不同之處在那裡？研究的價值性為何？研究者進一步重複此研究的前因脈絡為何？否則無法明確說服他人。

有些研究者在找尋文獻資料時，常會提出這樣一個問題：「糟糕！我的文

獻資料很少」，其實這是不用擔心的，因為某些具創新性的發現研究，之前相關的文獻或實徵研究就會比較少，「文獻資料不在多，而是在於是否與研究主題有關」，研究者要把握的是如何有系統而有脈絡的將文獻資料呈現。

研究動機敘寫欠缺完整的範例如：

> 有關不同教師性別對於教師評鑑的接受情形是否有顯著不同，之前的實徵研究 很少 ，由於此部分差異的實徵性研究不多， 因而研究者在背景變項中 也將教師性別 變因也納入， ……

| 很少過於籠統，研究者找尋到的相關實徵研究資料有幾篇並未增列 | 這樣的論述說服力不夠，研究者要說明的是「為何」要將教師性別變因納入。 |
|---|---|

**【重新改寫的範例】**

> 有關不同教師性別對於教師評鑑的接受情形是否有顯著不同，之前的實徵研究很少 ( 方國雄，2008；林啟光，2007) ，由於此部分差異的實徵性研究只有二篇，加上二篇研究結果並不一致，其實際的差異情形有待進一步探究；此外在研究者個人職場經驗中發現，許多學校試辦教師評鑑活動時會因教師性別不同而有不同的接受度，由於這只是個人服務學校教師的情形，加上缺少實徵量化數據支持，不能作推估分析，因而在研究背景中將教師性別變項作為研究變因之一。

| 詳細交代之前，已有那些人做過相關或類似的實徵研究 |
|---|

研究動機的敘寫有二個不同格式，一為將研究者研究動機的內涵融入本文之中；二為以條例式的方面呈撰述研究者的研究動機，其範例格式如下：

**【將研究動機融入本文之中的基本範例】**

> # 第一章　緒論
>
> ＜前導性引言的內容＞
>
> ## 第一節　研究動機
>
> ＜研究動機內容描述＞，……，此為研究動機之一。(或敘寫是為研究動機之一)
>
> ＜研究動機內容描述＞，……，此為研究動機之二。(或敘寫是為研究動機之二)
>
> ＜研究動機內容描述＞，……，此為研究動機之三。(或敘寫是為研究動機之三)

**【條列式列舉研究動機的範例】**

> # 第一章　緒論
>
> ＜前導性引言的內容＞，……。
>
> ## 第一節　研究動機
>
> 內容描述，……。
>
> 根據以上研究背景所述，研究者探究此主題主要的研究動機有以下四點：
>
> 一、有感於國中教師外向性人格特質之影響的探究文獻不足
>
> 　　＜內容描述，……＞。
>
> 二、對於國中教師角色壓力與幸福感之現況了解有其重要性＜內容描述，……＞。
>
> 　　＜內容描述，……＞。
>
> 三、探討國中教師外向性人格特質與幸福感受之關係有其教育價值性
>
> 　　＜內容描述，……＞。
>
> 四、探討國中教師角色壓力與幸福感受之關係有其必要性
>
> 　　＜內容描述，……＞。

註：此格式摘要修改自謝玫芸 (2008) 之碩士論文。

有些研究者會於研究動機之前增列「研究背景」小節，研究背景與研究動機不同，前者在描述一個事實現況或脈絡情境，後者在於敘述研究者為何要從事此研究的原因，研究者若不增列研究背景小節，可將研究背景內容融入於研究動機之中。第一章研究動機之後會詳列研究目的與研究問題，研究目的與研究問題必須是有機的連結，其前後必須契合(質性研究是研究目的與待答問題的連結契合)，有些研究者會將研究目的與研究問題作一對一的對應，如此，會造成研究目的過度瑣碎，一般而言，研究目的約詳列四至六項即可。如研究者探究的主題為「國民中學學校組織的知識管理、創意活動與學校效能關係之研究」，研究者探討的研究問題為：

**1.** 國民中學學校組織的知識管理、創意活動與學校效能的現況為何？

**2.** 不同組織變項(學校規模、校長性別、學校位置、校長學歷)學校的知識管理是否有顯著不同？

**3.** 不同組織變項(學校規模、校長性別、學校位置、校長學歷)學校的創意活動是否有顯著不同？

**4.** 不同組織變項(學校規模、校長性別、學校位置、校長學歷)學校的學校效能是否有顯著不同？

**5.** 學校組織的知識管理與創意活動間是否有顯著相關？

**6.** 學校組織的知識管理與學校效能間是否有顯著相關？

**7.** 學校組織的創意活動與學校效能間是否有顯著相關？

**8.** 學校組織的知識管理與創意活動各變項是否可以有效預測學校效能？

**9.** 學校組織之知識管理、創意活動影響學校效能的假設因果模式是否可以得到支持？

若採用研究目的與研究問題一對一的呼應寫法，則至少要列九個研究目的。相對地，採用綜合式的寫法，則上述九個研究問題可以整合為以下五個研究目的：

**1.** 瞭解國民中學學校組織之知識管理、創意活動與學校效能的現況。

**2.** 探究不同組織變項的學校在知識管理、創意活動與學校效能的差異情形。

**3.** 探究學校組織之知識管理、創意活動與學校效能間之相關程度。

**4.** 探討學校組織之知識管理、創意活動對學校效能的預測情形。

**5.** 驗證學校組織之知識管理、創意活動對學校效能影響的因果模式圖。

　　在量化研究中，研究目的、研究問題與研究假設是前後契合的，通常研究目的與研究問題敘寫於第一章緒論中，而研究假設則敘寫於第三章研究設計與實施中 ( 有些研究者會將研究假設呈現於第一章中 )。量化研究的差異比較時，研究者除探究變項間的關係或因果模式外，也會進一步分析背景變項 ( 個人或組織的基本資料 ) 在變項間的差異情形。個人或組織背景變項很多，為何研究者只要探究在研究架構中所呈現的背景變項，研究者要於第一章研究動機中加以說明，並於第二章文獻探討中描述整理之前相關實徵研究中，背景變項在變因的差異比較結果。隨著研究主題的不同，研究者所要探究的背景變項也有所不同，通常會於研究架構中呈現的背景變項，不外是下列幾個緣由：一為先前理論文獻支持，研究者想進一步要再加以驗證；二為研究者實務經驗法則引發，研究者於個人職場或工作情境中所發現影響標的變項的可能變因，三為研究者根據自己專業知能，認為此背景變因可能對目標變項有所影響等。

　　以下列高職學生生活壓力的研究為例，研究者探究的背景變項包括學生性別 ( 男 & 女 )、學校型態 ( 公立 & 私立 )、家庭社經地位 ( 高社經地位 & 中社經地位 & 低社經地位 )。研究目的、研究問題、研究假設與假設檢定的統計方法為：

　　**研究目的：**了解不同背景變項高職學生的生活壓力間之差異情形。

　　**研究問題：**不同背景變項高職學生的生活壓力間是否有顯著的差異？

　　**研究假設：**不同背景變項的高職學生其生活壓力間的感受有顯著差異。

　　**資料處理方法：**t 檢定、one-way ANOVA ( 單因子變異數分析 ) 或單因子多變項變異數分析 (MANOVA)。

　　上述研究目的的起始動詞最好以類似行為目標的動詞描述，研究問題為疑問句，最後要以問號 (？) 作結尾，研究假設採用對立假設的肯定語句描述。

　　研究目的可以導出研究問題，根據研究問題再提出研究假設，研究者敘寫的研究假設，若是要詳列背景變因在探究變項的差異情形，可以進一步就不同背景變因一一呈現：

研究目的一：了解不同背景變項高職學生的生活壓力間之差異情形。

研究假設一：不同背景變項的高職學生其生活壓力間的感受有顯著差異。

> 研究假設一－1：不同學生性別的高職學生其生活壓力間的感受有顯著差異。
>
> 研究假設一－2：不同學校類型的高職學生其生活壓力間的感受有顯著差異。
>
> 研究假設一－3：不同家庭社經地位的高職學生其生活壓力間的感受有顯著差異。

子假設是否敘寫，由研究者自行決定

　　研究目的與研究問題 ( 質性研究用為待答問題 ) 並非一對一關係。一個研究目的可能包含數個研究問題或待答問題。範例如：

研究目的 1：了解華語文教師課堂科技媒體的使用情形。

研究問題 1：

- ‧1-1　華語文教師課堂使用科技媒體的現況為何？
- ‧1-2　華語文教師最常使用的科技媒體為那幾種？
- ‧1-3　華語文教師課堂使用的科技媒體的意願為何？
- ‧1-4　華語文教師課堂不想使用的科技媒體的原因為何？

研究目的 2：了解華語文教師教學困擾的情形。

研究問題 2：

- ‧2-1　華語文教師教學困擾的情形為何？
- ‧2-2　華語文教師教學最感困擾的事項有那些？
- ‧2-3　不同性別的華語文教師教學困擾的感受事項是否有顯著不同？
- ‧2-4　不同年齡之華語文教師教學困擾的感受事項是否有顯著不同？

　　不論是量化研究或質性研究，為讓讀者對研究主要變項有更明確的了解，通常於第一章緒論中會增列「名詞釋義」一節。名詞釋義在解釋界定研究題目中主

要變數名稱,而非論文內容的理論詞句的解釋。許多研究者將文獻探討中理論名詞或專門學術用語置放於名詞釋義一節,其實這是不適切的,如研究者於文獻探討中介紹「後設認知」、「自我統合」,便會於名詞釋義中增列「後設認知」、「自我統合」的意涵,其實這二個心理學專門用語並不是研究者探究的主要變因,不須於名詞釋義節次中加以特別詮釋,因為這二個名詞的操作型定義在研究中沒有界定。

名詞釋義在於「解釋研究者所探究之研究題目中所呈現的主要變因、變項或用語的內涵」,內涵的詮釋包括變項名詞的「概念性定義」及「操作性定義」,以下列各研究題目為例,其對應之名詞釋義包含的名詞變項:

---

**研究題目:**「多元智能短期兒童華語文教學行動研究與課程模式建構」
**名詞釋義內涵:**多元智能、短期兒童華語文教學、課程模式

**研究題目:**「臺灣華語文教師教學評量研究」
**名詞釋義內涵:**華語文、臺灣華語文教師、教學評量

**研究題目:**「華語文寫作評量指標建立的研究」
**名詞釋義內涵:**華語文寫作、寫作評量指標

**研究題目:**「國中教師知識管理能力與班級經營效能之相關研究」
**名詞釋義內涵:**國中教師、知識管理能力、班級經營效能

**研究題目:**「高職學生時間管理、知識管理與學業成就之相關研究」
**名詞釋義內涵:**高職學生、時間管理、知識管理、學業成就

---

「名詞釋義中的概念變項非文獻探究中某個理論名詞或專門術語的重新界定。」名詞釋義中的變項內涵解釋包括探究變項或專門名詞的「概念性定義」(conceptual definition) 與「操作性定義」(operational definition)。概念性定義為一般理論或專家學者對名詞概念的通俗化定義,它通常是以較易理解的概念來詮釋。操作性定義則是將變項之概念性定義具體化,雖然同一專門名詞或術語之概念性定義大同小異,但由於此概念是無法觀察的變項(稱為潛在變項或因素構念),因而研究者都會採用可觀察、可測量的外在指標變項加以測量,由於研究

者編製或採用的測量工具與計分方式不同,因而若是沒有界定變項的操作性定義,就無法讓讀者知悉測量值分數高低所代表的意義。

　　以學生數學焦慮而言,學生考試焦慮的指標為受試者在研究者修訂編製之「數學焦慮量表上的分數」,有些研究者採用正向指標值,即受試者在數學焦慮量表的得分愈高,表示受試者的數學焦慮感愈高;有些研究者會採用反向指標值,即受試者在數學焦慮量表的得分愈低,表示受試者的數學焦慮感愈高,在數學焦慮量表之測量值愈高,其數學焦慮感受反而愈低;再以高職學生的學業成就而言,研究者在研究中採用的學業成就指標可能是受試者學期總平均成績、學年總平均成績、研究者自編之成就測驗的分數、學期某幾科的平均分數等,因而若是研究者沒有界定概念的「操作性定義」,無法讓讀者正確知悉其測量值是何種測量工具得到的分數,測量值高低所代表的意義也不容易為讀者知悉。

　　研究者在名詞釋義或變項名詞定義方面的缺失常見者有以下幾點:1. 只界定變項的概念性定義沒有界定其操作性定義,或概念性定義引用文獻探討中他人的論述的觀點,非研究者個人統整歸納的定義;2. 操作性定義欠缺明確,沒有說明測量值分數高低所代表的意義,或潛在概念變項所包括的向度 ( 構念或層面 ) 內涵。概念性定義中又引用他人論點引發二方面的問題:一為在文獻理論的內容探討時,研究中列舉許多學者或其他研究者界定的概念意涵,為何於名詞釋義中只列舉少數學者或某位研究者所持的論點;二為無法看出研究者個人統整歸納與專業知能轉換的能力。「概念變項的概念性定義最好是研究者經由理論文獻的探究後,自行統整歸納的定義」。沒有對理論文獻消化吸收並提出批判,最多頂是一些資料的堆疊,經由內化歷程,轉換為研究者個人的知識信念並加以呈現,才是研究者專業知能的展現。

## 【不完整名詞釋義範例】

### 一、知識管理能力

知識管理能力是將教師知識作有系統轉換的程序，其轉換歷程為資料、資訊、知識與智慧，教師知識管理能力是教師藉由社群或互動方式，將內隱知識轉換為外顯知識，進而將知識做最大運用，以建立優質學習環境 (Anderson, 2003)。本研究所指的教師知識管理是指教師在研究者修訂之「知識管理能力量表」上的測量值分數，得分愈高，表示教師知識管理能力愈佳。

> 直接引用某一學者的觀點作為概念性定義，欠缺研究者個人對概念統整歸納的部分

> 欠缺概念之因素構念 (向度) 的界定說明

## 【完整名詞釋義範例】

### 一、教師知識管理能力

知識管理係為一個系統化的程序與價值性的活動，教師除具備相關理論與實務知識外，更需運用資訊科技的能力，將內隱知識外顯化，藉由交流互動，將知識傳遞、轉化、創新，並儲存於知識資料庫中，以提升教學效能，教師具備上述一連串過程的能力，即為教師知識管理能力。本研究所指的教師知識管理是指教師在研究者修訂之「知識管理能力量表」上的測量值分數，得分愈高，表示教師知識管理能力愈佳；反之得分愈低者，表示其知識管理能力愈差，其中知識管理能力之內涵，包含「知識取得」、「知識儲存」、「知識運用」、「知識分享」及「知識創新」五個向度。

更詳細的名詞釋義，除包括主要概念變項的概念性定義外，若是概念變項經因素分析之建構效度或原先編製時之內容效度結果有分成數個層面 ( 又稱向度、構面 )，則可以進一步就各向度的意義內涵再詳細加以說明，以讓讀者詳細知悉各向度所表示的意義。上述「知識管理能力」名詞釋義的較完整界定如下：

### 一、教師知識管理能力

　　知識管理係為一個系統化的程序與價值性的活動，教師除具備相關理論與實務知識外，更需運用資訊科技的能力，將內隱知識外顯化，藉由交流互動，將知識傳遞、轉化、創新，並儲存於知識資料庫中，以提升教學效能，教師具備上述一連串過程的能力，即為教師知識管理能力。本研究所指的教師知識管理是指教師在研究者修訂之「知識管理能力量表」上的測量值分數，得分愈高，表示教師知識管理能力愈佳；反之得分愈低者，表示其知識管理能力愈差，其中知識管理能力之內涵，包含「知識取得」、「知識儲存」、「知識運用」、「知識分享」及「知識創新」五個向度。

　　（一）「知識取得」係指教師能以不同的方式和來源，獲取班級經營所需的相關知識或知能。

　　（二）「知識儲存」係指當知識以各種管道獲取後，教師是否有能力利用各種有效方式將其保存起來。

　　（三）「知識運用」係指教師在吸取新知後，能活用其知識，將知識快速且正確地運用在各種班級經營活動上。

　　（四）「知識分享」係指教師有能力透過各種溝通的管道及互動形式，與他人進行知識的交流共享。

　　（五）「知識創新」係指教師有能力透過不斷的省思及研發，將舊有知識統整或創發出新的知識。

> 增列潛在構念各向度之概念性定義，若向度變項的操作性定義與潛在構念概念不同，要另外再加以說明

　　明確界定概念或向度的操作性定義，才能詳細解讀統計輸出結果，以「國中學生數學態度與數學動機、數學成就之相關研究」主題為例，數學態度分為四個向度：學習信心、學習焦慮、學習興趣、應用價值，各個向度的分數測量值高低所表示的意義如下：

1. 「學習信心」：

　　測量值分數愈高，表示學生學習數學的信心愈高，反之愈低。

2. 「學習焦慮」：

　　測量值分數愈高，表示學生數學學習的焦慮感愈低，反之愈高。

3. 「學習興趣」：

　　測量值分數愈高，表示學生學習數學的興趣愈高，反之愈低。

4. 「應用價值」：

　　測量值分數愈高，表示學生知覺數學有用性及應用性的程度愈大，反之愈小。

　　四個向度之測量數分數愈高，表示學生的數學態度愈積極、正向；相對地，四個向度之測量數分數愈低，表示學生的數學態度愈負向、消極。由於同一潛在構念下的四個構面計分方向性一致 ( 分數愈高均表示學生的數學態度愈正向 )，因而四個構面間彼此的相關應為正相關，在此種情況下計算四個構面的加總分數才有意義，四個向度加總的總分即為整體數學態度，此概念變數的分數愈高，表示學生的數學態度愈積極、正向。以 300 位學生進行相關之統計分析結果如下：

【原始輸出表格】

表 X　國中學生數學態度構面 ( 方向一致 )、整體數學態度與數學動機、數學成就之相關矩陣摘要表 I

| 變項名稱 | 相關統計量數 | 學習信心 | 學習焦慮 | 學習興趣 | 應用價值 | 整體數學態度 |
|---|---|---|---|---|---|---|
| 學習信心 | Pearson 相關 | 1 | .541(**) | .678(**) | .578(**) | .812(**) |
| | 顯著性 ( 雙尾 ) | | .000 | .000 | .000 | .000 |
| 學習焦慮 | Pearson 相關 | .541(**) | 1 | .678(**) | .605(**) | .874(**) |
| | 顯著性 ( 雙尾 ) | .000 | | .000 | .000 | .000 |
| 學習興趣 | Pearson 相關 | .678(**) | .678(**) | 1 | .631(**) | .878(**) |
| | 顯著性 ( 雙尾 ) | .000 | .000 | | .000 | .000 |
| 應用價值 | Pearson 相關 | .578(**) | .605(**) | .631(**) | 1 | .805(**) |
| | 顯著性 ( 雙尾 ) | .000 | .000 | .000 | | .000 |
| 整體數學態度 | Pearson 相關 | .812(**) | .874(**) | .878(**) | .805(**) | 1 |
| | 顯著性 ( 雙尾 ) | .000 | .000 | .000 | .000 | |
| 數學動機 | Pearson 相關 | .387(**) | .341(**) | .424(**) | .388(**) | .449(**) |
| | 顯著性 ( 雙尾 ) | .000 | .000 | .000 | .000 | .000 |
| 數學成就 | Pearson 相關 | .481(**) | .360(**) | .554(**) | .420(**) | .526(**) |
| | 顯著性 ( 雙尾 ) | .000 | .000 | .000 | .000 | .000 |
| | 個數 | 300 | 300 | 300 | 300 | 300 |

** 在顯著水準為 0.01 時 ( 雙尾 )，相關顯著。

　　從上述相關矩陣摘要表可以看出，四個數學態度構面彼此間均呈顯著正相關，四個數學態度構面與整體數學態度變數 ( 四個構面分數的加總 ) 之相關係數分別為 .812、.874、.878、.805；四個數學態度構面與數學動機變項的相關呈顯著正相關，四個數學態度構面與數學成就變項的相關呈顯著正相關，整體數學態度與數學動機、數學成就的相關係數分別為 .449、.526，均達 .05 顯著水準，表示學生的數學態度愈積極或愈正向，其數學學習動機愈高，數學成就表現也愈佳。

　　若是研究者界定的操作性定義不一，則統計輸出結果會不一樣，在四個數學態度構面的操作性定義中，學習信心、學習興趣、應用價值均與上述相同，但學習焦慮構面界定的操作性採反向計分法：

　　**學習焦慮**：測量值分數愈高表示學生學習焦慮感愈高；相對地，分數愈低表示學生學習焦慮感愈低。

　　在上述的界定中，學習信心、學習興趣、應用價值三個構面的分數愈高，表示學生有愈正向的數學態度，但學習焦慮構面剛好相反，其測得的分數愈高，學生的數學態度反而愈負向。此種界定的方式要注意輸出報表的解釋，此外，若將四個構面向度加總為「整體數學態度」變項，會產生計分及統計分析的錯誤。

**【原始輸出表格】**

**表 X** 國中學生數學態度構面 ( 方向不一致 )、整體數學態度與數學動機、數學成就之相關矩陣摘要表 II

| 學項名稱 | 相關統計量數 | 學習信心 | 學習焦慮 | 學習興趣 | 應用價值 | 整體數學態度 |
|---|---|---|---|---|---|---|
| 學習信心 | Pearson 相關 | 1 | -.541(**) | .678(**) | .578(**) | .774(**) |
| | 顯著性 ( 雙尾 ) | | .000 | .000 | .000 | .000 |
| 學習焦慮 ( 反向計分 ) | Pearson 相關 | -.541(**) | 1 | -.678(**) | -.605(**) | -.158(**) |
| | 顯著性 ( 雙尾 ) | .000 | | .000 | .000 | .006 |
| | 個數 | 300 | 300 | 300 | 300 | 300 |
| 學習興趣 | Pearson 相關 | .678(**) | -.678(**) | 1 | .631(**) | .688(**) |
| | 顯著性 ( 雙尾 ) | .000 | .000 | | .000 | .000 |
| 應用價值 | Pearson 相關 | .578(**) | -.605(**) | .631(**) | 1 | .657(**) |
| | 顯著性 ( 雙尾 ) | .000 | .000 | .000 | | .000 |
| 整體數學態度 | Pearson 相關 | .774(**) | -.158(**) | .688(**) | .657(**) | 1 |
| | 顯著性 ( 雙尾 ) | .000 | .006 | .000 | .000 | |
| 數學動機 | Pearson 相關 | .387(**) | -.341(**) | .424(**) | .388(**) | .361(**) |
| | 顯著性 ( 雙尾 ) | .000 | .000 | .000 | .000 | .000 |
| 數學成就 | Pearson 相關 | .481(**) | -.360(**) | .554(**) | .420(**) | .487(**) |
| | 顯著性 ( 雙尾 ) | .000 | .000 | .000 | .000 | .000 |
| | 個數 | 300 | 300 | 300 | 300 | 300 |

** 在顯著水準為 0.01 時 ( 雙尾 )，相關顯著。

　　當數學學習焦慮向度計分值所表示的數學態度構念之意涵與其它三個向度意涵一樣時 ( 測量值分數愈高，愈有正向積極的數學態度 )，數學學習焦慮向度與其它三個數學態度向度的相關一般會呈顯著正相關，範例中的相關係數分別為 .541(p<.001)、.678(p<.001)、.605(p<.001)；如果數學學習焦慮向度計分值所表示的數學態度構念之意涵與其它三個向度意涵相反時 ( 數學學習焦慮測量值分數愈低，愈有正向積極的數學態度；其餘三個向度之測量值分數愈高，愈有正向積極的數學態度 )，數學學習焦慮向度與其它三個數學態度向度的相關一般會呈顯著負相關，範例中的相關係數分別為 -.541(p<.001)、-.678(p<.001)、-.605(p<.001)，

二種不同計分法所輸出之相關矩陣的絕對值數值相同，相關係數正負號剛好相反。第一種界定方法，數學學習焦慮與數學動機、數學成就二個變因均呈顯著正相關，其相關係數分別為 .341(p<.001)、.360(p<.001)，正相關表示的是學習焦慮分數愈高 ( 學習焦慮向度之數學態度愈正向 )，數學動機與數學成就的分數也愈高 ( 數學動機愈強、數學成就愈佳 )，其結論為「學生感受的數學學習焦慮愈低，其數學學習動機愈強、數學成就也愈好；學生感受的數學學習焦慮愈高，其數學學習動機愈弱、數學成就也愈差。」

　　就第二種界定與計分方法而言，數學學習焦慮與數學動機、數學成就二個變因均呈顯著負相關，其相關係數分別為 -.341(p<.001)、-.360(p<.001)，負相關表示的是學習焦慮分數愈「高」( 學習焦慮向度之數學態度愈負向 )，數學動機與數學成就的分數就愈「低」( 數學動機愈弱、數學成就愈差 )；也可以描述為學習焦慮分數愈「低」( 學習焦慮向度之數學態度愈正向 )，數學動機與數學成就的分數就愈「高」( 數學動機愈強、數學成就愈佳 )，其結論為「學生感受的數學學習焦慮愈低，其數學學習動機愈強、數學成就也愈好；學生感受的數學學習焦慮愈高，其數學學習動機愈弱、數學成就也愈差。」此種結論和採用第一種界定方法是相同的。

　　當向度測量值分數高低表示的潛在構念意涵相反時，如第二種界定方式中，數學學習信心、數學興趣、應用價值三個向度測量值分數愈高，表示受試者有較正向積極的數學態度；但就數學學習焦慮向度而言，向度測量值分數愈高，表示受試者有較負向消極的數學態度，由於向度計分表示的數學態度潛在特質內涵相反，此時若是將四個向度的分數加總作為「整體數學態度」變項，則此「整體數學態度」變項是無法合理詮釋的，更是沒有意義的，因而其分數計分之「方向性不一致」；當「分數缺乏一致性的計分」性質時，其中向度的分數會互相抵銷，此時「整體數學態度」變項無法界定操作性定義，而其統計分析之數據是不正確的。以範例而言，第一種界定方法是四個向度計分所表達的概念意涵相同，「整體數學態度」與數學動機、數學成就的相關均呈顯著正相關，其相關係數分別為 .449(p<.001)、.526(p<.001)；第二種界定方法是四個向度計分所表達的概念意涵剛好相反，「整體數學態度」與數學動機、數學成就的相關雖也呈顯著正相關，其相關係數分別為 .361(p<.001)、.487(p<.001)，但明顯可以看出二者之相關係數有很大差異，第二種界定方法中所輸出的「整體數學態度」與四個數學態度

構面，及與數學動機、數學成就變項間之相關係數都是錯誤的，由於「整體數學態度」變項本身測量值分數的計分就錯誤，因而之後有關「整體數學態度」變項之所有統計分析結果都是「錯誤的」。

一般在假設驗證方面包括：「假設獲得支持」、「假設無法獲得支持」，如果假設之下又有數個子假設，則假設驗證可能的結果可分為以下四種：「假設獲得支持」、「假設獲得大部分支持」、「假設獲得少部分支持」、「假設無法獲得支持」，有時會簡化假設驗證的結果，將「假設獲得大部分支持」與「假設獲得少部分支持」統稱為「假設獲得部分支持」。以下面的研究假設為例：

**研究假設二**：不同背景變項 ( 性別 & 學校類別 & 社經地位 ) 的高職學生，其生活壓力有顯著不同？

**研究假設二－1**：不同性別變項 ( 男生 & 女生 ) 的高職學生，其生活壓力有顯著不同？

**研究假設二－2**：不同學校類別變項 ( 公立 & 私立 ) 的高職學生，其生活壓力有顯著不同？

**研究假設二－3**：不同社經地位變項 ( 高社經地位 & 中社經地位 & 低社經地位 ) 的高職學生，其生活壓力有顯著不同？

在上述研究假設二的假設驗證方面，如果假設二－1、二－2、二－3全部有顯著差異，則研究假設二可敘寫為「研究假設二獲得支持」；如果假設二－1、二－2、二－3全部沒有顯著差異，則研究假設二可敘寫為「研究假設二無法獲得支持」；若是假設二－1、二－2、二－3三個假設的統計差異檢定有一個或二個有顯著差異，則可敘寫為「研究假設二部分獲得支持」( 當然研究者可以根據假設獲得的個數，敘寫為大部分獲得支持或少部分獲得支持 )。如果研究者要針對各子假設分別討論假設驗證也可以，其中類別變項 ( 間斷變數 ) 在計量變數上的差異，若是檢定變數 ( 計量變數 ) 的總分及各向度都達到顯著水準，則子假設在計量變數的差異假設便得到支持；如果只是某些向度達到顯著，則子假設之研究假設的假設檢定應敘寫為：「研究假設部分獲得支持」較為適切。

## 【範例說明】

表 X 不同性別學生在生活壓力五個向度差異比異之 t 檢定摘要表

| | | 變異數相等的 Levene 檢定 | | 平均數相等的 t 檢定 | |
|---|---|---|---|---|---|
| | | F 檢定 | 顯著性 | t | 顯著性（雙尾） |
| 家庭壓力向度 | 假設變異數相等 | 18.152 | .000 | -2.584 | .010 |
| | 不假設變異數相等 | | | -2.089 | .039 |
| 學校壓力向度 | 假設變異數相等 | 1.441 | .230 | .239 | .811 |
| | 不假設變異數相等 | | | .223 | .824 |
| 自我壓力向度 | 假設變異數相等 | 3.738 | .054 | -.882 | .378 |
| | 不假設變異數相等 | | | -.761 | .448 |
| 情感壓力向度 | 假設變異數相等 | 5.287 | .022 | -1.133 | .258 |
| | 不假設變異數相等 | | | -.993 | .322 |
| 人際壓力向度 | 假設變異數相等 | 5.524 | .019 | -2.864 | .004 |
| | 不假設變異數相等 | | | -2.498 | .014 |

在上表中，不同性別的高職學生在生活壓力五個向度的差異比較中，只有在「家庭壓力向度」及「人際壓力向度」二個變項達到 .05 顯著水準，在「學校壓力向度」、「自我壓力向度」、「情感壓力向度」三個變項的差異未達顯著，表示性別變因在生活壓力變項中的差異並未全部達到顯著，性別的差異只出現於少數幾個構面變項，「研究假設二－1：不同性別變項(男生＆女生)的高職學生，其生活壓力有顯著不同」的假設驗證結果敘寫為「研究假設二－1獲得部分支持」較為合適。

再以相關檢定為例，研究假設三：高職學生生活壓力總分及五個向度 (家庭壓力、學校壓力、自我壓力、情感壓力、人際壓力) 與自殺意向間有顯著相關。研究假設三生活壓力共有六個變項，其與自殺意向間的相關便有六組相關係數：

家庭壓力構面⟷自殺意向；學校壓力構面⟷自殺意向
自我壓力構面⟷自殺意向；情感壓力構面⟷自殺意向
人際壓力構面⟷自殺意向；生活壓力總分⟷自殺意向

若是全部的相關達到 .05 顯著水準，則研究假設三便獲得支持；相對地，如

果全部的相關均未達到 .05 顯著水準，則研究假設三便無法獲得支持，若是六組相關係數有部分組別達到 .05 顯著水準，部分組別未達顯著水準 (p ≥ α)，則研究假設三的敘寫最好改為：「研究假設三獲得部分支持」較適切。

# 貳、論文內文的格式與檢核

量化研究內文引註時，若是直接引用文的文字在四十字以內要列出頁數 (一字不漏的引用)，通常完全引用他人的話語時，最好在文字的前後加註單引號或以不同字體敘寫於另一段中。相關呈現格式範例如下：

---

**一、文中引註範例：**

探索性因素分析最好採用逐題刪除法，每次只要刪除一個指標變項，如此進行的因素分析其建構效度較佳 (Heck, 2008, p.203)。

**二、呈現於本文中範例：**

Heck (2008) 指出探索性因素分析最好採用逐題刪除法，每次只要刪除一個指標變項，如此進行的因素分析其建構效度較佳 (p.203)。或

Heck (2008, p.203) 指出探索性因素分析最好採用逐題刪除法，每次只要刪除一個指標變項，如此進行的因素分析其建構效度較佳。

**三、一句不漏引註時於引註的文字前後增列單引號**

Heck (2008) 指出：「探索性因素分析最好採用逐題刪除法，每次只要刪除一個指標變項，如此進行的因素分析其建構效度較佳。」( p.203) 或

吳明隆 (2009，頁 504) 根據資料探究經驗發現：

「探索性因素分析最好採用逐題刪除法，每次只要刪除一個指標變項或題項，經過多次不斷探索程序，才能求出量表最佳的建構效度。」

---

內文引註時，若是在五百字以內時，最好改寫或將部分詞句做修改，不要完全引用或照抄 (字句均完全一樣)；同一頁或同一段引用的文字最好不宜超過五百字，若是超過五百字應先徵得原作者同意。法令名稱或書名以《》呈現，某書之篇名以＜＞呈現，如：

書名以《》符號表示

　　吳明隆 (2009) 編著之《教學倫理》一書在於解析教師應表現的倫理道德行為，書中列舉出許多中小學教育現場的案例，從案例中思辨教師教學行為應注意事項，其中第七章為＜教師的一句話＞，對於教師言語使用對學生的影響也有深入的詮釋。

書中的一章篇名以＜＞符號表示

　　論文本文格式編排時，若是非研究者個人的話語或論點 ( 如受訪者的受談內容中所表達的意見，或量化研究中受試者於開放式題項填寫的看法或感受 )，要以不同於本文的字體呈現，如此，才能區隔是受訪者的話語或研究者撰寫的語詞，如：

受訪者自己的話或受訪者所表達的文句以和本文不同的字型表示

　　從問卷開放式題項可以明顯看出學生之所以不喜歡的科目，和教師的教學方法與教師對學生的態度有密切關係，許多學生在開放式題項中均提到：

　「我最不喜歡的科目是數學科，因為數學老師很凶，成績稍微退步，就大聲責罵我們。」(S003)

　「課堂中我最不喜歡的學科是英文，英文老師好嚴格喔，課堂中只要同學發出一點小聲音或掉了東西，就要到教室後面罰站二十分鐘，真討厭。」(S006)

　「地理科是我最討厭的科目，因為老師上課聲音很小，每次上課我都想睡覺，真的很無聊。」(S023)

　　從以上學生填寫的內容來看，責備、過度要求、課堂欠缺活潑性等都是造成學生不喜歡課程的原因之一，　……。

　　引用過多的註腳來說明該詞或該段文字的出處在本文撰述中是多餘的。一般的註腳在於頁下，註腳使用的時機並非在於解釋該段落、該句子或該專門名詞的出處，若要註明引用的來源，則採用文中註最為便利 ( 這也是論文寫作時最常見的格式 )。註腳的使用時機乃是一段文字出現於該段的位置時，會打斷文詞的通暢性，或破壞段落的完整性；或是該句子字義沒有再特別詮釋恐引起讀者誤解；

或是該專有名詞有特殊的意涵，沒有再以註腳的方式加以補充，無法讓讀者瞭解等。若只是說明該句子、名詞用語等的出處，則不必採用註腳的方式，此外，如果是專門術語或名詞是一般學術領域通用的，也不用特別採用註腳的方式加以補充說明。

　　將參考資料來源作為增列註腳的範例如：

---

　　　由於卡方值很容易隨樣本數大小而變動，當樣本數很大時，卡方值很容易達到顯著，會造成多數假設模型與樣本資料變異數共變數矩陣無法契合情形，因而當樣本數很大時，整體適配度卡方值檢定統計量只能當作參考指標值[15]。

＜段落內容＞......

　　以引註資料來源作為註腳失去註腳的原先功能，而註腳的編號數已達 15 個，引用數似乎過多

---

[15] 參考吳明隆 (2009)，《結構方程模式的實務應用》，頁 28。高雄：麗文

---

　　上述註腳 15 的說明其實是多餘的，研究者可以直接引註資料的來源以括號引註的方式呈現即可：

　　　「由於卡方值很容易隨樣本數大小而變動，當樣本數很大時，卡方值很容易達到顯著，會造成多數假設模型與樣本資料變異數共變數矩陣無法契合情形，因而當樣本數很大時，整體適配度卡方值檢定統計量只能當作參考指標值 ( 吳明隆，2009)。」

　　可以將增列註腳融入本文的範例如：

<段落內容> .....

除了上述介紹的各種大範圍的語言學習策略外，……，學者 Nation (1990) 也透過策略呈現的方式，將詞彙教學策略歸類為以下二種：一為「實體教學」(by demonstration or picture) [5]、二為「口述釋義」[6] (by Verbal Explanation)。

<段落內容> ......

論文內增列中文原先英文的專用術語，其大小寫的格式要統一，第一個字母是否要大寫，全文呈現格式要一致

[5]「實體教學」指的是教學時配合運用實物、手勢、表演、照片或圖示等方法的教學策略。

[6]「口述釋義」指的是教學時以口語表達說明概念、定義或結合語境理解新詞或運用母語翻譯的教學策略。

論文的 5、6 二個註腳內容可以融入本文之中，以註腳的方式表現並不是合適的編排方法

上面增列的註腳 5 及註腳 6 融入本文之中，不但不會影響段落的通暢及可讀性，更可簡化格式，如：

「除了上述介紹的各種大範圍的語言學習策略外，……，學者Nation (1990)也透過策略呈現的方式，將詞彙教學策略歸類為以下二種：一為「實體教學」（by demonstration or picture）、二為「口述釋義」(by verbal explanation)。所謂「實體教學」指的是教學時配合運用實物、手勢、表演、照片或圖示等方法的教學策略；「口述釋義」指的是教學時以口語表達說明概念、定義或結合語境理解新詞或用母語翻譯的教學策略。」

註：以上文詞修改摘錄自郭雅婷 (2008) 之碩士論文。

文中頁數引用的通用格式 ( 增列頁數範例 ) 如下，在英文文獻格式方面，半形逗號 (,) 或分號 (;) 後面要空一個格 ( 半形空白 )，之後再接續第二作者、年份或頁數。

格式一（單頁）：

（作者，出版年份，頁 X）或（作者，出版年份：X）

(Author, Published Year, p.X) 或 (Author, Published Year: X)

範例一：

......(Amy, 2002: 17) ／ ......(Amy, 2002, p.17)

格式二（二頁以上）：

（作者，出版年份，頁 XX-XX）或（作者，出版年份：XX-XX）

(Author, Published Year, pp.XX-XX) 或 (Author, Published Year: XX-XX)

範例二：

......(Amy, 2002, pp.17-19) ／ ......(Amy, 2002: 17-19)

## 內文引註【範例格式】

　　在大樣本的情況下，虛無假設很容易被拒絕，拒絕虛無假設表示有顯著差異或有顯著相關，此種顯著性稱為統計顯著性，統計顯著性有時沒有實質意義或無法下結論，研究者應增列統計顯著性的效果值，此效果值稱為實用顯著性 (Kish, 2008, p.16) ／ (Kish, 2008: 16) ／（吳怡明，2009，頁 25）／（吳怡明，2009：25）。

　　探索性因素分析通常保留特徵值大於 1 的因素，此外，研究者也可以根據原先編製量表編製的向度限定萃取的因素構念。探索性因素分析要配合轉軸法，且須採用逐題刪除程序，一次只刪除一個題項，如此經過不斷探索萃取，才能抽取最佳的因素構念 (Kish, 2008, pp.17-19) ／ (Kish, 2008: 17-19) ／（陳雅明，2007：25-29）／（陳雅明，2004，頁 25-29）。

　　同一括弧中有多筆資料，中文文獻依姓氏筆畫排列，標點符號用全形字，每位作者以全形分號「；」隔開；西文文獻以姓氏字母排列，標點符號用半形字母，每位作者以半形分號「;」隔開，姓氏字母或筆畫相同則進一步以名字排列，所有西元數字全部用半形字。同一括弧中有中文與西文多筆文獻資料，則先

呈現中文引註文獻，再呈現英文引註文獻。同一括弧中同一作者有多筆資料，則依年份排列，年份先遠後近；同一年份資料，則在年份後加註 a、b、c……以示區別。

　　　同一作者同一年代多筆資料：……(Lay, 2006a; 2006b; 2006c)

　　　同一作者多筆資料不同年代：……（王偉明，2005；2007；2009；Heck, 2008; 2009)

　　　同一作者增列不同頁數：……(Heck, 2005, 4 , 6, 18-19)

　　　同一作者增列不同頁數：……（王偉明，2005：4，6，18-19)

　　內文引註時若是中文作者為五位 ( 含 ) 以下時，第一次出現，須列出所有作者名字，文章本文中以「、」隔開，最後一位作者用連結詞 ( 與 / 及 / 和 ) 連結；引註作者出現在括弧中，全用「、」連結。

---

　　　在大樣本的情況下，虛無假設很容易被拒絕，拒絕虛無假設表示有顯著差異或有顯著相關，此種顯著性稱為統計顯著性，統計顯著性有時沒有實質意義或無法下結論，研究者應增列統計顯著性的效果值，此效果值稱為實用顯著性 ( 作者 I、作者 II、作者 III、作者 IV，2008) ／ (Heck, Kish, Long, & Hu, 2009)。

　　　在一項全國性的調查研究證實學校組織的知識管理與學校效能有顯著正相關 ( 陳太雄、王一明、吳啟先、杜聖發，2010)。

　　　陳太雄、王一明、吳啟先與杜聖發 (2010) 等人研究發現，學校組織的知識管理與學校效能有顯著正相關。

---

　　西文作者為五位 ( 含 ) 以下時，第一次出現，須列出所有作者名字，文章本文中以「、」隔開，最後一位作者用連結詞符號 ( 與 / 及 / 和 ) 連結；引註作者出現在括弧中，全用「,」連結，最後一個用「, &」連結，只有二位作者直接以「&」連結。作者為三至五位時，第二次出現只寫出第一位作者，其後以「等」字簡化 ( 英文為 et al.,)，如第二次出現之參考文獻作者：

**1.** 王啟明等人 (2009) 研究發現……

**2.** 相關研究發現，……( 王啟明等，2009)，或……(Kish, et al. ,1998)

> Amy 等人 (2010) 認為量化研究最重要的是測量工具要有良好的信效度，……
>
> 有學者認為量化研究最重要的是測量工具要有良好的信效度，……(Amy, et al., 2010)
>
> 在大樣本的情況下，虛無假設很容易被拒絕，拒絕虛無假設表示有顯著差異或有顯著相關，此種顯著性稱為統計顯著性，統計顯著性有時沒有實質意義或無法下結論，研究者應增列統計顯著性的效果值，此效果值稱為實用顯著性 (Author_A, Author_B, Author_C, Author_D , & Author_E, 2009)。
>
> Amy、Gay 與 Lily ( 2009) 等人採後設研究方法發現，許多研究者對於李克特選項詞的選用欠缺精準，有些研究選項詞的計分似乎不適切。
>
> 有學者採用後設研究方法發現，許多量化研究的問卷調查工具，研究者對於李克特選項詞的選用欠缺精準，有些研究選項詞的計分似乎不適切 (Amy, Gay, & Lily, 2009)。
>
> 若是之前有引註 Amy、Gay 與 Lily(2009) 等人的文獻資料，則上述引註可簡化為：
>
> 有學者採用後設研究方法發現，許多量化研究的問卷調查工具，研究者對於李克特選項詞的選用欠缺精準，有些研究選項詞的計分似乎不適切 (Amy et al., 2009)。

本文中的作者引註與括號內資料引註的基本格式用法如下：

**( 一 ) 二位作者**

Devlin 與 Lilly(2002) 認為李克特選項詞的個數，……。

李克特選項詞的個數，……( Devlin & Lilly, 2002)。

**( 二 ) 三位作者**

Devlin、Lilly 及 John(2009) 對於量化研究的抽樣程序認為最好採用機率取樣方法，……。而對於統計方法的使用，……。

Devlin (2009) 等人進一步指出量化研究的統計方法應配合研究假設，⋯⋯。

進行迴歸分析時應先呈現變項間的相關矩陣，以大致作為共線性診斷判別的參考 (Devlin, Lilly, & John, 2003)。

若是共線性問題十分嚴重，則最好採用變項刪除法或主成份迴歸分析 (Amy et al., 2003)。

### ( 三 ) 四位作者

在複迴歸分析中，若是自變項的個數少於 4 個，最好採用強迫進入法較為適切 (Morris, Lilly, Price, & John, 2009)。之後於文中再次引用此四位作者的論點時，則於段落後以「(Morris et al., 2009)」簡化表示 (, 號、& 號後面均要空一格，即一個半形字 )。

Morris、Lilly、Price 與 John(2009) 等學者認為在複迴歸分析中，若是自變項的個數少於 4 個，最好採用強迫進入法較為適切研究發現。之後於文獻中有引註相同作者的論點時，則直接以「Morris 等人 (2009)」簡化表示。

### ( 四 ) 群體作者簡稱

若是引註的資料來源是某個群體或協會的資料，而群體名稱較長，一般可以通用簡稱方式表示，英文群體或協會的簡稱格式為「完整名稱 [ 簡稱 ]」，中文格式為「完整名稱〔簡稱〕」，第二次以後出現該群體作者可以以「群體作者或組織的簡稱代替即可」，如：

> 「教育改革總諮議報告書提到教育改革的理念應關注於四個方面：教育鬆綁、學習權的保障、父母教育權的維護、教師專業自主權的維護 ( 行政院教育改革審議會〔教改會〕，2006)。
>
> 為因應二十一世紀社會的特點與變遷方向，教育現代化更應配合主體性的追求，以反映出以下幾個變革方向：人本化、民主化、多元化、科技化與國際化，並重視「關鍵能力」的培養 ( 教改會，2006)。
>
> 有關論文寫作的格式及基本規範在美國心理學協會 (American Psychological Association[APA]) 第六版手冊中有簡要介紹，研究者寫作論文時最好參考此書的格式內容，書中對於研究倫理與出版標準也有簡要說明，如研究者要確保科學知識的正確性；研究人員要保護研究參與者的權利、福

祉與隱私；研究要保護知識引用的合法性 (APA, 2010)。

依第六版 APA(2010, p.120) 手冊格式所列舉之統計簡寫符號表，推論統計未達顯著水準 (not statistically significant) (顯著性 $p$>.05)，其簡寫符號為小寫斜體字「$ns$」；顯著性 ( 錯誤率 ) 以小寫斜體字「$p$」表示。

內文本文之中英文格式混合，是研究生於論文寫作中常犯的錯誤，如：

於本文中「&」、「et al.」為英文寫作格式，中文寫作格式中不宜採用這些符號

Walsh & Lilly(2008) 認為結構方程模式的複核效度可採用交叉驗證的方法，常用方法為將原先取樣有效樣本隨機分割為二個子資料檔樣本，一個為標的考驗樣本，一個為效度驗證樣本，……。

結構方程模式的複核效度的交叉驗證方面，Walsh et al.(2008) 認為可採用下列二種不同作法，……。

上述內容較適宜或一致性的表達範例：

本文中的 & 宜改為「與」、「和」等中文格式

Walsh 與 Lilly(2008) 認為結構方程模式的複核效度可採用交叉驗證的方法，常用方法為將原先取樣有效樣本隨機分割為二個子資料檔樣本，一個為標的考驗樣本，一個為效度驗證樣本，……。此外，Walsh 與 Lilly 進一步指出，……( 同一段落中，第二次引用可省略年份 )

結構方程模式的複核效度的交叉驗證方面，Walsh 等人 (2008) 認為可採用下列二種不同作法，……。

本文中的「et al.」宜改為「等」、「等人」之中文格式

其他範例如：

一、本文內中英格式混淆

> 正文中出現英文寫作格式，中英文格式混用

Stone, Organ, & Fisher (2008) 等人指出，採用結構方程模式進行假設模型適配度的檢定，不能只從少數幾個適配度指標來判斷，……。

Stone et al. (2008) 指出，採用結構方程模式進行假設模型適配度的檢定，不能只從少數幾個適配度指標來判斷，……。

二、修改的範例內容

Stone、Organ 與 Fisher (2008) 等人指出，採用結構方程模式進行假設模型適配度的檢定，不能只從少數幾個適配度指標來判斷，……。

Stone 等人 (2008) 指出，採用結構方程模式進行假設模型適配度的檢定，不能只從少數幾個適配度指標來判斷，……。

採用結構方程模式進行假設模型適配度的檢定，不能只從少數幾個適配度指標來判斷，……(Stone, Organ , & Fisher, 2008)。

中文著作引註範例：

根據研究發現，國中學生的情緒智力與家庭依附有顯著相關，……( 王啟明、陳小娟、林小白、張小明，2009)。

王啟明、陳小娟、林小白與張小明 (2009) 等人調查研究發現，國中學生的情緒智力與家庭依附有顯著相關， ……。王啟明等人進一步研究也發現， ……。( 同一段落，第二次引用可省略年份 )

國中學生的情緒智力與家庭依附有顯著相關外，也會受到家庭社經地位的影響 ( 王啟明等，2009)。( 不同段落或於不同位置出現，不宜省略年份 )

英文著作引註範例：

根據研究發現，國中學生的情緒智力與家庭依附有顯著相關外，也會受到家庭社經地位的影響，......(Bock, Jan, Lilly, & Jon, 2007)。

Bock、Jan、Lilly 和 Jon(2007) 等人研究發現，國中學生的情緒智力與

家庭依附有顯著相關，……。Bock 等人 (2007) 進一步以半結構訪談研究發現……。

註：同一段落內引註同一項參考文獻則第二次引用時可省略年份，如：

Bock、Jan、Lilly 和 Jon(2007) 等人研究發現，國中學生的情緒智力與家庭依附有顯著相關，……。Bock 等人進一步以半結構訪談研究發現……。

若是引註的資料為古籍，此古籍作者無日期可考，其年份可以省略，而以「無日期 (n.d.)」代替，如「……( 莊子，無日期 )／「……(Plato, n.d.)」。二手資料引註時，要於作者前加「引自」，表示本文資料為二手資料，有些研究者為區分文獻探討內容是一手資料的期刊論文或書籍，或是間接引註的二手資料，可於引自的二手資料文獻中增列頁數。二手資料文獻引用的範例如下：

1984 年王啟明提出精進教學的具體策略……( 引自陳一白，2005)。若要增列頁數，則括號內的引註為「……( 引自陳一白，2005，頁 28)」。

有關精進教學的具體策略，有以下方法……( 王啟明，1978；引自陳一白，2005)。

有關測量模型的聚斂效度與區別效度作法，學者提出可採用以下幾個方法， ……(Lilly,1985; 引自 Kish, 2008) 。若要增列頁數，則括號內的引註為「……( 引自 Lilly,1985; 引自 Kish, 2008, p.35 )」。

有關測量模型的聚斂效度與區別效度作法，Lilly (1985) 曾提出以下幾個具體方法， ……( 引自 Kish, 2008, p.35)。

文獻探討中引用二手資料並非是錯誤的，只要研究者將引註的來源註明清楚即可。若是引用文獻的年份在十年以內，或是研究者可以找到原始文獻來源之期刊、論文、書籍等，應儘量把原始作者之資料文獻找出來，因為一手資料總比二手資料來得正確，否則可能會產生連續誤用或錯誤詮釋的情形。引註多筆資料來源時，依一般通用及 APA 格式為中文文獻在前 ( 按照姓氏筆劃順序排列 )、英文文獻在後 ( 按照英文字母順序排列 )，中文作者間以全形分號「 ； 」隔開，西文作者以半形分號「;」隔開 ( 英文格式中的字均為半形字，沒有全形字，當然沒

有全形格式 )，中文文獻與英文文獻間則以全形分號「 ; 」隔開。本文中的引註資料要與參考文獻相呼應，因而最好以姓氏筆劃或英文字母順序排列，不要以年代出現的順序排列。

多個文獻引註的錯誤排列格式範例如下，其中括號內的引註未依中文文獻在前（依作者姓氏筆劃排序）、西文文獻在後 ( 依字母順序排序 ) 的格式排列，此外排列的順序沒有依姓名筆劃及英母字母順序，此種引註的格式完全沒有邏輯性：

> 括號內引註的資料排列完全沒有邏輯性
>
> 有關中小學教師情緒智能與班級氣氛的相關實徵研究 ( 吳三雄，2005；王一發，2007；Cook & Yano, 2004；Amy & Lilly, 2000； Stone, Organ , & Fisher, 2008；Wood et al., 2007; 高思太，2006) 指出，教師情緒智能顯著影響班級氣氛， ……。

另一種常見的錯誤為本文多位作者的引註依文獻的年份順序排列，此種排列雖然有邏輯性，但卻不符合美國心理協會 (APA) 手冊的規定，因為研究者的參考文獻是中文在前 ( 依姓氏筆劃排序 )、英文在後 ( 依英文字母排序 )，本文的引註採用依年份的遠近排序，與參考文獻的格式無法前後呼應 ( 以表格資料呈現時，有時為突顯年份的重要性可依年份遠近排序，排序時也要把握中文文獻在前，英文文獻接續在後的原則 )。

> 括號內引註的資料排列雖依年份遠近排序，但中英文資料交錯出現
>
> 有關中小學教師情緒智能與班級氣氛的相關實徵研究 (Amy & Lilly, 2000；Cook & Yano, 2004；吳三雄，2005；高思太，2006；王一發，2007；Wood et al., 2007; Stone, Organ, & Fisher, 2008) 指出，教師情緒智能顯著影響班級氣氛， ……。

多個文獻引註的正確格式範例如 ( 先引註中文文獻，再引註英文文獻 )：

> 　　有關中小學教師情緒智能與班級氣氛的相關實徵研究 ( 王一發，2007；吳三雄，2005；高思太，2006；Amy & Lilly, 2000；Cook & Yano, 2004；Stone, Organ, & Fisher, 2008；Wood et al., 2007) 指出，教師情緒智能顯著影響班級氣氛，……。

　　作者在六位（五位）以下，第一次引註或出現在論文中時，必須將作者全部列出，不能只列出第一位作者；之後第二次出現時則以「等人」或「et al.」簡化，如果引註的文獻資料的作者是一個群組，其作者在六位以上，則不論是第一次出現或之後出現於文獻中皆以「et al.」簡化。如：

> **第一次引註 ( 全部作者均要列出 )：**
> 　　相關的實證研究指出，教師的領導與人格特質變因會顯著影響班級氣氛，……(Bock, Cook, Allen, Brady, & Walker, 2004)。
>
> **第二次引註 ( 以簡化引註列出 )：**
> 　　班級氣氛除受到教師人格特質的影響外，也與教師的情緒智能有顯著密切關係 (Bock et al., 2004)。
>
> **作者在六位以上：**
> 　　進行實作評量時，評量的指標必須明確且具體 (Walker, et al., 2009)。
> 　　Walker 等人 (2009) 認為進行實作評量時，評量的指標必須明確且具體，……。

　　文獻探討是資訊的呈現非資料的堆砌，一般研究者在論述某個概念的意涵或解析某個概念時，常列舉許多國內外學者或他人的論點或定義的內容，但最後卻沒有加以統整歸納提出個人對概念變因的論點，因而無法建構概念意涵的「概念性定義」，或是列舉許多相關研究，但最後卻沒有將這些相關研究的異同點加以整理，此種沒有將資料轉換成有系統的資訊內容，無法讓讀者看出其中研究者要表達的主要論點。文獻資料整理方面，研究者常會發生的問題或較不適切的方面有以下幾點：

## 一、未進行統整或分析批判

引註許多人 ( 學者或研究者 ) 的觀點或研究，卻沒有加以統整歸納，提出個人的綜合意見或自己的看法。如「Gates (2005) 認為情緒智商是……；Wang (2002) 指出情緒智商為……；陳啟光 (2008) 從社會心理學的觀點出發，認為情緒智商是……。」上述描述文字為介紹之前相關學者或他人對情緒智商所下的定義或對其內涵的描述，研究者不能只描述某個人對概念變項的定義，較有系統的排列是介紹完這些學者或之前研究者所下的定義或描述後，研究者 ( 研究群體 ) 提出個人綜合性看法，如「……，綜合以上相關學者的看法，研究者將情緒智商定義為……。」

## 二、段落的編排格式不適切

一個研究者的論點或研究發現自成一個段落，有些內容二、三行也自成一段，段落內容顯得過於凌亂而無系統性。如：

> Wang (2007) 以國中教師為對象，發現國中教師認為教師知識管理能力認知的重要性顯著的高於教師知識管理能力的實踐程度。
>
> Long (2006) 以國小教師為對象，發現教師在知識管理能力的「知識創新能力」向度的情形最不理想。
>
> 蘇明信 (2008) 以中部國中教師為研究對象，發現國中教師在「知識應用能力」向度的表現較佳，但在「知識分享能力」向度的表現則有待加強。
>
> 在學歷的差異方面，林石化 (2009) 研究發現，不同教師學歷變項在國中教師的知識管理能力變因方面有顯著不同，研究所畢業之教師在知識管理能力的表現最佳。
>
> Bose (2008) 研究發現，國小教師的知識管理能力因教師性別不同而有差異。
>
> Davis (2007) 研究發現，國中教師的知識管理能力因教師性別不同而有差異。
>
> 但陳三同 (2006) 的研究則發現，國中教師的知識管理能力不因教師性別不同而有所差異。

上述相關研究所呈現的發現，係指之前個別研究者相關的研究發現，其不適切之處是：一為每個段落的內容過於簡短，若是相關文獻之研究較多，則呈現的內容過於凌亂；二為未將相同或類似的研究結果統整歸納。為避免段落內容過於簡短及內容過於分散，研究者應將相關類似的研究合併為一段落，或將相關研究發現的文獻統整在同一段落。如：

> Wang (2007) 以國中教師為對象，發現國中教師認為教師知識管理能力認知的重要性顯著的高於教師知識管理能力的實踐程度。至於向度間比較而言，Long (2006) 研究發現，國小教師在知識管理能力的「知識創新能力」向度的情形最不理想。國內蘇明信 (2008) 以中部國中教師為研究對象則發現，國中教師在「知識創新能力」表現尚可，但在「知識分享能力」向度的表現則有待加強，其中表現較佳的為「知識應用能力」。
>
> 至於教師性別變項在知識管理能力的差異情形，國內外的研究結果並未呈現一致性結論，Bose (2008)、Davis (2007) 研究均發現，教師的知識管理能力因教師性別不同而有差異，但國內方金美 (2009)、陳三同 (2006) 研究則發現，教師的知識管理能力不因教師性別不同而有差異，……。

## 三、引註的資料無法與參考文獻契合

文獻內容引註的資料來源，在之後的參考文獻中未呈現，此為文獻引註的遺漏，此種情形在多數研究論文常發生；相對地，為文獻引註的膨脹，文獻引註的膨脹指的是參考文獻中列舉的許多文獻於本文中均未提及，列舉的文獻是多餘而沒有意義的，如研究者在整篇論文中引註的中英文參考文獻只有 56 篇，但後面參考文獻列舉的參考文獻卻高達 120 篇，這就是一種參考文獻的膨脹；或是研究者在整篇論文中引註的中英文參考文獻有 56 篇，但列舉在後面參考文獻的資料卻只有 45 篇，表示有 11 篇參考文獻未列舉，這雖然不是一篇「研究錯誤」的論文，但卻是一篇「內容不嚴謹」的論文。

## 四、內文撰寫格式欠缺一致性

內文引註的格式不統一，排除詞句完全引用的文獻或二手資料文獻外，有些

文獻內容引註有增列頁碼，有些引註沒有增列頁碼。如

........(Morris & Lilly, 2008)。 ／……( 陳啟明、王偉忠，2009)。

........(Morris & Lilly, 2008, p.12)。 ／……( 陳啟明、王偉忠，2009，頁 12)。

........( Morris & Lilly, pp.12-27)。 ／……( 陳啟明、王偉忠，2009，頁 12-13)。

　　如果研究者引用的是原作者所敘述或所表達的內容 ( 詞句均完全相同 )，就必須增列頁數，若是要區隔一手資料或二手資料的引註，通常一手資料的引註不用增列頁碼，如果是轉引的二手資料，就可增列頁碼。所謂二手資料又稱為間接文獻，表示研究者引用的甲作者之概念或相關研究結果，不是直接看到甲作者在此方面的專書或期刊論文或會議資料等文獻，其資料取得是看到乙作者的專書、期刊論文或會議論文中所提到，由於研究者並未直接看到甲作者此方面相關的論點，而是從乙作者處得知甲作者有提到這些概念或相關研究結果。若是研究者從圖書館或網路資源等處，將乙作者引註之甲作者的資料找到並加以檢核，則研究者因為有看到原始作者的著作或研究，則此時研究者引註甲作者的文獻資料稱為一手資料或稱直接文獻資料。

【二手資料引註範例】

　　在多變量變異數分析程序中，共變異數矩陣相等的檢定可採用 Box M 考驗，Box M 考驗對於資料檔非常態性十分敏感，其檢定可能由於資料未符合多變量常態性而拒絕 Box M 考驗，而非是共變數矩陣不相等。因此採用 Box M 考驗法前，最好先檢核資料是否符合多變量常態性假定。當每個群體的個數在 20 以上，依變項的個數是六個以上，採用卡方近似值較佳；在其餘狀況下採用 F 統計量近似值會得到較為正確結果 (Stevens, 2002；引自吳明隆，2009，頁 254)。

【一手資料引註範例】

　　在多變量變異數分析程序中，共變異數矩陣相等的檢定可採用 Box M 考驗，Box M 考驗對於資料檔非常態性十分敏感，其檢定可能由於資料未符合多變量常態性而拒絕 Box M 考驗，而非是共變數矩陣不相等，因此採

> 用 Box M 考驗法前，最好先檢核資料是否符合多變量常態性假定。當每個
> 群體的個數在 20 以上，依變項的個數是六個以上，採用卡方近似值較佳；
> 在其餘狀況下採用 F 統計量近似值會得到較為正確結果 (Stevens, 2002)。

## 五、引用之學者論點說服性不足

以某位研究者發表於期刊上的觀點為一派理論內容的論述，或以碩博士論文研究生論述的要點作為某位學者的論述。文獻中介紹相關學者的理論內涵，若是國內學者，此學者必須是國內大家一致推崇認同的，如在心理學方面的論述採用張春興於心理學相關書籍中的觀點則較無爭議。

> 在華語教學策略理論方面，相關學者的論點有以下幾位：
>
> 一、Morris 與 Mok 的華語教學策略理論
>
> Morris 與 Mok (2010) 從學習心理學觀點提出，……
>
> 二、徐偉明的華語教學策略理論
>
> 徐偉明 (2005) 認為較佳的華語教學策略理論……
>
> 引註徐偉明 (2005) 的資料是篇碩博士論文或期刊論文，此華語教學策略理論可能是徐偉明個人綜合歸納相關文獻提出或於實務工作經驗中發現反省所導出，此華語教學策略可以於文獻中加以介紹，但將其作為「單一理論派別」則較不適切。

## 六、二手資料與一手資料引註的問題

間接轉引的二手資料，沒有增列引自看到二手的文獻資料，而直接列出原始第一手資料的作者及年份，但此年份離研究者撰寫論文時間已超越十五年或更久，第一手資料的期刊、論文或書籍在多數圖書館很難找到，如此引用資料文獻的合理性有待商榷。內文中若是英文作者姓氏，研究論文中不用將英文作者中譯化，應直接呈現原始作者的姓氏，否則不適切的中譯名，會讓讀者誤解。此外，在論文敘寫中不要有些英文作者將其譯為中文，有些沒有中譯，這樣會造成格式

不一致。

> 馬廉德 (Marland) 以實際訪談發現，以下之有效教學原則對學生行為產生一定程度的影響 ( 引自 Clark & Peterson, 1986)：補償原則、彈性策略運用原則、權力分享原則、定期檢查原則、情緒壓抑原則。Marland 歸納所得的五項原則著重在學生的特徵上。
>
> **不用譯成中文，直接以英文姓氏呈現較佳**
>
> 康諾思 (Conners, 1978 ； 引自 Clark & Peterson ,1986) 以刺激回想記錄方法，探究有效教學之原則，結果發現有效教學教師所持之基本教學原則有以下幾點：認知聯結原則、知識整合原則、做結論原則、學生參與原則、平等對待原則。此外，Conners 也發現三項有效教學「前置原則」作為教師有效教學行為基礎：情緒壓抑原則、教師真誠原則、自我監控原則。

　　上述修改後的範例格式如下：

> 　　Marland (1980 ; 引自 Clark & Peterson, 1986) 以實際訪談發現，以下有效教學原則對學生行為產生一定程度的影響：補償原則、彈性策略運用原則、權力分享原則、定期檢查原則、情緒壓抑原則。Marland 歸納所得的五項原則著重在學生的特徵上。
>
> 　　Conners (1978 ; 引自 Clark & Peterson, 1986) 以刺激回想記錄方法，探究有效教學之原則，結果發現有效教學教師所持之基本教學原則有以下幾點：認知聯結原則、知識整合原則、做結論原則、學生參與原則、平等對待原則。此外，Conners 也發現三項有效教學「前置原則」作為教師有效教學行為基礎：情緒壓抑原則、教師真誠原則、自我監控原則。

## 七、英文專門用語之格式不一

　　論文本文中，研究者若是要增列中譯用語之原文 ( 通常為英文 )，原文的大小寫格式要一致，通常除簡寫、作者姓氏及組織機構外，一般均使用小寫表示即可，如果第一個字母要使用大寫，全文的格式要一致，不要有些增列原文字母的

第一個字母為大寫，有些為小寫。專用術語第一個字母大小混雜使用的範例如：

> 　　根據美國心理學會 (American Psychology Association[APA]) 出版之「教育與心理測驗標準」一書的分類，效度 (Validity) 分為三種型態：一為「內容關聯效度」(Content-related validity)、二為「效標關聯效度」(criterion-Related validity)、三為「構念效度」(construct validity)。「效標關聯效度」又分為「同時效度」(concurrent validity) 與「預測效度」(Predictive validity)，「構念效度」最常使用的方法為「因素分析」(factor analysis)，此種因素分析一般為探索性因素分析 (EFA) 而非驗證性因素分析 (CFA)。
>
> 　　　　　　第一次出現之增列的原文不要以簡稱符號表示，要完整呈現其全名。

增列專用術語原文一般均以小寫表示即可 ( 簡寫之群體或統計方法通常全為大寫，此部分可參考本章最後的附錄 )，上述格式修改如下：

> 　　根據美國心理學會 (American Psychology Association[APA]) 出版之「教育與心理測驗標準」一書的分類，效度 (validity) 分為三種型態：一為「內容關聯效度」(content-related validity)、二為「效標關聯效度」(criterion-related validity)、三為「構念效度」(construct validity)。「效標關聯效度」又分為「同時效度」(concurrent validity) 與「預測效度」(predictive validity)，「構念效度」最常使用的方法為「因素分析」(factor analysis)，此種因素分析一般為探索性因素分析 (exploratory factor analysis[EFA]) 而非驗證性因素分析 (confirmatory factor analysis[CFA])。

　　本文提到的作者不用加入其職務名稱，如林三雄院長 (2006) 認為……，或陳啟發教授 (2007) 認為……，個人行政職務或職稱常常會更動，研究論文中沒有特殊意涵時，最好將這些研究者或學者的行政職務或職稱省略，因為若是於本文中增列其職稱，若是置放於括號內引註，則無法相互呼應，如「……( 林三雄院長，2006)」的格式與一般學術論文寫作格式並不符合；此外，若是研究者個人或團體要出現於研究論文中應採用「研究者」、「研究者個人」或「研究團

體」，不要以「筆者」自稱，範例如：

**( 一 ) 以「筆者」自稱較不適切**

「為建構學生學習壓力量表的指標變項，筆者先採取開放式質性訪談，根據訪談內容加以歸納，作為學生學習壓力量表題項編製的依據，之後筆者再根據編製的初稿進行專家效度的檢核……」。

**( 二 ) 以「研究者」或「研究者個人」自稱較合理**

「為建構學生學習壓力量表的指標變項，研究者先採取開放式質性訪談，根據訪談內容加以歸納，作為學生學習壓力量表題項編製的依據，之後研究者再根據編製的初稿進行專家效度的檢核……」。

# 參、圖表格式的呈現與檢核

表格是量化研究中數據或統計量數呈現的重要部分，統計分析的各種量數若沒有以表格方式呈現，則無法彰顯這些數據的系統性與可讀性。在 APA 格式中，一般表格線的呈現為「保留天地線」及「標題橫線」，至於直線一般則不呈現，但若是縱線有特殊用途，或縱線沒有呈現時，某些統計量數會讓讀者誤解，則這些表格直線也可以呈現，至於表格中的橫線是否要呈現，則視表格中統計量數的特性及變因而定。表格中顯著性 ($p$ 值 ) 通常會以星號 (asterisk) 表示，星號表示的顯著水準是雙尾檢定的 $p$ 值，若是單尾顯著水準的 $p$ 值可以採用不同符號，如「+」號表示，一般表格內為各種參數或統計量數的小數點，一般只要呈現到小數第二位即可。

雙尾檢定：$*p < .05$ $**p < .01$ $***p < .001$ $ns\ p > .05$
單尾檢定：$+p < .05$ $++p < .01$ $+++p < .001$ $ns\ p > .05$

統計量數的顯著性未達 .05 顯著水準時 (not statistically significant)，一般以簡寫「$ns$」斜體字表示。

表格呈現時研究者應注意以下幾點：

**1.** 這個表格的呈現是否必要？

2. 表格的表標題是否簡潔而有意義？

3. 參數代表的英文或希臘字母是否為斜體字？

4. 表格的直線或縱行是否刪除或隱藏？

5. 表格第一列中各欄的變項或簡稱是否適切？

6. 表格中的各種統計量數或統計顯著性的檢核是否正確？

7. 表格是否與本文相結合（本文中是否有提到所列舉的表格）？

8. 表格跨頁時，次一頁表格的標題是否呈現並加註「（續）」？

## 【範例──跨頁表格】

跨頁表格缺少表格標題

表 3-3
知識管理量表項目分析摘要表

| 題項 | CR 值 | 題項與總分相關 | 備註 |
|---|---|---|---|
| A1 | | | |
| A2 | | | |
| A3 | | | |
| A4 | | | |
| A5 | | | |
| A6 | | | |
| A7 | | | |

- 81 -

| 題項 | CR 值 | 題項與總分相關 | 備註 |
|---|---|---|---|
| A8 | | | |
| A9 | | | |
| A10 | | | |
| A11 | | | |
| A12 | | | |
| A13 | | | |
| A14 | | | |
| A15 | | | |

- 82 -

表格跨頁時也要呈現表格標題，於標題後增列「續」表示接續前一個表格

表 3-3
知識管理量表項目分析摘要表

| 題項 | CR 值 | 題項與總分相關 | 備註 |
|---|---|---|---|
| A1 | | | |
| A2 | | | |
| A3 | | | |
| A4 | | | |
| A5 | | | |
| A6 | | | |
| A7 | | | |

- 81 -

表 3-3
知識管理量表項目分析摘要表（續）

| 題項 | CR 值 | 題項與總分相關 | 備註 |
|---|---|---|---|
| A8 | | | |
| A9 | | | |
| A10 | | | |
| A11 | | | |
| A12 | | | |
| A13 | | | |
| A14 | | | |
| A15 | | | |

- 82 -

9. 表格下的附註或註解是否與表格中的符號相符合？

10. 表格的流水編號是否為有遺漏 ( 編號不能為國字必須為數值 ) ？

11. 相關資料整理成表格呈現，是否對表格的內容加以詮釋？ ( 不能將表格內容請讀者自行解釋 )。

12. 表格內容是否過於長？而失去表格的特性？

13. 表格的標題是否與表格本體分離在二個不同頁數？

在下述範例表格中，「表 3-6 『生命態度量表』項目分析摘要表」的表格標題出現於第 72 頁，而表格內容卻呈現於第 73 頁，造成表格標題與表格本體分離的情形，此種情形會造成讀者閱讀的困難，在論文表格排列中應儘量避免。如果表格移到下一頁時可完整呈現表格的內容，也不會造成表格之表格標題與表格本體的分離，則編排時就把此表格移到下頁，原先頁數的地方就空白。

表格標題與表格本體分離的範例如下 ( 此種排版格式為不適切表格 )：

```
......
......
......
......
＜表格 3-5 的說明＞
＜段落內容說明＞
......
......

表 3-6
「生命態度量表」項目分析摘要表

            - 72 -
```

| 題項 | CR 值 | 題項與總分相關 | 備註 |
|------|-------|----------------|------|
| A1 | | | |
| A2 | | | |
| A3 | | | |
| A4 | | | |
| A5 | | | |
| A6 | | | |

```
            - 73 -
```

修改上述表格標題與表格本體分離的範例如下 ( 將表格標題移到另一頁開始處，原先地方留白 )。

.......
......
......
......
＜表格 3-5 的說明＞
＜段落內容說明＞
......
.....

- 72 -

表 3-6
「生命態度量表」項目分析摘要表

| 題項 | CR 值 | 題項與總分相關 | 備註 |
|---|---|---|---|
| A1 | | | |
| A2 | | | |
| A3 | | | |
| A4 | | | |
| A5 | | | |
| A6 | | | |

- 73 -

此處留白，將表格移至下一頁

表格呈現的基本格式範例一：

【範例表格一】

圖表編號應為數值，表的標題要對齊表格的左邊

**表 4-1**
不同性別教師在工作投入各向度及整體教師工作投入 t 考驗分析摘要表

| 統計量數<br>變項名稱 | 性別 | 個數 | 平均數 | 標準差 | t 值 | $\eta^2$ |
|---|---|---|---|---|---|---|
| 工作專注向度 | 男 | 200 | 20.79 | 2.63 | -5.16*** | .063 |
| | 女 | 200 | 22.01 | 2.05 | | |
| 工作評價向度 | 男 | 200 | 21.77 | 2.40 | -3.88*** | .036 |
| | 女 | 200 | 22.66 | 2.18 | | |
| 工作認同向度 | 男 | 200 | 20.27 | 2.98 | -3.02** | .022 |
| | 女 | 200 | 21.08 | 2.38 | | |
| 工作參與向度 | 男 | 200 | 18.92 | 3.19 | -0.37*ns* | ----- |
| | 女 | 200 | 19.03 | 2.99 | | |
| 工作樂趣向度 | 男 | 200 | 21.17 | 2.55 | -5.16*** | .063 |
| | 女 | 200 | 22.38 | 2.11 | | |
| 教師工作投入 | 男 | 200 | 102.90 | 10.78 | -4.53*** | .049 |
| | 女 | 200 | 107.15 | 7.71 | | |

*ns p*>.05　**p*<.01　*** *p*<.001

*ns* 與顯著水準 *p* 要小寫且斜體

一般統計量數小數點呈現到小數第二位

表格呈現的基本格式範例二 ( 表格數字編號與表格標題放在同一橫列上 )：

【範例表格二】

表格數字編號與表格標題排版時置於同一列

表 4-1　不同性別教師在工作投入各向度及整體教師工作投入 t 考驗分析摘要表

| 變項名稱 <br> 統計量數 | 性別 | 個數 | 平均數 | 標準差 | t 值 | $\eta^2$ |
|---|---|---|---|---|---|---|
| 工作專注向度 | 男 | 200 | 20.79 | 2.63 | -5.16*** | .063 |
| | 女 | 200 | 22.01 | 2.05 | | |
| 工作評價向度 | 男 | 200 | 21.77 | 2.40 | -3.88*** | .036 |
| | 女 | 200 | 22.66 | 2.18 | | |
| 工作認同向度 | 男 | 200 | 20.27 | 2.98 | -3.02** | .022 |
| | 女 | 200 | 21.08 | 2.38 | | |
| 工作參與向度 | 男 | 200 | 18.92 | 3.19 | -0.37ns | ----- |
| | 女 | 200 | 19.03 | 2.99 | | |
| 工作樂趣向度 | 男 | 200 | 21.17 | 2.55 | -5.16*** | .063 |
| | 女 | 200 | 22.38 | 2.11 | | |
| 教師工作投入 | 男 | 200 | 102.90 | 10.78 | -4.53*** | .049 |
| | 女 | 200 | 107.15 | 7.71 | | |

*ns p*>.05　\*\**p*<.01　\*\*\* *p*<.001

表格中的橫線是否呈現，端視是否影響表格的可讀性與完整性而定

503

　　不適切的表格呈現格式，常見者為以國字作為表格的編號、表格標題沒有對齊表格的最左邊、將表格標題以置中排列置於表格上方、表格過於複雜不易閱讀、表格缺乏表格標題、表格中增列的符號在表格下面註解說明中沒有出現、表格中沒有增列的符號或簡寫在表格下面註解說明中出現等。

## 【不適切範例表格】

除了表格數據的完整性外，直線(縱行)不必呈現

表格流水號不是數字，此外表格標題沒有與表格的左邊對齊

表一 不同性別教師在工作投入各向度及整體教師工作投入 t 考驗分析摘要表

| 統計量數<br>變項名稱 | 性別 | 個數 | 平均數 | 標準差 | t 值 | $\eta^2$ |
|---|---|---|---|---|---|---|
| 工作專注向度 | 男 | 200 | 20.79 | 2.63 | -5.16*** | .063 |
| | 女 | 200 | 22.01 | 2.05 | | |
| 工作評價向度 | 男 | 200 | 21.77 | 2.40 | -3.88*** | .036 |
| | 女 | 200 | 22.66 | 2.18 | | |
| 工作認同向度 | 男 | 200 | 20.27 | 2.98 | -3.02** | .022 |
| | 女 | 200 | 21.08 | 2.38 | | |
| 工作參與向度 | 男 | 200 | 18.92 | 3.19 | -0.37ns | ----- |
| | 女 | 200 | 19.03 | 2.99 | | |
| 工作樂趣向度 | 男 | 200 | 21.17 | 2.55 | -5.16*** | .063 |
| | 女 | 200 | 22.38 | 2.11 | | |
| 教師工作投入 | 男 | 200 | 102.90 | 10.78 | -4.53*** | .049 |
| | 女 | 200 | 107.15 | 7.71 | | |

*ns p > .05  *p < .01  **p < .01  *** p < .001*

*註解符號在表中沒有呈現，沒有必要增列

表格與文字要有連結性，否則表格與論文本文的內容會分離，如：

> 不同性別教師變項在「工作專注」、「工作評價」、「工作參與」、「工作樂趣」四個向度的差異均達顯著；此外，在整體教師工作投入的感受也達到顯著水準 ($t = -4.53$，$p < .05$)，……。

上述對 t 檢定差異的描述並沒有錯誤，只是研究者解析的內容是根據那個表格而來並沒說明，因而發生「未將表格融入本文內容」的情形，比較適切的敘寫方式應是：

不同教師性別在教師工作投入差異的比較如表 4-1 所列，從此表中可以得知：不同性別教師變項在「工作專注」、「工作評價」、「工作參與」、「工作樂趣」四個向度的差異均達顯著；此外，在整體教師工作投入的感受也達到顯著水準 ($t = -4.53$，$p < .05$)，……。

> 表格融入本文的描述，如此表格與內文才能形成有機連結

研究者將相關實徵研究整理成表格的方式呈現易讓讀者明白，也可以讓讀者易於進行比較分析，表格除了要與內文結合外，也要對表格的內容加以解析或詮釋。在量化研究論文中常發生的一種情形是，研究者很用心的整理之前許多研究者或學者對某些變項間相關或差異的實徵研究結果，並簡化表格形式，但最後卻沒有將整理後的表格內容加以詮釋，如：

研究者個人根據全國博碩士論文資訊網查詢到最近六年有關之前研究者對國中教師「知識管理」變項的相關研究，整理如表 2-5。

> 從表 2-5 中研究者發現什麼，對於表 2-5 內容研究者個人有何評析或結論，研究者並沒有進一步加以敘述說明或詮釋，此種表格所代表的意義是研究者只負責將搜集的文獻資料整理成表格，對於表格的內容及異同點留給讀者自己發現或解讀。

修改上述內文描述的範例如下：

研究者個人根據全國博碩士論文資訊網查詢到最近六年有關之前研究者對國中教師「知識管理」變項的相關研究，為便於比較分析說明，整理如表 2-5 所列。

＜表 2-5 國小教師知識管理能力相關研究摘要表內容＞

由表 2-5 的內容可知，各研究者在教師知識管理能力內涵的分類構面差異不大，其中以陳啟光 (2009) 界定的內涵最為完整，整合上述研究者分類的構面內涵，教師知識管理能力大致分為五個向度：知識取得、知識儲存、知識應用、知識分享、知識創新，……。至於教師背景變項在知識管理能力差異比較方面，研究者探究的變項包括教師性別、教師年齡、教師服務

年資、教師學歷、學校硬體設備與學校規模……。多數研究指出 ( 王明和，2008；林以太，2007；陳啟光，2009) 教師知識管理能力中以「知識創新」能力較差，……。

對整理出的表格內容詮釋分析，才能讓表格充滿生命力

　　探究變項相關之實徵研究的結果時，研究者不能只將搜集到的資料整理成表格，而沒有於表格之後對表格的內容加以解析或詮釋，沒有被論述的表格是沒有生命力的，此種表格也只是另一種靜態內容的呈現而已。相似的，資料處理統計分析輸出的報表，研究者不能只將相關數據或參數整理成表格方式，而沒有對整理出的統計輸出表格內容加以解釋。以「教師知識管理量表」探索性因素分析表格為例，研究者常會簡短的敘述：

　　在教師知識管理量表的建構效度方面，採用主軸萃取法配合直交轉軸，在不限定因素構念下，保留特徵值大於 1 因素，因素分析結果如表 3-5 所列。

表3-5呈現之統計量數的內涵代表何種意義，研究者於本文中並未加以詮釋

　　上述對表格內容的詮釋或說明並不完整，研究者只描述如何進行量表的探索性因素分析，至於最後因素分析的結果並沒有於本文中加以說明，較為完整的敘寫範例應為：

　　在教師知識管理量表的建構效度方面，採用主軸萃取法配合直交轉軸，在不限定因素構念下，保留特徵值大於 1 因素，因素分析結果如表 3-5 所列。

　　萃取的三個因素所包含的十個題項的共同性介於 .656 至 .961 間，十個題項的共同性均在 .60 以上，表示十個題項可以有效反映知識管理潛在構念，三個因素構念根據其包含的指標變項 ( 題項 ) 的表達意涵，分別命名為「知識取得」、「知識分享」、「知識創新」，三個因素構念個別的解釋變異量分別為 36.406%、25.224%、23.463%，累積的解釋變異量為 85.093%。

其中「知識取得」因素包含四個題項，因素負荷量介於 .886 至 .939 間；「知識分享」包含三個題項，因素負荷量介於 .744 至 .904 間；「知識創新」包含三個題項，因素負荷量介於 .722 至 .856 間，題項在其歸屬的因素構念之因素負荷量均在 .45 以上。

**【因素分析整理的範例表格】**

表 3-5
「教師知識管理量表」因素分析摘要表

| 題號 | 知識取得 | 知識分享 | 知識創新 | 共同性 |
|------|----------|----------|----------|--------|
| AA1 | .939# | .209 | .188 | .961 |
| AA2 | .898# | .170 | .245 | .895 |
| AA3 | .886# | .188 | .245 | .881 |
| AA4 | .904# | .206 | .249 | .921 |
| AB5 | .243 | .805# | .320 | .809 |
| AB6 | .198 | .904# | .301 | .948 |
| AB7 | .162 | .744# | .275 | .656 |
| AC8 | .293 | .333 | .779# | .802 |
| AC9 | .289 | .320 | .856# | .918 |
| AC10 | .237 | .374 | .722# | .718 |
| 特徵值 | 3.641 | 2.522 | 2.346 | |
| 解釋變異 % | 36.406 | 25.224 | 23.463 | |
| 累積解釋變異 % | 36.406 | 61.630 | 85.093 | |

頁數

至於圖呈現的原則及解釋與表大同小異，一般圖的範例格式如下：

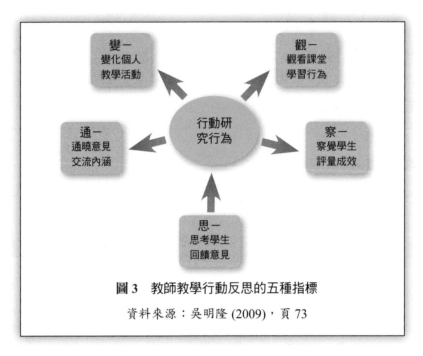

**圖 3　教師教學行動反思的五種指標**

資料來源：吳明隆 (2009)，頁 73

若是研究者引用或繪製圖形，以簡化圖形表示複雜的概念或變項間的關係，則研究者要考量的是：1. 此圖形是否必要？ 2. 圖形表達的概念是否簡潔、清楚而易懂？ 3. 圖形下標題的簡稱是否合適？ 4. 圖形標題的位置是否正確 ( 圖的標題要在圖形的下方且置於圖的中間位置處 )？ 5. 引用或修改的圖形之引註來源是否正確？ 6. 本文中是否就圖形的表達內涵或意義加以詮釋或說明？ 7. 圖是否完整地呈現於一頁之中，沒有被分隔於不同頁數中；8. 圖本體與圖下的標題及圖來源引註是否被分離在不同的頁數？圖資料來源出處的寫法有二種：一為簡要式，一為完整式，完整式包括書籍名稱或期刊名稱 ( 期刊名稱要增列文章標題 )，不論是簡要式或完整式均要列出引註圖形的頁數。上述教師教學行動反思的五種指標圖若採用完整式引註如下：

**圖 3　教師教學行動反思的五種指標**

資料來源：取自教學倫理，吳明隆，2009，台北：五南，頁 73

依 APA 出版手冊範例，完整式資料來源格式為 ( 取自 APA 出版手冊第六版，頁 153 範例 )：

圖 X　圖的標題名稱

取自 "Preschool Home Literacy Practices and Children's Literacy Development: A Longitudinal Analysis," by M. Hood, E. Conlon, and G. Andrews, 2008, Journal of Educational Psychology, 100, p.259.

上述完整式資料來源格式改為簡要式來源格式為：

圖 X　圖的標題名稱

取自 Hood, Conlon , & Andrews, 2008, p.259　　或

圖 X　圖的標題名稱

取自 Hood, Conlon, & Andrews(2008), p.259

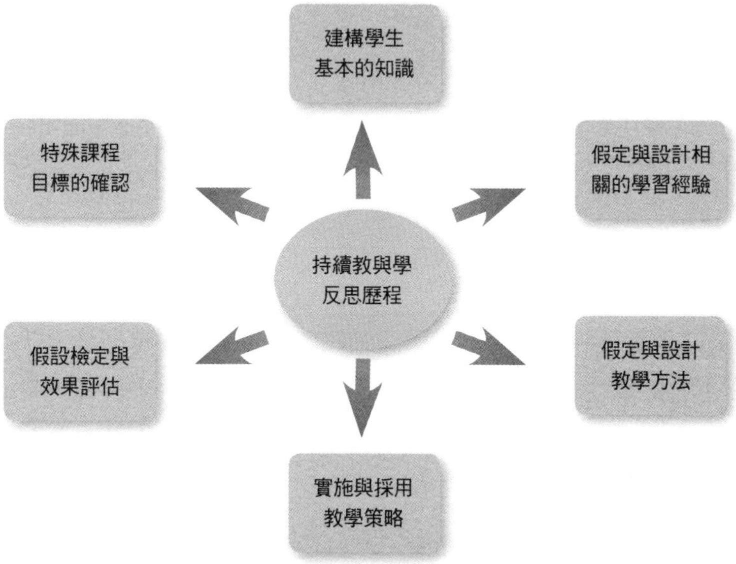

**圖 1　教與學探索的系統步驟圖**

資料來源：取自 "Teaching-for-Learning(TFL): A Model for Faculty to Advance Student Learning," by F. C. Clifton, J. Jason , & G. M. Divya, 2007, Innovative Higher Education, 31, p.158.

　　圖下方的圖編號圖標題及資料來源，與表格編號及表格標題呈現的方式類似，可以將圖資料來源直接接續於圖標題的後面，或將資料來源置於圖標題的下方。

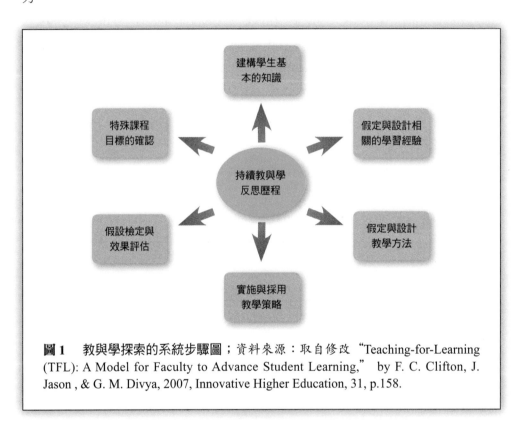

**圖 1**　教與學探索的系統步驟圖；資料來源：取自修改 "Teaching-for-Learning (TFL): A Model for Faculty to Advance Student Learning," by F. C. Clifton, J. Jason , & G. M. Divya, 2007, Innovative Higher Education, 31, p.158.

　　圖下方註解之資料來源可以從第二列開始，也可以接續圖形標題的後面，資料來源採用完整式的引註或簡要式引註都可以，重要的是，研究中整篇論文的格式要統一，即「一致性」的要求，不要有些圖採用完整式引註，有些圖採用簡要式引註。圖形繪製時重要的一個原則是「圖形最好不要跨頁呈現」，每一個圖大小以一頁為原則，因為圖形如果跨頁，會影響圖形的完整性，讀者也不易閱讀，如編排時超過半頁以上，宜單獨放置一頁，圖形繪製時其內容呈現必須考量到以下幾點：圖是否簡要、清楚、明確；本文中是否提及圖及對圖內容的詮釋；是否於圖下增列圖的標題及出處；圖中內容是否要增列註解或數值；圖中的箭號或物件位置是否正確；圖的架構或模式是否完整等。表的表標題在表之上，與表的

左邊對齊；圖的圖標題在下，置於圖的中間 ( 圖要增列引註頁數，若是此圖概念是出自研究者個人，則圖的出處不用呈現 )，圖表均需要有編號，編號以數值為主，圖表的編碼一般在三碼以下，如果研究論文中圖的個數較少，則直接採用一碼表示圖的次序，如圖 1、圖 2， ……。相對地，若是圖表格的數目較多，最好採用二碼或三碼的編碼方式，否則增刪表格時很容易造成錯誤，如流水編號跳號或重複。二碼範例：圖 2-5、表 3-1、圖 4-2；二碼代碼中第一位數值表示章，第二個數值為流水號，如表 3-3 表示第三章第三個表格。三碼範例：圖 2-4-1、表 3-2-1、表 4-1-2、表 4-3-5；三碼代碼中第一位數值表示章，第二個數值表示節，第三個數值為流水號，如表 4-3-5 代表第四章第三節中的第五個表格。

　　圖形繪製排版時，研究者定要將整個圖繪製於同一頁之中，其中重要的排版原則是「圖的本體絕對不能被切割，其次是圖本體與圖下標題及出處也不能被分離在不同頁數 ( 若圖形的概念是出自研究者個人，則圖標題下的圖資料來源可以省略 )。」若是圖形較為複雜，無法完整呈現於一頁之中時，研究者可將圖形縮小，儘量將圖形於一頁中呈現；如果圖形字形或物件縮小，還是無法將圖形於一頁中呈現，研究者最好將圖形簡化，以符合「不跳頁」的排版原則。在下面一個影響受試者自殺意向變因的路徑分析圖中，如果研究者將圖形隔開，則圖形的完整性將被破壞。

511

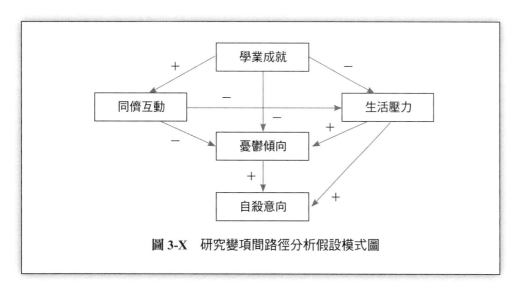

圖 3-X　研究變項間路徑分析假設模式圖

　　上述路徑分析假設模式圖繪製表現的十分清楚完整，中介變項「憂鬱傾向」

同時受到「學業成就」、「同儕互動」及「生活壓力」三個變項影響,而內因變項(依變項)「自殺意向」」直接受變項「憂鬱傾向」及「生活壓力」的影響,其影響均為正向;外因變項「學業成就」對「憂鬱傾向」及「生活壓力」的影響假定為負向,表示學生的學業成就愈低,其感受的生活壓力愈大、憂鬱傾向程度愈高。如果此路徑分析圖被切割成二頁時(圖的本體被切割成二部分),無法完整呈現整個路徑圖變項間影響的因果模式關係。此種「將完整圖形切割的格式」於論文排版時必須特別注意,論文內容儘量避免(最好不要出現),否則圖形所要表達的完整內涵或變項間關係無法呈現,最重要的是研究者沒有把握圖形物件繪製與呈現時的原則。

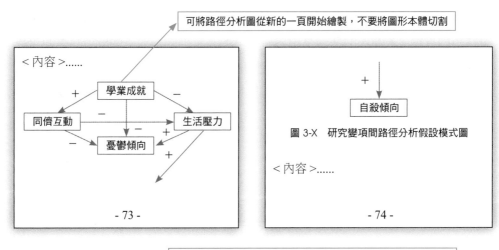

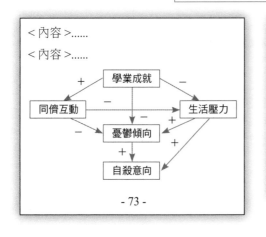

# 肆、研究設計與結果分析的撰述

在第三章研究設計與實施方面，常見者的缺失為沒有繪製研究架構圖，量化研究中研究架構圖非常重要，研究架構圖在於呈現變項間的關係，或影響路徑，從研究架構圖中，也可以使讀者明瞭研究者所使用的統計方法是否適切，若是探究二個變項間之關係 ( 如國小教師知識管理能力與班級經營效能相關之研究 )，可以將架構圖繪製如下：

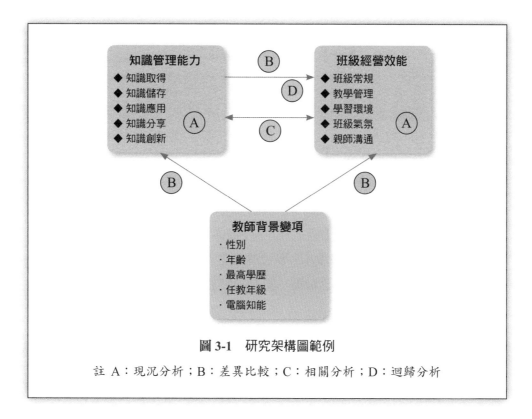

**圖 3-1　研究架構圖範例**

註 A：現況分析；B：差異比較；C：相關分析；D：迴歸分析

若是研究者根據理論文獻將相關研究擴大為變項間因果關係的探究，變項間影響的因果關係假設模型中即可根據研究架構圖導出，以上述研究架構圖為例，研究者想要進一步以結構方程模式 (SEM) 來驗證教師知識管理能力影響班級經營效能的假設模型，則根據研究架構圖導出的假設模型圖如下：

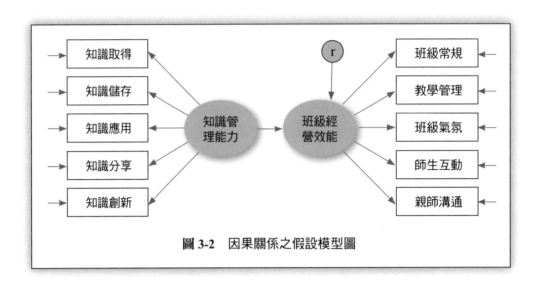

圖 3-2　因果關係之假設模型圖

　　如果研究者探究的是三個變項的關係，可以將主要的依變項置於研究架構圖的中間或是最後，如研究者探討的主題為「國小高年級學童父母教養方式、自我概念與學習壓力之相關研究」，自變項為「學童父母教養方式」與「學童自我概念」，依變項為「學童學習壓力」，在架構圖繪製中可以將「學習壓力」變因置放於中間，也可以將其置放於後面。不論研究架構圖如何繪製，必須兼顧美觀、易懂及區辨的功能 ( 研究架構圖修改自王素慧 2008 年之碩士論文 )。

　　第一個研究架構圖為將依變項 ( 學習壓力變項 ) 置於整個架構圖的中間，第二個研究架構圖為將依變項 ( 學習壓力變項 ) 置於整個架構圖的後面。

【依變項置於中間的架構圖範例】

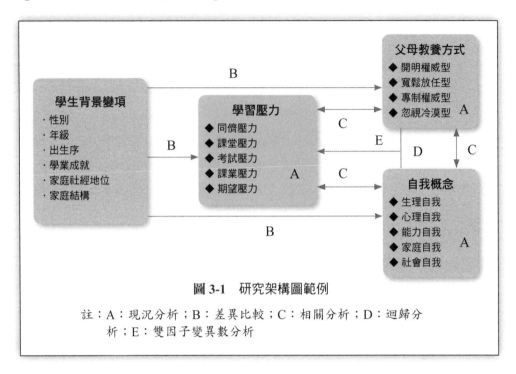

圖 3-1　研究架構圖範例

註：A：現況分析；B：差異比較；C：相關分析；D：迴歸分
　　析；E：雙因子變異數分析

【依變項置於後面的架構圖範例】

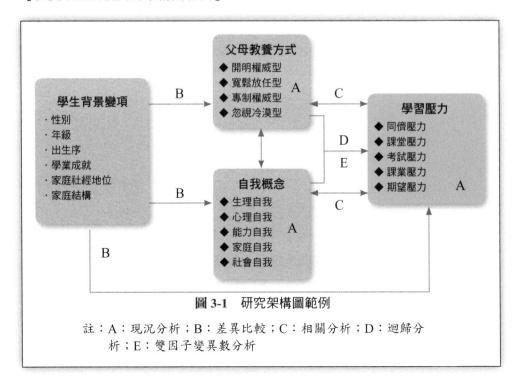

圖 3-1　研究架構圖範例

註：A：現況分析；B：差異比較；C：相關分析；D：迴歸分
　　析；E：雙因子變異數分析

在研究架構圖中，除了有研究要探究的主要變項外，通常會有一個「受試者個人背景變項」或「受試者服務或任職的單位組織變項」，前者如受試者的性別、年齡、服務年資、婚姻狀態、就讀科系等；後者如組織規模大小、主管 ( 或領導者 ) 的性別、單位組織性質等。個人背景變項及單位組織變項有時會通稱為「背景變項」或「人口變項」。背景變項包含的內容相當多，因研究關係及考量研究價值性，不可能將所有背景變項納入，此時，研究主題要納入多少個背景變項，研究者應從理論文獻或經驗法則來論述選取。假設在背景變項調查時，研究者於問卷調查中要受試者勾選十多個背景變項，但正式統計分析時只選取少數幾個背景變項，此種情形不但造成受試者填答的不便，更顯示出研究者之研究程序欠缺嚴謹，在量化研究中應儘量避免。

若是研究者要採用結構方程模式進一步探討三個潛在變項間的關係，由於假設模型圖是導引自研究架構圖，此時，研究者要明確界定那個變項為外因潛在變項 ( 自變項 ) 與內因潛在變項 ( 依變項 )，以範例之研究架構為例，父母教養方式、學生自我概念二個潛在變項均為外因潛在變項，內因潛在變項只有學生學習壓力一個，假設模型圖如下 ( 圖中只繪出潛在變項 )：

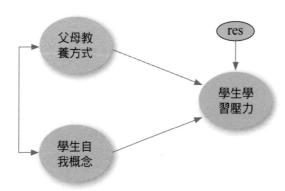

由於研究架構圖中界定父母教養方式、學生自我概念二個潛在變項均為外因潛在變項 ( 自變項 )，因而二個變項於假設模型圖中沒有因果關係，只有共變關係 ( 在研究架構圖中以雙箭號表示路徑 C 之統計方法為積差相關 )，假設模型圖與研究架構圖符合，若是研究者探究的假設模型圖如下：

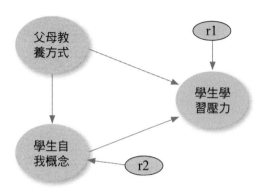

　　在上述研究架構圖中，外因潛在變項為父母教養方式 ( 自變項 )，內因潛在變項 ( 依變項 ) 為學生學習壓力，學生自我概念為一個中介變項，就父母教養方式變項而言，它的性質是一個內因潛在變項 ( 依變項 )；就學生學習壓力變項而言，它的性質是一個外因潛在變項 ( 自變項 )，由於研究者將學生自我概念變項界定為中介變項，因而假設模式圖中，父母教養方式與學生自我概念二個潛在變項沒有共變關係 ( 不能分析其共變關係 )，只有因果關係。此假設模式圖與研究者於第三章繪製之研究架構圖明顯不能契合，研究架構圖所呈現的是父母教養方式與學生自我概念二個潛在變項間有相關存在 ( 雖然有相關不一定有因果，但二個變項間有共變關係也可能有因果關係存在 )，但假設模式圖中所呈現的是父母教養方式與學生自我概念二個潛在變項間有因果關係存在。如果研究者要探究第二種假設模式圖，則研究架構圖修改如下更為適切，此處所謂的「更適切」用語，在於說明原先研究架構圖並不是錯誤的，而是為了讓研究架構圖與假設模式圖能前後契合而已 ( 因為二個變項間沒有相關，則二個變項間絕對沒有因果關係，所以研究架構圖中探討二個變項間的共變關係，在結構方程模式統計方法中進一步探討變項間是否具有因果關係也是合理的 )。

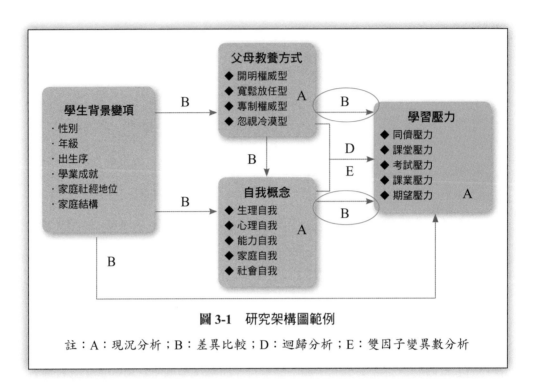

**圖 3-1　研究架構圖範例**

註：A：現況分析；B：差異比較；D：迴歸分析；E：雙因子變異數分析

　　第三章研究設計與實施章節中的論述，一般研究者常發生的問題有以下幾點：

## 一、研究工具的時空差異

　　量化研究工具編製過程欠缺嚴謹，直接引用他人的測量工具，原先編製者之測量工具信效度並非十分理想，此外，原先測量工具的年份超過三年以上，如果研究者探討主題之研究對象為一般群體，如學生、教師、成年人、學生家長、公務人員、教官、一般民眾、企業組織員工、消費者等，這些群體的母群體通常很大，從中抽取一部分樣本作為預試對象，通常是可行性，對於可能有時空差異或信效度不佳的測量工具，研究者又直接引用，但於論文研究工具或研究對象中又沒有加以論述其原因，會讓他人質疑研究者是為研究便利與時效，而跳過某些重要研究程序。除了標準化測驗外，一般量表或問卷最好要經逐題文字審核修改及預試，若是有某些特殊原因，沒有經預試程序，至少對測量工具題項及構面的適切性要再次確認，並且要於第三章中加以完整說明。

## 二、測量工具未經預試程序

　　一般群體之研究測量工具 ( 量表或問卷 ) 未經預試過程。如果研究者研究的母群體為一般群體，自編或修訂的測量工具最好要先預試，預試的目的可以經由統計分析的客觀量數，得知測量工具題項的適切性與其信效度，研究者不要因為怕麻煩，而省略預試步驟 ( 如果是成就測驗可以經由預試資料得知測驗的難度、鑑別度及題項選項的誘答性 )。

　　預試問卷分析的內容包括量表的項目分析情形、量表的信效度，項目分析及信效度考驗是以「量表」為一組分析單位。並非以問卷 ( 包含二種以上不同量表或測驗 ) 為分析單位，若是一份問卷包含三種不同量表，則項目分析極端組比較時，題項加總的分數是以量表中的題項為一個群組，而非是將三種不同量表的所有題項加總，因素分析或信度也要以各「量表」為單位進行統計分析。如在以「國小高年級學童生命態度、人際關係與憂鬱傾向之相關研究」中，研究者使用的「生活感受調查問卷」( 測量工具之問卷名稱最好能以中性詞語表示 ) 包括三種量表：「生命態度量表」、「人際關係量表」、「憂鬱傾向量表」，預試問卷的項目分析及信效度考驗，要分別就「生命態度量表」、「人際關係量表」、「憂鬱傾向量表」三種不同測量工具進行統計分析，分別求出三種量表的項目分析、量表的建構效度、量表的信度 ( 包括量表各構面及總量表的信度 )。

　　預試資料統計分析時，最讓研究者困擾的是量表的「建構效度」，要求出量表的建構效度必須採取探索性因素分析方法，既然是「探索性」程序，研究者可能要經由多次因素分析，才能求出量表最適切的建構效度，多數研究者在編製量表時會先根據理論、文獻或訪談資料確定概念變項的向度內涵，經由專家效度檢核以進一步建構量表的內容效度，之後抽取適當樣本進行預試問卷的項目分析，經項目分析後，將保留的題項納入因素分析程序中。

　　多數實徵研究資料顯示因素分析結果，常會發生以下幾個問題：一為採用特徵值大於 1 的準則所萃取保留的因素個數，與原先編製時的向度 ( 構面／層面 ) 的個數不符合；二為萃取的共同因素中所包含的題項，與原先研究者編製的架構內容不同，如原屬「考試壓力」向度的部分題項被歸於「課堂壓力」因素構念中，而原屬「課堂壓力」向度的部分題項被歸於「期望壓力」因素構念中；三為少數題項在所有共同因素的因素負荷量均低於 .40，無法將此題項歸於某個因素

中；四為少數題項在二個共同因素的因素負荷量均高於 .45，具有跨因素構念的特性等。以上幾個問題在第一次因素分析時是常見的結果，研究者不用氣餒或灰心，因為這是正常的現象，除非研究者編製或採用之量表的建構效度十分穩定，否則多數第一次因素分析時會有上述情形出現，只要研究者採用「逐題刪除法」，將不適切的題項刪除，再反覆進行因素分析程序，最後可求出較佳的建構效度，而研究者刪除之題項順序不同，最後共同因素保留的題項 ( 指標變項 ) 也會不同。研究者應切記「探索性因素分析」中之「探索」的意涵，就是要研究者不斷的嘗試探索，此嘗試探索是要經多次因素分析程序的。

在研究論文中若是研究者採用「探索性因素分析」方法，而有以下的描述，其真實性有待檢驗 ( 有待檢驗表示可能發生，但發生的機率很低，並非不可能 )：

> 　　為求出知識管理量表的建構效度，將項目分析保留的二十五個題項全部納入因素分析程序中，在不限定因素個數條件下，共抽取五個共同因素，五個共同因素構念所包含的題項與研究者原先編製時完全相同，顯示量表的建構效度甚佳。

> 除非量表原先的建構效度十分穩定，否則此種情形出現的機率十分低，會讓讀者質疑研究者此段內容的真實性。

其次的描述表達如：

> 　　「為求出知識管理量表的建構效度，將項目分析保留的二十五個題項全部納入因素分析程序中，第一次因素分析在不限定因素個數條件下，共抽取五個共同因素，五個共同因素構念中所包含的題項與研究者原先編製時部分不同，部分題項的歸屬不合理，因而研究者根據第一次因素分析轉軸後的因素矩陣摘要表，將題項與因素構面不符合的題項數刪除，共刪除九題，刪除後進行第二次因素分析，第二次因素分析結果的因素構念與其包含的題項符合原先研究者編製之架構， ⋯⋯。」

> 一次刪除九題，不符合探索性因素分析的操作程序，此種刪題方法，恐刪除過多的題項，較無法求出量表最佳的建構效度。

　　下面為一個包含二十五個題項之「期望壓力量表」，此量表根據專家效度檢核及研究者修訂建構的內容效度中，共分為四為向度：課業期望壓力、升學期望壓力、行為期望壓力、職業期望壓力，預試有效樣本數為 196 位。

**【範例說明】**

表 I 　「期望壓力量表」描述性統計量摘要表

| | 個數 | 最小值 | 最大值 | 平均數 | 標準差 |
|---|---|---|---|---|---|
| a01 課業 | 196 | 1 | 5 | 2.47 | 1.078 |
| a02 課業 | 196 | 1 | 5 | 2.85 | 1.424 |
| a03 課業 | 196 | 1 | 5 | 3.35 | 1.302 |
| a04 課業 | 196 | 1 | 5 | 3.20 | 1.492 |
| a05 課業 | 196 | 1 | 5 | 1.79 | .983 |
| a06 課業 | 196 | 1 | 5 | 4.05 | 1.090 |
| a07 課業 | 196 | 1 | 5 | 4.06 | 1.253 |
| a08 課業 | 194 | 1 | 5 | 2.91 | 1.295 |
| a09 課業 | 196 | 1 | 5 | 3.76 | 1.304 |
| a10 課業 | 194 | 1 | 5 | 3.79 | 1.235 |
| a11 升學 | 196 | 1 | 5 | 2.99 | 1.349 |
| a12 升學 | 196 | 1 | 5 | 3.15 | 1.368 |
| a13 升學 | 196 | 1 | 5 | 2.81 | 1.328 |
| a14 升學 | 194 | 1 | 5 | 2.71 | 1.506 |
| a15 升學 | 196 | 1 | 5 | 2.37 | 1.424 |
| a16 升學 | 196 | 1 | 5 | 3.18 | 1.497 |
| a17 行為 | 196 | 1 | 5 | 2.64 | 1.295 |
| a18 行為 | 196 | 1 | 5 | 3.94 | 1.080 |
| a19 行為 | 196 | 1 | 5 | 3.40 | 1.179 |
| a20 行為 | 196 | 1 | 5 | 2.27 | 1.164 |
| a21 行為 | 196 | 1 | 5 | 4.19 | .999 |
| a22 職業 | 196 | 1 | 5 | 3.77 | 1.205 |
| a23 職業 | 195 | 1 | 5 | 3.35 | 1.309 |
| a24 職業 | 196 | 1 | 5 | 2.81 | 1.340 |
| a25 職業 | 196 | 1 | 5 | 4.14 | 1.146 |
| a26 職業 | 196 | 1 | 5 | 3.86 | 1.376 |
| a27 職業 | 196 | 1 | 5 | 3.61 | 1.390 |

從上述描述性統計量摘要表中，可以得知高職學生期望壓力量表 27 個題項的資料檔沒有無效值或極端值，各題項的最大值均為 5。期望壓力量表原先編製時，依據理論文獻共分四個向度構念，其內容效度及專家效度均適切，課業期望壓力構面包括第 1 題至第 10 題，升學期望壓力構面包括第 11 題至第 16 題，行為期望壓力構面包括第 17 題至第 21 題，職業期望壓力構面包括第 22 題至 27 題，量表題項歸屬於那個期望壓力向度非常明確。經項目分析結果，27 個題項均保留，因而因素分析程序時，量表所有題項均納入。

因素分析採用主成份方法抽取因素，配合直交轉軸之最大變異法，在限定四個因素個數的情況下，經九次疊代運算過程，結果如表 II 所列。第一次因素分析結果，四個共同因素所包括的題項十分凌亂，與研究者原先建構的內容效度及題項向度分類有很大不同。

**表 II** 「期望壓力量表」第一次因素分析轉軸後的成份矩陣 (a)

| 題項 | 成份 | | | |
|---|---|---|---|---|
| | 1 | 2 | 3 | 4 |
| a15 升學 | .792 | .306 | .047 | .122 |
| a13 升學 | .758 | .133 | .115 | .167 |
| a14 升學 | .688 | .444 | .161 | .115 |
| a04 課業 | .659 | .036 | .357 | .065 |
| a27 職業 | .643 | .036 | .222 | .305 |
| a16 升學 | .621 | .282 | -.014 | .343 |
| a08 課業 | .479 | -.037 | .384 | .079 |
| a17 行為 | .273 | .702 | .086 | -.099 |
| a01 課業 | .216 | .685 | .261 | -.118 |
| a20 行為 | -.068 | .675 | .017 | .167 |
| a11 升學 | .217 | .543 | .461 | .196 |
| a02 課業 | .506 | .539 | .331 | -.069 |
| a05 課業 | .259 | .532 | .027 | .255 |
| a19 行為 | -.094 | .443 | .416 | .399 |
| a18 行為 | .009 | .408 | .031 | .208 |
| a12 升學 | .087 | .406 | .367 | .396 |
| a06 課業 | -.032 | .149 | .755 | .149 |
| a09 課業 | .397 | .190 | .673 | .255 |
| a07 課業 | .419 | .020 | .652 | .229 |

表 II 「期望壓力量表」第一次因素分析轉軸後的成份矩陣 (a)(續)

| 題項 | 成份 | | | |
|---|---|---|---|---|
| | 1 | 2 | 3 | 4 |
| a10 課業 | .347 | .296 | .637 | .150 |
| a03 課業 | .277 | .463 | .551 | .090 |
| a21 行為 | .093 | .043 | .417 | .333 |
| a23 職業 | .107 | .195 | .226 | .748 |
| a22 職業 | .335 | .142 | .302 | .652 |
| a24 職業 | .360 | .393 | .080 | .618 |
| a26 職業 | .345 | -.139 | .254 | .485 |
| a25 職業 | .407 | -.005 | .415 | .421 |

萃取方法:主成份分析。 旋轉方法:旋轉方法:含 Kaiser 常態化的 Varimax 法。
a 轉軸收斂於 9 個疊代。

　　研究者若採用「逐題刪除法」(有關此方法有興趣讀者可參閱五南出版,吳明隆編著的《SPSS 操作與應用——問卷統計分析實務》一書的第十四章),刪題的順序若是依 a21、a12、a11、a01、a05、a04、a02、a27、a08、a25 的次序,則第十次因素分析結果轉軸後的成份矩陣摘要表如表 III,其中四個因素構念分別為升學期望壓力、課業期望壓力、職業期望壓力、行為期望壓力。升學期望壓力向度包含的題項有 4 題、課業期望壓力向度包含的題項有 5 題、職業期望壓力向度包含的題項有 4 題、行為期望壓力向度包含的題項有 4 題,經因素分析程序刪除部分題項後,最後保留的題項共有 17 題,此因素分析程序所建立的建構效度與原先研究者編製的內容效度內容最為符合。

**表 III** 「期望壓力量表」最後轉軸後的成份矩陣 (a)

| 題項 | 成份 | | | |
|---|---|---|---|---|
| | 1 | 2 | 3 | 4 |
| a15 升學 | .835 | .165 | .151 | .161 |
| a13 升學 | .790 | .161 | .219 | -.032 |
| a14 升學 | .775 | .277 | .136 | .267 |
| a16 升學 | .616 | .121 | .310 | .241 |
| a06 課業 | -.083 | .793 | .137 | .122 |
| a09 課業 | .365 | .722 | .256 | .092 |
| a07 課業 | .320 | .711 | .261 | -.084 |
| a10 課業 | .363 | .637 | .192 | .183 |
| a03 課業 | .304 | .637 | .085 | .346 |
| a23 職業 | .080 | .187 | .842 | .105 |
| a22 職業 | .271 | .294 | .750 | .070 |
| a24 職業 | .353 | .099 | .713 | .306 |
| a26 職業 | .198 | .347 | .474 | -.185 |
| a20 行為 | .004 | .136 | .065 | .773 |
| a17 行為 | .365 | .069 | .004 | .626 |
| a19 行為 | -.144 | .508 | .303 | .557 |
| a18 行為 | .167 | .025 | .052 | .527 |

萃取方法：主成份分析。　旋轉方法：旋轉方法：含 Kaiser 常態化的 Varimax 法。
a 轉軸收斂於 7 個疊代。

　　四個共同因素個別的解釋變異量分別為 18.789、18.499、14.612、12.116，累積的解釋變異量為 64.016%，其數值大於學者所提倡的 60.00% 的指標值，可見量表的建構效度不錯。

**表 IV** 解說總變異量摘要表

| 成份 | 平方和負荷量萃取 | | | 轉軸平方和負荷量 | | |
|---|---|---|---|---|---|---|
| | 總和 | 變異數的 % | 累積 % | 總和 | 變異數的 % | 累積 % |
| 1 | 6.566 | 38.624 | 38.624 | 3.194 | 18.789 | 18.789 |
| 2 | 1.629 | 9.582 | 48.206 | 3.145 | 18.499 | 37.287 |
| 3 | 1.532 | 9.009 | 57.216 | 2.484 | 14.612 | 51.899 |
| 4 | 1.156 | 6.800 | 64.016 | 2.060 | 12.116 | 64.016 |

萃取法：主成份分析。

經由以上實際資料之分析結果,最後得出的量表之構念效度,共約進行 10 次因素分析探索的程序,採用「逐題刪除法」獲得的建構效度與原先研究者編製的內容效度最為符合,當然採用「逐題刪除法」也有可能經由少數幾次的探索,即獲得與內容效度符合的建構效度。內容效度是一種根據專業知能的主觀認知判斷,構念效度或稱建構效度是一種以統計方法的客觀量數來判別,若是二種效度的結果相同或是甚為接近,表示量表的效度甚佳;如果採用因素分析程序,最後求出的構念效度與內容效度差異甚大,研究者可改採其他彈性的因素分析方法或採驗證性因素分析法 ( 有關這些方法有興趣讀者可參閱吳明隆於五南出版的系列應用統計書籍 )。

## 三、如何抽樣敘寫籠統含糊

取樣對象交代不清,一般母群體未採用機率取樣方法。機率取樣包括隨機取樣、分層抽樣與叢集抽樣,經由機率抽樣方法所抽取的樣本較具有代表性 ( 樣本性質與母群體性質最為接近 );有時研究者因考量研究可行性或研究母群體為特殊群體,可以採用非機率抽樣方法,如立意取樣、便利取樣、滾雪球抽樣等方法。研究過程中研究者不論採用何種抽樣法,必須於第三章研究設計與實施中將如何抽取樣本的方法加以詳細介紹,這是量化研究「真實性」的呈現。研究對象選取最簡單且較能代表母群體性質抽樣的方法為隨機抽樣 ( 又稱簡單隨機抽樣 ),雖然研究對象抽取時採用機率抽樣的方法,抽出的樣本性質與母群體性質最為接近,但研究過程也必須考量研究「可行性」,有時採用機率抽樣方法,抽取出的受試者或群體無法配合施測,此時研究可能被迫中斷而無法繼續進行。研究對象選取時,研究者應把握以下原則:

「問卷調查之受試者若能完全根據機率抽樣 (probability smpling) 方法抽取樣本當然最好,有時因研究可行性問題,無法完全採用機率抽樣法選取樣本時,研究者要退而求其次,也可改用非機率抽樣法。」不論研究者採用何種抽樣方法,儘量要讓樣本特徵能正確的代表母群體特徵,讓抽樣偏誤降到最低,最重要的是,於「研究對象」節次中要詳細交代研究中的受試者是如何抽樣取得的。

沒有詳細介紹如何抽樣方法的描述範例如:

預試結果程序完成後，進行正式問卷的施測，發放對象為高雄市市立國中的教師，總共發出問卷 500 份，回收問卷 452 份，回收率高達 90.40%(452/500)，剔除無效問卷 23 份，有效問卷 429 份，有效問卷佔回收問卷的 94.91%(429/452)，有效樣本數背景分配情形如表 3-X-X 所列。

> 無效問卷如何界定，沒有加以說明　　　　以何種取樣方法發出問卷並沒有清楚交代

### 增列如何抽樣方法的【格式範例】

預試結果程序完成後，進行正式問卷的施測，正式施測抽取的學校採用二階段機率抽樣方法，第一階段採用「分層抽樣」法，從大、中、小三種規模的學校組織中，依各分層的學校數隨機抽取三分之一的學校，第一階段抽取的學校總數有二十五所；第二階段採用「簡單隨機抽樣法」，根據抽取出的標的學校隨機抽取二十名教師施測，總共發出問卷 500 份，回收問卷 452 份，回收率高達 90.40%(452/500)，剔除無效問卷 23 份 ( 所有量表填答選項均相同或遺漏填答的題項太多，則視為無效問卷 )，有效問卷 429 份，有效問卷佔回收問卷的 94.91%(429/452)，有效樣本數背景分配情形如表 3-X-X 所列。

從上述範例所描述的內容，讀者很清楚地知悉研究者採用的抽樣方法有二種，一為分層抽樣 ( 依學校規模數大小分，將學校分為大型規模、中型規模、小型規模三個層級 )、二為簡單隨機抽樣。此種抽樣方法均為機率取樣法，抽取樣本的代表性最高，但在實際研究歷程中，有時完全採用機率取樣法，是無法讓研究順利進行的，如研究者以簡單隨機抽樣方法抽到甲學校，但甲學校的主管、教師不願意或不想讓研究者進到學校施測，則研究者就無法搜集到相關資料，在此種情形下，若是研究者完全採用機率取樣，則資料搜集就會中斷，此時研究者應改為立意取樣或便利取樣，雖然這二種取樣方法較無法符合「代表性」或「精確性」特徵，但卻符合研究「可行性」的考量因素，此部分，只要研究者於研究對象節次中完整清楚交代如何抽取這些樣本即可。下面的範例格式即符合「真實性」與「完整性」的特性。

**【範例格式】**

> 　　預試結果程序完成後，進行正式問卷的施測，研究對象的母群體為高雄
> 市公立國中教師，研究者原先採用簡單隨機抽樣法，從高雄市公立學校中隨
> 機抽取二十學校，再委請教務主任或熟識教師從學校中隨機抽取二十位至
> 三十位教師填寫問卷，但聯繫與接洽結果，有十所學校不同意其學校教師作
> 為施測對象，因而研究者增列「立意抽樣法」，委請有熟識教師或主任幫忙
> 協助施測，經採用上述二種方法，總共發出問卷 500 份，回收問卷 452 份，
> 回收率高達 90.40%(452/500)，剔除無效問卷 23 份 ( 所有量表填答選項均
> 相同或遺漏填答的題項太多，則視為無效問卷 )，有效問卷 429 份，有效問
> 卷佔回收問卷的 94.91%(429/452)，有效樣本數背景分配情形如表 3-X-X 所
> 列。

## 四、研究假設的撰寫不適切

　　研究假設必須與研究問題前後呼應，研究假設的敘寫須為肯定句形式 ( 研究
問題為疑問句 )，統計方法的顯著性檢定在考驗對立假設是否成立或得到支持，
若是有足夠的證據推翻虛無假設，則對立假設便可支持，因而研究假設最好以對
立假設的方式表示，如此比較合乎邏輯，因為研究者認為變項間有相關或有差
異，或有因果關係，才要編製測量工具，抽取樣本以驗證研究者所建立的假設是
否可以得到支持。其次在資料處理與研究假設常見的一個問題是，準實驗研究的
統計資料處理未採用統計控制之共變數分析的統計方法，而直接採用獨立樣本 t
檢定的統計法，進行實驗組與控制組在檢定變項的差異比較。

## 五、研究架構圖繪製過於複雜或不完整

　　研究架構圖或研究流程圖欠缺完備，或變因間關係的線條符號過於複雜，無
法突顯圖形簡要、明確、易於了解的特性。一般研究架構圖中的變項間相關會以
雙箭號表示 ( ←→ )，差異或預測會以單箭號表示 ( → )。若是研究者採用結構方
程模式以驗證假設模型與樣本資料的契合度，則再根據研究架構圖的因果關係變
項導出假設模型圖，並根據研究架構內容，確立潛在變項與指標變項。有些讓讀
者不易解讀的研究架構圖是由於繪製之研究架構圖的線條花樣過多，圖中變項間

的關係除有粗細不同線條樣式外，還有實線及不同的虛線線條樣式。其實研究者不宜使用過多的線條樣式表示，只要以適當的符號註解，讀者便可以瞭解研究者所要探究之變項間關係。

## 六、沒有取得原編製者的同意函

直接引用他人編製的量表或測驗，未有測量工具授權同意使用或修改的同意書，則可能有違反研究倫理，若是因為原先研究者或編製者無法連絡，或無法得知其地址或服務單位，則測量工具同意函可以省略，此部分研究者可於研究論文中加以清楚交代。如果研究者引用他人編製的測量工具，只進行小幅度的修改，最好也要取得原編製者(或修訂者)的授權同意書，這是一種研究倫理行為，若是研究者有考量要加以修訂或增列題項，可以先告知原編製者可能會參考量表再進行部分內容修訂。如果研究者使用的測量工具為正式出版的「標準化測驗」，研究者要依照出版社的規定購買施測的份數。此外，附錄中絕不能將已正式出版的標準化測驗或量表內容呈現，否則會違反著作權法，至於量表或測驗是直接引用他人編製的(未正式出版)，論文口試時可以附錄方式增列於論文後面讓口試委員參閱，至於口試完正式印刷論文時最好不要增列於附錄之中，因為此量表或測驗不是研究者個人親自編製或修訂的，不算研究者個人的「產物」或「知識」，既然內容或概念不是研究者個人的「產物」或「知識」，就不應將其置放於研究者的論文之中。

## 七、行動研究之研究流程圖欠缺再循環修正的程序

部分研究者會以其服務的單位或職場進行行動研究，行動研究是一種反思循環的歷程，而非是一種直線式活動或教學歷程的介紹，沒有循環、修正、反思的過程，不能稱為行動研究。此外，行動研究題目中的組織或單位應該以「化名」代替，不要直接列出研究者個人服務的單位或任教的學校或組織群體，如此，較符合學術研究的倫理行為。有些研究者將整個教學歷程或一種不同於傳統的教學模式或評量之過程於論文中加以介紹，之後再冠以行動研究之名，就稱此研究為行動研究，這是研究者對於行動研究的內涵沒有深入瞭解所造成的錯誤，缺少「行動反思、修正與再循環」的過程就不是一種行動研究，最多只能說明一種「XX 歷程的介紹描述」而已，如「圖卡整合於華語教學應用的行動研究」主題

為例，研究者在華語教學歷程中與傳統講述法不同之處，在於研究者進行華語教學時配合圖卡，以圖卡導引學習者學習，論文內容只介紹將圖卡有效應用於華語教學的整個歷程，此種歷程與描述就不符合行動研究的內涵。

雖然行動研究偏向於質性研究，但多數行動研究在成效評估方面也採用量化研究，因為量化研究有客觀的統計量數作為論述的依據，態度、感受或成效評估除以觀察訪談外，若配合量化研究測得的客觀數據，其說服性較高。

## 八、開放式資料整理是堆砌而欠缺統整性

量化研究程序中，有時某些議題為深入探究受試者內心感受，會配合訪談，此種訪談通常是結構式訪談或半結構式訪談。非量化統計分析取得之資料，常見的問題為研究者訪談後搜集的資料或從結構式開放題獲得之資料未進行歸納統整，未將當事人共同的看法或相似主題合併在一起，而以一個適當的次標題呈現，因而結果並非是資訊的表達而是凌亂資料的堆砌，知識管理的四個層次是：資料、資訊、知識、智慧，論文研究所要呈現的是有系統性資訊而非是原始資料，正如統計分析數據表格所要呈現的是統計分析後的結果量數，而非是原始數據表格。

一般研究方法論均會介紹到抽樣方法，抽樣通常包括二個步驟：一為預試問卷的抽樣，二為正式問卷的抽樣。預試問卷抽樣的程序，在於經由預試中抽取的小樣本資料，來檢核分析測量工具是否需要再進一步進行內容修改或題目增刪。第一階段抽取的樣本數一般是「量表」總題數的三至五倍的人數，若是量表要進行因素分析，則最佳的預試樣本數最好是量表總題數的五倍以上，此種預試抽樣最低樣本數是根據理論而來，其研究的對象是一般群體。

一般群體的母群體通常比較大，因而才有足夠的樣本可以進行二階段的樣本抽取，若是研究者探討或研究的母群為「特殊群體」，則抽樣程序可跳脫研究方法論書籍中所介紹的一般抽樣原則，因為特殊群體的母群體總樣本數不多，其次是有些特殊群體受試者對問卷填答較困難，研究者需要花費更多的心力與時間，研究母群之特殊群體如「單親家庭」、「資源班學生」、「HIV 感染受刑人」、「中輟復學生」、「某一縣市國中 ( 小 ) 校長」、「重症學童照顧者」等。以特殊群體為母群作為探究對象，由於母群體本身總數就不多，因而若是研究者再根據上述抽樣理論進行抽樣，在排除預試人數後，正式問卷施測人數恐更少，研究要

考量的因素之一是「可行性」，為使研究能順利進行，研究者可採取彈性策略。

　　所謂彈性策略是研究者在編製完問卷初稿後，採用專家效度進行內容效度的建構，之後修訂問卷為施測工具，施測時以全部特殊群體或可配合問卷填答的群體樣本為受試者，搜集到資料檔為正式統計分析的資料。在進行正式問卷統計分析前，先從有效樣本資料檔中隨機選取一定比例的人數 ( 一般為 20% 至 40%) 作為預試的人數，根據抽取受試者填答的資料進行量表的項目分析及信效度考驗，預試統計分析可能會刪除部分題項，研究者將不適切的題項刪除後，再以原先抽取的總樣本數作為正式問卷統計分析的資料檔，只是進行第二階段統計分析時，要將第一階段刪除的題項排除。以「特殊群體」為研究對象時的資料搜集與統計分析流程如下：

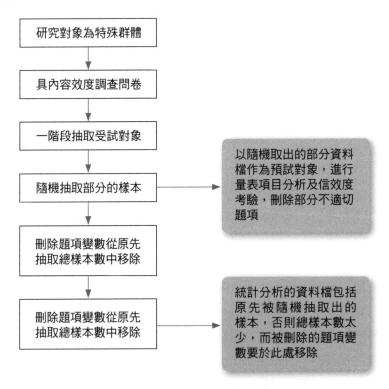

**圖 14-1　特殊群體採用一階段抽樣之統計分析程序圖**

　　以「HIV 感染受刑人」的人格特質、社會支持與希望感之相關研究為例，研究者使用三種測量工具：「人格特質量表」( 共有十題 )、「社會支持量表」( 共有十二題 )、「希望感量表」( 共有十二題 )，由於 HIV 感染受刑人為特殊群體 ( 其

母群體總數較少且不易讓受試者填答問卷 )，因而研究者只能施測一次。施測完
將有效問卷之資料建檔後，從資料檔中隨機抽取 20% 至 40% 的子資料檔作為第
一階段預試卷分析的樣本，三種量表原先題項數及題項變數編碼如下：

第一階段分析被隨機抽取出的樣本

| 受試者 | A1 | A2 | A3 | A4 | A5 | A6 | A7 | A8 | A9 | A10 |
|---|---|---|---|---|---|---|---|---|---|---|
| 007 | | | | | | | | | | |
| 012 | | | | | | | | | | |

| 受試者 | B1 | B2 | B3 | B4 | B5 | B6 | B7 | B8 | B9 | B10 | B11 | B12 |
|---|---|---|---|---|---|---|---|---|---|---|---|---|
| 007 | | | | | | | | | | | | |
| 012 | | | | | | | | | | | | |

| 受試者 | C1 | C2 | C3 | C4 | C5 | C6 | C7 | C8 | C9 | C10 | C11 | C12 |
|---|---|---|---|---|---|---|---|---|---|---|---|---|
| 007 | | | | | | | | | | | | |
| 012 | | | | | | | | | | | | |

　　經第一階段分析結果，「人格特質量表」刪除第 5 題、「社會支持量表」刪
除第 1 題、「希望感量表」刪除第 8 題與第 9 題。第二階段統計分析時以原先抽
取的所有有效樣本為資料檔，其中也包括第一階段分析時抽取出的樣本，第二
階段統計分析驗證假設時，題項變數要排除第一階段分析的四個題項 (A5、B1、
C8、C9)。

| 受試者 | A1 | A2 | A3 | A4 | A5 | A6 | A7 | A8 | A9 | A10 |
|---|---|---|---|---|---|---|---|---|---|---|
| 001 | | | | | 刪除 | | | | | |
| …… | | | | | 刪除 | | | | | |
| 098 | | | | | 刪除 | | | | | |

正式統計分析時也包含第一階段從資料檔中抽出的樣本

| 受試者 | B1 | B2 | B3 | B4 | B5 | B6 | B7 | B8 | B9 | B10 | B11 | B12 |
|---|---|---|---|---|---|---|---|---|---|---|---|---|
| 001 | 刪除 | | | | | | | | | | | |
| …… | 刪除 | | | | | | | | | | | |
| 098 | 刪除 | | | | | | | | | | | |

| 受試者 | B1 | B2 | B3 | B4 | B5 | B6 | B7 | B8 | B9 | B10 | B11 | B12 |
|---|---|---|---|---|---|---|---|---|---|---|---|---|
| 001 | | | | | | | | | | 刪除 | 刪除 | |
| …… | | | | | | | | | | 刪除 | 刪除 | |
| 098 | | | | | | | | | | 刪除 | 刪除 | |

　　若是第一階段隨機抽出小樣本以因素分析求出的「社會支持量表」有三個向度，或是原先編製建構的內容效度分為三個構面，則第二階段分析中包含第 1 題 (B1) 之構面總分，須將第 1 題 (B1) 刪除，假設原先編製建構的內容效度三個向度包含的題項如下：

　　「社會支持量度」第一個構面：包含題項 B1、B2、B3、B4。
　　「社會支持量度」第二個構面：包含題項 B5、B6、B7、B8、B9。
　　「社會支持量度」第三個構面：包含題項 B10、B11、B12。

　　第二階段以全部樣本進行分析時，社會支持量表三個構面包含的題項數如下：

　　「社會支持量度」第一個構面：包含題項 B2、B3、B4(第一題 B1 被排除)。
　　「社會支持量度」第二個構面：包含題項 B5、B6、B7、B8、B9。

「社會支持量度」第三個構面：包含題項 B10、B11、B12。

　　一般潛在因素構面包含的題項數最好在三題以上，若是採用此方法保留的題項數只有二題，此構面變數勉強可以保留，只是研究者在研究限制的部分要略作交代；如果某個向度或某個因素構面所包含的題項只剩一個題項，則此因素構面之變數於第二階段正式統計分析時最好將其刪除，因為以一個題項 ( 或稱指標變項 ) 來反映一個潛在心理特質，其代表性不足。

　　研究者於結果討論中常犯的一個寫作問題，就是結果討論未與之前第二章文獻實徵研究結果相結合，文獻探討與資料統計分析結果分離，如此無法將探究的文獻內容融入統計分析結果之中，此乃為分析結果的解釋與討論欠缺深入的缺失。雖然某些研究者會於結果討論中論述統計分析結果與先前相關研究結果的異同，但對於可能的原因卻未進一步加以論述，如：

　　「此統計分析結果與……等人的研究結果相同，而與……等人的研究結果不同。」

　　這樣的結果討論並沒有討論的意涵，也就是研究者資料的呈現只停留於知識管理的第二階段「資訊」，而沒有進到「知識」與「智慧」的層次，尤其當研究結果與先前研究結果或實務經驗不同時，其可能原因為何，研究者要進一步加以論述或解析其可能原因，此論述的觀點就是知識管理的「知識」與「智慧」層級，在推論可能的原因時，研究者不能與一般經驗法則或合理性相違背，一般敘寫的方法為：

　　「，　……研究者推論可能原因為……)，或「，　……研究者推論可能的原因有以下幾點：一為……；二為……)

　　統計資料分析時，一般會將假設考驗的顯著水準 $\alpha$ 定在 .05 或 .01，行為及社會科學領域的研究通常會將顯著水準定在 .05，當統計分析結果之統計量顯著性 p 值小於 .05 時，便有足夠證據推翻虛無假設 ( 沒有相關或沒有差異的假設 )，而間接支持對立假設 ( 有相關或有差異 )，.05 是一個臨界值，顯著性 p 值的結果不是推翻虛無假設就是接受虛無假設，沒有所謂「接近推翻虛無假設」的描述，如錯誤描述範例：

「不同性別的國中學生在考試焦慮差異的 $t$ 統計量為 1.90，顯著性 $p$ 值 =.051，雖然沒有小於 .05，但與顯著水準 .05 很接近，表示也可以拒絕虛無假設，這顯示男女生在考試焦慮的感受也有稍微的不同。」

「國小學生整體時間管理與學業成就的相關係數為 .10，顯著性 $p$ 值 = .052，雖然顯著性 $p$ 值沒有小於 .05，但與顯著水準 .05 差距很小，表示統計量數也可拒絕虛無假設，顯示國小學生整體時間管理與學業成就的關係接近顯著正相關。」

上述推論統計的分析是錯誤的，正確的詮釋應是：

「不同性別的國中學生在考試焦慮差異的 $t$ 統計量為 1.90，顯著性 $p$ 值 = .051，大於 .05，表示沒有足夠證據拒絕虛無假設，研究假設 X 無法獲得支持，男女生在考試焦慮的感受並沒有顯著的不同。」

「國小學生整體時間管理與學業成就的相關係數為 .10，顯著性 $p$ 值 = .052 > .05，顯示沒有足夠證據拒絕虛無假設，研究假設 X 無法獲得支持，國小學生整體時間管理與學業成就間未達顯著正相關。」

再以結構方程模式整體適配度指標的判別為例，其中部分指標值的臨界指標值為 RMSEA 值 < .10（小於 .10 時模式具有普通適配、小於 .08 時模式具有合理適配）、SRMR 值 < .05、GFI 值 > .90、AGFI 值 > .90、TLI 值 > .90、NFI 值 > .90、IFI 值 > .90、CFI 值 > .90，當假設模型導出的變異－共變數矩陣與樣本資料計算出的變異－共變數矩陣差距很小，表示假設模型與樣本資料可以適配，但適配度指標要以學者共同認同的臨界指標值為主，研究者不能因為適配度指標值未達適配臨界值，而下「接近、很接近或稍微大於、稍微高於」等用語，如：

「在整體適配度指標值方面，SRMR 值等於 .04 小於 .05、TLI 值為 .92 大於 .90、NFI 值為 .91 大於 .90，三個指標值均符合模式檢定的適配標準，至於 RMSEA 值雖為 .112，但其數值只稍微高於 .10 普通適配標準，GFI 值為 .86、AGFI 值為 .87、IFI 值為 .88、CFI 值為 .87，雖均未達大於 .90 的適配標準，但四個指標值都很接近 .90，因而整體而言，假設模型與樣本資料的契合度尚可。」

　　若是以上所述「接近」的用語合理，當 GFI 值為 .89，描述為「雖未大於 .90，但卻很接近 .90 的適配標準」，研究者認為 .89 接近 .90、那麼 .88、.87、.86 等不也是十分接近 .90 的臨界指標值，這與虛無假設的檢定原理是相同的，統計資料分析結果對於虛無假設判別只有二種：沒有足夠證據推翻虛無假設（接受虛無假設，拒絕對立假設）、有足夠證據推翻虛無假設（拒絕虛無假設，接受對立假設），對立假設不是「獲得支持」就是「無法獲得支持」，對於臨界指標值的判別要明確精準，不要用「接近、很接近、稍微高於或稍微低於」等無法判別是否達到指標值之含糊用語。

　　以平均數假設檢定而言，在雙尾檢定(two-tailed test)或稱雙邊檢定(two-sided test) 時，根據資料計算出的檢定統計量 (test statistic)，若是落於雙側臨界值的任何一側之內（此時 $p$ 值 $< \alpha$），則拒絕虛無假設，推論虛無假設不成立，對立假設成立；相對的，如果檢定統計量沒有落於雙側臨界值的任何一側之內（此時 $p$ 值 $\geq \alpha$），則接受虛無假設，推論虛無假設成立，對立假設不成立，因而統計決策準則的判別中，根據檢定統計量或 $p$ 值 ($p$ 值表示的是檢定統計量觀察值的對應機率大小，它是拒絕虛無假設時可能犯下的錯誤率，此錯誤率或機率若是小於 .05，就可以拒絕虛無假設，.05 臨界機率值一般稱為顯著水準)，因而將顯著水準 $\alpha$ 定在特定的數值之下，假設檢定或考驗的結果只有二種情形：一為推翻虛無假設（支持對立假設）、二為不推翻虛無假設（對立假設不成立）。不推翻虛無假設的情形，表示若以抽取樣本之資料結構所得到的統計量來推論母群體之資料結構或性質時，其誤差率或錯誤率過大，在過大的錯誤推論下，我們寧可接受虛無假設（沒有差異或沒有相關），統計上檢定不顯著的結果稱為「未達統計顯著水準」(not statistically significant)，簡稱為「不顯著」(not signicant)。假設檢定的二種情形如下圖所列，二種情形是一為拒絕虛無假設、一為接受虛無假設。

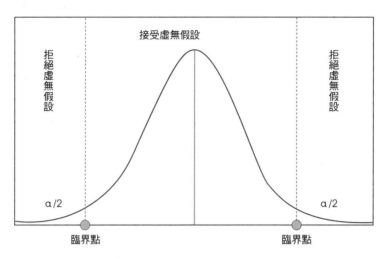

**圖 14-2** 母體平均數假設檢定的二種情況圖

　　推論統計之「顯著」(significant)，意指「從樣本資料得到的統計量數有足夠的證據拒絕虛無假設」，在行為及社會科學研究領域中，達到統計上的「顯著」($p$ 值 $< \alpha$)，不表示研究得到的結果「很重要」或「很有價值性」，因為統計顯著性之統計量數受到抽樣方法與樣本大小等變因的影響，在大樣本情況下，任何統計量數很容易達到顯著，即顯著性 $p$ 值 $< \alpha$ 的機率很高，或是研究者抽取樣本有偏誤，也很容易獲得拒絕虛無假設的結果。研究者要重視的是整個研究歷程的嚴謹性，從測量工具的編製、樣本的抽取、資料處理的統計方法與結果的詮釋，因為有些研究結果，統計上不顯著，反而比顯著更有意義，許多不顯著的統計結果也有其背後的意涵存在。

　　在變項計分與檢定方面，若是題項型態為複選題，則通常是逐題分析，因為各複選項內涵不同，因而不能將數題複選題加總計分。若是測量工具為李克特型態或其它加總量表型式，這種量表通常是在測受試者的行為態度或心理特質或某個潛在構念，若採逐題分析，則潛在變項 ( 因素構念 ) 的指標變項 ( 題項 ) 的代表性不足，因為不能以一個外在指標變項 ( 題項 ) 來描述某位受試者的心理特質感受或態度行為，因而潛在構念的指標變項通常會以數個題項來測量 ( 一般最少要求是每個向度要三個題項以上 )。計分時，研究者必須將每個向度 ( 層面 ) 所包括的題項加總，以向度 ( 層面 ) 總分作為構念變項，如下圖學習壓力量表，此量表包含三個向度構念：考試壓力、課堂壓力、同儕壓力，其包含的題項分別為

四題、四題、五題，各向度計分時必須先將各向度所包含的題項個數的分數加總，假設量表十三個題項的變數編碼為 a1、a2， ……，a13，則各向度變數分數分別為：

考試壓力向度分數＝ a1 ＋ a2 ＋ a3 ＋ a4，在 SPSS 統計軟體中可以使用「sum (a1 to a4)」算出向度加總分數。

課堂壓力向度分數＝ a5 ＋ a6 ＋ a7 ＋ a8，在 SPSS 統計軟體中可以使用「sum (a5 to a8)」算出向度加總分數。

同儕壓力向度分數＝ a9 ＋ a10 ＋ a11 ＋ a12 ＋ a13，在 SPSS 統計軟體中可以使用「sum (a9 to a13)」算出向度加總分數。

學習壓力量表分數＝ a1 ＋ a2 ＋ a3 ＋ a4 ＋ a5 ＋ a6 ＋ a7 ＋ a8 ＋ a9 ＋ a10 ＋ a11 ＋ a12 ＋ a13，在 SPSS 統計軟體中可以使用「sum (a1 to a13)」算出學習壓力量表十三題的總分。

在統計分析中，各向度計分法必須相同，若是各向度都採用題項加總分數，則問卷中各量表之向度 ( 構面 ) 都必須採用題項加總分數。另外一個計分方法是先計算各向度的總分，再將向度總分除以向度的題項數，求出的分數為「向度單題平均得分」，如果研究者要採用向度單題平均得分，各向度變數均要採用此一計分方法，以上述學習壓力量表而言，各向度單題平均得分計算為：

考試壓力向度單題平均分數＝ (a1 ＋ a2 ＋ a3 ＋ a4)/4，在 SPSS 統計軟體中可以使用「sum (a1 to a4)/4」算出向度單題平均分數。。

課堂壓力向度單題平均分數＝ (a5 ＋ a6 ＋ a7 ＋ a8)/4，在 SPSS 統計軟體中可以使用「sum (a5 to a8)/4」算出向度單題平均分數。

同儕壓力向度單題平均分數＝ (a9 ＋ a10 ＋ a11 ＋ a12 ＋ a13)/5，在 SPSS 統計軟體中可以使用「sum (a9 to a13)/5」算出向度單題平均分數。

學習壓力量表單題平均分數＝ (a1 ＋ a2 ＋ a3 ＋ a4 ＋ a5 ＋ a6 ＋ a7 ＋ a8 ＋ a9 ＋ a10 ＋ a11 ＋ a12 ＋ a13)/13，在 SPSS 統計軟體中可以使用「sum (a1 to a13)/13」算出量表單題平均分數。

只要研究者變數的計分方法一致，所有變數採用加總後的分數，或全部變數採用單題平均分數，則所有統計分析結果是相同的。

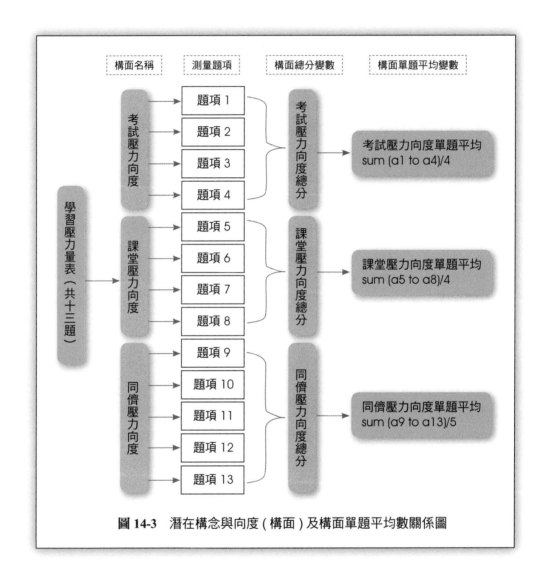

**圖 14-3** 潛在構念與向度（構面）及構面單題平均數關係圖

**【實例說明 - 以向度總分及以向度單題平均分別設為變數的比較】**

下面以方惠麗 (2009) 在其「高雄市國小級任教師知識管理能力與班級經營效能之相關研究」的資料檔為例：「教師知識管理能力」量表共分為五個向度：知識取得（題項數 6 題）、知識儲存（題項數 6 題）、知識應用（題項數 6 題）、知識分享（題項數 4 題）、知識創新（題項數 6 題）；「班級經營效能量表」原先有六個向度，範例中只取自其中「班級氣氛」一個向度，此向度的題項數有四題。下表為 SPSS 統計軟體輸出的原始報表：

表 14-1 各向度變數及向度單題平均變數的描述性統計量摘要表

| 變項名稱 | 個數 | 題項數 | 最小值 | 最大值 | 平均數 | 標準差 |
|---|---|---|---|---|---|---|
| 知識取得向度 | 605 | 6 | 9.00 | 30.00 | 23.2446 | 3.44344 |
| 知識儲存向度 | 605 | 6 | 6.00 | 30.00 | 21.2876 | 4.86097 |
| 知識應用向度 | 605 | 6 | 8.00 | 30.00 | 23.4083 | 3.50169 |
| 知識分享向度 | 605 | 4 | 4.00 | 20.00 | 14.1289 | 2.89952 |
| 知識創新向度 | 605 | 6 | 8.00 | 30.00 | 23.2661 | 3.60696 |
| 班級氣氛向度 | 605 | 4 | 8.00 | 20.00 | 16.5008 | 2.01042 |
| 知識取得單題 | 605 | 單題平均 | 1.50 | 5.00 | 3.8741 | .57391 |
| 知識儲存單題 | 605 | 單題平均 | 1.00 | 5.00 | 3.5479 | .81016 |
| 知識應用單題 | 605 | 單題平均 | 1.33 | 5.00 | 3.9014 | .58362 |
| 知識分享單題 | 605 | 單題平均 | 1.00 | 5.00 | 3.5322 | .72488 |
| 知識創新單題 | 605 | 單題平均 | 1.33 | 5.00 | 3.8777 | .60116 |
| 班級氣氛單題 | 605 | 單題平均 | 2.00 | 5.00 | 4.1252 | .50261 |

　　若以向度變數來檢核是否有錯誤計分值或極端值，可以從題項數及最大值判別，以「知識取得向度」而言，此向度包含的題項數 (指標變項個數) 共有 6 題，採用李克特五點量表計分時，選項計分值界於 1 至 5 分中間，因而向度變數的分數值應介於 6 至 30 分間，若是描述性統計量的最小值小於 6 分或是最大值大於 30，表示向度題項原始資料檔有錯誤。如果採用向度單題平均分數值作為變數名稱，由於向度單題平均變數為向度總分除以題項數，因而其分數全距為 1 至 5，若是最大值超過 5 分 ( 若是李克特量表採用的是六點量表，六個選項的計分從 1 至 6，則全距分數介於 1 至 6 間 )，表示向度題項原始資料檔有錯誤。

表 14-2　不同教師學歷在向度變數及向度單題平均變數的變異數分析摘要表

| 變項名稱 | | 平方和 | 自由度 | 平均平方和 | F 檢定 | 顯著性 |
|---|---|---|---|---|---|---|
| 知識取得向度 | 組間 | 68.051 | 2 | 34.026 | 2.888 | .056 |
| | 組內 | 7093.744 | 602 | 11.784 | | |
| | 總和 | 7161.795 | 604 | | | |
| 知識儲存向度 | 組間 | 259.729 | 2 | 129.865 | 5.579 | .004 |
| | 組內 | 14012.228 | 602 | 23.276 | | |
| | 總和 | 14271.957 | 604 | | | |
| 知識應用向度 | 組間 | 154.654 | 2 | 77.327 | 6.419 | .002 |
| | 組內 | 7251.505 | 602 | 12.046 | | |
| | 總和 | 7406.159 | 604 | | | |
| 知識分享向度 | 組間 | 94.810 | 2 | 47.405 | 5.727 | .003 |
| | 組內 | 4983.134 | 602 | 8.278 | | |
| | 總和 | 5077.944 | 604 | | | |
| 知識創新向度 | 組間 | 178.097 | 2 | 89.049 | 6.980 | .001 |
| | 組內 | 7680.058 | 602 | 12.758 | | |
| | 總和 | 7858.155 | 604 | | | |
| 班級氣氛向度 | 組間 | 18.820 | 2 | 9.410 | 2.338 | .097 |
| | 組內 | 2422.430 | 602 | 4.024 | | |
| | 總和 | 2441.250 | 604 | | | |
| 知識取得單題 | 組間 | 1.890 | 2 | .945 | 2.888 | .056 |
| | 組內 | 197.048 | 602 | .327 | | |
| | 總和 | 198.939 | 604 | | | |
| 知識儲存單題 | 組間 | 7.215 | 2 | 3.607 | 5.579 | .004 |
| | 組內 | 389.229 | 602 | .647 | | |
| | 總和 | 396.443 | 604 | | | |
| 知識應用單題 | 組間 | 4.296 | 2 | 2.148 | 6.419 | .002 |
| | 組內 | 201.431 | 602 | .335 | | |
| | 總和 | 205.727 | 604 | | | |
| 知識分享單題 | 組間 | 5.926 | 2 | 2.963 | 5.727 | .003 |
| | 組內 | 311.446 | 602 | .517 | | |
| | 總和 | 317.371 | 604 | | | |
| 知識創新單題 | 組間 | 4.947 | 2 | 2.474 | 6.980 | .001 |
| | 組內 | 213.335 | 602 | .354 | | |
| | 總和 | 218.282 | 604 | | | |
| 班級氣氛單題 | 組間 | 1.176 | 2 | .588 | 2.338 | .097 |
| | 組內 | 151.402 | 602 | .251 | | |
| | 總和 | 152.578 | 604 | | | |

從以上變異數分析摘要表中可以發現，不論採用「向度總分」(構面總分)
或採用「向度平均單題分數」(構面平均單題分數) 求出的 F 值及其顯著性 $p$ 值
均相同。不同的是組間與組內的離均差平方和 (SS) 及均方值 (MS)，因變數的
測量值不同，所以 SS 欄及 MS 欄的數值會不同。不同教師學歷變項在「知識取
得」、「知識儲存」、「知識應用」、「知識分享」、「知識創新」、「班級氣
氛」等變因差異檢定的 F 值，分別為 2.888 ($p$ = .056)、5.579 ($p$ = .004)、6.419 ($p$
= .002)、5.727 ($p$ = .003)、6.980 ($p$ = .001)、2.338 ($p$ = .097)，表示不同教師
學歷變項在「知識儲存」、「知識應用」、「知識分享」、「知識創新」等四個
知識管理向度有顯著的差異存在。

**【以向度總分為變數之複迴歸結果】**

表 14-3 知識管理五個向度變數預測班級氣氛向度的模式摘要表

| 模式 | R | R 平方 | 調過後的 R 平方 | 估計的標準誤 |
|---|---|---|---|---|
| 1 | .626(a) | .392 | .387 | 1.57460 |

a 預測變數：(常數), 知識創新向度, 知識儲存向度, 知識取得向度, 知識分享向度, 知識應用向度

表 14-4 知識管理五個向度變數預測班級氣氛向度的迴歸係數摘要表

| 模式 | | 未標準化係數 | | 標準化係數 | t | 顯著性 |
|---|---|---|---|---|---|---|
| | | B 之估計值 | 標準誤 | Beta 分配 | | |
| 1 | (常數) | 7.180 | .488 | | 14.702 | .000 |
| | 知識取得向度 | .096 | .028 | .165 | 3.447 | .001 |
| | 知識儲存向度 | -.011 | .019 | -.026 | -.566 | .571 |
| | 知識應用向度 | .140 | .032 | .245 | 4.350 | .000 |
| | 知識分享向度 | -.009 | .034 | -.012 | -.248 | .804 |
| | 知識創新向度 | .178 | .028 | .320 | 6.309 | .000 |

a 依變數：班級氣氛向度

**【以向度單題平均為變數之複迴歸結果】**

表 14-5　知識管理五個向度單題平均變數預測班級氣氛向度單題平均變數的模式摘要表

| 模式 | R | R 平方 | 調過後的 R 平方 | 估計的標準誤 |
|---|---|---|---|---|
| 1 | .626(a) | .392 | .387 | .39365 |

a 預測變數：( 常數 ), 知識創新單題, 知識儲存單題, 知識取得單題, 知識分享單題, 知識應用單題

表 14-6　知識管理五個向度單題平均變數預測班級氣氛向度單題平均變數的迴歸係數摘要表

| 模式 | | 未標準化係數 | | 標準化係數 | t | 顯著性 |
|---|---|---|---|---|---|---|
| | | B 之估計值 | 標準誤 | Beta 分配 | | |
| 1 | ( 常數 ) | 1.795 | .122 | | 14.702 | .000 |
| | 知識取得單題 | .144 | .042 | .165 | 3.447 | .001 |
| | 知識儲存單題 | -.016 | .029 | -.026 | -.566 | .571 |
| | 知識應用單題 | .211 | .048 | .245 | 4.350 | .000 |
| | 知識分享單題 | -.009 | .034 | -.012 | -.248 | .804 |
| | 知識創新單題 | .268 | .042 | .320 | 6.309 | .000 |

a 依變數：班級氣氛向度

　　再從複迴歸輸出結果來看，以知識管理五個向度總分變數作為預測變項，以「班級氣氛向度」總分變數為效標變項，進行複迴歸分析，其結果與採用五個向度單題平均得分為自變項，以班級氣氛向度平均單題得分為效標變項，不論是模式摘要或迴歸係數統計量數均相同，多元相關係數為 .626，多元相關係數的平方為 .392，調整後的 R 平方為 .387，迴歸方程式的常數項為 1.795，非標準化迴歸係數分別為 .144、-.016、.211、-.009、.268，標準化迴歸係數分別為 .165 (t = 3.447**)、-.026 (t = -.566)、.245 (t = 4.350***)、-.012 (t = -.248)、.320 (t = 6.309***)。

　　資料處理所採用的統計分析法要適切而有其價值性，要減少使用錯誤的統計分析方法，研究者必須對各變項的屬性、題項的計分、統計方法的應用時機等有正確的了解。此外，研究者不能倒因為果，遷就統計方法的限制，而與之前研究抽樣的程序相矛盾，以下面某研究者採用結構方程模式進行假設模型的驗證論述

為例：

　　「根據理論與相關學者論述的觀點，當樣本數愈大時，整體適配度統計量卡方值愈容易達到 .05 顯著水準，此時所有假設模型都可能無法獲得支持，由於本研究抽取的有效樣本數高達 1020 位，為避免上述問題發生，讓原本可能與樣本資料適配的假設模型變成無法適配，因而在進行 SEM 分析時，研究者只從 1020 位有效樣本中隨機抽取 200 位樣本進行分析，以避免樣本數過大，而導致適配度卡方值易達到 .05 顯著水準的問題。」

　　上述統計方法的應用，就是一種倒因為果的例子，可能是研究者個人對結構方程模式之應用時機與適配度統計量判別未深入了解所造成的偏誤。這樣的論述會讓他人質疑：「既然研究者只要用 200 位樣本進行分析，為何要那麼辛苦搜集一千多位的樣本資料？」「理論或學者論述的觀點是當樣本數愈大時，整體適配度統計量卡方值愈容易達到 .05 顯著水準，此時所有假設模型都可能無法獲得支持，因而當樣本數很大時，整體適配度卡方值統計量只能當作一個參考指標，不是一個主要指標。」由於研究者未完全理解適配度 ( 或契合度 ) 的真正內涵與判別指標，才會將辛苦搜集的資料棄而不用，這是十分可惜的 ( 上述範例中研究者的樣本數高達 1020 位，在 SEM 分析中，可以將樣本切割成二個子資料檔，一個子資料檔作為驗證樣本，另一個子資料檔作為效度樣本，進一步進行複核效度的考驗 )。

　　進行資料處理之統計分析時，研究者要注意的是不要看錯統計輸出結果報告，若是將統計量數的數據位置看錯，則整個統計結果的解釋是錯誤的，以二個群體平均數差異輸出之 t 統計數據，有些研究者不理解「變異數相等的 Levene 檢定」欄的意涵，將判別二個群體變異數是否相等的統計量數，誤解為二個群體 t 檢定的統計量數及顯著性，在輸出報表數據的解讀方面，若是沒有把握，最好參考坊間出版的應用統計專書。

這一欄顯著性是判別二個群體的變異數是否同質的p值，不是判別二個群體平均數是否達顯著水準的p值，表中「顯著性(雙尾)」欄才是判別二個群體平均數是否有顯著不同的量數。

| | | 變異數相等的 Levene 檢定 | | 平均數相等的 t 檢定 | | |
|---|---|---|---|---|---|---|
| | | F 檢定 | 顯著性 | t | 自由度 | 顯著性（雙尾） |
| 家庭壓力向度 | 假設變異數相等 | 18.152 | .000 | -2.584 | 603 | .010 |
| | 不假設變異數相等 | | | -2.089 | 131.658 | .039 |
| 學校壓力向度 | 假設變異數相等 | 1.441 | .230 | .239 | 603 | .811 |
| | 不假設變異數相等 | | | .223 | 146.817 | .824 |
| 自我壓力向度 | 假設變異數相等 | 3.738 | .054 | -.882 | 603 | .378 |
| | 不假設變異數相等 | | | -.761 | 137.786 | .448 |
| 情感壓力向度 | 假設變異數相等 | 5.287 | .022 | -1.133 | 603 | .258 |
| | 不假設變異數相等 | | | -.993 | 139.416 | .322 |
| 人際壓力向度 | 假設變異數相等 | 5.524 | .019 | -2.864 | 603 | .004 |
| | 不假設變異數相等 | | | -2.498 | 138.825 | .014 |

# 伍、研究結論與附錄的檢核

在結論與建議章節一般常見的問題為：研究結論的標題用語不適當，不是以肯定句來敘寫，而是以疑問句的形式作為結果；以長篇論述的方法來敘寫結論，沒有採用條例式方式，無法突顯主要研究結論，此部分乃是研究者未將數個有關的主要發現歸納為一個研究結論，而以一個小標題呈現；未能釐清「主要研究發現」與「研究結論」的異同，研究結論出現過多的統計相關術語；研究建議與研究結論無法契合，許多研究建議並非是從研究結果中引申而得，而是根據經驗法則與專業知能來撰述，因而常會讓讀者質疑：「這些建議不用前面的統計分析或研究也可以洋洋灑灑的寫出。」為了讓讀者很明確知道研究建議與研究結論的連結，列舉的每個研究建議內容開始最好加註：「從研究中發現」或「從研究中得知」，如此才能讓讀者明確知悉研究建議是從那個研究結論推導而得。

在主要研究發現與研究結論方面，許多研究者常無法釐清二者的主要差別，

研究結論除要採用「肯定句外」，最好不要出現第四章中的統計術語，此部分研究者可參考之前章節中的範例，不適切的結論範例如：

「公立與私立學校教師的工作壓力有顯著不同；此外，組長與導師的工作壓力也有顯著差異。」(結論出現統計術語與研究主要發現的描述相同。)

「教師的知識管理能力與班級經營效能有顯著相關。」(結論出現統計術語與研究主要發現的描述相同。)

「教師教學評鑑指標與應用的問題。」(結論以問題的形式呈現，不是具體肯定句。)

「國中學生感受到的考試壓力平均分數為 4.20 分，位於中位數之上。」(結論過於籠統，平均數 4.20 分表示的壓力程度為何無法明確得知，因為此處研究者沒有交代其使用的量表是五點量表或是六點量表，或是其它不同形式的量表，只以平均分數來說明，無法讓讀者很清楚地知悉學生感受的考試壓力程度為何？)

「父母的教養方式與學生自我概念對國中學生之學習壓力有顯著預測力。」(假定研究者父母教養方式有開明權威型、寬鬆放任型、專制權威型、忽視冷漠型，而自我概念變項包括生理自我、心理自我、能力自我、家庭自我、社會自我等，研究結論只描述父母的教養方式與學生自我概念二個變因可預測學生的學習壓力，其中不明確的地方如預測力多少？九個預測變項中，那一個的預測力最佳？等均沒有具體描述，上述結論可改寫為：

「父母的教養方式與學生自我概念九個向度變因中以『心理自我』的預測力最佳，其解釋變異為 27.7%，其餘變因的預測力均小於 1.00%。」

撰述結論時，若能將統計專門術語改為非統計專門用語，則一般讀者較易理解，但有時有些研究發現之統計術語無法轉換為其他普通用語，此時於結論標題中出現統計專門用語亦無不可，如上述「預測力」或「解釋變異量」等用語，若要轉換為其它語句表達有其實質困難。

「國小學生感受的學習壓力以『考試壓力』最大，整體學習壓力的感受程度則不高。」

假定學習壓力五個向度：考試壓力、課堂壓力、同儕壓力、課業壓力、期望壓力在李克特五點量表中，其向度單題平均得分分別為 2.21、1.89、2.01、2.07、2.14，其整體學習壓力受試者單題平均得分為 2.06，研究者得出受試者整體學習壓力感受不高是適切的結論，但研究者再增列「國小學生感受的學習壓力以『考試壓力』最大」則不夠嚴謹，因為考試壓力向度單題平均得分只有 2.21，所謂「最大」，只是五個學習壓力相對比較分數而已，但實徵研究統計分析結果對受試者而言，其知覺的「考試壓力」也不高，若五個選項為非常困擾、大部分困擾、一半困擾、少部分困擾、非常沒有困擾，則受試者平均填答選項為「少部分困擾」，因而就向度相對比較而言，研究者下此種結論用詞要更精準，上述的結論可改為：

「國小學生感受的整體學習壓力程度不大，若以五個學習壓力向度比較而言以『考試壓力』感受較高。」

質性研究的對象通常是一個「個體」或一個「組織體」，受試者多數有特殊背景，如受暴婦女、同志、傑出行為表現者 ( 領導卓越獎或師鐸獎等 )、新移民子女母親等，質性研究的受訪者一般不會是社會學中的普通個體或群體，因而此種質性研究的價值性較低，由於質性研究受訪談者或被觀察者有特殊身分，所以質性研究論文中，被研究的個體必須以「化名」或「虛擬稱謂」出現，以表示對被研究者隱私的尊重。量化研究受試者一般是大群體，從有足夠代表性的受試者填寫的量表或問卷中，進行整體的統計分析，在進行差異比較時，研究者不能以組織個體為比較單位，如一所私立科技大學與一所國立科技大學，個體或某個組織體的比較分析，在量化研究中必須避免，若是要進行二個組織體的比較，組織群體也要以「虛擬名稱」代替。由於量化研究是根據一大群有代表的樣本所表達的意見，進行整體資料的統計分析，因而一般研究工具 ( 問卷 ) 在說明語中會加註：

「……，本研究所取得之資料或你填寫的內容，純粹為學術用途，資料統計分析不涉及個人或單位的差異比較，僅做整體的分析，你所填的資料也會遵守保密原則，不會對外公開，請你放心作答，……」

「整體資料分析」是量化研究的特性，也是研究者應遵守的研究倫理守則之

一。進行二個組織群體的差異與不當論述範例如：

「就通識教育課堂的學習動機比較而言，私立啟光科技大學學生的學習動機明顯高於國立見明科技大學的學生；對教師教學態度的投入與認同來看，私立啟光科技大學學生對該校通識教育課程教師的教學投入與認同比例，也顯著高於國立見明科技大學的學生對該校教師教學投入與認同的比例，……」

「從以上的比較分析發現，從修讀通識教育課程學生所表達的意見中，可以明顯看出國立見明科技大學的學生，不但其學習動機顯著的低於私立啟光科技大學學生，學生對教師的教學態度與教師認同程度，也顯著低於私立啟光科技大學學生對教師教學態度與教師的認同度。就教學心理學或學習心理學觀點而言，學生學習動機高低受到任課教師教學態度與策略的影響很大，此結果顯示，國立見明科技大學通識教育任課教師的教學態度與方法，可能需要進一步加以檢討改進。」

上述不當論述包括：一為進行二個學校組織群體的比較；二為進行單位組織群體比較時，於內文撰述時未用化名表示二個學校名稱，而直接將二個學校名稱具體呈現出來(範例中假定私立啟光科技大學與國立見明科技大學是二所技職院校的真正學校名稱)；三為論述啟光科技大學時未把「私立」二字取消，而以「私立啟光科技大學」來撰述；四為研究結果之可能原因的推論論述嚴重傷害到見明科技大學的師生。量化研究雖然重視「統計數據結果真實的描述」，但前提是「統計分析程序不能違反量化研究的真正內涵，不能對受試者個人或受試單位組織造成任何傷害。」量化研究程序的統計分析，最好不要對個別組織群體進行變項間差異比較，若要進行差異比較，此差異比較必須是中性的，且結果論述要遵守保密原則。

有些研究者會於結論與建議一章中增列「研究限制」，而省略研究建議一節，其排列的章節為：

---

# 第五章　研究與建議

＜章與節中導引性描述內容＞

## 第一節　主要研究發現

＜內容描述＞

## 第二節　結論

＜內容描述＞

## 第三節　研究限制

＜內容描述＞

---

此種節次的排列是不合邏輯的，一為研究中欠缺「研究建議」一節，研究結論與研究建議二節在一般學術論文中是非常重要的，欠缺研究結論無法讓讀者看出研究者花費那麼多心血，到底發現或統整出何種結果，無法突顯研究之價值性；沒有研究建議的論文或研究是不完整的，因而讀者會質疑「你那麼辛苦做了這個研究，難道從結論中沒有得出一點心得或省思嗎？」心得或省思是研究者根據研究結論導引而來，不論研究建議是否可行或是否可以真正落實，研究者均可以提出。至於範例中的研究限制節次置於第五章結論與建議一章內文之中，顯得十分突兀，無法與前後文串聯，行為及社會科學領域的學術論文，「研究限制」通常會放於第一章之中，因而於第一章緒論中會增列「研究範圍與限制」，從此節中可以讓讀者知悉研究對象為何？研究主要探討的變項或變因有那些？研究有何限制？(如研究地區的限制、研究推論的限制、研究變項的限制或研究方法的限制等)。

論文後面常會增列「附錄」標題，附錄內的編號通常採用「附錄一」、「附錄二」，……等次標題呈現，作為附錄的資料有二種：一為此項資料文字若置於論文本文中(通常是第三章或第四章)會佔用過多篇幅，使本文內容過於繁雜，不易閱讀；二為於論文研究程序中所使用的測量工具或相關的佐證資料數據、表格；三為統計分析時相關的數據表格甚多，將這些表格置於本文中會影響文字本文的連貫性。量化研究不論是採用準實驗研究法或問卷調查法，都須使用

到測量工具 ( 單一量表或包含數種量表的問卷或是測驗 )，由於測量工具內容題項較多，因而論文中通常會將資料搜集的問卷或測驗置於附錄中；此外，進行初稿問卷專家效度檢核時，由於其專家效度意見摘要表的表格較大，所以專家效度修正意見內容摘要表也會置於附錄中。

如果研究者探討的變項較多，為突現量化研究「完整性」特性，會將許多統計分析結果完整摘要表置放於附錄中，本文中只描述關鍵性的統計量數並就結果加以說明。若量化研究程序配合半結構式或結構式訪談，為讓讀者清楚了解研究者進行訪談時之訪談大綱，也會將訪談大綱放於附錄中。那些表格或數據內容要放於附錄之中才較為適切，簡要的判別方法為「若將此表格或內容數據於本文中呈現，是否過於冗贅，影響本文的可讀性；或是否過於繁雜，影響本文的連貫性」而定，此部分研究者可根據專業知能自行判別決定，呈現的方式「沒有對錯，只有適當或不適宜」而已。以學生學習壓力的探究而言，一般附錄內容不外包含以下幾個部分：「學習感受調查問卷專家效度修正意見表」、「學習感受調查預試問卷」、「學習感受調查正式問卷」、「結構式訪談綱要」、「測量工具引用同意書」、「統計分析數據摘要表」( 若這些表格很多，也可以考慮是否放在附錄中 ) 等。其中「統計分析數據摘要表」的內容如果可以融入本文中最好放在本文中，這樣讀者在閱讀本文時，可以與表格數據摘要表作一對照，有助於對內容的消化吸收。

附錄內容呈現的【範例格式】如下，其中每個附錄最好都從新的一頁開始，而不要接續於前一個附錄之後。

附錄一

學習感受調查問卷專家效度修正意見表

    &lt;修正意見摘要表內容&gt;

附錄二

學習感受調查問卷 ( 預試問卷 )

    &lt;預試問卷內容&gt;

附錄三

學習感受調查問卷 ( 正式問卷 )

    &lt;正式問卷內容&gt;

附錄四

結構式訪談綱要

    &lt;結構式訪談綱要內容&gt;

附錄五

量表同意書

    &lt;量表同意書&gt;

附錄六

背景變項在各變項之變異數分析摘要表

    &lt;變異數分析摘要表&gt;

    進行專家效度審核之學者專家或實務工作者的名字未依姓氏筆劃排列，而依其職務排列，也是量化研究論文格式常見之不適切之處。依職務或職稱將學者專家依序排列是較不適宜的編排方式，其背後隱含的是社會職務的歧視，這是不符合研究倫理的，因為每個人雖然職務不同，但每個人都是在其工作崗位上對社會付出貢獻的一群，不能因個人工作屬性或職務不同，而將其列為有次序性等級的。

## 【範例一】不適切的專家效度格式

表 3-5
知識管理量表專家效度名單

> 未依姓氏筆劃排列，而依個人認知的職務排序

| 編號 | 姓名 | 職務 |
|------|------|------|
| 1 | 陳國雄教授 | 國立啟發大學教育系主任 |
| 2 | 林淑惠副教授 | 私立明明科技大學副教授 |
| 3 | 劉鎮太校長 | 高雄市六啟國小校長 |
| 4 | 杜展發校長 | 高雄縣光明國小校長 |
| 5 | 王光信主任 | 高雄縣光明國小主任 |
| 6 | 吳啟光老師 | 高雄市大發國小老師 |

> 私立學校中的「私立」二個字不要呈現

## 【範例二】專家效度名冊呈現之正確格式範例

表 3-5
知識管理量表專家效度名單

> 「私立」大學或「私立」技職院校之「私立」用語通常省略

| 編號 | 姓名 | 職務 |
|------|------|------|
| 1 | 王光信 | 高雄縣光明國小主任 |
| 2 | 吳啟光 | 高雄市大發國小老師 |
| 3 | 杜展發 | 高雄縣光明國小校長 |
| 4 | 林淑惠 | 明明科技大學副教授 |
| 5 | 陳國雄 | 國立啟發大學教育系教授兼主任 |
| 6 | 劉鎮太 | 高雄市六啟國小校長 |

註：姓名欄依姓氏筆劃排列

> 依姓氏筆劃排序是最通用的格式，比較沒有爭議

　　進行專家效度之專家審核意見彙整時，直接將專家名字列出，而未採用匿名編號的方式也是不恰當的。比較嚴謹而合理的呈現方法，是將專家學者依字母代號隨機代替，此代號只有研究者知道，如此，也比較符合研究倫理。下表為方惠

麗 (2009) 編製「教師知識管理量表」在專家效度修正意見的部分表格內容：

### 【範例三】專家效度檢核意見表

附錄一
知識管理量表之「知識取得」向度專家效度修正意見表 (N=13)

以字母編號代替專家姓名

| 題號 | 原始題目 | 人數 | 修正意見 | 修正後題目內容 |
|---|---|---|---|---|
| 1 | 我會使用網際網路、電子資料庫搜尋，以獲取教學或班級經營的相關知識。 | 適合：9<br>修正：4<br>刪除：0 | G、I：我會使用網際網路、電子資料庫搜尋系統，以獲取教學或班級經營的相關知識。<br>J、L：用詞應一致，將「教學」二字刪除 | 修正：<br>我會使用網際網路、電子資料庫搜尋系統，以獲取班級經營的相關知識。 |
| 2 | 我會閱讀教育書籍、期刊、報章雜誌，以獲取教學與班級經營的新知。 | 適合：10<br>修正：3<br>刪除：0 | F：「教育」二字刪除<br>J、L：用詞應一致，將「教學」二字刪除 | 修正：<br>我會閱讀教育書籍、期刊、報章雜誌，以獲取班級經營的新知。 |
| 3 | 我會參加各種教師研習活動，以增進自己的班級經營知能。 | 適合：13<br>修正：0<br>刪除：0 | | 保留：<br>我會參加各種教師研習活動，以增進自己的班級經營知能。 |
| 4 | 我能透過與其他教師的討論，來取得班級經營的經驗與知能。 | 適合：13<br>修正：0<br>刪除：0 | | 保留：<br>我會透過與其他教師的討論，來取得班級經營的經驗與知能。 |
| 5 | 我會藉由教學觀摩或其他教師的教學檔案，來獲取班級經營的經驗和新知。 | 適合：12<br>修正：1<br>刪除：0 | A：「教學觀摩」及「其他教師的教學檔案」是二個不同概念 | 保留：<br>我會藉由教學觀摩或其他教師的教學檔案，來獲取班級經營的經驗和新知。 |
| 6 | 我會積極參與進修（學分班）的機會，以取得班級經營的相關知識。 | 適合：8<br>修正：3<br>刪除：2 | B：將 3,6 題合併<br>L：刪除<br>F：刪「（學分班）」一詞<br>G：刪「的機會」一詞<br>K：增「學位」進修 | 修正：<br>我會積極參與進修，以取得班級經營的相關知識。 |

## 【量化研究中常用的簡寫符號】

量化研究中常用的簡寫符號如下：( 摘錄自 APA 第六版手冊，頁 119-123)

AIC (Akaike information criterion；AIC 訊息效標 )

ANCOCA (analysis of covariance；共變數分析 )

ANOVA (analysis of vaiance；變異數分析 )

$b$ 或 $b_i$ ( 斜體字 ) ( 迴歸分析中未標準化或原始的迴歸係數 )

$b^*$ 或 $b_i^*$ ( 斜體字 ) ( 迴歸分析中標準化的迴歸係數 )

BIC (Bayesian information criterion；貝氏訊息效標 )

CDF (cumulative distribution function；累積分配函數 )

CFA (confirmatory factor analysis；驗證性因素分析 )

CI (confidence interval；信賴區間 )

$d$ ( 斜體字 ) ( 二個樣本平均數樣本效果大小的 Cohen 測量值 )

$df$ ( 斜體字 ) (degrees of freedom；自由度 )

EFA (exploratory factor analysis；探索性因素分析 )

EM (expectation maximization；期望最大值 )

ES (effect size；效果量 )

$f$ ( 斜體字 ) (frequency；次數 )

$f_e$ ( 斜體字 ) (expected frequency；期望次數／理論次數 )

$f_o$ ( 斜體字 ) (observed frequency；觀察次數／實際次數 )

$F$ ( 斜體字 )(F 分配，Fisher F 比例值 )

$F_{crit}$ ( 斜體字 )(F 檢定統計顯著性的臨界值 )

FIML ( 完全最大訊息概似估計法 )

GLM (generalized linear model；一般線性模式 )

GLS (generalized least square；一般化最小平方法 )

$H_0$ ( 斜體字 )(null hypothesis；虛無假設 )

$H_1$ ( 斜體字 ) (alternative hypothesis；對立假設 )

HLM (hierarchical liear model；階層線性模式 )

HSD (Tukey 最實在顯著差異／杜凱氏 HSD 法 )

IRT (item response theory；試題反應理論 )

$k$ ( 斜體字 ) (coefficient of alienation；疏離係數 )

$k^2$ ( 斜體字 ) (coefficient of nondetermination；非決定係數的平方 )

$KR20$ ( 斜體字 ) (Kuder-Richardson reliability index；庫李信度指數 )

LGC (latent grown curve；潛在成長曲線 )

$LL$ ( 斜體字 )(lower limit；信賴區間的下限 )

LR (likelihood ratio；概似比 )

LSD (least significant difference；最小顯著差異法 )

$M(\overline{X})$ (斜體字) M (樣本平均數或算術平均值)

MANOVA (multivariate analysis of variance；多變量變異數分析 )

MANCOVA (multivariate analysis of covariance；多變量共變數分析 )

$Mdn$ ( 斜體字 ) ( 中位數 )

MLE (maximum likelihood estimator, maximum likelihood estimate；最大概似
估計值／最大概似估計法 )

$MS$ ( 斜體字 ) MS (mean square；均方 )

$MSE$ ( 斜體字 ) MSE (mean square error；均方誤差 )

$n$ ( 斜體字 ) ( 次樣本的數目 )

$N$ ( 斜體字 ) ( 樣本的總個數 )

$ns$ ( 斜體字 ) (not statistically significant；未達統計顯著性 )

OLS (ordinary least squares；一般最小平方法 )

$OR$ ( 斜體字 ) (odds ratio；勝算比 )

$p$ ( 斜體字 ) p ( 機率，達到雙尾檢定顯著性的機率 )

PDF (probability density function；機率密度函數 )

$q$ ( 斜體字 ) (1-p，未達到雙尾檢定顯著性的機率 )

$r$ ( 斜體字 ) ( 皮爾遜積差相關係數 )

$r_{ab.c}$ ( 斜體字 ) (partial correlation；排除 c 效果後，變數 a 和 b 的淨相關 )

$r_{a(b.c)}$( 斜體字 ) (semipartial correlation 從 b 中排除 c 效果後，變數 a 和 b 的部
分相關 / 半淨相關 )

$r^2$ ( 斜體字 ) (coefficient of determination；決定係數或相關關連測量值 )

$r_b$ ( 斜體字 ) (biserial correlation；二系列相關 )

$r_{pb}$ ( 斜體字 ) (point biserial correlation；點二系列相關 )

$r_s$ ( 斜體字 ) (Spearman rank order correlation；斯皮爾曼等級相關 )

$R$ ( 斜體字 ) (Multiple correlation；多元相關 )

$R^2$ ( 斜體字 ) (Multiple correlation squared；多元相關平方 )

RMSEA (root mean square error approximation；均方根近似誤 )

$s$ (斜體字) (sample standard deviation；樣本標準差，分母為 $\sqrt{n-1}$)

s (sample variance-covariance matrix；樣本變異數 - 共變數矩陣 )

$SD$ ( 斜體字 ) (standard deviation；標準差 )

$SE$ ( 斜體字 ) (standard error；標準誤 )

$SEM$ ( 斜體字 ) (standard error of measurement ;standard error of the mean；平均數標準誤 )

SEM (structural equation modeling；結構方程模式 )

$SS$ ( 斜體字 ) (sum of squares；離均差平方和 )

$t$ ( 斜體字 ) (Student's t distribution；樣本 t 檢定統計量 )

$T^2$ ( 斜體字 ) (Hotelling 多變量統計量，二個多變量母群平均向量相等的多變量檢定 )

$U$ ( 斜體字 ) U (the Mann-Whitney test statistic；曼惠特尼 U 檢定統計量 )

$UL$ ( 斜體字 ) ( 信賴區間的上限 )

$w_k$ ( 斜體字 ) (fixed effects weights；固定效果加權 )

$w_{k*}$ ( 斜體字 ) (random effects weights；隨機效果加權 )

$W$ ( 斜體字 ) (Kendall's 和諧係數 )

WLS(weighted least squares；加權最小平方法 )

$z$ ( 斜體字 ) ( 標準分數 )

$\Delta$ ( 改變的增加量 )

$\eta^2$ (eta 平方 ；相關關連測量值 )

$\lambda$ ( 因素負荷量矩元素 )

$\Lambda$ (Wilks 多變量檢定效標 )

$\mu$ ( 母群平均數；期望數值 )

$\nu$ ( 自由度 )

$\rho$ ( 母群積差相關 )

$\rho_i$ (population intraclass correlation；母群內相關 )

$\sigma$（母群標準差）

$\Sigma$ (population variance-covariance matrix；母群變異 - 共變數矩陣)

$\tau$ (Hotelling's multivariate trace criterion；Hotelling 多變量跡效標)

$\varphi$（標準常態機率密度函數）

$\Phi$（標準常態累積分配函數）

$\chi^2$（卡方分配；卡方分配下的卡方值）

$\omega^2$ (strength of statistical relationship；關連強度)

資料處理的
其他議題

量化研究的測量工具有些可採用逐題分析，有些採用逐題分析則沒有意義，當以個別變項作為分析單位無法回答研究問題或進行假設檢定時，通常必須以「因素構面」(潛在變項)作為依變項或檢定變數，否則統計分析結果會過於瑣碎而無法形成結論。

## 壹、逐題分析與構面分析的差異

問卷調查蒐集的資料在統計分析時，一般會有二種型式，一為採用逐題分析、二為以量表向度(數個題項加總分數)進行分析，逐題分析題項之題型有：複選題型、排序等級題型、現況意見題型。三種題型的範例如下所示：

**1. 複選題型：**您選擇子女就讀某個國中時考量的因素有那些？(可以複選)
　　　　　　□學校升學率　　□交通因素　　□子女意願　　□社會評價　　□校長領導　　□學校教師年齡
**2. 排序題型：**您認為一位有效能的教師需具備知能的重要性次序為何？(1 最重要、2 其次、……)
　　　　　　□專業知能　　□教學策略　　□溝通能力　　□班級經營技巧　　□品德操守　　□情緒管理　　□幽默感
**3. 現況意見題型：**您對於實施十二年國民義務教育的看法為何？
　　　　　　　　□非常同意　　□同意　　□沒有意見　　□不同意　　□非常不同意

上述三種題型一般需採用逐題分析，尤其是複選題型與排序題型，因為題幹本身的差異很大，這種題型不能進行題項加總，這二種類型題項除了探究全體樣本的看法外，也可以依重要之背景變項，分析不同背景變項在題項反應的差異，此種統計分析在 SPSS 統計軟體操作程序中甚為便利，在進行複選題型、排序題型、現況意見題型的統計分析之前，先執行「資料」/「分割檔案」程序，將資料檔依背景變項水準數值分成數個次群體即可。

現況意見題型中主要在探討各選項在選取的次數、百分比，最好以卡方檢定進行選項之適合度考驗 (test of goodness-of-it)，或背景變項與選項間之交叉表的百分比同質性考驗 (test of homogeneity of proportions)，百分比同質性考驗在檢定背景變項(設計變項)在數個選項(反應變項)之反應的百分比間是否有顯著差

異，如果背景變項分成 J 個群組 ( 有 J 個處理水準 )、選項數有 I 個反應項目，百分比同質性考驗即在檢定 J 個群組在 I 個反應項目間的次數百分比是否有顯著差異存在。百分比同質性考驗因為 J 個群組、I 個反應選項，因而會形成 I×J 的列聯表或稱交叉表 (contingency table)，例如：某研究者想探究大學文學院、理學院、科技學院、藝術學院四個學院一年級學生對金庸武俠小說的喜愛程度，由於有四個學院群組，設計變項的 J 為 4；喜愛反應選項分別為「非常喜愛」、「普通」、「不喜愛」三個水準，反應變項 I = 3，交叉表為 3×4 型態。執行 SPSS 統計軟體「分析 (A)」/「敘述統計 (E)」/「交叉表 (C)」程序，可以得到下列的輸出結果：

**表 15-1** 「喜愛程度」變項＊「學院」變項構成之交叉表

| 喜愛程度 | 次數與百分比 | 學院 | | | | 總和 |
| --- | --- | --- | --- | --- | --- | --- |
| | | 1 文學院 | 2 理學院 | 3 科技學院 | 4 藝術學院 | |
| 1 非常喜愛 | 個數 | 45 | 61 | 89 | 46 | 241 |
| | 學院內的 % | 36.0% | 45.9% | 49.7% | 23.8% | 38.3% |
| 2 普通 | 個數 | 48 | 46 | 54 | 60 | 208 |
| | 學院內的 % | 38.4% | 34.6% | 30.2% | 31.1% | 33.0% |
| 3 不喜愛 | 個數 | 32 | 26 | 36 | 87 | 181 |
| | 學院內的 % | 25.6% | 19.5% | 20.1% | 45.1% | 28.7% |
| 總和 | 個數 | 125 | 133 | 179 | 193 | 630 |
| | 學院內的 % | 100.0% | 100.0% | 100.0% | 100.0% | 100.0% |

就「非常喜愛」選項而言，文學院、理學院、科技學院、藝術學院四個學院群組勾選的反應次數分別為 45、61、89、46，其百分比分別為 36.0% (45/125)、45.9% (61/133)、49.7% (89/179)、23.8% (46/193)；就「普通」選項而言，文學院、理學院、科技學院、藝術學院四個學院群組勾選的反應次數分別為 48、46、54、60，其百分比分別為 38.4%、34.6%、30.2%、31.1%；就「不喜愛」選項而言，文學院、理學院、科技學院、藝術學院四個學院群組勾選的反應次數分別為 32、26、36、87，其百分比分別為 25.6%、19.5%、20.1%、45.1%。

表 15-2　卡方檢定統計量摘要表

| | 數值 | 自由度 | 漸近顯著性（雙尾） |
|---|---|---|---|
| Pearson 卡方 | 47.586(a) | 6 | .000 |
| 概似比 | 46.919 | 6 | .000 |
| 線性對線性的關連 | 13.838 | 1 | .000 |
| 有效觀察值的個數 | 630 | | |

a 0 格 (.0%) 的預期個數少於 5。　最小的預期個數為 35.91。

　　卡方檢定摘要表中有三種不同的卡方值估算方法，一般較常使用者為第一列「Pearson 卡方值」，皮爾遜 $\chi^2 = 47.586$ ($p < .001$)，拒絕虛無假設，表示四個學院母群對金庸武俠小說喜愛程度的百分比有顯著的不同。由於反應變項有三個水準數值，列聯表卡方值達顯著水準，表示三種可能情形：一為就「非常喜愛」選項，四個學院母群體至少有二個群組間的百分比達顯著；二為就「普通」選項，四個學院母群體至少有二個群組間的百分比達顯著；三為就「不喜愛」選項，四個學院母群體至少有二個群組間的百分比達顯著。相對地，交叉表卡方值若是 $p$ 值未達 .05 顯著水準，表示就反應變項三個水準數值而言，四個學院母群體間均沒有二個群組間的百分比有顯著不同，即各學院群組對各選項勾選的百分比值均相同，當沒有足夠證據拒絕虛無假設時，其結論也可能犯第二類型的錯誤。

　　卡方考驗統計量的自由度為 $(I - 1) \times (J - 1) = (3 - 1) \times (4 - 1) = 6$，交叉表中的虛無假設與對立假設如下：

$$H_0 : p_1 = p_2 = p_3 = p_4 \; ; \; H_1 : p_1 \neq p_2 \neq p_3 \neq p_4$$

　　百分比同質性考驗的卡方值如果 $p$ 值達到 .05 顯著水準，表示四個學院群體在三個反應變項三個選項（三個水準）中，至少在一個選項（或水準）勾選反應的百分比有顯著不同，由於反應變項有三個水準 ($I = 3$)，因而必須就每個水準中，四個群組採配對組群體比較方能得知，採用配對組比較時為避免第一類型錯誤率的膨脹，通常會採用「同時信賴區間考驗」（simultaneous confidence），此種整體性顯著考驗及事後比較程序類似變異數分析 F 考驗的 F 值一樣，當 F 值達到顯著時，必須進一步進行事後比較，才能知悉是那二個群組在依變項平均數的差異達到顯著。

由於反應變項有三個選項 (I ＝ 3)，設計變項有四個群組 (J ＝ 4)，事後比較同時信賴區間考驗的組合如下：

1. 反應變項水準數值＝ 1，選項為「非常喜愛」( 四個群組共有六個配對組：4×(4 － 1)÷2 ＝ 6)
   文學院 & 理學院、文學院 & 科技學院、文學院 & 藝術學院、理學院 & 科技學院、理學院 & 藝術學院、科技學院 & 藝術學院。

2. 反應變項水準數值＝ 1，選項為「普通」
   文學院 & 理學院、文學院 & 科技學院、文學院 & 藝術學院、理學院 & 科技學院、理學院 & 藝術學院、科技學院 & 藝術學院。

3. 反應變項水準數值＝ 1，選項為「不喜愛」
   文學院 & 理學院、文學院 & 科技學院、文學院 & 藝術學院、理學院 & 科技學院、理學院 & 藝術學院、科技學院 & 藝術學院。

如果研究者探究的重點在於其中某個選項，如四個學院學生對於金庸武俠小說「非常喜愛」的百分比是否有顯著不同，進行百分比同質性事後比較時，只要進行四個學院群組在反應變項水準數值為 1，選項為「非常喜愛」程度的差異即可。

以下為百分比同質性事後比較分析結果。

**表 15-3** 百分比同質性考驗交叉表之事後比較摘要表

| 「喜愛程度」變項 | 百分比 A | 百分比 B | 百分比差異量 | 同時信賴區間 | | 檢定結果 |
|---|---|---|---|---|---|---|
| | | | | 下限 | 上限 | |
| 非常喜愛 | | | | | | |
| 文學院 & 理學院 | .360 | .459 | -.099 | .117 | -.315 | *ns* |
| 文學院 & 科技學院 | .360 | .497 | -.137 | .065 | -.339 | *ns* |
| 文學院 & 藝術學院 | .360 | .238 | .122 | .309 | -.066 | *ns* |
| 理學院 & 科技學院 | .459 | .497 | -.039 | .164 | -.241 | *ns* |
| 理學院 & 藝術學院 | .459 | .238 | .220 | .408 | .032 | 有顯著性差異 |
| 科技學院 & 藝術學院 | .497 | .238 | .259 | .430 | .087 | 有顯著性差異 |

**表 15-3** 百分比同質性考驗交叉表之事後比較摘要表（續）

| 「喜愛程度」變項 | 百分比 A | 百分比 B | 百分比差異量 | 同時信賴區間 | | 檢定結果 |
|---|---|---|---|---|---|---|
| | | | | 下限 | 上限 | |
| 「普通」選項 | | | | | | |
| 文學院 & 理學院 | .384 | .346 | .038 | .251 | -.175 | *ns* |
| 文學院 & 科技學院 | .384 | .302 | .082 | .279 | -.114 | *ns* |
| 文學院 & 藝術學院 | .384 | .311 | .073 | .268 | -.121 | *ns* |
| 理學院 & 科技學院 | .346 | .302 | .044 | .235 | -.146 | *ns* |
| 理學院 & 藝術學院 | .346 | .311 | .035 | .223 | -.153 | *ns* |
| 科技學院 & 藝術學院 | .302 | .311 | -.009 | .160 | -.179 | *ns* |
| 「不喜愛」選項 | | | | | | |
| 文學院 & 理學院 | .256 | .195 | .061 | .245 | -.124 | *ns* |
| 文學院 & 科技學院 | .256 | .201 | .055 | .229 | -.120 | *ns* |
| 文學院 & 藝術學院 | .256 | .451 | -.195 | -.007 | -.383 | 有顯著性差異 |
| 理學院 & 科技學院 | .195 | .201 | -.006 | .156 | -.167 | *ns* |
| 理學院 & 藝術學院 | .195 | .451 | -.255 | -.079 | -.431 | 有顯著性差異 |
| 科技學院 & 藝術學院 | .201 | .451 | -.250 | -.084 | -.415 | 有顯著性差異 |

　　從事後比較摘要表之同時信賴區間來看，就「非常喜愛」程度選項而言，「理學院」學生與「藝術學院」學生間有顯著不同，同時信賴區間值為 [0.408，0.032]；而「科技學院」學生與「藝術學院」學生間也有顯著不同，同時信賴區間值為 [0.430，0.087]，當同時信賴區間值不包含 0 值，表示二個群組百分比有顯著差異（因 95% 同時信賴區間值不包含 0，表示二個群組百分比不會相同）；就「不喜愛」程度選項而言，「文學院」學生與「藝術學院」學生間有顯著不同，同時信賴區間值為 [-0.007，-0.383]，「理學院」學生與「藝術學院」學生間有顯著不同，同時信賴區間值為 [-0.079，-0.431]；「科技學院」學生與「藝術學院」學生間有顯著不同，同時信賴區間值為 [-0.084，-0.415]，至於就「普通」選項而言，四個學院群組學生勾選的百分比均相同。交叉表及事後比較結果之表格範例如下：

【表格範例】

表 15-4　「喜愛程度」變項 *「學院」變項構成之交叉表

| 喜愛程度 | 次數與百分比 | 學院 | | | | 事後比較 |
|---|---|---|---|---|---|---|
| | | 1 文學院 A | 2 理學院 B | 3 科技學院 C | 4 藝術學院 D | |
| 1 非常喜愛 | 個數 | 45 | 61 | 89 | 46 | B > D |
| | % | 36.0% | 45.9% | 49.7% | 23.8% | C > D |
| 2 普通 | 個數 | 48 | 46 | 54 | 60 | *ns* |
| | % | 38.4% | 34.6% | 30.2% | 31.1% | |
| 3 不喜愛 | 個數 | 32 | 26 | 36 | 87 | D > A、D > B |
| | % | 25.6% | 19.5% | 20.1% | 45.1% | D > C |
| 總和 | 個數 | 125 | 133 | 179 | 193 | 630 |
| | % | 100.0% | 100.0% | 100.0% | 100.0% | 100.0% |

$\chi^2 = 47.586$***

*** $p < .001$

　　由於現況意見題型是計算各選項被勾選的次數，若是受試者對此題型的看法沒有意見可以勾選「□沒有意見」選項。現況意見題型再如：1. 您對於目前中小學校務評鑑方式的認同程度為何？□非常認同　□認同　□不知道　□不認同　□非常不認同；2. 您對於未來全面實施中小學之教師評鑑制度的看法為何？□非常同意　□同意　□沒有意見　□不同意　□非常不同意。此種題型之選項中增列「不知道」、「沒有意見」，表示受試者也可以就題幹所問的內容，勾選「不知道」、「沒有意見」，以「沒有意見」選項而言，受試者表示的反應並不是「同意」也不是「不同意」。現況意見題型之變數不能界定其操作型定義，因為此種題型通常採用百分比統計分析方法，這與測量潛在心理特質或行為態度之總和量表不同，研究者不能界定分數高低的意義。

　　逐題分析中之統計方法較常使用的是統計各選項被勾選的次數及百分比，或是直接以算術平均數（或等級平均數）來比較各選項的排序。如果統計分析在於探究各選項被勾選的次數，則選項內容的次序是可以對換的，如：

> **1.** 您對於目前中小學教師考績評定方式的認同程度為何？
> 選項排序型態一：□認同 □沒有意見 □不認同
> 選項排序型態二：□認同 □不認同 □沒有意見
> 選項排序型態三：□不認同 □認同 □沒有意見
> 選項排序型態四：□沒有意見 □認同 □不認同

　　因為統計分析在於探討各選項 ( 水準數值編碼 ) 的次數及百分比，因而不同選項排序型態均可，但為便於受試者填答，一般會將選項內容作有機排列，以方便受試者勾選反應，如選項依序從「非常認同」至「非常不認同」反應呈現，或從「非常不認同」至「非常認同」反應呈現，較常使用的型態有下列三種 ( 假定有五個反應選項 )：

> 型態一：□非常認同 □認同 □沒有意見 □不認同 □非常不認同
> 型態二：□非常不認同 □不認同 □沒有意見 □認同 □非常認同
> 型態三：□非常認同 □認同 □不認同 □非常不認同 □沒有意見

　　統計分析結果，研究者除以表格的型式呈現外，最好可以再輔以直條圖，以圖表整合格式並配合文字論述，如此更能讓讀者知悉。

**表 15-5** 全部樣本對於目前中小學教師考績評定方式認同程度之勾選反應情形

| 選項內容 | 次數 | 百分比 | 有效百分比 | 累積百分比 |
|---|---|---|---|---|
| 1 非常認同 | 65 | 26.0 | 26.0 | 26.0 |
| 2 認同 | 45 | 18.0 | 18.0 | 44.0 |
| 3 沒有意見 | 30 | 12.0 | 12.0 | 56.0 |
| 4 不認同 | 70 | 28.0 | 28.0 | 84.0 |
| 5 非常不認同 | 40 | 16.0 | 16.0 | 100.0 |
| 總和 | 250 | 100.0 | 100.0 | |

　　在圖形的呈現上較常使用者有下列二種基本格式，一為以各選項的百分比呈現，一為以各選項的次數呈現，以選項百分比 ( 選項被勾選的次數除以有效樣本

數）呈現的立體直條圖如下：

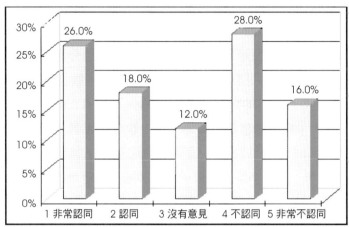

從上述立體直條圖可以看出，「非常認同」、「認同」二個選項被勾選的百分比分別為 26.0%、18.0%；「沒有意見」選項被勾選的百分比為 12.0%；「不認同」、「非常不認同」二個選項被勾選的百分比分別為 28.0%、16.0%。以各選項被勾選的次數繪製之平面直條圖形如下：

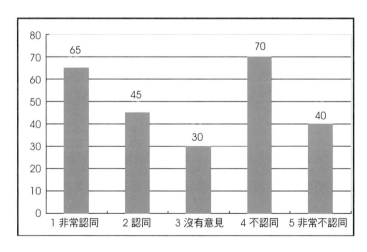

從上述平面直條圖可以看出「非常認同」、「認同」二個選項被勾選的次數分別為 65、45；250 位有效樣本中勾選「沒有意見」選項者有 30 位，勾選「不認同」、「非常不認同」二個選項者各有 70 位、40 位。至於圖形的繪製，研究者可以直接執行 SPSS 功能列「統計圖」的程序，也可以藉由 EXCEL 試算表套裝軟體中「圖表精靈」的功能加以繪製完成。

在複選題分析中，若是使用 SPSS 統計軟體進行複選題集分析程序，輸出結果的百分比會有二欄，一為以選項被勾選的所有次數為分母，此百分比稱為「反應值」(pct of responses)，二為以有效樣本數為分母，此百分比稱為「觀察值百分比」(pct of cases)，反應值百分比因為以總次數為分母，各選項百分比最後加總的數值為 100%，而觀察值百分比因為以有效樣本數 ( 範例 N = 150) 為分母，各選項百分比最後加總的數值會超過 100%。研究者在詮釋複選題集時，應以「觀察值百分比」欄的數值解釋較為合理，也較有意義，範例中，就 150 位有效樣本而言，有 87 位家長勾選「3 子女意願」選項，其百分比佔全部樣本的 58.0%，「子女意願」是最多家長選擇子女就讀國中時考量的因素，其次是「交通因素」，佔 52.0%，至於「學校教師年齡」因素被勾選的次數則最少，只佔 9.6%，在 150 位受試者中只有 38 位樣本勾選此選項。

**表 15-6** 子女就讀國中考量因素之次數及百分比摘要表 (N = 150)

| 選項內容 | 反應值 | | 觀察值百分比 | 排序 |
|---|---|---|---|---|
| | 個數 | 百分比 | | |
| 1 學校升學率 | 68 | 17.3% | 45.3% | 4 |
| 2 交通因素 | 78 | 19.8% | 52.0% | 2 |
| 3 子女意願 | 87 | 22.1% | 58.0% | 1 |
| 4 社會評價 | 49 | 12.4% | 32.7% | 5 |
| 5 校長領導 | 74 | 18.8% | 49.3% | 3 |
| 6 學校教師年齡 | 38 | 9.6% | 25.3% | 6 |
| 總數 | 394 | 100.0% | 262.7% | |

測量態度或潛在心理特質之加總量表，除了計算各向度的總分外，通常也會計算各受試者在量表的總分，量表的總分是量表所有測量題項的加總，或是量表向度分數的加總值，此種將所有測量題項加總的量表，量表測量值的高低必須可以明確的界定其操作性定義，如果量表加總分數無法明確表達某種概念或潛在心理特質，則量表題項的加總分數是沒有意義的。如某位研究者根據心理學家羅特的「控制信念」(locus of control) 理論編製一份「國中學生控制信念量表」，量表共有二十題，第一題至第十題為內控信念 (external of control)、第十一題至第二十題為外控信念，內控信念表示的是受試者會將成功歸因於個人的努力、失敗

歸因於個人努力不夠或個人疏忽所致；外控信念表示的是受試者會將成功歸因於個人的幸運、失敗歸因於個人運氣欠佳而非自己努力不夠，前者表達的是受試者將成功或失敗歸之於個人可以掌控的因素，後者表達的是受試者將成功與否歸之於個人無法掌控的外在情境變因。在向度操作性定義上，內控信念向度的分數愈高，表示受試者內控信念的歸因程度愈大；外控信念向度的分數愈高，表示受試者外控信念的歸因程度愈大。如果研究者將控制信念量表二十個題項加總作為一個總分變數，則此總分變數所代表的概念在心理學上是無法解釋的，此時探究控制信念量表總分是沒有意義的。

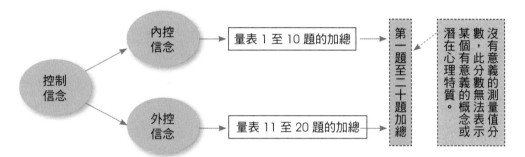

再以「父親教養方式量表」為例，此量表共二十個題項，分為二個向度，一為「回應」構面、一為「要求」構面，回應構面表示的是父親對孩子教養採取民主方式，能接納孩子的意見，與孩子進行理性雙向溝通，能協助解決孩子學習及生活的問題，父子能一起從事相關活動；要求構面表示的是父親對孩子教養採取權威方式，嚴格限制與規定孩子的行為及活動，採取單向命令式溝通。「父親教養方式量表」中回應構面與要求構面是二個截然不同的教養方式，統計分析時若是將「父親教養方式量表」中所有題項加總，表示將回應構面與要求構面的分數相加，此量表加總後分數所表示的概念是沒有意義的，一般作法是依二個向度平均數高低，將回應構面分成「高回應」與「低回應」二大類型的回應教養型態，將要求構面分成「高要求」與「低要求」二大類型的教養型態，之後再將四種教養型態組合成四種教養方式：高回應高要求 (命名為開明權威型)、高回應低要求 (命名為寬鬆放任型)、低回應高要求 (命名為專制權威型)、低回應低要求 (命名為忽視冷漠型)。

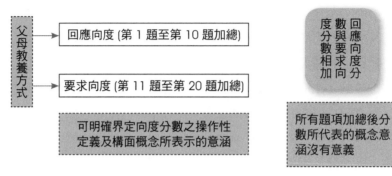

若以 SPSS 統計軟體操作為例，回應向度總分變數轉換為回應組別變數中，水準數值 1 表示高回應組、2 表示低回應組；要求向度總分變數轉換為要求組別變數中，水準數值 1 表示高要求組、2 表示低要求組，之後再將二個組別變數合併為有四個水準的教養方式：(1，1)(水準數值 1)、(1，2)(水準數值 2)、(2，1)(水準數值 3)、(2，2)(水準數值 4)，四個水準數值的註解為高回應高要求(命名為開明權威型)、高回應低要求(命名為寬鬆放任型)、低回應高要求(命名為專制權威型)、低回應低要求(命名為忽視冷漠型)。父親教養方式二個向度組合成的四種教養型態圖如下：

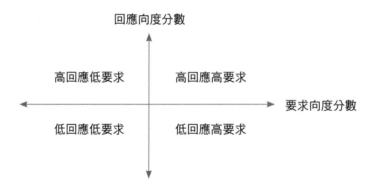

量表中同一向度題項類型的型態最好一樣，若是採用李克特量表型式其選項個數與選項用語要一致，如果選項個數或選項用語不同，則最好不要進行題項的加總。如某研究者想探究消費者對 A 品牌飲料產品的反應情形，編製一份「消費者消費感受量表」，其中前三題題項為：

> **1.** 您對於 A 品牌飲料產品口味的滿意情形為何？
>   □非常滿意　□滿意　□沒有意見　□不滿意　□非常不滿意
> **2.** 您對於 A 品牌飲料產品價格合理性的認同程度為何？
>   □非常認同　□認同　□沒有意見　□認同　□非常不認同
> **3.** 您對於 A 品牌飲料產品包裝的滿意情形為何？
>   □非常滿意　□大部分滿意　□一半滿意　□少部分滿意　□非常不滿意

　　上述消費者對 A 品牌飲料的反應意見，包括口味、價格合理性、包裝的滿意與認同程度，由於各題選項用語並不相同，且選項詞間有很大的差異，統計分析時不宜將三個題項的測量值相加，若是研究者將上述三個題項改為相同的測量型態，則可以將受試者在三個題項的反應情形加以相加，以加總分數作為消費者對 A 品牌飲料產品的整體滿意度看法。

> **1.** 您對於 A 品牌飲料產品口味的滿意情形為何？
>   □非常滿意　□大部分滿意　□一半滿意　□少部分滿意　□非常不滿意
> **2.** 您對於 A 品牌飲料產品價格合理性的滿意程度為何？
>   □非常滿意　□大部分滿意　□一半滿意　□少部分滿意　□非常不滿意
> **3.** 您對於 A 品牌飲料產品包裝的滿意情形為何？
>   □非常滿意　□大部分滿意　□一半滿意　□少部分滿意　□非常不滿意

　　如果各題項之選項內容型態不同或選項個數不一樣，也不宜將各題項之測量值分數相加，以加總分數作為某種潛在心理特質程度高低或強弱的指標，以下面四個測量題項為例，四個題項反映的是受試者在考試前的焦慮、緊張或困擾程度，但由於四個題項的選項型態不同，且選項個數也不同，因而不宜將受試者在四個題項的測量分數相加，作為受試者在考試前的心理狀態行為。此種不同型式的題項，最好進行逐題分析，以次數、百分比探討受試者在各選項反應的情形，或以描述性統計量分析受試者的感受程度。

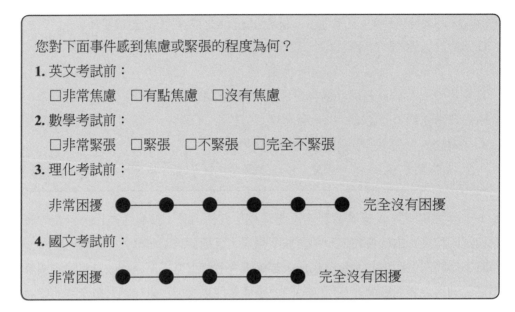

　　下面的範例資料在說明若是題項選項個數不同，將題項加總所得之分數與原先採用逐題分析的結果可能會有所偏誤，範例資料檔中第一題採用李克特三點量表型態、第二題採用李克特五點量表型態、第三題採用李克特六點量表型態、第四題採用李克特七點量表型態，四個題項的變數名稱分別為 A1、A2、A3、A4。變數「SEX」為性別變項，水準數值為 1、2；變數「TOT」為四個題項加總的分數。

| SEX | 1 | 1 | 1 | 1 | 1 | 1 | 1 | 1 | 1 | 2 | 2 | 2 | 2 | 2 | 2 | 2 | 2 | 2 |
|-----|---|---|---|---|---|---|---|---|---|---|---|---|---|---|---|---|---|---|
| A1 | 2 | 3 | 1 | 2 | 3 | 3 | 2 | 2 | 3 | 2 | 1 | 2 | 3 | 2 | 1 | 2 | 1 | 1 |
| A2 | 5 | 5 | 5 | 5 | 4 | 5 | 3 | 4 | 4 | 4 | 4 | 4 | 3 | 5 | 4 | 4 | 4 | 4 |
| A3 | 6 | 5 | 4 | 6 | 4 | 5 | 2 | 3 | 6 | 4 | 5 | 5 | 4 | 3 | 1 | 1 | 2 | 3 |
| A4 | 7 | 6 | 7 | 6 | 7 | 4 | 7 | 5 | 2 | 3 | 4 | 5 | 6 | 4 | 5 | 7 | 1 | 1 |
| TOT | 20 | 19 | 17 | 19 | 19 | 16 | 16 | 13 | 15 | 13 | 14 | 16 | 17 | 12 | 12 | 14 | 8 | 9 |

表 15-7 不同性別學生在四個題項及題項加總變項之描述性統計量摘要表

| 變項名稱 | 水準群組 | 個數 | 平均數 | 標準差 | 最小值 | 最大值 |
|---|---|---|---|---|---|---|
| A1 | 1 男生 | 9 | 2.33 | .707 | 1 | 3 |
| | 2 女生 | 9 | 1.67 | .707 | 1 | 3 |
| A2 | 1 男生 | 9 | 4.56 | .726 | 3 | 5 |
| | 2 女生 | 9 | 4.00 | .500 | 3 | 5 |
| A3 | 1 男生 | 9 | 4.56 | 1.424 | 2 | 6 |
| | 2 女生 | 9 | 3.11 | 1.537 | 1 | 5 |
| A4 | 1 男生 | 9 | 5.67 | 1.732 | 2 | 7 |
| | 2 女生 | 9 | 4.00 | 2.062 | 1 | 7 |
| TOT | 1 男生 | 9 | 17.11 | 2.315 | | |
| | 2 女生 | 9 | 12.77 | 2.948 | | |

表中 TOT 變數的測量值為四個題項測量值的加總，運算式為「A1 + A2 + A3 + A4」。

表 15-8 不同性別在四個題項及題項加總變項差異之變異數分析摘要表

| 變項名稱 | | 平方和 | 自由度 | 平均平方和 | F 檢定 | 顯著性 |
|---|---|---|---|---|---|---|
| A1 | 組間 | 2.000 | 1 | 2.000 | 4.000 | .063 |
| | 組內 | 8.000 | 16 | .500 | | |
| | 總和 | 10.000 | 17 | | | |
| A2 | 組間 | 1.389 | 1 | 1.389 | 3.571 | .077 |
| | 組內 | 6.222 | 16 | .389 | | |
| | 總和 | 7.611 | 17 | | | |
| A3 | 組間 | 9.389 | 1 | 9.389 | 4.278 | .055 |
| | 組內 | 35.111 | 16 | 2.194 | | |
| | 總和 | 44.500 | 17 | | | |
| A4 | 組間 | 12.500 | 1 | 12.500 | 3.448 | .082 |
| | 組內 | 58.000 | 16 | 3.625 | | |
| | 總和 | 70.500 | 17 | | | |
| TOT | 組間 | 84.500 | 1 | 84.500 | 12.024 | .003 |
| | 組內 | 112.444 | 16 | 7.028 | | |
| | 總和 | 196.944 | 17 | | | |

　　從變異數分析摘要表可以發現，不同性別在題項 A1、題項 A2、題項 A3、題項 A4 平均數差異檢定的 F 值均未達 .05 顯著水準，其 F 值分別為 4.000 ($p = .063$)、3.571 ($p = .077$)、4.278 ($p = .055$)、3.448 ($p = .082$)，表示性別變項在題項 A1、A2、A3、A4 的差異沒有顯著不同。從四個題項加總變數的差異來看，性別變項在「TOT」變數平均數差異檢定的 F 值為 12.024 ($p = .003$)，達到 .05 顯著水準，表示性別變項在「TOT」變數平均數的差異是達到顯著的。此種結果分析程序似乎沒有錯誤，但前後是相互矛盾的，假設四個題項分別是表示學生在國文、英文、數學、理化四個科目考試前的焦慮感受，逐題分析結果性別變項在國文、英文、數學、理化四個題項的平均數差異均未達顯著，表示男生、女生在國文、英文、數學、理化四個科目考試前的焦慮感受是相同的；但若從考試前整體焦慮感受變項來看，男生與女生又有顯著差異，男生群體感受的焦慮感顯著地高於女生群體，此種結果與採用逐題分析的結果剛好相反。上述統計分析程序之所以會得到相反的結果，除了是樣本數的大小外，主要關鍵在於各題項計分標準不同（勾選之選項詞個數不同，會造成各題項的全距間有很大差異），當各個題項的全距不同時，各題項的計分標準就不一致，此時將各題項之測量值加總，作為一個新的依變數或檢定變數是不適切的。

　　若以個別題項作為依變項或檢定變數及以題項加總分數代表之構念變項作為依變項或檢定變數，在所有個別題項都採用相同測量型態之下，也可能發生上述的結果，如以平均數差異檢定為例，可能發生固定因子在個別題項變數的差異均未達 .05 顯著水準，但在因素構念（題項加總變數）的差異達到顯著。範例資料如在一項教師工作壓力的調查研究中，研究者比較教師服務於都會地區與非都會地區之工作壓力間的差異，工作壓力五個測量指標均採用李克特五點量表法（測量值全距介於 1 至 5 間），五個題項測量值加總分數表示教師工作壓力感受的程度，測量值分數愈高，表示教師的工作壓力愈大。假定分析資料檔如下：

| G | 1 | 1 | 1 | 1 | 1 | 1 | 1 | 1 | 1 | 2 | 2 | 2 | 2 | 2 | 2 | 2 | 2 | 2 |
|---|---|---|---|---|---|---|---|---|---|---|---|---|---|---|---|---|---|---|
| A1 | 4 | 5 | 5 | 4 | 5 | 3 | 4 | 1 | 5 | 4 | 3 | 4 | 3 | 2 | 5 | 1 | 2 | 2 |
| A2 | 5 | 5 | 1 | 5 | 5 | 4 | 4 | 4 | 5 | 4 | 3 | 4 | 3 | 2 | 1 | 2 | 1 | 2 |
| A3 | 4 | 5 | 4 | 3 | 4 | 3 | 3 | 2 | 3 | 3 | 3 | 2 | 1 | 4 | 2 | 2 | 1 | 4 |
| A4 | 1 | 5 | 5 | 4 | 3 | 4 | 3 | 4 | 5 | 3 | 1 | 5 | 4 | 3 | 2 | 4 | 3 | 3 |
| A5 | 1 | 5 | 3 | 4 | 5 | 4 | 5 | 5 | 5 | 2 | 3 | 4 | 3 | 4 | 3 | 2 | 5 | 1 |
| TOT | 15 | 25 | 18 | 20 | 24 | 19 | 19 | 17 | 22 | 16 | 15 | 19 | 14 | 17 | 15 | 11 | 12 | 12 |

**表 15-9** 工作壓力五個測量指標變項與工作壓力總分之描述性統計量摘要表

| 變數名稱 | 水準群組 | 個數 | 平均數 | 標準差 | 最小值 | 最大值 |
|---|---|---|---|---|---|---|
| A1 | 1 都會 | 9 | 4.00 | 1.323 | 1 | 5 |
| | 2 非都會 | 9 | 2.89 | 1.269 | 1 | 5 |
| A2 | 1 都會 | 9 | 4.33 | 1.323 | 1 | 5 |
| | 2 非都會 | 9 | 3.11 | 1.269 | 1 | 5 |
| A3 | 1 都會 | 9 | 3.44 | .882 | 2 | 5 |
| | 2 非都會 | 9 | 2.44 | 1.130 | 1 | 4 |
| A4 | 1 都會 | 9 | 4.00 | 1.323 | 1 | 5 |
| | 2 非都會 | 9 | 3.11 | 1.167 | 1 | 5 |
| A5 | 1 都會 | 9 | 4.11 | 1.364 | 1 | 5 |
| | 2 非都會 | 9 | 3.00 | 1.225 | 1 | 5 |
| TOT | 1 都會 | 9 | 19.89 | 3.257 | 15 | 25 |
| | 2 非都會 | 9 | 14.56 | 2.603 | 11 | 19 |
| | 總和 | 18 | 17.22 | 3.964 | 11 | 25 |

　　五個題項均採用李克特五點量表的型態，變項測量值介於 1 至 5 之間，當受試者沒有人勾選「非常不符合」或「非常不同意」或「非常不認同」的選項時，最小值就可能不為 1，但其數值定會大於 1，至於最大值則絕不會大於 5，若有大於 5 的測量值，表示資料鍵入有錯誤值。「TOT」變項為工作壓力五個題項測量值的加總。

**表 15-10** 地區變項在工作壓力五個測量指標變項與工作壓力總分之變異數分析摘要表

| 變項名稱 | | 平方和 | 自由度 | 平均平方和 | F 檢定 | 顯著性 |
|---|---|---|---|---|---|---|
| A1 | 組間 | 5.556 | 1 | 5.556 | 3.306 | .088 |
| | 組內 | 26.889 | 16 | 1.681 | | |
| | 總和 | 32.444 | 17 | | | |
| A2 | 組間 | 6.722 | 1 | 6.722 | 4.000 | .063 |
| | 組內 | 26.889 | 16 | 1.681 | | |
| | 總和 | 33.611 | 17 | | | |

**表 15-10** 地區變項在工作壓力五個測量指標變項與工作壓力總分之變異數分析摘要表（續）

| 變項名稱 | | 平方和 | 自由度 | 平均平方和 | F 檢定 | 顯著性 |
|---|---|---|---|---|---|---|
| A3 | 組間 | 4.500 | 1 | 4.500 | 4.738 | .053 |
| | 組內 | 16.444 | 16 | 1.028 | | |
| | 總和 | 20.944 | 17 | | | |
| A4 | 組間 | 3.556 | 1 | 3.556 | 2.286 | .150 |
| | 組內 | 24.889 | 16 | 1.556 | | |
| | 總和 | 28.444 | 17 | | | |
| A5 | 組間 | 5.556 | 1 | 5.556 | 3.306 | .088 |
| | 組內 | 26.889 | 16 | 1.681 | | |
| | 總和 | 32.444 | 17 | | | |
| TOT | 組間 | 128.000 | 1 | 128.000 | 14.722 | .001 |
| | 組內 | 139.111 | 16 | 8.694 | | |
| | 總和 | 267.111 | 17 | | | |

服務地區在五個工作壓力題項 A1、A2、A3、A4、A5 平均數差異檢定之 F 考驗的 F 值分別為 3.306 ($p = .088$)、4.000 ($p = .063$)、4.738 ($p = .053$)、2.286 ($p = .150$)、3.306 ($p = .088$)，顯著性檢定的 $p$ 值均大於 .05，表示都會地區與非都會地區的教師在五個工作壓力個別測量指標變項的差異均未達顯著水準。從工作壓力總分變項來看，都會地區與非都會地區的教師在整體工作壓力平均數差異檢定的 F 值為 14.722 ($p = .001$)，達到 .05 顯著水準，有足夠證據拒絕虛無假設，表示都會地區與非都會地區的教師在整體工作壓力的感受有顯著的不同。上述結果說明某個因素構念（潛在心理特質）的指標變項不能只有一個測量題項，以一個測量題項完全反映某個潛在心理特質（因素構念）是不夠的，此種關係以驗證性因素模型圖表示為：

以輔導及醫學在憂鬱傾向(因素構念)的測量為例:如果研究者只用一個測量題項(指標變項):「最近我都無法入眠」,當受試者勾選「非常符合」或「大部分符合」選項時,研究者即推論受試者之「憂鬱傾向」程度較高,此種推估結果的效度是很低的,一般診斷當事者是否有「憂鬱傾向」時,包含的測量題項(指標變項)可能會有十題至二十題,由於每個個別題項或指標變項都只能反映出「憂鬱傾向」的部分變異,因而研究者必須綜合評估當事者(受試者)在所有測量題項(指標變項)的反應情形,才能較正確地診斷評估其「憂鬱傾向」的程度。

上述工作壓力構念的測得亦是如此,因為「工作壓力」因素構念是個潛在變項,無法直接觀察測量,必須藉由外在可觀察的指標變項(題項)來測量,若是外在顯性變項的個數愈多,受試者回應的測量值愈能反映「工作壓力」程度,當然前提是同一因素構念間的題項必須有高度的內部一致性(信度係數),如此這些指標變項反映的潛在變項,其信度與效度也會較佳,同一因素構念測量題項的加總值高低愈能有效反映共同的因素構念,因而以五個教師工作壓力測量題項加總的分數值反映教師工作壓力感受,比起只使用個別題項的測量分數作為教師工作壓力感受的效度高出許多。沒有信度或信度低的量表,其效度必然不佳,即使題項很多,也無法有效測得潛在的心理特質,因而要提高量表的效度,其前提是題項間要有高的內部一致性係數,即信度係數要高。

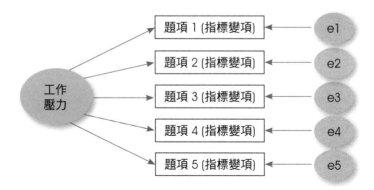

若以變異量的觀點來解釋,其圖示如下:假設最外圈的圓形為工作壓力因素構念的全部變異量(100.0%),中間的圓形為五個測量指標變項(五個題項)可以解釋工作壓力因素構念的變異量,此變異量定小於 100.0%,若五個題項對工作壓力因素構念聯合解釋變異量愈大,表示測量指標變項的建構效度愈佳;最內側

的小圓為一個題項對工作壓力因素構念的解釋變異，從圖中可以看出，單一指標變項對工作壓力因素構念的解釋變異甚低，因而以單一題項來反映一個因素構念，其效度是很低的；以醫學常見的憂鬱傾向程度的判別為例，診斷者不會從當事者在少數幾個題項的反應情形來判別並下診斷結論，而會從較多不同的行為反應加以綜合判斷。測量指標變項愈具體，含括潛在特質的行為層面愈廣，愈能有效來測量受試者的態度或潛在心理特質，這就是為何要以較多的測量指標變項來反映某個因素構念的理由。

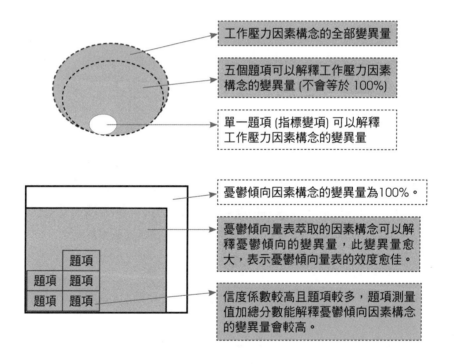

工作壓力因素構念的全部變異量

五個題項可以解釋工作壓力因素構念的變異量 (不會等於 100%)

單一題項 (指標變項) 可以解釋工作壓力因素構念的變異量

憂鬱傾向因素構念的變異量為100%。

憂鬱傾向量表萃取的因素構念可以解釋憂鬱傾向的變異量，此變異量愈大，表示憂鬱傾向量表的效度愈佳。

信度係數較高且題項較多，題項測量值加總分數能解釋憂鬱傾向因素構念的變異量會較高。

以題項或構面作為指標變項 ( 顯性變項 )，在驗證性因素分析與潛在變項之路徑分析是不同的，通常於驗證性因素分析程序中，作為指標變項或觀察變項者為「量表的題項」；於潛在變項之路徑分析程序中，作為指標變項或觀察變項者為「量表的因素構面」，如果研究者採用的是個別的題項，則反映的潛在變項之解釋變異量不夠，表示其效度欠佳。在驗證性因素分析程序中，乃在驗證量表題項反映的因素構念模型是否與樣本資料可以適配，因而必須以「量表個別題項」作為指標變項。

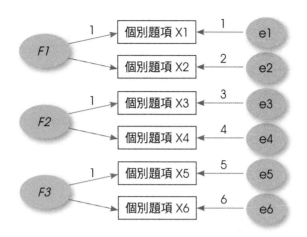

　　進行驗證性因素分析程序前,通常會先進行探索性因素分析,探索性因素程序中的變數一般是「個別題項」。不論是驗證性因素分析或探索性因素分析,以個別題項為變數或指標變項時,變數間的方向性必須一致,其中反向題必須先反向計分,若是量表中所有題項加總的分數有意義,則個別題項與加總分數間會呈顯著正相關,而題項間也有呈顯著正相關。當題項計分方向呈現一致情形時,探索性因素分析中的因素負荷量數值的正負號會呈現相同的結果。範例十個題項中,三個因素構念的因素負荷量均為正數。

**表 15-11** 題項方向一致性之轉軸後的成分矩陣摘要表

| 題項 | 成分 | | |
|---|---|---|---|
| | 1 | 2 | 3 |
| AA1 | .939 | .202 | .191 |
| AA2 | .918 | .161 | .240 |
| AA4 | .916 | .199 | .245 |
| AA3 | .911 | .176 | .240 |
| AB6 | .205 | .874 | .326 |
| AB7 | .150 | .868 | .232 |
| AB5 | .242 | .833 | .328 |
| AC9 | .295 | .309 | .850 |
| AC8 | .288 | .298 | .838 |
| AC10 | .218 | .334 | .823 |

如果反向題研究者沒有反向計分，會造成同一因素構面中題項測量值分數高低的不一致，則同一因素構面中題項間的相關並非全部為正相關，範例中的第 2 題、第 5 題及第 6 題原為反向題，研究者在進行統計分析前並未將此三個題項反向計分，造成第 2 題 (AAN2) 與同一因素構面題項第 1 題 (AA1)、第 3 題 (AA3)、第 4 題 (AA4) 間均呈顯著負相關；而第 5 題 (ABN5)、第 6 題 (ABN6) 為反向題，此二題與同一因素構面第 7 題 (AB7) 間也呈顯著負相關，相關係數分別為 -.793、-.722。

**表 15-12** 題項間相關矩陣摘要表

| 題項 | AA1 | AA3 | AA4 | AB7 | AAN2 | ABN6 | ABN5 |
|------|------|------|------|------|------|------|------|
| AA1 | 1 | | | | | | |
| AA3 | .915(**) | 1 | | | | | |
| AA4 | .948(**) | .892(**) | 1 | | | | |
| AB7 | .361(**) | .327(**) | .381(**) | 1 | | | |
| AAN2 | -.918(**) | -.898(**) | -.906(**) | -.348(**) | 1 | | |
| ABN6 | -.432(**) | -.435(**) | -.429(**) | -.793(**) | .400(**) | 1 | |
| ABN5 | -.454(**) | -.452(**) | -.463(**) | -.722(**) | .429(**) | .871(**) | 1 |

** 在顯著水準為 0.01 時 ( 雙尾 )，相關顯著。

　　同一因素構面中題項計分值所界定的操作性定義不一致時，表示題項間反向題的計分未進行轉換，如此正反向題的題項測量值高低，所表示的概念或潛在特質程度的方向不相同。進行因素分析時，同一因素構面中測量題項之因素負荷量的正負號便出現不一致的情況。範例中第一個因素構面中第 1 題、第 4 題、第 3 題的因素負荷量為正值、第 2 題的因素負荷量為 -.918；第二個因素構面中，第 7 題的因素負荷量為 .868，而第 6 題與第 5 題二個測量題項的因素負荷量分別為 -.874、-.833，均為負值。探索性因素分析之轉軸後的成分矩陣摘要表中，若呈現的測量題項之因素負荷量數值正負號不一，表示某些反向題的題項測量值沒有反向計分，在此種情況下，同一因素構面不能進行題項間的加總，否則正反題測量值分數相互抵銷，加總後之測量值總分是錯誤的。

表 15-13 題項方向不一致時之轉軸後的成分矩陣摘要表

| 題項 | 成分 | | |
| --- | --- | --- | --- |
| | 1 | 2 | 3 |
| AA1 | .939 | .202 | .191 |
| AAN2 | -.918 | -.161 | -.240 |
| AA4 | .916 | .199 | .245 |
| AA3 | .911 | .176 | .240 |
| ABN6 | -.205 | -.874 | -.326 |
| AB7 | .150 | .868 | .232 |
| ABN5 | -.242 | -.833 | -.328 |
| AC9 | .295 | .309 | .850 |
| AC8 | .288 | .298 | .838 |
| AC10 | .218 | .334 | .823 |

旋轉方法：旋轉方法：含 Kaiser 常態化的 Varimax 法。

　　至於在結構方程模式中，作為潛在變項指標變項的因素構面，因素構面間的相關也要為正相關，否則指標變項反映潛在變項的變異會變小。

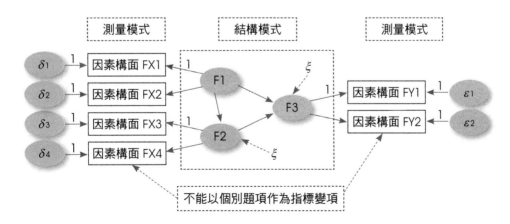

　　在同一份量表進行各構面現況比較分析時，一般研究者最常使用者為「構面單題平均得分」來比較，由於各構面包含的指標變項 ( 題項 ) 數不同，因而不能以受試者在構面得分的平均值進行比較，但若每位受試者在構面的分數除以其包含的題項數 ( 此為構面單題平均分數 )，即可看出樣本在每個構面得分的高低。

以包含五個因素構面的知識管理量表為例，此量表包含五個構面：知識取得、知識儲存、知識應用、知識分享、知識創新，五個構面包含的題項數分別為 6、6、6、4、6 題，下面為五個構面單題平均得分的描述性統計量摘要表。

**表 15-14** 知識管理量表五個構面單題平均之敘述統計

| 構面名稱 | 個數 | 最小值 | 最大值 | 平均數 | 標準差 | 構面題項數 | 排序 |
|---|---|---|---|---|---|---|---|
| 知識取得 | 300 | 1.50 | 5.00 | 3.90 | .562 | 6 | 3 |
| 知識儲存 | 300 | 1.00 | 5.00 | 3.54 | .812 | 6 | 5 |
| 知識應用 | 300 | 1.83 | 5.00 | 3.94 | .563 | 6 | 1 |
| 知識分享 | 300 | 1.00 | 5.00 | 3.56 | .705 | 4 | 4 |
| 知識創新 | 300 | 2.00 | 5.00 | 3.92 | .577 | 6 | 2 |

從平均數高低來判別，教師知識管理能力量表五個構面中以「知識應用」構面的得分最高 (M = 3.94)，以「知識儲存」構面的得分最低 (M = 3.54)，依據上述描述性統計量摘要表的排序內容，有些研究者常會下這樣的結論：

> 「教師知識管理能力中以『知識應用』能力最佳，而以『知識儲存』能力最差。」

因而於後面的建議中會增列一條要「加強教師『知識儲存』的能力」，這樣的結論與建構的嚴謹性有待商榷，從描述性統計量平均數值來看，全部樣本勾選反應的選項界於「3 □一半符合」與「4 □大部分符合」之間，教師知識管理能力應屬中上，如果研究者推論教師知識管理的五種能力以知識應用能力最佳，那麼「知識創新」能力是否也佳，因為此二種知識管理能力的反應差異值只有 .017；如果研究者推論教師知識創新能力良好，那麼「知識取得」能力是否也良好，因知識創新能力與知識取得能力的平均差異值只有 0.0244。相對地，研究者論述教師知識管理能力以「知識儲存」能力最差 (M = 3.54)，但教師「知識分享」能力的平均值為 3.56，二種知識管理能力的差異值只有 .019，在差異值極小的情況下，只根據平均數的高低來論述教師五種知識管理能力的良窳，是不太嚴謹的。

以性別在知識管理能力的差異考驗而言，如果男生群體平均數為 3.90、女生群體平均數為 3.91，研究者會先進行 t 考驗以檢定平均數的差異值是否達到顯著

水準，研究者不會因女生群體的平均分數高於男生群體平均分數，而直接下「女性教師在知識管理能力顯著的較男性教師為佳」或「男性教師在知識管理能力顯著的較女性教師為差」的結論。推論統計程序，由於有抽樣誤差，不能只根據平均分數值的高低來推斷何種知識管理能力最好或最差，各種差異檢定的統計量數要配合顯著性 $p$ 值來推估，才不會犯下 $p$ 高於 .05 的第一類型錯誤率。如果研究者要進行同一種量表中各構面的比較，最好再參酌「重複量數變異數分析法」的事後比較摘要表來判別，如果事後比較顯示「知識應用」構面顯著的高於其餘四個構面，則可下「教師知識管理能力中以『知識應用』能力最佳」的結論；若是事後比較顯示「知識儲存」構面分數顯著低於其餘四個構面，則下「教師知識管理能力中以『知識儲存』能力最差」的結論較為嚴謹。

**表 15-15** 受試者內效應項的檢定「成對的比較」摘要表

| (I) 知識管理 | (J) 知識管理 | 平均數差異 (I-J) | 標準誤 | 顯著性 (a) | 差異的 95%<br>信賴區間 (a) | |
|---|---|---|---|---|---|---|
| | | | | | 下限 | 上限 |
| 1 知識取得 | 2 知識儲存 | .358(*) | .040 | .000 | .279 | .437 |
| | 3 知識應用 | -.041 | .026 | .116 | -.092 | .010 |
| | 4 知識分享 | .339(*) | .034 | .000 | .271 | .407 |
| | 5 知識創新 | -.024 | .030 | .413 | -.083 | .034 |
| 2 知識儲存 | 1 知識取得 | -.358(*) | .040 | .000 | -.437 | -.279 |
| | 3 知識應用 | -.399(*) | .034 | .000 | -.467 | -.332 |
| | 4 知識分享 | -.019 | .039 | .626 | -.097 | .058 |
| | 5 知識創新 | -.383(*) | .041 | .000 | -.463 | -.302 |
| 3 知識應用 | 1 知識取得 | .041 | .026 | .116 | -.010 | .092 |
| | 2 知識儲存 | .399(*) | .034 | .000 | .332 | .467 |
| | 4 知識分享 | .380(*) | .032 | .000 | .317 | .444 |
| | 5 知識創新 | .017 | .026 | .525 | -.035 | .068 |

以可估計的邊際平均數為基礎。

\* 在水準 .05 的平均數差異顯著。

a 多重比較調整：最小顯著差異 ( 等於沒有調整 )。

　　從重複量數變異數分析成對的比較摘要表可以知悉：「知識應用」構面分數並沒有顯著高於「知識取得」構面分數及「知識創新」構面分數，表示樣本資料在「知識應用」能力、「知識取得」能力及「知識創新」能力是沒有顯著不同的；從「2 知識儲存」構面的成對比較而言，「知識儲存」構面顯著的低於「知識應用」、「知識取得」及「知識創新」三個構面，但與「知識分享」構面的差異並未達顯著。研究者若要從描述性統計量來下結論，配合成對比較分析摘要表較適宜的表達方式為：

　　「教師五種知識管理能力中，以『知識應用』、『知識創新』、『知識取得』能力較佳，而以『知識儲存』及『知識分享』的能力較差。」

　　再以另一個知識管理量表五個構面的描述性統計量為例，教師知識管理能力五個構面中以「知識應用」能力構面的得分最高 (M = 4.17)，以「知識分享」能力構面的得分最低 (M = 3.25)。

**表 15-16** 知識管理量表五個構面之描述性統計量摘要表

| 知識管理<br>構面名稱 | 平均數 | 標準誤 | 95% 信賴區間 | | 排序 |
| --- | --- | --- | --- | --- | --- |
| | | | 下限 | 上限 | |
| 1 知識取得 | 3.90 | .032 | 3.836 | 3.964 | 3 |
| 2 知識儲存 | 3.54 | .047 | 3.449 | 3.634 | 4 |
| 3 知識應用 | 4.17 | .028 | 4.116 | 4.226 | 1 |
| 4 知識分享 | 3.25 | .049 | 3.152 | 3.345 | 5 |
| 5 知識創新 | 3.92 | .033 | 3.859 | 3.990 | 2 |

表 15-17　重複量數變異數分析之成對比較摘要表

| (I) 知識管理 | (J) 知識管理 | 平均數差異 (I-J) | 標準誤 | 顯著性 (a) | 差異的 95%信賴區間 (a) | |
| | | | | | 下限 | 上限 |
| 3 知識應用 | 1 知識取得 | .271(*) | .038 | .000 | .196 | .345 |
| | 2 知識儲存 | .629(*) | .048 | .000 | .534 | .724 |
| | 4 知識分享 | .923(*) | .056 | .000 | .812 | 1.033 |
| | 5 知識創新 | .246(*) | .038 | .000 | .172 | .320 |
| 4 知識分享 | 1 知識取得 | -.652(*) | .050 | .000 | -.751 | -.553 |
| | 2 知識儲存 | -.294(*) | .052 | .000 | -.396 | -.191 |
| | 3 知識應用 | -.923(*) | .056 | .000 | -1.033 | -.812 |
| | 5 知識創新 | -.676(*) | .048 | .000 | -.770 | -.583 |

以可估計的邊際平均數為基礎。

\* 在水準 .05 的平均數差異顯著。

a 多重比較調整：最小顯著差異 ( 等於沒有調整 )。

　　從多重事後比較摘要表中得知：「知識應用」構面顯著的高於其餘四個知識管理構面；「知識分享」構面則顯著的低於其餘四個知識管理構面，由於排序 1 的知識應用能力顯著的高於排序 2 至排序 5 的構面變數，因而可以論述：

　　　　「教師五種知識管理能力中，以『知識應用』的能力最佳。」

　　由於排序 5 的知識分享能力顯著的低於排序 1 至排序 4 的構面變數，平均數間的差異達到顯著，結論中可以作以下的論述：

　　　　「教師五種知識管理能力中，以『知識分享』的能力最差。」

　　上述二個考驗結果，可以統整歸納為一個結論：

　　　　「教師五種知識管理能力中，以『知識應用』的能力最佳，而以『知識分享』的能力最差。」

　　此處結論用「最」表示有經過構面間的考驗，且其平均數的差異達 .05 顯著水準。

　　在一項探究體育班與普通班學生的學習壓力之差異比較研究中，受試的學生

包括國小五年級與六年級的學生。假設搜集的資料如下：

| 班別 | 1 | 1 | 1 | 1 | 1 | 2 | 2 | 2 | 2 | 2 | 1 | 1 | 1 | 1 | 1 | 2 | 2 | 2 | 2 | 2 |
|------|---|---|---|---|---|---|---|---|---|---|---|---|---|---|---|---|---|---|---|---|
| 年級 | 1 | 1 | 1 | 1 | 1 | 1 | 1 | 1 | 1 | 1 | 2 | 2 | 2 | 2 | 2 | 2 | 2 | 2 | 2 | 2 |
| 學習壓力 | 7 | 9 | 8 | 8 | 7 | 5 | 7 | 6 | 4 | 2 | 4 | 5 | 1 | 3 | 2 | 8 | 9 | 8 | 7 | 10 |

註：年級＝1　五年級；年級＝2　六年級；班別＝1　體育班；班別＝2　普通班

　　研究者想要探討的是不同班別學生的學習壓力感受是否會因年級不同而有所差異，此時受試者在學習壓力的感受同時受到就讀「班別」(體育班、普通班) 及「年級」(五年級、六年級) 二個變因的影響，如果研究者對二因子變異數分析 (two-way ANOVA) 的操作程序及報表解讀沒有問題，可以直接採用「二因子變異數分析」的統計方法，在 SPSS 視窗界面中，執行功能列「一般線性模式 (G)」/「單變量 (U)」程序。單變量二因子變異數分析結果如下：

**表 15-18　受試者間效應項的檢定摘要表**

| 來源 | 型 III 平方和 | 自由度 | 平均平方和 | F 檢定 | 顯著性 |
|------|------------|-------|----------|-------|-------|
| 校正後的模式 | 97.200(a) | 3 | 32.400 | 15.805 | .000 |
| 截距 | 720.000 | 1 | 720.000 | 351.220 | .000 |
| 班別 | 7.200 | 1 | 7.200 | 3.512 | .079 |
| 年級 | 1.800 | 1 | 1.800 | .878 | .363 |
| 班別 * 年級 | 88.200 | 1 | 88.200 | 43.024 | .000 |
| 誤差 | 32.800 | 16 | 2.050 | | |
| 總和 | 850.000 | 20 | | | |
| 校正後的總數 | 130.000 | 19 | | | |

a R 平方 = .748 ( 調過後的 R 平方 = .700)

　　班別與年級之交互作用考驗的 F 值為 43.024，顯著性 $p$ 值 = .000，達到 .05 顯著水準，表示班別變項在學習壓力的差異會受到年級變項的影響，至於班別、年級在學習壓力差異的主效果均未達顯著。由於交互作用項達到顯著，研究者須進一步進行單純主要效果考驗。

表 15-19 性別 * 年級交互項之細格平均數摘要表

| 班別 | 年級 | 平均數 | 標準誤 | 95% 信賴區間 | |
|---|---|---|---|---|---|
| | | | | 下限 | 上限 |
| 1 體育班 | 1 五年級 | 7.80 | .640 | 6.443 | 9.157 |
| | 2 六年級 | 3.00 | .640 | 1.643 | 4.357 |
| 2 普通班 | 1 五年級 | 4.80 | .640 | 3.443 | 6.157 |
| | 2 六年級 | 8.40 | .640 | 7.043 | 9.757 |

如果研究者對二因子變異數分析的內涵不了解，可以採取單變量單因子變異數分析方法 ( 或 t 考驗法 ) 來進行假設檢定。

# 一、以全部樣本進行分析

表 15-20 全部樣本在「學習壓力」差異之單因子變異數分析摘要表

| | 平方和 | 自由度 | 平均平方和 | F 檢定 | 顯著性 |
|---|---|---|---|---|---|
| 組間 | 7.200 | 1 | 7.200 | 1.055 | .318 |
| 組內 | 122.800 | 18 | 6.822 | | |
| 總和 | 130.000 | 19 | | | |

全部樣本分析即以「班別」變數為自變項，而以「學習壓力」變數為檢定變項，進行單因子變異數分析 ( 或 t 檢定 )。執行程序為「分析 (A)」/「比較平均數法 (M)」/「單因子變異數分析 (O)」，其中固定因子為「班別」變項 ( 二分類別變項，水準數值 1 為體育班學生、水準數值 2 為普通班學生 )、依變項為「學習壓力」變項。範例資料檔中變異數分析考驗的 F 值為 1.055，顯著性 $p$ 值 = .318(>.05)，表示體育班學生與普通班學生在「學習壓力」的感受沒有顯著不同。

全
部
樣 → 全部體育班學生 ┐
本                          ├→ 單因子變異數分析 → F 值 = 1.055 ($p$ = .318)
數 → 全部普通班學生 ┘

## 二、依年級變項分別進行班別的差異比較

上述第一階段進行的差異比較為全部體育班學生與全部普通班學生，第二階段進行的差異比較為：

1. 五年級體育班學生與五年級普通班學生在學習壓力的差異。
2. 六年級體育班學生與六年級普通班學生在學習壓力的差異。

操作步驟為：先執行「資料 (D)」/「分割檔案 (F)」程序，依年級 ( 年級變項為二分類別變項，水準數值 1 為五年級群體、水準數值 2 為六年級群體 ) 將全部資料檔分割成五年級組與六年級組；其次執行「分析 (A)」/「比較平均數法 (M)」/「單因子變異數分析 (O)」程序即可。五、六年級二個群體分開進行統計分析，分別比較體育班與普通班學生在學習壓力感受差異的輸出結果如下：

### ( 一 ) 年級＝五年級

**表 15-21** 五年級群體在「學習壓力」差異之單因子變異數分析摘要表

|  | 平方和 | 自由度 | 平均平方和 | F 檢定 | 顯著性 |
|---|---|---|---|---|---|
| 組間 | 22.500 | 1 | 22.500 | 10.227 | .013 |
| 組內 | 17.600 | 8 | 2.200 |  |  |
| 總和 | 40.100 | 9 |  |  |  |

a 年級＝1　五年級

就五年級體育班學生與五年級普通班學生在學習壓力差異比較而言，變異數分析的 F 值為 10.227，顯著性 $p$ 值＝ .013 ＜ .05，達到顯著水準，表示五年級體育班學生與五年級普通班學生在學習壓力的感受有顯著不同，五年級體育班學生的學習壓力 (M ＝ 7.80) 顯著的高於五年級普通班學生 (M ＝ 4.80)。

### ( 二 ) 年級＝六年級

**表 15-22** 六年級群體在「學習壓力」差異之單因子變異數分析摘要表

|  | 平方和 | 自由度 | 平均平方和 | F 檢定 | 顯著性 |
|---|---|---|---|---|---|
| 組間 | 72.900 | 1 | 72.900 | 38.368 | .000 |
| 組內 | 15.200 | 8 | 1.900 |  |  |
| 總和 | 88.100 | 9 |  |  |  |

a 年級＝2　六年級

就六年級體育班學生與六年級普通班學生在學習壓力差異比較而言，變異數分析的 F 值為 38.368，顯著性 *p* 值 = .000 < .05，達到顯著水準，表示六年級體育班學生與六年級普通班學生在學習壓力的感受有顯著不同，六年級體育班學生的學習壓力 (M = 3.00) 顯著的低於六年級普通班學生 (M = 8.40)。

上述的操作程序以圖示表示如下：

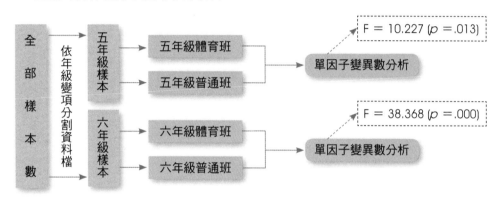

將全部資料檔分割再進行各子資料檔群組之差異檢定，就是二因子變異數分析的程序，當研究者對二因子變異數分析操作程序與輸出報表的解讀有困擾時，可以改用此種較為簡易的方法。統計方法的使用在於回答研究問題與進行假設考驗，只要可以回答研究論文中所欲探究的研究問題，採用不同的統計分析程序也可以，研究者不要被研究方法所限，研究者要考量的是如何運用適切的統計方法去回答研究問題與考驗假設。再以不同婚姻狀態下 ( 為四分類別變項 )，成年人的生活壓力之差異比較為例，研究者除探究全部樣本在生活壓力感受的差異外，也想了解：

**1.** 男生成年人群體中，未婚、已婚、離異、喪偶四種婚姻狀態群組在生活壓力的感受是否有顯著的不同？

**2.** 女生成年人群體中，未婚、已婚、離異、喪偶四種婚姻狀態群組在生活壓力的感受是否有顯著的不同？

探討不同婚姻狀態的樣本在生活壓力的差異是否因性別變項不同而有所不同，也是屬於單變量二因子變異數分析的範疇，其中二個固定因子為婚姻狀態 ( 有四個水準 )、性別 ( 有二個水準 )，依變項 ( 檢定變項 ) 為生活壓力。研究者要探究婚姻狀態在生活壓力的差異是否受到性別變項的影響，其操作程序如下：

1. 將全部資料檔依性別變數分割成男生、女生二個群體，執行「資料 (D)」/「分割檔案 (F)」程序；2. 執行「分析 (A)」/「比較平均數法 (M)」/「單因子變異數分析 (O)」程序，固定因子為「婚姻狀態」變項、依變項為「生活壓力」變項。全部樣本群組與分割群組之差異比較統計程序的圖示如下：

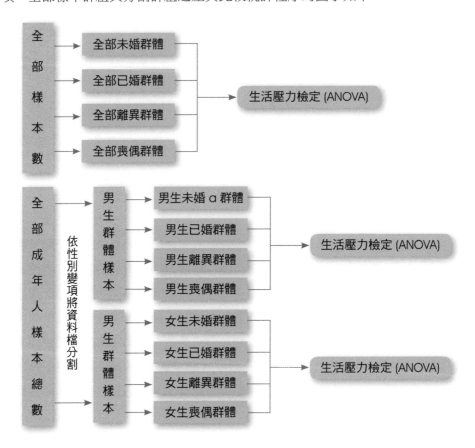

# 貳、t 檢定與變異數分析關係

以獨立樣本而言，t 檢定適用於二個群體在某個計量變數平均數的差異比較，如果群體超過三個，一般會改用變異數分析 (ANOVA)，以探究多個群體在某個計量變數平均數的差異。採用變異數分析可以將整體第一類型錯誤率控制在 .05，變異數分析的 F 值是以誤差項 ( 組內 ) 的均方值 ($MS_E$) 為分母，所以變異數分析之 F 值永遠為正值，F 值為 0 時表示組間變異數為 0，此時總變異數便

等於誤差項變異數，組間變異數等於 0，即各群組的平均數均相等。在 t 檢定分析中，t 統計量分子是二個群組平均數的差異量，因為當第一個群組平均數小於第二個群組平均數時，t 考驗 (student's t-test) 之 t 值便為負值；相對地，如果第一個群組平均數大於第二個群組平均數，t 考驗之 t 值便為正值。二個群體平均數的差異檢定，一般是採用 t 考驗，但若是研究者要採用變異數分析也可以，因為在二個群組時，F 考驗的 F 值等於 t 考驗 t 值的平方。

　　某些研究者認為變異數分析之 F 考驗法較 t 考驗法的統計方法較高階或較優，其實這是研究者對統計方法的誤解，就量化研究之資料處理的各種統計方法而言，統計方法間沒有孰優孰劣，或何種方法較高階、何種方法較低階的問題，每種統計方法的位階是同等的，每種統計方法都有其適用時機與假定，研究者要掌握的是「根據變項屬性與研究目的，選用適當的統計方法。」

　　下面為十五個樣本，三個群組的水準數值編碼為 1、2、3，每個群組各有五位受試者。

| GROUP | 1 | 1 | 1 | 1 | 1 | 2 | 2 | 2 | 2 | 2 | 3 | 3 | 3 | 3 | 3 |
|-------|---|---|---|---|---|---|---|---|---|---|---|---|---|---|---|
| Y | 5 | 4 | 4 | 1 | 1 | 1 | 2 | 3 | 4 | 5 | 2 | 5 | 2 | 1 | 5 |

**描述性統計量**

| | 個數 | 平均數 | 標準差 | 標準誤 | 平均數的 95% 信賴區間 | | 最小值 | 最大值 |
|---|------|--------|--------|--------|------|------|--------|--------|
| | | | | | 下界 | 上界 | | |
| 1 | 5 | 3.00 | 1.871 | .837 | .68 | 5.32 | 1 | 5 |
| 2 | 5 | 3.00 | 1.581 | .707 | 1.04 | 4.96 | 1 | 5 |
| 3 | 5 | 3.00 | 1.871 | .837 | .68 | 5.32 | 1 | 5 |
| 總和 | 15 | 3.00 | 1.648 | .425 | 2.09 | 3.91 | 1 | 5 |

　　在描述性統計量摘要中，三個群體的平均數皆為 3.00，各組平均數與總平均數 (M = 3.00) 之差的平方和皆為 0，此時，表示各組處理效果的變異程度是相同的。

ANOVA

| | 平方和 | 自由度 | 平均平方和 | F 檢定 | 顯著性 |
|---|---|---|---|---|---|
| 組間 | .000 | 2 | .000 | .000 | 1.000 |
| 組內 | 38.000 | 12 | 3.167 | | |
| 總和 | 38.000 | 14 | | | |

　　當各組平均數相等時，組間平方和為 0，F 考驗之 F 值統計量為 0；當各組平均數差異值很小時，組間平方和數值會接近 0，F 考驗之 F 值統計量會趨近於 0；當各組平均數差異值愈大時，組間平方和數值會愈大，F 考驗之 F 值統計量也會愈大，此時也有足夠證據拒絕虛無假設。

【範例說明】

　　在二個群體平均數的差異檢定中，採用 t 考驗或 F 考驗所得到的結果是相同的。範例資料檔中的群組變項名稱為「GROUP」，檢定的計量變項名稱分別為「XA」、「XB」。

| GROUP | 1 | 1 | 1 | 1 | 1 | 1 | 1 | 2 | 2 | 2 | 2 | 2 | 2 | 2 |
|---|---|---|---|---|---|---|---|---|---|---|---|---|---|---|
| XA | 8 | 10 | 5 | 8 | 7 | 7 | 9 | 6 | 4 | 6 | 3 | 8 | 2 | 6 |
| XB | 3 | 4 | 8 | 9 | 6 | 4 | 10 | 1 | 8 | 6 | 4 | 5 | 3 | 2 |

ANOVA

| | | 平方和 | 自由度 | 平均平方和 | F 檢定 | 顯著性 |
|---|---|---|---|---|---|---|
| XA | 組間 | 25.786 | 1 | 25.786 | 7.469 | .018 |
| | 組內 | 41.429 | 12 | 3.452 | | |
| | 總和 | 67.214 | 13 | | | |
| XB | 組間 | 16.071 | 1 | 16.071 | 2.402 | .147 |
| | 組內 | 80.286 | 12 | 6.690 | | |
| | 總和 | 96.357 | 13 | | | |

　　變異數分析摘要表中群體組別在變數 XA、XB，平均數差異檢定的 F 值分別為 7.469、2.402，顯著性 p 值分別為 .018、.147，組間的自由度為 1（組別數

減一)，組內的自由度為 12，總和的自由度為 13(N-1=14-1=13)。F 統計量的定義為「組間變異量」(組間均方值) 與「組內變異量」(組內均方值) 的比值：

$$F = \frac{MS_B}{MS_E}，\quad 如 \quad 7.469 = \frac{25.786}{3.452} \cdot 2.402 = \frac{16.071}{6.690}；SS_T = SS_B + SS_E，25.786 +$$

41.429 ＝ 67.214、16.071 ＋ 80.286 ＝ 96.357。

### 組別統計量

| | GROUP | 個數 | 平均數 | 標準差 | 平均數的標準誤 |
|---|---|---|---|---|---|
| XA | 1 | 7 | 7.71 | 1.604 | .606 |
| | 2 | 7 | 5.00 | 2.082 | .787 |
| XB | 1 | 7 | 6.29 | 2.752 | 1.040 |
| | 2 | 7 | 4.14 | 2.410 | .911 |

二個群組在 XA 變項的平均數分別為 7.71、5.00，標準差分別為 1.604、2.082；在 XB 變項的平均數分別為 6.29、4.14，標準差分別為 2.752、2.410。平均數的標準誤為群體之變異數除以群體個數 (n ＝ 7) 的根方值，如：$.606 = \sqrt{1.604^2 \big/ 7}$、$.787 = \sqrt{2.082^2 \big/ 7}$。

### 獨立樣本檢定

| | | 變異數相等的 Levene 檢定 | | 平均數相等的 t 檢定 | | | |
|---|---|---|---|---|---|---|---|
| | | F 檢定 | 顯著性 | t | 自由度 | 顯著性 (雙尾) | 平均差異 |
| XA | 假設變異數相等 | 1.070 | .321 | 2.733 | 12 | .018 | 2.714 |
| | 不假設變異數相等 | | | 2.733 | 11.266 | .019 | 2.714 |
| XB | 假設變異數相等 | .478 | .503 | 1.550 | 12 | .147 | 2.143 |
| | 不假設變異數相等 | | | 1.550 | 11.795 | .148 | 2.143 |

二個群體在 XA 變項平均數差異的 t 統計量為 2.733，$(p ＝ .018)$，在 XB 變項平均數差異的 t 統計量為 1.550，顯著性 $p ＝ .147$，t 檢定摘要表中的顯著性 $p$ 值與變異數分析摘要表中的數據是相同的。

F 值與 t 值統計量的關係為 $F = t^2$，$7.469 = 2.733^2$、$2.402 = 1.550^2$。「平均數相等的 t 檢定」欄之自由度 12 為變異數分析摘要表中「組內」( 誤差項 ) 的自由度。

平均數的差異檢定中，若是變數的水準數值為 2 ( 分為二個群體 )，要探究二個群體在某個計量變數 ( 連續變項 ) 上的差異，除可採用獨立樣本 t 檢定外，也可採用獨立樣本單因子變異數分析，二者呈現的結果是相同的。

## 參、相關與迴歸分析的關係

在相關係數詮釋方面，學者常會論述到「二個變數有相關，不一定有因果」，因為此時二個變數有可能皆為因變數 ( 外因變項 )，或皆為果變數 ( 內因變項 )；相對的論述是「二個變數有相關，才可能有因果」，若是二個變數沒有顯著相關，研究者再進一步探究二個變數間的因果，即沒有實質意義。以簡單相關而言，決定係數 (coefficient of determination；以符號 $r^2$ 表示 ) 是相關係數的平方，決定係數是二個變項互為解釋的變異部分，若是相關係數為 0，表示二個變項互為解釋的變異部分為 0.0%，二個變項間沒有顯著相關，由於二個變項間沒有相關，當然也沒有因果關係。複迴歸分析中，若是所有預測變項與效標變項間的簡單相關均未達 .05 顯著水準，則再採用複迴歸統計方法探究預測變項對效標變項的解釋預測情形，就沒有意義，因而一般在進行複迴歸分析程序前，最好要呈現變項間的相關矩陣。

## 【範例資料檔】

| XA | XB | XC | XD | YA | YB |
|----|----|----|----|----|----|
| 7 | 8 | 9 | 7 | 9 | 8 |
| 10 | 6 | 8 | 5 | 8 | 9 |
| 8 | 5 | 5 | 10 | 6 | 8 |
| 7 | 4 | 8 | 6 | 2 | 5 |
| 6 | 3 | 7 | 6 | 10 | 5 |
| 8 | 8 | 7 | 6 | 8 | 9 |
| 4 | 2 | 6 | 5 | 9 | 4 |
| 7 | 8 | 5 | 6 | 2 | 7 |
| 5 | 9 | 8 | 7 | 3 | 6 |
| 5 | 2 | 3 | 3 | 5 | 4 |

範例資料檔中，變數 XA、XB、XC、XD 為自變項 ( 預測變項 / 解釋變項 )，
YA、YB 為二個依變項 ( 效標變項 )。

### 相關矩陣摘要表

| | 變項 | XA | XB | XC | XD | YA | YB |
|---|---|---|---|---|---|---|---|
| XA | Pearson 相關 | 1 | | | | | |
| | 顯著性 ( 雙尾 ) | | | | | | |
| XB | Pearson 相關 | .388 | 1 | | | | |
| | 顯著性 ( 雙尾 ) | .268 | | | | | |
| XC | Pearson 相關 | .301 | .474 | 1 | | | |
| | 顯著性 ( 雙尾 ) | .398 | .166 | | | | |
| XD | Pearson 相關 | .291 | .405 | .250 | 1 | | |
| | 顯著性 ( 雙尾 ) | .414 | .245 | .487 | | | |
| YA | Pearson 相關 | .074 | -.245 | .214 | -.045 | 1 | |
| | 顯著性 ( 雙尾 ) | .838 | .495 | .552 | .902 | | |
| | 個數 | 10 | 10 | 10 | 10 | 10 | 10 |
| YB | Pearson 相關 | .851(**) | .710(*) | .371 | .459 | .168 | 1 |
| | 顯著性 ( 雙尾 ) | .002 | .021 | .292 | .182 | .644 | |
| | 個數 | 10 | 10 | 10 | 10 | 10 | 10 |

** 在顯著水準為 0.01 時 ( 雙尾 )，相關顯著。

* 在顯著水準為 0.05 時 ( 雙尾 )，相關顯著。

從相關矩陣來看，變項 XA、XB、XC、XD 與 YA 變數的相關係數均未達 .05 顯著水準，其相關係數分別為 .074 ($p$ = .838 > .05)、-.245 ($p$ = .495 > .05)、.214 ($p$ = .552 > .05)、-.045 ($p$ = .902 > .05)，表示 XA、XB、XC、XD 四個變項與變數 YA 的相關係數皆為 0，由於 XA、XB、XC、XD 四個變項與變數 YA 沒有顯著相關，因而便沒有因果關係。變項 XA、XB、XC、XD 與 YB 變數的相關係數分別為 .851 ($p$ = .002 < .05)、.710 ($p$ = .021 < .05)、.371 ($p$ = .292 > .05)、.459 ($p$ = .182 > .05)，其中 XA、XB 二個變項與 YB 變數呈顯著正相關。

## 一、以 YA 為效標變項之複迴歸結果

**模式摘要**

| 模式 | R | R 平方 | 調過後的 R 平方 | 估計的標準誤 |
|---|---|---|---|---|
| 1 | .467(a) | .218 | -.407 | 3.615 |

a 預測變數：( 常數 ), XD, XC, XA, XB

**變異數分析 (b)**

| 模式 | | 平方和 | 自由度 | 平均平方和 | F 檢定 | 顯著性 |
|---|---|---|---|---|---|---|
| 1 | 迴歸 | 18.248 | 4 | 4.562 | .349 | .835(a) |
| | 殘差 | 65.352 | 5 | 13.070 | | |
| | 總和 | 83.600 | 9 | | | |

a 預測變數：( 常數 ), XD, XC, XA, XB；b 依變數：YA

整體迴歸模式顯著性檢定的 F 值等於 .349、顯著性 $p$ 值等於 .835，表示四個預測變項對效標變項 YA 的解釋變異為 0，四個預測變項的迴歸係數均顯著為 0 ( 表中的 R 平方值為 21.8%，為抽樣誤差造成的，若是將樣本數擴大或採取普測方式，則 R 平方值會為 0 或趨近於 0)。

係數 (a)

| 模式 | | 未標準化係數 | | 標準化係數 | t | 顯著性 |
| --- | --- | --- | --- | --- | --- | --- |
| | | B 之估計值 | 標準誤 | Beta 分配 | | |
| 1 | ( 常數 ) | 3.108 | 6.254 | | .497 | .640 |
| | XA | .243 | .756 | .141 | .322 | .761 |
| | XB | -.566 | .558 | -.497 | -1.014 | .357 |
| | XC | .670 | .754 | .404 | .889 | .415 |
| | XD | .025 | .746 | .015 | .034 | .974 |

a 依變數：YA

　　迴歸係數摘要表中四個預測變項之迴歸係數顯著性檢定的 t 值分別為 .322、-1.014、.889、.034，顯著性 $p$ 值均大於 .05，表示四個預測變項的迴歸係數均為 0 ( 表中的迴歸係數雖不等於 0，但將樣本數擴大則迴歸係數會趨近於 0)，四個預測變項對效標變項沒有顯著的預測力。

## 二、以 YB 為效標變項之複迴歸結果

模式摘要

| 模式 | R | R 平方 | 調過後的 R 平方 | 估計的標準誤 |
| --- | --- | --- | --- | --- |
| 1 | .952(a) | .906 | .830 | .806 |

a 預測變數：( 常數 ), XD, XC, XA, XB

變異數分析 (b)

| 模式 | | 平方和 | 自由度 | 平均平方和 | F 檢定 | 顯著性 |
| --- | --- | --- | --- | --- | --- | --- |
| 1 | 迴歸 | 31.249 | 4 | 7.812 | 12.014 | .009(a) |
| | 殘差 | 3.251 | 5 | .650 | | |
| | 總和 | 34.500 | 9 | | | |

a 預測變數：( 常數 ), XD, XC, XA, XB；b 依變數：YB

　　整體迴歸模式顯著性檢定的 F 值等於 12.014、顯著性 $p$ 值等於 .009，表示四個預測變項對效標變項 YA 的解釋變異量顯著不等於 0，四個預測變項與效標變項 YB 的多元相關係數為 .952、R 平方為 .906，表示 XA、XB、XC、XD 四個

預測變項共可解釋效標變項「YB」90.6% 的變異量。

係數 (a)

| 模式 | | 未標準化係數 | | 標準化係數 | t | 顯著性 |
|---|---|---|---|---|---|---|
| | | B 之估計值 | 標準誤 | Beta 分配 | | |
| 1 | (常數) | -.467 | 1.395 | | -.335 | .751 |
| | XA | .743 | .169 | .671 | 4.405 | .007 |
| | XB | .322 | .125 | .440 | 2.584 | .049 |
| | XC | -.070 | .168 | -.065 | -.415 | .695 |
| | XD | .111 | .166 | .102 | .669 | .533 |

a 依變數：YB

　　XA、XB、XC、XD 四個預測變項的標準化迴歸係數分別為 .671、.440、-.065、.102，迴歸係數是否顯著為 0 的檢定統計量 t 值分別為 4.405 ($p = .007 < .05$)、2.584 ($p = .049 < .05$)、-.415 ($p = .695 > .05$)、.669 ($p = .533 > .05$)，四個預測變項中以 XA、XB 對效標變項的影響較大。

# 肆、迴歸分析與 SEM 關係

　　在複迴歸分析程序中，若是預測變項為間斷變數，必須將間斷變數轉換為虛擬變項，虛擬變項的編碼中較常使用者為將間斷變數中的一個群組設為參照組，其所屬水準數值編碼為 1、其餘設為 0，若將參照組均設為 0，稱為虛擬編碼 (dummy coding)，如果將參照組設定為 -1，則稱為效果值編碼 (effect coding)。一般在虛擬變項的轉換上，以採用「虛擬編碼」較為常見。下面之範例資料中預測變項為間斷變數，進行複迴歸分析時，先將間斷變項轉換為虛擬變項，研究者可以從此範例中了解變異數分析、迴歸分析與 SEM 的關係。

　　研究假設為「社經地位對憂鬱傾向有顯著預測力」及「學業成就對同儕關係有顯著預測力」。社經地位四個水準數值分別為「低社經組」、「中社經組」、「中高社經組」、「高社經組」，四個水準數值與增列虛擬變項的對照表如下：

| 原始間斷變數 | 三個虛擬變項 | | | 備註 |
|---|---|---|---|---|
| 社經地位 | 社經 _D2 | 社經 _D3 | 社經 _D4 | |
| 1 低社經組 | 0 | 0 | 0 | 參照組 |
| 2 中社經組 | 1 | 0 | 0 | 中社經組與低社經組對比 |
| 3 中高社經組 | 0 | 1 | 0 | 中高社經組與低社經組對比 |
| 4 高社經組 | 0 | 0 | 1 | 高社經組與低社經組對比 |

學業成就間斷變數有三個水準，要增列二個虛擬變項：

| 原始間斷變數 | 二個虛擬變項 | | 備註 |
|---|---|---|---|
| 學業成就 | 學業 _D1 | 學業 _D2 | |
| 1 低學業組 | 1 | 0 | 低學業組與高學業組對比 |
| 2 中學業組 | 0 | 1 | 中學業組與高學業組對比 |
| 3 高學業經 | 0 | 0 | 參照組 |

學業成就間斷變數採用效果值編碼格式如下：

| 原始間斷變數 | 二個虛擬變項 | |
|---|---|---|
| 學業成就 | 學業 _D1 | 學業 _D2 |
| 1 低學業組 | 1 | 0 |
| 2 中學業組 | 0 | 1 |
| 3 高學業經 | -1 | -1 |

社經地位變數與學業成就變數各水準值之次數及百分比如下：

社經地位

| | | 次數 | 百分比 | 有效百分比 | 累積百分比 |
|---|---|---|---|---|---|
| 有效的 | 1 低社經組 | 52 | 26.0 | 26.0 | 26.0 |
| | 2 中社經組 | 50 | 25.0 | 25.0 | 51.0 |
| | 3 中高社經組 | 50 | 25.0 | 25.0 | 76.0 |
| | 4 高社經組 | 48 | 24.0 | 24.0 | 100.0 |
| | 總和 | 200 | 100.0 | 100.0 | |

四個社經地位類別的編碼中，1 為低社經地位組、2 為中社經地位組、3 為中高社經地位組、4 為高社經地位組，四個組別的人數分別為 52、50、50、48，總樣本數 200。

**學業成就**

| | | 次數 | 百分比 | 有效百分比 | 累積百分比 |
|---|---|---|---|---|---|
| 有效的 | 1 低學業組 | 60 | 30.0 | 30.0 | 30.0 |
| | 2 中學業組 | 70 | 35.0 | 35.0 | 65.0 |
| | 3 高學業組 | 70 | 35.0 | 35.0 | 100.0 |
| | 總和 | 200 | 100.0 | 100.0 | |

三個學業成就水準數值的編碼：1 為低學業成就組、2 為中學業成就組、3 為高學業成就組，三個組別的人數分別為 60、70、70，各組人數佔總樣本數的百分比分別為 30.0%、35.0%、35.0%，總樣本數 200。

以社經地位三個虛擬變項作為預測變項，以「憂鬱傾向」變數作為效標變項進行複迴歸分析結果如下 ( 採用強迫進入法 )：

**模式摘要**

| 模式 | R | R 平方 | 調過後的 R 平方 | 估計的標準誤 |
|---|---|---|---|---|
| 1 | .514(a) | .264 | .252 | 7.470 |

a 預測變數：( 常數 ), 社經 _D4, 社經 _D3, 社經 _D2

社經地位變數之三個虛擬變項與憂鬱傾向的多元相關係數為 .514，多元相關係數的平方為 .264，調整後的 R 平方為 .252，表示三個預測變項可以解釋憂鬱傾向變數 26.4% 的變異量。

**變異數分析 (b)**

| 模式 | | 平方和 | 自由度 | 平均平方和 | F 檢定 | 顯著性 |
|---|---|---|---|---|---|---|
| 1 | 迴歸 | 3918.153 | 3 | 1306.051 | 23.403 | .000(a) |
| | 殘差 | 10938.327 | 196 | 55.808 | | |
| | 總和 | 14856.480 | 199 | | | |

a 預測變數：( 常數 ), 社經 _D4, 社經 _D3, 社經 _D2
b 依變數：憂鬱傾向

迴歸模式之變異數分析摘要表中，變異量顯著性考驗的 F 值為 23.403、顯著性考驗的 *p* 值為 .000，小於 .05 的顯著水準，表示迴歸模式整體解釋變異量達到顯著水準。迴歸模式的整體性統計考驗之 F 值達到顯著，表示迴歸方程式中，至少有一個迴歸係數不等於 0 ( 至少有一個預測變項對依變項的解釋變異量達到 .05 顯著水準 )，或者全部迴歸係數均不等於 0，亦即至少有一個預測變項會達到顯著水準。至於是那些迴歸係數達到顯著，則要從「係數摘要表」中的迴歸係數、相對應顯著性考驗的 t 值及其顯著機率值加以判別。係數摘要表中的「迴歸平方和」(regression sum of square) ( 此值為變異數分析摘要表中的組間平方和 ) 與「總平方和」(total sum of square) 的比值為 R 平方值：$R^2 = \dfrac{REG_{SS}}{TOT_{SS}} = 1 - \dfrac{RES_{SS}}{TOT_{SS}}$；

$\dfrac{3918.153}{14856.480} = .2637 \cong .264$。

根據 R 平方值可以估算變異數分析 (ANOVA) 中的 F 值，其估算公式為：

$$F = \frac{MS_B}{MS_E} = \frac{SS_B / df_B}{SS_E / df_E} = \frac{SS_B \times df_E}{SS_E \times df_B} = (\frac{SS_B}{SS_E}) \times (\frac{df_E}{df_B}) = \frac{SS_B}{SS_E} \times (\frac{df_E}{df_B}) \times \frac{SS_T}{SS_T}$$

$$= \frac{\dfrac{SS_B}{SS_T}}{\dfrac{SS_E}{SS_T}} \times (\frac{df_E}{df_B}) = \frac{\dfrac{REG_B}{TOT_{SS}}}{\dfrac{RES_{SS}}{TOT_{SS}}} \times (\frac{df_E}{df_B}) = \frac{\dfrac{REG_B}{TOT_{SS}}}{1 - \dfrac{REG_B}{TOT_{SS}}} \times (\frac{df_E}{df_B}) = \frac{R^2}{1 - R^2} \times (\frac{df_E}{df_B})$$

$$F = \frac{.264}{1 - .264} \times (\frac{196}{3}) = \frac{51.744}{2.208} = 23.434 \text{ ( 小數點第二位的差異為進位所產生}$$
的誤差值 )。

係數 (a)

| 模式 | | 未標準化係數 | | 標準化係數 | t | 顯著性 |
|---|---|---|---|---|---|---|
| | | B 之估計值 | 標準誤 | Beta 分配 | | |
| 1 | ( 常數 ) | 29.308 | 1.036 | | 28.290 | .000 |
| | 社經 _D2 | -3.228 | 1.480 | -.162 | -2.181 | .030 |
| | 社經 _D3 | -7.748 | 1.480 | -.389 | -5.236 | .000 |
| | 社經 _D4 | -11.683 | 1.495 | -.579 | -7.813 | .000 |

a 依變數：憂鬱傾向

從迴歸係數摘要表中可以得知：

　　未標準化迴歸方程式：憂鬱傾向＝ 29.308 ＋社經 _D2×-3.228 ＋社經 _
D3×-7.748 ＋社經 _D4×-11.683

　　標準化迴歸方程式：憂鬱傾向＝社經 _D2×-.162＋社經 _D3×-.389 ＋
社經 _D4×-.579

　　三個預測變項迴歸係數是否等於 0 之檢定統計量 t 值分別為 -2.181 ($p$
＝ .030)、-5.236 ($p$ ＝ .000)、-7.813 ($p$ ＝ .000)，顯著性 $p$ 值均小於 .05，有足夠
證據拒絕虛無假設 ( 迴歸係數＝ 0，$H_0 : b = 0$ )，即三個迴歸係數均顯著不等於
0，迴歸係數顯著不為 0，表示預測變項的預測力達到顯著；相對地，若是迴歸
係數等於 0，表示此預測變項對依變項的影響為 0，此預測變項的預測力未達顯
著水準。

　　由於參照組為水準數值編碼為 1 的組別，因而各虛擬變項均以參照組為對
比，三個預測變項的迴歸係數皆為負值，表示與參照組比較之下，第二組、第三
組、第四組在憂鬱傾向的平均測量值較低 ( 如果迴歸係數為正，表示虛擬變項與
對照組比較之下，其平均測量值較高 )，參照組為低社經地位組，因而與低社經
地位組相較之下，中社經地位組、中高社經地位組、高社經地位組學生在憂鬱傾
向測量值顯著較低，憂鬱傾向量表得分界定的操作性定義為：「在憂鬱傾向量
表之得分愈高，表示受試者憂鬱傾向愈高；測量值分數愈低，受試者憂鬱傾向的
感受愈低。」迴歸係數顯著不等於 0，且均為負數，表示「與低社經地位組相較
之下，中社經地位組、中高社經地位組、高社經地位組學生感受的憂鬱傾向顯著
較低。」

　　下面輸出表格為改採用變異數分析方法之結果，檢定變數為「憂鬱傾向」，
群組變數為「社經地位」因子，此因子有四個水準。

不同社經地位組別在「憂鬱傾向」變項之描述性統計量摘要表

|  | 個數 | 平均數 | 標準差 | 標準誤 |
|---|---|---|---|---|
| 低社經組 | 52 | 29.31 | 7.280 | 1.010 |
| 中社經組 | 50 | 26.08 | 9.926 | 1.404 |
| 中高社經組 | 50 | 21.56 | 4.908 | .694 |
| 高社經組 | 48 | 17.63 | 6.884 | .994 |
| 總和 | 200 | 23.76 | 8.640 | .611 |

上表為社經地位四個組別在憂鬱傾向之描述性統計量摘要表，低社經地位組、中社經地位組、中高社經地位組、高社經地位組四個群組的平均數分別為 29.31、26.08、21.56、17.63，其標準差分別為 7.280、9.926、4.908、6.8884。

不同社經地位組別在「憂鬱傾向」變項之變異數分析摘要表

|  | 平方和 | 自由度 | 平均平方和 | F 檢定 | 顯著性 |
|---|---|---|---|---|---|
| 組間 | 3918.153 | 3 | 1306.051 | 23.403 | .000 |
| 組內 | 10938.327 | 196 | 55.808 |  |  |
| 總和 | 14856.480 | 199 |  |  |  |

由變異數分析摘要表中知悉：四個組別平均數差異之整體考驗的 F 值為 23.403 ($p = .000 < .05$)，表示四個組別的平均數間至少有一個配對組別間的差異達到顯著水準。變異數分析檢定之 F 值與之前迴歸分析之變異數分析檢定之 F 值相同，其中差異在於第一欄模式變數的界定，在迴歸分析中三列模式分別為迴歸 (regression)、殘差 (residual)、總和 (total)；在變異數分析中三列模式分別為組間、組內、總和，其中「迴歸」列統計量數與「組間」列統計量數數據相同；「殘差」列統計量數與「組內」列統計量數數據相同。

利用 AMOS 進行迴歸分析之假設模型圖如下：三個外因觀察變項為「社經 _D2」、「社經 _D3」、「社經 _D4」，內因觀察變項為「憂鬱傾向」。

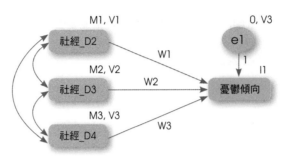

Model Specification; Group number 1

模式估計結果之非標準化估計值的模型圖如下，內因觀察變項的截距項 29.31，為參照組（低社經組）的平均數，三條路徑的迴歸係數為三個外因變項的平均數與參照組平均數的差異值：

「社經_D2」外因變項的路徑係數＝ 26.08-29.31 ＝ -3.23。
「社經_D3」外因變項的路徑係數＝ 21.56-29.31 ＝ -7.75。
「社經_D4」外因變項的路徑係數＝ 17.63-29.31 ＝ -11.68。

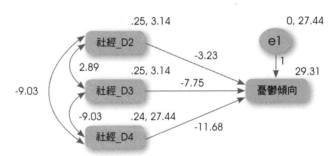

Unstandardized estimates: Group number 1

### Maximum Likelihood Estimates 【最大概似法】

Regression Weights: (Group number 1 - Default model) 【未標準化迴歸係數】

| | | | Estimate | S.E. | C.R. | P | Label |
|---|---|---|---|---|---|---|---|
| 憂鬱傾向 | <--- | 社經_D2 | -3.228 | 1.040 | -3.103 | .002 | W1 |
| 憂鬱傾向 | <--- | 社經_D3 | -7.748 | 1.040 | -7.449 | *** | W2 |
| 憂鬱傾向 | <--- | 社經_D4 | -11.683 | .595 | -19.638 | *** | W3 |

未標準化迴歸係數摘要表中，第一欄為預測變項（外因變項）對效標變項（內因變項）的路徑，三個迴歸係數的估計值分別為 -3.228、-7.748、-11.683，估

計標準誤分別為 1.040、1.040、.595，臨界比值 ( 相當於迴歸分析中係數摘要表中的 t 值欄 )，其數值為估計值除以估計值標準誤，如 -3.228÷1.040 = -3.103，三個迴歸係數均顯著不等於 0。由於迴歸分析一般是採用最小平方法 (OLS) 進行各參數估計，而結構方程模式是採用最大概似估計法 (Maximum Likelihood Estimates) 進行各參數估計，因而二者輸出之迴歸參數的估計標準誤並不相同，但原始迴歸係數參數值是一樣的，因迴歸參數的估計標準誤不同，所以迴歸分析係數摘要表中的 t 值與臨界比值欄的數值有稍微差異，但差異值不大。迴歸分析係數摘要表中的 t 值分別為 -2.181($p$ = .030)、-5.236($p$ = .000)、-7.813($p$ = .000)，SEM 估 計 結 果 之 臨 界 比 值 分 別 -3.103($p$ = .002)、-7.449($p$ = .000)、-19.638 ($p$ = .000)。如果抽樣的樣本數趨近於無限大時，則採用最大概似法與最小平方法所估計出的標準誤參數值差異會愈小。

下面的範例為改以「學業成就」間斷變數為預測變項，「同儕關係」變數為效標變項之迴歸分析的解析。「學業成就」間斷變數的參照組設為水準數值編碼為 3 之高學業組。

**不同學業成就組在「同儕關係」變項之描述性統計量 (N = 200)**

|  | 個數 | 平均數 | 標準差 | 標準誤 | 最小值 | 最大值 |
|---|---|---|---|---|---|---|
| 1 低學業組 | 60 | 54.20 | 15.973 | 2.062 | 18 | 70 |
| 2 中學業組 | 70 | 52.80 | 10.909 | 1.304 | 28 | 70 |
| 3 高學業組 | 70 | 55.93 | 10.955 | 1.309 | 20 | 66 |
| 總和 | 200 | 54.32 | 12.659 | .895 | 18 | 70 |

不同學業成就組在「同儕關係」變項之平均數分別為 54.20、52.80、55.93，其標準差分別為 15.973、10.909、10.955，全部受試者總平均數為 54.32。

**模式摘要**

| 模式 | R | R 平方 | 調過後的 R 平方 | 估計的標準誤 |
|---|---|---|---|---|
| 1 | .104(a) | .011 | .001 | 12.654 |

a 預測變數：( 常數 ), 學業 _D2, 學業 _D1

二個預測變項與「同儕關係」效標變項的多元相關係數為 .104、多元相關係數平

方為 .011、調整過後的 R 平方為 .001。

**變異數分析 (b)**

| 模式 | | 平方和 | 自由度 | 平均平方和 | F 檢定 | 顯著性 |
|---|---|---|---|---|---|---|
| 1 | 迴歸 | 343.712 | 2 | 171.856 | 1.073 | .344(a) |
| | 殘差 | 31545.443 | 197 | 160.129 | | |
| | 總和 | 31889.155 | 199 | | | |

a 預測變數：( 常數 ), 學業 _D2, 學業 _D1；b 依變數：同儕關係

迴歸模式之變異數分析摘要表中，變異量顯著性考驗的 F 值為 1.073、顯著性考驗的 p 值為 .343，大於 .05 的顯著水準，表示迴歸模式整體解釋變異量未達到顯著水準。迴歸模式的整體性統計考驗之 F 值未達到 .05 顯著水準，表示迴歸方程式中，迴歸係數均等於 0。

**係數 (a)**

| 模式 | | 未標準化係數 | | 標準化係數 | t | 顯著性 |
|---|---|---|---|---|---|---|
| | | B 之估計值 | 標準誤 | Beta 分配 | | |
| 1 | ( 常數 ) | 55.929 | 1.512 | | 36.978 | .000 |
| | 學業 _D1 | -1.729 | 2.226 | -.063 | -.776 | .438 |
| | 學業 _D2 | -3.129 | 2.139 | -.118 | -1.463 | .145 |

a 依變數：同儕關係

迴歸係數摘要表中，截距項等於 55.929，二個預測變項的未標準化迴歸係數為 -1.729、-3.129，標準化迴歸係數為 -.063、-.118，迴歸係數顯著性考驗的 t 值分別為 -.776 ($p = .438 > .05$)、-1.463 ($p = .145 > .05$)，二個迴歸係數顯著不等於 0 的假定無法獲得支持，表示二個迴歸係數均為 0 ( 表中的迴歸係數值並不為 0，是抽樣誤差造成的，若是研究者擴大抽樣樣本數，或進行普測，則二個預測變項的迴歸係數會等於 0 或接近 0)。

利用 AMOS 進行迴歸分析之假設模型圖如下：二個外因觀察變項為「學業 _D1」、「學業 _D2」，內內觀察變項為「同儕關係」。

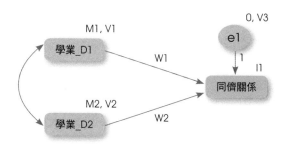

Model Specification; Group number 1

　　未標準迴歸估計值之模型圖如下：內因觀察變項的截距項為 55.93，此為參照組（高學業成就組）的平均數，「學業 _D1」外因觀察變項的徑路係數 -1.73，為第一組（低學業組）與參照組（高學業組）平均數的差異值：54.20-55.93 ＝ -1.73、「學業 _D2」外因觀察變項的徑路係數 -3.13，為第二組（中學業組）與參照組（高學業組）平均數的差異值：52.80 － 55.93 ＝ -3.13。

605

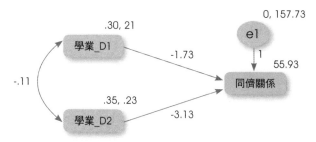

Unstandardized estimates; Group number 1

標準化估計值的模型圖如下：二個外因觀察變項間的相關為 -.48。

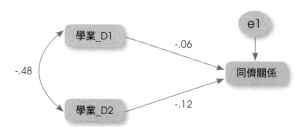

Standardized estimates; Group number 1

**Maximum Likelihood Estimates 【最大概似法】**

Regression Weights: (Group number 1 - Default model) 【未標準化迴歸係數】

|  | | Estimate | S.E. | C.R. | P | Label |
|---|---|---|---|---|---|---|
| 同儕關係 <--- 學業_D1 | | -1.729 | 2.215 | -.780 | .435 | W1 |
| 同儕關係 <--- 學業_D2 | | -3.129 | 2.128 | -1.470 | .142 | W2 |

路徑分析中二條路徑係數的估計值分別為 -1.729、-3.129，臨界比值為 -.780 ($p$ = .435 > .05)、-1.470 ($p$ = .142 > .05)，顯著性 $p$ 值均未達 .05 顯著水準，表示假設模型圖中二條路徑之迴歸係數均顯著等於 0。

Standardized Regression Weights: (Group number 1 - Default model)
【標準化迴歸係數】

|  | | Estimate |
|---|---|---|
| 同儕關係 <--- 學業_D1 | | -.063 |
| 同儕關係 <--- 學業_D2 | | -.118 |

二個外因觀察變項「學業_D1」、「學業_D2」對內因觀察變項「同儕關係」之標準化迴歸係數分別為 -.063、-.118，其數值與採用 SPSS 統計軟體運用最小平方法 (method of least squares) 之複迴歸程序所獲得的數值相同。

Squared Multiple Correlations: (Group number 1 - Default model)

|  | Estimate |
|---|---|
| 同儕關係 | .011 |

R 平方值為 .011，根據 R 平方值可以估算變異數分析 (ANOVA) 中的 F 值，其估算公式為：

$$F = \frac{R^2 \times df_{err}}{(1-R^2) \times df_{res}} = \frac{.011 \times 197}{(1-.011) \times 2} = \frac{2.1670}{1.9780} = 1.096$$

利用 SPSS 統計軟體執行「轉換」/「計算」程序，開啟「計算變數」視窗，於「數值運算式」中選取「CDF.F(q, 分子自由度, 分母自由度)」函數，輸入 q、

分子自由度、分母自由度三個數值 1.096、2、197，以算式「1- CDF.F (1.096, 2, 197)」，可以估算求出顯著性 *p* 值為 .336 ≒ .34。路徑分析之假設模型圖中，由於二條徑路係數均為 0，若將假設模型中二個徑路係數參數 W1、W2 均設定為 0，則假設模型圖應可得到支持。AMOS 視窗界面中，於「管理模式」(Manage Models) 次視窗增列「W1 = 0」、「W2 = 0」，假設模型圖可以收斂。標準化估計值之模型圖如下：

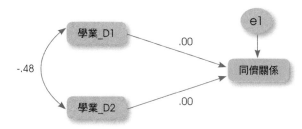

Standardized estimates; Group number 1

非標準化估計值模型圖如下：內因觀察變項截距項數值為 54.32，為全部受試樣本 (N = 200) 在同儕關係變項的總平均數。

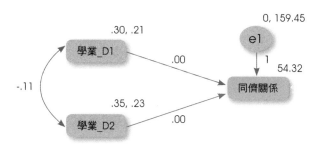

Unstandardized setimates; Group number 1
卡方值＝2.157(p＝.340)；RMSEA＝0.20；GFI＝\GFI

**CMIN**

| Model | NPAR | CMIN | DF | P | CMIN/DF |
|---|---|---|---|---|---|
| Default model | 7 | 2.157 | 2 | .340 | 1.078 |
| Saturated model | 9 | .000 | 0 | | |
| Independence model | 6 | 54.367 | 3 | .000 | 18.122 |

二個徑路係數界定為 0 的假設模型之整體適配度統計量卡方值為 2.157、卡

方自由度比值為 1.078、RMSEA 值為 .020，卡方值顯著檢定的 *p* 值為 .340，未達 .05 顯著水準，表示假設模型與樣本資料可以適配，界定二個徑路係數皆為 0 的假設模型獲得支持。由於卡方分配是 F 分配的極限分配，當分子的自由度趨近於無限大時，卡方分配與 F 分配的型態會趨於一致，當樣本數不大時，使用 AMOS 進行觀察變項路徑分析之參數估計，與使用 SPSS 進行迴歸分析之參數估計結果的標準誤值差異較大，因而二者估計結果之迴歸係數的顯著性可能會有所不同 ( 李茂能，2009)。但若是樣本數較多，二者估計結果的標準誤值差異會較小。

如果徑路係數顯著不等於 0，表示外因變項對內因變項有顯著的影響。此時，外因變項對內因變項的解釋變異量就不會為 0。在下列範例中，效標變項 ( 內因變項 ) 改為「學習動機」，「學業 _D1」、「學業 _D2」二個外因變項的路徑係數均顯著不等於 0。低學業組、中學業組、高學業組三個群組在學習動機變項的平均數分別為 50.63、68.89、78.54，200 位樣本的總平均數為 66.79。

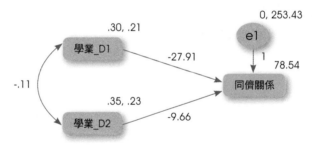

Unstandardized setimates; Group number 1
卡方值＝.000(p＝\p)；RMSEA＝\RMSEA; GFI＝\GFI

非標準化估計值模型圖中「學習動機」截距項為 78.54，二條路徑的非標準化迴歸係數分別為 -27.91、-9.66。

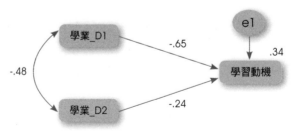

Standardized estimates; Group number 1

標準化估計值模型圖中，二個外因觀察變項之標準化迴歸係數分別為 -.65、-.24，二個外因觀察變項對內因變項「學習動機」的解釋變異量為 34.0%。

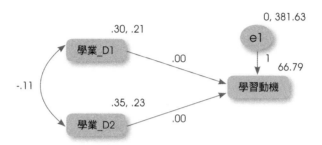

Unstandardized setimates; Group number 1
卡方值＝81.460(p＝.000)；RMSEA＝.447；GFI=\GFI

如果將二個徑路係數的參數固定為 0，標準化估計值模式圖中之內因變項「學習動機」截距項 66.79 的數值，為全部樣本 (N = 200) 的總平均數。

## CMIN 【卡方值】

| Model | NPAR | CMIN | DF | P | CMIN/DF |
|---|---|---|---|---|---|
| Default model | 7 | 81.460 | 2 | .000 | 40.730 |
| Saturated model | 9 | .000 | 0 | | |
| Independence model | 6 | 133.670 | 3 | .000 | 44.557 |

　　將二條徑路係數的迴歸參數界定為 0，假設模型整體適配度指標值的卡方值為 81.460，顯著性 p = .00，拒絕虛無假設，表示假設模型與樣本資料無法適配，卡方自由度比值為 40.730，高於模型適配度臨界值 3，可見假設模型無法得到支持。由於將二條路徑係數的迴歸參數界定為 0 之假設模型無法獲得支持，可見迴歸係數顯著不等於 0。

　　採用虛擬變項進行迴歸分析時，估計所得的迴歸係數，為各比較組與參照組平均數差異是否相等的檢定，其所得結果為變異數分析程序之部分事後比較摘要表的結果。迴歸分析是否為 0 的考驗，也可採用結構方程模式進行模型適配度檢定，二者的差異在於迴歸分析採用最小平方法進行參數估計，而 SEM 採用最大概似法進行參數估計，由於二種方法所估計迴歸係數的估計標準誤有差異，而因迴歸係數顯著性檢定的 t 值與臨界比值並未完全相同。在小樣本情況下，二者的

差異值會較大，但若是樣本夠大，則二種方法所估計迴歸係數的估計標準誤的差異值會十分接近。

本章參考文獻：李茂能 (2009)。圖解 AMOS 在學術研究之應用。臺北：五南。

結構方程
模式議題

量化研究中如果要進行假設模型 ( 測量模型或因果關係模型 ) 的驗證,一般會採用結構方程模式 (Structural Equation Modeling[SEM])。執行結構方程模式程序的軟體一般常用者為 LISREL 與 AMOS。由於 AMOS 的圖形界面較易操作,也較符合「使用者友善」原則,因而近幾年來研究者多使用 AMOS 統計軟體進行 SEM 分析。完整結構方程模型包括測量模式與結構模式,測量模式的變項包括三種不同類型變項:一為潛在變項 (latent variable)( 或稱無法觀察變項或因素 ),二為觀察變項 (observed variables) 或稱「顯性變項」(manifest variables),觀察變項是潛在因素構念的指標 (indicators),三為測量誤差項,由於觀察變項反映其潛在因素構念時會有誤差,因而每個觀察變項均會有一個誤差變項。結構模式中的變項有二種:一為外因潛在變項 (exogenous latent variables)( 又稱為自變項,因果關係圖中的因關係 )、二為內因潛在變項 (endogenous latent variables)( 又稱依變項,因果關係圖中的果關係 ),外因潛在變項與內因潛在變項間所構成的因果關係,即為 SEM 模型的結構模式。

完整結構方程模式的假設模型圖如下:外因潛在變項為「身心狀態」與「社會支持」、內因潛在變項為「工作滿意」、中介潛在變項為「工作態度」,整個模式包含四個測量模型,九個觀察變項。完整結構方程模式中,各測量變項之觀察變項 ( 顯性變項 ) 必須是一個因素構面 ( 為潛在變項量表心理特質中的一個層面或向度 ),這些因素構面均包含數個測量題項,因而觀察變項為構面題項的加總分數,或構面單題平均分數 ( 測量值為構面總分除以題項個數 ),在建構效度程序中,保留的因素構面最好包含三個題項數以上,因只包含二題或一個題項的因素構面,這些題項反映的因素構念特質的程度可能不足;其次是每個觀察變項測量值的分數是彼此獨立的。假設模型與調查研究工具呼應的關係為每個潛在變項是一個量表所有題項反映的潛在心理特質,潛在變項的觀察變項為量表建構效度中的因素構面。

SEM 假設模型檢定一般最常使用的方法為最大概似估計法 (Maximum Likelihood；[ML])、一般化最小平方法 (Generalized Least Square；[GLS])、漸近分配自由法 (Asymptotic Distribution-Free；[ADF])，前二者使用時機是變項資料結構須符合多變項常態性假定，如果變項資料結構的分配未符合多變項常態性假定，則通常使用漸近分配自由法 (ADF)。由於漸近分配自由法的參數估計不須考慮到變項資料結構是否為常態性假定，因而以「分配自由」(Distribution Free) 稱之，AMOS 內定參數的估計方法為最大概似估計法 (ML)。

以 SEM 進行假設模型檢定在於利用估計程序，計算二個共變數矩陣的差異量，一個為樣本資料計算而得的共變數矩陣 S，一為根據假設模型推導而得的母群共變數矩陣 Σ($\theta$)。若是共變數矩陣 S 與共變數矩陣 Σ($\theta$) 差異值函數很小，表示樣本資料計算而得的共變數矩陣 S，與假設模型推導而得的母群共變數矩陣 Σ($\theta$) 是相同的，此種情況，表示假設模型與樣本資料可以適配 (goodness of fit)；相對地，如果共變數矩陣 S 與共變數矩陣 Σ($\theta$) 差異值函數很大，表示樣本資料計算而得的共變數矩陣 S，與假設模型推導而得的母群共變數矩陣 Σ($\theta$) 是顯著不相同的，此種情況，表示樣本資料與假設模型是無法契合或無法適配的。

　　進行樣本資料計算而得的共變數矩陣 S ( 樣本資料結構推論母群體的共變數矩陣為 Σ)，與根據假設模型推導而得的母群共變數矩陣 Σ($\theta$) 間的差異比較統計量為「概似比卡方值」(likelihood ratio, $\chi^2$ )，假設檢定之對立假設與虛無假設如下：

對立假設：共變數矩陣 Σ $\neq$ 共變數矩陣 Σ($\theta$)
虛無假設：共變數矩陣 Σ ＝共變數矩陣 Σ($\theta$)

　　當 $\chi^2$ 值統計量顯著性 $p$ 值小於 .05，則拒絕虛無假設，接受對立假設，表示樣本資料推算之共變數矩陣 Σ 與假設模型推導之共變數矩陣 Σ($\theta$) 顯著不相等，此種結果表示假設模型與樣本資料無法適配。相對地，如果 $\chi^2$ 值統計量顯著性 $p$ 值大於 .05，則沒有足夠證據可拒絕虛無假設，此時顯示的樣本資料推算之共變數矩陣 Σ 與假設模型推導之共變數矩陣 Σ($\theta$) 是相等的，即 Σ － Σ($\theta$) ＝ 0，結果表示假設模型與樣本資料可以適配或是一種完美契合 (perfect fit)。就 SEM 統計量而言，$\chi^2$ 值是一個不佳的適配度測量值 (badness of fit measure)，因為概似比 $\chi^2$ 值統計量非常敏感，此統計量受到樣本大小的影響非常大。當樣本數擴大時，概似比 $\chi^2$ 值統計量也會跟著膨脹變大，顯著性 $p$ 值會跟著變得很小，此時所有虛無假設都會被拒絕，而得出多數假設模型與樣本資料無法適配的結論 (Σ $\neq$ Σ($\theta$))，此時，研究者不能因樣本數愈多，概似比 $\chi^2$ 值也會相對變大的緣由，故意以小樣本進行分析，因為 SEM 分析的前提之一是樣本要夠大，如果研究者只以少數樣本進行 SEM 分析，則模式估計所得的參數是有偏誤的，因為樣本數太小，進行 SEM 分析所估計的參數可能是個不適當的解值 (improper solutions) 或無法解釋的參數。

　　由於假設模型與樣本資料適配檢定統計量 $\chi^2$ 的數值易受樣本數大小而波動，因而在進行假設模型整體適配度檢定時，必須再參考其它適配度統計量。AMOS 提供的適配度評估統計量包括 $\chi^2$ 值 (CMIN 值，適配指標值為顯著性 $p >$ .05)、$\chi^2$ 自由度比值 (CMIN/DF，適配指標值為數值小於 2.000)、RMR 值 ( 適配指標值為數值小於 0.05)、SRMR 值 ( 適配指標值為數值小於 0.05)、GFI 值、AGFI 值、NFI 值、RFI 值、IFI 值、TLI 值、CFI 值 ( 以上七個適配指標值為數值大於 0.90)、RMSEA 值 ( 適配指標值為數值小於 0.08)、HOELTER 值 (CN 適配指標值為數值大於 200)、PGFI 值、PNFI 值、PCFI 值 ( 以上三個適配指標值

為數值大於 0.50)。若是樣本數很大，研究者進行整體模式適配度 ( 外在模式適配度 ) 檢定時，如果概似比 $\chi^2$ 值達到顯著水準，研究者宜再參考 AMOS 所提供的適配度指標值進行綜合判斷，否則很難建構一個適切的測量模型或有因果關係的假設模型。模式適配判別的準則有以下三個向度：

1. 概似比 $\chi^2$ 值統計量未達 .05 顯著水準，則接受虛無假設，表示假設模型與樣本資料可以適配。

2. 大樣本情況下，概似比 $\chi^2$ 值統計量達 .05 顯著水準，上述所提的適配度指標值有一半以上達到模式適配標準，則表示假設模型與樣本資料可以適配；相對地，如果概似比值 $\chi^2$ 統計量達 .05 顯著水準，且其餘適配度統計量指標值有一半以上未達模式適配標準，則表示假設模型與樣本資料無法契合，假設模型的驗證結果無法獲得支持。

3. 大樣本情況下，概似比 $\chi^2$ 值統計量達 .05 顯著水準，上述所提的適配度指標值分為絕對適配指標值、增值適配指標值、簡約適配指標值三大項，三大項適配指標值均有一半以上指標值達到模式適配標準，則表示假設模型與樣本資料可以適配；相對地，概似比 $\chi^2$ 值統計量達 .05 顯著水準，且絕對適配指標值、增值適配指標值、簡約適配指標值三大項中之適配度指標值未能有一半以上指標值達到模式適配標準，則表示假設模型與樣本資料無法契合，假設模型的驗證結果無法獲得支持。

使用「AMOS GRAPHICS」界面進行模式檢定時，其操作大致程序是首先必須根據理論文獻或經驗法則建構「假設模型」(the hypothesized model)，其次是根據假設模型繪製路徑圖 (drawing the path diagram)，最後是模式界定 (model specification)、資料檔選擇、模式估計 (model estimation)。測量模型之假設模型繪製於 AMOS 界面視窗中，各觀察變項均要增列一個誤差項 (error term)，每個誤差項的路徑係數要固定為 1，誤差項對觀察變項影響的路徑要設為固定數值 (fixed value)，潛在因素構念對觀察變項的路徑中，要限定一條路徑係數為 1，限定為 1 之固定參數 (fixed parameter) 路徑的觀察變項稱為「參照變項」(reference variable)，測量模型中界定那個觀察變項為參照變項均可，最後估計結果之標準化路徑係數 ( 因素負荷量 ) 皆是相同的。範例為有四個題項之單因素測量模型，潛在因素構念名稱為「FA」( 稱為潛在變項或無法觀察變項 )，四個題項變數 ( 觀

察變項 / 指標變項 / 顯性變項 ) 為 X1、X2、X3、X4。

界定參照指標變項的假設模型如下：

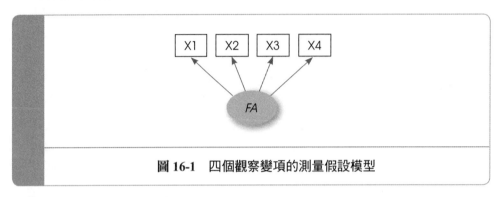

**圖 16-1** 四個觀察變項的測量假設模型

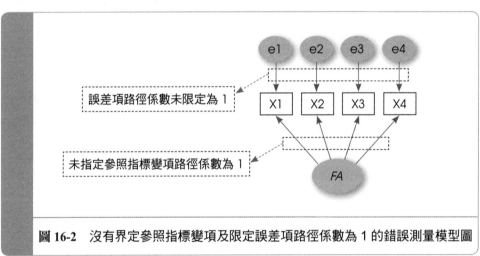

**圖 16-2** 沒有界定參照指標變項及限定誤差項路徑係數為 1 的錯誤測量模型圖

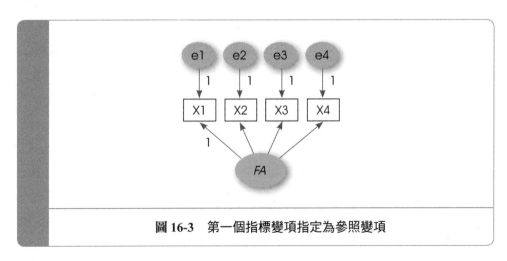

**圖 16-3** 第一個指標變項指定為參照變項

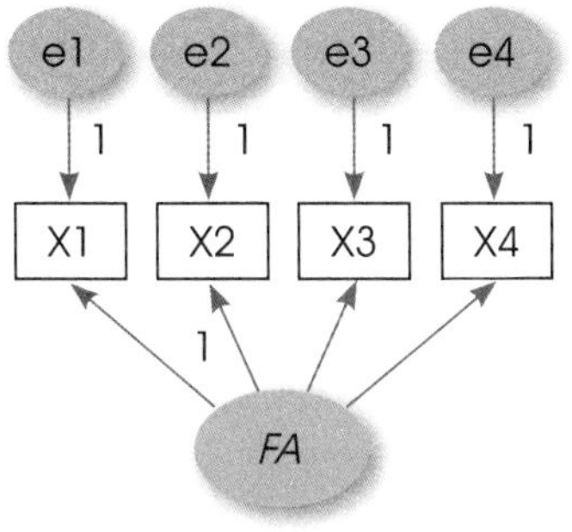

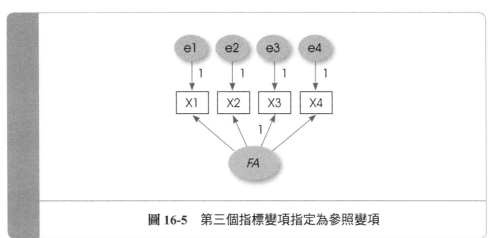

**圖 16-4　第二個指標變項指定為參照變項**

**圖 16-5　第三個指標變項指定為參照變項**

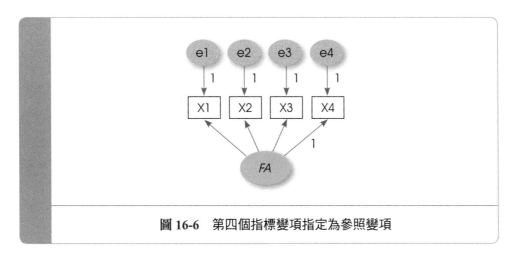

**圖 16-6　第四個指標變項指定為參照變項**

在非標準化估計值模型圖中，界定為參照指標變項之非標準化路徑係數為 1 ( 固定參數 )，其餘三個觀察變項的非標準化路徑係數為自由參數 (free parameters)。以表中範例而言，測量模型中將觀察變項 X1 參照指標變項之路徑係數限定為 1 之情況下，觀察變項 X2、X3、X4 之路徑係數值 (regression weights) 分別為 1.284、0.876、1.157，此時，若是將觀察變項 X2 路徑係數限定為 1，則觀察變項 X1、X3、X4 之路徑係數值分別 0.779、0.682、0.901。四個非標準化路徑係數的比值是相同的，如指標變項 X1：X2 = 1.000：1.284 = 0.779：1.000=1.142：1.466=0.864：1.110 = 0.7788；指標變項 X2：X3 = 1.284：0.876 = 1.000：0.682 = 1.466：1.000 = 1.110：0.757 = 1.466。正因為非標準化路徑係數有此種關係，因而界定那個觀察變項為參照變項，最後之標準化估計值的數值均相同。

**表 16-1**　不同參照指標變項之非標準化估計值範例

| 指標變項 | 路徑係數 | 路徑係數 | 路徑係數 | 路徑係數 |
|---|---|---|---|---|
| X1 | 1.000 | 0.779 | 1.142 | 0.864 |
| X2 | 1.284 | 1.000 | 1.466 | 1.110 |
| X3 | 0.876 | 0.682 | 1.000 | 0.757 |
| X4 | 1.157 | 0.901 | 1.321 | 1.000 |

註：路徑係數為 1.000 之指標變項為參照變項

模式估計時模式無法辨識 (unidentified) 的情形，多數是模式固定參數的界定有誤，原先應該界定為固定參數的路徑，反而將之界定為待估計的自由參數，因而造成模式的自由度為負值，使得模式參數無法估計出來。

以一個「知識取得」單因素構念的測量模型為例，其四個觀察變項題項分別為「知取 1」、「知取 2」、「知取 3」、「知取 4」。測量模型中四個誤差項的路徑係數均限定為 1，潛在因素構念「知識取得」對四個指標變項路徑中未設定一個路徑為參照指標變項，造成模式自由度為負值，模式估計時出現模式無法辨識的錯誤訊息。

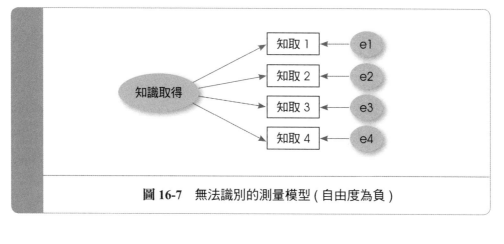

**圖 16-7　無法識別的測量模型（自由度為負）**

執行計算模式估計值 (calculate estimates) 程序後，文件檔輸出結果的部份內容如下：

## Parameter summary（全體樣本）【參數摘要】

| | Weights<br>路徑係數 | Covariances<br>共變數 | Variances<br>變異數 | Means<br>平均數 | Intercepts<br>截距項 | Total<br>參數總和 |
|---|---|---|---|---|---|---|
| Fixed<br>(固定參數) | 0 | 0 | 0 | 0 | 0 | 0 |
| Labeled<br>(增列標記之自由參數) | 0 | 0 | 0 | 0 | 0 | 0 |
| Unlabeled<br>(未增列標記之自由參數) | 8 | 0 | 5 | 0 | 0 | 13 |
| Total | 8 | 0 | 5 | 0 | 0 | 13 |

[ 固定參數界定錯誤 ] ([ 固定參數界定錯誤 ])

Notes for Model ([ 固定參數界定錯誤 ])

Computation of degrees of freedom ([ 固定參數界定錯誤 ])

Number of distinct sample moments:　　　　10

Number of distinct parameters to be stimated:　13

Degrees of freedom (10 - 13):　　　　　　　-3

Result ([ 固定參數界定錯誤 ])

The model is probably unidentified. In order to achieve identifiability, it will probably be necessary to impose 5 additional constraints.

　　文件檔內容中從參數摘要表可以發現：模式內固定參數的個數 0 個，待估計的路徑係數有 8 個、待估計的變異數有 5 個，全部待估計的自由參數共有 13 個。測量模型中有四個觀察測量值，模式參數可以提供的資訊點共有 10 個〔4×(4+1)÷2 = 10〕，由於模式中獨特樣本動差樣本點個數只有 10 個，但待估計的個別自由參數有 13 個，其自由度為 10 − 13 = 13，造成自由參數無法順利估計出來，所以輸出結果提示：「模式可能無法識別，如果要讓模型可以識別，必須於模式中增列五個限制條件」，增列限制路徑，通常就是將自由參數改為固定參數，將數值限定為 1 或 0。

　　第二個解析範例為研究者只增列四個誤差項的路徑係數為 1 的設定，但測量模型中沒有界定一個參照指標變項，此時，模式的自由度雖為正，但模式依然無法識別。

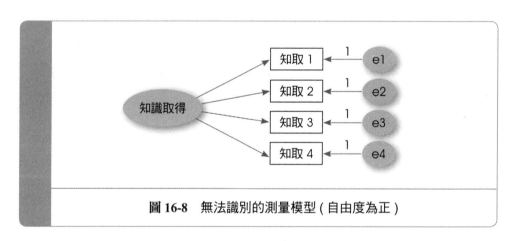

**圖 16-8　無法識別的測量模型（自由度為正）**

　　執行計算模式估計值 (calculate estimates) 程序後，文件檔輸出結果的部分內容如下：

Parameter summary（全體樣本）

|  | Weights | Covariances | Variances | Means | Intercepts | Total |
|---|---|---|---|---|---|---|
| Fixed | 4 | 0 | 0 | 0 | 0 | 4 |
| Labeled | 0 | 0 | 0 | 0 | 0 | 0 |
| Unlabeled | 4 | 0 | 5 | 0 | 0 | 9 |
| Total | 8 | 0 | 5 | 0 | 0 | 13 |

Models
[ 未界定參照指標變項 ] ([ 未界定參照指標變項 ])
Notes for Model ([ 未界定參照指標變項 ])
Computation of degrees of freedom ([ 未界定參照指標變項 ])

| | |
|---|---|
| Number of distinct sample moments: | 10 |
| Number of distinct parameters to be estimated: | 9 |
| Degrees of freedom (10 - 9): | 1 |

Result ([ 未界定參照指標變項 ])
The model is probably unidentified. In order to achieve identifiability, it will probably be necessary to impose 1 additional constraint.
The (probably) unidentified parameters are marked.
Regression Weights: ( 全體樣本 - [ 未界定參照指標變項 ])

| 知取 2 | <--- | 知識取得 | unidentified |
|---|---|---|---|
| 知取 3 | <--- | 知識取得 | unidentified |
| 知取 4 | <--- | 知識取得 | unidentified |
| 知取 1 | <--- | 知識取得 | unidentified |

　　模式內固定參數的個數有 4 個，待估計的路徑係數有 4 個、待估計的變異數有 5 個，全部待估計的自由參數共有 9 個，測量模型中有四個觀察測量值，模式參數可以提供的資訊點共有 10 個，模式的自由度等於 10 － 9 ＝ 1，模式自由度雖然為正數，但模式依然無法識別，如果要讓模型可以識別，可能的方法是於模式中增列一個限制條件。由於模式無法識別，因而模式中的參數均無法估計出來，待估計的路徑係數及變異數的摘要表均會出現「無法識別」(unidentified) 的提示語。

　　如果模式可以識別，則參數可以估計，但模式可以識別不代表估計而得的參數是合理的，如果模型界定錯誤或樣本資料矩陣缺乏完整的訊息，則估計出來的

解值可能是無法解釋或不合理的解值，此種不合理的估計值情形如：1. 變項間相關係數絕對值的數值大於 1；2. 出現負的變異數 (negative variances)；3. 共變數矩陣或相關矩陣不符合正定 (positive definite) 的性質；4. 標準化迴歸係數 ( 標準化路徑係數 ) 絕對值大於 1；5. 解釋變異量或信度係數數值大於 100.0%。

# 壹、修正指標議題

當模式無法適配時，多數使用 AMOS 統計軟體進行模式檢定的研究者，通常會根據 AMOS 所提供的修正指標值 (modification indices) 進行假設模型的修正，AMOS 提供的修正指標值包括增列變項間共變關係 (covariances)、增列變項的路徑係數 (regression weights)、增列變項的變異數 (variances) 估計。假設模型修正程序中最常使用者為增列變項間的相關 ( 共變關係 ) 或增列變項間的影響路徑，AMOS 提供的修正指標值之計算是隱含假設所有增列之所有參數原先的數值均為 0，其中也包含某些參數明確界定為 0 或不是 0 的數值，當修正指標增列的指標值由原先參數為 0 改為修正指標數值時，整體模式檢定可能降低多少數值之 $\chi^2$ 值統計量，當 $\chi^2$ 值統計量變得愈小時，其餘整體模式適配度指標值會愈接近適配標準。由於 AMOS 提供的修正指標值中增列變項共變關係或增列變項路徑係數時，並沒有考量此種修正是否違反 SEM 的假定，或修改後之假設模型的意涵是否具實質意義，因而研究者不能只根據 AMOS 提供的所有修正指標值進行假設模型修正的參考，因為其中某些修正指標值是不具意義的，那麼研究者又會質疑：「既然某些修正指標值提供的共變或路徑不具意義，為何 AMOS 又要提供這些修正指標值呢？」研究者心中的疑惑是可以理解的，這也是統計軟體應用的限制所在，AMOS 提供的修正指標只是將所有可以有效降低 $\chi^2$ 值統計量的方法告知使用者，至於要如何取捨及如何進行模型的修正，則必須根據理論文獻與假設模型而定，其中最重要的是增列之變項間的關係要有實質意義，修正後的假設模型可以合理的解讀與詮釋，且修正後的假設模型之變項間關係不能違反 SEM 的基本假定。

就驗證性因素分析而言，測量模型中可以增列誤差項間有共變關係 (error covariance)，二個誤差項間有共變關係，表示二個觀察變項間的誤差有相關 (correlated error)，其次也可以增列潛在因素構念對觀察變項的路徑，此種關係表

示指標變項有跨因素效度，即指標變項有跨負荷量 (cross-loadings) 的性質，此種指標變項可以同時反映二個潛在因素構念，至於增列指標變項之誤差項與潛在因素構念間的共變關係，會造成測量模型無法解釋，此種測量模型的修正就沒有實質意義。就下面二個潛在因素構念 FA、FB 之測量模型的驗證而言，研究者根據修正指標可以進行的模型修正如下：

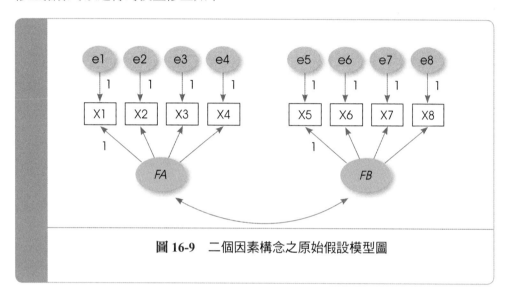

圖 16-9　二個因素構念之原始假設模型圖

## 一、合理的修正模型圖

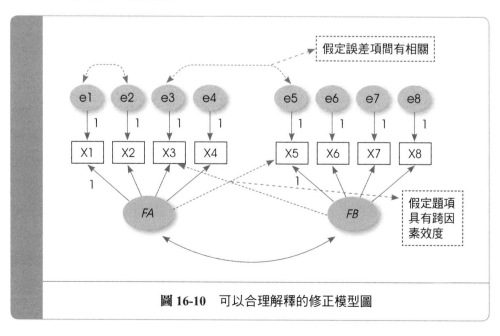

圖 16-10　可以合理解釋的修正模型圖

在上面的修正模型中，增列誤差項 e1 與誤差項 e2 間的共變關係，增列誤差項 e3 與誤差項 e5 間的共變關係，增列潛在因素 FA 對指標變項 X5 的影響路徑，增列潛在因素 FB 對指標變項 X3 的影響路徑。修正的測量模型表示觀察變項 X1、X2 的誤差項間有相關、觀察變項 X3、X5 的誤差項間有相關，觀察變項 X3、觀察變項 X5 二個指標變項具有跨因素構念的性質，這二個指標變項可以同時反映潛在因素構念 FA、FB。

## 二、不合理的修正模型圖

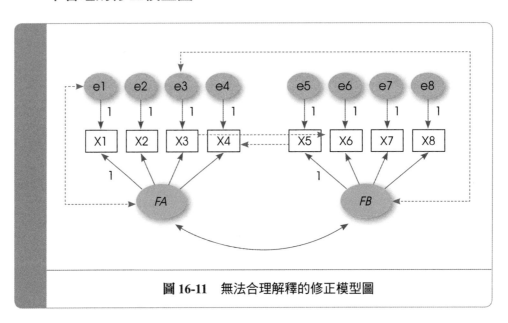

**圖 16-11　無法合理解釋的修正模型圖**

　　在上述修正模型圖中，第一個問題為研究者增列測量誤差項 e1 與潛在因素構念 FA 間的相關，增列測量誤差項 e3 與潛在因素構念 FB 間的相關，此種共變關係不僅無法解釋修正後的測量模型，更違反 SEM 的假定：指標變項的誤差項與潛在因素構念間沒有共變關係；第二個問題為研究者增列觀察變項間的因果路徑：指標變項 X3 →指標變項 X6；指標變項 X5 →指標變項 X4，此種路徑在測量模型中是沒有意義的，也違反 SEM 之「測量模型之指標變項間沒有因果關係」的假定。

　　根據模式提供的修正指標值參數進行模式修正時，必須先判別增列的共變關係或路徑是否有意義？是否與理論文獻符合？是否違反 SEM 的基本假定？其次

是每次只能釋放一個參數,即每次只能增列一組誤差項間的共變關係,或只能增列潛在因素對指標變項的路徑,研究者不能因為方便,一次同時釋放二個以上參數,否則可能會造成模式的過度修正。修正指標提供參數並非全是有意義的,因而研究者除參考 $\chi^2$ 值的變化外,更要判斷此修正參數是否有意義或違反 SEM 基本假定,因為對假設模型進行沒有意義的修正,修正後的假設模型是無法合理解釋。

根據修正指標值釋放參數(把固定數值為 0 的參數改為待估計的自由參數),會降低整體模式適度卡方值統計量,但其前提是釋放的參數(變項間的關係)必須是有意義的,即修正假設模型新增列之變項間的關係必須能合理解釋才行。在下列範例中為一階二因素的 CFA 模式,二個潛在因素各有四個指標變項。

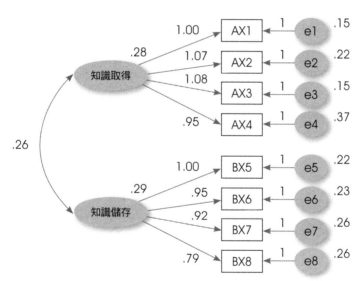

Unstandardized estimates;[不合理修正];卡方值=237.907 (p=.000)
DF=19;RMSEA=.196;GFI=.810;AGFI=.641;CN=38.000

初始假設模型中假設每個指標變項沒有跨因素效度的情形,其次是測量誤差項間彼此獨立沒有相關。整體模式適配統計量之 $\chi^2$ 值為 237.907(顯著性 $p$ = .000<.05),模式自由度為 19,RMSEA 值為 .196、GFI 值為 .810、AGFI 值為 .641、CN 值為 38,假設模型與樣本資料無法適配。

Parameter summary（全體樣本）【參數摘要】

| | Weights | Covariances | Variances | Means | Intercepts | Total |
|---|---|---|---|---|---|---|
| Fixed | 10 | 0 | 0 | 0 | 0 | 10 |
| Labeled | 0 | 0 | 0 | 0 | 0 | 0 |
| Unlabeled | 6 | 1 | 10 | 0 | 0 | 17 |
| Total | 16 | 1 | 10 | 0 | 0 | 27 |

參數摘要中顯示模型中固定路徑係數有 10 個，待估計的自由參數共有 17 個，其中包括 6 個路徑係數、1 個共變數、10 個變異數。

Computation of degrees of freedom ([ 不合理修正 ])

| | |
|---|---|
| Number of distinct sample moments: | 36 |
| Number of distinct parameters to be estimated: | 17 |
| Degrees of freedom (36 - 17): | 19 |

測量模型中有 8 個觀察變項，獨特樣本動差的個數 ( 資料點的個數 ) 有 [8×(8 ＋ 1)]÷2 ＝ 36，待估計的個別自由參數數目有 17 個，所以模式的自由度為 36 － 17 ＝ 19。

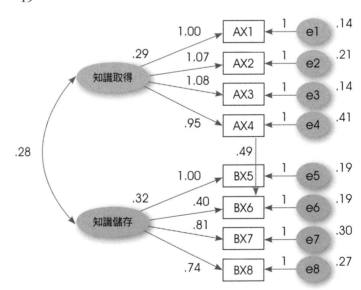

Unstandardized estimates；[不合理修正]；卡方值＝131.323 (p＝.000)
DF＝18；RMSEA＝.145；GFI＝.810；AGFI＝.641；CN＝38.000

第一個修正模型中，研究者根據修正指標值增列觀察變項 AX4 對觀察變項 BX6 的路徑，待估計的自由參數增加為 1 個，模式的自由度變為 19 － 1 ＝ 18，模式的值由 237.907 降為 131.323（顯著性 $p$ ＝ .000＜.05），RMSEA 值由 .196 降為 .145、GFI 值由 .810 變為 .901、AGFI 值由 .641 變為 .802、CN 值由 38 變為 66。

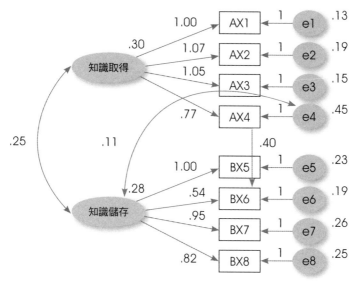

Unstandardized estimates；[不合理修正]；卡方值＝131.323 (p＝.000)
DF＝17；RMSEA＝.123；GFI＝.928；AGFI＝.848；CN＝88.000

第二個修正模型中，研究者根據修正指標值增列潛在變項「知識儲存」與觀察變項「AX4」、誤差項「e4」間的相關，待估計的自由參數增加為 1，模式的自由度變為 19 － 2 ＝ 17，模式的 $\chi^2$ 值由 131.323 降為 94.287（顯著性 $p$ ＝ .000＜.05），RMSEA 值由 .145 降為 .123、GFI 值由 .901 變為 .928、AGFI 值由 .802 變為 .848、CN 值由 66 變為 88。

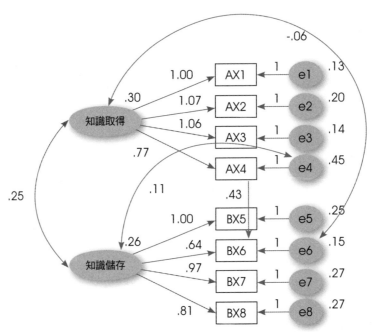

Unstandardized estimates；[不合理修正]；卡方值＝66.713 (p＝.000)
DF＝16；RMSEA＝.103；GFI＝.949；AGFI＝.885；CN＝118.000

　　第三個修正模型中，研究者根據修正指標值增列潛在變項「知識取得」與觀察變項「BX6」、誤差項「e6」間的相關，待估計的自由參數增加為 1 個，模式的自由度變為 19 － 3 ＝ 16，模式的 $\chi^2$ 值由 94.287 降為 66.713 ( 顯著性 $p$ ＝ .000 < .05)，RMSEA 值由 .123 變為 .103、GFI 值由 .928 變為 .949、AGFI 值由 .848 變為 .885、CN 值由 88 變為 118。

　　從上述參數釋放的程序中可以發現，根據修正指標值增列變項間的關係，將原先固定數值為 0 的參數改為待估計的自由參數，的確可以降低 $\chi^2$ 數值，並提高其餘適配度指標值統計量，但研究者對假設測量模型進行的三次變項釋放，其釋放的參數均違反 SEM 的假定，這種假設模型的修正即使可與樣本資料適配，修正的假設模型也是沒有意義。

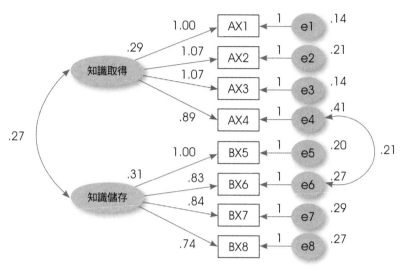

Unstandardized estimates；[不合理修正]；卡方值＝118.244 (p＝.000)
DF＝18；RMSEA＝.136；GFI＝.910；AGFI＝.821；CN＝74.000

　　在上述測量模型的修正中，研究者增列觀察變項 AX4、誤差項 e4 與觀察變項 BX6、誤差項 e6 間的共變關係，表示測量誤差項間並不是完全獨立關係，此種變項釋放是符合 SEM 的假定，變項釋放後的模式也是有意義的。修正後模式適配統計量之 $\chi^2$ 值為 118.244（顯著性 $p = .000 < .05$），模式自由度為 18，RMSEA 值為 .136、GFI 值為 .910、AGFI 值為 .821、CN 值為 74。

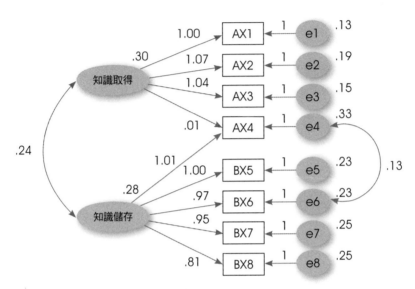

Unstandardized estimates；[合理修正]；卡方值＝99.531 (p＝.000)
DF＝17；RMSEA＝.127；GFI＝.922；AGFI＝.836；CN＝83.000

在上述測量模型的修正中，研究者增列潛在變項「知識儲存」對觀察變項「AX4」的影響路徑，表示觀察變項 AX4 具有跨二個因素構念的特性，此種變項釋放不僅符合 SEM 的假定，變項釋放後的模式也是有意義的。修正後模式適配統計量之 $\chi^2$ 值為 99.531（顯著性 $p = .000 < .05$），模式自由度為 17，RMSEA 值為 .127、GFI 值為 .922、AGFI 值為 .836、CN 值為 83。

在因果關係假設模型的修正中，研究者關注的焦點應是結構模式間的關係，因而對於各測量模型中指標變項跨因素效度的路徑增列可以不用考慮，其次要注意的是不能增列內因變項（依變項）「殘差項」(residual term) 與觀察變項「誤差項」(error term) 間的共變關係，依變項的殘差項與觀察變項的誤差項均為潛在變項，在修正指標中通常會呈現增列此二個變項相關的修正參數。其次是不應增列潛在變項與觀察變項「誤差項」間的共變關係，界定潛在變項與觀察變項「誤差項」間有相關是違反 SEM 的基本假定；最後是不應增列觀察變項間的因果路徑，此種參數釋放也違反 SEM 的基本假定。

下面範例為一個完整結構方程模式之假設模型圖，二個外因潛在變項為「身心狀態」與「社會支持」，中介潛在變項為「工作態度」、內因潛在變項為「工

作滿意」，二個外因潛在變項的指標變項分別為「生理健康」、「心理健康」、「學校支持」、「家庭支持」，「工作態度」潛在變項的二個向度 ( 指標變項 ) 為「工作配合」與「工作參與」、「工作態度」潛在變項的三個向度 ( 指標變項 ) 為「硬體滿意」、「軟體滿意」與「教學滿意」。在結構模式 ( 潛在變項間的因果關係模型 ) 中，作為依變項 ( 內因變項 ) 者要增列殘差項，殘差項的路徑係數固定為 1，研究者若直接使用增列殘差項 (add a unique variable) 工具鈕，則路徑係數值內定值即固定為 1。

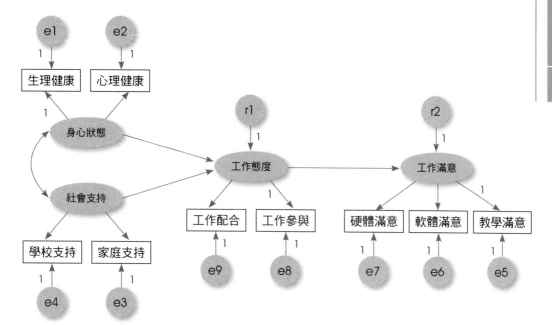

不合理的修正模型圖

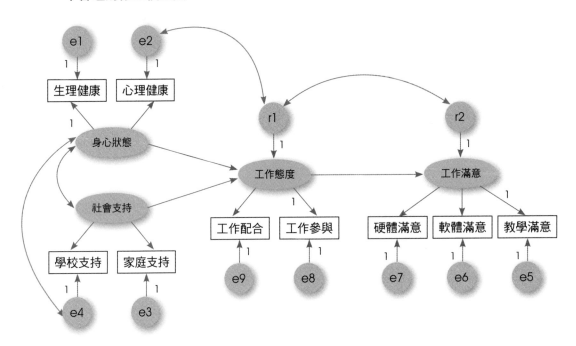

在修正假設模型圖中，研究者增列中介潛在變項「工作態度」殘差項「r1」，與內因中潛在變項「工作滿意」殘差項「r2」間的相關 ( 有共變關係，符號為雙箭號 )；增列中介潛在變項「工作態度」殘差項「r1」，與指標變項「心理健康」誤差項「e2」間的相關；增列外因潛在變項「身心狀態」，與指標變項「學校支持」誤差項「e4 間」的相關。這三種相關的界定不僅不符合 SEM 的假定，修正後的假設模型也無法合理解釋 (SEM 假設模型中不能增列潛在變項與誤差項間的共變關係，也不能增列潛在變項殘差項間的共變關係 )。

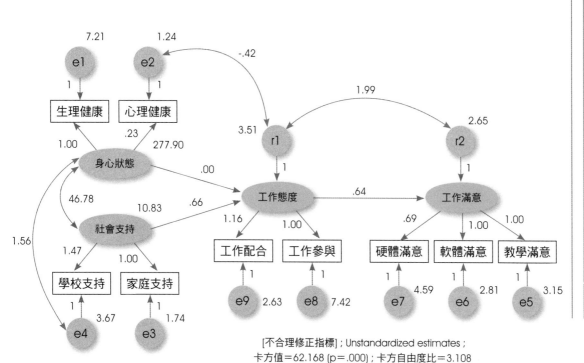

[不合理修正指標]；Unstandardized estimates；
卡方值＝62.168 (p＝.000)；卡方自由度比＝3.108
RMSEA＝.059；GFI＝.977；AGFI＝.949；NFI＝.987；CFI＝.991；CN＝303.000

　　即使研究者釋放的共變關係參數不合理，整體模式還是可以收斂估計，從
RMSEA 值、GFI 值、AGFI 值、NFI 值、CFI 值、CN 值之適配度指標值來看，
修正後假設模型與樣本資料是可以適配。此種只強調模式整體適配度之修正模
型，有時候並不是適切而合理的方法，以範例修正模型而言，修正模型與樣本資
料雖可以契合，但此修正模型基本上是違反 SEM 的假定，重要的是修正模型無
法合理解釋變項間的因果關係。

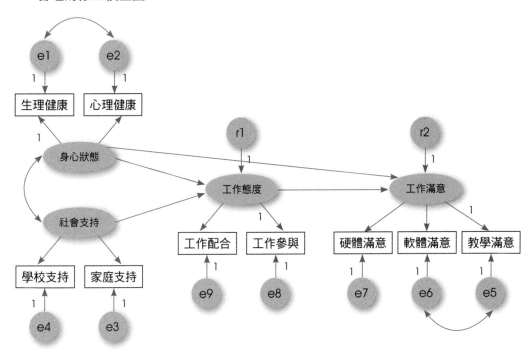

合理的修正模型圖

　　合理的修正模型之參數釋放，研究者可以增列指標變項之誤差項的共變關係，此時，表示的是二個觀察變項有相關的誤差，其次是增刪結構模式之路徑，範例中增列外因潛在變項「身心狀態」對內因潛在變項「工作滿意」的直接影響路徑，表示外因潛在變項「身心狀態」對內因潛在變項「工作滿意」不僅有間接影響效果，也可能有直接影響效果。

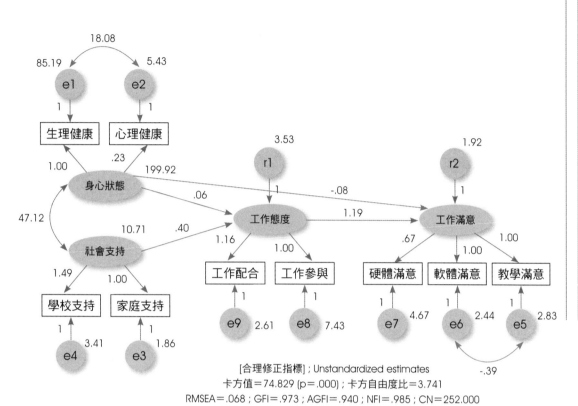

[合理修正指標]；Unstandardized estimates
卡方值＝74.829 (p＝.000)；卡方自由度比＝3.741
RMSEA＝.068；GFI＝.973；AGFI＝.940；NFI＝.985；CN＝252.000

　　修正後模式適配度的卡方值為 74.829，卡方自由度比值為 3.741，RMSEA
值為 .068、GFI 值、AGFI 值、NFI 值、CN 值均達模式適配指標值。完全結構方
程模式的修正與測量模型一樣，每次只能釋放一個參數，即每次進行增列一個共
變關係或增刪一條路徑，否則也會與測量模型一樣，造成結構方程模式的過度修
正。

# 貳、觀察變項計分的議題

　　在一份教師知識管理能力量表中，量表經探索性因素分析結果，萃取三個共
同因素：「知識取得」、「知識儲存」、「知識應用」，三個因素構面各包含
四個測量題項，量表全部的測量題項 ( 指標變項 ) 共有十二題。如果十二個測量
題項的計分一致，則潛在變項的操作性定義可界定為：「研究所指的知識管理
能力為受試者在研究者修訂編製的『教師知識管理能力量表』的得分，分數愈

高，表示教師知識管理能力愈佳；相對地，分數愈低，表示教師知識管理能力愈差。」由於各測量題項採用的是李克特五點量表法 ( 分數介於 1 至 5)，因而四個因素構念測量值分數介於 4 分至 20 分之間。

**表 16-2** 教師知識管理量表十二個測量指標變項的描述性統計量 [ 所有題項計分一致 ]

| 測量指標 | 個數 | 最小值 | 最大值 | 平均數 | 標準差 | 變異數 |
|---|---|---|---|---|---|---|
| 知取 1 | 300 | 1 | 5 | 3.89 | .655 | .429 |
| 知取 2 | 300 | 1 | 5 | 3.74 | .734 | .539 |
| 知取 3 | 300 | 1 | 5 | 4.02 | .691 | .478 |
| 知取 4 | 300 | 1 | 5 | 4.14 | .716 | .513 |
| 知儲 1 | 300 | 2 | 5 | 4.00 | .791 | .625 |
| 知儲 2 | 300 | 2 | 5 | 4.14 | .707 | .500 |
| 知儲 3 | 300 | 2 | 5 | 4.19 | .717 | .514 |
| 知儲 4 | 300 | 2 | 5 | 3.96 | .802 | .644 |
| 知應 1 | 300 | 1 | 5 | 4.04 | .746 | .557 |
| 知應 2 | 300 | 1 | 5 | 4.22 | .715 | .511 |
| 知應 3 | 300 | 1 | 5 | 4.17 | .701 | .492 |
| 知應 4 | 300 | 1 | 5 | 4.10 | .655 | .442 |

　　預試問卷進行項目分析及信度考驗時，量表之指標變項若有反向題，必須將反向題重新編碼，讓同一量表中所有測量題項分數高低所表示的概念意涵相同，如果研究者未將反向題重新編碼，則項目分析與信度考驗的結果是錯誤的。

表 16-3 題項變數計分相同時之信度檢定摘要表

| 題項變數 | 項目刪除時的尺度平均數 | 項目刪除時的尺度變異數 | 修正的項目總相關 | 複相關平方 | 項目刪除時的Cronbach's Alpha 值 |
|---|---|---|---|---|---|
| 知取 1 | 44.70 | 34.698 | .684 | .611 | .916 |
| 知取 2 | 44.85 | 34.177 | .662 | .585 | .916 |
| 知取 3 | 44.57 | 34.158 | .714 | .623 | .914 |
| 知取 4 | 44.45 | 34.255 | .672 | .532 | .916 |
| 知儲 1 | 44.59 | 33.594 | .674 | .622 | .916 |
| 知儲 2 | 44.45 | 34.061 | .708 | .675 | .915 |
| 知儲 3 | 44.40 | 34.496 | .641 | .539 | .917 |
| 知儲 4 | 44.63 | 34.079 | .606 | .486 | .919 |
| 知應 1 | 44.55 | 33.893 | .685 | .593 | .915 |
| 知應 2 | 44.37 | 34.047 | .700 | .618 | .915 |
| 知應 3 | 44.42 | 34.378 | .673 | .581 | .916 |
| 知應 4 | 44.49 | 34.438 | .708 | .613 | .915 |
| Cronbach's Alpha 值 =.922 | | | | | |

　　所有測量題項計分一致時，量表信度考驗時，教師知識管理能力量表的 $\alpha$ 係數為 .922。當有四個題項為反向題，研究者進行信度檢定前未進行反向題重新編碼，教師知識管理能力量表的 $\alpha$ 係數為 .067，題項刪除後 $\alpha$ 係數的改變值多數為負值，違反信度模式的假定。

**表 16-4** 題項變數計分不一致之信度檢定摘要表 ( 統計分析之信度是錯誤值 )

| 題項變數 | 項目刪除時的尺度平均數 | 項目刪除時的尺度變異數 | 修正的項目總相關 | 複相關平方 | 項目刪除時的Cronbach's Alpha 值 |
|---|---|---|---|---|---|
| 知取 1 | 36.38 | 4.684 | .542 | .611 | -.266(a) |
| 知取 2 反 | 38.01 | 9.291 | -.711 | .585 | .425 |
| 知取 3 | 36.25 | 4.474 | .580 | .623 | -.317(a) |
| 知取 4 | 36.13 | 4.546 | .521 | .532 | -.287(a) |
| 知儲 1 | 36.26 | 4.855 | .335 | .622 | -.173(a) |
| 知儲 2 反 | 38.40 | 8.890 | -.650 | .675 | .389 |
| 知儲 3 反 | 38.45 | 8.596 | -.585 | .539 | .367 |
| 知儲 4 | 36.31 | 4.889 | .315 | .486 | -.160(a) |
| 知應 1 | 36.23 | 4.343 | .562 | .593 | -.340(a) |
| 知應 2 | 36.05 | 4.433 | .566 | .618 | -.322(a) |
| 知應 3 | 36.09 | 4.604 | .516 | .581 | -.274(a) |
| 知應 4 反 | 38.36 | 9.134 | -.728 | .613 | .401 |
| Cronbach's Alpha 值 =.067 | | | | | |

a 此值因項目中的負平均共變異數而成為負值，這違反了信度模式假設。您可能要檢查項目編碼。

在正式問卷中，研究者採用分層隨機抽樣，經剔除無效問卷後，有效問卷共 300 份，研究者使用 300 位有效受試者填答的資料進行驗證性因素分析 (CFA)，CFA 假設模型圖如下所列。如果包含結構模式與測量模式的 SEM，一般估計的自由參數有以下幾種：測量迴歸路徑係數 (measurement regression paths；測量模型中潛在變項對觀察變項的因素負荷量 )、結構模式迴歸路徑係數 (structural regression paths；結構模式中外因潛在變項對內因潛在變項影響路徑係數 )、觀察變項之誤差項變異數 (error variance)、內因變項 ( 依變項 ) 殘差變異數 (residual error variance)、變項間的共變數 (covariance)。若是假設模型只包含測量模式，一般估計的自由參數有以下幾種：測量迴歸路徑係數 (measurement regression paths；測量模型中潛在變項對觀察變項的因素負荷量 )、觀察變項之誤差項變異數 (error variance)、變項間的共變數 (covariance)。

## 一、測量題項計分一致

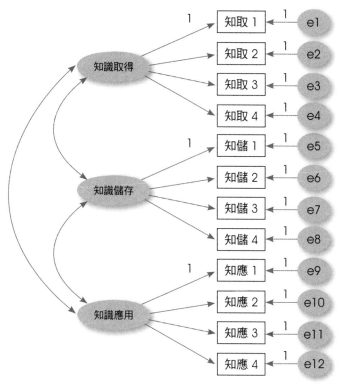

　　三個因素構念之測量模型，原始假設模式中所有指標變項均沒有跨因素效度的性質，每個指標變項均反映一個潛在特質。測量模型為一種斜交關係，測量模式中三個因素構念變項間彼此有相關 ( 未將共變參數限定為 0)，測量誤差項間彼此獨立沒有相關。

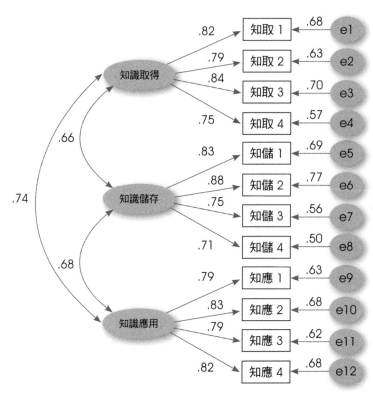

Standardized estimates；[計分一致]；卡方值＝112.585 (p＝.000)
RMSEA＝.064；GFI＝.940；AGFI＝.908；NFI＝.950

　　標準化估計值模型圖顯示，整體適配度卡方值為 112.585，顯著性 *p*＝.000，
RMSEA 值等於 .064、GFI 值等於 .940、AGFI 值等於 .908、NFI 值等於 .950，知
識取得因素構念四個指標變項的因素負荷量分別為 .82、.79、.84、.75，知識儲
存因素構念四個指標變項的因素負荷量分別為 .83、.88、.75、.71，，知識應用
因素構念四個指標變項的因素負荷量分別為 .79、.83、.79、.82。「知識取得」
因素構念與「知識儲存」因素構念的相關為 .66、「知識取得」因素構念與「知
識應用」因素構念的相關為 .74、「知識儲存」因素構念與「知識應用」因素構
念的共變數為 .68。

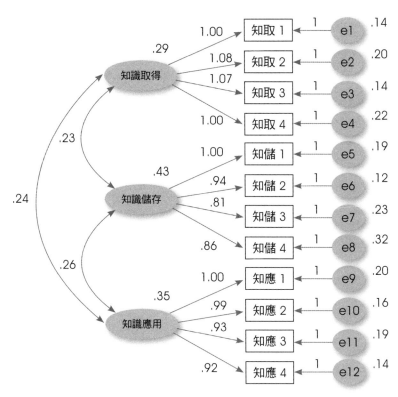

Unstandardized estimates；[計分一致]；卡方值＝112.585 (p＝.000)
RMSEA＝.064；GFI＝.940；AGFI＝.908；NFI＝.950

非標準化估計值模型圖顯示，沒有出現負的誤差變異數 ( 因為變異數為標準差的平方，平方值不應為負數 )，表示測量模型的估計是合理的。「知識取得」因素構念與「知識儲存」因素構念的共變數為 .23、「知識取得」因素構念與「知識應用」因素構念的共變數為 .24、「知識儲存」因素構念與「知識應用」因素構念的共變數為 .26。

## 二、測量題項計分不一致

在測量模型中，有四題為反向題，知識取得因素構面的第二題，變數名稱為「知取 2 反」，知識儲存因素構面的第二題與第三，變數名稱為「知儲 2 反」、「知儲 3 反」，知識應用因素構面的第四題，變數名稱為「知應 4 反」。

**表 16-5** 教師知識管理量表十二個測量指標變項的描述性統計量 [四個題項計分不一致]

| 測量指標 | 個數 | 最小值 | 最大值 | 平均數 | 標準差 | 變異數 | 備註 |
|---|---|---|---|---|---|---|---|
| 知取 1 | 300 | 1 | 5 | 3.89 | .655 | .429 | |
| 知取 2 反 | 300 | 1 | 5 | 2.26 | .734 | .539 | 反向題 |
| 知取 3 | 300 | 1 | 5 | 4.02 | .691 | .478 | |
| 知取 4 | 300 | 1 | 5 | 4.14 | .716 | .513 | |
| 知儲 1 | 300 | 2 | 5 | 4.00 | .791 | .625 | |
| 知儲 2 反 | 300 | 1 | 4 | 1.86 | .707 | .500 | 反向題 |
| 知儲 3 反 | 300 | 1 | 4 | 1.81 | .717 | .514 | 反向題 |
| 知儲 4 | 300 | 2 | 5 | 3.96 | .802 | .644 | |
| 知應 1 | 300 | 1 | 5 | 4.04 | .746 | .557 | |
| 知應 2 | 300 | 1 | 5 | 4.22 | .715 | .511 | |
| 知應 3 | 300 | 1 | 5 | 4.17 | .701 | .492 | |
| 知應 4 反 | 300 | 1 | 5 | 1.90 | .665 | .442 | 反向題 |

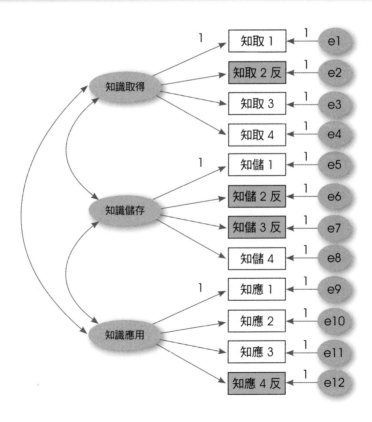

第二種教師知識管理量表驗證性因素分析之假設模型圖如上,其中測量指標變項「知取 2 反」、「知儲 2 反」、「知儲 3 反」、「知應 4 反」皆為反向題,測量值的分數未反向計分。

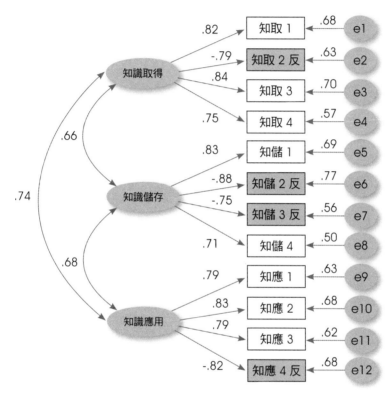

Standardized estimates;[計分不一致];卡方值=112.585 (p=.000)
RMSEA=.064;GFI=.940;AGFI=.908;NFI=.950

標準化估計值模型圖顯示,整體適配度卡方值為 112.585,顯著性 $p = .000$,RMSEA 值等於 .064、GFI 值等於 .940、AGFI 值等於 .908、NFI 值等於 .950,知識取得因素構念四個指標變項的因素負荷量分別為 .82、-.79、.84、.75,知識儲存因素構念四個指標變項的因素負荷量分別為 .83、-.88、-.75、.71,知識應用因素構念四個指標變項的因素負荷量分別為 .79、.83、.79、-.82。「知識取得」因素構念與「知識儲存」因素構念的相關為 .66、「知識取得」因素構念與「知識應用」因素構念的相關為 .74、「知識儲存」因素構念與「知識應用」因素構念的共變數為 .68。

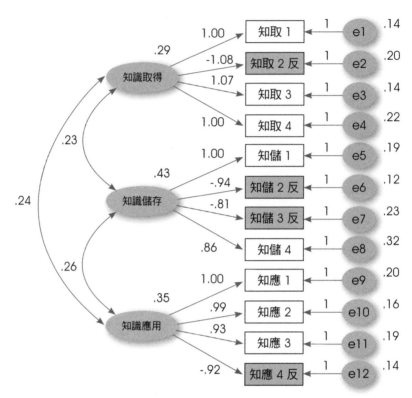

Unstandardized estimates；[計分不一致]；卡方值＝112.585 (p＝.000)
RMSEA＝.064；GFI＝.940；AGFI＝.908；NFI＝.950

　　非標準化估計值模型圖顯示，沒有出現負的誤差變異數，表示測量模型的估計參數沒有出現不合理的數據。「知識取得」因素構念與「知識儲存」因素構念的共變數為 .23、「知識取得」因素構念與「知識應用」因素構念的共變數為 .24、「知識儲存」因素構念與「知識應用」因素構念的共變數為 .26。

表 16-6 指標變項計分一致與指標變項計分不一致之測量模型估計參數比較摘要表

**指標變項計分一致**

|  |  |  | Estimate | S.E. | C.R. | 因素負荷 |
|---|---|---|---|---|---|---|
| 知取 2 | <--- | 知識取得 | 1.078 | .071 | 15.253 | .792 |
| 知取 3 | <--- | 知識取得 | 1.071 | .065 | 16.372 | .836 |
| 知取 4 | <--- | 知識取得 | 1.002 | .070 | 14.321 | .755 |
| 知儲 2 | <--- | 知識儲存 | .941 | .054 | 17.503 | .877 |
| 知儲 3 | <--- | 知識儲存 | .812 | .057 | 14.267 | .746 |
| 知儲 4 | <--- | 知識儲存 | .861 | .065 | 13.279 | .707 |
| 知應 1 | <--- | 知識應用 | 1.000 |  |  | .795 |
| 知應 2 | <--- | 知識應用 | .995 | .065 | 15.406 | .825 |
| 知應 3 | <--- | 知識應用 | .928 | .064 | 14.514 | .786 |
| 知取 1 | <--- | 知識取得 | 1.000 |  |  | .824 |
| 知儲 1 | <--- | 知識儲存 | 1.000 |  |  | .832 |
| 知應 4 | <--- | 知識應用 | .924 | .060 | 15.391 | .824 |

**指標變項計分不一致**

|  |  |  | Estimate | S.E. | C.R. | 因素負荷 |
|---|---|---|---|---|---|---|
| 知取 2 反 | <--- | 知識取得 | -1.078 | .071 | -15.253 | -.792 |
| 知取 3 | <--- | 知識取得 | 1.071 | .065 | 16.372 | .836 |
| 知取 4 | <--- | 知識取得 | 1.002 | .070 | 14.321 | .755 |
| 知儲 2 反 | <--- | 知識儲存 | -.941 | .054 | -17.503 | -.877 |
| 知儲 3 反 | <--- | 知識儲存 | -.812 | .057 | -14.267 | -.746 |
| 知儲 4 | <--- | 知識儲存 | .861 | .065 | 13.279 | .707 |
| 知應 1 | <--- | 知識應用 | 1.000 |  |  | .795 |
| 知應 2 | <--- | 知識應用 | .995 | .065 | 15.406 | .825 |
| 知應 3 | <--- | 知識應用 | .928 | .064 | 14.514 | .786 |
| 知取 1 | <--- | 知識取得 | 1.000 |  |  | .824 |
| 知儲 1 | <--- | 知識儲存 | 1.000 |  |  | .832 |
| 知應 4 反 | <--- | 知識應用 | -.924 | .060 | -15.391 | -.824 |

從以上的數據可以知悉，若是量表中反向題在統計分析時未反向計分，則項目分析(因項目分析要將所有題項加總，因而總分是不正確的數值)與信度考驗的統計量數是錯誤的，在探索性因素分析與驗證性因素分析中，反向題的因素負荷量是負值，其絕對值與將反向題反向計分後之因素負荷量的絕對值相同。在驗證性因素分析中，除因素負荷量的正負號不同外，整體適配度各指標統計量及其餘參數數值均相同。研究者在進行各項假設檢定或統計分析時，最好先檢核資料檔內的數據是否有輸入錯誤數值，如極端值或超過編碼水準的數值，其次是將反向題重新編碼(反向計分)，讓所有測量題項界定的分數測量值高低有一致的方向，如各測量題項的得分愈高，表示受試者的知識管理能力愈佳；或測量題項的得分愈高，表示受試者的學習壓力愈大等，如此，測量題項加總分數所代表的構念之概念性意涵才有意義。

上述結果表示的是「測量模型中最好讓潛在變項對其指標變項之路徑係數的正負號呈現一致的符號。」如此指標變項反映的潛在因素構念，才是有意義的概念。

## 參、潛在變項路徑分析的議題

在教師社會支持、組織環境與教師投入的因果模式圖驗證中，外因潛在變項為「社會支持」、「組織環境」，內因潛在變項為「教師投入」。外因潛在變項「社會支持」二個指標變項為「家人支持」與「學校支持」構面，外因潛在變項「組織環境」為「硬體設備」、「同儕關係」、「校園氣氛」構面，內因潛在變項「教師投入」的三個指標變項為「工作評價」、「工作認同」、「工作參與」構面，各構面測量值的分數愈高，表示受試者的感受愈正向。

## 一、違反參數估計的模式

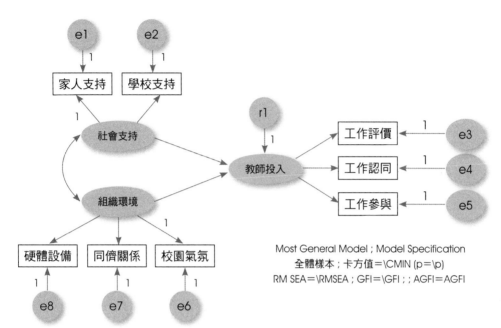

Most General Model ; Model Specification
全體樣本；卡方值＝\CMIN (p＝\p)
RM SEA＝\RMSEA；GFI＝\GFI；；AGFI＝AGFI

　　教師社會支持、組織環境與教師投入之因果關係的假設模型圖如上圖所列。社會支持指標變項的操作性定義為測量值分數愈高，表示受試者感受到的家人支持或學校支持愈多；組織環境指標變項的操作性定義為測量值分數愈高，表示受試者感受服務學校之組織環境的軟體設備愈佳、同儕關係愈好、校園氣氛愈和諧；教師投入指標變項的操作性定義為測量值分數愈高，表示受試者知覺的工作評價愈高、工作認同愈高、工作參與愈積極。

表 16-7 七個指標變項構面間的相關矩陣 [ 構面的計分一致 ]

| 變項名稱 | 家人支持 | 學校支持 | 硬體設備 | 同儕關係 | 校園氣氛 | 工作評價 | 工作認同 | 工作參與 |
|---|---|---|---|---|---|---|---|---|
| 家人支持 | 1 | | | | | | | |
| 學校支持 | .564(**) | 1 | | | | | | |
| 硬體設備 | .334(**) | .426(**) | 1 | | | | | |
| 同儕關係 | .419(**) | .512(**) | .633(**) | 1 | | | | |
| 校園氣氛 | .358(**) | .435(**) | .872(**) | .663(**) | 1 | | | |
| 工作評價 | .650(**) | .747(**) | .375(**) | .397(**) | .388(**) | 1 | | |
| 工作認同 | .552(**) | .710(**) | .630(**) | .539(**) | .651(**) | .676(**) | 1 | |
| 工作參與 | .469(**) | .610(**) | .529(**) | .419(**) | .536(**) | .554(**) | .690(**) | 1 |

** 在顯著水準為 0.01 時 ( 雙尾 )，相關顯著。

　　從相關矩陣中可以得知：七個指標變項間均呈顯著正相關，五個外因潛在變項之指標變項與三個內因變項之指標變項間的相關均達 .01 顯著水準。

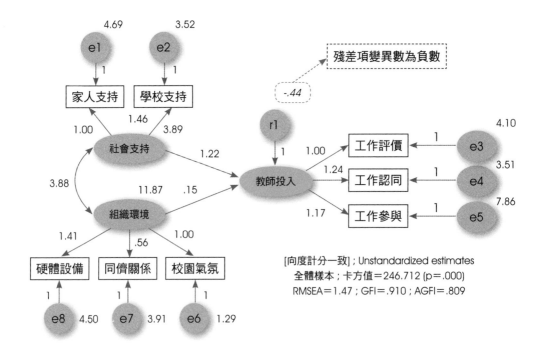

[向度計分一致]；Unstandardized estimates
全體樣本；卡方值＝246.712 (p=.000)
RMSEA＝1.47；GFI＝.910；AGFI＝.809

　　非標準化估計值模式圖顯示，模式可以收斂辨認，整體模式適配度檢定的卡方值為 246.712，顯著性 *p* 值＝ .000，RMSEA 值等於 .147、GFI 值等於 .910、AGFI 值等於 .809，模式各項參數都可以估計出來，但內因潛在變項「教師投入」的殘差 (r1) 變異數之參數為 -.44，由於變異數為標準差的平方值，因而其參數數值不應為負數，若是出現負數，表示此參數是不合理，若是潛在變項殘差變異數為負值，在文件輸出檔之「模式註解」中會出現下列的提示語：

Notes for Model（全體樣本 -〔向度計分一致〕）
The following variances are negative.（全體樣本〔向度計分一致〕）【下面變項的變異數為負值】
r1
-.444

　　潛在變項的路徑分析中，若是測量指標的誤差項或內因潛在變項的殘差項之變異數是負值，表示模型估計違反辨認規則，即假設模型有問題，此問題可能是變項共線性所導致，如果內因潛在變項的殘差項之變異數為負值，則標準化估計值假設模型可能出現二種不合理參數：一為標準化迴歸係數 ( 標準化路徑係數 ) 的絕對值大於 1，二為內因潛在變項的多元相關係數平方值大於 100%( 外因潛在變項對內因潛在變項的解釋變異高於 100%，在迴歸分析中自變項與依變項的多元相關係數最大值為 1，因而自變項對依變項聯合解釋變異量最大值為 100%，若是 R 平方數值大於 100%，表示此參數是不合理的統計量數 )，當標準化估計值假設模型出現以上二種不合理的參數時，即使整體模式適配度良好，此假設模型也是有問題的。SEM 模式估計中，若是出現負的變異數，則稱為「Heywood cases」。

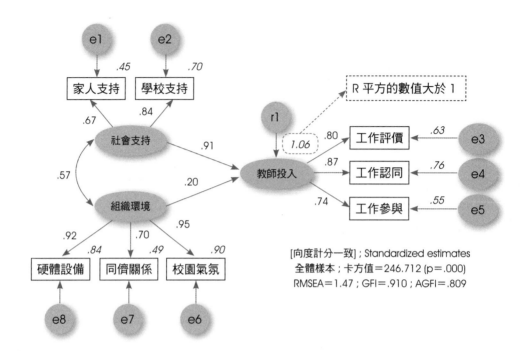

[向度計分一致]；Standardized estimates
全體樣本；卡方值＝246.712 (p＝.000)
RMSEA＝1.47；GFI＝.910；AGFI＝.809

　　在標準化估計值模型圖中，外因潛在變項「社會支持」對內因潛在變項「教師投入」的標準化路徑係數為 .91 (*p* ＝ .000 < .05)，外因潛在變項「組織環境」對內因潛在變項「教師投入」的標準化路徑係數為 .20 (*p* ＝ .000 < .05)，二條路徑係數均達顯著。進一步從多元相關平方來看，八個觀察變項的信度係數介於 .453 至 .902 間，但教師投入變項是一個不合理的參數。

Squared Multiple Correlations:（全體樣本 - [ 向度計分一致 ]）

|  | Estimate | 備註 |
|---|---|---|
| 教師投入 | 1.063 | 不合理的估計值 |
| 硬體設備 | .840 |  |
| 同儕關係 | .489 |  |
| 校園氣氛 | .902 |  |
| 工作參與 | .552 |  |
| 工作認同 | .757 |  |
| 工作評價 | .633 |  |
| 學校支持 | .700 |  |
| 家人支持 | .453 |  |

文件檔中部分估計值內涵的解說如下：

---

**Estimate of squared multiple correlation**

It is estimated that the predictors of 教師投入 explain 106.3 percent of its variance. In other words, the error variance of 教師投入 is approximately -6.3 percent of the variance of 教師投入 itself.

預測變項可以解釋「教師投入」變項 106.3% 的變異量，此種情形表示「教師投入」變項變異量中，其誤差變異量大約是 -6.3%（無法被預測變項解釋的變異部分為 -6.3%，誤差變異量為負值是不合理的）。

---

**Estimate of squared multiple correlation**

It is estimated that the predictors of 硬體設備 explain 84 percent of its variance. In other words, the error variance of 硬體設備 is approximately 16 percent of the variance of 硬體設備 itself.

預測變項可以解釋「硬體設備」變項 84% 的變異量，此種情形表示「硬體設備」變項變異量中，其誤差變異量大約是 16%（無法被預測變項解釋的部分）。

---

**The following variances are negative**

Although variances cannot be negative, Amos can produce variance estimates that are negative. The solution is then called inadmissible. For more, see the discussion of the message: "This solution is not admissible".

雖然變異數不能為負數，但當變異數為負數時，Amos 也可以估計其數值，估計出的解稱為「無法被容許的解」，進一步而言，此種有負變異數的解是不被允許的（此解是不可接受的解）。

## 二、未違反參數估計的模式

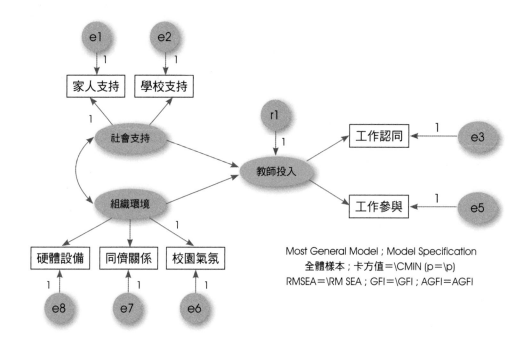

Most General Model ; Model Specification
全體樣本；卡方值＝\CMIN (p=\p)
RMSEA＝\RM SEA；GFI=\GFI；AGFI=AGFI

　　在第二種教師社會支持、組織環境與教師投入的因果模式圖驗證中 ( 此假設模型為上述測量模型的修正模式圖 )，外因潛在變項為「社會支持」、「組織環境」，內因潛在變項為「教師投入」。外因潛在變項「社會支持」二個指標變項為「家人支持」與「學校支持」構面，外因潛在變項「組織環境」為「硬體設備」、「同儕關係」、「校園氣氛」構面，內因潛在變項「教師投入」的二個指標變項為「工作認同」、「工作參與」構面，各構面的測量值分數愈高，表示受試者的感受愈正向。

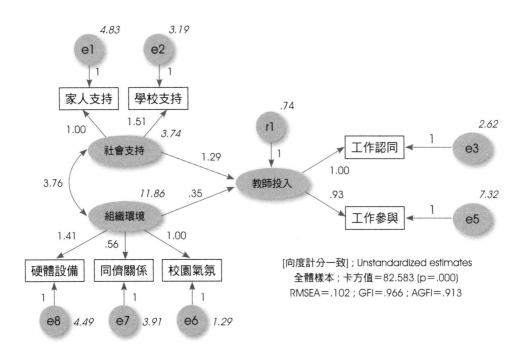

非標準化估計值模式圖顯示,模式可以收斂辨認,整體模式適配度檢定的卡方值為 82.583,顯著性 *p* 值＝ .000,RMSEA 值等於 .102、GFI 值等於 .966、AGFI 值等於 .913,模式各項參數都可以估計出來,七個觀察變項誤差項的變異數均為正數,內因潛在變項「教師投入」的殘差 (r1) 變異數等於 .74,也為正數,表示統計估計所得的參數是沒有問題的,沒有出現不合理的參數,表示假設模式的估計沒有違犯估計法則,「社會支持」、「組織環境」對「教師投入」的非標準化路徑係數分別為 1.29、.35。

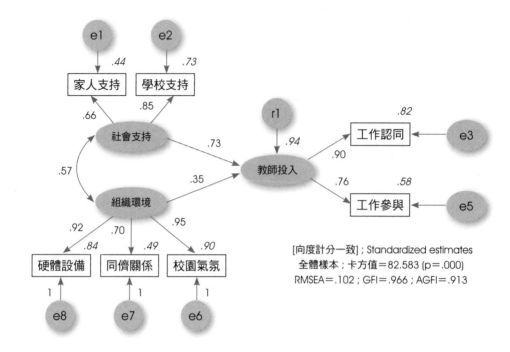

[向度計分一致]；Standardized estimates
全體樣本；卡方值＝82.583 (p＝.000)
RMSEA＝.102；GFI＝.966；AGFI＝.913

在標準化估計值模型圖中，外因潛在變項「社會支持」對內因潛在變項「教師投入」的標準化路徑係數為 .73 (*p* ＝ .000 ＜ .05)，外因潛在變項「組織環境」對內因潛在變項「教師投入」的標準化路徑係數為 .35 (*p* ＝ .000 ＜ .05)，二條路徑係數均達顯著。進一步從多元相關平方來看，七個觀察變項的信度係數介於 .44 至 .90 間，教師投入變項是一個可以容許的參數。

## 三、指標變項測量值的計分不一致

**表 16-8** 七個指標變項構面間的相關矩陣 [ 構面的計分一致 ]

| 變項名稱 | 家人支持 | 學校支持 | 硬體設備 | 同儕關係 | 校園氣氛 | 工作評價 | 工作認同 | 工作參與 |
|---|---|---|---|---|---|---|---|---|
| 家人支持 | 1 | | | | | | | |
| 學校支持 | -.564(**) | 1 | | | | | | |
| 硬體設備 | .334(**) | -.426(**) | 1 | | | | | |
| 同儕關係 | -.419(**) | .512(**) | -.633(**) | 1 | | | | |
| 校園氣氛 | -.358(**) | .435(**) | -.872(**) | .663(**) | 1 | | | |
| 工作評價 | .650(**) | -.747(**) | .375(**) | -.397(**) | -.388(**) | 1 | | |
| 工作認同 | -.552(**) | .710(**) | -.630(**) | .539(**) | .651(**) | -.676(**) | 1 | |
| 工作參與 | .469(**) | -.610(**) | .529(**) | -.419(**) | -.536(**) | .554(**) | -.690(**) | 1 |

** 在顯著水準為 0.01 時 ( 雙尾 )，相關顯著。

　　在下列假設模型的驗證中，指標變項「學校支持 N」的操作型定義為分數愈高，受試者感受到的學校支持愈少；「工作認同 N」變項的操作型定義為測量值分數愈高，受試者知覺的工作認同感愈低；「同儕關係 N」變項的操作型定義為測量值分數愈高，受試者知覺的同儕關係愈差；「校園氣氛 N」變項的操作型定義為測量值分數愈高，受試者知覺的校園氣氛愈不好，這四個指標變項的計分為反向，其餘「家人支持」、「硬體設備」、「工作參與」三個指標變項的計分均為正向。包含結構模型與測量模型的完整結構方程模式中，各測量模型中之觀察變項一般為「構面變數」( 數個題項的加總或構面的單題平均分數 )，若是以「題項」作為觀察變項，則觀察變項反映的潛在變項 ( 包括外因潛在變項及內因潛在變項 ) 之程度甚低，因而在完整結構方程模式驗證中，不能以「單一個題項」作為一個觀察變項。

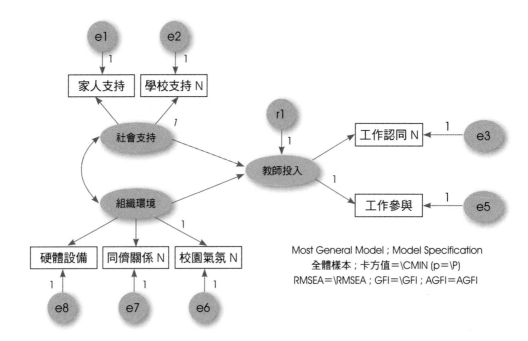

Most General Model；Model Specification
全體樣本；卡方值=\CMIN (p＝\P)
RMSEA＝\RMSEA；GFI＝\GFI；AGFI＝AGFI

　　假設模型中觀察變項「學校支持 N」、「同儕關係 N」、「校園氣氛 N」、「工作認同 N」的操作性定義為負向，即測量值分數愈低，表示受試者感受的學校支持愈多、同儕關係愈好、校園氣氛愈和諧，對工作的認同感愈高。「家人支持」、「硬體設備」、「工作參與」三個觀察變項的操作性定義為正向，即測量值分數愈高，表示受試者感受的學校硬體設備愈佳、家人支持程度愈多、工作參與愈多、愈積極。

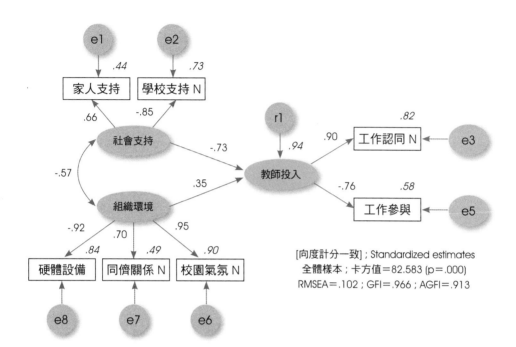

[向度計分一致] ; Standardized estimates
全體樣本 ; 卡方值 = 82.583 (p = .000)
RMSEA = .102 ; GFI = .966 ; AGFI = .913

　　在標準化估計值模型圖中，外因潛在變項「社會支持」對內因潛在變項「教師投入」的標準化路徑係數為 -.73 ($p = .000 < .05$)，外因潛在變項「組織環境」對內因潛在變項「教師投入」的標準化路徑係數為 .35 ($p = .000 < .05$)，二條路徑係數均達顯著。教師投入變項的 $R^2 = .94$，「家人支持」、「學校支持 N」、「硬體設備」、「同儕關係 N」、「校園氣氛 N」、「工作認同 N」、「工作參與」七個指標變項的標準化路徑係數 ( 因素負荷量 ) 分別為 .66、-.85、-.92、.70、.95、.90、-.76，在之前七個指標變項的計分均一致時，七個指標變項的標準化路徑係數分別為 .66、.85、.92、.70、.95、.90、.76，二個模式估計結果最主要的差別為標準化路徑係數的正負號不同 ( 絕對值數值均相同 )，其次是外因潛在變項「社會支持」、「組織環境」對內因潛在變項「教師投入」影響的路徑係數部分正負號不同，但整體解釋的變異量是相同的 ($R^2 = .94$)。

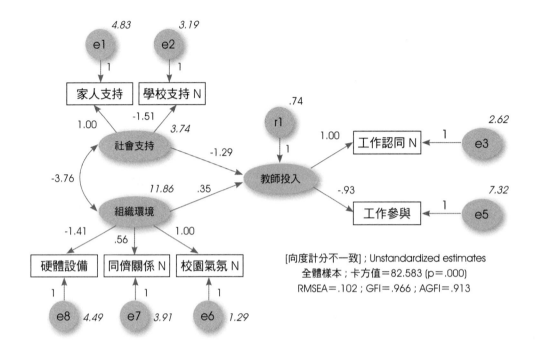

[向度計分不一致]；Unstandardized estimates
全體樣本；卡方值＝82.583 (p＝.000)
RMSEA＝.102；GFI＝.966；AGFI＝.913

　　非標準化估計值模式圖顯示，模式可以收斂辨認，整體模式適配度檢定的卡方值為 82.583，顯著性 $p$ 值＝.000，RMSEA 值等於 .102、GFI 值等於 .966、AGFI 值等於 .913，模式各項參數都可以估計出來，七個觀察變項誤差項的變異數均為正數，內因潛在變項「教師投入」的殘差 (r1) 變異數等於 .74，也為正數，表示統計估計所得的參數沒有違反估計法則。七個指標變項誤差項 (error/uniqueness) 的變異數與「教師投入」殘差項 (residual) 的變異數與之前所有觀察變項計分方向一致時均相同，而整體模式適配度檢定的卡方值與其餘適配度統計量數值也均相同。

表 16-9 觀察變項的操作性定義界定方向一致與界定方向不一致之模型估計參數比較摘要表

**觀察變項的操作性定義界定方向一致**

| | | | Estimate | S.E. | C.R. | 因素負荷 |
|---|---|---|---|---|---|---|
| 教師投入 | <--- | 組織環境 | .349 | .039 | 9.064 | .350 |
| 教師投入 | <--- | 社會支持 | 1.291 | .096 | 13.401 | .726 |
| 家人支持 | <--- | 社會支持 | 1.000 | | | .660 |
| 學校支持 | <--- | 社會支持 | 1.513 | .091 | 16.629 | .853 |
| 工作認同 | <--- | 教師投入 | 1.000 | | | .905 |
| 工作參與 | <--- | 教師投入 | .930 | .040 | 23.398 | .763 |
| 校園氣氛 | <--- | 組織環境 | 1.000 | | | .950 |
| 同儕關係 | <--- | 組織環境 | .561 | .026 | 21.994 | .699 |
| 硬體設備 | <--- | 組織環境 | 1.415 | .038 | 37.381 | .917 |

**觀察變項的操作性定義界定方向不一致**

| | | | Estimate | S.E. | C.R. | 因素負荷 |
|---|---|---|---|---|---|---|
| 教師投入 | <--- | 組織環境 | .349 | .039 | 9.064 | .350 |
| 教師投入 | <--- | 社會支持 | -1.291 | .096 | -13.401 | -.726 |
| 家人支持 | <--- | 社會支持 | 1.000 | | | .660 |
| 學校支持 N | <--- | 社會支持 | -1.513 | .091 | -16.629 | -.853 |
| 工作認同 N | <--- | 教師投入 | 1.000 | | | .905 |
| 工作參與 | <--- | 教師投入 | -.930 | .040 | -23.398 | -.763 |
| 校園氣氛 N | <--- | 組織環境 | 1.000 | | | .950 |
| 同儕關係 N | <--- | 組織環境 | .561 | .026 | 21.994 | .699 |
| 硬體設備 | <--- | 組織環境 | -1.415 | .038 | -37.381 | -.917 |

## 四、觀察變項採用構面總分或構面單題平均的差異

下面假設模型圖的各觀察變項的測量值為「構面單題的平均得分」，觀察變項測量值分數為「構面總分 ÷ 構面的題項數」。

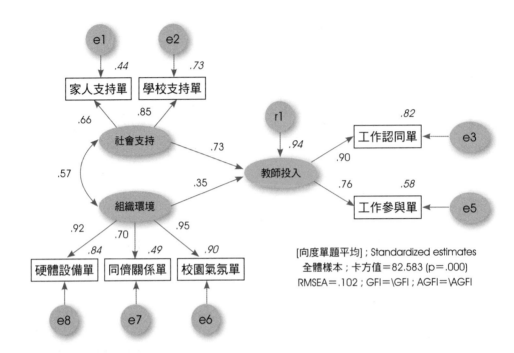

[向度單題平均]; Standardized estimates
全體樣本；卡方值＝82.583 (p＝.000)
RMSEA＝.102；GFI＝\GFI；AGFI＝\AGFI

　　在標準化估計值模型圖中，外因潛在變項「社會支持」對內因潛在變項「教師投入」的標準化路徑係數為 .73 ($p = .000 < .05$)，外因潛在變項「組織環境」對內因潛在變項「教師投入」的標準化路徑係數為 .35 ($p = .000 < .05$)，二條路徑係數均達顯著。「家人支持」、「學校支持」、「硬體設備」、「同儕關係」、「校園氣氛」、「工作認同」、「工作參與」七個指標變項的標準化路徑係數 ( 因素負荷量 ) 分別為 .66、.85、.92、.70、.95、.90、.76，二個外因潛在變項對教師投入變項解釋的變異量為 94% ($R^2 = .94$)。

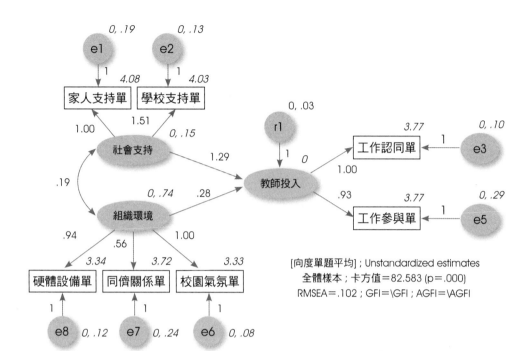

[向度單題平均]；Unstandardized estimates
全體樣本；卡方值＝82.583 (p＝.000)
RMSEA＝.102；GFI＝\GFI；AGFI＝\AGFI

　　非標準化估計值模式圖顯示，模式可以收斂辨認，整體模式適配度檢定的卡方值為 82.583，顯著性 p 值＝ .000，RMSEA 值等於 .102、因為增列估計平均數與截距項，所以 GFI 值與 AGFI 值無法估計，模式沒有出現不合理的參數，表示假設模式的估計沒有違反估計法則，「社會支持」、「組織環境」對「教師投入」的非標準化路徑係數分別為 1.29、.28，二個外因潛在變項的共變數為 .19。從模式估計參數摘要表與模式估計圖之卡方值可以得知：觀察變項採用構面總分 ( 題項加總分數 ) 或構面單題平均數分數為測量值，二者模式估計結果所得的參數完全相同，因而研究者在進行假設模型適配度的檢定時，觀察變項的測量值採用題項加總分數或構面單題平均分數均可。

**表 16-10** 觀察變項為構面總分與構面單題平均分數之模式估計參數比較摘要表

**觀察變項為構面單題平均分數**

| | | | Estimate | S.E. | C.R. | 標準化路徑係數 |
|---|---|---|---|---|---|---|
| 教師投入 | <--- | 組織環境 | .279 | .031 | 9.064 | .350 |
| 教師投入 | <--- | 社會支持 | 1.291 | .096 | 13.401 | .726 |
| 家人支持單 | <--- | 社會支持 | 1.000 | | | .660 |
| 學校支持單 | <--- | 社會支持 | 1.513 | .091 | 16.629 | .853 |
| 工作認同單 | <--- | 教師投入 | 1.000 | | | .905 |
| 工作參與單 | <--- | 教師投入 | .930 | .040 | 23.398 | .763 |
| 校園氣氛單 | <--- | 組織環境 | 1.000 | | | .950 |
| 同儕關係單 | <--- | 組織環境 | .561 | .026 | 21.994 | .699 |
| 硬體設備單 | <--- | 組織環境 | .943 | .025 | 37.381 | .917 |

**觀察變項為構面總分**

| | | | Estimate | S.E. | C.R. | 標準化路徑係數 |
|---|---|---|---|---|---|---|
| 教師投入 | <--- | 組織環境 | .349 | .039 | 9.064 | .350 |
| 教師投入 | <--- | 社會支持 | 1.291 | .096 | 13.401 | .726 |
| 家人支持 | <--- | 社會支持 | 1.000 | | | .660 |
| 學校支持 | <--- | 社會支持 | 1.513 | .091 | 16.629 | .853 |
| 工作認同 | <--- | 教師投入 | 1.000 | | | .905 |
| 工作參與 | <--- | 教師投入 | .930 | .040 | 23.398 | .763 |
| 校園氣氛 | <--- | 組織環境 | 1.000 | | | .950 |
| 同儕關係 | <--- | 組織環境 | .561 | .026 | 21.994 | .699 |
| 硬體設備 | <--- | 組織環境 | 1.415 | .038 | 37.381 | .917 |

## 肆、共線性與極端值之偏誤參數

### 一、共線性問題導致不合理參數

在下面混合路徑分析範例中，二個外因潛在變項為 F1、F2，內因觀察變項為 Y1。外因潛在變項「F1」的二個觀察變項為 X1、X3，外因潛在變項「F2」的二個觀察變項為 X5、X6。四個觀察變項與依變項 Y 間的相關矩陣如下，四個觀察變項與依變項 Y 間均呈顯著正相關，其相關係數分別為 .788 ($p = .000$)、.599 ($p = .000$)、.764 ($p = .000$)、.877 ($p = .000$)。四個觀察變項彼此間也呈顯著正相關，其中觀察變項 X1 與觀察變項 X6 間的相關高達 .928，在複迴歸分析中，若是自變項間的相關太高，會形成線性相依，很容易發生多元共線性問題。在 SEM 的分析中，若是外因潛在變項之觀察變項間的相關太高，也可能發生多元共線性問題，導致模式估計所得的估計值有部分參數為不合理的數值。

**表 16-11** 四個指標變項與依變項 Y 間的相關矩陣摘要表 (N = 500)

| 變項名稱 | X1 | X3 | X5 | X6 | Y |
|---|---|---|---|---|---|
| X1 | 1 | | | | |
| X3 | .642(**) | 1 | | | |
| X5 | .706(**) | .522(**) | 1 | | |
| X6 | .928(**) | .772(**) | .781(**) | 1 | |
| Y | .788(**) | .599(**) | .764(**) | .877(**) | 1 |

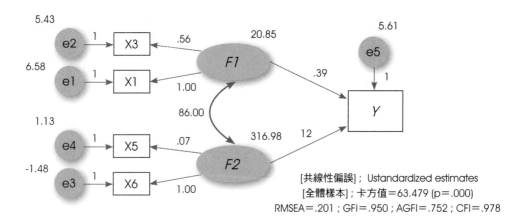

　　非標準化估計值模式圖顯示，模式可以收斂辨認，整體模式適配度檢定的卡方值為 63.478，顯著性 *p* 值 ＝ .000，RMSEA 值等於 .201（大於 .05 適配指標值）、GFI 值等於 .950（大於 .90 適配指標值）、AGFI 值等於 .752（小於 .90 適配指標值）、CFI 值等於 .978（大於 .90 適配指標值），模式各項參數都可以估計出來，整個測量模型與樣本資料適配度雖然不是很好但尚可接受。仔細檢視估計值模式圖中的參數，出現二個不合理的參數，一為觀察變項 X6 誤差項「e3」變異數估計值為負數（數值等於 -1.48），二為外因潛在變項「F2」的變異數數值異常（數值為 316.98)，此種情形表示假設模型可能違反模式估計法則。

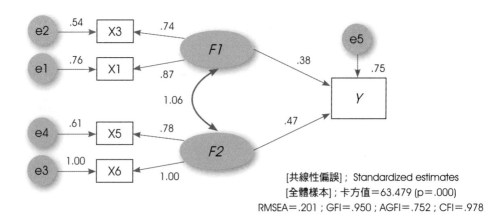

　　標準化估計值模式圖顯示，模式參數中有二個不合理參數：一為二個外因潛在變項的相關係數值大於 +1.00（其數值為 1.06）；二為外因潛在變項 F2 對觀察變項 X6 的標準化路徑係數為 1.00，表示潛在變項 F2 可以解釋觀察變項 X6 的變異為 100.0%。在模式估計中，若是標準化迴歸係數值接近 1.00 或大於 1.00，表示模式可能違反 SEM 估計法則，模式中可能出現統計上無法解釋的參數解值。

**Notes for Model ([ 全體樣本 ] - [ 共線性偏誤 ])**
The following variances are negative. ([ 全體樣本 ] - [ 共線性偏誤 ])

| | e3 |
|---|---|
| | -1.478 |

　　模式註解之輸出文件檔中，第一個警告語為誤差項「e3」的變異數為負值。

The following covariance matrix is not positive definite ([ 全體樣本 ] - [ 共線性偏誤 ])

| | F2 | F1 |
|---|---|---|
| F2 | 316.983 | |
| F1 | 85.996 | 20.848 |

　　模式註解之輸出文件檔中，第二個警告語為二個外因潛在變項「F1」與「F2」之樣本共變數矩陣，並非是「正定」(positive definite) 的矩陣。當共變數矩陣不是正定矩陣或不是「非奇異的」矩陣時，無法獲得參數的適當解 (proper solution) 或稱「可接受解」(admissible solution)。在結構方程模式估計中，若是樣本演算出的共變數矩陣或假設模型推導的共變數矩陣之矩陣本身非正定 (The covariance matrix is not positive definite.)，則模式估計所得的估計值或參數，部分是不合理或統計上無法解釋的，此種估計值是無法接受的解 (inadmissible solution) 或稱無法容許的解。

**Maximum Likelihood Estimates**

Standardized Regression Weights: ([ 全體樣本 ] - [ 共線性偏誤 ])

|  |  |  | Estimate |
|---|---|---|---|
| X1 | <--- | F1 | .872 |
| X3 | <--- | F1 | .736 |
| X6 | <--- | F2 | 1.002 |
| X5 | <--- | F2 | .779 |
| Y | <--- | F1 | .381 |
| Y | <--- | F2 | .471 |

　　標準化迴歸係數中出現一個不合理參數值，潛在變項「F1」對觀察變項 ( 顯性變項 )「X6」的標準化路徑係數為 1.002，標準化路徑係數與相關係數值範圍相同，其數值應界於 -1.00 至 +1.00 中間。如果標準化路徑係數 ( 標準化迴歸係數 ) 的絕對值大於 1，或絕對值數值接近 1，表示假設模型違反參數估計法則。

Covariances: ([ 全體樣本 ] - [ 共線性偏誤 ])

|  | Estimate | S.E. | C.R. | P | Label |
|---|---|---|---|---|---|
| F1 <--> F2 | 85.996 | 5.670 | 15.167 | *** | |

Correlations: ([ 全體樣本 ] - [ 共線性偏誤 ])

|  | Estimate |
|---|---|
| F1 <---> F2 | 1.058 |

　　二個外因潛在變項的共變數為 85.996，共變數估計值標準誤為 5.670，臨界比值 (critical ratio) 為 15.167，絕對值大於 1.96，表示達 .05 顯著水準，潛在變項「F1」與潛在變項「F2」的共變數顯著不等於 0。二個變項間共變數顯著不等於 0，表示相關係數也顯著不等於 0，二個變項間有顯著相關存在，從相關係數摘要表得知，潛在變項「F1」與潛在變項「F2」的相關係數為 1.058，二個潛在變項呈顯著正相關，但仔細檢視相關係數大小其數值大於 +1.00，表示此相關係數是不合理。

Variances: ([ 全體樣本 ] - [ 共線性偏誤 ])

|  | Estimate | S.E. | C.R. | P | Label |
|---|---|---|---|---|---|
| F1 | 20.848 | 1.718 | 12.132 | *** | |
| F2 | 316.983 | 20.138 | 15.740 | *** | |
| e1 | 6.577 | .534 | 12.317 | *** | |
| e3 | -1.478 | 2.569 | -.575 | .565 | |
| e4 | 1.133 | .073 | 15.497 | *** | |
| e5 | 5.610 | .406 | 13.824 | *** | |
| e2 | 5.431 | .359 | 15.129 | *** | |

　　從變異數估計值來診斷，潛在變項「F2」變異數估計值的標準誤達 20.138，此數值異常偏大；誤差項「e3」變異數估計值為 -1.478，其數值為負數，是一個不合理的參數，因而模型參數估計違反估計法則。

Squared Multiple Correlations: ([ 全體樣本 ] - [ 共線性偏誤 ])

|  | Estimate |
|---|---|
| Y | .747 |
| X5 | .607 |
| X6 | 1.005 |
| X3 | .542 |
| X1 | .760 |

　　多元相關係數的平方值中，觀察變項「X6」的 $R^2$ 數值等於 1.005，是一個不合理參數，表示模型參數估計違犯估計法則。

## 二、標準誤太大之違反估計測量模型

　　模式評估的一個參考數值是參數的標準誤 (standard errors)，極端太大或太小的標準誤都是不良模式適配的指標。如果某個參數的標準誤接近 0，則相關參數的檢定統計量無法定義估算 ( 臨界比值的分母不能為 0)。相對地，一個參數的標準誤過大，則指標參數無法決定，因而參數標準誤的大小，可作為內在模式適配

度的指標之一。由於標準誤會受到測量模型之觀察變項或潛在變項單位量測的影響，參數估計值的高低也會導致標準誤的波動，因而標準誤的數值無法明確界定過小或過大的臨界值，此部份，標準誤是否過大或過小，應參考輸出參數估計值進行判斷。

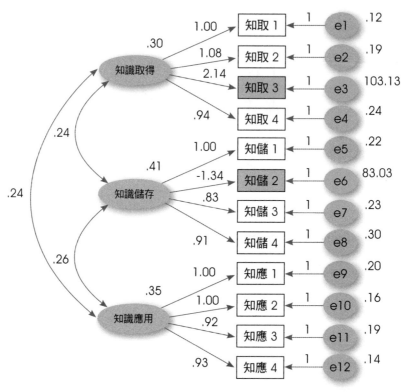

Unstandardized estimates；[極端值偏誤]；卡方值＝88.171 (p＝.001)
RMSEA＝.049；GFI＝.951；AGFI＝.925；NFI＝.977

　　非標準化估計值模式圖顯示，模式可以收斂辨認，整體模式適配度檢定的卡方值為88.171，顯著性 $p$ 值 ＝ .000，RMSEA 值等於 .049（小於 .05 適配指標值）、GFI 值等於 .951（大於 .90 適配指標值）、AGFI 值等於 .925（大於 .90 適配指標值）、NFI 值等於 .947（大於 .90 適配指標值）、CFI 值等於 .977（大於 .90 適配指標值），模式各項參數都可以估計出來，整個測量模型與樣本資料可以適配。但仔細檢視十二個觀察變項誤差項的變異數中，誤差項 e3、誤差項 e6 的變異數估

計值分別為 103.13、83.03，顯著地高出其餘誤差項的變異數估計值很多，此種
情形，表示假設模型可以違犯模式估計法則。

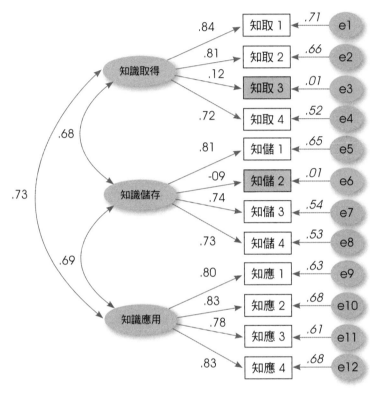

Standardized estimates；[極端值偏誤]；卡方值＝88.171 (p＝.001)

　　標準化估計值模式圖顯示：「知識取得」→「知取 3」路徑的標準化路徑係
數 ( 因素負荷量 ) 數值為 .12 ( 顯著性 $p = .063 > .05$)，「知識儲存」→「知儲 2」
路徑的標準化路徑係數 ( 因素負荷量 ) 數值為 -.09 ( 顯著性 $p = .140 > .05$)，表
示測量模型的內在適配度不佳，觀察變項「知取 3」無法有效反映「知識取得」
潛在特質構念，觀察變項「知儲 2」無法有效反映「知識儲存」潛在特質構念。
若是資料檔沒有錯誤，表示這二個題項作為教師知識管理能力量表的指標變項是
不適切的 ( 範例中，題項是可以有效反映二個潛在特質構念的，只是資料鍵入時
錯誤的極端值造成標準差過大，導致模式估計參數的錯誤 )。

## Maximum Likelihood Estimates

Regression Weights: ( 全體樣本 - [ 極端值偏誤 ])

|  |  |  | Estimate | S.E. | C.R. | P | Label |
|---|---|---|---|---|---|---|---|
| 知取 2 | <--- | 知識取得 | 1.077 | .072 | 14.935 | *** | |
| 知取 3 | <--- | 知識取得 | 2.135 | 1.147 | 1.861 | .063 | |
| 知取 4 | <--- | 知識取得 | .936 | .071 | 13.135 | *** | |
| 知儲 2 | <--- | 知識儲存 | -1.335 | .905 | -1.475 | .140 | |
| 知儲 3 | <--- | 知識儲存 | .827 | .068 | 12.209 | *** | |
| 知儲 4 | <--- | 知識儲存 | .914 | .076 | 12.055 | *** | |
| 知應 2 | <--- | 知識應用 | .997 | .065 | 15.446 | *** | |
| 知應 3 | <--- | 知識應用 | .922 | .064 | 14.382 | *** | |
| 知應 4 | <--- | 知識應用 | .925 | .060 | 15.411 | *** | |

　　路徑係數中，「知識取得」→「知取 3」路徑的估計值為 2.135，估計標準誤值為 1.147，「知識儲存」→「知儲 2」路徑的估計值為 -1.335，估計標準誤值為 .905，這二個路徑係數之估計標準誤的數值顯著高於其它路徑係數值的估計標準誤。

Variances: ( 全體樣本 - [ 極端值偏誤 ])

|  | Estimate | S.E. | C.R. | P | Label |
|---|---|---|---|---|---|
| 知識取得 | .304 | .036 | 8.441 | *** | |
| 知識儲存 | .407 | .053 | 7.696 | *** | |
| 知識應用 | .351 | .044 | 7.969 | *** | |
| e1 | .123 | .017 | 7.388 | *** | |
| e2 | .185 | .022 | 8.452 | *** | |
| e3 | 103.133 | 8.452 | 12.202 | *** | |
| e4 | .245 | .024 | 10.137 | *** | |
| e5 | .217 | .029 | 7.569 | *** | |
| e6 | 83.032 | 6.802 | 12.206 | *** | |
| e7 | .233 | .025 | 9.262 | *** | |

Variances: ( 全體樣本 - [ 極端值偏誤 ]) ( 續 )

| | Estimate | S.E. | C.R. | P | Label |
|---|---|---|---|---|---|
| e8 | .302 | .032 | 9.442 | *** | |
| e9 | .204 | .021 | 9.759 | *** | |
| e10 | .161 | .018 | 9.098 | *** | |
| e11 | .192 | .019 | 10.001 | *** | |
| e12 | .140 | .015 | 9.136 | *** | |

　　三個潛在因素構念及十二個觀察變項誤差項變異數的估計值及其估計標準誤 (standard error) 數值中，誤差項 e3 的變異數估計值為 103.133、估計值標準誤為 8.452，誤差項 e6 的變異數估計值為 83.032、估計值標準誤為 6.802，這二個誤差項變異數估計值的估計標準誤顯著的高於其餘誤差項的標準誤，其餘誤差項之估計標準誤數值介於 .015 至 .032 中間。誤差項 e3 變異數估計值標準誤、誤差項 e6 變異數估計值標準誤之所以變得特別大，可能是二個變項的資料檔中有極端值存在。

**表 16-12** 教師知識管理能力量表十二個觀察變項之描述性統計量 [ 有極端值資料檔 ]

| 觀察變項 | 個數 | 範圍 | 最小值 | 最大值 | 總和 | 平均數 | 標準差 | 變異數 |
|---|---|---|---|---|---|---|---|---|
| 知取 1 | 300 | 4 | 1 | 5 | 1166 | 3.89 | .655 | .429 |
| 知取 2 | 300 | 4 | 1 | 5 | 1123 | 3.74 | .734 | .539 |
| 知取 3 | 300 | 111 | 1 | 112 | 1541 | 5.14 | 10.240 | 104.868 |
| 知取 4 | 300 | 4 | 1 | 5 | 1241 | 4.14 | .716 | .513 |
| 知儲 1 | 300 | 3 | 2 | 5 | 1201 | 4.00 | .791 | .625 |
| 知儲 2 | 300 | 113 | 2 | 115 | 1538 | 5.13 | 9.167 | 84.037 |
| 知儲 3 | 300 | 3 | 2 | 5 | 1256 | 4.19 | .717 | .514 |
| 知儲 4 | 300 | 3 | 2 | 5 | 1187 | 3.96 | .802 | .644 |
| 知應 1 | 300 | 4 | 1 | 5 | 1211 | 4.04 | .746 | .557 |
| 知應 2 | 300 | 4 | 1 | 5 | 1265 | 4.22 | .715 | .511 |
| 知應 3 | 300 | 4 | 1 | 5 | 1252 | 4.17 | .701 | .492 |
| 知應 4 | 300 | 4 | 1 | 5 | 1229 | 4.10 | .665 | .442 |

　　範例教師知識管理能力量表之驗證性因素分析程序，假設模型估計結果之所以違犯估計法則 ( 出現不可接受或不合理的參數解 )，並非是原先內容效度或構念效度建構的潛在因素與測量題項的關係有問題，而是研究者進行模式考驗時，未事先進行資料檔的檢核，不可接受的參數解乃是觀察變項資料檔的極端值造成的，這些極端值的數據不僅是錯誤的，而且是異常值，因而造成模式估計時出現不合理的統計參數。從描述性統計量摘要表中可以知悉：觀察變項「知取3」的全距為 111，題項平均數為 5.14 ( 李克特五點量表平均數最高為 5.00)、觀察變項「知儲 2」的全距為 113，題項平均數為 5.13，二個變項的標準差分別為10.240、9.167，均超出量表題項測量值的範圍，此種結果是研究者在資料數值鍵入時，鍵入錯誤的測量值所導致。

　　假設模型圖增列估計平均數與截距項參數後，非標準化估計值模式圖如下，其中觀察變項「知取 3」的題項平均數為 5.14、觀察變項「知儲 2」的題項平均數為 5.13，二個平均數均為不合理的統計量數。

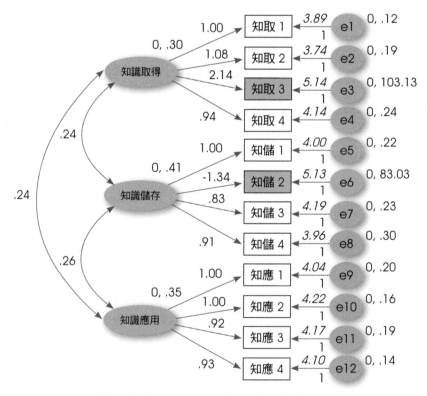

Unstandardized estimates ; [極端值偏誤_增列 M] ; 卡方值＝88.171 (p＝.001)
RMSEA＝.049 ; GFI＝\GFI ; AGFI＝\AGFI ; NFI＝.947 ; CFI＝.977

# 伍、模式估計方法的比較

在 AMOS 「分析屬性」(Analysis Properties) 次「估計」(Estimation) 的次對話視窗中，列舉五種模式估計方法：ML（最大概似法）、GLS（一般化最小平方法）、ULS（無加權最小平方法）、SFLS（尺度自由最小平方法）、ADF（漸近分配自由法），AMOS 內定模式估計方法為 ML（最大概似法），當變項資料結構未符合多變項常態性假定時，一般使用 ADF（漸近分配自由法）。

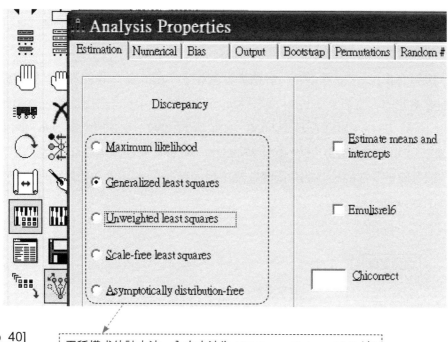

[np_40]

五種模式估計方法，內定方法為 Maximum likehood (ML 法)

## 一、非標準化估計值模式圖

在下面的假設模型圖中，二個外因潛在變項為社會支持、組織環境，內因潛在變項為「教師投入」，六個觀察變項向度為學校支持、家人支持、硬體設備、校園氣氛、工作認同與工作參與。ML（最大概似法）、GLS（一般化最小平方法）、ULS（無加權最小平方法）、SFLS（尺度自由最小平方法）、ADF（漸近分配自由法）四種不同估計方法所得之結果如下：

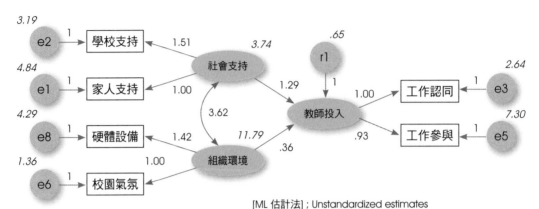

[ML 估計法]；Unstandardized estimates
全體樣本；卡方值＝2.113 (p＝.909)；卡方自由度比＝.352；RMR＝.064
RMSEA＝.000；GFI＝.999；AGFI＝.996；NFI＝.999；CFI＝1.000；CN＝3749.000

　　採用 [ML] 法之非標準化估計值模型圖如上：模式可以收斂辨認，整體模式適配度檢定的卡方值為 2.113（顯著性 $p$ ＝ .909>.05）、卡方自由度比值為 .352、RMR 值為 .064、RMSEA 值為 .000、GFI 值為 .999、AGFI 值為 .996、NFI 值為 .999、CFI 值為 1.000、CN 值為 3749.000，社會支持與組織環境二個外因潛在變項的共變數為 3.62，二個外因潛在變項對內因潛在變項之非標準化路徑係數分別為 1.29、.36。

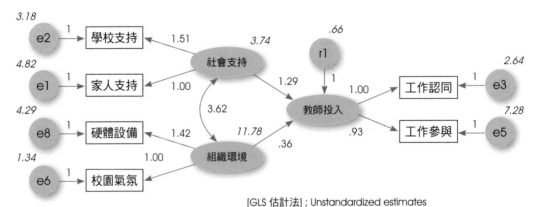

[GLS 估計法]；Unstandardized estimates
全體樣本；卡方值＝2.084 (p＝.912)；卡方自由度比＝.347；RMR＝.065
RMSEA＝.000；GFI＝.999；AGFI＝.996；NFI＝.996；CFI＝1.000；CN＝3800.000

採用 [GLS] 法之非標準化估計值模型圖如上：模式可以收斂辨認，整體模式
適配度檢定的卡方值為 2.084 ( 顯著性 $p = .912 > .05$ )、卡方自由度比值為 .347、
RMR 值為 .065、RMSEA 值為 .000、GFI 值為 .999、AGFI 值為 .996、NFI 值
為 .996、CFI 值為 1.000、CN 值為 3800.000，社會支持與組織環境二個外因潛在
變項的共變數為 3.62，二個外因潛在變項對內因潛在變項之非標準化路徑係數分
別為 1.29、.36。

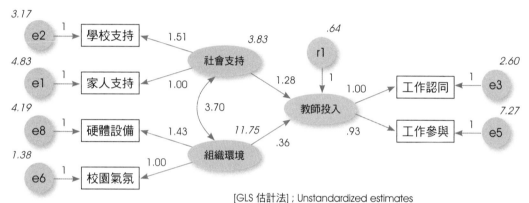

[GLS 估計法]；Unstandardized estimates
全體樣本；卡方值＝1.819 (p＝.936)；卡方自由度比＝.303；RMR＝.105
RMSEA＝.000；GFI＝.998；AGFI＝.994；NFI＝.995；CFI＝1.000；CN＝4355.000

採用 [ADF] 法之非標準化估計值模型圖如上：模式可以收斂辨認，整體
模式適配度檢定的卡方值為 1.819 ( 顯著性 $p = .936 > .05$ )、卡方自由度比值
為 .303、RMR 值為 .105、RMSEA 值為 .000、GFI 值為 .998、AGFI 值為 .994、
NFI 值為 .995、CFI 值為 1.000、CN 值為 4355.000，社會支持與組織環境二個外
因潛在變項的共變數為 3.70，二個外因潛在變項對內因潛在變項之非標準化路徑
係數分別為 1.28、.36。

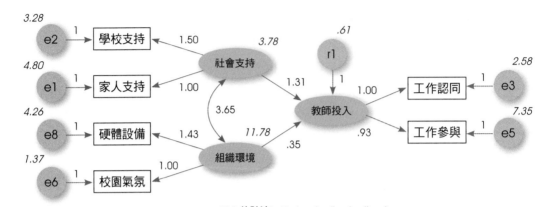

[ULS 估計法] ; Unstandardized estimates
全體樣本 ; 卡方值＝42.381 (p＝\p) ; 卡方自由度比＝\CMINDF ; RMR＝.057
RMSEA＝\RMSEA ; GFI＝1.000 ; AGFI＝1.000 ; NFI＝1.000 ; CFI＝1.000 ; CFI＝\CFI ; CN＝\HFIVE

　　採用 [ULS] 法之非標準化估計值模型圖如上：模式可以收斂辨認，整體模式適配度檢定的卡方值為 42.381（顯著性 *p* 無法估計）、卡方自由度比值無法估計、RMR 值為 .057、RMSEA 值無法估計、GFI 值為 1.000、AGFI 值為 1.000、NFI 值為 1.000、CFI 值無法估計、CN 值無法估計，社會支持與組織環境二個外因潛在變項的共變數為 3.65，二個外因潛在變項對內因潛在變項之非標準化路徑係數分別為 1.31、.35。

　　各路徑係數之估計值、估計值標準誤、臨界比值及顯著性 *p* 值相關數值如下，其中採用無加權最小平方法 (ULS) 時，不會輸出路徑係數估計值的標準誤、臨界比值與顯著性 *p* 值。

## Unweighted Least Squares Estimates

Regression Weights:（全體樣本 - [ULS 估計法 ]）

|  |  |  | Estimate | S.E. | C.R. | P | Label |
|---|---|---|---|---|---|---|---|
| 教師投入 | <--- | 社會支持 | 1.306 |  |  |  |  |
| 教師投入 | <--- | 組織環境 | .351 |  |  |  |  |
| 家人支持 | <--- | 社會支持 | 1.000 |  |  |  |  |
| 學校支持 | <--- | 社會支持 | 1.498 |  |  |  |  |
| 工作認同 | <--- | 教師投入 | 1.000 |  |  |  |  |
| 工作參與 | <--- | 教師投入 | .927 |  |  |  |  |
| 校園氣氛 | <--- | 組織環境 | 1.000 |  |  |  |  |
| 硬體設備 | <--- | 組織環境 | 1.426 |  |  |  |  |

## Asymptotically Distribution-free Estimates

Regression Weights:（全體樣本 - [ADF 估計法 ]）

|  |  |  | Estimate | S.E. | C.R. | P | Label |
|---|---|---|---|---|---|---|---|
| 教師投入 | <--- | 社會支持 | 1.282 | .120 | 10.710 | *** |  |
| 教師投入 | <--- | 組織環境 | .357 | .049 | 7.249 | *** |  |
| 家人支持 | <--- | 社會支持 | 1.000 |  |  |  |  |
| 學校支持 | <--- | 社會支持 | 1.506 | .103 | 14.575 | *** |  |
| 工作認同 | <--- | 教師投入 | 1.000 |  |  |  |  |
| 工作參與 | <--- | 教師投入 | .933 | .041 | 22.592 | *** |  |
| 校園氣氛 | <--- | 組織環境 | 1.000 |  |  |  |  |
| 硬體設備 | <--- | 組織環境 | 1.430 | .040 | 35.552 | *** |  |

## Maximum Likelihood Estimates

Regression Weights: ( 全體樣本 - [ML 估計法 ])

|  |  |  | Estimate | S.E. | C.R. | P | Label |
|---|---|---|---|---|---|---|---|
| 教師投入 | <--- | 社會支持 | 1.295 | .095 | 13.689 | *** | |
| 教師投入 | <--- | 組織環境 | .359 | .038 | 9.553 | *** | |
| 家人支持 | <--- | 社會支持 | 1.000 | | | | |
| 學校支持 | <--- | 社會支持 | 1.514 | .091 | 16.651 | *** | |
| 工作認同 | <--- | 教師投入 | 1.000 | | | | |
| 工作參與 | <--- | 教師投入 | .932 | .040 | 23.481 | *** | |
| 校園氣氛 | <--- | 組織環境 | 1.000 | | | | |
| 硬體設備 | <--- | 組織環境 | 1.425 | .044 | 32.450 | *** | |

## Generalized Least Squares Estimates

Regression Weights: ( 全體樣本 - [GLS 估計法 ])

|  |  |  | Estimate | S.E. | C.R. | P | Label |
|---|---|---|---|---|---|---|---|
| 教師投入 | <--- | 社會支持 | 1.293 | .094 | 13.683 | *** | |
| 教師投入 | <--- | 組織環境 | .359 | .037 | 9.599 | *** | |
| 家人支持 | <--- | 社會支持 | 1.000 | | | | |
| 學校支持 | <--- | 社會支持 | 1.514 | .091 | 16.650 | *** | |
| 工作認同 | <--- | 教師投入 | 1.000 | | | | |
| 工作參與 | <--- | 教師投入 | .932 | .040 | 23.486 | *** | |
| 校園氣氛 | <--- | 組織環境 | 1.000 | | | | |
| 硬體設備 | <--- | 組織環境 | 1.425 | .044 | 32.447 | *** | |

　　在 ML、GLS、ULS、ADF 四種模式估計方法中，ML 法、GLS 法、ADF 法三種方法估計的路徑係數、路徑係數估計值之標準誤、路徑係數估計值顯著性臨界比值並不完全相同，其中 ML 法與 GLS 法估計的參數較為接近，而 ADF 法與 ML 法及 GLS 法三種方法的差異較大，此乃 ADF 法適用時機假定與 ML 法及 GLS 法不同所致，當測量變項資料結構符合多變項常態假定時，一般使用 ML 法及 GLS 法來估計參數；如果測量變項資料結構未符合多變項常態假定時，則應優先使用 ADF 法來進行參數估計。

## 二、標準化估計值模式圖

四種模式估計方法估計所得之標準化估計值模式圖如下：

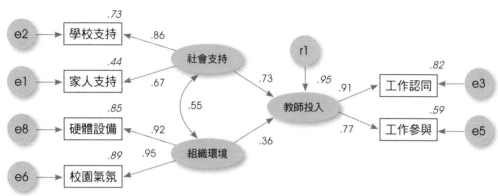

[ADF 估計法]；Standardized estimates
全體樣本；卡方值＝1.819 (p＝.936)；卡方自由度比＝.303；RMR＝.105
RMSEA＝.000；GFI＝.998；AGFI＝.994；NFI＝.995；CFI＝1.000；CN＝4355.000

採用 ADF 法估計參數之標準化估計值模式圖顯示：社會支持與組織環境二個外因變項的相關為 .55，二個外因潛在變項對內因潛在變項「教師投入」的標準化迴歸係數分別為 .73、.36，$R^2$ 為 .95，六個觀察變項的因素負荷量分別為 .86、.67、.92、.95、.91、.77。

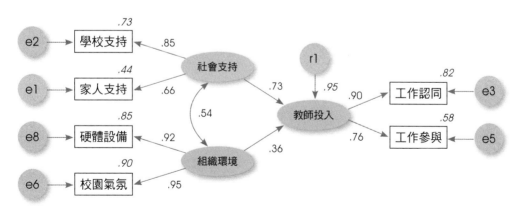

[ML 估計法]；Standardized estimates
全體樣本；卡方值＝2.113 (p＝.909)；卡方自由度比＝.352；RMR＝.064
RMSEA＝.000；GFI＝.999；AGFI＝.996；NFI＝.999；CFI＝1.000；CN＝3749.000

　　採用 ML 法估計參數之標準化估計值模式圖顯示：社會支持與組織環境二個外因變項的相關為 .54，二個外因潛在變項對內因潛在變項「教師投入」的標準化迴歸係數分別為 .73、.36，$R^2$ 為 .95，六個觀察變項的因素負荷量分別為 .85、.66、.92、.95、.90、.76。

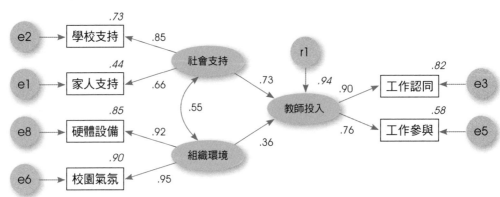

[GLS 估計法]；Standardized estimates
全體樣本；卡方值＝2.084 (p＝.912)；卡方自由度比＝.347；RMR＝.065
RM SEA＝.000；GFI＝.999；AGFI＝.996；NFI＝.996；CFI＝1.000；CN＝3800.000

　　採用 ML 法估計參數之標準化估計值模式圖顯示：社會支持與組織環境二個外因變項的相關為 .55，二個外因潛在變項對內因潛在變項「教師投入」的標準化迴歸係數分別為 .73、.36，$R^2$ 為 .94，六個觀察變項的因素負荷量分別為 .85、.66、.92、.95、.90、.76。

　　採用 ULS 法估計參數之標準化估計值模式圖顯示：社會支持與組織環境二

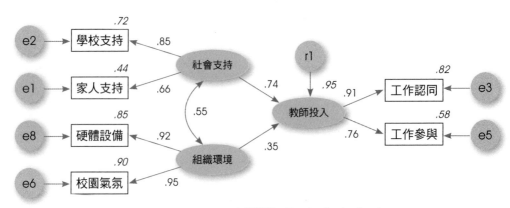

[ULS 估計法]；Standardized estimates
全體樣本；卡方值＝42.381 (p＝\P)；卡方自由度比＝\CMINDF；RMR＝.057
RMSEA＝\RMSEA；GFI＝1.000；AGFI＝1.000；NFI＝1.000；CFI＝\CFI；CN＝\HFIVE

個外因變項的相關為 .55，二個外因潛在變項對內因潛在變項「教師投入」的標準化迴歸係數分別為 .74、.35，$R^2$ 為 .94，六個觀察變項的因素負荷量分別為 .85、.66、.92、.95、.91、.76。

　　由於範例資料符合多變項常態性假定，四種模式估計方法所得的標準化估計值數值大致相同。由於採用 ULS 進行模型估計時，許多參數估計值無法得知，因而此種方法最好不要採用。若是資料符合多變項常態性假定，模式估計時最好直接採用最大概似法較為方便，因為此方法即為 AMOS 內定方法，研究者在操作時不用再額外加以選取模式估計法選項。

# 常用之參考文獻
# 格式體例

文獻的引用在論文研究中佔有非常重要地位，因為理論文獻或相關實徵研究是導引出研究者研究主題的重要因素，論文寫作的本文均會引用到許多文獻，內文文獻引用時，若是與原作者詞句文字完全相同，則相同詞句文字不應超過 500 字；如果是整個段落的引用，研究者最好進行詞句修改，此時雖然文字不同，詞句段落的主要觀念或內涵，因還是引用他人的論點，研究者也必須增列引註來源；若是研究者一字不漏的引用文獻，必須於引用文字的前後加上「」，並註明頁數，格式如：林〇〇 ( 年代 )：「……」( 頁 X)，範例如：

> 林生傳 (2007) 對教育的看法為「教育是一種活動，教育是一種歷程，教育是事實，教育也是結果，教育大都被看成是一種實相。」( 頁 7)，或
> 林生傳 (2007，頁 7) 對教育的看法為「教育是一種活動，教育是一種歷程，教育是事實，教育也是結果，教育大都被看成是一種實相。」

論文寫作於正文中有引用到的中文、英文參考書目必須於「參考文獻」(references) 處中全部列舉出來 ( 有人將參考文獻以參考書目為標題 )，相對的，若是正文中沒有引用到的文獻則不用列舉出來，文獻包括專書、期刊、學位論文、網路資料或其他報告等，中英文文獻的排列通常是中文文獻在前、西文文獻在後。中文文獻各筆資料的排列依照作者姓氏筆畫順序遞增排列，姓氏筆畫最少者排在最前面，若姓氏筆畫相同，再依照名字筆畫順序遞增排列；西文文獻各筆資料的排列依照作者姓氏字母順序排列 (A、B、C、……、Z)，姓氏字母完全相同，再依名字第一個字母順序排列。格式編排採用「凸排」方式，每筆資料由左邊第一行開始，超過一行時，其第二行內縮二個中文字 ( 二個中文字相當於四個半形英文字母 )，英文文獻則內縮四個半形字母。中文文獻需要列出作者的全名 ( 包括姓氏及名字，如張春興 )，標點符號全部採用全形字；西文文獻只需要列出作者的完整姓氏 (Last Name) 及名字的起始字母，作者的姓及名字的起始字母均要以大寫字母表示，標點符號全部採用半形字 ( 如 Campbell, D. T.)，期刊名稱中除介系詞外，其餘單字的第一個字母必須為大寫。

在社會科學及行為科學領域中，論文的參考文獻通常依循「美國心理學會」(American Psychological Association；簡稱 APA) 出版的出版手冊 (Publication

Manual) 體例格式，下列為 APA 手冊中所列文獻引用之部分體例格式重點 ( 陳玉玲、王明傑編譯，2004；潘慧玲，2007)。

## 一、專書

中文基本格式：作者 ( 出版年份 )。書名 ( 版次 )。出版地：出版社。

---

吳明隆 (2006)。**班級經營的理論與實務**。臺北市：五南。

吳明隆 (2007)。**SPSS 操作與應用──問卷統計分析實務 ( 二版 )**。臺北市：五南。

吳明隆、涂金堂 (2008)。**SPSS 與統計應用分析 ( 二版九刷 )**。臺北市：五南。

張新仁 ( 主編 )(2004)。**班級經營──教室百寶箱**。臺北市：五南。

【備註】

1. 同一位作者出現二次時，其排列的順序為年代較早者排在前面，年代較近者排在後面，格式為：

   王大明 (2000)。……

   王大明 (2005)。……

   王大明 (2008)。……

2. 同一位作者，同一年代出現二次以上時，在年代後增列小寫字母 a、b、c 等以示區隔，格式為：

   王大明 (2005a)。……

   王大明 (2005b)。……

   王大明 (2005c)。……

3. 第一位作者相同，則單一作者排在前面，格式如：

   王大明 (2005)。……

   王大明、陳〇〇 (2002)。……

---

西文基本格式：作者 Last Name, First Name 起首字母 . Middle Name 起首字母 . (Published Year). Book Title. ( 書名 ) Place ( 地區 ), State ( 州名 ): Publisher.

( 出版社 )；上述一位作者的格式為「Author, F. M. (Year)」；二位作者的格式為「Author, A. A., & Author, B. B. (Year)」；三位作者的格式為「Author, A. A., Author, B. B., & Author, C. C. (Year)」。

　　西文文獻的所有作者若是在六位以下 ( 包含六位 )，要列出所有作者的姓及名字的起始字母，姓在前而名字的起始字母在後面，如 Kelley, S. J.；Thomas, A.；當作者的人數超過七位時，第七位及其以後的作者可以省略不列出，而改以縮寫「et al.」，二位以上作者時，每位作者間要以半形逗號隔開，最後一位作者的姓之前增列「&」符號。西文文獻的出版地 (publishers' locations)，出自美國地區者要寫出自美國都市名稱與州名縮寫，美國以外城市，要增列國家名稱：「城市或都市名稱、州名或省名、國家名稱」，出版社知名城市，如 Paris、New York、Boston、Chicago、London、Tokyo、San Francisco 等，只要直接列出城市名稱，州名 / 省名及國家名稱均可以省略不寫。

　　英文作者一位時：

---

Stevens, J. (2002). *Applied multivariate statistics for the social science* (4th ed.). Mahwah, NJ: Lawrence Erlbaum Associates.

【備註】 NJ 是「New Jersey」州的縮寫，「Mahwah」是出版地的城市名稱；「Lawrence Erlbaum Associates」是出版社名稱。

Fowler, F. J. (1993). *Survey research methods* (2nd ed.). Newbury Park, CA: Sage.

【備註】 CA 是「California」州的縮寫，「Newbury Park」是出版地的城市名稱；「Sage」是出版社名稱。

Aiken, L. R. (1997). *Psychological testing and assessment* (9th ed.). Boston: Allyn and Bacon.

【備註】 Boston 為重要知名城市，其後可以不用列出美國州名的縮寫，「Allyn and Bacon」是出版社名稱。

## APA 格式之美國州名及縮寫

| 州名 | 原始寫法 | 縮寫 |
|---|---|---|
| 阿拉巴馬州 | Alabama | AL |
| 阿拉斯加州 | Alaska | AK |
| 美屬薩摩亞 | American Samoa | AS |
| 亞利桑那州 | Arizona | AZ |
| 阿肯色州 | Arkansas | AR |
| 加利福尼亞州 | California | CA |
| 美屬運河區 | Canal Zone | CZ |
| 科羅拉多州 | Colorado | CO |
| 康乃狄克州 | Connecticut | CT |
| 德拉瓦州 | Delaware | DE |
| 哥倫比亞特區 | District of Columbia | DC |
| 佛羅里達州 | Florida | FL |
| 喬治亞州 | Georgia | GA |
| 關島 | Guam | GU |
| 夏威夷州 | Hawaii | HI |
| 愛達荷州 | Idaho | ID |
| 伊利諾州 | Illinois | IL |
| 印第安納州 | Indiana | IN |
| 愛荷華州 | Iowa | IA |
| 堪薩斯州 | Kansas | KS |
| 肯塔基州 | Kentucky | KY |
| 路易斯安那州 | Louisiana | LA |
| 緬因州 | Maine | ME |
| 馬里蘭州 | Maryland | MD |
| 麻塞諸塞州 | Massachusetts | MA |
| 密西根州 | Michigan | MI |
| 明尼蘇達州 | Minnesota | MN |
| 密西西比州 | Mississippi | MS |
| 密蘇里州 | Missouri | MO |

| 州名 | 原始寫法 | 縮寫 |
|---|---|---|
| 蒙大拿州 | Montana | MT |
| 內布拉斯加州 | Nebraska | NE |
| 內華達州 | Nevada | NV |
| 新罕布夏州 | New Hampshire | MH |
| 紐澤西州 | New Jersey | NJ |
| 新墨西哥州 | New Mexico | NM |
| 紐約州 | New York | NY |
| 北卡羅萊納州 | North Carolina | NC |
| 北達科他州 | North Dakota | ND |
| 俄亥俄州 | Ohio | OH |
| 奧克拉荷馬州 | Oklahoma | OK |
| 俄勒岡州 | Oregon | OR |
| 賓夕凡尼亞州 | Pennsylvania | PA |
| 波多黎各 | Puerto Rico | PR |
| 羅德島州 | Rhode Island | RI |
| 南卡羅萊納州 | South Carolina | SC |
| 南達科他州 | South Dakota | SD |
| 田納西州 | Tennessee | TN |
| 德克薩斯州 | Texas | TX |
| 猶他州 | Utah | UT |
| 佛蒙特州 | Vermont | VT |
| 維吉尼亞州 | Virginia | VA |
| 美屬維京群島 | Virgin Islands | VI |
| 華盛頓州 | Washington | WA |
| 西維吉尼亞州 | West Virginia | WV |
| 威斯康辛州 | Wisconsin | WI |
| 懷俄明州 | Wyoming | WY |

APA 格式中可以不必列出州名縮寫或國名的世界重要城市名稱

| 城市名稱 | 備註 | 城市名稱 | 備註 |
|---|---|---|---|
| Amsterdam | 阿姆斯特丹 | New York | 紐約 |
| Baltimore | 巴爾的摩 | Paris | 巴黎 |
| Boston | 波士頓 | Philadelphia | 費城 |
| Chicago | 芝加哥 | Rome | 羅馬 |
| Jerusalem | 耶路撒冷 | San Francisco | 舊金山 |
| London | 倫敦 | Stockholm | 斯德哥爾摩 |
| Los Angeles | 洛杉磯 | Tokyo | 東京 |
| Milan | 米蘭 | Vienna | 維也納 |
| Moscow | 莫斯科 | | |

APA 參考書目中可被接受之縮寫及其原英文字詞

| 英文單字 | 備註 | 縮寫 | |
|---|---|---|---|
| edition | 版 | ed. | |
| revised edition | 修訂版 | Rev. ed. | |
| second edition | 第二版 | $2^{nd}$ ed. | |
| Editor (Editors) | 編輯者 | Ed. (Eds.) | |
| Translator(s) | 翻譯者 | Trans. | |
| no date | 出版年代無法查考 | n.d. | |
| page | 頁 ( 一頁 ) | p. | p.7 |
| pages | 頁 ( 二頁以上 ) | pp. | pp.7-10 |
| Volume | 卷 | Vol. | as in Vol. 5 |
| Volumes | 卷 | Vols. | as in 5 Vols. |
| Number | 編號 | No. | |

英文作者二位以上時：

---

Tabachnick, B. G. , & Fidell, L. S. (2007). *Using multivariate statistics* (5$^{th}$ ed.). Needham Heights, MA: Allyn and Bacon.

Lattin, J., Carroll, J. D., & Green, P. E. (2003). *Analyzing multivariate data*. Pacific Grove, CA: Thomson learning.

Shaklee, B. D., Barbour, N. E., Ambrose, R., & Hansford, S. J. (1997). *Designing and using portfolios*. Boston: Allyn & Bacon.

【備註】：

1. 再版的縮寫符號：二版：2$^{nd}$ ed.；三版：3$^{rd}$ ed.；四版：4$^{th}$ ed.；五版：5$^{th}$ ed.，依此類推；書目名稱第一個字母大寫，餘均為小寫。

2. 作者若有二位以上，第一位作者的姓及名均相同，則只有一位作者的參考文獻排列在多位作者文獻的前面，範例為：

Gay, L. R. (1992).-------

Gay, L. R., & Airasian, P. (2000).------

3. 編輯的書本，中文格式為「王○○ ( 主編 )( 年代 )。 ……」，西文格式為「Author, F. M.(Ed.).(Year).------」；二位作者格式為「Author, A. A., & Author, B. B. (Eds.).(Year).------」，三位作者格式為「Author, A. A., Author, B. B., & Author, C. C. (Eds.).(Year).------」，範例如：

Gibbs, J. T., & Huang, L. N.(Eds.) (1991). *Children of color: Psychological interventions with minority youth*. San Francisco: Jossey-Bass.

---

## 二、專書中一章

基本格式：作者 ( 年代 )。該章的章名。載於○○○編著 / 主編：書名 ( 頁 XX-XX)。出版地：出版社。

---

王為國 (2006)。質性研究之電腦輔助分析軟體。載於劉世閔主編：**質性研究資料分析與文獻格式之運用** ( 頁 3-24)。臺北市：心理。

郭諭陵 (2005)。中小學教師專業化之探討。載於中華民國師範教育學會主編：**教師的教育信念與專業標準** ( 頁 89-113)。臺北市：心理。

Alper, S., & Mills, K. (2001)。Nonstandardized assessment in inclusive school settings. In S. Alper, D. L. Ryndak & C. N. Schloss, (Eds.), *Alternate assessment of students with disabilities in inclusive setting* (pp.54-74). Needham Heights, MA: Allyn and Bacon.

Snyder, P. (1991). Three reasons why stepwise regression methods should not be used by researchers. In B. Thompson (Ed.), *Advances in educational research: substantive findings, methodological developments* (Vol. 1, pp.99-105). Greenwich: JAI Press Inc.

【備註】：中間編輯者的名字並非是置放在最前面「作者」的位置處，因而「名」與「姓」不用顛倒，先寫出名字的起首字母，再寫出姓氏，格式為「F. M. Author」，編輯者有二位以上時，最後一個作者之前增列「&」符號，其前面不須再使用半形逗號「,」，格式為「A. A. Author, B. B. Author & C. C. Author」。若主編者只有一位，則作者後面增列「Ed.」；如果主編者有二位以上，則於最後作者後面增列「Eds.」，格式範例：

一位主編者：Author, F. M. ( 年代 ). 該章章名 (Chapter Title). In F. M. Author (Ed.), 書名 (pp.XX-XX)。出版地，州名：出版社。

二位主編者：Author, F. M. ( 年代 ). 該章章名 (Chapter Title). In A. A. Author & B. B. Author (Eds.), 書名 (pp.XX-XX)。出版地，州名：出版社。

## 三、翻譯書籍

基本格式：譯者 ( 譯 )( 出版年份 )。F. M. Author 著 ( 年代 )。書名 (Book Title)。出版地：出版社。

潘中道、郭俊賢 ( 譯 ) (2005)。R. R. Pagano 著。**行為科學統計學** (*Understanding statistics in the behavioral science*)。臺北市：雙葉。

徐振邦、梁文蓁、吳曉青、陳儒晰譯 (2004)。Louis Cohen, Lawrence Manion, & Keith Morrison 著 (2000)。**教育研究法** (*Research methods in education*)。臺北縣：韋伯。或

徐振邦、梁文蓁、吳曉青、陳儒晰譯 (2004)。L. Cohen, L. Manion, & K. Morrison 著。**教育研究法** (*Research methods in education*)。臺北縣：韋伯。

【備註】：APA 格式中對於本文中引用翻譯著作，列舉除要註明原始書籍出版年代外，也要增列翻譯本出版的年代，格式為「Author, 原出版 Year/ 翻譯出版 Year」，如「Campbell, 2001/2006」

## 四、一般期刊論文

基本格式 ( 有卷有期數 )：作者 ( 出版年份 )。文章名稱。期刊名稱，卷數 ( 期數 )，頁次。

基本格式 ( 有卷無期數 )：作者 ( 出版年份 )。文章名稱。期刊名稱，卷數，頁次。

劉忠輝 (2004)。早年遭受軀體暴力大學生的自尊、自我效能感研究。**北京理工大學學報**，**6**(6)，47-49。

方德隆、何青蓉、丘愛鈴 (2007)。新移民成人基本教育教材內容分析：多元文化教育觀點。**成人及終身教育學刊**，**9**，1-28。

【備註】：只有卷而沒有期數的刊物，不須列出期數。

Spencer, M. B. (1999). The relations between contextual risk, earned income, and the school adjustment of children from economically disadvantaged families. *Development Psychology, 40* (20), 204-216.

Marsh, H. W., & Balla, J. R. (1994). Goodness of fit in confirmatory factor analysis: The effect of sample size and model parsimony. *Quality & Quality, 28*, 185-217.

【備註】：期刊論文或書籍若是正在印刷當中，年份改為「印刷中」或「付梓中」或「付印中」，英文文獻年份改為「in press」；若是期

刊在未出版前，不要寫出期刊的卷數 / 期數及頁數。如：

吳明隆 ( 付梓中 )。**論文寫作與量化研究**。臺北市：五南。

王○○ ( 付印中 )。文章標題。**期刊名稱**。

Author, F. M. (in press). 文章標題。**期刊名稱**。

## 五、網路上資源

作者 / 單位 ( 年份 )。文章名稱 / 書籍名稱。檢索日期，取自網址。

【備註】：英文檢索日期與取自網址的格式為：Retrieved 月 日期 , 年份 , from http://www.--------.

劉慶仁 ( 無日期 )。**美國中小學教育改革的趨勢——從學童教育卓越法談起**。2008 年 9 月 10 日，取自 http://www.tw.org/newwaves/44/1-b.html。

「教育改革成果報告」( 無日期 )。2008 年 9 月 10 日，取自 http://rs.edu.tw/secretary/publishment.html。

Casper L. M., & Bryson K. R. (1998). *Co-resident grandparents and their grandchildren: grandparent maintained families*. Retrieved November 12,2008, from http://www.census.gov/population/www/documentation/twps0026/twps0026.html.

Iceland, J. (2000). *The "family/couple/household" unit of analysis in poverty measurement*. Retrieved November 12,2008, from http: //www.census.gov/hhes/www/povmeas/papers/famhh3.html.

【備註】：網路定期刊物的格式為

Author, F. M., & Author, F. M. ( 年代 ). Title of article. Title of Periodical, XX, xxx-xxx. Retrieved month day, from http://www.------.

吳憲政、蔡宗武 (2008)。提升學習障礙學生自我概念之行動研究。**網路社會學通訊期刊**，**72**。2008 年 9 月 10 日，取自 http://www.nhu.edu.tw/~society/e-j/72/72-19.htm。

## 六、作者為團體組織

行政院教育改革審議委員會 (1996)。**教育改革總諮議報告書**。臺北市：作者。

教育部 (2003)。**國民中小學九年一貫課程教師手冊**。臺北市：作者。

高雄市政府教育局 (1998)。**高雄市教育發展白皮書**。高雄市：作者。

【備註】：機構也是出版者時，以「作者」或「Author」取代出版社 / 出版者。

American Psychological Association. (1994). *Publication manual of the American Psychological Association* (4<sup>th</sup> ed.). Washington, DC: Author.

## 七、學位論文

中文基本格式：作者 ( 年代 )。學位論文名稱。○○ ( 科技 ) 大學○○系 / 研究所博士或碩士論文，未出版，大學所在縣市。

英文基本格式：Author, F. M. ( 年代 ). 學位論文名稱 (Dissertation Title). Unpublished doctoral dissertation/master's thesis, University Name ( 大學名稱 ), Location ( 出版地 ).

李佩娟 (2008)。**台南縣市大專女性學生個人傳統性、個人現代性、華人多元特質自尊與共依附之相關研究**。國立高雄師範大學輔導與諮商研究所碩士論文，未出版，高雄市。

郭祥益 (2004)。**企業組織文化、組織學習、知識管理對組織效能影響之研究**。國立高雄師範大學成人教育研究所博士論文，未出版，高雄市。

Roberts, D. (2007). *Measurement of physical activity with accelerometers in children*. Unpublished doctoral dissertation, University of Massachusetts Amherst, Massachusetts.

Hine, K. A. (2007). *Emotional rationality and the fear of death*. Unpublished doctoral dissertation, University of Massachusetts Amherst, Massachusetts.

取自全國博碩士論文資訊網之電子資料庫：

> 吳明隆 (1997)。國小學生數學學習行為與其電腦焦慮、電腦態度關係之研究。國立高雄師範大學教育研究所博士論文。**全國博碩士論文資訊網**，086NKNU0331002。

## 八、研究報告

> 吳明隆、黃玉幸、葉宗文 (2008)。**國小新建校舍最適規模之研究**。高雄市教育局委託之研究專案報告。高雄市：師資培育中心。
>
> 周新富 (2004)。**家庭結構、家庭社會資本對國中三年級學生學習結果影響之研究**。行政院國家科學委員會專題研究計畫成果報告 (NSC92-9413-H230-00)。高雄縣：正修科技大學師培中心。
>
> 【備註】：研究報告若有編號，要將報告的編號列出。

## 九、ERIC 及博士論文摘要

> Fister, N. A. (1992). Factors reducing computer anxiety in adults. *Dissertation Abstracts International*, 53(2), 377A.
>
> Thompson, B. (1988, November). *Common methodology mistakes in dissertations: Improving dissertation quality*. Paper presented at the annual meeting of the Mid-South Educational Research Association, Louisville. (ERIC Document Reproduction Service No. ED 301 595).；或簡化為
>
> Thompson, B. (1988). *Common methodology mistakes in dissertations: Improving dissertation quality*. (ERIC Document Reproduction Service No. ED 301 595).
>
> Thompson, B. (1995, April). *Stepwise regression and stepwise discriminant analysis need not to apply*. Paper Presented at the annual meeting of

the American Educational Research Association, San Francisco. (ERIC Document Reproduction Service No. ED 382 635).

## 十、會議論文

### (一) 研討會學術論文集結成冊

基本格式：作者 ( 年代，月份 )。發表的論文標題名稱。載於 [ 舉辦單位 ] 舉辦之「研討會或論壇會議名稱」論文集 ( 頁 XX-XX)，舉辦會議單位之所在地點。

李宜麟 (2007，11 月 )。**加拿大 Toronto 大學教育學院 CTEP 課程對台灣師資培育職前教育課程啟示探究**。載於正修科技大學舉辦之「少子化與高齡化之社會趨勢對技職教育體系的影響與因應策略」學術研討會論文集 ( 頁 C1-C10)，高雄縣。

王財印、周新富 (2007，11 月 )。**少子化對技職教育的衝擊與因應策略之探討**。載於正修科技大學舉辦之「少子化與高齡化之社會趨勢對技職教育體系的影響與因應策略」學術研討會論文集 ( 頁 B1-B15)，高雄縣。

基本格式：作者 ( 年代，月份 )。發表的論文標題名稱。載於 [ 舉辦單位 ] 舉辦之「研討會或論壇會議名稱」論文集 ( 頁 XX-XX)，舉辦會議單位之所在地點。

### (二) 研討會學術論文未集結成冊

基本格式：作者 ( 年代，月份 )。發表的論文標題名稱。論文發表 [ 舉辦單位 ] 舉辦之「研討會或論壇會議名稱」，舉辦會議單位之所在地點。

黃芳銘 (2008，2 月 )。**形成性與反映性潛在變項的對話**。論文發表於高雄師範大學人力與知識管理研究所、台灣統計方法學學會聯合舉辦之「結構方程模式方法學：爭議與解答」之 $\alpha\beta\gamma$ 量化研究論壇，高雄市。

## 十一、報紙文章

有作者基本格式：作者 ( 年代，X 月 XX 日 )。文章標題名稱。報紙名稱，版次。

沒有作者基本格式：文章標題名稱 ( 年代，X 月 XX 日 )。報紙名稱，版次。

---

魏國彥 (2008，9 月 12 日 )。能源魔術新工業革命不缺席。聯合報，A15 版。

基測新量尺，403 分上建中 (2008，9 月 12 日 )。聯合報，C3 版。

---

**附錄 1** 18 位受試者在生活壓力及憂鬱傾向量表之數據

| 學校類別 | 年級 | 家庭壓力 | 學校壓力 | 個人壓力 | 情感壓力 | 生活壓力 | 憂鬱傾向 |
|---|---|---|---|---|---|---|---|
| 1 | 1 | 6 | 9 | 5 | 6 | 26 | 20 |
| 1 | 1 | 11 | 1 | 7 | 9 | 28 | 21 |
| 1 | 1 | 7 | 10 | 7 | 10 | 34 | 34 |
| 1 | 1 | 9 | 10 | 8 | 8 | 35 | 29 |
| 1 | 1 | 8 | 11 | 8 | 9 | 36 | 36 |
| 1 | 1 | 10 | 11 | 8 | 11 | 40 | 31 |
| 1 | 2 | 6 | 8 | 9 | 6 | 29 | 22 |
| 1 | 2 | 9 | 11 | 10 | 7 | 37 | 29 |
| 1 | 2 | 7 | 10 | 11 | 9 | 37 | 30 |
| 2 | 2 | 12 | 8 | 12 | 10 | 42 | 32 |
| 2 | 2 | 11 | 15 | 11 | 9 | 46 | 38 |
| 2 | 2 | 15 | 13 | 9 | 12 | 49 | 35 |
| 2 | 3 | 9 | 6 | 11 | 8 | 34 | 26 |
| 2 | 3 | 11 | 14 | 10 | 10 | 45 | 33 |
| 2 | 3 | 14 | 15 | 12 | 11 | 52 | 36 |
| 2 | 3 | 12 | 13 | 15 | 12 | 52 | 37 |
| 2 | 3 | 13 | 14 | 15 | 12 | 54 | 38 |
| 2 | 3 | 15 | 15 | 14 | 13 | 57 | 40 |

**附錄 2** 60 位受試者在學習壓力量表十個題項之資料結構

| 題項_1 | 題項_2 | 題項_3 | 題項_4 | 題項_5 | 題項_6 | 題項_7 | 題項_8 | 題項_9 | 題項_10 |
|---|---|---|---|---|---|---|---|---|---|
| 5 | 5 | 5 | 3 | 5 | 3 | 4 | 3 | 4 | 4 |
| 5 | 5 | 5 | 5 | 5 | 5 | 4 | 5 | 4 | 4 |
| 5 | 5 | 5 | 4 | 5 | 4 | 4 | 4 | 4 | 4 |
| 5 | 5 | 5 | 5 | 5 | 5 | 4 | 5 | 4 | 4 |
| 5 | 5 | 5 | 5 | 5 | 5 | 4 | 5 | 4 | 4 |
| 5 | 5 | 5 | 4 | 5 | 4 | 4 | 4 | 4 | 4 |
| 5 | 5 | 5 | 5 | 5 | 5 | 4 | 5 | 4 | 4 |
| 5 | 5 | 5 | 4 | 5 | 4 | 4 | 4 | 4 | 4 |
| 5 | 5 | 5 | 5 | 5 | 5 | 4 | 5 | 4 | 4 |
| 5 | 5 | 5 | 3 | 5 | 3 | 4 | 3 | 4 | 4 |
| 5 | 5 | 5 | 3 | 5 | 3 | 4 | 3 | 4 | 4 |
| 5 | 5 | 5 | 5 | 5 | 5 | 4 | 5 | 4 | 4 |
| 5 | 5 | 5 | 4 | 5 | 4 | 4 | 4 | 4 | 4 |
| 5 | 5 | 5 | 3 | 5 | 3 | 4 | 3 | 4 | 4 |
| 5 | 5 | 5 | 5 | 5 | 5 | 4 | 5 | 4 | 4 |
| 5 | 5 | 5 | 3 | 5 | 3 | 4 | 3 | 4 | 4 |
| 5 | 5 | 5 | 4 | 5 | 4 | 4 | 4 | 4 | 4 |
| 5 | 5 | 5 | 4 | 5 | 4 | 4 | 4 | 4 | 4 |
| 5 | 5 | 5 | 4 | 5 | 4 | 4 | 4 | 4 | 4 |
| 5 | 5 | 5 | 4 | 5 | 4 | 5 | 4 | 5 | 5 |
| 5 | 5 | 5 | 4 | 5 | 4 | 5 | 4 | 5 | 5 |
| 5 | 5 | 5 | 4 | 5 | 4 | 5 | 4 | 5 | 5 |
| 5 | 5 | 5 | 4 | 5 | 4 | 5 | 4 | 5 | 5 |
| 4 | 4 | 4 | 4 | 4 | 4 | 5 | 4 | 5 | 5 |
| 4 | 4 | 4 | 4 | 4 | 4 | 5 | 4 | 5 | 5 |
| 4 | 4 | 4 | 4 | 4 | 4 | 5 | 4 | 5 | 5 |
| 4 | 4 | 4 | 4 | 4 | 4 | 5 | 4 | 5 | 5 |

| 題項_1 | 題項_2 | 題項_3 | 題項_4 | 題項_5 | 題項_6 | 題項_7 | 題項_8 | 題項_9 | 題項_10 |
|---|---|---|---|---|---|---|---|---|---|
| 4 | 4 | 4 | 4 | 4 | 4 | 5 | 4 | 5 | 5 |
| 4 | 4 | 4 | 4 | 4 | 4 | 5 | 4 | 5 | 5 |
| 4 | 4 | 4 | 5 | 4 | 5 | 5 | 5 | 5 | 5 |
| 4 | 4 | 4 | 5 | 4 | 5 | 5 | 5 | 5 | 5 |
| 4 | 4 | 4 | 5 | 4 | 5 | 5 | 5 | 5 | 5 |
| 4 | 4 | 4 | 5 | 4 | 5 | 5 | 5 | 5 | 5 |
| 3 | 3 | 3 | 5 | 4 | 5 | 5 | 5 | 5 | 5 |
| 3 | 3 | 3 | 5 | 3 | 5 | 5 | 5 | 5 | 5 |
| 3 | 3 | 3 | 5 | 3 | 5 | 4 | 5 | 4 | 4 |
| 3 | 3 | 3 | 5 | 3 | 5 | 4 | 5 | 4 | 4 |
| 3 | 3 | 3 | 5 | 3 | 5 | 4 | 5 | 4 | 4 |
| 3 | 3 | 3 | 5 | 3 | 5 | 4 | 5 | 4 | 4 |
| 3 | 3 | 3 | 3 | 3 | 4 | 4 | 4 | 4 | 4 |
| 3 | 3 | 3 | 4 | 3 | 3 | 4 | 4 | 4 | 4 |
| 3 | 3 | 3 | 4 | 3 | 3 | 3 | 4 | 3 | 4 |
| 1 | 1 | 1 | 2 | 1 | 2 | 1 | 2 | 1 | 1 |
| 4 | 4 | 3 | 4 | 4 | 3 | 4 | 4 | 4 | 3 |
| 3 | 3 | 3 | 2 | 3 | 2 | 2 | 2 | 2 | 2 |
| 3 | 3 | 3 | 2 | 3 | 2 | 2 | 2 | 2 | 2 |
| 2 | 2 | 2 | 1 | 2 | 1 | 3 | 1 | 3 | 3 |
| 3 | 3 | 3 | 3 | 3 | 3 | 3 | 3 | 3 | 3 |
| 4 | 4 | 4 | 4 | 4 | 4 | 4 | 3 | 4 | 4 |
| 2 | 2 | 2 | 1 | 2 | 1 | 2 | 1 | 2 | 2 |
| 5 | 5 | 5 | 3 | 5 | 4 | 5 | 4 | 5 | 3 |
| 5 | 4 | 5 | 4 | 4 | 5 | 4 | 5 | 5 | 4 |
| 4 | 4 | 4 | 3 | 3 | 4 | 3 | 3 | 4 | 3 |
| 4 | 3 | 3 | 4 | 3 | 4 | 3 | 4 | 3 | 4 |

| 題項_1 | 題項_2 | 題項_3 | 題項_4 | 題項_5 | 題項_6 | 題項_7 | 題項_8 | 題項_9 | 題項_10 |
|---|---|---|---|---|---|---|---|---|---|
| 4 | 3 | 3 | 4 | 4 | 4 | 3 | 3 | 4 | 4 |
| 5 | 5 | 5 | 4 | 5 | 5 | 5 | 5 | 5 | 5 |
| 4 | 3 | 4 | 4 | 4 | 3 | 4 | 4 | 3 | 3 |
| 4 | 4 | 4 | 3 | 3 | 4 | 3 | 3 | 3 | 4 |
| 4 | 5 | 5 | 3 | 4 | 4 | 5 | 4 | 5 | 5 |
| 4 | 4 | 4 | 4 | 4 | 4 | 4 | 4 | 5 | 4 |

參考書目

王文科、王智弘 (2010)。**教育研究法 ( 十四版 )**。臺北：五南。

王光明 (2007)。**高雄市立國民小學學校評鑑指標再建構之研究**。國立高雄師範大學教育學系碩士論文，未出版，高雄市。

王佳煌、潘中道、郭俊賢、黃瑋瑩等譯 (2008) (W. L. Neuman 著 )。**當代社會研究法—質化與量化途徑**。臺北：學富。

王雲東 (2007)。**社會研究方法——量化與質性取向及其應用**。臺北：威仕曼。

江明修 (1995)。社會科學多重典範的爭辯：試論質與量研究方法的整合。**政治大學學報，64**，315-339。

林生傳 (2007)。**教育研究法**。臺北：心理。

邱兆偉 (1995)。質的研究的訴求。**教育研究，4**，1-33。

胡龍騰、黃瑋瑩、潘中道合譯 (2000) (Ranjit Kumar 著 )。**研究方法——步驟化學習指南**。臺北：學富。

徐香景 (2009)。**高雄市國小高年級學童生命意義感、自我概念與憂鬱傾向之相關研究**。國立高雄師範大學教育學系生命教育所碩士論文，未出版，高雄市。

郭生玉 (2004)。**教育測驗與評量 ( 二版 )**。臺北：精華書局。

陳玉玲、王明傑 ( 編譯 )(2004)。**美國心理協會出版手冊 ( 五版 )**(Publication Manual of the American Psychological Association)。臺北：雙葉。

陳怡年 (2010)。**國小藝術才能班與普通班學童父母教養方式、學習壓力與幸福感之比較研究**。國立高雄師範大學教育學系親職教育所碩士論文，未出版，高雄市。

黃瓊容 ( 編譯 ) (2005) (Arthur Aron & Elaine N. Aron 著 )。**心理與教育統計學 ( 二版 )**。臺北：學富。

黃寶園 (2007)。**心理與教育研究法**。臺北：華立。

董奇、申繼亮 (2003)。**心理與教育研究法**。臺北：東華。

潘慧玲 (2005)。**教育論文格式**。臺北：雙葉。

賴虹燕譯 (2006)( 酒井隆著 )。**問卷設計市場調查與統計分析實務入門**。臺北：博誌。

戴久永 (2006)。**統計原理與應用 ( 二版 )**。臺中：滄海。

謝玫芸 (2008)。**高雄市國小教師外向性人格、角色壓力與幸福感之關係研究**。國立高雄師範大學教育學系生命教育所碩士論文，未出版，高雄市。

簡春安、鄒平儀 (2005)。**社會工作研究法 ( 二版 )**。臺北：巨流。

羅清俊 (2007)。社會科學研究方法－如何做好量化研究。臺北：威仕曼。

Airasian, P. W., & Gay, L. R. (2003). *Educational research: Competencies analysis and application* (7th ed.). Englewood Cliffs, N. J.: Prentice-Hall.

Anastasi, A. (1988). *Psychological Testing.* (6th ed.). New York: Macmillan Publishing.

Babbie, E. R. (2004). *The practice of social research* (10th ed.). Belmont, CA: Wadsworth.

Burns, A. C., & Buch, R. F. (2006). *Marketing research* (5th ed.). Upper Saddle River, N. J.: Pearson Education, Inc.

Cooper, D. R., & Emory, C. W. (1995). *Business research methods* (5th ed.). Richard D. Irwin, Inc.

Creswell, J. W. (2008). *Educational research: Planning, conducting, and evaluating quantitative and qualitative research.* Upper Saddle River, N. J.: Pearson Education, Inc.

Gall, M. D., Gall, J. P., & Borg (2007). *Education research: An introduction* (7th ed.). New York: Longman.

Gay, L. R., Mills, G. E., Airasian, P. (2009). *Education research: Competencies for analysis and applications* (9th ed.). Upper Saddle River, N. J.: Prentice Hall.

Grinnell, R. Jr. (1993). *Social works, research and evaluation* (4th ed.). Illiois, F. E.: Peacock Publishers.

Hair, J. F., Black, W. C., Babin, B. J., & Anderson, R. E. (2010). *Multivariate data analysis: A Global Perspective.* Upper Sadder River, NJ: Prentice-Hall.

Harrison, N. (1979). *Understanding behavior research.* Belmont, CA: Wadsworth.

Huck, S. W. (2008). *Reading statistics research.* Boston: Allyn & Bacon.

Lodico, M. G., Spaulding, D. T., & Voegtle, K. H. (2006). *Methods in educational research: From theory to practice.* San Francisco, CA: Jossey-Bass.

McBurney, D., & White, T. L. (2007). *Research methods* (7th ed.). Belmont, CA: Wadsworth.

Merrian, S. B. (1988). *Case study research in education: A qualitative approach.* San Francisco & London: Jossey-Bass Publishers.

Neuman, W. L. (2003). *Social research methods: Qualitative and quantitative approaches* (5th ed.). Boston: Allyn & Bacon.

Sudman, S. (1976). *Applied sampling.* New York: Academic Press.

國家圖書館出版品預行編目資料

論文寫作與量化研究／吳明隆著.
—四版.—臺北市：五南，2014.03
　面；　公分
ISBN　978-957-11-6870-8（平裝）
1.量性研究　2.論文寫作法
501.2　　　　　　　　101018937

1H59
# 論文寫作與量化研究

作　　者 － 吳明隆(60.2)

發 行 人 － 楊榮川

主　　編 － 侯家嵐

責任編輯 － 侯家嵐

文字編輯 － 許宸瑞

封面設計 － 侯家嵐、盧盈良

出 版 者 － 五南圖書出版股份有限公司

地　　址：106台北市大安區和平東路二段339號4樓

電　　話：(02)2705-5066　傳　　真：(02)2706-6100

網　　址：http://www.wunan.com.tw

電子郵件：wunan@wunan.com.tw

劃撥帳號：01068953

戶　　名：五南圖書出版股份有限公司

法律顧問　林勝安律師事務所　林勝安律師

出版日期　2008年12月初版一刷
　　　　　2009年 9 月初版二刷
　　　　　2010年10月二版一刷
　　　　　2011年 6 月三版一刷
　　　　　2014年 3 月四版一刷
　　　　　2017年 3 月四版二刷

定　　價　新臺幣850元